中国社会科学院文献计量与科学评价研究中心

中国人文社会科学核心期刊要览
（2008年版）

A GUIDE TO THE HUMANITIES & SOCIAL SCIENCE CORE JOURNALS IN CHINA
(2008 EDITION)

主　　编　姜晓辉
副 主 编　尹国其　莫作钦

社会科学文献出版社
SOCIAL SCIENCES ACADEMIC PRESS(CHINA)

图书在版编目(CIP)数据

中国人文社会科学核心期刊要览（2008 年版）/姜晓辉主编．—北京：社会科学文献出版社，2009.2

ISBN 978 - 7 - 5097 - 0650 - 3

Ⅰ．中…　Ⅱ．姜…　Ⅲ．社会科学 - 核心期刊 - 期刊目录 - 中国 - 2008　Ⅳ．Z88：C55

中国版本图书馆 CIP 数据核字（2009）第 013839 号

本书获中国社会科学院出版基金资助

A Guide to the Humanities & Social Science Core Journals in China

This book is a result achieved by the Research Center for Bibliometrics & Scientific Evaluation Chinese Academy of Social Sciences (RCBSE-CASS) on the basis of bibliometric studies on academic periodicals in China's humanities and social sciences for several years. By the peer review and bibliometric methods, 386 kinds of journals were identified as the core journals in the book based on the statistics of some large databases including *Chinese Humanities and Social Sciences Citation Database*, one of the largest citation databases in contemporary China. All these journals cover 23 disciplines in the humanities and social sciences including many important research fields such as philosophy, politics, law, economics, literature and history. They mainly represent the excellent journals with high academic level and high rate of utilization in the fields of humanities and social sciences in China.

The core journals in the book are selected by the following methods:

A. More than 3000 learned journals and their articles were classified according to *China Book Classification* (*the fourth edition*) . Then 700 journals, with demanding standards, highly-academic qualities nature and higher citation rates were selected as the source journals for being finally chosen as the core ones.

B. Analysing comprehensively statistics of various indicators of journals including the total number of articles publishing in these journals from 2002 to 2005, total times of citing of each journal, Discipline Impact Factors and the Impact Factors in 2005, the citation rate by others, and citing rate or cited rate per article. According to the identified indicators and the weighted values and citation analysis, the journals were chosen after a comprehensive assessment.

C. Making expert appraisal and peer review according to the statistics.

The book includes some core journal lists and citation journal lists, and in appendixes there are data sheets related to the statistics of core journals and source journals. The book is the second edition.

中国人文社会科学核心期刊要览
(2008年版)

咨　询　专　家

武　寅　中国社会科学院副院长，研究员
黄浩涛　中国社会科学院秘书长，研究员
江蓝生　中国社会科学院原副院长，学部委员，研究员
任继愈　中国国家图书馆名誉馆长，研究员
李　扬　中国社会科学院金融研究所所长，学部委员，研究员
沈家煊　中国社会科学院语言研究所所长，学部委员，研究员
汪同三　中国社会科学院数量经济与技术经济研究所所长，学部委员，研究员
杨　义　中国社会科学院文学研究所所长，学部委员，研究员
余永定　中国社会科学院世界经济与政治研究所所长，学部委员，研究员
卓新平　中国社会科学院世界宗教研究所所长，学部委员，研究员
陈高华　中国社会科学院学部委员，研究员
耿云志　中国社会科学院学部委员，研究员
黄长著　中国社会科学院学部委员，研究员
景天魁　中国社会科学院学部委员，研究员
李崇富　中国社会科学院学部委员，研究员
李景源　中国社会科学院学部委员，研究员
梁慧星　中国社会科学院学部委员，研究员
裘元伦　中国社会科学院学部委员，研究员
杨圣明　中国社会科学院学部委员，研究员
张海鹏　中国社会科学院学部委员，研究员
张卓元　中国社会科学院学部委员，研究员
陈筠泉　中国社会科学院荣誉学部委员，研究员
黄心川　中国社会科学院荣誉学部委员，研究员
金宜久　中国社会科学院荣誉学部委员，研究员

陆学艺　中国社会科学院荣誉学部委员，研究员
吴元迈　中国社会科学院荣誉学部委员，研究员
李惠国　中国社会科学院学术委员会委员，研究员
蔡　昉　中国社会科学院人口与劳动经济研究所所长，研究员
李培林　中国社会科学院社会学研究所所长，《社会学研究》杂志主编，研究员
王　巍　中国社会科学院考古研究所所长，《考古》杂志主编，研究员
王一程　中国社会科学院政治学研究所所长，《政治学研究》杂志主编，研究员
于　沛　中国社会科学院世界历史研究所《世界历史》杂志主编，研究员
程郁缀　北京大学社会科学部部长，《北京大学学报》主编，教授
吴慰慈　北京大学资深教授
陈　力　中国国家图书馆副馆长，研究馆员
张晓林　中国科学院国家科学图书馆常务副馆长，教授
马费成　武汉大学《图书情报知识》杂志主编，教授
邱均平　武汉大学科学评价研究中心主任，教授
陈传夫　武汉大学信息管理学院院长，教授
朱　强　北京大学图书馆馆长，《大学图书馆学报》主编，研究馆员
方　新　中国科学学与科技政策研究会理事长，《科学学研究》杂志主编，研究员
张　侃　中国心理学会理事长，中国科学院心理研究所所长，研究员
言静霞　中国科学院《中国科技期刊研究》杂志主编，编审
高宝立　中央教育科学研究所《教育研究》杂志主编，编审
杨焕章　中国人民大学教授
张积玉　中国人文社会科学学报学会副理事长，《陕西师范大学学报》主编，教授
连　平　交通银行首席经济学家，《新金融》杂志主编，教授
田麦久　北京体育大学原副校长，教授
田　野　国家体育总局体育科学研究所所长，教授

目　　录

图 表 目 录

编　辑　说　明

一、本书正文内容包括以下几个部分：

1. “中国人文社会科学核心期刊要览（2008 年版）研制报告”主要介绍筛选核心期刊的主旨、原则和方法，以及研制的过程和特点。

2. “核心期刊表”和“核心期刊分学科研制报告”是本书的主体部分，前者是核心期刊的评选结果，后者简明扼要地介绍了统计过程，列出了分学科引证期刊表。由于本书是从人文社会科学学科角度筛选核心期刊的，所以参照《中国图书馆图书分类法》第四版类目系列，两个表各分为 11 编 23 个分学科和综合学科逐一介绍，如“核心期刊分学科研制报告”的类目为：

第一编　马克思主义、哲学、心理学、宗教

第二编　语言、文学、艺术

第三编　历史、考古、人文地理

第四编　政治、法律

第五编　经济

第六编　社会学、人口学、民族学

第七编　管理学、统计学

第八编　图书馆、情报与文献学

第九编　新闻与传播、教育、体育

第十编　环境科学

第十一编　综合性人文社会科学

其中第五编经济类又下分 7 个二级学科。

3. “综合性核心期刊学科引用分布表”介绍各综合性核心期刊所包括的各学科指标情况。

4. “专家推荐期刊及简介”所列出的是在核心期刊评选中没有进入核心期刊但独具研究特色或独有特殊研究领域的并经专家推荐的部分优秀期刊。每一期刊附有简要介绍。

5. “核心期刊简介”和“来源期刊简介”是本书统计中使用过的优秀期刊介绍。(见文后著录示例)

二、附录部分

附录部分含有五个类型的影响因子与转摘量排序表：1. 综合性学报影响因子与转摘量排序表；2. 师范院校学报影响因子与转摘量排序表；3 研究机构学刊影响因子与转摘量排序表；4. 党校学报影响因子与转摘量排序表；5. 各省（直辖市、自治区）学术期刊影响因子与转摘量排序表。每个类型表分两部分并附有排序说明。附录中的“中国人文社会科学核心期刊（2004 年版）一览表”是本书第一版的评选结果。“刊名索引”按汉语拼音顺序排列。

中国社会科学院文献计量与科学评价研究中心
咨询电话：010－85195244
　　　　　010－85195245
E-mail：jiangxh@ cass. org. cn
　　　　haory@ cass. org. cn

期刊简介著录示例

并列刊名
刊名
主办单位
中国社会科学＝Social Sciences in China / 中国社会科学院.
出版地
出版年
—北京：中国社会科学杂志社，1980—
出版单位
开本
出版频率
双月刊
大16开
国际标准刊号
ISSN 1002-4921
CN 11-1211
2-531
国内统一刊号
国内邮政发行号
北京市西城区鼓楼西大街甲158号（100720）
编辑部电话：010-64076113
http://www.cass.net.cn
E-mail: zbs@magazine.cass.net.cn
编辑单位地址、邮编、电话、网址及E-mail地址
人文社会科学综合性学术刊物。主要发表我国人文社会科学领域的学术研究成果，追求学术创新和学术规范，以此促进我国人文社会科学事业的繁荣和发展……
内容简介

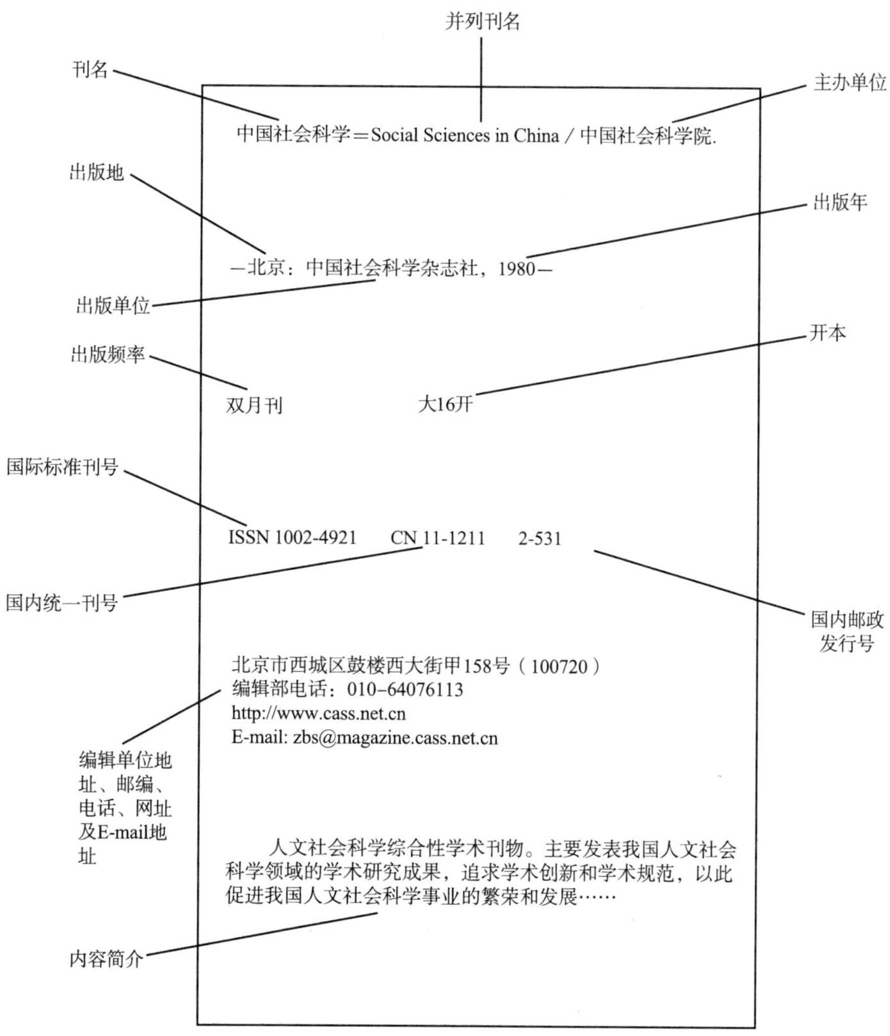

中国人文社会科学核心期刊要览（2008年版）研制报告

核心期刊研究是文献计量学的重要应用领域。早在20世纪30年代，英国著名文献学家布拉德福（S. C. Bradford）通过统计应用地球物理学论文和润滑领域论文在专业期刊上的分布规律，首次提出了涉及核心期刊效应问题的“布拉德福文献分散定律”（Bradford's law of scattering），指出刊载某一学科大量论文的期刊，是该学科载文量聚散分布中的核心期刊；认为把专业期刊上的专业论文数量，按降序排列，可以划分出对该专业最有贡献的核心区和论文数量与之相等的几个相继区域，这时核心区与相继各区的期刊数量成$1:a:a^2$……的关系。第一区载文密度最大，称为核心区域（nucleus）。在核心区域的期刊被视为该专业领域的核心期刊。20世纪60年代美国文献计量学家加菲尔德（E. Garfield）用类似方法从引文角度证实了核心期刊的存在。之后，众多学者对以上经验定律提出各种修正方案，从多方面发展了相关的文献计量学理论与模型，形成了诸多公认的定律和数学模型，并以大数据量的统计分析证实了核心期刊的客观实在性。我国的核心期刊研究自20世纪末广泛开展以来，已经取得许多重要成果，发表了大量的论文，研制出版了多种核心期刊指南和索引工具书。这些研究都从不同的需求和不同方面展示了学术期刊研究的各种特点和作用，有力地推动了核心期刊的研究与使用。

中国社会科学院文献信息中心文献计量学研究室2004年出版了《中国人文社会科学核心期刊要览》（2004年版），其主旨是通过对学术期刊发展规律和增长趋势的量化分析，找出期刊发展和应用中的核心部分，为便利学术期刊的使用和优化文献资源的利用提供参考服务。该书出版后得到读者特别是众多学术期刊编辑部的关心与支持，提出了很多宝贵意见。近四年来的学术期刊发展与进步，以及核心期刊理论的实践，为“中国人文社会科学核心期刊”的更新提供了较为宽阔的研究跨度。作为上一版（2004年版）的连续性成果，《中国人文社会科学核心期刊要览》（2008 年版）（以下简称《2008 版核心期刊》）的主要研制原则延续了上一版的内容，并根据实践的发展，做了一些重要的调整。今后它将在新的学术研究平台（“中国社会科学院文献计量与科学评价研究中心”）上不断完善。

一、定义与方法

我们将“中国人文社会科学核心期刊”的定义表述为：某学科（或某领域）的核心期刊，是指那些发表该学科（或该领域）论文较多、使用率（含被引率、转摘率和流通率）较高、学术影响较大的期刊。

根据上述定义中“发表学科论文较多”和“使用率较高”的概念，统计和筛选“中国人文社会科学核心期刊”的最基本着眼点，是通过统计期刊论文的各项量化指标来测定期刊的“学科论文产出率”和“学术影响力”。期刊论文是基本的统计单元。从我们的统计结果看，“发表学科论文较多”的期刊一般是专业期刊，而“使用率较高”的期刊，在各学科的统计中也是专业期刊占主导地位，综合性学术期刊占辅助地位。因而，在《2008 版核心期刊》的筛选结果中，“学科论文产出率”较高的期刊，一般是通过专业期刊体现出来的，专业期刊自然成为各学科“学科论文产出”的主体，因之，“学科论文产出率”的统计不是《2008 版核心期刊》的重点，而“学术影响力”统计，特别是期刊在学科中的影响力统计，才是《2008 版核心期刊》研制工作的重点和贯穿始终的主线。这条主线体现在：它使用以引用指标为主的综合统计方法来反映期刊的“学术影响力”，其主要特点是从期刊被利用的情况来评价和选择期刊。这种综合方法力求突出重点，以期刊引证报告的评价指标作为统计主体，同时注意指标的完整性和系统性，以及与其他参考指标的有机结合。在核心期刊的数量界定方面，主要依靠“被引频次”指标来统一度量；在生成分学科引证报告的“综合评价值”方面，主要是以加大“影响因子”和“被引量”指标的权重来突出重点。其操作过程也可以简单描述为：找出作者在撰写某学科或某研究领域的论文（作为一个集合）时，使用了哪些期刊，再从这些期刊中找出那些最为常用的期刊，进而测定出它们的核心区。

二、统计样本的数据来源

（一）引文统计数据

期刊的学术使用率统计主要由三个部分组成（见图 2 - 1）。

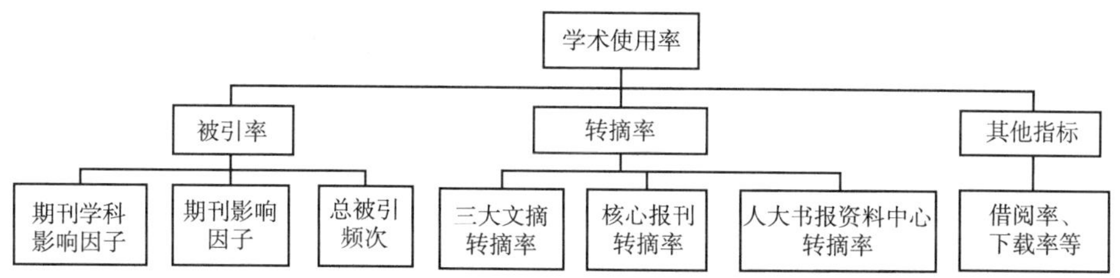

图2-1　期刊的学术使用率统计组成

由于图2-1中的"被引率"和"转摘率"的来源数据样本覆盖率和可比性比较好，所以用作《2008版核心期刊》统计的基准数据，其他的指标数据作为辅助参考。由于来源数据的可靠性、代表性和系统性非常重要，因而《2008版核心期刊》首选大型规范数据库进行数据统计和分析。统计数据主要来自三部分：

1. "中国人文社会科学引文数据库（CHSSCD）"是中国社会科学院文献信息中心建立的年度收文量较大的引文数据库，其来源期刊是经过严格筛选的主流期刊，数据质量较为可靠，具有较好的代表性。该库年收录的来源期刊为700种左右。作为统计指标的数据来源，《2008版核心期刊》选用了其中2000～2005年的引文数据作为主要样本分析数据，这些数据出自719种来源刊，涉及被引期刊26401种（其中作为样本统计对象的有901种），被引总频次达881751次。2006～2007年的统计数据作为参考数据，不列入样本统计范围。

该库的代表性主要体现在来源期刊的选择上。来源期刊的数量和质量情况是影响统计结果的前提条件。我国符合统计要求的学术期刊大约有3000多种。参照我国近期的学科论文数量比例和学科期刊数量比例，引证数据的合理选刊范围确定在600种至700种之间，占3000种的20%～23%。其选刊数量的界定依据是：如果该库各学科选取的期刊数量占与该学科相关的期刊总数量的20%左右，而其学科载文和被引频次的累积百分比能够同时达到各自总数的80%左右，那么由这些期刊统计出的数据和指标就有较好的代表性和说服力。根据文献计量学的集中分散理念，该库选出的来源期刊囊括了学术领域的权威期刊和优秀期刊，具有较高的学术质量，其产出的论文能较完整地反映出学科发展的主流趋向。

2. "中国人文社会科学转摘率统计数据库"是中国社会科学院文献信息中心建立的文摘种类统计量较大的转摘率统计数据库。现收录文摘刊物和附有文摘的重要学术刊物40余种，数据量30余万条。收录的转摘数据来自三种类型的报刊：①《中国社会科学文摘》、《新华文摘》和《高等学校文科学术文摘》；②重要报纸理论版和核心期刊中转摘的文章；③中国人民大学书报资料中心《复印报刊资料》。《2008版核心期刊》选用了其中1995～2006年的转摘数据作为统计数据。

3. 其他统计指标主要来自2003～2007年公开发表的期刊统计数据，包括其他评价系统公布的核心期刊、引文数据库来源期刊、期刊引证报告中的各类统计数据。

（二）来源数据的学科分类

期刊论文的学科分类以《中国图书馆分类法》（第四版）的学科分类为基础。由于我国人文社会科学论文涉及题材广泛，综合性和跨学科趋势明显，学科分得过细会出现论文归类不合理的现象，因而《2008版核心期刊》的学科根据统计的需要归为23个大类目，包括法学、管理学（含科学学、人才学）、环境科学、教育学、经济学、考古学、历史学、马克思主义、民族学、人口学、人文地理学、社会学、体育科学、统计学、文学、心理学、新闻学与传播学、艺术学、语言学、哲学、政治学、宗教学和图书馆、情报与文献学。其中经济学下列7个分支学科。

期刊的分类主要根据期刊的原定分类或根据其发文情况归类。

三、测定核心期刊的主要步骤、方法和指标

（一）确定各学科的期刊引证表

确定各学科的期刊引证表是测定核心期刊范围的前提条件。在核心期刊的统计分析中，期刊的引用与被引用状态，可以称为期刊的引证现象，这里统计的引证期刊主要是指被引用的期刊。这些引证期刊按期刊的分类可以分为该学科的专业期刊、其他专业期刊和综合性学术期刊，它们的集合形成《2008版核心期刊》的学科引证期刊表。

1. 期刊评价指标的选用

统计过程中的主要期刊评价指标包括：

①期刊总被引

“期刊总被引”指给定时间内，某期刊的全部学术论文被来源期刊论文所引用的总次数；“期刊学科总被引”则指给定时间内，某期刊的全部学术论文被来源期刊中某学科论文所引用的总次数。

该指标可以显示期刊被使用和重视的程度，以及在学术交流中的作用和地位。

②期刊影响因子

期刊影响因子＝某年引用该刊前两年论文的总次数/前两年该刊发表的论文总数。

期刊学科影响因子＝某年某学科论文引用该刊前两年论文的总次数/前两年该刊发表的论文总数。

期刊影响因子可以消除由于载文量不同而造成的不可比因素，有利于期刊引

用情况的比较。通常影响因子越大，它的学术影响力和作用也越大。

③转摘率

“转摘率”指给定时间内，某期刊所登载的学术论文被重要文摘刊物转摘的篇数与该刊发文总篇数的比值，它表示论文在更大范围的学术传播和受社会重视的程度。《2008 版核心期刊》在统计过程中直接使用了转摘频次指标。

其他评价指标还有：“他引量”、“学科载文量”、“引文率”、“即年影响因子”、“借阅率”和“下载率”等。其中“他引量”表示期刊的交流程度，《2008 版核心期刊》把“他引量”用作质量指标时，“他引量”还需附加上期刊自引中的非作者自引部分；“学科载文量”表示期刊的学科论文产出量；“引文率”（参考文献量/载文量）表示期刊的施引程度，在一定范围中反映期刊规范程度和学术含量；“即年影响因子”表示期刊受重视的速度；“借阅率”和“下载率”均表示期刊的使用程度。

在进行分学科统计中，期刊的学科评价指标是最为重要的，但考虑到学科的交融性和学科分类的误差，期刊的整体评价指标（如期刊总被引、期刊影响因子等）也被用作学科统计的重要指标。其他评价指标则被作为参考指标，根据重要程度的不同，分别赋予这些评价指标和评价要素相应的权重系数。

2. 确定分学科与综合性学术期刊的测度指标

①分学科的统计指标

《2008 版核心期刊》的分学科统计指标主要分为三类。

A 类：分学科影响因子及被引。基础指标包括：2005 年分学科影响因子、2003 ~2005 年分学科影响因子均值、基于 2005 年来源刊的分学科他引、基于 2003 ~2005 年来源刊的分学科被引。

B 类：影响因子。基础指标包括：2005 年影响因子；2003 ~2005 年影响因子均值。

C 类：转摘频次。基础指标包括：2003 ~2005 年中国人民大学书报资料中心《复印报刊资料》转摘频次；2003 ~2005 年核心期刊与重要报刊转摘频次；2003 ~2005 年《中国社会科学文摘》、《新华文摘》和《高等学校文科学术文摘》转摘频次；1995 ~2006 年全部（40 种报刊）转摘频次。

②综合性学术期刊的统计指标

综合性学术期刊与专业期刊的不同在于它的多学科性、跨学科性、研究领域的拓展与创新性。它在论文的总体产出量上，占有重要比重。使用者一般看重它的品牌效应（期刊的整体影响力）和它的优势领域与特色。其统计指标也分为三类。A 类：影响因子；B 类：转摘频次；C 类：在分学科的位次。

3. 确定指标的权重

各评价指标对评价对象的作用一般说来不是同等重要的，因此要对不同的评价指标赋予不同的权重系数。权重系数是反映评价指标重要程度的量化系数，权重系数大意味着重要程度高。一般权重系数要求作归一化处理（即 $g_i < 1$，且 $\sum_{i=1}^{n} g_i = 1$，式中 g_i 为权重系数）。权重系数的确定方法有多种，《2008 版核心期刊》主要使用了强制判定法，它将评价指标两两比较，两标准同等重要打 2 分；一项比另一项重要分别打 3 分和 1 分；一项比另一项更重要分别打 4 分和 0 分。最后计算出各评价指标的权重系数 g_i

$$g_i = \frac{k_i}{\sum_{i=1}^{n} k_i} \tag{2.1}$$

式中 k_i 为各评价指标的总分，n 为评价指标数。

①分学科学术期刊统计指标的权重分配

权重分配根据重要程度分别为：A 类（分学科影响因子及被引）0.6389；B 类（影响因子）0.2278；C 类（转摘频次）0.1314。表 2－1 是以上三类中 10 种指标的各自权重赋值表。

表 2－1　10 种指标的权重赋值表

评价因素	A	B	C	D	E	F	G	H	I	J	权　重
A	0	2	3	3	4	4	4	4	4	4	0.18
B	2	0	3	2	3	4	4	4	4	4	0.17
C	1	2	0	2	3	3	4	4	4	4	0.15
D	1	1	2	0	3	3	4	4	4	4	0.14
E	0	1	1	1	0	3	4	4	4	4	0.12
F	0	0	1	1	1	0	4	4	4	4	0.11
G	0	0	0	0	0	0	1	1	0	1	0.02
H	0	0	0	0	0	0	3	0	1	3	0.04
I	0	0	0	0	0	0	3	3	0	3	0.05
J	0	0	0	0	0	0	3	1	1	0	0.03

表 2－1 中的评价因素代码分别为：A＝2005 年分学科影响因子；B＝2003～2005 年分学科影响因子均值；C＝基于 2005 年来源刊的分学科他引频次；D＝基于 2003～2005 年来源刊的分学科被引频次；E＝2005 年影响因子；F＝2003～2005

年影响因子均值；G =2003 ~2005 年中国人民大学书报资料中心《复印报刊资料》转摘频次；H =2003 ~2005 年核心期刊与重要报刊转摘频次；I =2003 ~2005 年《中国社会科学文摘》、《新华文摘》和《高等学校文科学术文摘》转摘频次；J =1995 ~2006 年全部转摘频次。

②综合性学术期刊统计指标的权重分配

综合性学术期刊的权重分配方法与分学科类似。其权重分配比重为：A 类（影响因子）与 B 类（转摘频次）占八成，C 类（在分学科的位次）占两成。

3. 综合值的生成步骤

利用模糊数学中的多层次综合评判原理，能够建立起相对科学、切实可行的综合评判模型。模糊综合评判法是一种利用集合论和模糊数学理论进行定量评价的方法，是一种模糊综合决策常用的数学工具。综合值的统计步骤如下：

①确定因素集合

因素集合：U = （U_1，U_2，…，Un）

比如：U = ｛学科影响因子，学科总被引频次，期刊总被引频次｝

②按期刊初选值构建矩阵

$$V = \begin{bmatrix} v_{11} & v_{12} & \cdots & v_{1j} & \cdots & v_{1J} \\ v_{21} & v_{22} & \cdots & v_{2j} & \cdots & v_{2J} \\ \cdots & \cdots & \cdots & \cdots & \cdots & \cdots \\ v_{i1} & v_{i2} & \cdots & v_{ij} & \cdots & v_{iJ} \\ \cdots & \cdots & \cdots & \cdots & \cdots & \cdots \\ v_{I1} & v_{I2} & \cdots & v_{Ij} & \cdots & v_{IJ} \end{bmatrix}$$

式中 I 为期刊编号；J 为评价指标编号；V_{ij} 表示第 i 个刊对第 j 个评价指标的统计量。

③确立隶属度函数，构成评价集合

隶属度是表示方案中某项因素对评价指标的从属程度，是一个 0 ~1 之间的数值，数值越接近 1，表明隶属度越高。

第 i 个刊对第 j 个评价指标的隶属函数为：

$$c_{ij} = \frac{v_{ij}}{\bigvee_{i=1}^{I}(v_{ij})} \tag{2.2}$$

将初选矩阵的统计值 $V_{ij} = (i = 1\cdots I,\ \ j = 1\cdots J)$ 经隶属函数换算成 c_{ij}，构成指标评价矩阵 C：

$$C=\begin{bmatrix} c_{11} & c_{12} & \cdots & c_{1j} & \cdots & c_{1J} \\ c_{21} & c_{22} & \cdots & c_{2j} & \cdots & c_{2J} \\ \cdots & \cdots & \cdots & \cdots & \cdots & \cdots \\ c_{i1} & c_{i2} & \cdots & c_{ij} & \cdots & c_{iJ} \\ \cdots & \cdots & \cdots & \cdots & \cdots & \cdots \\ c_{I1} & c_{I2} & \cdots & c_{Ij} & \cdots & c_{IJ} \end{bmatrix}$$

④引入权重向量 $A=(a_1,a_2,\cdots,a_j,\cdots,a_J)$

$a_1,a_2,\cdots,a_j,\cdots,a_J$ 为各评判因素的权数，该权数满足归一化条件：

$$\sum_{j=1}^{J}a_j=1 \tag{2.3}$$

⑤对指标评价矩阵作加权平均，算出综合值：

$$B=A*C^T=(a_1,a_2,\cdots,a_j,\cdots,a_J)\begin{bmatrix} c_{11} & c_{12} & \cdots & c_{1j} & \cdots & c_{1J} \\ c_{21} & c_{22} & \cdots & c_{2j} & \cdots & c_{2J} \\ \cdots & \cdots & \cdots & \cdots & \cdots & \cdots \\ c_{i1} & c_{i2} & \cdots & c_{ij} & \cdots & c_{iJ} \\ \cdots & \cdots & \cdots & \cdots & \cdots & \cdots \\ c_{I1} & c_{I2} & \cdots & c_{Ij} & \cdots & c_{IJ} \end{bmatrix}^T$$

$$=(b_1,b_2,\cdots,b_i,\cdots,b_I) \tag{2.4}$$

其中 $b_i=\sum_{j=1}^{J}a_j\cdot c_{ij}$

b_i 为第 i 个期刊的综合评价值，把期刊按 b 值大小递减排序，作为分学科期刊引证表中的“综合值”。

（二）确定各学科的核心期刊预选范围

核心期刊的数量界定有多种方法。《2008 版核心期刊》的界定原则是：当引证表中的评价指标“学科被引累计百分比”达到 70% 或 80% 时，其相对应的期刊数量成为核心期刊的预选范围。由于各学科的载文、被引和期刊数量有所不同，这个范围也有相应的波动。因而，各学科的核心期刊选择范围会依据学科特点作小范围的调整。“学科被引累积百分比”指标是表示一定数量的期刊在某学科论文（集合）产出中的使用率（或称为“学术贡献率”和“学术影响力”）的累积程度。

以下用两个学科核心区的界定表加以说明：

例 1：图书馆、情报与文献学专业期刊核心区分析在分学科的被引期刊统计中，被图书馆、情报与文献学论文引用的各类期刊有 757 种，在前 556 种中含有专业期刊 44 种（图 2－2）。

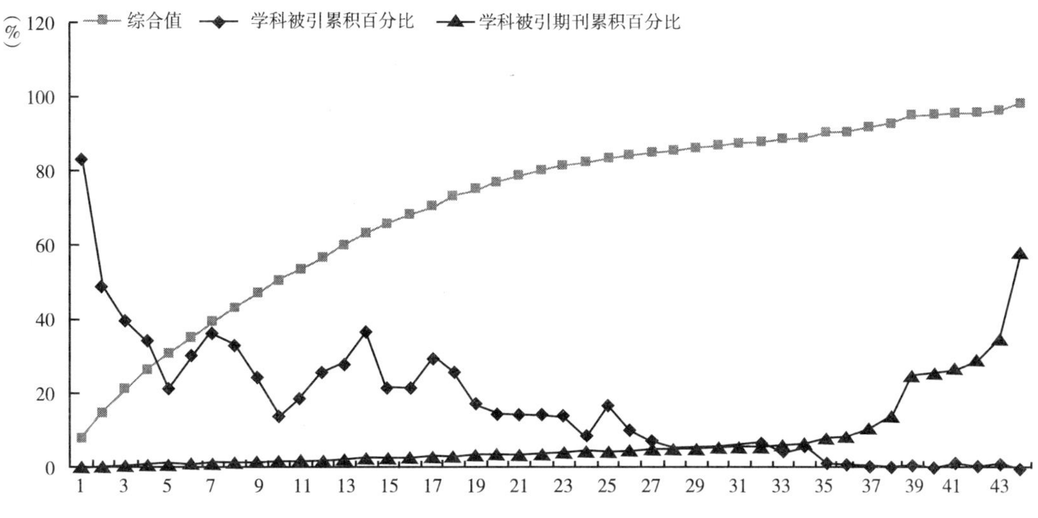

图 2－2　图书馆、情报与文献学专业期刊核心区分析

例 2：语言学专业期刊核心区分析

在分学科的被引期刊统计中，被语言学论文引用的各类期刊有 519 种，在前 376 种中含有专业期刊 34 种（图 2－3）。

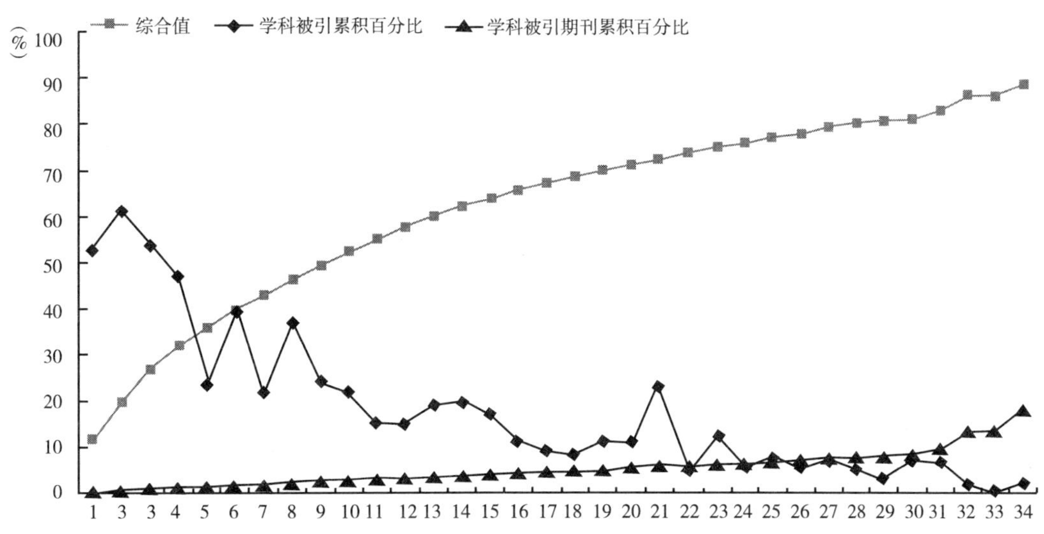

图 2－3　语言学专业期刊核心区分析

以上两例图中，三条曲线分别是“学科被引累积百分比”、“学科被引期刊累积百分比”和数据的“综合值”指标，以“学科被引累积百分比”为基准作图。从图中可以看出，当“学科被引累积百分比”的累积量达到80%时，图2－2对应的期刊种数为22种，专业期刊种数同为22种（占统计期刊总数的4%），图2－3对应的期刊种数为29种，其中专业期刊为28种（占统计期刊总数的7.7%）；当“学科被引累积百分比”的累积值取70%时，上述专业期刊分别为17种和19种。上述两条曲线主要用以确定核心区范围。上述数据分析表明这两个学科的专业期刊核心效应非常明显，核心区内的期刊基本上是高质量的专业期刊。在以上两例图中，“综合值”曲线为10种数据指标的加权综合值，是期刊的质量指标，在最后的分析中，它还需要用专家论证指标进行加权复合，然后用于期刊排序位次的调整。

（三）专家论证

把核心期刊的备选表送专家评审。专家参考数据综合值的情况，主要从定性的角度，即从期刊的学术水平和影响、期刊对推动学科发展的作用等综合方面进行评估，同时也参考期刊的其他指标进行分析，如期刊的获奖情况、编辑水平、作者构成情况。我们重点邀请了各学科的部分权威专家和上一版核心期刊编辑部的部分专家参加评审。

专家根据定量分析形成的排序表对备选期刊进行定性评价打分，定性评价指标为五项：

A. 期刊学术性（期刊内容的学术含量及比重）；

B. 论文的学理性与创新性；

C. 编辑质量（编校差错率及选题策划能力）；

D. 学术规范性（论文的写作规范和著录规范）；

E. 刊物公信度（学术水平与学风的社会认同度）。

上述五项评价因素（A、B、C、D、E）要求专家分别打分；每项满分为5分（分差表示优、良、中、差、劣的等级程度），并分别给予五项评价因素权重值（A＝3、B＝2.5、C＝2、D＝1.5、E＝1），然后统计出专家评价值。

（四）确定综合评价值

把专家对各期刊的评价值作隶属度处理，之后将专家评价值加权0.3，再将学科引证表中的“综合值”（数据综合值）加权0.7，算出“综合评价值”，之后按数值大小递减顺序排列。在实际操作过程中，上述加权值有可能根据学科的情况作小幅度调整。这样的权重的分配，旨在体现量化统计为主，定量分析与定性分析相结合的评审原则。图2－4是以一个学科为例，表示上述专家评审结果与数据综合值的取向大体一致。

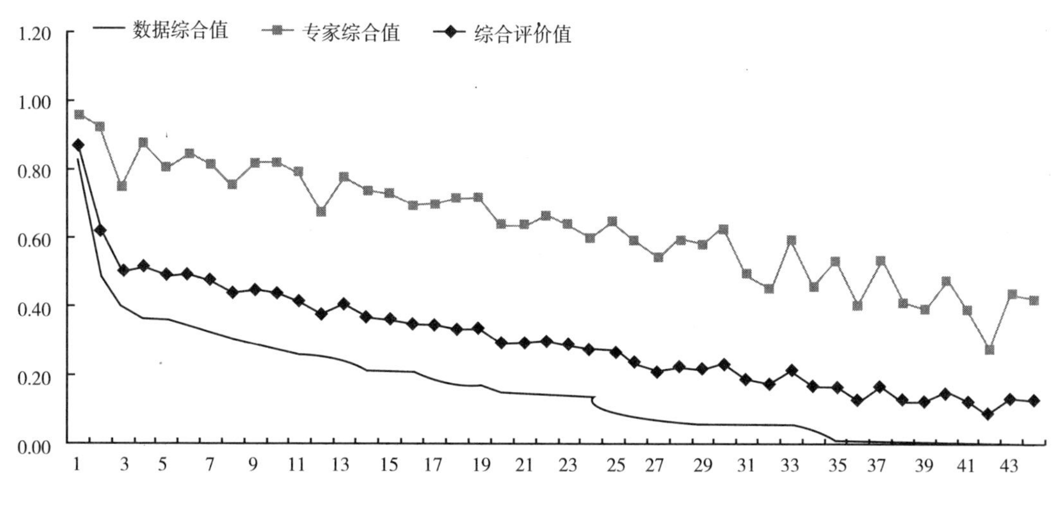

图 2－4　图书馆、情报与文献学期刊定量统计与专家定性分析比较

注：（x 轴）期刊序号；（y 轴）隶属度。

图 2－4 中居上曲线为“专家综合值”，居下曲线为“数据综合值”，居中曲线为这两条曲线加权后形成的“综合评价值”。

（五）综合性学术期刊的统计

综合性学术期刊在各学科的总使用率中占有重要比重，是统计分析的重点。综合性学术期刊的统计原则是既重视其在具体学科的应用，又注重它的跨学科特点。

由于读者或作者在使用学术期刊时，总是从学科角度或某一研究方向去利用期刊，因而综合性学术期刊的作用首先体现在各种具体的学科应用中。在具体学科或研究领域的核心期刊筛选中，综合性学术期刊是不可或缺的。但是，综合性学术期刊与专业期刊是有显著区别的。综合性期刊的主要特征是载文的多学科性和跨学科性，因而不宜在分学科的统计中认定它的整体学术影响力，也不宜加入期刊的学科载文量指标进行统计。

《2008 版核心期刊》在生成分学科引证报告中，进行了不分专业期刊和综合性学术期刊类别的混合统计，旨在反映期刊的实际应用情况。在后期的分学科统计过程中，专业期刊单独列表统计，综合性学术期刊按特定指标另行列表统计，其他专业的期刊各自归所属学科进行列表统计；这样，最后公布的各学科核心期刊表只列出专业核心期刊表和综合性学术期刊表，目的在于适应期刊使用者的习惯。如果使用者需要了解某学科的使用率比较高的全部期刊，可以参考分学科的期刊引证表。

为了说明综合性学术期刊在分学科统计中的作用，以下用法学论文引用的全部期刊作案例分析。下面的三个表，是把这些期刊按被引用频次降序排列，再用其三个数量段作期刊学科的类别统计。其中，表 2 – 2 为前 106 种期刊的种类数量分布情况，表 2 – 3 与表 2 – 4，分别是前 85 种和前 50 种的分布情况。

表 2 – 2　法学论文引用的前 106 种期刊的种类数量分布

学科分类	数量	学科分类	数量
综合性人文社会科学	41	哲学	1
法律	34	劳动经济	1
中国政治	5	科学学（含未来学）	1
财政、金融	5	政治理论	1
社会学	2	环境科学	1
经济理论	2	管理学	1
贸易经济	2	中国经济	1
世界经济	1	民族学	1
图书馆、情报与文献学	1		

表 2 – 3　法学论文引用的前 85 种期刊的种类数量分布

学科分类	数量	学科分类	数量
法律	33	哲学	1
综合性人文社会科学	32	图书馆、情报与文献学	1
中国政治	4	民族学	1
财政、金融	4	贸易经济	1
社会学	2	劳动经济	1
经济理论	2	科学学（含未来学）	1
政治理论	1	环境科学	1

表 2 – 4　法学论文引用的前 50 种期刊的种类数量分布

学科分类	数量	学科分类	数量
法律	32	经济理论	1
综合性人文社会科学	15	财政、金融	1
中国政治	1		

上述三个表中，综合性学术期刊在不同范围的数量变化，显示综合性学术期刊有较大的贡献力，而在分学科领域的核心区中，专业期刊占有相对的优势，因而对综合性学术期刊来说，有必要再进行单独统计以彰显其在全部学科中和论文

产出总量中的重要作用。

综合性学术期刊的三类统计指标基本体现了上述意图：A 类（影响因子）和 B 类（转摘频次）反映期刊的整体影响力，C 类（在分学科的位次）反映在各学科的影响力。在实际操作过程中，C 类指标常用综合性学术期刊进入分学科核心区的学科数量值来表示其在分学科的影响力和影响广度。

根据统计结果分析，综合性学术期刊的整体影响力与其在各学科的影响力一般呈正相关的关系。表 2－5 是综合性学术期刊前 20 名的列表，表中的“数据综合值”指标（由 10 种指标加权归一后的隶属度值）反映了期刊的影响力程度，其中“进入核心区的学科数量”指标则表示该刊在分学科影响的广度。

表 2－5　综合性学术期刊前 20 名列表

序号	刊名	数据综合值	进入核心区的学科数量	序号	刊名	数据综合值	进入核心区的学科数量
1	中国社会科学	0.98	26	11	社会科学	0.27	15
2	中国人民大学学报	0.38	14	12	文史哲	0.26	9
3	北京大学学报	0.37	20	13	国外社会科学	0.26	15
4	学术月刊	0.31	13	14	社会科学研究	0.25	15
5	社会科学战线	0.30	17	15	浙江社会科学	0.25	15
6	江海学刊	0.29	14	16	河北学刊	0.25	9
7	学术研究	0.29	17	17	浙江学刊	0.24	14
8	江苏社会科学	0.29	15	18	南京大学学报	0.23	11
9	北京师范大学学报	0.28	14	19	吉林大学社会科学学报	0.23	13
10	复旦学报	0.28	15	20	厦门大学学报	0.23	12

四、《2008 版核心期刊》评选结果分析

（一）核心期刊的数量变化与分布

《2008 版核心期刊》评选出核心期刊 386 种。相比 2004 年版的 344 种，总量增加了 42 种。在这 386 种期刊中，蝉联 2004 年版的核心期刊的数量为 301 种，占 2004 年版总数的 87.5%，淘汰率为 12.5%。核心期刊的数量增长，以及核心区边缘部分的较高更新率现象，从一个侧面反映了四年来核心期刊的发展变化。由于各学科发展的不平衡，各学科的专业核心期刊数量也有所变化（图 2－5）。

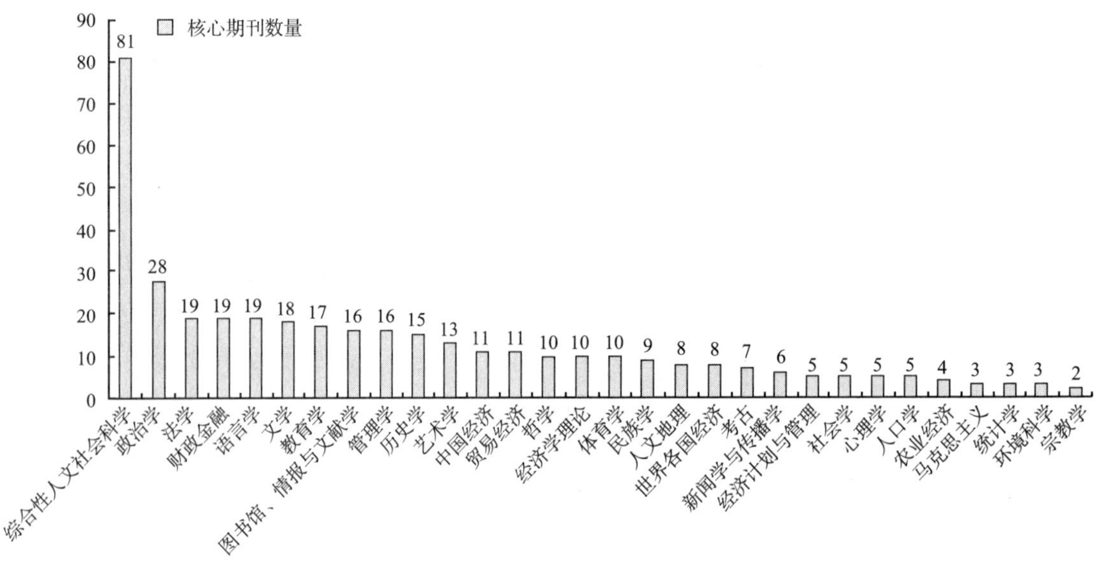

图 2－5　《2008 版核心期刊》各学科专业核心期刊的数量分布

我国学术期刊大多数隶属于某种类型的机构团体，这种隶属关系在不同程度上影响着期刊的发展和定位。图 2－6 表示《2008 版核心期刊》的机构背景情况，可以看出高校和科研机构的核心期刊数量平分秋色，共占总数的 70%，处于主导地位。

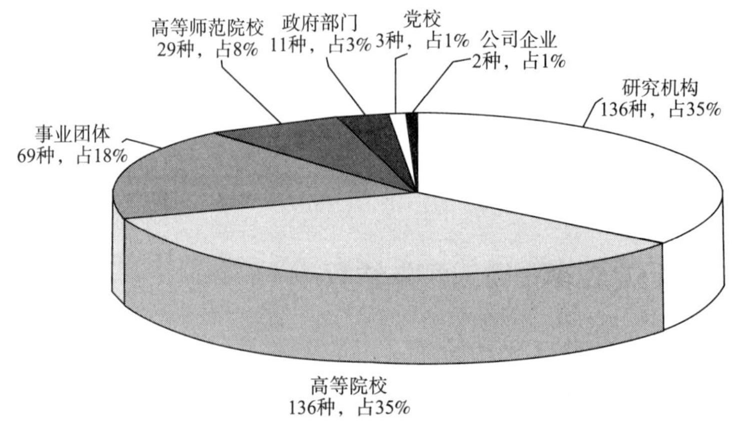

图 2－6　《2008 版核心期刊》所属机构类型比例

图 2－7 中，《2008 版核心期刊》的地区分布呈现出极不平衡状态，北京地区占绝对优势。

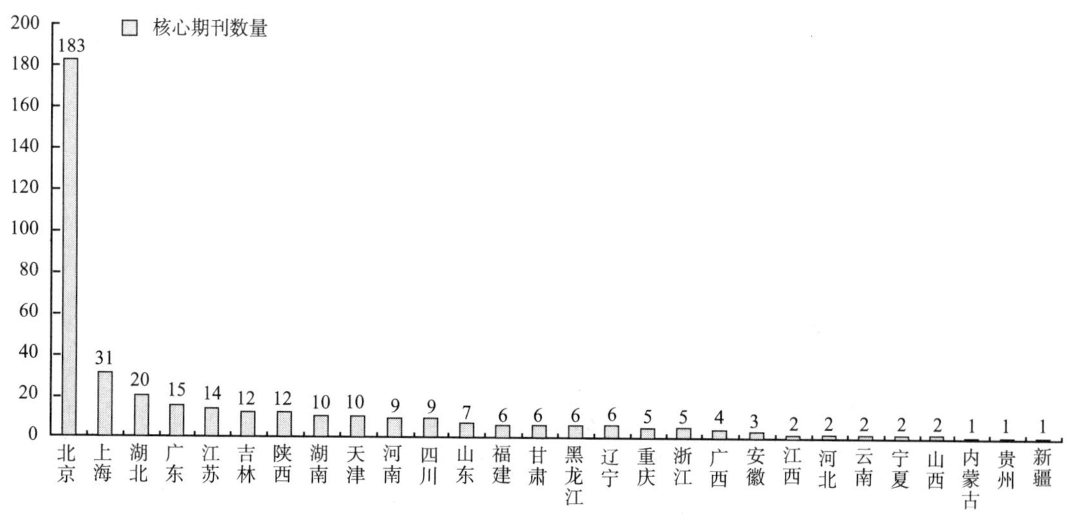

图 2－7 《2008 版核心期刊》的地区数量分布

以上图表展示了《2008 版核心期刊》的一些变化特征，以及它的构成与内容。

（二）贯彻为科研服务的研制原则，加强评价功能

《2008 版核心期刊》的研制基本上保持了上一版的主导思想，即始终围绕着以使用率分析为基础的统计原则，注重学科特点，处理好定量统计与定性分析之间的关系。在这个前提下，根据期刊的发展变化做了一些改动：

1. 去除一些指标虽高，但学术性不强的期刊

在统计过程中发现，学术使用率高的期刊并非都是原创性和学理性的刊物；一些含有较多通信类、资料类、数据指标类、工具索引类内容的学术刊物也有较高的学术使用率，读者和研究者同样需要这类期刊。《2008 版核心期刊》根据评价需求，排除了少数学术使用率较高，但学术含量不高、缺少研究深度的期刊，加强核心期刊的学理性和原创性的评价功能。《2008 版核心期刊》的 5 项专家评估指标属于定性评审范围，对于一些无法定量统计的定性内容有直接的测度效用，例如其中对期刊的学风和公信力的测度。

2. 重视二级学科及显学研究领域中的优秀期刊

在大学科的统计中，二级学科和显学研究领域的期刊容易被忽视。在《2008 版核心期刊》的统计过程中，增加了一些体现二级学科的指标和权重，并在最后的综合调整中，注意备选期刊的学科类别特点。此外，对少量有特色的，专家重点推荐的，但由于使用率不高而难以进入核心区的优秀期刊，《2008 版核心期刊》尝试向读者作部分推荐介绍，以期扩大优秀期刊的应用范围。

3. 提供多种附表，以方便利用

最后公布的“核心期刊表”和“期刊引证表”是最重要的两个主表，此外，为了方便使用者，《2008 版核心期刊》还对来源期刊作了简单介绍，并对核心期刊作了不同角度的排序制表。

（三）正确理解和使用核心期刊

任何评价系统都会有一定的适用范围，核心期刊的评选也不例外。从《2008 版核心期刊》的研制方法和指标分析，根据以引用指标为主的期刊使用率高低来判断期刊的影响力，进而推断期刊的学术质量，是有一定的单一目的性的。尽管有专家论证的定性评价作补充，并包含了对权威期刊和优秀期刊的测度，但它还算不上是对期刊的全面综合评价。它的直接使用价值，可以说是为读者、作者和馆藏部门提供各学科使用率很高的少数学术期刊。利用这些期刊可以快速便捷地了解各个学科或各研究领域的动态和发展，此外，作者在这些期刊登稿也可以获得较大的传播范围。一般来说，核心期刊的评选活动与期刊的评优、评奖活动有所不同：前者重视期刊的学术影响力和期刊的优化使用，注意按学科和研究领域评选和使用期刊；后者注重鼓励和提高期刊的整体水平，意在通过期刊的评优活动，推动期刊质量的全面提高，如提高期刊的政治质量、学术水平、编辑质量和发行量，它可以分级或分类按地区、按部门展开评选。了解这些不同点，有利于核心期刊的合理使用。

由于核心期刊的界定要服从集中分散定律，因而即使某些学科的优秀期刊很多，也不可能都进入核心区范围；有些小研究领域的优秀期刊，如果放在大学科中评选会因其使用率相对不高而排不上队，如果按小学科或小专业领域分析则会由于无法确定期刊核心区的存在而落选。结果是核心期刊不一定包括全部的优秀期刊。此外，核心区与非核心区没有绝对的界线，处于界线边缘区域的期刊水平一般相差不多。因而，在使用核心期刊的评价功能时应注意其局限性，并注意与具体的评价体系相结合。

《2008 版核心期刊》的研制工作得到了各级领导和各学科专家的大力支持。许多同行专家、评审专家和期刊编辑部专家都提出了很多很好的建议，给予了我们很大的帮助。我们的工作必定存在着不少的问题和不妥之处，因而衷心希望读者提出宝贵意见，促进我们未来的工作。

项目主持人　姜晓辉

2008 年 12 月 1 日

核心期刊表

一　马克思主义、哲学、心理学、宗教

马克思主义学科专业核心期刊

序号	刊　　名	主　办　单　位
1	马克思主义研究	中国社会科学院马克思列宁主义毛泽东思想研究所
2	毛泽东思想研究	四川省社会科学院
3	马克思主义与现实	中共中央编译局当代马克思主义研究所

哲学专业核心期刊

序号	刊　　名	主　办　单　位
1	哲学研究	中国社会科学院哲学研究所
2	哲学动态	中国社会科学院哲学研究所
3	中国哲学史	中国哲学史学会
4	自然辩证法研究	中国自然辩证法研究会
5	道德与文明	中国伦理学会，天津市社会科学院
6	现代哲学	广东省哲学学会
7	自然辩证法通讯	中国科学院研究生院
8	周易研究	山东大学，中国周易学会
9	伦理学研究	湖南师范大学
10	孔子研究	中国孔子基金会

心理学专业核心期刊

序号	刊　　名	主　办　单　位
1	心理学报	中国心理学会，中国科学院心理研究所
2	心理科学	中国心理学会
3	心理发展与教育	北京师范大学
4	心理科学进展	中国科学院心理研究所
5	中国心理卫生杂志	中国心理卫生协会

宗教学专业核心期刊

序号	刊　　名	主　办　单　位
1	世界宗教研究	中国社会科学院世界宗教研究所
2	宗教学研究	四川大学道教与宗教文化研究所

二　语言、文学、艺术

语言学专业核心期刊

序号	刊　　名	主　办　单　位
1	中国语文	中国社会科学院语言研究所
2	外语教学与研究	北京外国语大学
3	中国翻译	中国翻译协会
4	外国语（上海外国语大学学报）	上海外国语大学
5	现代外语	广东外语外贸大学

6	方言	中国社会科学院语言研究所
7	外语界	上海外国语大学
8	当代语言学	中国社会科学院语言研究所
9	世界汉语教学	北京语言大学
10	语言教学与研究	北京语言大学
11	语言文字应用	教育部语言文字应用研究所
12	外语与外语教学	大连外国语学院
13	外语教学	西安外国语学院
14	语言研究	华中科技大学中国语言研究所
15	民族语文	中国社会科学院民族学与人类学研究所
16	汉语学习	延边大学
17	外语学刊	黑龙江大学
18	语言科学	江苏徐州师范大学《语言科学》杂志社
19	古汉语研究	湖南师范大学

文学专业核心期刊

序号	刊　名	主　办　单　位
1	文学评论	中国社会科学院文学研究所
2	外国文学评论	中国社会科学院外国文学研究所
3	文学遗产	中国社会科学院文学研究所
4	当代作家评论	辽宁省作家协会
5	文艺理论研究	中国文艺理论学会，华东师范大学中文系

6	中国现代文学研究丛刊	中国现代文学馆
7	文艺研究	中国艺术研究院
8	外国文学研究	华中师范大学
9	文艺争鸣	吉林省文学艺术界联合会
10	红楼梦学刊	中国艺术研究院
11	中国比较文学	上海外国语大学，中国比较文学学会
12	鲁迅研究月刊	鲁迅博物馆
13	外国文学	北京外国语大学
14	小说评论	陕西省作家协会
15	民族文学研究	中国社会科学院民族文学研究所
16	文艺理论与批评	中国艺术研究院
17	明清小说研究	江苏省社会科学院文学研究所明清小说研究中心
18	国外文学	北京大学

艺术学专业核心期刊

序号	刊　　名	主　办　单　位
1	音乐研究	人民音乐出版社
2	中央音乐学院学报	中央音乐学院
3	中国音乐	中国音乐学院
4	人民音乐	中国音乐家协会
5	电影艺术	中国电影家协会
6	中国音乐学	中国艺术研究院音乐研究所
7	音乐艺术（上海音乐学院学报）	上海音乐学院

8	当代电影	中国电影艺术研究中心，中国传媒大学
9	黄钟（武汉音乐学院学报）	武汉音乐学院
10	美术研究	中央美术学院
11	北京电影学院学报	北京电影学院
12	戏剧（中央戏剧学院学报）	中央戏剧学院
13	民族艺术	广西民族文化艺术研究院

三　历史、考古、人文地理

历史学专业核心期刊

序号	刊　　名	主　办　单　位
1	历史研究	中国社会科学院
2	近代史研究	中国社会科学院近代史研究所
3	中国史研究	中国社会科学院历史研究所
4	史学月刊	河南大学，河南省历史学会
5	世界历史	中国社会科学院世界历史研究所
6	清史研究	中国人民大学清史研究所
7	史学理论研究	中国社会科学院世界历史研究所、近代史研究所、历史研究所
8	抗日战争研究	中国抗日战争史学会
9	史林	上海市社会科学院历史研究所
10	中国农史	中国农业历史学会，南京农业大学

序号	刊名	主办单位
11	史学史研究	北京师范大学史学研究所
12	民国档案	中国第二历史档案馆
13	历史档案	中国第一历史档案馆
14	安徽史学	安徽省社会科学院
15	中国边疆史地研究	中国社会科学院中国边疆史地研究中心

考古学专业核心期刊

序号	刊名	主办单位
1	考古	中国社会科学院考古研究所
2	文物	文物出版社
3	考古学报	中国社会科学院考古研究所
4	考古与文物	陕西省考古研究院
5	华夏考古	河南省文物考古研究所，河南省文物考古学会
6	中原文物	河南博物院
7	敦煌研究	敦煌研究院

人文地理学专业核心期刊

序号	刊名	主办单位
1	人文地理	中国地理学会，西安外国语大学
2	经济地理	中国地理学会，湖南省经济地理研究所
3	城市规划	中国城市规划学会
4	城市规划学刊	同济大学
5	中国历史地理论丛	陕西师范大学

6	旅游学刊	北京联合大学旅游学院
7	城市问题	北京市社会科学院
8	地域研究与开发	河南省科学院地理所，河南省发展计划委员会地理所

四　政治、法律

政治学专业核心期刊

序号	刊　　名	主　办　单　位
1	世界经济与政治	中国社会科学院世界经济与政治研究所
2	政治学研究	中国社会科学院政治学研究所
3	现代国际关系	中国现代国际关系研究院
4	国际问题研究	中国国际问题研究所
5	欧洲研究	中国社会科学院欧洲研究所
6	美国研究	中国社会科学院美国研究所，中华美国学会
7	国家行政学院学报	国家行政学院
8	俄罗斯中亚东欧研究	中国社会科学院俄罗斯东欧中亚研究所
9	当代亚太	中国亚洲太平洋学会，中国社会科学院亚洲太平洋研究所
10	当代世界与社会主义	中共中央编译局世界社会主义研究所，中国国际共运史学会

11	理论前沿	中共中央党校邓小平理论和“三个代表”重要思想研究中心
12	国际论坛	北京外国语大学
13	国际观察	上海外国语大学
14	求是	中国共产党中央委员会
15	国际政治研究	北京大学
16	拉丁美洲研究	中国社会科学院拉丁美洲研究所
17	日本学刊	中国社会科学院日本研究所，中华日本学会
18	教学与研究	中国人民大学
19	新视野	中共北京市委党校，北京行政学院
20	中共中央党校学报	中共中央党校
21	太平洋学报	中国太平洋学会，汕头大学法学院
22	东南亚研究	暨南大学东南亚研究所
23	中共党史研究	中共中央党史研究室
24	北京行政学院学报	北京行政学院
25	西亚非洲	中国社会科学院西亚非洲研究所
26	社会主义研究	华中师范大学
27	台湾研究	中国社会科学院台湾研究所
28	党的文献	中共中央文献研究室，中央档案馆

法学专业核心期刊

序号	刊　名	主　办　单　位
1	法学研究	中国社会科学院法学研究所
2	中国法学	中国法学会
3	中外法学	北京大学法学院

4	法学	华东政法大学
5	法商研究	中南财经政法大学
6	政法论坛	中国政法大学
7	法律科学（西北政法大学学报）	西北政法大学
8	法学评论	武汉大学
9	现代法学	西南政法大学
10	法制与社会发展	吉林大学
11	比较法研究	中国政法大学比较法研究所
12	法学家	中国人民大学
13	环球法律评论	中国社会科学院法学研究所
14	行政法学研究	中国政法大学
15	知识产权	中国知识产权研究会
16	政治与法律	上海市社会科学院法学研究所
17	法学论坛	山东省法学会
18	法学杂志	北京市法学会
19	中国刑事法杂志	中国检察理论研究所，最高人民检察院检察理论研究所

五　经济

经济学理论专业核心期刊

序号	刊　　名	主　办　单　位
1	经济研究	中国社会科学院经济研究所
2	经济学动态	中国社会科学院经济研究所

序号	刊名	主办单位
3	经济社会体制比较	中共中央编译局当代马克思主义研究所
4	经济评论	武汉大学经济学院
5	经济学家	西南财经大学
6	当代经济研究	中国资本论研究会，长春税务学院
7	经济科学	北京大学经济学院
8	南开经济研究	南开大学经济学院
9	数量经济技术经济研究	中国社会科学院数量经济与技术经济研究所
10	当代经济科学	西安交通大学

世界各国经济（含各国经济史、经济地理）专业核心期刊

序号	刊　名	主　办　单　位
1	世界经济	中国世界经济学会，中国社会科学院世界经济与政治研究所
2	国际经济评论	中国社会科学院世界经济与政治研究所
3	世界经济研究	上海市社会科学院世界经济研究所
4	现代日本经济	吉林大学，全国日本经济学会
5	世界经济与政治论坛	江苏省社会科学院世界经济研究所
6	国际经济合作	商务部国际贸易经济合作研究院
7	外国经济与管理	上海财经大学
8	亚太经济	福建省社会科学院亚太经济研究所

中国经济专业核心期刊

序号	刊　名	主　办　单　位
1	中国工业经济	中国社会科学院工业经济研究所

序号	刊名	主办单位
2	**中国经济史研究**	中国社会科学院经济研究所
3	**改革**	重庆市社会科学院
4	**宏观经济研究**	国家发展和改革委员会宏观经济研究院
5	**上海经济研究**	上海市社会科学院经济研究所
6	**中国经济问题**	厦门大学经济研究所
7	**经济体制改革**	四川省社会科学院
8	**中国社会经济史研究**	厦门大学历史研究所
9	**经济纵横**	吉林省社会科学院（社科联）
10	**开发研究**	甘肃省社会科学院
11	**重庆工商大学学报（西部论坛）**	重庆工商大学

经济计划与管理专业核心期刊

序号	刊　名	主　办　单　位
1	**管理世界**	国务院发展研究中心
2	**南开管理评论**	南开大学商学院
3	**经济理论与经济管理**	中国人民大学
4	**经济管理**	中国社会科学院工业经济研究所
5	**经济与管理研究**	首都经济贸易大学，中国工业经济学会

农业经济专业核心期刊

序号	刊　名	主　办　单　位
1	**中国农村经济**	中国社会科学院农村发展研究所
2	**农业经济问题**	中国农业经济学会，中国农业科学院农业经济与发展研究所

序号	刊名	主办单位
3	**中国农村观察**	中国社会科学院农村发展研究所
4	**中国土地科学**	中国土地学会

贸易经济专业核心期刊

序号	刊　名	主　办　单　位
1	**国际贸易问题**	对外经济贸易大学
2	**财贸经济**	中国社会科学院财贸经济研究所
3	**商业经济与管理**	浙江工商大学
4	**国际经贸探索**	广东外语外贸大学
5	**商业研究**	哈尔滨商业大学
6	**国际商务研究（上海对外贸易学院学报）**	上海对外贸易大学
7	**消费经济**	湘潭大学，湖南商学院，湖南师范大学
8	**首都经济贸易大学学报**	首都经济贸易大学
9	**广东商学院学报**	广东商学院
10	**北京工商大学学报．社会科学版**	北京工商大学
11	**俄罗斯中亚东欧市场**	中国社会科学院俄罗斯东欧中亚研究所

财政金融专业核心期刊

序号	刊　名	主　办　单　位
1	**金融研究**	中国人民银行，中国金融学会
2	**国际金融研究**	中国国际金融学会
3	**会计研究**	中国会计学会
4	**财经研究**	上海财经大学

序号	刊名	主办单位
5	金融论坛	城市金融研究所，中国城市金融学会
6	财政研究	中国财政学会
7	税务研究	中国税务学会，中国税务杂志社
8	财经问题研究	东北财经大学
9	证券市场导报	深圳证券交易所
10	当代财经	江西财经大学
11	保险研究	中国保险学会，中国人民保险公司保险研究所
12	中央财经大学学报	中央财经大学
13	财经理论与实践	湖南大学
14	投资研究	中国建设银行股份有限公司，中国投资学会
15	财经科学	西南财经大学
16	广东金融学院学报	广东金融学院
17	新金融	交通银行
18	中国金融	中国金融出版社
19	上海财经大学学报	上海财经大学

六　社会学、人口学、民族学

社会学专业核心期刊

序号	刊　名	主　办　单　位
1	社会学研究	中国社会科学院社会学研究所
2	青年研究	中国社会科学院社会学研究所

序号	刊名	主办单位
3	妇女研究论丛	全国妇联妇女研究所，中国妇女研究会
4	当代青年研究	上海市社会科学院青少年研究所
5	中国青年研究	中国青少年研究中心

人口学专业核心期刊

序号	刊　名	主　办　单　位
1	人口研究	中国人民大学
2	中国人口科学	中国社会科学院人口与劳动经济研究所
3	人口与经济	首都经济贸易大学
4	人口学刊	吉林大学
5	人口与发展	北京大学

民族学专业核心期刊

序号	刊　名	主　办　单　位
1	民族研究	中国社会科学院民族学与人类学研究所
2	广西民族研究	广西壮族自治区民族研究所
3	广西民族学院学报．哲学社会科学版	广西民族学院
4	西北民族研究	西北民族大学
5	世界民族	中国社会科学院民族学与人类学研究所
6	中央民族大学学报．哲学社会科学版	中央民族大学

7	中南民族大学学报. 人文社会科学版	中南民族大学
8	回族研究	宁夏社会科学院
9	贵州民族研究	贵州省民族研究所

七　管理学、统计学

管理学（含科学学、人才学）专业核心期刊

序号	刊　　名	主　办　单　位
1	科学学研究	中国科学学与科技政策研究会，中国科学院科技政策与管理科学研究所，清华大学科学技术与社会研究中心
2	科研管理	中国科学院科技政策与管理科学研究所，中国科学学与科技政策研究会，清华大学技术创新研究中心
3	中国软科学	中国软科学研究会
4	中国管理科学	中国优选法统筹法与经济数学研究会，中国科学院科技政策与管理科学研究所
5	科学学与科学技术管理	中国科学学与科技政策研究会，中国管理科学研究院，天津市科学学研究所
6	管理科学学报	国家自然科学基金委员会管理科学部
7	研究与发展管理	复旦大学
8	中国行政管理	中国行政管理学会

序号	刊名	主办单位
9	**中国科技论坛**	中国科学技术发展战略研究院
10	**科学管理研究**	内蒙古自治区软科学研究会
11	**科学技术与辩证法**	山西省自然辩证法研究会
12	**科技进步与对策**	中国管理科学学会，湖北省科技信息研究院
13	**管理工程学报**	浙江大学
14	**中国人力资源开发**	中国人力资源开发研究会
15	**科学对社会的影响**	中国科学院科技政策与管理科学研究所
16	**软科学**	四川省科学技术厅，四川省科技促进发展研究中心

统计学专业核心期刊

序号	刊　　名	主　办　单　位
1	**统计研究**	中国统计学会，国家统计局统计科学研究所
2	**统计与信息论坛**	西安财经学院，中国统计教育学会高教分会
3	**数理统计与管理**	中国现场统计研究会

八　图书馆、情报与文献学

图书馆、情报与文献学专业核心期刊

序号	刊　　名	主　办　单　位
1	**中国图书馆学报**	中国图书馆学会，国家图书馆

2	图书情报工作	中国科学院文献情报中心
3	情报学报	中国科学技术情报学会，中国科学技术信息研究所
4	大学图书馆学报	北京大学、教育部高等学校图书情报工作指导委员会
5	图书馆论坛	广东省立中山图书馆
6	图书馆	湖南图书馆
7	图书馆杂志	上海市图书馆学会，上海图书馆
8	情报资料工作	中国人民大学
9	图书情报知识	武汉大学
10	图书馆建设	黑龙江省图书馆
11	现代图书情报技术	中国科学院文献情报中心
12	情报科学	吉林大学
13	图书馆工作与研究	天津市图书馆学会，天津图书馆，天津市少年儿童图书馆
14	情报理论与实践	中国国防科学技术信息学会，中国兵器工业集团第210研究所
15	档案学通讯	中国人民大学
16	档案学研究	中国档案学会

九　新闻与传播、教育、体育

新闻学与传播学专业核心期刊

序号	刊　名	主　办　单　位
1	编辑学报	中国科学技术期刊编辑学会

2	中国科技期刊研究	中国科学院自然科学期刊编辑研究会
3	新闻与传播研究	中国社会科学院新闻研究所
4	国际新闻界	中国人民大学新闻学院
5	现代传播（中国传媒大学学报）	中国传媒大学
6	新闻大学	复旦大学

教育学专业核心期刊

序号	刊　名	主　办　单　位
1	教育研究	中央教育科学研究所
2	高等教育研究	华中科技大学，中国高等教育学研究会
3	北京大学教育评论	北京大学
4	比较教育研究	北京师范大学
5	教育发展研究	上海市教育科学研究院，上海市高等教育学会
6	学位与研究生教育	国务院学位委员会
7	课程·教材·教法	人民教育出版社
8	中国特殊教育	中央教育科学研究所
9	全球教育展望	华东师范大学
10	清华大学教育研究	清华大学
11	教育理论与实践	山西省教育科学研究院，山西省教育学会
12	教育与经济	华中师范大学，中国教育经济学会研究会
13	教育研究与实验	华中师范大学
14	外国教育研究	东北师范大学

15	江苏高教	江苏省教育委员会
16	中国教育学刊	中国教育学会
17	教育科学	辽宁师范大学

体育学专业核心期刊

序号	刊名	主办单位
1	**体育科学**	中国体育科学学会
2	**体育与科学**	江苏省体育科学研究所
3	**中国体育科技**	国家体育总局体育科学研究所
4	**北京体育大学学报**	北京体育大学
5	**体育学刊**	华南理工大学，华南师范大学
6	**成都体育学院学报**	成都体育学院
7	**上海体育学院学报**	上海体育学院
8	**武汉体育学院学报**	武汉体育学院
9	**天津体育学院学报**	天津体育学院
10	**沈阳体育学院学报**	沈阳体育学院

十　环境科学

环境科学专业核心期刊

序号	刊名	主办单位
1	**中国人口·资源与环境**	中国可持续发展研究会，山东省可持续发展研究中心，中国21世纪议程管理中心，山东师范大学
2	**环境保护**	国家环境保护总局

3	资源科学	中国科学院自然资源综合考察委员会

十一　综合性人文社会科学

综合性人文社会科学核心期刊

序号	刊　名	主　办　单　位
1	中国社会科学	中国社会科学院
2	中国人民大学学报	中国人民大学
3	北京大学学报. 哲学社会科学版	北京大学
4	学术月刊	上海市社会科学界联合会
5	学术研究	广东省社会科学界联合会
6	北京师范大学学报. 社会科学版	北京师范大学
7	复旦学报. 社会科学版	复旦大学
8	江海学刊	江苏省社会科学院
9	社会科学战线	吉林省社会科学院
10	文史哲	山东大学
11	国外社会科学	中国社会科学院文献信息中心
12	江苏社会科学	江苏省哲学社会科学界联合会
13	社会科学	上海市社会科学院
14	南京大学学报. 哲学·人文科学·社会科学	南京大学

15	浙江社会科学	浙江省社会科学界联合会
16	吉林大学社会科学学报	吉林大学
17	河北学刊	河北省社会科学院
18	社会科学研究	四川省社会科学院
19	浙江学刊	浙江省社会科学院
20	厦门大学学报. 哲学社会科学版	厦门大学
21	天津社会科学	天津市社会科学院
22	浙江大学学报. 人文社会科学版	浙江大学
23	中山大学学报. 社会科学版	中山大学
24	南开学报. 哲学社会科学版	南开大学
25	华中师范大学学报. 人文社会科学版	华中师范大学
26	江汉论坛	湖北省社会科学院
27	求是学刊	黑龙江大学
28	学术界	安徽省社会科学界联合会
29	清华大学学报. 哲学社会科学版	清华大学
30	人文杂志	陕西省社会科学院
31	武汉大学学报. 哲学社会科学版	武汉大学
32	求索	湖南省社会科学院
33	陕西师范大学学报. 哲学社会科学版	陕西师范大学
34	南京社会科学	南京市社会科学界联合会，南京市社会科学院，中共南京市委党校

35	思想战线	云南大学
36	华东师范大学学报．哲学社会科学版	华东师范大学
37	社会科学辑刊	辽宁省社会科学院
38	中州学刊	河南省社会科学院
39	江西社会科学	江西省社会科学院
40	南京师大学报．社会科学版	南京师范大学
41	四川大学学报．哲学社会科学版	四川大学
42	上海交通大学学报．哲学社会科学版	上海交通大学
43	学习与探索	黑龙江省社会科学院
44	西南大学学报．社会科学版	西南大学
45	广东社会科学	广东省社会科学院
46	东北师大学报．哲学社会科学版	东北师范大学
47	开放时代	广州市社会科学院
48	学海	江苏省社会科学院
49	福建论坛．人文社会科学版	福建省社会科学院
50	甘肃社会科学	甘肃省社会科学院
51	郑州大学学报．哲学社会科学版	郑州大学
52	学术交流	黑龙江省社会科学界联合会
53	湖南师范大学社会科学学报	湖南师范大学
54	东岳论丛	山东省社会科学院
55	中国社会科学院研究生院学报	中国社会科学院研究生院

56	西北师大学报. 社会科学版	西北师范大学
57	华中科技大学学报. 社会科学版	华中科技大学
58	探索与争鸣	上海市社会科学界联合会
59	河南社会科学	河南省社会科学界联合会
60	东南学术	福建省社会科学界联合会
61	河南师范大学学报. 哲学社会科学版	河南师范大学
62	河南大学学报. 社会科学版	河南大学
63	齐鲁学刊	曲阜师范大学
64	学术论坛	广西社会科学院
65	西北大学学报. 哲学社会科学版	西北大学
66	湘潭大学学报. 哲学社会科学版	湘潭大学
67	江苏大学学报. 社会科学版	江苏大学
68	安徽大学学报. 哲学社会科学版	安徽大学
69	宁夏社会科学	宁夏社会科学院
70	西安交通大学学报. 社会科学版	西安交通大学
71	河北师范大学学报. 哲学社会科学版	河北师范大学
72	湖南社会科学	湖南省社会科学界联合会
73	云南社会科学	云南省社会科学院
74	重庆大学学报. 社会科学版	重庆大学

75	深圳大学学报. 人文社会科学版	深圳大学
76	天津师范大学学报. 社会科学版	天津师范大学
77	暨南学报. 哲学社会科学版	暨南大学
78	湖北社会科学	湖北省社会科学界联合会，湖北省社会科学院
79	兰州大学学报. 社会科学版	兰州大学
80	湖北大学学报. 哲学社会科学版	湖北大学
81	新疆社会科学	新疆社会科学院

核心期刊分学科研制报告

第一编　马克思主义、哲学、心理学、宗教

马克思主义学科核心期刊研制报告

一、马克思主义学科类期刊引证表的生成过程

1. 根据对样本中的5115篇马克思主义学科类论文统计，其施引文献量为1038篇，总施引频次为6180次，被施引文献引用过的期刊共有858种（其中来源期刊413种）；把上述被引期刊的2005年分学科被引频次递减排列，取其居前的107种期刊生成高被引频次的期刊引证表。

2. 根据马克思主义学科类期刊引证表中的评价指标分别作系数加权，作隶属度运算后生成数据综合值（即表中的“综合值”），作为质量指标。

3. 取含有107种期刊的引证表，按分学科被引位次排列生成有多项指标的马克思主义学科类期刊引证表，即马克思主义学科专业核心期刊的备选表。见表4－1。

表4－1　马克思主义学科类期刊引证表

序号	分学科被引位次	刊　名	综合值	学科影响因子2005	分学科总被引	影响因子2005	总转摘	核心刊2008
1	1	经济研究	0.731518	0.0217	22	6.9675	868	★
2	1	中国社会科学	0.824410	0.0735	26	4.0147	1161	★
3	3	经济评论	0.284006	0.0329	15	0.8224	443	★
4	4	学术月刊	0.402228	0.0293	16	0.5691	1252	★
5	5	毛泽东思想研究	0.452842	0.0365	33	0.0904	240	★
6	6	党的文献	0.346866	0.0267	19	0.1333	204	★
7	6	哲学研究	0.367987	0.0170	17	0.7415	1143	★
8	8	经济学动态	0.308399	0.0116	13	1.2629	961	★
9	8	求是	0.287191	0.0165	16	0.4725	886	★
10	10	当代经济研究	0.216617	0.0181	9	0.4780	439	★
11	10	中共党史研究	0.346737	0.0288	22	0.2212	371	★
12	12	社会科学研究	0.196594	0.0097	10	0.3981	723	★

（续表 4－1）

序号	分学科被引位次	刊　名	综合值	学科影响因子 2005	分学科总被引	影响因子 2005	总转摘	核心刊 2008
13	12	哲学动态	0.387423	0.0526	11	0.5263	770	★
14	14	国外理论动态	0.166758	0.0100	6	0.4250	235	
15	14	马克思主义研究	0.305786	0.0349	11	0.3256	441	★
16	14	学术研究	0.208085	0.0124	6	0.2928	1043	★
17	17	马克思主义与现实	0.262935	0.0242	8	0.7826	402	★
18	18	江汉论坛	0.151271	0.0059	8	0.1910	819	★
19	18	江海学刊	0.225068	0.0149	7	0.4104	1077	★
20	18	教学与研究	0.212850	0.0082	12	0.3261	859	★
21	18	毛泽东邓小平理论研究	0.176533	0.0098	10	0.2124	371	
22	22	高校理论战线	0.085439	0.0000	5	0.1846	336	
23	22	江西社会科学	0.102548	0.0018	5	0.1196	663	★
24	22	理论前沿	0.128175	0.0068	5	0.1885	612	★
25	22	理论探讨	0.119920	0.0042	6	0.1663	408	
26	22	现代哲学	0.282360	0.0420	5	0.2797	285	★
27	22	中国经济问题	0.181334	0.0074	6	0.6815	262	★
28	28	河北学刊	0.175204	0.0141	3	0.3883	818	★
29	28	经济学家	0.178034	0.0129	6	1.0518	566	★
30	28	科学社会主义	0.111650	0.0124	5	0.2656	205	
31	28	历史研究	0.147898	0.0067	6	1.0000	697	★
32	28	南京政治学院学报	0.102770	0.0093	3	0.0837	300	
33	28	社会主义研究	0.126935	0.0101	7	0.1469	333	★
34	28	探索	0.098899	0.0079	5	0.1772	411	
35	35	当代世界与社会主义	0.166954	0.0179	5	0.3304	422	★
36	35	东岳论丛	0.110171	0.0064	4	0.1851	488	★
37	35	福建论坛．人文社会科学版	0.106651	0.0065	3	0.2413	204	★
38	35	思想理论教育导刊	0.103346	0.0122	3	0.1591	224	
39	35	南京大学学报．哲学·人文科学·社会科学	0.153921	0.0083	4	0.3917	746	★
40	35	天津社会科学	0.142468	0.0061	5	0.2888	792	★
41	35	中共中央党校学报	0.181656	0.0270	5	0.3892	278	★
42	42	东北师大学报．哲学社会科学版	0.090395	0.0082	2	0.3770	475	★
43	42	当代中国史研究	0.167618	0.0200	6	0.2133	336	
44	42	理论学刊	0.088595	0.0038	5	0.1229	420	

（续表 4－1）

序号	分学科被引位次	刊　　名	综合值	学科影响因子 2005	分学科总被引	影响因子 2005	总转摘	核心刊 2008
45	42	南开经济研究	0. 107494	0. 0046	4	0. 8018	268	★
46	42	社会科学战线	0. 128567	0. 0030	4	0. 3070	1097	★
47	42	中国人民大学学报	0. 218712	0. 0147	4	1. 0879	993	★
48	48	河南师范大学学报. 哲学社会科学版	0. 093137	0. 0068	4	0. 2393	438	★
49	48	北京大学学报. 哲学社会科学版	0. 188654	0. 0129	5	0. 6278	1003	★
50	48	江淮论坛	0. 062160	0. 0027	3	0. 1071	285	
51	48	经济经纬（河南财经学院学报）	0. 065261	0. 0039	3	0. 2229	289	
52	48	吉林大学社会科学学报	0. 134760	0. 0093	2	0. 4698	641	★
53	48	求索	0. 083070	0. 0006	4	0. 1125	624	★
54	48	世界经济与政治	0. 165060	0. 0092	4	1. 3282	858	★
55	48	史学理论研究	0. 061932	0. 0000	4	0. 2171	320	★
56	48	武汉大学学报. 人文科学版	0. 093573	0. 0073	4	0. 1722	283	
57	48	文史哲	0. 139708	0. 0032	2	0. 3560	933	★
58	48	新视野	0. 112997	0. 0129	2	0. 3851	409	★
59	48	学术论坛	0. 093528	0. 0084	3	0. 2206	399	★
60	48	湘潭大学学报. 哲学社会科学版	0. 077635	0. 0052	4	0. 1426	435	★
61	48	中共云南省委党校学报	0. 037237	0. 0000	4	0. 0445	94	
62	48	自然辩证法研究	0. 098718	0. 0018	3	0. 5173	745	★
63	63	当代世界社会主义问题	0. 099863	0. 0122	3	0. 1341	133	
64	63	读书	0. 099899	0. 0045	3	0. 5113	267	
65	63	西华师范大学学报. 哲学社会科学版	0. 019953	0. 0000	3	0. 0588	9	
66	63	湖北社会科学	0. 040834	0. 0007	2	0. 0749	236	★
67	63	复旦学报. 社会科学版	0. 139979	0. 0090	2	0. 4753	786	★
68	63	湖南社会科学	0. 044424	0. 0000	2	0. 1067	285	★
69	63	妇女研究论丛	0. 067690	0. 0060	3	0. 2754	149	★
70	63	国外社会科学	0. 078650	0. 0000	6	0. 6878	448	★
71	63	经济社会体制比较	0. 129328	0. 0100	2	1. 2350	354	★
72	63	江苏大学学报. 社会科学版	0. 107663	0. 0183	2	0. 4612	87	★
73	63	江苏行政学院学报	0. 105345	0. 0146	3	0. 2961	193	
74	63	岭南学刊	0. 032245	0. 0000	2	0. 1336	225	
75	63	兰州学刊	0. 039590	0. 0027	2	0. 0608	153	
76	63	南京社会科学	0. 072654	0. 0027	3	0. 2170	607	★
77	63	攀登	0. 028732	0. 0000	2	0. 0617	136	

（续表4－1）

序号	分学科被引位次	刊　　名	综合值	学科影响因子2005	分学科总被引	影响因子2005	总转摘	核心刊2008
78	63	求是学刊	0.086989	0.0000	2	0.3436	672	★
79	63	求实	0.050132	0.0008	3	0.0958	327	
80	63	学术界	0.083641	0.0026	3	0.3053	484	★
81	63	武汉大学学报．哲学社会科学版	0.083063	0.0069	2	0.3772	114	★
82	63	西安交通大学学报．社会科学版	0.134798	0.0219	2	0.4818	145	★
83	63	西北大学学报．哲学社会科学版	0.066187	0.0051	2	0.2321	302	★
84	63	新疆师范大学学报．哲学社会科学版	0.111750	0.0190	4	0.2033	151	
85	63	学术探索	0.046644	0.0026	2	0.1114	170	
86	63	延安大学学报．社会科学版	0.036767	0.0027	2	0.0836	103	
87	89	河北师范大学学报．哲学社会科学版	0.043796	0.0000	2	0.1797	377	★
88	89	华侨大学学报．哲学社会科学版	0.027047	0.0000	2	0.0750	158	
89	89	江苏社会科学	0.104789	0.0041	2	0.3423	909	★
90	89	长白学刊	0.053422	0.0031	2	0.1543	287	
91	89	成都大学学报．社会科学版	0.021546	0.0000	2	0.0435	55	
92	89	财经问题研究	0.085783	0.0042	2	0.5681	595	★
93	89	重庆大学学报．社会科学版	0.028984	0.0000	2	0.2147	104	★
94	89	东北亚论坛	0.057489	0.0040	2	0.2651	250	
95	89	当代财经	0.075942	0.0000	4	0.4421	643	★
96	89	当代经济科学	0.088801	0.0093	1	0.5721	407	★
97	89	东南学术	0.095546	0.0085	4	0.2422	341	★
98	89	广西师范大学学报．哲学社会科学版	0.034182	0.0000	2	0.1753	309	
99	89	贵州大学学报．社会科学版	0.036729	0.0034	2	0.0578	160	
100	89	贵州社会科学	0.046211	0.0055	2	0.0467	228	
101	89	现代经济探讨	0.029376	0.0000	2	0.1876	120	
102	89	法学研究	0.179140	0.0065	2	2.5817	158	★
103	89	南开学报．哲学社会科学版	0.087167	0.0000	2	0.4541	603	★
104	89	理论月刊	0.037472	0.0013	2	0.0539	291	
105	89	宁夏社会科学	0.030817	0.0000	2	0.1250	212	★
106	89	民族研究	0.058741	0.0000	2	0.6829	308	★
107	89	南昌大学学报．人文社会科学版	0.047828	0.0027	2	0.1019	293	

二、马克思主义学科专业核心期刊表测定步骤

1. 从上述核心期刊的备选表中挑出政治类专业期刊46种（其中政治理论8种，中国政治27种，国际政治11种）送专家评审；

2. 将专家评审结果作隶属度处理后与数据“综合值”作加权运算，加权系数分别为0.3和0.7；

3. 其运算结果再根据其他评价指标的运算结果作调整；

4. 经综合分析后，选出马克思主义学科专业核心期刊3种。见表4-2。

表4-2　马克思主义学科专业核心期刊表

位次	刊　名	主办单位	综合评价值	
1	马克思主义研究	中国社会科学院马克思列宁主义毛泽东思想研究所	0.509250	
2	毛泽东思想研究	四川省社会科学院	0.472990	
3	马克思主义与现实	中共中央编译局当代马克思主义研究所	0.328055	

三、结果分析

在46种政治类专业期刊的引证表中，被引频次累计量达81.11%时，期刊累计数为26种，占被引用期刊总数的45.16%；由于被引用的政治类期刊中，马克思主义学科的专业期刊不多且被引频次相对不够高，最后马克思主义学科专业核心期刊只选定3种。

哲学专业核心期刊研制报告

一、哲学类期刊引证表的生成过程

1. 根据对样本中的15261篇哲学论文统计，其施引文献量为4781篇，总施引频次为22668次，被施引文献引用过的期刊共有1730种（其中来源期刊646种）；把上述被引期刊的2005年分学科被引频次递减排列，取其居前的137种期刊生成高被引频次的期刊引证表。

2. 根据哲学类期刊引证表中的评价指标分别作系数加权，作隶属度运算后生成数据“综合值”，作为质量指标。

3. 取含有137种期刊的引证表，按分学科被引位次排列生成有多项指标的哲学类期刊引证表，即哲学专业核心期刊的备选表。见表4－3。

表4－3 哲学类期刊引证表

序号	分学科被引位次	刊名	综合值	学科影响因子2005	分学科总被引	影响因子2005	总转摘	核心刊2008
1	1	哲学研究	0.731018	0.3580	243	0.7415	1143	★
2	2	中国社会科学	0.599429	0.2255	115	4.0147	1161	★
3	3	哲学动态	0.452414	0.3117	102	0.5263	770	★
4	4	学术月刊	0.312886	0.1197	82	0.5691	1252	★
5	5	自然辩证法研究	0.294391	0.1093	99	0.5173	745	★
6	6	中国哲学史	0.370406	0.2878	50	0.4676	227	★
7	7	天津社会科学	0.184151	0.0699	46	0.2888	792	★
8	8	中国人民大学学报	0.328093	0.2015	42	1.0879	993	★
9	9	道德与文明	0.247353	0.1577	58	0.3320	270	★
10	10	学术研究	0.149661	0.0221	33	0.2928	1043	★
11	11	江海学刊	0.216009	0.0945	38	0.4104	1077	★
12	12	北京大学学报．哲学社会科学版	0.197200	0.0712	33	0.6278	1003	★
13	12	读书	0.144867	0.0452	45	0.5113	267	
14	12	自然辩证法通讯	0.152416	0.0917	41	0.3578	312	★
15	15	社会科学战线	0.143426	0.0289	34	0.3070	1097	★
16	16	孔子研究	0.107461	0.0396	42	0.1436	217	★
17	16	周易研究	0.183114	0.1707	28	0.3008	133	★
18	18	文史哲	0.199802	0.0680	37	0.3560	933	★
19	19	复旦学报．社会科学版	0.182659	0.0807	28	0.4753	786	★
20	20	国外社会科学	0.134262	0.0582	34	0.6878	448	★
21	21	河北学刊	0.168058	0.0664	18	0.3883	818	★
22	22	江苏社会科学	0.134406	0.0309	33	0.3423	909	★
23	22	伦理学研究	0.111901	0.1003	13	0.1730	124	★
24	22	人文杂志	0.127475	0.0378	29	0.2784	658	★
25	25	求是学刊	0.167535	0.0734	32	0.3436	672	★
26	26	吉林大学社会科学学报	0.163609	0.0837	18	0.4698	641	★
27	27	东岳论丛	0.082168	0.0255	15	0.1851	488	★
28	27	南京社会科学	0.074004	0.0135	21	0.2170	607	★
29	27	文艺研究	0.129745	0.0538	28	0.3229	658	★
30	27	中州学刊	0.091826	0.0195	18	0.1805	622	★

（续表 4－3）

序号	分学科被引位次	刊　　名	综合值	学科影响因子 2005	分学科总被引	影响因子 2005	总转摘	核心刊 2008
31	31	马克思主义与现实	0.152843	0.0966	15	0.7826	402	★
32	32	现代哲学	0.171272	0.1259	18	0.2797	285	★
33	33	教学与研究	0.119465	0.0435	18	0.3261	859	★
34	33	齐鲁学刊	0.078927	0.0172	22	0.0862	511	★
35	35	华东师范大学学报．哲学社会科学版	0.087888	0.0149	16	0.3069	527	★
36	35	社会科学辑刊	0.084708	0.0289	15	0.2128	595	★
37	35	浙江社会科学	0.090770	0.0171	14	0.4328	690	★
38	38	浙江学刊	0.128470	0.0387	20	0.3226	730	★
39	39	江汉论坛	0.093235	0.0212	20	0.1910	819	★
40	39	科学技术与辩证法	0.087961	0.0287	20	0.2951	314	★
41	39	社会科学研究	0.104653	0.0340	13	0.3981	723	★
42	42	求是	0.098603	0.0198	18	0.4725	886	★
43	42	陕西师范大学学报．哲学社会科学版	0.081177	0.0028	15	0.1366	572	★
44	42	学习与探索	0.100365	0.0263	19	0.2315	641	★
45	45	南京大学学报．哲学·人文科学·社会科学	0.149189	0.0625	19	0.3917	746	★
46	45	社会学研究	0.166072	0.0331	15	2.2893	440	★
47	45	文物	0.052370	0.0000	21	0.8182	78	★
48	45	西北师大学报．社会科学版	0.059923	0.0210	11	0.2553	400	★
49	49	管子学刊	0.030646	0.0200	13	0.0533	57	
50	49	社会科学	0.090838	0.0094	15	0.3953	788	★
51	49	学术界	0.095988	0.0289	16	0.3053	484	★
52	49	文艺争鸣	0.088233	0.0572	8	0.3468	336	★
53	49	中山大学学报．社会科学版	0.106290	0.0586	12	0.3931	490	★
54	54	东南学术	0.061905	0.0199	8	0.2422	341	★
55	54	江西社会科学	0.057677	0.0049	14	0.1196	663	★
56	54	教育研究	0.143101	0.0157	12	1.3629	868	★
57	54	历史研究	0.103397	0.0133	15	1.0000	697	★
58	58	安徽大学学报．哲学社会科学版	0.044207	0.0118	10	0.1917	332	★
59	58	北京师范大学学报．社会科学版	0.112200	0.0160	10	0.5680	816	★
60	58	开放时代	0.079439	0.0170	12	0.4148	373	★
61	58	求索	0.057993	0.0032	13	0.1125	624	★
62	58	文学评论	0.137142	0.0559	16	0.6211	828	★
63	63	船山学刊	0.023366	0.0133	6	0.0427	68	
64	63	湖北大学学报．哲学社会科学版	0.037917	0.0094	7	0.1447	383	★
65	63	湖南师范大学社会科学学报	0.083970	0.0127	10	0.1556	705	★

（续表4-3）

序号	分学科被引位次	刊　　名	综合值	学科影响因子2005	分学科总被引	影响因子2005	总转摘	核心刊2008
66	63	湘潭大学学报．哲学社会科学版	0.038372	0.0069	7	0.1426	435	★
67	63	中共中央党校学报	0.073785	0.0541	6	0.3892	278	★
68	63	中国社会科学院研究生院学报	0.056582	0.0115	10	0.1962	448	★
69	69	理论前沿	0.051597	0.0079	6	0.1885	612	★
70	69	世界经济与政治	0.115286	0.0215	4	1.3282	858	★
71	69	学海	0.050292	0.0044	11	0.1463	483	★
72	69	中国行政管理	0.072921	0.0176	7	1.0485	341	★
73	73	华南师范大学学报．社会科学版	0.041284	0.0119	7	0.1395	367	
74	73	河南师范大学学报．哲学社会科学版	0.054628	0.0154	8	0.2393	438	★
75	73	吉首大学学报．社会科学版	0.059977	0.0317	6	0.1058	268	
76	73	中国特色社会主义研究	0.033023	0.0062	5	0.1931	244	
77	73	武汉大学学报．哲学社会科学版	0.044341	0.0069	7	0.3772	114	★
78	73	西南民族大学学报．人文社科版	0.039803	0.0023	7	0.1182	533	
79	79	安徽师范大学学报．人文社会科学版	0.038119	0.0073	9	0.1502	223	
80	79	广西社会科学	0.025151	0.0053	6	0.0916	248	
81	79	管理科学学报	0.074113	0.0191	9	1.1146	204	★
82	79	江淮论坛	0.030623	0.0082	6	0.1071	285	
83	79	江西师范大学学报．哲学社会科学版	0.035345	0.0122	6	0.1520	225	
84	79	南京师大学报．社会科学版	0.078611	0.0255	7	0.3394	550	★
85	79	西南大学学报．社会科学版	0.060396	0.0184	8	0.2667	441	★
86	79	厦门大学学报．哲学社会科学版	0.089753	0.0050	7	0.4472	605	★
87	79	云南社会科学	0.031846	0.0072	6	0.2172	246	★
88	79	烟台大学学报．哲学社会科学版	0.054282	0.0287	5	0.2299	275	
89	89	北京行政学院学报	0.055229	0.0245	5	0.2857	249	★
90	89	东方论坛	0.043498	0.0288	6	0.1295	212	
91	89	华中师范大学学报．人文社会科学版	0.073888	0.0178	8	0.3096	700	★
92	89	暨南学报．哲学社会科学版	0.034642	0.0115	5	0.1947	317	★
93	89	四川大学学报．哲学社会科学版	0.097170	0.0227	11	0.2620	479	★
94	89	马克思主义研究	0.074318	0.0349	10	0.3256	441	★
95	89	郑州大学学报．哲学社会科学版	0.087214	0.0275	9	0.2691	618	★
96	96	湖南社会科学	0.032962	0.0066	3	0.1067	285	★
97	96	广东社会科学	0.060960	0.0130	7	0.2410	495	★
98	96	贵州师范大学学报．社会科学版	0.028772	0.0126	5	0.1101	162	

（续表 4 - 3）

序号	分学科被引位次	刊名	综合值	学科影响因子 2005	分学科总被引	影响因子 2005	总转摘	核心刊 2008
99	96	河南大学学报. 社会科学版	0.072907	0.0156	7	0.1348	606	★
100	96	河南社会科学	0.033044	0.0033	3	0.1526	331	★
101	96	法学研究	0.129588	0.0000	6	2.5817	158	★
102	96	南开学报. 哲学社会科学版	0.084015	0.0145	9	0.4541	603	★
103	96	理论学刊	0.039905	0.0063	7	0.1229	420	
104	96	理论与现代化	0.033142	0.0193	3	0.1449	253	
105	96	欧洲研究	0.045888	0.0070	4	0.7203	293	★
106	96	清华大学学报. 哲学社会科学版	0.076044	0.0365	6	0.4115	432	★
107	96	前线	0.016536	0.0000	3	0.0000	221	
108	96	山东社会科学	0.058364	0.0046	5	0.1337	463	
109	96	探索	0.038104	0.0118	5	0.1772	411	
110	96	山西师大学报. 社会科学版	0.035158	0.0046	4	0.1667	293	
111	96	体育科学	0.062257	0.0158	7	0.9729	141	★
112	96	武汉大学学报. 人文科学版	0.057286	0.0147	5	0.1722	283	
113	96	湖南科技大学学报. 社会科学版	0.019141	0.0034	5	0.0310	206	
114	96	学术交流	0.039842	0.0068	7	0.1370	398	★
115	96	学术论坛	0.036170	0.0063	4	0.2206	399	★
116	96	中华文化论坛	0.022780	0.0075	4	0.1278	97	
117	117	商业研究	0.028958	0.0012	6	0.1277	484	★
118	117	河北大学学报. 哲学社会科学版	0.028621	0.0063	8	0.1420	238	
119	117	湖南大学学报. 社会科学版	0.032756	0.0104	5	0.2353	157	
120	117	晋阳学刊	0.028583	0.0029	6	0.0943	220	
121	117	考古	0.028107	0.0045	4	0.6244	33	★
122	117	旅游学刊	0.064778	0.0043	6	1.5565	180	★
123	117	南昌大学学报. 人文社会科学版	0.034302	0.0054	7	0.1019	293	
124	117	外语研究	0.026093	0.0098	4	0.3366		
125	117	上海交通大学学报. 哲学社会科学版	0.073857	0.0179	3	0.8333	306	★
126	117	社会主义研究	0.030651	0.0101	4	0.1469	333	★
127	117	上海师范大学学报. 哲学社会科学版	0.077174	0.0150	5	0.1316	499	
128	117	天府新论	0.031845	0.0067	7	0.1296	228	
129	117	外语教学与研究	0.080606	0.0123	3	1.5988	70	★
130	117	西北大学学报. 哲学社会科学版	0.029310	0.0000	5	0.2321	302	★
131	117	延安大学学报. 社会科学版	0.013770	0.0054	4	0.0836	103	

（续表 4－3）

序号	分学科被引位次	刊　　名	综合值	学科影响因子 2005	分学科总被引	影响因子 2005	总转摘	核心刊 2008
132	117	中国史研究	0. 034829	0. 0000	6	0. 4174	323	★
133	117	中国教育学刊	0. 037878	0. 0072	3	0. 2536	308	★
134	117	中国文化研究	0. 034224	0. 0120	8	0. 1198	247	
135	135	河北师范大学学报. 哲学社会科学版	0. 042651	0. 0033	6	0. 1797	377	★
136	135	科学社会主义	0. 031783	0. 0166	2	0. 2656	205	
137	135	理论与改革	0. 031693	0. 0081	4	0. 2061	339	

二、哲学专业核心期刊表测定步骤

1. 从上述核心期刊的备选表中选取 88 种期刊（其中哲学 13 种，综合性人文社会科学 58 种，政治类 5 种，文学 3 种，教育学 2 种，其他类别 7 种）及析出的该专业核心期刊备选表送专家评审；

2. 将专家评审结果作隶属度处理后与数据“综合值”作加权运算，加权系数分别为 0. 3 和 0. 7；

3. 其运算结果再根据其他评价指标的运算结果作调整；

4. 经综合分析后，选出哲学专业核心期刊 10 种。见表 4－4。

表 4－4　哲学专业核心期刊表

位次	刊　　名	主 办 单 位	综合评价值	
1	哲学研究	中国社会科学院哲学研究所	0. 782913	
2	哲学动态	中国社会科学院哲学研究所	0. 583090	
3	中国哲学史	中国哲学史学会	0. 526884	
4	自然辩证法研究	中国自然辩证法研究会	0. 455674	
5	道德与文明	中国伦理学会，天津社会科学院	0. 362747	
6	现代哲学	广东省哲学学会	0. 358690	
7	自然辩证法通讯	中国科学院研究生院	0. 349091	
8	周易研究	山东大学，中国周易学会	0. 314180	
9	伦理学研究	湖南师范大学	0. 258331	
10	孔子研究	中国孔子基金会	0. 257623	

三、结果分析

在哲学类期刊引证表中，被引频次累计量达70.96%和80.04%时，期刊累计数分别为88种和137种，分别占被引用期刊总数的19.01%和29.59%；在被引频次累计量达64.88%时，哲学类被引用期刊66种（其中哲学专业期刊12种）。显然，哲学类被引用期刊的被引聚散效应明显，其中哲学专业期刊被引用率相对较高。最后选定的10种哲学专业核心期刊均有较高的学术影响力。

心理学专业核心期刊研制报告

一、心理学类期刊引证表的生成过程

1. 根据对样本中的3437篇心理学论文统计，其施引文献量为2073篇，总施引频次为13722次，被施引文献引用过的期刊共有923种（其中来源期刊342种）；把上述被引期刊的2005年分学科被引频次递减排列，取其居前的206种期刊生成高被引频次的期刊引证表。

2. 根据心理学类期刊引证表中的评价指标分别作系数加权，作隶属度运算后生成数据“综合值”，作为质量指标。

3. 取上述206种期刊中的前17种刊作表，按分学科被引位次排列生成有多项指标的心理学类期刊引证表，即心理学专业核心期刊的备选表。见表4-5。

表4-5 心理学类期刊引证表

序号	分学科被引位次	刊　　名	综合值	学科影响因子2005	分学科总被引	影响因子2005	总转摘	核心刊2008
1	1	心理科学	0.446512	0.3542	375	0.5228	365	★
2	2	心理学报	0.672543	0.8249	335	1.0645	277	★
3	3	心理发展与教育	0.314978	0.3121	144	0.5461	117	★
4	4	中国心理卫生杂志	0.267932	0.1603	235	0.2511	107	★
5	5	心理科学进展	0.288065	0.4777	101	0.7188	112	★
6	6	心理学探新	0.148125	0.2460	38	0.3095	79	
7	6	应用心理学	0.167199	0.2737	36	0.4421	69	
8	8	南京师大学报．社会科学版	0.090836	0.0474	21	0.3394	550	★
9	9	西南大学学报．社会科学版	0.073042	0.0483	22	0.2667	441	★

（续表4－5）

序号	分学科被引位次	刊名	综合值	学科影响因子2005	分学科总被引	影响因子2005	总转摘	核心刊2008
10	10	吉林大学社会科学学报	0.100798	0.0000	14	0.4698	641	★
11	11	北京师范大学学报.社会科学版	0.126769	0.0440	23	0.5680	816	★
12	11	教育研究	0.150124	0.0183	26	1.3629	868	★
13	13	青年研究	0.050133	0.0225	18	0.4270	233	★
14	14	中国特殊教育	0.042482	0.0313	14	0.6866	4	★
15	15	自然辩证法研究	0.075446	0.0073	14	0.5173	745	★
16	16	山东师范大学学报.人文社会科学版	0.035468	0.0203	8	0.1371	387	
17	17	教育理论与实践	0.039396	0.0081	8	0.3094	329	★

二、心理学专业核心期刊表测定步骤

1. 把上述核心期刊备选表（其中心理学7种，综合性人文社会科学5种，教育学3种，其他类别2种）送专家评审；

2. 将专家评审结果作隶属度处理后与数据“综合值”作加权运算，加权系数分别为0.3和0.7；

3. 其运算结果再根据其他评价指标的运算结果作调整；

4. 经综合分析后，选出心理学专业核心期刊5种。见表4－6。

表4－6　心理学专业核心期刊表

位次	刊　名	主办单位	综合评价值	
1	心理学报	中国心理学会，中国科学院心理研究所	0.770780	
2	心理科学	中国心理学会	0.612559	
3	心理发展与教育	北京师范大学	0.496485	
4	心理科学进展	中国科学院心理研究所	0.461645	
5	中国心理卫生杂志	中国心理卫生协会	0.431552	

三、结果分析

在上述含有206种期刊的引证表中，被引频次累计量达80.59%时，期刊累计数为17种，占被引用期刊总数的8.25%；在心理学专业期刊累积数为5种时，被引频次累计量达65.07%，前7名全部为心理学专业期刊。显然，心理学专业期刊的被引聚散效应明显。最后选定的5种心理学专业核心期刊有突出的学术影响力。

宗教学专业核心期刊研制报告

一、宗教学类期刊引证表的生成过程

1. 根据对样本中的2167篇宗教学论文统计，其施引文献量为806篇，总施引频次为4680次，被施引文献引用过的期刊共有736种（其中来源期刊307种）；把上述被引期刊的2005年分学科被引频次递减排列，取其居前的191种期刊生成高被引频次的期刊引证表。

2. 根据宗教学类期刊引证表中的评价指标分别作系数加权，作隶属度运算后生成数据“综合值”，作为质量指标。

3. 取含有191种期刊的引证表，列出前84名，按分学科被引位次排列生成有多项指标的宗教学类期刊引证表，即宗教学专业核心期刊的备选表。见表4－7。

表4－7　宗教学类期刊引证表

序号	分学科被引位次	刊　　名	综合值	学科影响因子2005	分学科总被引	影响因子2005	总转摘	核心刊2008
1	1	世界宗教研究	0.660368	0.1875	62	0.2375	163	★
2	2	宗教学研究	0.204807	0.0756	17	0.1067	50	★
3	3	文物	0.227518	0.0216	43	0.8182	78	★
4	4	历史研究	0.173040	0.0200	10	1.0000	697	★
5	5	西藏研究	0.111713	0.0357	8	0.1571	78	
6	6	西域研究	0.071946	0.0217	5	0.1667	87	
7	7	考古	0.091931	0.0000	24	0.6244	33	★
8	7	敦煌研究	0.067936	0.0089	10	0.1733	83	★
9	7	中国宗教	0.121227	0.0357	7	0.0982	46	
10	7	中国社会科学	0.298650	0.0098	8	4.0147	1161	★
11	11	回族研究	0.091581	0.0188	9	0.1937	91	★
12	12	史林	0.038705	0.0000	3	0.2751	212	★
13	12	敦煌学辑刊	0.105118	0.0411	6	0.1644	28	
14	12	新疆社会科学	0.034194	0.0000	7	0.0848	55	★
15	16	考古与文物	0.043716	0.0057	6	0.3103	34	★
16	16	江西社会科学	0.060186	0.0000	3	0.1196	663	★

（续表 4－7）

序号	分学科被引位次	刊名	综合值	学科影响因子 2005	分学科总被引	影响因子 2005	总转摘	核心刊 2008
17	16	西北民族研究	0.050919	0.0056	4	0.2260	96	★
18	16	文史哲	0.142428	0.0032	5	0.3560	933	★
19	16	新疆大学学报．哲学人文社会科学版	0.037637	0.0066	4	0.1155	118	
20	16	中山大学学报．社会科学版	0.088659	0.0138	4	0.3931	490	★
21	23	考古学报	0.069409	0.0000	9	0.7222	10	★
22	23	南亚研究	0.079907	0.0328	3	0.1967	42	
23	23	东南文化	0.042892	0.0063	8	0.0857	64	
24	23	南昌大学学报．人文社会科学版	0.039233	0.0000	4	0.1019	293	
25	23	青海民族研究	0.030402	0.0042	3	0.1261	58	
26	23	求索	0.073419	0.0019	5	0.1125	624	★
27	23	世界宗教文化	0.027980	0.0051	3	0.0152	37	
28	23	四川文物	0.036762	0.0051	6	0.1515	17	
29	23	哲学研究	0.139039	0.0057	9	0.7415	1143	★
30	32	宁夏社会科学	0.052930	0.0089	7	0.1250	212	★
31	32	广西民族学院学报．哲学社会科学版	0.049361	0.0044	4	0.2522	281	★
32	32	广西民族研究	0.033091	0.0067	2	0.2953	94	★
33	32	青海社会科学	0.024463	0.0023	2	0.1085	158	
34	32	社会科学研究	0.095830	0.0049	2	0.3981	723	★
35	32	陕西师范大学学报．哲学社会科学版	0.079044	0.0014	3	0.1366	572	★
36	32	史学月刊	0.083182	0.0020	2	0.2392	742	★
37	32	文艺研究	0.079516	0.0057	3	0.3229	658	★
38	32	西南民族大学学报．人文社科版	0.041782	0.0008	3	0.1182	533	
39	32	学术月刊	0.128896	0.0027	2	0.5691	1252	★
40	32	西藏民族学院学报．哲学社会科学版	0.028105	0.0047	3	0.0419	85	
41	32	中国穆斯林	0.034869	0.0068	4	0.0342	23	
42	32	中国史研究	0.061711	0.0087	5	0.4174	323	★
43	32	中华文化论坛	0.042804	0.0075	5	0.1278	97	
44	46	历史档案	0.028868	0.0082	2	0.0902	66	★
45	46	读书	0.075692	0.0000	4	0.5113	267	
46	46	国际问题研究	0.070476	0.0127	3	0.7134	278	★
47	46	湖北大学学报．哲学社会科学版	0.037919	0.0031	2	0.1447	383	★
48	46	民族研究	0.076760	0.0122	3	0.6829	308	★
49	46	内蒙古师范大学学报．哲学社会科学（汉文）版	0.019658	0.0000	2	0.1092	223	

（续表 4－7）

序号	分学科被引位次	刊　　名	综合值	学科影响因子 2005	分学科总被引	影响因子 2005	总转摘	核心刊 2008
50	46	社会科学战线	0. 104589	0. 0000	3	0. 3070	1097	★
51	46	思想战线	0. 067343	0. 0029	3	0. 2413	492	★
52	46	现代国际关系	0. 070340	0. 0070	2	0. 6399	586	★
53	46	学术研究	0. 109054	0. 0000	2	0. 2928	1043	★
54	46	中国音乐	0. 029244	0. 0071	3	0. 1596	48	★
55	46	中国藏学	0. 077249	0. 0100	6	0. 1600	80	
56	46	浙江大学学报．人文社会科学版	0. 106643	0. 0124	4	0. 4215	689	★
57	46	浙江学刊	0. 105278	0. 0065	2	0. 3226	730	★
58	46	中央民族大学学报．哲学社会科学版	0. 043056	0. 0032	3	0. 2026	260	★
59	61	华南师范大学学报．社会科学版	0. 029796	0. 0000	2	0. 1395	367	
60	61	晋阳学刊	0. 019443	0. 0000	2	0. 0943	220	
61	61	美国研究	0. 036886	0. 0000	2	0. 6196	97	★
62	61	明清小说研究	0. 013385	0. 0000	2	0. 0933	75	★
63	61	民俗研究	0. 029534	0. 0061	3	0. 1333	27	
64	61	佛教文化	0. 035428	0. 0068	2	0. 0068	11	
65	61	广东社会科学	0. 057974	0. 0033	2	0. 2410	495	★
66	61	甘肃社会科学	0. 051403	0. 0033	2	0. 2095	373	★
67	61	安徽大学学报．哲学社会科学版	0. 041463	0. 0059	2	0. 1917	332	★
68	61	贵州民族研究	0. 023606	0. 0038	3	0. 1221	136	★
69	61	河北学刊	0. 135763	0. 0020	2	0. 3883	818	★
70	61	江苏社会科学	0. 103936	0. 0041	2	0. 3423	909	★
71	61	江汉论坛	0. 063291	0. 0000	1	0. 1910	819	★
72	61	吉林大学社会科学学报	0. 087825	0. 0000	2	0. 4698	641	★
73	61	南京师大学报．社会科学版	0. 058279	0. 0000	2	0. 3394	550	★
74	61	宁夏大学学报．人文社会科学版	0. 028954	0. 0059	2	0. 1036	143	
75	61	青海师范大学学报．哲学社会科学版	0. 014435	0. 0000	2	0. 0749	131	
76	61	文艺理论研究	0. 036774	0. 0000	2	0. 2830	332	★
77	61	西北师大学报．社会科学版	0. 058148	0. 0060	2	0. 2553	400	★
78	61	西南大学学报．社会科学版	0. 049078	0. 0023	2	0. 2667	441	★
79	61	徐州师范大学学报．哲学社会科学版	0. 033952	0. 0000	2	0. 0685	317	
80	61	中南民族大学学报．人文社会科学版	0. 046545	0. 0013	2	0. 1387	331	★
81	61	中国青年政治学院学报	0. 036412	0. 0030	2	0. 1273	318	
82	61	自然辩证法研究	0. 075893	0. 0036	2	0. 5173	745	★
83	61	自然科学史研究	0. 020744	0. 0000	2	0. 4000	49	
84	61	中国文化研究	0. 033327	0. 0060	2	0. 1198	247	

二、宗教学专业核心期刊表测定步骤

1. 把上述核心期刊的备选表（其中宗教学 6 种，综合性人文社会科学 35 种，民族学 13 种，文物、考古 9 种，历史学 6 种，其他类别 15 种）及析出的该专业核心期刊备选表送专家评审；

2. 将专家评审结果作隶属度处理后与数据“综合值”作加权运算，加权系数分别为 0.3 和 0.7；

3. 其运算结果再根据其他评价指标的运算结果作调整；

4. 经综合分析后，选出宗教学专业核心期刊 2 种。见表 4 – 8。

表 4 – 8　宗教学专业核心期刊表

位次	刊　名	主 办 单 位	综合评价值	
1	世界宗教研究	中国社会科学院世界宗教研究所	0.537258	
2	宗教学研究	四川大学道教与宗教文化研究所	0.218365	

三、结果分析

在宗教学类期刊引证表中，被引频次累计量达 79.33% 时，期刊累计数为 84 种，占被引用期刊总数的 43.98%；前两种期刊的被引频次累计为 20.19%，有比较高的影响力。由于宗教学专业期刊比较少，使用率大多分布在其他类型的刊物中。在排除非学术性的宗教刊物后，只有 2 种宗教学专业期刊入选。

第二编　语言、文学、艺术

语言学专业核心期刊研制报告

一、语言学类期刊引证表的生成过程

1. 根据对样本中的14490篇语言学论文统计，其施引文献量为8229篇，总施引频次为61310次，被施引文献引用过的期刊共有2015种（其中来源期刊519种）；把上述被引期刊的2005年分学科被引频次递减排列，取其居前的376种期刊生成被引频次的期刊引证表。

2. 根据语言学类期刊引证表中的评价指标分别作系数加权，作隶属度运算后生成数据“综合值”，作为质量指标。

3. 取含有376种期刊的引证表，列出前31名，按分学科被引位次排列生成有多项指标的语言学类期刊引证表，即语言学专业核心期刊的备选表。见表4－9。

表4－9　语言学类期刊引证表

序号	分学科被引位次	刊　　名	综合值	学科影响因子2005	分学科总被引	影响因子2005	总转摘	核心刊2008
1	1	中国语文	0.529718	0.9669	1075	0.9735	226	★
2	2	外语教学与研究	0.613069	1.4198	750	1.5988	70	★
3	3	中国翻译	0.538318	1.3714	638	1.4939	7	★
4	4	外国语（上海外国语大学学报）	0.469891	1.2713	488	1.3566	89	★
5	5	外语与外语教学	0.235574	0.4719	368	0.5765	55	★
6	6	外语界	0.394456	1.2381	310	1.6905	3	★
7	7	语言教学与研究	0.218730	0.5339	293	0.5424	72	★
8	8	方言	0.242280	0.6812	282	0.6812	57	★
9	8	现代外语	0.373487	1.2941	273	1.3529	8	★
10	10	世界汉语教学	0.219715	0.6139	235	0.6931	85	★

（续表 4－9）

序号	分学科被引位次	刊　　名	综合值	学科影响因子 2005	分学科总被引	影响因子 2005	总转摘	核心刊 2008
11	11	汉语学习	0.151285	0.3793	223	0.3908	75	★
12	12	语言研究	0.150250	0.3869	216	0.3929	104	★
13	13	语言文字应用	0.190638	0.4706	191	0.5000	118	★
14	14	外语教学	0.197588	0.6064	184	0.6702	12	★
15	15	外语学刊	0.172981	0.5222	162	0.5567	38	★
16	16	解放军外国语学院学报	0.111677	0.2564	155	0.2917	113	
17	17	语文研究	0.089551	0.2231	132	0.2231	72	
18	18	古汉语研究	0.082991	0.2159	103	0.2216	89	★
19	19	民族语文	0.113440	0.2681	167	0.2899	114	★
20	20	外语研究	0.109754	0.2829	111	0.3366		
21	21	当代语言学	0.229911	0.7500	111	0.7763	82	★
22	22	语文建设	0.047161	0.0163	120	0.0435	136	
23	23	上海翻译	0.122202	0.4333	88	0.4533		
24	24	辞书研究	0.056689	0.1195	106	0.1315	21	
25	25	修辞学习	0.075783	0.2465	83	0.2606	16	
26	26	四川外语学院学报	0.055334	0.0841	83	0.1827	98	
27	27	心理学报	0.087379	0.0876	74	1.0645	277	★
28	28	中国科技翻译	0.070013	0.1818	61	0.2028		
29	29	西安外国语大学学报	0.052830	0.1732	42	0.2244	1	
30	30	语言与翻译	0.032004	0.0994	32	0.0994	4	
31	31	语言科学	0.071667	0.3106	17	0.3409	43	★

二、语言学专业核心期刊表测定步骤

1. 把上述核心期刊的备选表（其中语言学 30 种，心理学 1 种）送专家评审；

2. 将专家评审结果作隶属度处理后与数据“综合值”作加权运算，加权系数分别为 0.3 和 0.7；

3. 其运算结果再根据其他评价指标的运算结果作调整；

4. 经综合分析后，选出语言学专业核心期刊 19 种。见表 4－10。

表4-10 语言学专业核心期刊表

位次	刊　名	主办单位	综合评价值
1	中国语文	中国社会科学院语言研究所	0.662950
2	外语教学与研究	北京外国语大学	0.631192
3	中国翻译	中国翻译协会	0.552335
4	外国语（上海外国语大学学报）	上海外国语大学	0.516906
5	现代外语	广东外语外贸大学	0.454041
6	方言	中国社会科学院语言研究所	0.451387
7	外语界	上海外国语大学	0.445684
8	当代语言学	中国社会科学院语言研究所	0.441137
9	世界汉语教学	北京语言大学	0.373531
10	语言教学与研究	北京语言大学	0.371694
11	语言文字应用	教育部语言文字应用研究所	0.339429
12	外语与外语教学	大连外国语学院	0.334310
13	外语教学	西安外国语学院	0.309077
14	语言研究	华中科技大学中国语言研究所	0.308497
15	民族语文	中国社会科学院民族学与人类学研究所	0.306286
16	汉语学习	延边大学	0.295317
17	外语学刊	黑龙江大学	0.287756
18	语言科学	江苏徐州师范大学《语言科学》杂志社	0.281349
19	古汉语研究	湖南师范大学	0.270416

三、结果分析

在语言学类期刊引证表中，被引频次累计量达81%时，期刊累计数为31种，占被引用期刊总数的8.24%；引文频次累计量达69.89%时，语言学类专业期刊累积数为19种。显然，语言学类被引用期刊的聚散效应明显，最后选定的19种语言学专业核心期刊有很强的集合影响力。

文学专业核心期刊研制报告

一、文学类期刊引证表的生成过程

1. 根据对样本中的25599篇文学论文统计，其施引文献量为10029篇，总施引频次为 56119 次，被施引文献引用过的期刊共有 3005 种（其中来源期刊 550 种）；把上述被引期刊的 2005 年分学科被引频次递减排列，取其居前的 113 种期刊生成高被引频次的期刊引证表。

2. 根据文学类期刊引证表中的评价指标分别作系数加权，作隶属度运算后生成数据“综合值”，作为质量指标。

3. 取含有 113 种期刊的引证表，按分学科被引位次排列生成有多项指标的文学类期刊引证表，即文学专业核心期刊的备选表。见表 4－11。

表 4－11　文学类期刊引证表

序　号	分学科被引位次	刊　　名	综合值	学科影响因子 2005	分学科总被引	影响因子 2005	总转摘	核心刊 2008
1	1	文学评论	0. 723125	0. 4783	537	0. 6211	828	★
2	2	文学遗产	0. 303076	0. 2300	205	0. 2958	427	★
3	3	当代作家评论	0. 453698	0. 4702	183	0. 4881	247	★
4	4	文艺研究	0. 272736	0. 1728	152	0. 3229	658	★
5	5	外国文学研究	0. 278570	0. 2784	147	0. 3084	147	★
6	6	文艺争鸣	0. 267569	0. 2424	117	0. 3468	336	★
7	6	中国现代文学研究丛刊	0. 284062	0. 2593	157	0. 2901	135	★
8	8	外国文学评论	0. 372618	0. 3824	138	0. 4412	271	★
9	9	红楼梦学刊	0. 191837	0. 1928	127	0. 1988	61	★
10	10	读书	0. 173724	0. 0543	128	0. 5113	267	
11	11	鲁迅研究月刊	0. 170293	0. 1194	104	0. 1355	199	★
12	11	新文学史料	0. 097750	0. 0127	89	0. 0253	37	
13	13	中国社会科学	0. 391594	0. 1029	84	4. 0147	1161	★
14	14	文艺理论研究	0. 218418	0. 2138	84	0. 2830	332	★
15	14	小说评论	0. 166974	0. 1674	74	0. 1767	104	★
16	16	中国比较文学	0. 200938	0. 2254	54	0. 3662	75	★
17	17	文史哲	0. 161357	0. 0485	49	0. 3560	933	★
18	18	外国文学	0. 165224	0. 1612	59	0. 2025	189	★
19	19	明清小说研究	0. 090803	0. 0881	49	0. 0933	75	★
20	19	民族文学研究	0. 140884	0. 1966	47	0. 2079	76	★
21	19	社会科学战线	0. 132399	0. 0274	59	0. 3070	1097	★
22	22	文艺评论	0. 084459	0. 0694	44	0. 0816	154	

（续表 4－11）

序号	分学科被引位次	刊　　名	综合值	学科影响因子 2005	分学科总被引	影响因子 2005	总转摘	核心刊 2008
23	23	复旦学报. 社会科学版	0. 147762	0. 0448	46	0. 4753	786	★
24	24	国外文学	0. 100586	0. 0805	48	0. 0940	154	★
25	25	学术月刊	0. 142492	0. 0239	43	0. 5691	1252	★
26	26	当代文坛	0. 062083	0. 0514	41	0. 0584	96	
27	27	文艺理论与批评	0. 118049	0. 1260	37	0. 1929	224	★
28	27	学术研究	0. 118698	0. 0207	29	0. 2928	1043	★
29	29	北京大学学报. 哲学社会科学版	0. 152903	0. 0324	49	0. 6278	1003	★
30	30	北京师范大学学报. 社会科学版	0. 155303	0. 0640	37	0. 5680	816	★
31	31	江海学刊	0. 122588	0. 0149	34	0. 4104	1077	★
32	31	西南大学学报. 社会科学版	0. 083479	0. 0552	27	0. 2667	441	★
33	33	南京师大学报. 社会科学版	0. 099594	0. 0547	29	0. 3394	550	★
34	33	中国文学研究	0. 072939	0. 0622	35	0. 0829	113	
35	35	四川外语学院学报	0. 071957	0. 0697	32	0. 1827	98	
36	36	蒲松龄研究	0. 026344	0. 0203	24	0. 0203	4	
37	36	电影艺术	0. 038598	0. 0100	23	0. 2100	172	★
38	36	河北学刊	0. 172751	0. 1046	30	0. 3883	818	★
39	39	文物	0. 056656	0. 0043	25	0. 8182	78	★
40	40	齐鲁学刊	0. 060805	0. 0049	27	0. 0862	511	★
41	41	中州学刊	0. 072509	0. 0088	22	0. 1805	622	★
42	42	陕西师范大学学报. 哲学社会科学版	0. 084146	0. 0141	25	0. 1366	572	★
43	43	海南师范大学学报. 社会科学版	0. 050181	0. 0343	21	0. 0528	183	
44	43	文献	0. 047161	0. 0455	24	0. 1111	69	
45	45	江汉论坛	0. 074765	0. 0094	24	0. 1910	819	★
46	45	中国翻译	0. 133792	0. 0653	27	1. 4939	7	★
47	45	中国文化研究	0. 080789	0. 0599	24	0. 1198	247	
48	45	郑州大学学报. 哲学社会科学版	0. 079381	0. 0127	19	0. 2691	618	★
49	49	东北师大学报. 哲学社会科学版	0. 087069	0. 0451	23	0. 3770	475	★
50	49	西南民族大学学报. 人文社科版	0. 049492	0. 0076	32	0. 1182	533	
51	49	浙江大学学报. 人文社会科学版	0. 094259	0. 0248	21	0. 4215	689	★
52	52	当代电影	0. 031772	0. 0101	19	0. 0861	146	★
53	52	西北师大学报. 社会科学版	0. 068449	0. 0330	22	0. 2553	400	★
54	54	河北师范大学学报. 哲学社会科学版	0. 050717	0. 0163	19	0. 1797	377	★
55	54	兰州大学学报. 社会科学版	0. 050388	0. 0299	16	0. 2126	299	★

（续表 4－11）

序号	分学科被引位次	刊　　名	综合值	学科影响因子 2005	分学科总被引	影响因子 2005	总转摘	核心刊 2008
56	56	华东师范大学学报．哲学社会科学版	0.065663	0.0050	18	0.3069	527	★
57	56	江苏社会科学	0.097380	0.0165	14	0.3423	909	★
58	56	山西大学学报．哲学社会科学版	0.047749	0.0223	20	0.2548	225	
59	59	华中师范大学学报．人文社会科学版	0.074085	0.0071	19	0.3096	700	★
60	59	晋阳学刊	0.031308	0.0143	17	0.0943	220	
61	59	理论与创作	0.038815	0.0388	20	0.0499	80	
62	59	南京大学学报．哲学・人文科学・社会科学	0.114777	0.0375	22	0.3917	746	★
63	59	人文杂志	0.090223	0.0297	21	0.2784	658	★
64	59	天津社会科学	0.093528	0.0213	24	0.2888	792	★
65	66	福建论坛．人文社会科学版	0.051315	0.0065	18	0.2413	204	★
66	66	河南师范大学学报．哲学社会科学版	0.056320	0.0205	18	0.2393	438	★
67	66	社会科学辑刊	0.061482	0.0124	22	0.2128	595	★
68	69	安徽师范大学学报．人文社会科学版	0.044104	0.0293	13	0.1502	223	
69	69	南开学报．哲学社会科学版	0.080820	0.0097	17	0.4541	603	★
70	69	求索	0.059672	0.0071	20	0.1125	624	★
71	69	外国语（上海外国语大学学报）	0.097276	0.0310	17	1.3566	89	★
72	73	杜甫研究学刊	0.027715	0.0283	11	0.0283	38	
73	73	四川大学学报．哲学社会科学版	0.084193	0.0227	16	0.2620	479	★
74	73	山东师范大学学报．人文社会科学版	0.038927	0.0152	15	0.1371	387	
75	73	上海师范大学学报．哲学社会科学版	0.077505	0.0150	22	0.1316	499	
76	73	厦门大学学报．哲学社会科学版	0.103796	0.0302	11	0.4472	605	★
77	73	中国语文	0.060526	0.0066	16	0.9735	226	★
78	73	浙江学刊	0.094501	0.0129	16	0.3226	730	★
79	80	社会科学	0.085327	0.0094	15	0.3953	788	★
80	80	世界华文文学论坛	0.034418	0.0422	11	0.0422	21	
81	82	北方论丛	0.037472	0.0051	18	0.0590	359	
82	82	四川师范大学学报．社会科学版	0.035671	0.0075	14	0.1343	403	
83	82	沈阳师范大学学报．社会科学版	0.034595	0.0292	11	0.1020	185	
84	82	中国人民大学学报	0.138127	0.0183	11	1.0879	993	★
85	82	中山大学学报．社会科学版	0.064538	0.0069	15	0.3931	490	★
86	87	俄罗斯文艺	0.046112	0.0427	15	0.0488	66	
87	87	江西师范大学学报．哲学社会科学版	0.029884	0.0122	10	0.1520	225	

（续表4－11）

序号	分学科被引位次	刊　　名	综合值	学科影响因子2005	分学科总被引	影响因子2005	总转摘	核心刊2008
88	87	求是学刊	0.094474	0.0309	14	0.3436	672	★
89	87	云梦学刊	0.027912	0.0042	10	0.0758	210	
90	91	甘肃社会科学	0.058783	0.0164	17	0.2095	373	★
91	91	福建师范大学学报．哲学社会科学版	0.042085	0.0187	12	0.1869	296	
92	91	湖北大学学报．哲学社会科学版	0.040691	0.0157	17	0.1447	383	★
93	91	辽宁师范大学学报．社会科学版	0.024682	0.0093	10	0.1181	190	
94	91	社会科学研究	0.083301	0.0170	14	0.3981	723	★
95	91	浙江师范大学学报．社会科学版	0.020607	0.0000	16	0.0781	188	
96	91	哲学研究	0.118773	0.0142	13	0.7415	1143	★
97	98	解放军外国语学院学报	0.035668	0.0192	9	0.2917	113	
98	98	历史研究	0.091622	0.0067	12	1.0000	697	★
99	98	首都师范大学学报．社会科学版	0.038525	0.0051	11	0.1224	458	
100	98	天津师范大学学报．社会科学版	0.050748	0.0116	14	0.1744	355	★
101	98	学术交流	0.039374	0.0107	8	0.1370	398	★
102	98	湘潭大学学报．哲学社会科学版	0.036638	0.0069	12	0.1426	435	★
103	104	东岳论丛	0.056910	0.0149	12	0.1851	488	★
104	104	河北大学学报．哲学社会科学版	0.030471	0.0126	13	0.1420	238	
105	104	暨南学报．哲学社会科学版	0.031713	0.0038	7	0.1947	317	★
106	104	深圳大学学报．人文社会科学版	0.050522	0.0203	7	0.1966	350	★
107	104	苏州大学学报．哲学社会科学版	0.040654	0.0103	16	0.1438	287	
108	109	安徽大学学报．哲学社会科学版	0.035260	0.0059	10	0.1917	332	★
109	109	杭州师范大学学报．社会科学版	0.036426	0.0188	11	0.1767	204	
110	109	山东社会科学	0.056873	0.0030	9	0.1337	463	
111	109	外语与外语教学	0.042250	0.0128	9	0.5765	55	★
112	109	徐州师范大学学报．哲学社会科学版	0.033056	0.0031	14	0.0685	317	
113	109	扬州大学学报．人文社会科学版	0.032606	0.0095	15	0.1714	202	

二、文学专业核心期刊表测定步骤

1. 把上述核心期刊的备选表（其中文学27种，综合性人文社会科学72种，语言学6种，艺术学2种，其他类别6种）及析出的该专业核心期刊备选表送专家评审；

2. 将专家评审结果作隶属度处理后与数据“综合值”作加权运算，加权系数分别为 0. 3 和 0. 7；

3. 其运算结果再根据其他评价指标的运算结果作调整；

4. 经综合分析后，选出文学专业核心期刊 18 种。见表 4 – 12。

表 4 – 12　文学专业核心期刊表

位次	刊　名	主 办 单 位	综合评价值
1	文学评论	中国社会科学院文学研究所	0. 806187
2	外国文学评论	中国社会科学院外国文学研究所	0. 548833
3	文学遗产	中国社会科学院文学研究所	0. 508553
4	当代作家评论	辽宁省作家协会	0. 474789
5	文艺理论研究	中国文艺理论学会，华东师范大学中文系	0. 432492
6	中国现代文学研究丛刊	中国现代文学馆	0. 364443
7	文艺研究	中国艺术研究院	0. 356516
8	外国文学研究	华中师范大学	0. 353399
9	文艺争鸣	吉林省文学艺术界联合会	0. 340899
10	红楼梦学刊	中国艺术研究院	0. 296286
11	中国比较文学	上海外国语大学，中国比较文学学会	0. 283456
12	鲁迅研究月刊	鲁迅博物馆	0. 277605
13	外国文学	北京外国语大学	0. 265657
14	小说评论	陕西省作家协会	0. 259682
15	民族文学研究	中国社会科学院民族文学研究所	0. 257019
16	文艺理论与批评	中国艺术研究院	0. 229035
17	明清小说研究	江苏省社会科学院文学研究所明清小说研究中心	0. 224362
18	国外文学	北京大学	0. 215610

三、结果分析

在文学类期刊引证表中，被引频次累计量达 80. 74% 时，期刊累计数为 113 种，占被引用期刊总数的 26. 65%；被引频次累计量达 72. 34% 时，期刊累计数为 77 种（其中文学专业期刊 26 种）；可以看出，文学专业期刊在核心区的集合影响力比较高，优秀的文学专业核心期刊排位居前，居后的综合性学术期刊数量较多。最后选定的 18 种文学专业核心期刊为综合指标评选结果。

艺术学专业核心期刊研制报告

一、艺术学类期刊引证表的生成过程

1. 根据对样本中的7495篇艺术学类论文统计，其施引文献量为2261篇，总施引频次为12734次，被施引文献引用过的期刊共有1297种（其中来源期刊363种）；把上述被引期刊的2005年分学科被引频次递减排列，取其居前的218种期刊生成高被引频次的期刊引证表。

2. 根据艺术学类期刊引证表中的评价指标分别作系数加权，作隶属度运算后生成数据“综合值”，作为质量指标。

3. 取含有218种期刊的引证表，列出前43名，按分学科被引位次排列生成有多项指标的艺术学类期刊引证表，即艺术学专业核心期刊的备选表。见表4－13。

表4－13　艺术学类期刊引证表

序号	分学科被引位次	刊　名	综合值	学科影响因子2005	分学科总被引	影响因子2005	总转摘	核心刊2008
1	1	音乐研究	0.632677	0.3197	114	0.3443	48	★
2	1	中国音乐	0.392820	0.1170	108	0.1596	48	★
3	3	中国音乐学	0.478786	0.1149	118	0.1351	53	★
4	4	中央音乐学院学报	0.575051	0.2719	103	0.2807	51	★
5	5	人民音乐	0.261529	0.0278	84	0.0325	73	★
6	6	电影艺术	0.419805	0.1867	90	0.2100	172	★
7	7	当代电影	0.290063	0.0709	79	0.0861	146	★
8	8	黄钟（武汉音乐学院学报）	0.230222	0.0766	62	0.0839	30	★
9	9	音乐艺术（上海音乐学院学报）	0.220164	0.0804	49	0.0893	28	★
10	10	文艺研究	0.181171	0.0312	36	0.3229	658	★
11	11	文物	0.142245	0.0043	42	0.8182	78	★
12	12	世界电影	0.149809	0.0628	36	0.0821	21	
13	13	读书	0.139420	0.0181	15	0.5113	267	
14	14	现代传播	0.090971	0.0307	15	0.3103	140	★
15	15	美术研究	0.080985	0.0511	15	0.0795	47	★
16	15	民族艺术	0.073082	0.0288	12	0.2115	78	★
17	17	北京电影学院学报	0.103073	0.0375	17	0.0375	32	★

（续表 4－13）

序号	分学科被引位次	刊名	综合值	学科影响因子 2005	分学科总被引	影响因子 2005	总转摘	核心刊 2008
18	17	乐府新声	0.039919	0.0052	15	0.0052	15	
19	20	考古	0.067413	0.0000	17	0.6244	33	★
20	20	戏剧（中央戏剧学院学报）	0.056968	0.0353	8	0.0824	84	★
21	22	文学评论	0.153518	0.0124	9	0.6211	828	★
22	23	东南文化	0.023356	0.0032	4	0.0857	64	
23	25	文艺理论研究	0.076889	0.0252	6	0.2830	332	★
24	25	文艺争鸣	0.061396	0.0067	4	0.3468	336	★
25	25	学术研究	0.117241	0.0028	3	0.2928	1043	★
26	25	中国社会科学	0.356429	0.0049	4	4.0147	1161	★
27	30	人文地理	0.043421	0.0000	5	0.5489	175	★
28	30	外国文学研究	0.041525	0.0060	3	0.3084	147	★
29	33	方言	0.049192	0.0000	3	0.6812	57	★
30	33	故宫博物院院刊	0.048941	0.0303	7	0.1364	51	
31	33	考古与文物	0.031549	0.0057	3	0.3103	34	★
32	33	文学遗产	0.054719	0.0094	4	0.2958	427	★
33	33	西北师大学报．社会科学版	0.053132	0.0000	4	0.2553	400	★
34	33	西南民族大学学报．人文社科版	0.041352	0.0027	4	0.1182	533	
35	33	学术月刊	0.130960	0.0000	3	0.5691	1252	★
36	33	新闻大学	0.032221	0.0000	4	0.3943	78	★
37	33	西域研究	0.018724	0.0072	2	0.1667	87	
38	33	艺术百家	0.012032	0.0029	4	0.0058	73	
39	33	中国语文	0.065210	0.0000	2	0.9735	226	★
40	33	知识产权	0.060083	0.0000	4	0.8050	59	★
41	45	理论与创作	0.017087	0.0055	3	0.0499	80	
42	45	南都学坛	0.031827	0.0000	2	0.0706	208	
43	45	文艺理论与批评	0.051016	0.0236	3	0.1929	224	★

二、艺术学专业核心期刊表测定步骤

1. 把上述核心期刊的备选表（其中艺术学16种，文学8种，综合性人文社会科学6种，文物、考古5种，语言学2种，文化、新闻与传播学2种，其他类别4种）及析出的该专业核心期刊备选表送专家评审；

2. 将专家评审结果作隶属度处理后与数据“综合值”作加权运算，加权系数

分别为0.3和0.7;

3. 其运算结果再根据其他评价指标的运算结果作调整;

4. 经综合分析后，选出艺术学专业核心期刊13种。见表4-14。

表4-14 艺术学专业核心期刊表

位次	刊 名	主办单位	综合评价值
1	音乐研究	人民音乐出版社	0.739874
2	中央音乐学院学报	中央音乐学院	0.693535
3	中国音乐	中国音乐学院	0.517974
4	人民音乐	中国音乐家协会	0.447070
5	电影艺术	中国电影家协会	0.443864
6	中国音乐学	中国艺术研究院音乐研究所	0.443150
7	音乐艺术（上海音乐学院学报）	上海音乐学院	0.409115
8	当代电影	中国电影艺术研究中心，中国传媒大学	0.323044
9	黄钟（武汉音乐学院学报）	武汉音乐学院	0.284155
10	美术研究	中央美术学院	0.206690
11	北京电影学院学报	北京电影学院	0.192151
12	戏剧（中央戏剧学院学报）	中央戏剧学院	0.189878
13	民族艺术	广西民族文化艺术研究院	0.051158

三、结果分析

上述期刊引证表中，被引频次累计量达85.22%时，期刊累计数为43种；被引频次累计量达70.03%时，期刊累计数为13种，占被引用期刊总数的5.96%。统计证明，艺术学类被引用期刊的被引聚散效应明显，最后选定的13种艺术学专业核心期刊均有较高的学术影响力。为了反映艺术学类期刊的多样性，选定的核心期刊包括了音乐艺术期刊7种、电影艺术期刊3种、戏剧期刊1种、美术和民族艺术期刊各1种；其排序没有类型比较的意义。

第三编　历史、考古、人文地理

历史学专业核心期刊研制报告

一、历史学类期刊引证表的生成过程

1. 根据对样本中的16361篇历史学论文统计，其施引文献量为7200篇，总施引频次为50517次，被施引文献引用过的期刊共有3760种（其中来源期刊644种）；把上述被引期刊的2005年分学科被引频次递减排列，取其居前的479种期刊生成高被引频次的期刊引证表。

2. 根据历史学类期刊引证表中的评价指标分别作系数加权，作隶属度运算后生成数据“综合值”，作为质量指标。

3. 取含有479种期刊的引证表，列出前133名，按分学科被引位次排列生成有多项指标的历史学类期刊引证表，即历史学专业核心期刊的备选表。见表4－15。

表4－15　历史学类期刊引证表

序号	分学科被引位次	刊　　名	综合值	学科影响因子2005	分学科总被引	影响因子2005	总转摘	核心刊2008
1	1	历史研究	0.706242	0.5467	377	1.0000	697	★
2	2	文物	0.291510	0.0866	254	0.8182	78	★
3	3	近代史研究	0.457790	0.4386	175	0.7281	320	★
4	4	考古	0.199780	0.0769	171	0.6244	33	★
5	5	中国史研究	0.257116	0.2522	129	0.4174	323	★
6	6	史学月刊	0.226407	0.1255	120	0.2392	742	★
7	7	中国经济史研究	0.161340	0.0816	83	0.5918	235	★
8	8	抗日战争研究	0.161770	0.1481	61	0.3426	144	★
9	9	中国社会经济史研究	0.121805	0.0804	67	0.2946	124	★
10	10	考古学报	0.211417	0.1667	79	0.7222	10	★
11	11	民国档案	0.124186	0.1173	62	0.2037	119	★
12	12	世界历史	0.152349	0.1196	76	0.2010	414	★

（续表 4－15）

序号	分学科被引位次	刊　　名	综合值	学科影响因子 2005	分学科总被引	影响因子 2005	总转摘	核心刊 2008
13	13	社会科学战线	0. 136190	0. 0198	53	0. 3070	1097	★
14	14	中国社会科学	0. 321139	0. 1029	64	4. 0147	1161	★
15	15	史学理论研究	0. 156058	0. 1118	70	0. 2171	320	★
16	16	学术月刊	0. 152959	0. 0372	49	0. 5691	1252	★
17	17	史林	0. 136517	0. 1429	45	0. 2751	212	★
18	18	中国农史	0. 135121	0. 1414	42	0. 6263	110	★
19	19	北京大学学报. 哲学社会科学版	0. 139210	0. 0129	38	0. 6278	1003	★
20	20	历史档案	0. 086004	0. 0328	64	0. 0902	66	★
21	21	民族研究	0. 122385	0. 0671	43	0. 6829	308	★
22	22	历史教学	0. 072347	0. 0279	45	0. 2640	288	
23	22	清史研究	0. 118264	0. 0818	53	0. 2364	204	★
24	24	文史哲	0. 155151	0. 0388	53	0. 3560	933	★
25	25	厦门大学学报. 哲学社会科学版	0. 107178	0. 0302	25	0. 4472	605	★
26	25	中国历史地理论丛	0. 091551	0. 0867	30	0. 2600	58	★
27	27	江汉论坛	0. 085244	0. 0094	34	0. 1910	819	★
28	27	江海学刊	0. 127767	0. 0249	32	0. 4104	1077	★
29	27	考古与文物	0. 056953	0. 0287	41	0. 3103	34	★
30	30	东南文化	0. 032543	0. 0000	25	0. 0857	64	
31	31	安徽史学	0. 077424	0. 0667	36	0. 1333	209	★
32	31	中国边疆史地研究	0. 061693	0. 0645	22	0. 1048	95	★
33	31	中原文物	0. 066450	0. 0571	30	0. 2171	51	★
34	34	复旦学报. 社会科学版	0. 104249	0. 0090	24	0. 4753	786	★
35	34	史学集刊	0. 080438	0. 0559	30	0. 1189	224	
36	36	敦煌研究	0. 049807	0. 0267	27	0. 1733	83	★
37	36	读书	0. 091730	0. 0226	37	0. 5113	267	
38	38	管子学刊	0. 021855	0. 0067	16	0. 0533	57	
39	38	河北学刊	0. 129860	0. 0342	24	0. 3883	818	★
40	38	华中师范大学学报. 人文社会科学版	0. 090390	0. 0285	29	0. 3096	700	★
41	38	农业考古	0. 034595	0. 0184	27	0. 0645	2	
42	42	社会科学	0. 090281	0. 0094	25	0. 3953	788	★
43	42	中共党史研究	0. 078546	0. 0481	32	0. 2212	371	★
44	42	郑州大学学报. 哲学社会科学版	0. 084164	0. 0191	23	0. 2691	618	★
45	46	东北师大学报. 哲学社会科学版	0. 086309	0. 0369	33	0. 3770	475	★

（续表 4－15）

序号	分学科被引位次	刊　　名	综合值	学科影响因子 2005	分学科总被引	影响因子 2005	总转摘	核心刊 2008
46	46	史学史研究	0. 126139	0. 1633	42	0. 2245	108	★
47	46	学术研究	0. 112453	0. 0180	25	0. 2928	1043	★
48	49	江西社会科学	0. 053677	0. 0067	15	0. 1196	663	★
49	49	南开学报. 哲学社会科学版	0. 104055	0. 0290	33	0. 4541	603	★
50	49	南京大学学报. 哲学・人文科学・社会科学	0. 099594	0. 0167	24	0. 3917	746	★
51	49	四川大学学报. 哲学社会科学版	0. 099769	0. 0302	26	0. 2620	479	★
52	53	社会科学辑刊	0. 067449	0. 0165	25	0. 2128	595	★
53	54	北京师范大学学报. 社会科学版	0. 123285	0. 0280	31	0. 5680	816	★
54	55	北方文物	0. 046168	0. 0461	22	0. 0789	33	
55	55	甘肃社会科学	0. 044779	0. 0065	11	0. 2095	373	★
56	55	西域研究	0. 052459	0. 0580	15	0. 1667	87	
57	58	广东社会科学	0. 063711	0. 0195	17	0. 2410	495	★
58	58	华东师范大学学报. 哲学社会科学版	0. 074786	0. 0198	21	0. 3069	527	★
59	58	回族研究	0. 044674	0. 0437	14	0. 1937	91	★
60	58	社会科学研究	0. 086749	0. 0170	23	0. 3981	723	★
61	58	文献	0. 033669	0. 0202	21	0. 1111	69	
62	63	河南大学学报. 社会科学版	0. 074940	0. 0176	16	0. 1348	606	★
63	63	思想战线	0. 065381	0. 0029	18	0. 2413	492	★
64	63	浙江社会科学	0. 076101	0. 0107	13	0. 4328	690	★
65	63	中州学刊	0. 070552	0. 0088	18	0. 1805	622	★
66	67	国外社会科学	0. 066359	0. 0212	17	0. 6878	448	★
67	67	江苏社会科学	0. 098727	0. 0186	18	0. 3423	909	★
68	69	齐鲁学刊	0. 051838	0. 0025	20	0. 0862	511	★
69	69	陕西师范大学学报. 哲学社会科学版	0. 074338	0. 0028	20	0. 1366	572	★
70	69	探索与争鸣	0. 043476	0. 0224	11	0. 2058	333	★
71	69	浙江学刊	0. 099611	0. 0172	23	0. 3226	730	★
72	73	党的文献	0. 041157	0. 0200	11	0. 1333	204	★
73	73	兰州大学学报. 社会科学版	0. 043882	0. 0233	14	0. 2126	299	★
74	73	山东师范大学学报. 人文社会科学版	0. 036045	0. 0076	13	0. 1371	387	
75	73	天津社会科学	0. 083591	0. 0091	27	0. 2888	792	★
76	77	敦煌学辑刊	0. 031222	0. 0411	13	0. 1644	28	
77	77	福建论坛. 人文社会科学版	0. 042888	0. 0087	11	0. 2413	204	★

(续表 4－15)

序号	分学科被引位次	刊名	综合值	学科影响因子 2005	分学科总被引	影响因子 2005	总转摘	核心刊 2008
78	77	内蒙古社会科学	0.033075	0.0118	14	0.1412	257	
79	77	人文杂志	0.079038	0.0162	20	0.2784	658	★
80	77	四川文物	0.030791	0.0202	23	0.1515	17	
81	77	武汉大学学报．哲学社会科学版	0.042962	0.0035	13	0.3772	114	★
82	77	世界宗教研究	0.032024	0.0125	13	0.2375	163	★
83	77	西北大学学报．哲学社会科学版	0.041698	0.0051	17	0.2321	302	★
84	85	内蒙古大学学报．哲学社会科学版	0.036063	0.0077	18	0.1699	272	
85	85	首都师范大学学报．社会科学版	0.046824	0.0153	12	0.1224	458	
86	85	文学评论	0.093476	0.0093	9	0.6211	828	★
87	85	中国藏学	0.037992	0.0200	19	0.1600	80	
88	89	故宫博物院院刊	0.040752	0.0303	17	0.1364	51	
89	89	美国研究	0.049870	0.0109	16	0.6196	97	★
90	89	西北民族研究	0.027952	0.0113	13	0.2260	96	★
91	89	学术界	0.070484	0.0237	16	0.3053	484	★
92	89	西北师大学报．社会科学版	0.050519	0.0120	13	0.2553	400	★
93	89	中南民族大学学报．人文社会科学版	0.037773	0.0053	14	0.1387	331	★
94	95	晋阳学刊	0.028273	0.0057	15	0.0943	220	
95	95	青海社会科学	0.024590	0.0115	11	0.1085	158	
96	95	西藏研究	0.030089	0.0214	18	0.1571	78	
97	95	中山大学学报．社会科学版	0.062497	0.0069	14	0.3931	490	★
98	99	江汉考古	0.023671	0.0106	20	0.0957	5	
99	99	宁夏社会科学	0.035444	0.0089	16	0.1250	212	★
100	99	南京社会科学	0.046371	0.0094	9	0.2170	607	★
101	99	青海民族学院学报．社会科学版	0.027983	0.0286	8	0.0857	82	
102	99	求索	0.053817	0.0032	12	0.1125	624	★
103	99	中国钱币	0.012521	0.0000	10	0.0615	8	
104	99	中国史研究动态	0.039022	0.0219	26	0.0438	117	
105	99	哲学研究	0.108620	0.0085	13	0.7415	1143	★
106	108	河北师范大学学报．哲学社会科学版	0.039055	0.0033	13	0.1797	377	★
107	108	河南师范大学学报．哲学社会科学版	0.044689	0.0103	13	0.2393	438	★
108	108	江西师范大学学报．哲学社会科学版	0.036377	0.0152	14	0.1520	225	
109	108	开放时代	0.066733	0.0455	7	0.4148	373	★
110	108	历史教学问题	0.032911	0.0189	13	0.0833	178	
111	108	日本学刊	0.051988	0.0441	8	0.4485	98	★

（续表 4－15）

序号	分学科被引位次	刊　　名	综合值	学科影响因子 2005	分学科总被引	影响因子 2005	总转摘	核心刊 2008
112	108	天津师范大学学报．社会科学版	0.050544	0.0233	9	0.1744	355	★
113	108	徐州师范大学学报．哲学社会科学版	0.038783	0.0125	10	0.0685	317	
114	108	云南民族大学学报．哲学社会科学版	0.031689	0.0122	7	0.0827	210	
115	108	中国历史文物	0.045398	0.0432	10	0.2158	7	
116	118	北方论丛	0.038751	0.0077	14	0.0590	359	
117	118	广西师范大学学报．哲学社会科学版	0.030615	0.0159	7	0.1753	309	
118	118	贵州师范大学学报．社会科学版	0.020306	0.0031	8	0.1101	162	
119	118	孔子研究	0.035555	0.0198	10	0.1436	217	★
120	118	南都学坛	0.033051	0.0085	9	0.0706	208	
121	118	四川师范大学学报．社会科学版	0.038293	0.0075	15	0.1343	403	
122	118	社会学研究	0.125309	0.0165	10	2.2893	440	★
123	118	西南大学学报．社会科学版	0.048671	0.0046	15	0.2667	441	★
124	118	新文学史料	0.017400	0.0063	9	0.0253	37	
125	118	学习与探索	0.066607	0.0024	17	0.2315	641	★
126	128	河北大学学报．哲学社会科学版	0.026234	0.0063	9	0.1420	238	
127	128	吉林大学社会科学学报	0.092455	0.0140	11	0.4698	641	★
128	128	拉丁美洲研究	0.045181	0.0435	7	0.5093	170	★
129	128	南方文物	0.008118	0.0057	6	0.0402	6	
130	128	上海师范大学学报．哲学社会科学版	0.069124	0.0150	12	0.1316	499	
131	128	苏州大学学报．哲学社会科学版	0.037201	0.0103	11	0.1438	287	
132	128	台湾研究集刊	0.022892	0.0000	7	0.3364	142	
133	128	云南社会科学	0.033987	0.0119	10	0.2172	246	★

二、历史学专业核心期刊表测定步骤

1. 把上述核心期刊的备选表（其中历史学18种，综合性人文社会科学72种，文物、考古15种，民族学8种，政治类6种，哲学3种，经济学2种，文学2种，教育学2种，其他类别5种）及析出的该专业核心期刊备选表送专家评审；

2. 将专家评审结果作隶属度处理后与数据“综合值”作加权运算，加权系数分别为0.3和0.7；

3. 其运算结果再根据其他评价指标的运算结果作调整；

4. 经综合分析后，选出历史学专业核心期刊15种。见表4－16。

表 4－16　历史学专业核心期刊表

位次	刊　　名	主 办 单 位	综合评价值	
1	历史研究	中国社会科学院	0.786476	
2	近代史研究	中国社会科学院近代史研究所	0.568096	
3	中国史研究	中国社会科学院历史研究所	0.459802	
4	史学月刊	河南大学，河南省历史学会	0.399342	
5	世界历史	中国社会科学院世界历史研究所	0.339501	
6	清史研究	中国人民大学清史研究所	0.337535	
7	史学理论研究	中国社会科学院世界历史研究所，近代史研究所，历史研究所	0.334169	
8	抗日战争研究	中国抗日战争史学会	0.332346	
9	史林	上海市社会科学院历史研究所	0.309384	
10	中国农史	中国农业历史学会，南京农业大学	0.308442	
11	史学史研究	北京师范大学史学研究所	0.301226	
12	民国档案	中国第二历史档案馆	0.288609	
13	历史档案	中国第一历史档案馆	0.259274	
14	安徽史学	安徽省社会科学院	0.254233	
15	中国边疆史地研究	中国社会科学院中国边疆史地研究中心	0.250971	

三、结果分析

在载有 475 种期刊的历史学类期刊引证表中，含有历史学专业期刊 23 种。在被引频次累计量达 80.55% 时，期刊累计数为 133 种（其中历史学专业期刊 19 种），占被引用期刊总数的 27.77%；在被引频次累计量达 74.08% 时，期刊累计数为 103 种（其中历史学专业期刊 19 种）；数据表明，历史学专业和考古学专业期刊占核心区的前列，发挥同等重要的作用，历史学专业期刊的被引用率相对较高。最后根据综合指标评定的 15 种历史学专业核心期刊均有较高的学术影响力。

考古学专业核心期刊研制报告

一、考古学类期刊引证表的生成过程

1. 根据对样本中的 5052 篇考古学论文统计，其施引文献量为 2888 篇，总施引频次为 38376 次，被施引文献引用过的期刊共有 1132 种（其中来源期刊 313

种）；把上述被引期刊的2005 年分学科被引频次递减排列，取其居前的201 种期刊生成高被引频次的期刊引证表。

2. 根据考古学类期刊引证表中的评价指标分别作系数加权，作隶属度运算后生成数据“综合值”，作为质量指标。

3. 取含有201 种期刊的引证表，列出前60 名，按分学科被引位次排列生成有多项指标的考古学类期刊引证表，即考古学专业核心期刊的备选表。见表4－17。

表4－17　考古学类期刊引证表

序号	分学科被引位次	刊　　名	综合值	学科影响因子2005	分学科总被引	影响因子2005	总转摘	核心刊2008
1	1	文物	0.651252	0.6190	1494	0.8182	78	★
2	2	考古	0.551658	0.4842	1485	0.6244	33	★
3	3	考古学报	0.413044	0.4722	511	0.7222	10	★
4	4	考古与文物	0.192746	0.2241	277	0.3103	34	★
5	5	中原文物	0.117219	0.1371	173	0.2171	51	★
6	6	华夏考古	0.099202	0.1150	124	0.1416	17	★
7	7	江汉考古	0.070391	0.0638	129	0.0957	5	
8	8	敦煌研究	0.062246	0.0800	81	0.1733	83	★
9	9	四川文物	0.072025	0.1010	91	0.1515	17	
10	10	东南文化	0.059444	0.0698	99	0.0857	64	
11	11	人类学学报	0.325679	0.6800	70	1.6000	3	
12	12	北方文物	0.033256	0.0197	65	0.0789	33	
13	13	文物春秋	0.043477	0.0671	55	0.0732	10	
14	14	农业考古	0.014827	0.0046	37	0.0645	2	
15	15	中国钱币	0.035159	0.0538	60	0.0615	8	
16	16	民俗研究	0.034684	0.0545	19	0.1333	27	
17	17	历史研究	0.105296	0.0333	26	1.0000	697	★
18	18	故宫博物院院刊	0.040914	0.0455	29	0.1364	51	
19	19	中国历史文物	0.074438	0.1223	29	0.2158	7	
20	20	西北大学学报．哲学社会科学版	0.038611	0.0255	9	0.2321	302	★
21	21	西域研究	0.028129	0.0362	12	0.1667	87	
22	22	中国史研究	0.039032	0.0087	20	0.4174	323	★
23	23	南方文物	0.016414	0.0115	32	0.0402	6	
24	23	北京大学学报．哲学社会科学版	0.113452	0.0000	15	0.6278	1003	★
25	25	中华文化论坛	0.022898	0.0150	10	0.1278	97	
26	26	社会科学战线	0.096468	0.0046	14	0.3070	1097	★

（续表 4－17）

序号	分学科被引位次	刊　　名	综合值	学科影响因子 2005	分学科总被引	影响因子 2005	总转摘	核心刊 2008
27	26	文物世界	0.018351	0.0253	11	0.0455	7	
28	26	西藏研究	0.024934	0.0214	8	0.1571	78	
29	26	中国藏学	0.028522	0.0100	7	0.1600	80	
30	30	史学月刊	0.071263	0.0039	7	0.2392	742	★
31	30	中南民族大学学报．人文社会科学版	0.038694	0.0040	6	0.1387	331	★
32	33	美术研究	0.009130	0.0000	9	0.0795	47	★
33	33	民族研究	0.054929	0.0183	7	0.6829	308	★
34	33	西北民族研究	0.023659	0.0282	8	0.2260	96	★
35	33	敦煌学辑刊	0.012336	0.0137	6	0.1644	28	
36	33	自然科学史研究	0.032720	0.0400	8	0.4000	49	
37	38	北京师范大学学报．社会科学版	0.101015	0.0040	5	0.5680	816	★
38	38	四川大学学报．哲学社会科学版	0.065561	0.0025	6	0.2620	479	★
39	38	河北学刊	0.126746	0.0020	3	0.3883	818	★
40	38	文献	0.010532	0.0101	4	0.1111	69	
41	38	郑州大学学报．哲学社会科学版	0.064067	0.0000	8	0.2691	618	★
42	43	思想战线	0.052485	0.0000	6	0.2413	492	★
43	43	厦门大学学报．哲学社会科学版	0.076125	0.0000	4	0.4472	605	★
44	43	中国历史地理论丛	0.016619	0.0133	3	0.2600	58	★
45	46	广西民族研究	0.020691	0.0201	5	0.2953	94	★
46	46	湖北民族学院学报．哲学社会科学版	0.012814	0.0030	4	0.0564	101	
47	46	新疆社会科学	0.007945	0.0000	5	0.0848	55	★
48	46	中国社会科学	0.246976	0.0049	8	4.0147	1161	★
49	46	中州学刊	0.070708	0.0035	4	0.1805	622	★
50	51	北京社会科学	0.030290	0.0106	3	0.2606	281	
51	51	民族文学研究	0.012844	0.0056	3	0.2079	76	★
52	51	史学集刊	0.022833	0.0000	4	0.1189	224	
53	51	陕西师范大学学报．哲学社会科学版	0.066322	0.0028	4	0.1366	572	★
54	51	广西民族学院学报．哲学社会科学版	0.035552	0.0155	7	0.2522	281	★
55	51	吉林大学社会科学学报	0.080834	0.0000	4	0.4698	641	★
56	51	文史哲	0.123267	0.0162	8	0.3560	933	★
57	51	云南民族大学学报．哲学社会科学版	0.023505	0.0024	4	0.0827	210	
58	59	学术研究	0.100689	0.0014	3	0.2928	1043	★
59	59	学术月刊	0.113310	0.0000	3	0.5691	1252	★
60	59	中国农史	0.022077	0.0000	3	0.6263	110	★

二、考古学专业核心期刊表测定步骤

1. 把上述核心期刊的备选表（其中文物、考古学 19 种，综合性人文社会科学 18 种，民族学 10 种，历史学 6 种，其他类别 7 种）及析出的该专业核心期刊备选表送专家评审；

2. 将专家评审结果作隶属度处理后与数据“综合值”作加权运算，加权系数分别为 0.3 和 0.7；

3. 其运算结果再根据其他评价指标的运算结果作调整；

4. 经综合分析后，选出考古学专业核心期刊 7 种。见表 4 – 18。

表 4 – 18　考古学专业核心期刊表

位次	刊　名	主办单位	综合评价值	
1	考古	中国社会科学院考古研究所	0.686161	
2	文物	文物出版社	0.653877	
3	考古学报	中国社会科学院考古研究所	0.587631	
4	考古与文物	陕西省考古研究院	0.391422	
5	华夏考古	河南省文物考古研究所，河南省文物考古学会	0.334941	
6	中原文物	河南博物院	0.334054	
7	敦煌研究	敦煌研究院	0.300072	

三、结果分析

在考古学类期刊引证表中，被引频次累计量达 95.91% 时，期刊累计数为 60 种，占被引用期刊总数的 29.85%；被引频次累计量达 81.53% 时，期刊累计数为 10 种，全部为考古学专业核心期刊。显然，考古学专业期刊具有被引率高、被引集中度高的特点。最后选定的 7 种考古学专业核心期刊均有较高的学术影响力。

人文地理学专业核心期刊研制报告

一、人文地理学类期刊引证表的生成过程

1. 根据对样本中的 793 篇人文地理学论文统计，其施引文献量为 525 篇，总

施引频次为5434次，被施引文献引用过的期刊共有682种（其来源期刊332种）；把上述被引期刊的2005年分学科被引频次递减排列，取其居前的201种期刊生成高被引频次的期刊引证表。

2. 根据人文地理学类期刊引证表中的评价指标分别作系数加权，作隶属度运算后生成数据“综合值”，作为质量指标。

3. 取含有201种期刊的引证表，列出前79名，按分学科被引位次排列生成有多项指标的人文地理学类期刊引证表，即人文地理学专业核心期刊的备选表。见表4－19。

表4－19 人文地理学类期刊引证表

序号	分学科被引位次	刊名	综合值	学科影响因子2005	分学科总被引	影响因子2005	总转摘	核心刊2008
1	1	人文地理	0.433371	0.0936	54	0.5489	175	★
2	2	地理研究	0.668903	0.1325	42	1.9518	91	
3	3	经济地理	0.410284	0.0479	41	0.6423	760	★
4	4	文物	0.335437	0.0519	29	0.8182	78	★
5	5	考古	0.267464	0.0317	24	0.6244	33	★
6	5	中国历史地理论丛	0.230778	0.0467	26	0.2600	58	★
7	7	城市规划	0.337382	0.0404	33	1.3272	75	★
8	8	历史研究	0.233296	0.0333	11	1.0000	697	★
9	9	陕西师范大学学报．哲学社会科学版	0.141461	0.0099	8	0.1366	572	★
10	10	城市规划学刊	0.285616	0.0473	18	0.9459	56	★
11	11	旅游学刊	0.185019	0.0348	7	1.5565	180	★
12	12	北京大学学报．哲学社会科学版	0.159190	0.0032	6	0.6278	1003	★
13	12	复旦学报．社会科学版	0.121462	0.0000	6	0.4753	786	★
14	14	考古学报	0.110776	0.0000	12	0.7222	10	★
15	15	地理与地理信息科学	0.108694	0.0141	11	0.6948	131	
16	15	地域研究与开发	0.130872	0.0307	13	0.4981	156	★
17	17	学术月刊	0.146480	0.0053	5	0.5691	1252	★
18	17	自然资源学报	0.206806	0.0702	5	1.2807	230	
19	19	宁夏社会科学	0.058586	0.0030	4	0.1250	212	★
20	19	社会科学战线	0.122414	0.0046	4	0.3070	1097	★
21	21	考古与文物	0.073161	0.0057	10	0.3103	34	★
22	22	北京师范大学学报．社会科学版	0.113672	0.0000	3	0.5680	816	★
23	22	城市问题	0.066638	0.0000	7	0.7143	94	★

（续表 4-19）

序号	分学科被引位次	刊名	综合值	学科影响因子 2005	分学科总被引	影响因子 2005	总转摘	核心刊 2008
24	22	贵州民族研究	0.033045	0.0000	2	0.1221	136	★
25	22	江汉考古	0.029147	0.0000	4	0.0957	5	
26	22	经济师	0.045259	0.0008	5	0.0797	203	
27	22	史学月刊	0.090234	0.0020	3	0.2392	742	★
28	22	云南社会科学	0.051167	0.0024	4	0.2172	246	★
29	22	中国农史	0.084003	0.0202	3	0.6263	110	★
30	22	中国软科学	0.100990	0.0073	3	0.9678	725	★
31	22	中国人口·资源与环境	0.078975	0.0112	4	0.8827	179	★
32	32	敦煌研究	0.034433	0.0000	4	0.1733	83	★
33	32	东南文化	0.024894	0.0000	2	0.0857	64	
34	32	河北师范大学学报．哲学社会科学版	0.046375	0.0000	2	0.1797	377	★
35	32	近代史研究	0.073415	0.0000	4	0.7281	320	★
36	32	史林	0.039991	0.0000	2	0.2751	212	★
37	32	清史研究	0.037215	0.0000	2	0.2364	204	★
38	32	史学理论研究	0.059841	0.0066	2	0.2171	320	★
39	32	武汉大学学报．哲学社会科学版	0.047576	0.0000	2	0.3772	114	★
40	32	文史哲	0.120580	0.0000	4	0.3560	933	★
41	32	西北大学学报．哲学社会科学版	0.058685	0.0051	4	0.2321	302	★
42	32	西南大学学报．社会科学版	0.054705	0.0023	2	0.2667	441	★
43	32	中国史研究	0.053074	0.0000	3	0.4174	323	★
44	32	中华文化论坛	0.036447	0.0075	4	0.1278	97	
45	32	自然科学史研究	0.032277	0.0000	2	0.4000	49	
46	32	中国社会科学	0.252045	0.0049	4	4.0147	1161	★
47	32	中原文物	0.031144	0.0000	3	0.2171	51	★
48	48	蒲松龄研究	0.009407	0.0000	3	0.0203	4	
49	48	北方文物	0.009767	0.0000	2	0.0789	33	
50	48	长江流域资源与环境	0.051546	0.0071	2	0.4894	67	
51	48	读书	0.065981	0.0000	3	0.5113	267	
52	48	经济研究	0.309098	0.0000	4	6.9675	868	★
53	48	晋阳学刊	0.028839	0.0000	2	0.0943	220	
54	48	广西民族研究	0.028349	0.0000	2	0.2953	94	★
55	48	民族研究	0.082700	0.0122	2	0.6829	308	★
56	48	农业技术经济	0.035344	0.0000	3	0.4278	120	
57	48	求索	0.058537	0.0000	2	0.1125	624	★
58	48	人类学学报	0.043699	0.0000	3	1.6000	3	

（续表 4－19）

序号	分学科被引位次	刊名	综合值	学科影响因子2005	分学科总被引	影响因子2005	总转摘	核心刊2008
59	48	西北民族研究	0.026039	0.0000	2	0.2260	96	★
60	48	四川文物	0.029171	0.0051	2	0.1515	17	
61	48	思想战线	0.067196	0.0000	2	0.2413	492	★
62	48	文物春秋	0.021403	0.0000	3	0.0732	10	
63	48	文艺研究	0.069698	0.0000	2	0.3229	658	★
64	48	学术研究	0.100144	0.0000	2	0.2928	1043	★
65	48	西亚非洲	0.035634	0.0000	2	0.2115	219	★
66	48	中国边疆史地研究	0.035407	0.0000	3	0.1048	95	★
67	48	中国钱币	0.018015	0.0000	2	0.0615	8	
68	48	中国史研究动态	0.025892	0.0000	3	0.0438	117	
69	48	自然辩证法研究	0.078270	0.0000	3	0.5173	745	★
70	71	中国工业经济	0.148461	0.0000	2	2.8981	759	★
71	71	国际经济合作	0.036119	0.0028	2	0.3362	182	★
72	71	农业现代化研究	0.039177	0.0055	2	0.5083	112	
73	71	求是	0.072891	0.0011	2	0.4725	886	★
74	71	新疆社会科学	0.018590	0.0000	2	0.0848	55	★
75	71	西南民族大学学报．人文社科版	0.041862	0.0004	2	0.1182	533	
76	71	中国经济史研究	0.049225	0.0000	2	0.5918	235	★
77	71	浙江学刊	0.086489	0.0000	2	0.3226	730	★
78	71	中国历史文物	0.041335	0.0144	1	0.2158	7	
79	71	郑州大学学报．哲学社会科学版	0.066722	0.0000	2	0.2691	618	★

二、人文地理学专业核心期刊表测定步骤

1. 把上述核心期刊的备选表（其中人文地理学 7 种，综合性人文社会科学 22 种，文物、考古 12 种，历史学 10 种，民族学 6 种，其他类别 22 种）及析出的该专业核心期刊备选表送专家评审；

2. 将专家评审结果作隶属度处理后与数据“综合值”作加权运算，加权系数分别为 0.4 和 0.6；

3. 其运算结果再根据其他评价指标的运算结果作调整；

4. 经综合分析后，选出人文地理学专业核心期刊 8 种。见表 4－20。

表 4－20　人文地理学专业核心期刊表

位次	刊　名	主 办 单 位	综合评价值	
1	人文地理	中国地理学会，西安外国语大学	0.583360	
2	经济地理	中国地理学会，湖南省经济地理研究所	0.567199	
3	城市规划	中国城市规划学会	0.524167	
4	城市规划学刊	同济大学	0.483931	
5	中国历史地理论丛	陕西师范大学	0.437545	
6	旅游学刊	北京联合大学旅游学院	0.389513	
7	城市问题	北京市社会科学院	0.306646	
8	地域研究与开发	河南省科学院地理所，河南省发展计划委员会地理所	0.259611	

三、结果分析

在人文地理学类期刊引证表中，被引频次累计量达80.72%时，期刊累计数为79 种，占被引用期刊总数的39.30%；在被引频次累计量达50.06%时，人文地理学专业期刊的累积数为7 种，且被引用率排位居前。由于人文地理学类期刊的跨学科特点和归类的兼容性，其期刊种类之间的可比性不高，最后选定的8 种人文地理学专业核心期刊，是从人文社会科学角度评选出来的，排除了个别高被引但人文社会科学载文量较少的期刊。

第四编　政治、法律

政治学专业核心期刊研制报告

一、政治学类期刊引证表的生成过程

1. 根据对样本中的31047篇政治学论文统计，其施引文献量为10879篇，总施引频次为61943次，被施引文献引用过的期刊共有3947种（其中来源期刊766种）；把上述被引期刊的2005年分学科被引频次递减排列，取其居前的649种期刊生成高被引频次的期刊引证表。

2. 根据政治学类期刊引证表中的评价指标分别作系数加权，作隶属度运算后生成数据“综合值”，作为质量指标。

3. 取含有649种期刊的引证表，列出前183名，按分学科被引位次排列生成有多项指标的政治学类期刊引证表，即政治学专业核心期刊的备选表。见表4－21。

表4－21　政治学类期刊引证表

序号	分学科被引位次	刊　　名	综合值	学科影响因子2005	分学科总被引	影响因子2005	总转摘	核心刊2008
1	1	中国行政管理	0.631634	0.7026	310	1.0485	341	★
2	2	世界经济与政治	0.670428	0.8681	259	1.3282	858	★
3	3	中国社会科学	0.581235	0.5098	164	4.0147	1161	★
4	4	政治学研究	0.456052	0.5103	148	0.6966	212	★
5	5	现代国际关系	0.362170	0.4545	134	0.6399	586	★
6	6	社会学研究	0.425353	0.4463	132	2.2893	440	★
7	7	求是	0.222552	0.1308	106	0.4725	886	★
8	8	欧洲研究	0.316633	0.4755	106	0.7203	293	★
9	9	中国人民大学学报	0.281201	0.2051	80	1.0879	993	★
10	10	当代世界与社会主义	0.205434	0.2440	76	0.3304	422	★
11	11	国家行政学院学报	0.236216	0.2928	75	0.6236	248	★
12	11	马克思主义与现实	0.260970	0.2995	70	0.7826	402	★

（续表 4－21）

序号	分学科被引位次	刊名	综合值	学科影响因子 2005	分学科总被引	影响因子 2005	总转摘	核心刊 2008
13	13	当代亚太	0.179798	0.2470	58	0.5101	273	★
14	14	拉丁美洲研究	0.127263	0.3106	32	0.5093	170	★
15	15	美国研究	0.271429	0.3913	70	0.6196	97	★
16	16	新视野	0.143538	0.1877	44	0.3851	409	★
17	17	理论前沿	0.128148	0.0790	57	0.1885	612	★
18	18	国际问题研究	0.299904	0.4904	63	0.7134	278	★
19	19	俄罗斯中亚东欧研究	0.172264	0.2260	54	0.4463	266	★
20	19	教学与研究	0.157513	0.1087	50	0.3261	859	★
21	19	云南行政学院学报	0.100181	0.1124	41	0.1991	132	
22	22	行政论坛	0.098367	0.1166	41	0.1794	90	
23	23	国外理论动态	0.190836	0.2650	54	0.4250	235	
24	23	经济研究	0.381737	0.1083	59	6.9675	868	★
25	25	社会主义研究	0.099499	0.0684	46	0.1469	333	★
26	26	理论与改革	0.098313	0.1010	39	0.2061	339	
27	27	中国党政干部论坛	0.121961	0.1009	42	0.2193	544	
28	27	中国法学	0.161282	0.0758	46	1.5492	386	★
29	29	北京行政学院学报	0.117642	0.1102	41	0.2857	249	★
30	29	国际观察	0.163608	0.2727	41	0.3706	214	★
31	29	江苏社会科学	0.140588	0.0454	45	0.3423	909	★
32	29	浙江学刊	0.139171	0.0753	35	0.3226	730	★
33	33	国际论坛	0.164121	0.1939	44	0.2545	158	★
34	34	理论探讨	0.087683	0.0707	29	0.1663	408	
35	34	社会科学研究	0.137272	0.0995	40	0.3981	723	★
36	36	法学研究	0.207076	0.1111	45	2.5817	158	★
37	36	民族研究	0.141003	0.1341	41	0.6829	308	★
38	38	国外社会科学	0.118197	0.0952	38	0.6878	448	★
39	38	江海学刊	0.152431	0.0473	43	0.4104	1077	★
40	40	读书	0.125043	0.0603	52	0.5113	267	
41	40	探索	0.086389	0.0689	43	0.1772	411	
42	42	江汉论坛	0.100343	0.0448	26	0.1910	819	★
43	42	毛泽东邓小平理论研究	0.096490	0.1111	29	0.2124	371	
44	42	南京社会科学	0.084020	0.0216	38	0.2170	607	★
45	42	社会科学	0.127252	0.0659	38	0.3953	788	★
46	46	复旦学报．社会科学版	0.135706	0.0493	37	0.4753	786	★

（续表 4－21）

序号	分学科被引位次	刊　　名	综合值	学科影响因子 2005	分学科总被引	影响因子 2005	总转摘	核心刊 2008
47	47	天津社会科学	0.124580	0.0274	48	0.2888	792	★
48	47	太平洋学报	0.124853	0.1371	38	0.1855	12	★
49	49	东南亚研究	0.103056	0.1837	31	0.2551	63	★
50	49	经济社会体制比较	0.165136	0.1100	46	1.2350	354	★
51	49	求实	0.067369	0.0369	35	0.0958	327	
52	52	北京大学学报．哲学社会科学版	0.149811	0.0518	33	0.6278	1003	★
53	52	国际经济评论	0.165277	0.2025	28	1.8544	273	★
54	52	探索与争鸣	0.081219	0.0604	34	0.2058	333	★
55	55	历史研究	0.150440	0.0867	54	1.0000	697	★
56	55	学术月刊	0.142663	0.0559	25	0.5691	1252	★
57	55	浙江社会科学	0.109361	0.0682	31	0.4328	690	★
58	58	开放时代	0.108900	0.1080	28	0.4148	373	★
59	58	行政与法	0.048594	0.0375	28	0.1146	72	
60	60	哲学研究	0.147926	0.0710	28	0.7415	1143	★
61	61	管理世界	0.162692	0.0397	41	1.9350	1006	★
62	61	世界民族	0.082343	0.0556	28	0.1984	118	★
63	63	江西社会科学	0.069429	0.0123	23	0.1196	663	★
64	63	马克思主义研究	0.131441	0.1570	30	0.3256	441	★
65	63	学习与探索	0.102779	0.0406	33	0.2315	641	★
66	66	国际政治研究	0.123530	0.2099	27	0.2284	83	★
67	66	华侨华人历史研究	0.118432	0.1818	31	0.2727	23	
68	66	西亚非洲	0.093705	0.1154	30	0.2115	219	★
69	66	中国人民公安大学学报	0.058776	0.0702	30	0.1784	72	
70	71	党的文献	0.074390	0.0667	33	0.1333	204	★
71	71	中共中央党校学报	0.119572	0.1892	23	0.3892	278	★
72	71	自然辩证法研究	0.090715	0.0310	16	0.5173	745	★
73	74	河南师范大学学报．哲学社会科学版	0.065065	0.0393	16	0.2393	438	★
74	74	科学社会主义	0.094697	0.1411	26	0.2656	205	
75	74	学术界	0.088523	0.0395	25	0.3053	484	★
76	74	中国农村观察	0.138867	0.1261	26	1.6937	195	★
77	78	世界历史	0.071398	0.0478	25	0.2010	414	★
78	78	学海	0.066999	0.0306	21	0.1463	483	★
79	78	学术研究	0.125584	0.0442	28	0.2928	1043	★
80	78	中共党史研究	0.096900	0.0817	41	0.2212	371	★
81	82	道德与文明	0.062185	0.0456	14	0.3320	270	★

（续表 4－21）

序号	分学科被引位次	刊　　名	综合值	学科影响因子 2005	分学科总被引	影响因子 2005	总转摘	核心刊 2008
82	82	广西民族学院学报. 哲学社会科学版	0. 056942	0. 0265	16	0. 2522	281	★
83	82	华中师范大学学报. 人文社会科学版	0. 085934	0. 0249	24	0. 3096	700	★
84	82	日本学刊	0. 122243	0. 1912	32	0. 4485	98	★
85	82	社会科学战线	0. 114763	0. 0319	27	0. 3070	1097	★
86	82	武汉大学学报. 哲学社会科学版	0. 080347	0. 0519	32	0. 3772	114	★
87	82	文史哲	0. 135242	0. 0356	24	0. 3560	933	★
88	89	理论学刊	0. 061211	0. 0292	21	0. 1229	420	
89	89	厦门大学学报. 哲学社会科学版	0. 117659	0. 0653	26	0. 4472	605	★
90	89	学术论坛	0. 062260	0. 0378	18	0. 2206	399	★
91	92	高校理论战线	0. 054957	0. 0492	15	0. 1846	336	
92	92	外交评论（外交学院学报）	0. 071711	0. 0608	20	0. 1757	176	
93	94	东南亚纵横	0. 058684	0. 0888	18	0. 1936	112	
94	94	经济研究参考	0. 055856	0. 0259	18	0. 3888	205	
95	94	浙江大学学报. 人文社会科学版	0. 094540	0. 0372	16	0. 4215	689	★
96	97	吉林大学社会科学学报	0. 118735	0. 0558	17	0. 4698	641	★
97	97	改革	0. 111892	0. 0723	16	1. 0562	589	★
98	97	中共福建省委党校学报	0. 050330	0. 0411	21	0. 1006	209	
99	97	西南民族大学学报. 人文社科版	0. 050408	0. 0092	17	0. 1182	533	
100	101	法学	0. 118332	0. 0226	27	0. 8869	680	★
101	101	中山大学学报. 社会科学版	0. 095025	0. 0552	20	0. 3931	490	★
102	104	南京大学学报. 哲学・人文科学・社会科学	0. 100562	0. 0208	18	0. 3917	746	★
103	104	中国农村经济	0. 120140	0. 0505	18	1. 7407	707	★
104	106	思想理论教育导刊	0. 049707	0. 0420	15	0. 1591	224	
105	106	经济学动态	0. 118371	0. 0233	17	1. 2629	961	★
106	106	当代世界	0. 060799	0. 0482	25	0. 0675	382	
107	106	兰州学刊	0. 027488	0. 0170	9	0. 0608	153	
108	110	当代世界社会主义问题	0. 075130	0. 0732	26	0. 1341	133	
109	110	当代中国史研究	0. 071493	0. 0200	25	0. 2133	336	
110	110	法学评论	0. 090628	0. 0195	23	0. 7782	496	★
111	110	中国特色社会主义研究	0. 067147	0. 0717	19	0. 1931	244	
112	110	台湾研究	0. 097881	0. 1552	25	0. 3362	139	★
113	110	中国软科学	0. 086806	0. 0205	15	0. 9678	725	★
114	116	世界经济研究	0. 077406	0. 0665	12	0. 7839	342	★

（续表 4－21）

序号	分学科被引位次	刊　　名	综合值	学科影响因子 2005	分学科总被引	影响因子 2005	总转摘	核心刊 2008
115	116	理论月刊	0.032754	0.0093	11	0.0539	291	
116	116	世界经济	0.140680	0.0677	17	2.5339	579	★
117	116	中外法学	0.131079	0.0645	25	1.6452	406	★
118	116	中共山西省委党校学报	0.024156	0.0334	14	0.0919	39	
119	116	政治与法律	0.059644	0.0262	19	0.3790	260	★
120	116	中南民族大学学报．人文社会科学版	0.046162	0.0147	14	0.1387	331	★
121	116	哲学动态	0.075910	0.0324	9	0.5263	770	★
122	124	东南学术	0.063046	0.0313	15	0.2422	341	★
123	124	法律科学（西北政法大学学报）	0.093846	0.0242	15	0.9082	485	★
124	124	河南社会科学	0.044379	0.0249	12	0.1526	331	★
125	124	求索	0.062037	0.0064	17	0.1125	624	★
126	124	社会科学辑刊	0.061371	0.0248	11	0.2128	595	★
127	124	史学月刊	0.082596	0.0157	18	0.2392	742	★
128	124	中州学刊	0.075287	0.0248	15	0.1805	622	★
129	132	党政论坛	0.031636	0.0157	13	0.0192	177	
130	132	湖北社会科学	0.035350	0.0132	15	0.0749	236	★
131	132	湖南社会科学	0.042768	0.0184	11	0.1067	285	★
132	132	近代史研究	0.087655	0.0263	26	0.7281	320	★
133	132	南开学报．哲学社会科学版	0.082069	0.0193	11	0.4541	603	★
134	132	农业经济问题	0.096944	0.0456	14	1.2758	541	★
135	132	青年研究	0.080981	0.0787	30	0.4270	233	★
136	132	云南社会科学	0.053071	0.0573	13	0.2172	246	★
137	141	东北亚论坛	0.064028	0.0643	16	0.2651	250	
138	141	俄罗斯研究	0.081614	0.1466	13	0.2500	59	
139	141	法商研究	0.110764	0.0439	13	1.0482	608	★
140	141	广东社会科学	0.061574	0.0195	12	0.2410	495	★
141	141	国际关系学院学报	0.048077	0.0617	13	0.1296	115	
142	141	甘肃社会科学	0.057073	0.0262	15	0.2095	373	★
143	141	湖北行政学院学报	0.053040	0.0783	12	0.1609	60	
144	141	教育研究	0.136562	0.0183	14	1.3629	868	★
145	141	人口研究	0.112767	0.0764	21	1.6736	334	★
146	141	行政法学研究	0.070031	0.0735	16	0.5809	100	★
147	141	中共浙江省委党校学报	0.045575	0.0551	12	0.1287	222	
148	152	长白学刊	0.051821	0.0648	13	0.1543	287	

（续表 4－21）

序号	分学科被引位次	刊　　名	综合值	学科影响因子 2005	分学科总被引	影响因子 2005	总转摘	核心刊 2008
149	152	东北师大学报．哲学社会科学版	0.072020	0.0574	12	0.3770	475	★
150	152	河北学刊	0.119173	0.0362	12	0.3883	818	★
151	152	理论导刊	0.028783	0.0245	10	0.1154	167	
152	152	南京政治学院学报	0.046288	0.0233	13	0.0837	300	
153	152	毛泽东思想研究	0.035120	0.0288	11	0.0904	240	★
154	152	人文杂志	0.092552	0.0459	19	0.2784	658	★
155	160	经济评论	0.067607	0.0230	9	0.8224	443	★
156	160	抗日战争研究	0.042773	0.0463	9	0.3426	144	★
157	160	南亚研究季刊	0.080101	0.1429	20	0.3429	62	
158	160	山东社会科学	0.067288	0.0213	10	0.1337	463	
159	160	法制与社会发展	0.073218	0.0332	11	0.9100	359	★
160	160	学术交流	0.041221	0.0097	9	0.1370	398	★
161	167	今日中国论坛	0.066561	0.0857	12	0.3143	148	
162	167	江苏行政学院学报	0.069515	0.0680	11	0.2961	193	
163	167	岭南学刊	0.037005	0.0377	10	0.1336	225	
164	167	思想战线	0.070184	0.0233	10	0.2413	492	★
165	167	新疆师范大学学报．哲学社会科学版	0.032155	0.0271	15	0.2033	151	
166	167	湘潭大学学报．哲学社会科学版	0.038545	0.0189	9	0.1426	435	★
167	174	妇女研究论丛	0.060137	0.0539	22	0.2754	149	★
168	174	国际贸易	0.069842	0.0433	8	0.6433	329	
169	174	广西社会科学	0.027773	0.0099	13	0.0916	248	
170	174	理论探索	0.023917	0.0253	8	0.0940	109	
171	174	人口学刊	0.050680	0.0533	8	0.4333	160	★
172	174	学术探索	0.036112	0.0243	10	0.1114	170	
173	180	北京师范大学学报．社会科学版	0.107727	0.0280	12	0.5680	816	★
174	180	重庆大学学报．社会科学版	0.025121	0.0161	8	0.2147	104	★
175	180	黑龙江民族丛刊	0.037924	0.0213	13	0.0823	164	
176	180	经济问题探索	0.033436	0.0138	7	0.3441	253	
177	180	广西民族研究	0.033909	0.0470	6	0.2953	94	★
178	180	清华大学学报．哲学社会科学版	0.086679	0.0990	11	0.4115	432	★
179	180	青海社会科学	0.020688	0.0069	7	0.1085	158	
180	180	新东方	0.032383	0.0476	8	0.1048	175	
181	180	社会科学论坛	0.036849	0.0230	11	0.1378	166	
182	180	中国高教研究	0.024776	0.0120	7	0.2434	117	
183	180	中共云南省委党校学报	0.029246	0.0314	9	0.0445	94	

二、政治学专业核心期刊表测定步骤

1. 把上述核心期刊的备选表（其中政治学64种，综合性人文社会科学62种，经济学15种，法学11种，民族学7，历史学7种，哲学4种，马克思主义4种，社会学3种，人口学2种，教育学2种，其他类别2种）及析出的该专业核心期刊备选表送专家评审；

2. 将专家评审结果作隶属度处理后与数据“综合值”作加权运算，加权系数分别为0.3和0.7；

3. 其运算结果再根据其他评价指标的运算结果作调整；

4. 经综合分析后，选出政治学专业核心期刊28种。见表4－22。

表4－22　政治学专业核心期刊表

位次	刊　　名	主办单位	综合评价值	
1	世界经济与政治	中国社会科学院世界经济与政治研究所	0.743212	
2	政治学研究	中国社会科学院政治学研究所	0.619236	
3	现代国际关系	中国现代国际关系研究院	0.527432	
4	国际问题研究	中国国际问题研究所	0.503411	
5	欧洲研究	中国社会科学院欧洲研究所	0.502078	
6	美国研究	中国社会科学院美国研究所，中华美国学会	0.463913	
7	国家行政学院学报	国家行政学院	0.452308	
8	俄罗斯中亚东欧研究	中国社会科学院俄罗斯东欧中亚研究所	0.401020	
9	当代亚太	中国亚洲太平洋学会，中国社会科学院亚洲太平洋研究所	0.399772	
10	当代世界与社会主义	中共中央编译局世界社会主义研究所，中国国际共运史学会	0.398152	
11	理论前沿	中共中央党校邓小平理论和“三个代表”重要思想研究中心	0.389704	
12	国际论坛	北京外国语大学	0.388797	
13	国际观察	上海外国语大学	0.388439	
14	求是	中国共产党中央委员会	0.384047	
15	国际政治研究	北京大学	0.379949	
16	拉丁美洲研究	中国社会科学院拉丁美洲研究所	0.376041	

（续表4－22）

位次	刊　名	主办单位	综合评价值	
17	日本学刊	中国社会科学院日本研究所，中华日本学会	0.366005	
18	教学与研究	中国人民大学	0.364607	
19	新视野	中共北京市委党校，北京行政学院	0.354825	
20	中共中央党校学报	中共中央党校	0.351092	
21	太平洋学报	中国太平洋学会，汕头大学法学院	0.341745	
22	东南亚研究	暨南大学东南亚研究所	0.339530	
23	中共党史研究	中共中央党史研究室	0.322178	
24	北京行政学院学报	北京行政学院	0.317132	
25	西亚非洲	中国社会科学院西亚非洲研究所	0.313420	
26	社会主义研究	华中师范大学	0.310953	
27	台湾研究	中国社会科学院台湾研究所	0.303299	
28	党的文献	中共中央文献研究室，中央档案馆	0.299899	

三、结果分析

在政治学类期刊引证表中，政治学类期刊包括中国政治32种，国际政治24种，政治理论8种。当被引频次累计量达79.13%时，期刊累计数为183种，占被引用期刊总数的28.20%；当被引频次累计量达44.22%时，期刊累计数为50种（其中政治学专业期刊28种）。显然，被引用的政治学类期刊的种类较多，涉及学科领域较多。最后选定的28种政治学专业期刊在各自的研究领域均有较高的使用率。

法学类专业核心期刊研制报告

一、法学类期刊引证表的生成过程

1. 根据对样本中的27530篇法学论文统计，其施引文献量为15047篇，总施引频次为86173次，被施引文献引用过的期刊共有3527种（其中来源期刊766种）；把上述被引期刊的2005年分学科被引频次递减排列，取其居前的636种期刊生成高被引频次的期刊引证表。

2. 根据法学类期刊引证表中的评价指标分别作系数加权，作隶属度运算后生成数据“综合值”，作为质量指标。

3. 取含有636种期刊的引证表，列出前98名，按分学科被引位次排列生成有多项指标的法学类期刊引证表，即法学专业核心期刊的备选表。见表4－23。

表4－23　法学类期刊引证表

序号	分学科被引位次	刊　名	综合值	学科影响因子2005	分学科总被引	影响因子2005	总转摘	核心刊2008
1	1	法学研究	0.757644	2.2941	877	2.5817	158	★
2	2	中国法学	0.575035	1.3750	833	1.5492	386	★
3	3	法学	0.406939	0.7783	628	0.8869	680	★
4	4	现代法学	0.291561	0.6456	407	0.7308	521	★
5	4	政法论坛	0.332337	0.8973	396	1.0034	482	★
6	6	中外法学	0.454859	1.5269	411	1.6452	406	★
7	7	法学评论	0.301212	0.6693	401	0.7782	496	★
8	8	法商研究	0.338685	0.9167	357	1.0482	608	★
9	9	法律科学（西北政法大学学报）	0.307810	0.7923	356	0.9082	485	★
10	10	中国社会科学	0.425738	0.8480	279	4.0147	1161	★
11	11	法制与社会发展	0.247021	0.8341	232	0.9100	359	★
12	12	比较法研究	0.229295	0.7764	216	0.8820	205	★
13	13	法学家	0.216221	0.6577	220	0.7308	550	★
14	14	环球法律评论	0.202602	0.6238	185	0.7426	125	★
15	15	政治与法律	0.128814	0.3149	158	0.3790	260	★
16	16	行政法学研究	0.146044	0.4632	153	0.5809	100	★
17	17	法学杂志	0.120052	0.3388	154	0.4038	151	★
18	18	法律适用	0.099764	0.2505	132	0.2732	149	
19	19	人民检察	0.084892	0.1444	156	0.1552	61	
20	19	人民司法	0.086340	0.1581	153	0.1640	74	
21	21	当代法学	0.091890	0.1484	149	0.2003	157	
22	22	河北法学	0.086086	0.1222	138	0.1403	250	
23	23	中国刑事法杂志	0.116597	0.3069	137	0.3175	121	★
24	24	中国监狱学刊	0.060947	0.2031	91	0.2031	49	
25	25	法学论坛	0.130697	0.4342	104	0.4956	155	★
26	26	知识产权	0.142472	0.5472	113	0.8050	59	★
27	27	河南省政法管理干部学院学报	0.064021	0.1471	71	0.1814	192	
28	28	华东政法大学学报	0.089803	0.2406	82	0.2925	167	
29	29	读书	0.082147	0.0649	62	0.5113	267	

（续表4－23）

序号	分学科被引位次	刊　　名	综合值	学科影响因子2005	分学科总被引	影响因子2005	总转摘	核心刊2008
30	30	国家检察官学院学报	0.066594	0.2128	71	0.2170	96	
31	31	行政与法	0.033230	0.0484	47	0.1146	72	
32	32	政法论丛	0.041843	0.1206	47	0.1489	78	
33	33	武汉大学学报．哲学社会科学版	0.054783	0.0554	49	0.3772	114	★
34	34	中国人民大学学报	0.144675	0.0989	60	1.0879	993	★
35	35	北京大学学报．哲学社会科学版	0.121076	0.0550	47	0.6278	1003	★
36	35	中国版权	0.059431	0.1042	67	0.1927	29	
37	37	吉林大学社会科学学报	0.107250	0.0930	57	0.4698	641	★
38	38	中国人民公安大学学报	0.034263	0.1023	32	0.1784	72	
39	39	甘肃政法学院学报	0.036255	0.0884	34	0.1205	132	
40	39	江苏社会科学	0.089693	0.0268	34	0.3423	909	★
41	41	经济研究	0.304718	0.0505	33	6.9675	868	★
42	42	山西大学学报．哲学社会科学版	0.037932	0.0701	28	0.2548	225	
43	42	学习与探索	0.066680	0.0310	26	0.2315	641	★
44	42	浙江大学学报．人文社会科学版	0.081432	0.0455	35	0.4215	689	★
45	45	河南师范大学学报．哲学社会科学版	0.045249	0.0547	20	0.2393	438	★
46	45	南京大学学报．哲学・人文科学・社会科学	0.087468	0.0542	25	0.3917	746	★
47	47	中央政法管理干部学院学报	0.017304	0.0060	44	0.0120	83	
48	47	河南社会科学	0.038872	0.0415	19	0.1526	331	★
49	47	浙江社会科学	0.075063	0.0469	35	0.4328	690	★
50	47	郑州大学学报．哲学社会科学版	0.066683	0.0212	27	0.2691	618	★
51	51	江海学刊	0.103653	0.0448	31	0.4104	1077	★
52	52	国家行政学院学报	0.062327	0.1065	30	0.6236	248	★
53	52	山东大学学报．哲学社会科学版	0.042341	0.0468	22	0.1791	345	
54	52	中山大学学报．社会科学版	0.061517	0.0207	28	0.3931	490	★
55	55	社会科学	0.078713	0.0471	22	0.3953	788	★
56	56	浙江学刊	0.086295	0.0473	21	0.3226	730	★
57	57	西南民族大学学报．人文社科版	0.039296	0.0107	29	0.1182	533	
58	58	经济社会体制比较	0.091785	0.0750	21	1.2350	354	★
59	58	江西社会科学	0.047533	0.0092	19	0.1196	663	★
60	58	南京社会科学	0.044259	0.0135	22	0.2170	607	★
61	61	复旦学报．社会科学版	0.087022	0.0224	19	0.4753	786	★

（续表 4－23）

序号	分学科被引位次	刊名	综合值	学科影响因子2005	分学科总被引	影响因子2005	总转摘	核心刊2008
62	61	税务研究	0.038831	0.0428	19	0.5531	101	★
63	61	学术研究	0.091611	0.0138	19	0.2928	1043	★
64	64	社会学研究	0.122806	0.0496	19	2.2893	440	★
65	64	社会科学研究	0.070899	0.0194	24	0.3981	723	★
66	64	社会科学战线	0.086799	0.0137	18	0.3070	1097	★
67	64	中国行政管理	0.065038	0.0308	30	1.0485	341	★
68	68	中国软科学	0.071334	0.0161	19	0.9678	725	★
69	68	中国图书馆学报	0.206770	0.0203	30	4.6318	429	★
70	70	国际贸易	0.059516	0.0267	28	0.6433	329	
71	70	环境保护	0.026643	0.0361	17	0.2922	128	★
72	70	中国劳动	0.047151	0.1967	15	0.4344	119	
73	70	求索	0.050474	0.0090	19	0.1125	624	★
74	70	湘潭大学学报. 哲学社会科学版	0.031756	0.0103	18	0.1426	435	★
75	75	政治学研究	0.056859	0.0552	13	0.6966	212	★
76	76	国际金融研究	0.056970	0.0219	17	1.1938	189	★
77	76	证券市场导报	0.036887	0.0330	17	0.4234	238	★
78	78	河南大学学报. 社会科学版	0.060805	0.0234	17	0.1348	606	★
79	78	江苏警官学院学报	0.018793	0.0667	12	0.1032	23	
80	78	兰州大学学报. 社会科学版	0.028115	0.0266	12	0.2126	299	★
81	78	求是	0.065262	0.0121	15	0.4725	886	★
82	78	哲学研究	0.099505	0.0114	15	0.7415	1143	★
83	83	青少年犯罪问题	0.026063	0.1099	16	0.2304	40	
84	83	天津社会科学	0.068943	0.0122	21	0.2888	792	★
85	83	中国社会科学院研究生院学报	0.043696	0.0385	17	0.1962	448	★
86	86	国际贸易问题	0.052124	0.0336	27	0.7578	379	★
87	86	内蒙古社会科学	0.021996	0.0329	10	0.1412	257	
88	86	清华大学学报. 哲学社会科学版	0.051615	0.0313	14	0.4115	432	★
89	86	学海	0.039347	0.0218	13	0.1463	483	★
90	90	安徽大学学报. 哲学社会科学版	0.030661	0.0177	15	0.1917	332	★
91	90	管理世界	0.114673	0.0126	15	1.9350	1006	★
92	90	甘肃社会科学	0.040044	0.0262	11	0.2095	373	★
93	90	世界经济与政治	0.103621	0.0368	18	1.3282	858	★
94	94	财经问题研究	0.051826	0.0042	12	0.5681	595	★

（续表4-23）

序号	分学科被引位次	刊名	综合值	学科影响因子2005	分学科总被引	影响因子2005	总转摘	核心刊2008
95	94	经济师	0.016945	0.0034	10	0.0797	203	
96	94	南京师大学报．社会科学版	0.053654	0.0146	15	0.3394	550	★
97	94	厦门大学学报．哲学社会科学版	0.078371	0.0251	15	0.4472	605	★
98	94	行政论坛	0.016192	0.0336	9	0.1794	90	

二、法学专业核心期刊表测定步骤

1. 把上述核心期刊的备选表（其中法学34种，综合性人文社会科学39种，经济11种，政治类6种，社会学2种，其他类别6种）及析出的该专业核心期刊备选表送专家评审；

2. 将专家评审结果作隶属度处理后与数据“综合值”作加权运算，加权系数分别为0.3和0.7；

3. 其运算结果再根据其他评价指标的运算结果作调整；

4. 经综合分析后，选出法学专业核心期刊19种。见表4-24。

表4-24 法学专业核心期刊表

位次	刊名	主办单位	综合评价值
1	法学研究	中国社会科学院法学研究所	0.821351
2	中国法学	中国法学会	0.696525
3	中外法学	北京大学法学院	0.594401
4	法学	华东政法大学	0.581857
5	法商研究	中南财经政法大学	0.516080
6	政法论坛	中国政法大学	0.508636
7	法律科学（西北政法大学学报）	西北政法大学	0.497467
8	法学评论	武汉大学	0.489849
9	现代法学	西南政法大学	0.486093
10	法制与社会发展	吉林大学	0.439915
11	比较法研究	中国政法大学比较法研究所	0.430506
12	法学家	中国人民大学	0.421354

（续表 4－24）

位次	刊　　名	主 办 单 位	综合评价值	
13	环球法律评论	中国社会科学院法学研究所	0. 408822	
14	行政法学研究	中国政法大学	0. 360231	
15	知识产权	中国知识产权研究会	0. 357730	
16	政治与法律	上海市社会科学院法学研究所	0. 351170	
17	法学论坛	山东省法学会	0. 346488	
18	法学杂志	北京市法学会	0. 345036	
19	中国刑事法杂志	最高人民检察院检察理论研究所	0. 339618	

三、结果分析

在含有 626 种法学类期刊引证表中，法学类专业期刊有 57 种。当被引频次累计量达 80. 91% 时，期刊累计数为 98 种，占被引用期刊总数的 15. 24%；当引频次累计量达 57. 06%，法学专业期刊累积数为 19 种。显然，法学类被引用期刊的被引聚散效应明显，其中法学专业期刊被引用率较高。最后选定的 19 种法学专业核心期刊均有较高的学术影响力。

第五编　经济

经济学论文的产出量较大。根据对样本中100254篇经济学论文的统计，其施引文献量达53116篇，总施引频次为343591次，被施引文献引用过的期刊共有8815种；经济学所含的下位类学科比较多，因而，按经济学科中10个二级学科进行样本分类统计，最后归为7个学科进行筛选。统计后未被列出的学科有：邮电经济、交通运输经济、旅游经济、工业经济，前两个学科由于核心区不明显而弃选，后两个学科分别合入人文地理学和中国经济学一并统计。以下是经济学的7个分学科研制报告。

经济学理论专业核心期刊研制报告

一、经济学理论类期刊引证表的生成过程

1. 根据对样本中的9186篇经济学理论类论文统计，其施引文献量为4966篇，总施引频次为30432次，被施引文献引用过的期刊共有2378种（其中来源期刊681种）；把上述被引期刊的2005年分学科被引频次递减排列，取其居前的510种期刊生成高被引频次的期刊引证表。

2. 根据经济学理论类期刊引证表中的评价指标分别作系数加权，作隶属度运算后生成数据“综合值”，作为质量指标。

3. 取含有510种期刊的引证表，列出前149名，按分学科被引位次排列生成有多项指标的经济学理论类期刊引证表，即经济学理论专业核心期刊的备选表。见表4－25。

表4－25　经济学理论类期刊引证表

序号	分学科被引位次	刊　　名	综合值	学科影响因子2005	分学科总被引	影响因子2005	总转摘	核心刊2008
1	1	经济研究	0.924415	0.8448	391	6.9675	868	★
2	2	经济学动态	0.320968	0.2379	167	1.2629	961	★
3	3	中国工业经济	0.371816	0.3549	117	2.8981	759	★

（续表 4－25）

序号	分学科被引位次	刊　　名	综合值	学科影响因子 2005	分学科总被引	影响因子 2005	总转摘	核心刊 2008
4	4	管理世界	0. 233431	0. 1408	87	1. 9350	1006	★
5	5	中国社会科学	0. 395618	0. 2598	96	4. 0147	1161	★
6	6	中国软科学	0. 154694	0. 0936	70	0. 9678	725	★
7	7	经济评论	0. 172303	0. 1546	72	0. 8224	443	★
8	8	当代经济研究	0. 130087	0. 1370	55	0. 4780	439	★
9	8	经济学家	0. 182734	0. 1650	71	1. 0518	566	★
10	10	经济社会体制比较	0. 186226	0. 1500	62	1. 2350	354	★
11	11	中国人口·资源与环境	0. 118234	0. 1788	42	0. 8827	179	★
12	12	数量经济技术经济研究	0. 071354	0. 0510	44	0. 4738	182	★
13	13	经济理论与经济管理	0. 126468	0. 1006	35	0. 9207	467	★
14	14	当代财经	0. 088675	0. 0302	31	0. 4421	643	★
15	14	世界经济	0. 184683	0. 1195	47	2. 5339	579	★
16	16	经济地理	0. 121935	0. 0592	27	0. 6423	760	★
17	17	生产力研究	0. 036229	0. 0139	26	0. 1174	153	
18	18	改革	0. 133025	0. 0964	35	1. 0562	589	★
19	19	外国经济与管理	0. 100662	0. 0731	26	0. 8493	386	★
20	20	经济科学	0. 126340	0. 1055	35	1. 1608	273	★
21	21	科研管理	0. 107356	0. 0590	27	0. 9549	513	★
22	22	财贸经济	0. 126357	0. 0759	29	1. 1402	777	★
23	22	宏观经济研究	0. 086975	0. 0580	23	0. 6630	298	★
24	24	经济研究参考	0. 055332	0. 0169	25	0. 3888	205	
25	25	教学与研究	0. 098683	0. 0543	22	0. 3261	859	★
26	26	上海经济研究	0. 095963	0. 0791	28	0. 6079	401	★
27	26	科技进步与对策	0. 033911	0. 0102	16	0. 1594	279	★
28	26	统计研究	0. 064700	0. 0394	21	0. 6303	263	★
29	29	南开经济研究	0. 098783	0. 0876	28	0. 8018	268	★
30	29	学术月刊	0. 137698	0. 0532	31	0. 5691	1252	★
31	31	财经研究	0. 109704	0. 0688	26	0. 9281	578	★
32	31	金融研究	0. 115203	0. 0323	21	1. 8356	307	★
33	31	科学学与科学技术管理	0. 056506	0. 0273	18	0. 4239	392	★
34	31	中国人民大学学报	0. 154329	0. 0769	20	1. 0879	993	★
35	35	商业研究	0. 038549	0. 0058	18	0. 1277	484	★
36	35	经济问题	0. 049989	0. 0321	20	0. 3852	361	

（续表 4－25）

序号	分学科被引位次	刊　　名	综合值	学科影响因子2005	分学科总被引	影响因子2005	总转摘	核心刊2008
37	35	中国农村经济	0.120490	0.0741	15	1.7407	707	★
38	38	财经科学	0.058479	0.0281	18	0.2999	396	★
39	39	研究与发展管理	0.069391	0.0664	11	0.5643	255	★
40	40	财经问题研究	0.076260	0.0419	19	0.5681	595	★
41	41	财经理论与实践	0.061658	0.0676	16	0.6265	266	★
42	41	经济问题探索	0.038566	0.0161	14	0.3441	253	
43	43	科学管理研究	0.039232	0.0284	12	0.4184	176	★
44	43	科学学研究	0.098626	0.0542	11	0.9675	532	★
45	45	当代经济科学	0.076964	0.0419	20	0.5721	407	★
46	45	国际经济评论	0.112228	0.0949	14	1.8544	273	★
47	45	经济管理	0.059908	0.0149	22	0.4066	448	★
48	45	经济纵横	0.051964	0.0344	14	0.3710	341	★
49	45	社会学研究	0.139733	0.0413	18	2.2893	440	★
50	45	天津社会科学	0.086082	0.0274	18	0.2888	792	★
51	45	自然辩证法研究	0.078430	0.0164	17	0.5173	745	★
52	45	自然资源学报	0.102605	0.1228	15	1.2807	230	
53	53	国外理论动态	0.061693	0.0450	17	0.4250	235	
54	53	教育与经济	0.110159	0.1721	26	0.7049	139	★
55	53	马克思主义与现实	0.092276	0.0821	16	0.7826	402	★
56	53	浙江社会科学	0.081014	0.0320	15	0.4328	690	★
57	57	北京大学学报．哲学社会科学版	0.113321	0.0097	15	0.6278	1003	★
58	57	国外社会科学	0.064967	0.0317	16	0.6878	448	★
59	59	求是	0.077159	0.0154	15	0.4725	886	★
60	60	环境保护	0.045259	0.0482	14	0.2922	128	★
61	60	经济经纬（河南财经学院学报）	0.045420	0.0276	15	0.2229	289	
62	60	江西社会科学	0.049779	0.0080	10	0.1196	663	★
63	60	中国管理科学	0.073144	0.0154	8	0.9382	334	★
64	64	地域研究与开发	0.038286	0.0307	10	0.4981	156	★
65	64	江汉论坛	0.070279	0.0130	17	0.1910	819	★
66	64	经济体制改革	0.044602	0.0250	13	0.4239	286	★
67	64	社会科学战线	0.092611	0.0106	12	0.3070	1097	★
68	64	消费经济	0.048808	0.0395	19	0.2719	144	★
69	64	中国发展	0.030686	0.0442	10	0.2212	19	

（续表 4－25）

序号	分学科被引位次	刊　　名	综合值	学科影响因子2005	分学科总被引	影响因子2005	总转摘	核心刊2008
70	70	读书	0.062932	0.0151	14	0.5113	267	
71	70	福建论坛．人文社会科学版	0.048896	0.0326	10	0.2413	204	★
72	70	管理科学学报	0.082684	0.0382	12	1.1146	204	★
73	70	山西财经大学学报	0.051905	0.0536	16	0.6161	239	
74	70	学习与探索	0.064516	0.0072	9	0.2315	641	★
75	70	中国农村观察	0.087690	0.0721	7	1.6937	195	★
76	70	中州学刊	0.062843	0.0106	9	0.1805	622	★
77	78	经济师	0.022206	0.0021	12	0.0797	203	
78	78	会计研究	0.118389	0.0304	11	2.4134	241	★
79	78	农业经济问题	0.089936	0.0312	14	1.2758	541	★
80	78	学术研究	0.099539	0.0152	16	0.2928	1043	★
81	78	中国科技论坛	0.055355	0.0360	11	0.5156	299	★
82	83	国际贸易问题	0.059348	0.0312	12	0.7578	379	★
83	83	高校理论战线	0.049281	0.0338	13	0.1846	336	
84	83	江苏社会科学	0.086890	0.0124	12	0.3423	909	★
85	83	开发研究	0.068997	0.0334	12	0.2117	495	★
86	83	南开学报．哲学社会科学版	0.087222	0.0435	10	0.4541	603	★
87	83	社会科学	0.082468	0.0282	11	0.3953	788	★
88	83	生态经济	0.030297	0.0160	15	0.1571	91	
89	83	商业经济与管理	0.048811	0.0336	10	0.3473	394	★
90	83	软科学	0.039310	0.0482	10	0.3601	101	★
91	92	河北经贸大学学报	0.041462	0.0556	14	0.2176	173	
92	92	华东经济管理	0.017516	0.0077	7	0.1220	113	
93	92	世界经济研究	0.059348	0.0249	9	0.7839	342	★
94	92	教育研究	0.129961	0.0209	11	1.3629	868	★
95	92	南开管理评论	0.061726	0.0308	9	1.1077	130	★
96	92	求实	0.027893	0.0086	6	0.0958	327	
97	92	人文杂志	0.068872	0.0135	7	0.2784	658	★
98	92	世界经济与政治	0.119315	0.0368	16	1.3282	858	★
99	92	预测	0.028796	0.0184	6	0.4240	109	
100	101	地理研究	0.097740	0.0361	12	1.9518	91	
101	101	旅游学刊	0.072057	0.0217	8	1.5565	180	★
102	101	求索	0.050149	0.0064	8	0.1125	624	★

（续表 4－25）

序号	分学科被引位次	刊　　名	综合值	学科影响因子 2005	分学科总被引	影响因子 2005	总转摘	核心刊 2008
103	101	社会科学研究	0. 073452	0. 0170	9	0. 3981	723	★
104	101	西北大学学报．哲学社会科学版	0. 041255	0. 0204	10	0. 2321	302	★
105	101	现代财经	0. 037860	0. 0204	11	0. 1607	359	
106	101	云南财经大学学报	0. 026166	0. 0125	7	0. 1566	272	
107	108	财政研究	0. 045150	0. 0190	11	0. 4476	323	★
108	108	管理工程学报	0. 019882	0. 0045	5	0. 4439	1	★
109	108	经济论坛	0. 015613	0. 0027	7	0. 0519	159	
110	108	民族研究	0. 050939	0. 0122	5	0. 6829	308	★
111	108	人文地理	0. 034724	0. 0170	5	0. 5489	175	★
112	108	南京社会科学	0. 044281	0. 0081	9	0. 2170	607	★
113	108	情报科学	0. 054461	0. 0038	6	1. 0634	238	★
114	108	中国经贸导刊	0. 016268	0. 0117	7	0. 1082	62	
115	108	中南财经政法大学学报	0. 050110	0. 0287	10	0. 2994	514	
116	108	中国社会科学院研究生院学报	0. 046806	0. 0154	7	0. 1962	448	★
117	108	资源科学	0. 052857	0. 0536	11	0. 4911	64	★
118	120	复旦学报．社会科学版	0. 094030	0. 0179	12	0. 4753	786	★
119	120	改革与战略	0. 013002	0. 0011	5	0. 0596	125	
120	120	国际金融研究	0. 060685	0. 0063	9	1. 1938	189	★
121	120	国际贸易	0. 060879	0. 0333	6	0. 6433	329	
122	120	宏观经济管理	0. 029340	0. 0214	6	0. 2375	233	
123	120	高等教育研究	0. 085447	0. 0270	8	1. 3591	384	★
124	120	教育发展研究	0. 055507	0. 0210	10	0. 4161	444	★
125	120	学海	0. 038425	0. 0109	4	0. 1463	483	★
126	120	自然辩证法通讯	0. 034364	0. 0138	6	0. 3578	312	★
127	120	哲学研究	0. 101563	0. 0028	10	0. 7415	1143	★
128	130	东南学术	0. 044136	0. 0171	6	0. 2422	341	★
129	130	北京师范大学学报．社会科学版	0. 098871	0. 0160	6	0. 5680	816	★
130	130	甘肃社会科学	0. 041015	0. 0115	4	0. 2095	373	★
131	130	现代经济探讨	0. 023977	0. 0180	7	0. 1876	120	
132	130	首都经济贸易大学学报	0. 025585	0. 0205	5	0. 2359	105	★
133	130	山东社会科学	0. 059270	0. 0076	9	0. 1337	463	
134	130	情报杂志	0. 036912	0. 0057	5	0. 8957	162	
135	130	马克思主义研究	0. 054307	0. 0407	8	0. 3256	441	★

（续表 4-25）

序号	分学科被引位次	刊　　名	综合值	学科影响因子 2005	分学科总被引	影响因子 2005	总转摘	核心刊 2008
136	130	中国金融	0.024376	0.0059	4	0.2692	170	★
137	130	中国流通经济	0.033836	0.0137	4	0.3616	265	
138	130	中国经济问题	0.070928	0.0519	13	0.6815	262	★
139	130	浙江学刊	0.081149	0.0086	6	0.3226	730	★
140	142	吉林大学社会科学学报	0.086213	0.0140	5	0.4698	641	★
141	142	理论学刊	0.033453	0.0127	5	0.1229	420	
142	142	理论探讨	0.032062	0.0042	3	0.1663	408	
143	142	企业经济	0.015070	0.0024	5	0.1050	182	
144	142	农业现代化研究	0.033483	0.0387	8	0.5083	112	
145	142	世界经济与政治论坛	0.036263	0.0305	5	0.3168	190	★
146	142	探索	0.028458	0.0098	4	0.1772	411	
147	142	湘潭大学学报．哲学社会科学版	0.029208	0.0034	6	0.1426	435	★
148	142	中国人口科学	0.077646	0.0256	5	1.3333	280	★
149	142	中南民族大学学报．人文社会科学版	0.030028	0.0080	3	0.1387	331	★

二、经济学理论专业核心期刊表测定步骤

1. 把上述核心期刊的备选表（其中经济学69种，综合性人文社会科学33种，政治9种，科学学与未来学8种，管理学5种，人文地理学5种，教育学4种，其他类别16种）及析出的该专业核心期刊备选表送专家评审；

2. 将专家评审结果作隶属度处理后与数据“综合值”作加权运算，加权系数分别为0.3和0.7；

3. 其运算结果再根据其他评价指标的运算结果作调整；

4. 经综合分析后，选出经济学理论专业核心期刊10种。见表4-26。

表4-26　经济学理论专业核心期刊表

位次	刊　　名	主办单位	综合评价值
1	经济研究	中国社会科学院经济研究所	0.947091
2	经济学动态	中国社会科学院经济研究所	0.524678
3	经济社会体制比较	中共中央编译局当代马克思主义研究所	0.430359
4	经济评论	武汉大学经济学院	0.413112

（续表 4－26）

位次	刊　　名	主 办 单 位	综合评价值
5	经济学家	西南财经大学	0.405414
6	当代经济研究	中国资本论研究会，长春税务学院	0.376061
7	经济科学	北京大学经济学院	0.373438
8	南开经济研究	南开大学经济学院	0.361648
9	数量经济技术经济研究	中国社会科学院数量经济与技术经济研究所	0.334948
10	当代经济科学	西安交通大学	0.323875

三、结果分析

在经济学理论类期刊引证表中，被引频次累计量达 80.70% 时，期刊累计数为 149 种，占被引用期刊总数的 29.22%，在其 69 种经济学期刊中有经济学理论专业期刊 19 种；当被引频次累计量达 67.38% 时，期刊累计数为 86 种，其中包括了经济学理论专业期刊 14 种。经综合评价，最后选定的 10 种经济学理论专业期刊均有较高的学术影响力，特别是《经济研究》占有突出的地位。

世界各国经济（含各国经济史、经济地理）专业核心期刊研制报告

一、世界各国经济类期刊引证表的生成过程

1. 根据对样本中的 2637 篇世界各国经济类论文统计，其施引文献量为 1201 篇，总施引频次为 7513 次，被施引文献引用过的期刊共有 973 种（其中来源期刊 418 种）；把上述被引期刊的 2005 年分学科被引频次递减排列，取其居前的 217 种期刊生成高被引频次的期刊引证表。

2. 根据世界各国经济类期刊引证表中的评价指标分别作系数加权，作隶属度运算后生成数据“综合值”，作为质量指标。

3. 取含有 217 种期刊的引证表，列出前 86 名，按分学科被引位次排列生成有多项指标的世界各国经济类期刊引证表，即世界各国经济专业核心期刊的备选表。见表 4－27。

表 4－27 世界各国经济（含各国经济史、经济地理）类期刊引证表

序号	分学科被引位次	刊名	综合值	学科影响因子 2005	分学科总被引	影响因子 2005	总转摘	核心刊 2008
1	1	世界经济	0. 739370	0. 2390	68	2. 5339	579	★
2	2	世界经济与政治	0. 526249	0. 1196	51	1. 3282	858	★
3	3	世界经济研究	0. 289292	0. 0803	26	0. 7839	342	★
4	4	当代亚太	0. 266387	0. 0810	19	0. 5101	273	★
5	4	中国工业经济	0. 281734	0. 0278	13	2. 8981	759	★
6	6	国际贸易	0. 263328	0. 0933	17	0. 6433	329	
7	7	俄罗斯中亚东欧研究	0. 257371	0. 0791	23	0. 4463	266	★
8	7	国际贸易问题	0. 162973	0. 0288	15	0. 7578	379	★
9	7	经济研究	0. 434733	0. 0217	27	6. 9675	868	★
10	10	国际经济评论	0. 347537	0. 1203	22	1. 8544	273	★
11	11	南开经济研究	0. 131717	0. 0184	9	0. 8018	268	★
12	12	现代国际关系	0. 156386	0. 0280	12	0. 6399	586	★
13	13	经济问题	0. 111307	0. 0225	10	0. 3852	361	
14	13	西亚非洲	0. 080616	0. 0192	7	0. 2115	219	★
15	13	中国社会科学	0. 324088	0. 0245	11	4. 0147	1161	★
16	16	地理研究	0. 136599	0. 0241	6	1. 9518	91	
17	17	经济地理	0. 115271	0. 0028	8	0. 6423	760	★
18	17	东北亚论坛	0. 101409	0. 0241	9	0. 2651	250	
19	19	俄罗斯中亚东欧市场	0. 128818	0. 0421	14	0. 1262	40	★
20	19	南亚研究季刊	0. 173515	0. 0929	13	0. 3429	62	
21	19	日本学刊	0. 159080	0. 0515	11	0. 4485	98	★
22	19	世界经济与政治论坛	0. 120411	0. 0382	8	0. 3168	190	★
23	23	财经问题研究	0. 090681	0. 0084	5	0. 5681	595	★
24	23	国际经济合作	0. 108297	0. 0339	8	0. 3362	182	★
25	23	教学与研究	0. 114027	0. 0082	6	0. 3261	859	★
26	23	南开学报. 哲学社会科学版	0. 132571	0. 0242	7	0. 4541	603	★
27	23	中国软科学	0. 106170	0. 0073	6	0. 9678	725	★
28	28	经济理论与经济管理	0. 116178	0. 0213	5	0. 9207	467	★
29	28	经济评论	0. 109212	0. 0132	6	0. 8224	443	★
30	28	经济学家	0. 140075	0. 0227	10	1. 0518	566	★
31	28	读书	0. 095855	0. 0060	6	0. 5113	267	
32	28	国际经贸探索	0. 082629	0. 0260	4	0. 3506	190	★
33	28	欧洲研究	0. 120545	0. 0350	7	0. 7203	293	★

（续表4-27）

序号	分学科被引位次	刊名	综合值	学科影响因子2005	分学科总被引	影响因子2005	总转摘	核心刊2008
34	28	社会科学	0.102382	0.0071	3	0.3953	788	★
35	28	外国经济与管理	0.106426	0.0228	4	0.8493	386	★
36	36	经济社会体制比较	0.145319	0.0100	11	1.2350	354	★
37	36	国际问题研究	0.177688	0.0637	8	0.7134	278	★
38	36	俄罗斯研究	0.091436	0.0517	4	0.2500	59	
39	36	国际金融研究	0.118613	0.0219	8	1.1938	189	★
40	36	拉丁美洲研究	0.126734	0.0621	7	0.5093	170	★
41	36	亚太经济	0.096271	0.0352	9	0.3050	201	★
42	42	经济学动态	0.128652	0.0067	5	1.2629	961	★
43	42	财贸经济	0.122824	0.0184	3	1.1402	777	★
44	42	德国研究	0.076144	0.0404	3	0.2323	104	
45	42	国际观察	0.075059	0.0140	5	0.3706	214	★
46	46	上海经济研究	0.076996	0.0144	3	0.6079	401	★
47	46	宏观经济研究	0.071770	0.0083	4	0.6630	298	★
48	46	经济论坛	0.027090	0.0011	2	0.0519	159	
49	46	管理世界	0.149709	0.0054	7	1.9350	1006	★
50	46	国外社会科学	0.077241	0.0106	3	0.6878	448	★
51	46	北京大学学报．哲学社会科学版	0.127138	0.0065	3	0.6278	1003	★
52	46	商业研究	0.032806	0.0006	2	0.1277	484	★
53	46	当代经济研究	0.075201	0.0078	6	0.4780	439	★
54	46	国际论坛	0.056207	0.0121	2	0.2545	158	★
55	46	马克思主义与现实	0.093784	0.0145	4	0.7826	402	★
56	46	求是	0.085656	0.0044	3	0.4725	886	★
57	46	改革	0.107189	0.0120	5	1.0562	589	★
58	46	人文地理	0.066743	0.0128	5	0.5489	175	★
59	46	现代日本经济	0.121249	0.0368	8	0.3088	75	★
60	46	中国科技论坛	0.057986	0.0072	2	0.5156	299	★
61	46	中国经贸导刊	0.026885	0.0015	2	0.1082	62	
62	46	资源科学	0.047552	0.0089	3	0.4911	64	★
63	63	经济科学	0.076669	0.0101	2	1.1608	273	★
64	63	国外理论动态	0.073066	0.0200	5	0.4250	235	
65	63	世界历史	0.069123	0.0191	4	0.2010	414	★
66	63	财经研究	0.091334	0.0094	3	0.9281	578	★

（续表 4－27）

序号	分学科被引位次	刊　　名	综合值	学科影响因子 2005	分学科总被引	影响因子 2005	总转摘	核心刊 2008
67	63	城市规划	0.064747	0.0037	5	1.3272	75	★
68	63	东南亚纵横	0.054701	0.0137	6	0.1936	112	
69	63	经济研究参考	0.051871	0.0040	4	0.3888	205	
70	63	暨南学报．哲学社会科学版	0.050668	0.0153	2	0.1947	317	★
71	63	金融研究	0.102772	0.0027	2	1.8356	307	★
72	63	开发研究	0.065644	0.0028	2	0.2117	495	★
73	63	南开管理评论	0.059693	0.0051	3	1.1077	130	★
74	63	南洋问题研究	0.042765	0.0106	4	0.1383	52	
75	63	日本研究	0.065477	0.0229	3	0.1298	101	
76	63	统计研究	0.049007	0.0030	2	0.6303	263	★
77	63	外交评论（外交学院学报）	0.044608	0.0203	2	0.1757	176	
78	63	厦门大学学报．哲学社会科学版	0.086033	0.0000	2	0.4472	605	★
79	63	证券市场导报	0.044522	0.0000	3	0.4234	238	★
80	63	浙江社会科学	0.077104	0.0043	2	0.4328	690	★
81	63	自然辩证法研究	0.075124	0.0018	2	0.5173	745	★
82	82	哈尔滨工业大学学报．社会科学版	0.019158	0.0000	2	0.0528	53	
83	82	和平与发展	0.021431	0.0000	2	0.1100	129	
84	82	会计研究	0.128300	0.0030	4	2.4134	241	★
85	82	科学学与科学技术管理	0.045245	0.0013	2	0.4239	392	★
86	82	数量经济技术经济研究	0.035318	0.0044	2	0.4738	182	★

二、世界各国经济专业核心期刊表测定步骤

1. 把上述核心期刊的备选表（其中世界各国经济期刊 8 种，其他经济类期刊 34 种，综合性人文社会科学 10 种，政治类 23 种，其他类别 11 种）及析出的该专业核心期刊备选表送专家评审；

2. 将专家评审结果作隶属度处理后与数据“综合值”作加权运算，加权系数分别为 0.3 和 0.7；

3. 其运算结果再根据其他评价指标的运算结果作调整；

4. 经综合分析后，选出世界各国经济专业核心期刊 8 种。见表 4－28。

表4－28 世界各国经济（含各国经济史、经济地理）专业核心期刊表

位次	刊　名	主办单位	综合评价值	
1	世界经济	中国世界经济学会，中国社会科学院世界经济与政治研究所	0.817559	
2	国际经济评论	中国社会科学院世界经济与政治研究所	0.423276	
3	世界经济研究	上海市社会科学院世界经济研究所	0.382505	
4	现代日本经济	吉林大学，全国日本经济学会	0.204874	
5	世界经济与政治论坛	江苏省社会科学院世界经济研究所	0.144287	
6	国际经济合作	商务部国际贸易经济合作研究院	0.135808	
7	外国经济与管理	上海财经大学	0.134498	
8	亚太经济	福建省社会科学院亚太经济研究所	0.127390	

三、结果分析

在世界各国经济类期刊引证表中，被引频次累计量达80.87%时，期刊累计数为86种，占被引用期刊总数的39.63%；被引频次累计量达60.77%时，期刊累计数为39种（其中世界各国经济专业期刊8种）。统计结果显示，世界各国经济专业期刊在统计结果中的位次居前，但其被引频次的集合量在学科被引频次总量中所占比例不高，考虑到被引用期刊的学科交叉性和期刊种类的分散性，以及含有的世界宏观经济和地区经济特点，最后选定8种世界各国经济专业期刊为核心期刊。

中国经济专业核心期刊研制报告

一、中国经济类期刊引证表的生成过程

1. 根据对样本中的12540篇中国经济（含工业经济）论文统计，其施引文献量为5878篇，总施引频次为38820次，被施引文献引用过的期刊共有2771种（其中来源期刊678种）；把上述被引期刊的2005年分学科被引频次递减排列，取其居前的596种期刊生成高被引频次的期刊引证表。

2. 根据中国经济类期刊引证表中的评价指标分别作系数加权，作隶属度运算后生成数据“综合值”，作为质量指标。

3. 取含有596种期刊的引证表，列出前190名，按分学科被引位次排列生成

有多项指标的中国经济类期刊引证表，即中国经济专业核心期刊的备选表。见表4-29。

表4-29　中国经济类期刊引证表

序号	分学科被引位次	刊　名	综合值	学科影响因子2005	分学科总被引	影响因子2005	总转摘	核心刊2008
1	1	经济研究	0.924415	1.1444	547	6.9675	868	★
2	2	管理世界	0.277656	0.2509	153	1.9350	1006	★
3	3	中国工业经济	0.404181	0.5525	170	2.8981	759	★
4	4	经济学动态	0.237772	0.2679	121	1.2629	961	★
5	5	中国社会科学	0.382718	0.3235	103	4.0147	1161	★
6	6	中国经济史研究	0.142477	0.3946	47	0.5918	235	★
7	7	中国软科学	0.130026	0.0877	70	0.9678	725	★
8	8	经济地理	0.145298	0.1014	69	0.6423	760	★
9	9	世界经济	0.209522	0.2430	62	2.5339	579	★
10	10	经济学家	0.153561	0.1618	67	1.0518	566	★
11	11	财贸经济	0.145995	0.1310	53	1.1402	777	★
12	12	经济研究参考	0.087895	0.0748	69	0.3888	205	
13	13	数量经济技术经济研究	0.059386	0.0437	42	0.4738	182	★
14	14	统计研究	0.083966	0.0848	43	0.6303	263	★
15	15	改革	0.147931	0.1365	60	1.0562	589	★
16	16	宏观经济研究	0.119266	0.1630	51	0.6630	298	★
17	16	农业经济问题	0.117579	0.1103	31	1.2758	541	★
18	18	经济理论与经济管理	0.120958	0.1220	43	0.9207	467	★
19	19	中国农村经济	0.142139	0.1380	37	1.7407	707	★
20	20	上海经济研究	0.098969	0.0971	43	0.6079	401	★
21	21	经济社会体制比较	0.168192	0.2350	44	1.2350	354	★
22	22	当代财经	0.082292	0.0378	30	0.4421	643	★
23	22	金融研究	0.123600	0.0701	31	1.8356	307	★
24	24	浙江社会科学	0.097350	0.0896	32	0.4328	690	★
25	25	财经问题研究	0.081767	0.0461	32	0.5681	595	★
26	25	经济评论	0.109333	0.0757	47	0.8224	443	★
27	27	中国农史	0.106592	0.3232	16	0.6263	110	★
28	28	经济问题探索	0.062160	0.0817	44	0.3441	253	
29	29	经济科学	0.119851	0.1608	34	1.1608	273	★
30	29	历史研究	0.107883	0.1133	24	1.0000	697	★
31	31	当代经济研究	0.077391	0.0879	31	0.4780	439	★

（续表 4－29）

序号	分学科被引位次	刊　　名	综合值	学科影响因子 2005	分学科总被引	影响因子 2005	总转摘	核心刊 2008
32	31	地域研究与开发	0.051275	0.0805	27	0.4981	156	★
33	31	经济体制改革	0.061422	0.0713	29	0.4239	286	★
34	31	求是	0.090756	0.0516	33	0.4725	886	★
35	31	中国社会经济史研究	0.071298	0.1964	20	0.2946	124	★
36	36	国际经济评论	0.125226	0.1835	21	1.8544	273	★
37	36	经济纵横	0.067500	0.0934	25	0.3710	341	★
38	38	文物	0.041482	0.0043	14	0.8182	78	★
39	39	经济师	0.029586	0.0068	27	0.0797	203	
40	40	地理研究	0.165690	0.2651	28	1.9518	91	
41	40	科学学与科学技术管理	0.056384	0.0325	23	0.4239	392	★
42	40	南开经济研究	0.083702	0.0922	31	0.8018	268	★
43	43	人文地理	0.050366	0.0511	20	0.5489	175	★
44	44	财经研究	0.102474	0.0781	24	0.9281	578	★
45	44	江汉论坛	0.071428	0.0307	20	0.1910	819	★
46	46	商业研究	0.033158	0.0042	18	0.1277	484	★
47	46	国际贸易问题	0.069926	0.0576	21	0.7578	379	★
48	46	江苏社会科学	0.093171	0.0309	17	0.3423	909	★
49	46	开发研究	0.071352	0.0501	17	0.2117	495	★
50	46	科技进步与对策	0.031722	0.0084	20	0.1594	279	★
51	46	民族研究	0.082993	0.1159	17	0.6829	308	★
52	52	财经科学	0.058723	0.0369	25	0.2999	396	★
53	53	当代经济科学	0.067073	0.0419	20	0.5721	407	★
54	53	世界经济研究	0.076233	0.0803	19	0.7839	342	★
55	53	经济问题	0.047271	0.0385	23	0.3852	361	
56	53	中国科技论坛	0.065679	0.0624	22	0.5156	299	★
57	53	中国人口·资源与环境	0.077213	0.1173	26	0.8827	179	★
58	58	经济管理	0.061154	0.0234	29	0.4066	448	★
59	58	现代经济探讨	0.032047	0.0279	18	0.1876	120	
60	60	中国史研究	0.058066	0.1043	13	0.4174	323	★
61	61	城市规划	0.061933	0.0294	22	1.3272	75	★
62	61	国际经济合作	0.040997	0.0395	14	0.3362	182	★
63	63	宏观经济管理	0.040754	0.0499	16	0.2375	233	
64	63	社会学研究	0.131181	0.0331	17	2.2893	440	★

（续表 4－29）

序号	分学科被引位次	刊　　名	综合值	学科影响因子 2005	分学科总被引	影响因子 2005	总转摘	核心刊 2008
65	65	近代史研究	0.086218	0.1316	14	0.7281	320	★
66	65	生产力研究	0.022410	0.0107	17	0.1174	153	
67	65	世界经济与政治	0.116861	0.0245	20	1.3282	858	★
68	65	史学月刊	0.075048	0.0431	9	0.2392	742	★
69	65	消费经济	0.050363	0.0789	19	0.2719	144	★
70	65	新疆师范大学学报．哲学社会科学版	0.031947	0.0542	13	0.2033	151	
71	71	安徽大学学报．哲学社会科学版	0.033736	0.0088	10	0.1917	332	★
72	71	城市规划学刊	0.081535	0.0878	14	0.9459	56	★
73	71	江海学刊	0.105882	0.0423	15	0.4104	1077	★
74	71	考古	0.028611	0.0090	9	0.6244	33	★
75	71	南京社会科学	0.056089	0.0418	22	0.2170	607	★
76	71	山西财经大学学报	0.051085	0.0804	16	0.6161	239	
77	71	学术研究	0.097437	0.0221	15	0.2928	1043	★
78	71	学术月刊	0.111872	0.0266	18	0.5691	1252	★
79	79	国际贸易	0.082553	0.0533	24	0.6433	329	
80	79	经济论坛	0.018025	0.0049	12	0.0519	159	
81	79	农村经济	0.018115	0.0148	13	0.1557	56	
82	79	社会科学研究	0.074938	0.0243	12	0.3981	723	★
83	79	商业经济与管理	0.043473	0.0308	10	0.3473	394	★
84	79	外国经济与管理	0.079179	0.0731	18	0.8493	386	★
85	79	厦门大学学报．哲学社会科学版	0.088457	0.0503	12	0.4472	605	★
86	86	安徽史学	0.033032	0.0510	11	0.1333	209	★
87	86	长江流域资源与环境	0.047616	0.0567	18	0.4894	67	
88	86	史林	0.044191	0.0847	7	0.2751	212	★
89	86	社会科学战线	0.095359	0.0350	15	0.3070	1097	★
90	86	亚太经济	0.037641	0.0499	13	0.3050	201	★
91	91	会计研究	0.120367	0.0486	15	2.4134	241	★
92	91	社会科学	0.081507	0.0306	16	0.3953	788	★
93	91	台湾研究集刊	0.051776	0.1215	10	0.3364	142	
94	95	东北亚论坛	0.050396	0.0763	9	0.2651	250	
95	95	当代中国史研究	0.053388	0.0867	6	0.2133	336	
96	95	复旦学报．社会科学版	0.093936	0.0269	12	0.4753	786	★
97	95	福建论坛．人文社会科学版	0.045659	0.0370	13	0.2413	204	★

（续表 4－29）

序号	分学科被引位次	刊名	综合值	学科影响因子 2005	分学科总被引	影响因子 2005	总转摘	核心刊 2008
98	95	台湾研究	0.045555	0.0776	9	0.3362	139	★
99	95	中国经济问题	0.084348	0.1185	17	0.6815	262	★
100	101	广西社会科学	0.018787	0.0073	7	0.0916	248	
101	101	科研管理	0.087680	0.0313	21	0.9549	513	★
102	101	南开管理评论	0.057006	0.0359	10	1.1077	130	★
103	101	预测	0.034143	0.0323	10	0.4240	109	
104	101	中国资产评估	0.016793	0.0446	7	0.0828	5	
105	101	中国人民大学学报	0.130949	0.0366	15	1.0879	993	★
106	101	中山大学学报．社会科学版	0.059323	0.0276	8	0.3931	490	★
107	108	财经理论与实践	0.044916	0.0412	12	0.6265	266	★
108	108	甘肃社会科学	0.044733	0.0229	11	0.2095	373	★
109	108	科学学研究	0.100936	0.0794	17	0.9675	532	★
110	108	求索	0.051491	0.0103	11	0.1125	624	★
111	108	生态经济	0.020588	0.0160	9	0.1571	91	
112	108	湘潭大学学报．哲学社会科学版	0.032195	0.0172	6	0.1426	435	★
113	108	中国历史地理论丛	0.035313	0.0800	8	0.2600	58	★
114	108	中国行政管理	0.065780	0.0286	12	1.0485	341	★
115	108	中州学刊	0.064365	0.0230	11	0.1805	622	★
116	117	环境保护	0.026524	0.0211	7	0.2922	128	★
117	117	经济经纬（河南财经学院学报）	0.033554	0.0197	10	0.2229	289	
118	117	江西社会科学	0.046861	0.0080	11	0.1196	663	★
119	117	科学管理研究	0.031446	0.0213	11	0.4184	176	★
120	117	理论前沿	0.050004	0.0158	14	0.1885	612	★
121	117	南京财经大学学报	0.027487	0.0392	9	0.1569	153	
122	117	清史研究	0.043606	0.1000	6	0.2364	204	★
123	117	人文杂志	0.068693	0.0270	8	0.2784	658	★
124	117	陕西师范大学学报．哲学社会科学版	0.067692	0.0169	8	0.1366	572	★
125	117	西安财经学院学报	0.019091	0.0211	7	0.1123	114	
126	117	西北大学学报．哲学社会科学版	0.039131	0.0255	12	0.2321	302	★
127	128	管理科学学报	0.064487	0.0127	7	1.1146	204	★
128	128	经济与管理研究	0.045447	0.0513	12	0.4017	189	★

（续表 4－29）

序号	分学科被引位次	刊名	综合值	学科影响因子 2005	分学科总被引	影响因子 2005	总转摘	核心刊 2008
129	128	内蒙古师范大学学报．哲学社会科学（汉文）版	0.020572	0.0201	13	0.1092	223	
130	128	社会科学辑刊	0.052362	0.0331	9	0.2128	595	★
131	128	西南民族大学学报．人文社科版	0.034232	0.0042	10	0.1182	533	
132	128	浙江学刊	0.081585	0.0065	11	0.3226	730	★
133	128	自然辩证法研究	0.066741	0.0091	10	0.5173	745	★
134	135	北京大学学报．哲学社会科学版	0.106817	0.0097	12	0.6278	1003	★
135	135	北京师范大学学报．社会科学版	0.099950	0.0360	7	0.5680	816	★
136	135	广东社会科学	0.050879	0.0293	7	0.2410	495	★
137	135	国际金融研究	0.060528	0.0219	10	1.1938	189	★
138	135	吉林大学社会科学学报	0.094193	0.0465	8	0.4698	641	★
139	135	上海财经大学学报	0.051163	0.0579	8	0.3967	146	★
140	135	世界经济与政治论坛	0.037742	0.0382	8	0.3168	190	★
141	135	新疆大学学报．哲学人文社会科学版	0.018355	0.0297	8	0.1155	118	
142	135	学术交流	0.034053	0.0155	5	0.1370	398	★
143	135	云南财经大学学报	0.025270	0.0188	7	0.1566	272	
144	135	云南社会科学	0.029198	0.0215	8	0.2172	246	★
145	146	城市发展研究	0.032731	0.0301	6	0.3855	46	
146	146	财政研究	0.039042	0.0171	10	0.4476	323	★
147	146	东岳论丛	0.051061	0.0277	6	0.1851	488	★
148	146	古今农业	0.022535	0.0513	11	0.1923	11	
149	146	国际经贸探索	0.033036	0.0346	8	0.3506	190	★
150	146	国家行政学院学报	0.060268	0.0418	14	0.6236	248	★
151	146	华东经济管理	0.015829	0.0090	9	0.1220	113	
152	146	技术经济	0.010305	0.0021	5	0.0494	175	
153	146	考古学报	0.037036	0.0278	7	0.7222	10	★
154	146	理论月刊	0.021073	0.0067	7	0.0539	291	
155	146	南京大学学报．哲学·人文科学·社会科学	0.076787	0.0083	6	0.3917	746	★
156	146	人口与经济	0.032857	0.0195	8	0.5586	186	★
157	146	人口研究	0.081328	0.0278	10	1.6736	334	★
158	146	山东社会科学	0.056157	0.0152	7	0.1337	463	
159	146	税务研究	0.032885	0.0112	7	0.5531	101	★
160	146	税务与经济	0.026851	0.0218	6	0.2618	233	

（续表 4－29）

序号	分学科被引位次	刊　　名	综合值	学科影响因子 2005	分学科总被引	影响因子 2005	总转摘	核心刊 2008
161	146	天津社会科学	0.074006	0.0243	12	0.2888	792	★
162	146	学术论坛	0.035565	0.0147	9	0.2206	399	★
163	146	中共党史研究	0.039949	0.0337	5	0.2212	371	★
164	146	中国卫生经济	0.010653	0.0013	6	0.2769	9	
165	166	财贸研究	0.016631	0.0034	7	0.0387	241	
166	166	当代亚太	0.042350	0.0324	7	0.5101	273	★
167	166	东南学术	0.044304	0.0256	6	0.2422	341	★
168	166	福建师范大学学报．哲学社会科学版	0.034721	0.0280	6	0.1869	296	
169	166	改革与战略	0.013745	0.0079	8	0.0596	125	
170	166	民国档案	0.025849	0.0556	5	0.2037	119	★
171	166	清华大学学报．哲学社会科学版	0.052150	0.0208	7	0.4115	432	★
172	166	企业经济	0.015842	0.0043	10	0.1050	182	
173	166	四川大学学报．哲学社会科学版	0.068062	0.0151	6	0.2620	479	★
174	166	探索	0.026418	0.0039	5	0.1772	411	
175	166	软科学	0.025542	0.0193	9	0.3601	101	★
176	166	学习与探索	0.061989	0.0191	7	0.2315	641	★
177	166	中国党政干部论坛	0.043300	0.0175	9	0.2193	544	
178	166	中国统计	0.020404	0.0247	9	0.1396	98	
179	166	中国人口科学	0.080258	0.0449	8	1.3333	280	★
180	166	中国农村观察	0.086137	0.0901	11	1.6937	195	★
181	182	城市问题	0.037584	0.0298	8	0.7143	94	★
182	182	经济界	0.026005	0.0307	8	0.1609	70	
183	182	旅游学刊	0.067712	0.0217	7	1.5565	180	★
184	182	上海金融	0.018406	0.0108	5	0.2675	113	
185	182	西北师大学报．社会科学版	0.042324	0.0270	5	0.2553	400	★
186	182	中国金融	0.022958	0.0059	5	0.2692	170	★
187	182	浙江大学学报．人文社会科学版	0.072016	0.0248	6	0.4215	689	★
188	182	中国经贸导刊	0.014649	0.0117	7	0.1082	62	
189	182	中南财经政法大学学报	0.046313	0.0255	11	0.2994	514	
190	183	重庆工商大学学报（西部论坛）	0.012620	0.0222	5	0.1456	19	★

二、中国经济专业核心期刊表测定步骤

1. 把上述核心期刊的备选表（其中中国经济期刊18种，其他经济类期刊69种，综合性人文社会科学50种，政治类11种，历史学10种，其他类别32种）及析出的该专业核心期刊备选表送专家评审；

2. 将专家评审结果作隶属度处理后与数据“综合值”作加权运算，加权系数分别为0.3和0.7；

3. 其运算结果再根据其他评价指标的运算结果作调整；

4. 经综合分析后，选出中国经济专业核心期刊11种。见表4－30。

表4－30　中国经济专业核心期刊表

位次	刊　　名	主办单位	综合评价值	
1	中国工业经济	中国社会科学院工业经济研究所	0.474746	
2	中国经济史研究	中国社会科学院经济研究所	0.329597	
3	改革	重庆市社会科学院	0.295371	
4	宏观经济研究	国家发展和改革委员会宏观经济研究院	0.286581	
5	上海经济研究	上海市社会科学院经济研究所	0.273758	
6	中国经济问题	厦门大学经济研究所	0.268421	
7	经济体制改革	四川省社会科学院	0.263404	
8	中国社会经济史研究	厦门大学历史研究所	0.253163	
9	经济纵横	吉林省社会科学院（社科联）	0.180389	
10	开发研究	甘肃省社会科学院	0.168881	
11	重庆工商大学学报（西部论坛）	重庆工商大学	0.167609	

三、结果分析

在中国经济学类期刊引证表中，被引频次累计量达80.91%时，期刊累计数为190种，占被引用期刊总数的31.88%；被引频次累计量达70.09%时，期刊累计数为122种（其中中国经济专业期刊18种）。统计结果显示，中国经济类期刊的被引聚散效应不十分明显，其被引频次的集合量在学科被引频次总量中所占比例不高，考虑到被引用期刊的学科交叉性和涉及中国经济的多学科领域特点，最后选定11种中国经济专业期刊为核心期刊。

经济计划与管理专业核心期刊研制报告

一、经济计划与管理类期刊引证表的生成过程

1. 根据对样本中的 29867 经济计划与管理论文统计，其施引文献量为 16830 篇，总施引频次为 104054 次，被施引文献引用过的期刊共有 4398 种（其中来源期刊 720 种）；把上述被引期刊的 2005 年分学科被引频次递减排列，取其居前的 608 种期刊生成高被引频次的期刊引证表。

2. 根据经济计划与管理类期刊引证表中的评价指标分别作系数加权，作隶属度运算后生成数据“综合值”，作为质量指标。

3. 取含有 608 种期刊的引证表，列出前 80 名，按分学科被引位次排列生成有多项指标的经济计划与管理类期刊引证表，即经济计划与管理专业核心期刊的备选表。见表 4－31。

表 4－31 经济计划与管理类期刊引证表

序号	分学科被引位次	刊名	综合值	学科影响因子 2005	分学科总被引	影响因子 2005	总转摘	核心刊 2008
1	1	经济研究	0.821120	1.3682	1135	6.9675	868	★
2	2	会计研究	0.659103	1.8967	913	2.4134	241	★
3	3	中国工业经济	0.423064	1.0802	404	2.8981	759	★
4	4	管理世界	0.311529	0.6679	378	1.9350	1006	★
5	6	经济管理	0.136689	0.2091	256	0.4066	448	★
6	7	经济学动态	0.186598	0.2978	184	1.2629	961	★
7	9	外国经济与管理	0.175788	0.4749	172	0.8493	386	★
8	10	审计研究	0.185469	0.8800	129	1.0343	67	
9	11	城市规划	0.143045	0.3382	157	1.3272	75	★
10	13	南开管理评论	0.181410	0.6103	156	1.1077	130	★
11	14	商业研究	0.061746	0.0485	142	0.1277	484	★
12	15	经济师	0.049644	0.0265	127	0.0797	203	
13	17	管理科学学报	0.169495	0.5159	124	1.1146	204	★
14	18	财会月刊	0.058497	0.0448	126	0.0543	355	
15	18	中国管理科学	0.124261	0.3127	89	0.9382	334	★
16	20	数量经济技术经济研究	0.066958	0.1210	108	0.4738	182	★

（续表 4－31）

序号	分学科被引位次	刊　名	综合值	学科影响因子2005	分学科总被引	影响因子2005	总转摘	核心刊2008
17	22	经济理论与经济管理	0.140955	0.2927	131	0.9207	467	★
18	24	城市规划学刊	0.134447	0.2770	92	0.9459	56	★
19	25	世界经济	0.167867	0.2908	90	2.5339	579	★
20	26	当代财经	0.097848	0.1348	101	0.4421	643	★
21	27	企业经济	0.037424	0.0501	75	0.1050	182	
22	28	经济科学	0.121106	0.2714	96	1.1608	273	★
23	31	财经问题研究	0.089897	0.1258	86	0.5681	595	★
24	31	财经研究	0.120387	0.2031	90	0.9281	578	★
25	34	企业管理	0.080010	0.1566	91	0.2438	300	
26	35	财经科学	0.064941	0.0798	62	0.2999	396	★
27	38	改革	0.120823	0.1928	84	1.0562	589	★
28	39	经济问题探索	0.052721	0.0990	76	0.3441	253	
29	40	经济社会体制比较	0.133983	0.2100	87	1.2350	354	★
30	41	管理工程学报	0.066247	0.2287	77	0.4439	1	★
31	42	经济学家	0.118596	0.2298	83	1.0518	566	★
32	44	财经理论与实践	0.068841	0.1941	56	0.6265	266	★
33	44	经济评论	0.090363	0.1414	68	0.8224	443	★
34	47	财贸经济	0.111751	0.1241	62	1.1402	777	★
35	48	经济问题	0.051871	0.0931	60	0.3852	361	
36	49	城市问题	0.086448	0.2798	67	0.7143	94	★
37	49	研究与发展管理	0.087340	0.2365	53	0.5643	255	★
38	52	经济研究参考	0.051479	0.0459	66	0.3888	205	
39	53	中国农村经济	0.123124	0.1515	65	1.7407	707	★
40	54	经济体制改革	0.054282	0.0983	60	0.4239	286	★
41	56	生产力研究	0.025862	0.0297	46	0.1174	153	
42	56	经济论坛	0.023021	0.0158	41	0.0519	159	
43	56	商业经济与管理	0.056662	0.1036	49	0.3473	394	★
44	56	预测	0.055697	0.1613	54	0.4240	109	
45	60	当代经济科学	0.076741	0.1442	44	0.5721	407	★
46	61	城市发展研究	0.074563	0.1988	57	0.3855	46	
47	65	金融研究	0.106192	0.0674	45	1.8356	307	★
48	67	当代经济研究	0.055116	0.0672	39	0.4780	439	★
49	67	上海经济研究	0.070173	0.1079	53	0.6079	401	★

（续表 4－31）

序号	分学科被引位次	刊　　名	综合值	学科影响因子 2005	分学科总被引	影响因子 2005	总转摘	核心刊 2008
50	67	经济经纬（河南财经学院学报）	0.043269	0.0769	36	0.2229	289	
51	67	审计与经济研究	0.062713	0.2476	40	0.3058	183	
52	71	南开经济研究	0.073048	0.1429	46	0.8018	268	★
53	71	山西财经大学学报	0.058856	0.1756	53	0.6161	239	
54	73	中国卫生经济	0.018334	0.0683	25	0.2769	9	
55	73	证券市场导报	0.050449	0.0781	40	0.4234	238	★
56	75	技术经济与管理研究	0.024532	0.0442	44	0.1001	65	
57	76	中国流通经济	0.055977	0.1151	41	0.3616	265	
58	77	宏观经济研究	0.067096	0.0994	41	0.6630	298	★
59	78	经济与管理研究	0.053886	0.1368	40	0.4017	189	★
60	79	国际贸易问题	0.057461	0.0576	38	0.7578	379	★
61	80	现代城市研究	0.062587	0.2316	34	0.4463	28	
62	81	经济纵横	0.049572	0.0811	39	0.3710	341	★
63	81	管理现代化	0.050542	0.1144	43	0.2836	149	
64	83	技术经济	0.016307	0.0206	27	0.0494	175	
65	83	华东经济管理	0.024875	0.0347	46	0.1220	113	
66	87	中央财经大学学报	0.043314	0.0800	25	0.4612	283	★
67	89	财经论丛	0.054631	0.0744	23	0.4298	304	
68	93	北京工商大学学报．社会科学版	0.041775	0.1314	20	0.2881	113	★
69	93	财贸研究	0.019444	0.0142	20	0.0387	241	
70	93	世界经济研究	0.061262	0.0776	26	0.7839	342	★
71	101	现代经济探讨	0.024132	0.0319	25	0.1876	120	
72	105	农业经济问题	0.086024	0.0887	29	1.2758	541	★
73	105	财会研究	0.018503	0.0281	30	0.0778	81	
74	105	中国经济问题	0.083132	0.2222	36	0.6815	262	★
75	110	商业时代	0.023088	0.0211	15	0.0616	405	
76	114	国际经济合作	0.035502	0.0537	31	0.3362	182	★
77	114	中南财经政法大学学报	0.051595	0.0764	29	0.2994	514	
78	118	企业活力	0.016474	0.0316	23	0.0557	127	
79	121	中国农村观察	0.074793	0.0721	23	1.6937	195	★
80	129	财政研究	0.035688	0.0152	17	0.4476	323	★

二、经济计划与管理专业核心期刊表测定步骤

1. 把上述核心期刊的备选表（其中经济计划与管理 7 种，其他经济学类 73 种）及析出的该专业核心期刊备选表送专家评审；

2. 将专家评审结果作隶属度处理后与数据“综合值”作加权运算，加权系数分别为 0.3 和 0.7；

3. 其运算结果再根据其他评价指标的运算结果作调整；

4. 经综合分析后，选出经济计划与管理专业核心期刊 5 种。见表 4－32。

表 4－32　经济计划与管理专业核心期刊表

位次	刊　名	主办单位	综合评价值	
1	管理世界	国务院发展研究中心	0.405571	
2	南开管理评论	南开大学商学院	0.314487	
3	经济理论与经济管理	中国人民大学	0.286168	
4	经济管理	中国社会科学院工业经济研究所	0.283183	
5	经济与管理研究	首都经济贸易大学，中国经济研究与开发促进会	0.225220	

三、结果分析

在经济计划与管理类期刊引证表中，被引频次累计量达 80.14% 时，期刊累计数为 127 种，占被引用期刊总数的 20.89%；被引频次累计量达 70.99% 时，期刊累计数为 80 种（其中经济计划与管理专业期刊 7 种）。统计结果显示，经济计划与管理类期刊的被引聚散效应不明显，其被引频次的集合量在学科被引频次总量中所占比例较小，被引用期刊的种类较多，最后选定的 5 种经济计划与管理专业核心期刊，在管理类学科中有较强的学术影响力。

农业经济专业核心期刊研制报告

一、农业经济类期刊引证表的生成过程

1. 根据对样本中的 6856 篇农业经济论文统计，其施引文献量为 4191 篇，总施引频次为 33696 次，被施引文献引用过的期刊共有 2445 种（其中来源期刊 585

种)；把上述被引期刊的 2005 年分学科被引频次递减排列，取其居前的 445 种期刊生成高被引频次的期刊引证表。

2. 根据农业经济类期刊引证表中的评价指标分别作系数加权，作隶属度运算后生成数据“综合值”，作为质量指标。

3. 取含有 445 种期刊的引证表，列出前 107 名，按分学科被引位次排列生成有多项指标的农业经济类期刊引证表，即农业经济专业核心期刊的备选表。见表 4－33。

表 4－33　农业经济类期刊引证表

序号	分学科被引位次	刊　　名	综合值	学科影响因子 2005	分学科总被引	影响因子 2005	总转摘	核心刊 2008
1	1	中国农村经济	0.720403	0.9428	328	1.7407	707	★
2	2	农业经济问题	0.595101	0.6403	286	1.2758	541	★
3	3	经济研究	0.609994	0.3791	189	6.9675	868	★
4	4	中国农村观察	0.422716	0.7838	105	1.6937	195	★
5	5	自然资源学报	0.306233	0.5614	83	1.2807	230	
6	6	长江流域资源与环境	0.138838	0.2553	55	0.4894	67	
7	7	中国土地科学	0.274463	0.4567	95	0.5591	195	★
8	8	管理世界	0.238073	0.1264	93	1.9350	1006	★
9	9	农业技术经济	0.163260	0.2444	70	0.4278	120	
10	10	农业现代化研究	0.185178	0.2818	75	0.5083	112	
11	11	资源科学	0.148974	0.1696	53	0.4911	64	★
12	12	经济地理	0.148395	0.0620	45	0.6423	760	★
13	13	中国社会科学	0.301876	0.0980	50	4.0147	1161	★
14	14	地理研究	0.227072	0.2530	52	1.9518	91	
15	16	农村经济	0.066767	0.0655	37	0.1557	56	
16	17	经济研究参考	0.082144	0.0518	38	0.3888	205	
17	18	林业经济	0.071584	0.0569	33	0.0693	50	
18	19	中国人口·资源与环境	0.089192	0.0894	31	0.8827	179	★
19	20	宏观经济研究	0.091492	0.0635	27	0.6630	298	★
20	20	经济学家	0.134929	0.1327	28	1.0518	566	★
21	20	社会学研究	0.185119	0.1157	37	2.2893	440	★
22	23	改革	0.140903	0.1325	29	1.0562	589	★
23	25	经济问题	0.058544	0.0257	25	0.3852	361	
24	25	中国软科学	0.103546	0.0439	28	0.9678	725	★

（续表 4－33）

序号	分学科被引位次	刊　　名	综合值	学科影响因子 2005	分学科总被引	影响因子 2005	总转摘	核心刊 2008
25	27	地理与地理信息科学	0.086509	0.1362	23	0.6948	131	
26	27	地域研究与开发	0.066213	0.0766	28	0.4981	156	★
27	29	城市规划	0.065415	0.0257	15	1.3272	75	★
28	30	经济学动态	0.131800	0.0416	25	1.2629	961	★
29	31	林业经济问题	0.063826	0.1287	23	0.1579	2	
30	32	中国农史	0.067261	0.0606	26	0.6263	110	★
31	33	财经问题研究	0.081593	0.0545	17	0.5681	595	★
32	33	统计研究	0.056814	0.0364	10	0.6303	263	★
33	35	读书	0.075342	0.0196	20	0.5113	267	
34	35	财贸经济	0.099490	0.0253	12	1.1402	777	★
35	35	人口与经济	0.055029	0.0586	12	0.5586	186	★
36	35	生态经济	0.041337	0.0256	19	0.1571	91	
37	35	中国人口科学	0.102818	0.0833	15	1.3333	280	★
38	40	经济理论与经济管理	0.088921	0.0427	16	0.9207	467	★
39	40	经济社会体制比较	0.106680	0.0400	15	1.2350	354	★
40	42	江苏社会科学	0.096223	0.0227	14	0.3423	909	★
41	42	经济体制改革	0.058554	0.0578	18	0.4239	286	★
42	42	现代经济探讨	0.035909	0.0359	11	0.1876	120	
43	42	人文地理	0.042707	0.0128	12	0.5489	175	★
44	46	财经科学	0.051012	0.0103	12	0.2999	396	★
45	46	经济论坛	0.022475	0.0052	9	0.0519	159	
46	46	数量经济技术经济研究	0.038190	0.0175	11	0.4738	182	★
47	49	财政研究	0.055360	0.0419	13	0.4476	323	★
48	49	历史研究	0.095131	0.0333	13	1.0000	697	★
49	49	中国经济史研究	0.067289	0.0272	25	0.5918	235	★
50	52	当代经济研究	0.059613	0.0336	15	0.4780	439	★
51	52	国土资源科技管理	0.031029	0.0425	9	0.0991	4	
52	52	经济问题探索	0.036717	0.0150	12	0.3441	253	
53	52	金融研究	0.105476	0.0296	11	1.8356	307	★
54	52	农业考古	0.019161	0.0092	17	0.0645		
55	52	中国卫生经济	0.020979	0.0101	8	0.2769	9	
56	58	经济评论	0.069886	0.0230	14	0.8224	443	★
57	58	经济师	0.026258	0.0044	13	0.0797	203	

（续表 4－33）

序号	分学科被引位次	刊名	综合值	学科影响因子2005	分学科总被引	影响因子2005	总转摘	核心刊2008
58	58	人口研究	0.113205	0.0833	16	1.6736	334	★
59	58	山西财经大学学报	0.044571	0.0446	11	0.6161	239	
60	62	经济纵横	0.048998	0.0270	14	0.3710	341	★
61	62	社会科学研究	0.077717	0.0194	12	0.3981	723	★
62	62	中国社会经济史研究	0.028815	0.0000	10	0.2946	124	★
63	65	财经研究	0.093129	0.0344	17	0.9281	578	★
64	65	上海经济研究	0.069394	0.0468	15	0.6079	401	★
65	65	经济科学	0.070476	0.0352	9	1.1608	273	★
66	65	生产力研究	0.024381	0.0139	11	0.1174	153	
67	69	中央财经大学学报	0.038509	0.0188	8	0.4612	283	★
68	70	城市发展研究	0.033588	0.0241	4	0.3855	46	
69	70	国家行政学院学报	0.061219	0.0456	8	0.6236	248	★
70	70	理论探讨	0.037629	0.0146	6	0.1663	408	
71	70	求是	0.078210	0.0253	14	0.4725	886	★
72	70	人口学刊	0.036707	0.0067	6	0.4333	160	★
73	76	当代财经	0.062833	0.0101	8	0.4421	643	★
74	76	古今农业	0.035929	0.0897	6	0.1923	11	
75	76	宏观经济管理	0.033553	0.0261	7	0.2375	233	
76	76	浙江大学学报．人文社会科学版	0.077975	0.0248	7	0.4215	689	★
77	76	浙江社会科学	0.069357	0.0107	10	0.4328	690	★
78	76	浙江学刊	0.085343	0.0108	8	0.3226	730	★
79	82	福建论坛．人文社会科学版	0.036444	0.0174	5	0.2413	204	★
80	82	国际贸易问题	0.056444	0.0288	8	0.7578	379	★
81	82	江海学刊	0.102331	0.0249	8	0.4104	1077	★
82	82	开发研究	0.064081	0.0334	8	0.2117	495	★
83	82	科技进步与对策	0.027501	0.0048	10	0.1594	279	★
84	82	南开经济研究	0.048419	0.0092	6	0.8018	268	★
85	82	求索	0.049390	0.0064	6	0.1125	624	★
86	82	社会科学战线	0.094273	0.0198	12	0.3070	1097	★
87	82	消费经济	0.028174	0.0088	7	0.2719	144	★
88	82	学术交流	0.034778	0.0058	5	0.1370	398	★
89	82	学术研究	0.091374	0.0097	6	0.2928	1043	★
90	82	中国科技论坛	0.047103	0.0216	9	0.5156	299	★

（续表 4－33）

序号	分学科被引位次	刊　　名	综合值	学科影响因子 2005	分学科总被引	影响因子 2005	总转摘	核心刊 2008
91	94	中国工业经济	0. 149225	0. 0216	7	2. 8981	759	★
92	94	环境保护	0. 029667	0. 0241	6	0. 2922	128	★
93	94	理论学刊	0. 032795	0. 0089	4	0. 1229	420	
94	94	企业经济	0. 015985	0. 0052	5	0. 1050	182	
95	94	社会科学	0. 074070	0. 0118	7	0. 3953	788	★
96	94	世界经济	0. 111568	0. 0120	7	2. 5339	579	★
97	94	税务研究	0. 033957	0. 0074	5	0. 5531	101	★
98	94	学习与探索	0. 062482	0. 0167	4	0. 2315	641	★
99	94	中国党政干部论坛	0. 043068	0. 0110	5	0. 2193	544	
100	94	中国统计	0. 016079	0. 0071	4	0. 1396	98	
101	94	中国经济问题	0. 054759	0. 0296	6	0. 6815	262	★
102	106	当代经济科学	0. 045384	0. 0000	4	0. 5721	407	★
103	106	北京师范大学学报. 社会科学版	0. 093974	0. 0080	4	0. 5680	816	★
104	106	国际经济评论	0. 071607	0. 0127	4	1. 8544	273	★
105	106	江西财经大学学报	0. 026513	0. 0129	4	0. 2211	150	
106	106	法学研究	0. 130672	0. 0131	5	2. 5817	158	★
107	106	理论前沿	0. 044815	0. 0113	6	0. 1885	612	★

二、农业经济专业核心期刊表测定步骤

1. 把上述核心期刊的备选表（其中农业经济 11 种，其他经济类 50 种，综合性人文社会科学 16 种，政治类 6 种，人口学 5 种，人文地理学 5 种，其他类别 14 种）及析出的该专业核心期刊备选表送专家评审；

2. 将专家评审结果作隶属度处理后与数据“综合值”作加权运算，加权系数分别为 0. 3 和 0. 7；

3. 其运算结果再根据其他评价指标的运算结果作调整；

4. 经综合分析后，选出农业经济专业核心期刊 4 种。见表 4－34。

表 4－34　农业经济专业核心期刊表

位次	刊　　名	主 办 单 位	综合评价值	
1	中国农村经济	中国社会科学院农村发展研究所	0.804282	
2	农业经济问题	中国农业经济学会，中国农科院	0.656571	
3	中国农村观察	中国社会科学院农村发展研究所	0.475901	
4	中国土地科学	中国土地学会	0.312124	

三、结果分析

在农业经济类期刊引证表中，被引频次累计量达 80.16% 时，期刊累计数为 107 种（其中农业经济专业期刊 11 种），占被引用期刊总数的 24.04%；被引频次累计量达 70.05% 时，期刊累计数为 62 种（其中农业经济专业期刊 10 种）。统计结果显示，农业经济专业期刊的被引频次总量不大，被引用期刊的种类较多，但最后选定的 4 种农业经济专业核心期刊有比较突出的影响力。

贸易经济专业核心期刊研制报告

一、贸易经济类期刊引证表的生成过程

1. 根据对样本中的 6974 篇贸易经济论文统计，其施引文献量为 3835 篇，总施引频次为 22560 次，被施引文献引用过的期刊共有 2097 种（其中来源期刊 620 种）；把上述被引期刊的 2005 年分学科被引频次递减排列，取其居前的 431 种期刊生成高被引频次的期刊引证表。

2. 根据贸易经济类期刊引证表中的评价指标分别作系数加权，作隶属度运算后生成数据“综合值”，作为质量指标。

3. 取含有 431 种期刊的引证表，列出 127 名，按分学科被引位次排列生成有多项指标的贸易经济类期刊引证表，即贸易经济专业核心期刊的备选表。见表 4－35。

表 4－35　贸易经济类期刊引证表

序号	分学科被引位次	刊　　名	综合值	学科影响因子 2005	分学科总被引	影响因子 2005	总转摘	核心刊 2008
1	1	国际贸易问题	0.645351	0.4173	147	0.7578	379	★
2	2	经济研究	0.776861	0.2960	117	6.9675	868	★
3	3	世界经济	0.638962	0.3984	99	2.5339	579	★
4	4	国际贸易	0.520928	0.2700	103	0.6433	329	
5	5	商业研究	0.172860	0.0209	82	0.1277	484	★
6	6	财贸经济	0.3620175	0.1977	64	1.1402	777	★
7	7	世界经济研究	0.287768	0.1994	46	0.7839	342	★
8	8	管理世界	0.302853	0.0921	55	1.9350	1006	★
9	9	中国工业经济	0.310361	0.0802	40	2.8981	759	★
10	10	商业经济与管理	0.194276	0.0812	45	0.3473	394	★
11	11	南开经济研究	0.216223	0.1336	31	0.8018	268	★
12	12	国际经贸探索	0.191184	0.1212	34	0.3506	190	★
13	13	中国软科学	0.177366	0.0585	34	0.9678	725	★
14	14	经济管理	0.139657	0.0340	40	0.4066	448	★
15	15	经济师	0.072283	0.0055	24	0.0797	203	
16	15	数量经济技术经济研究	0.095746	0.0335	23	0.4738	182	★
17	15	中国流通经济	0.176743	0.1233	27	0.3616	265	
18	18	中国农村经济	0.232331	0.0976	32	1.7407	707	★
19	18	中国社会科学	0.333998	0.0686	25	4.0147	1161	★
20	20	国际经济评论	0.279758	0.2278	23	1.8544	273	★
21	21	对外经贸实务	0.093748	0.0473	20	0.0946	17	
22	21	南开管理评论	0.160489	0.0564	27	1.1077	130	★
23	23	商业时代	0.074200	0.0205	18	0.0616	405	
24	24	当代财经	0.134493	0.0428	23	0.4421	643	★
25	24	国际经济合作	0.113146	0.0650	21	0.3362	182	★
26	24	经济学动态	0.163452	0.0349	21	1.2629	961	★
27	27	上海经济研究	0.124833	0.0647	17	0.6079	401	★
28	28	国际商务研究（上海对外贸易学院学报）	0.110202	0.1000	13	0.2059	99	★
29	28	宏观经济研究	0.143041	0.0856	18	0.6630	298	★
30	28	世界经济与政治	0.187103	0.0521	25	1.3282	858	★
31	28	统计研究	0.091790	0.0242	18	0.6303	263	★
32	32	经济研究参考	0.068995	0.0120	12	0.3888	205	

（续表 4－35）

序号	分学科被引位次	刊　　名	综合值	学科影响因子 2005	分学科总被引	影响因子 2005	总转摘	核心刊 2008
33	33	当代经济科学	0. 110149	0. 0512	14	0. 5721	407	★
34	33	科技进步与对策	0. 053998	0. 0072	15	0. 1594	279	★
35	33	预测	0. 074652	0. 0276	15	0. 4240	109	
36	36	经济评论	0. 126091	0. 0493	19	0. 8224	443	★
37	36	经济学家	0. 109052	0. 0227	12	1. 0518	566	★
38	36	农业经济问题	0. 163646	0. 0552	24	1. 2758	541	★
39	36	世界经济与政治论坛	0. 100110	0. 0649	12	0. 3168	190	★
40	40	财经研究	0. 124106	0. 0406	14	0. 9281	578	★
41	40	中国管理科学	0. 109265	0. 0425	10	0. 9382	334	★
42	40	中国经贸导刊	0. 050606	0. 0249	10	0. 1082	62	
43	43	经济问题探索	0. 055637	0. 0150	11	0. 3441	253	
44	43	经济问题	0. 077427	0. 0273	14	0. 3852	361	
45	43	情报杂志	0. 052779	0. 0105	10	0. 8957	162	
46	43	企业经济	0. 040441	0. 0057	12	0. 1050	182	
47	43	改革	0. 134436	0. 0442	13	1. 0562	589	★
48	43	亚太经济	0. 093326	0. 0587	15	0. 3050	201	★
49	49	当代亚太	0. 100901	0. 0445	15	0. 5101	273	★
50	49	外国经济与管理	0. 112188	0. 0183	19	0. 8493	386	★
51	49	消费经济	0. 075204	0. 0395	13	0. 2719	144	★
52	52	北京工商大学学报. 社会科学版	0. 080853	0. 0508	10	0. 2881	113	★
53	52	经济理论与经济管理	0. 106644	0. 0213	14	0. 9207	467	★
54	52	经济与管理研究	0. 069376	0. 0256	10	0. 4017	189	★
55	52	中国统计	0. 042254	0. 0177	7	0. 1396	98	
56	52	中央财经大学学报	0. 071796	0. 0376	8	0. 4612	283	★
57	57	东南亚纵横	0. 052110	0. 0251	10	0. 1936	112	
58	57	经济地理	0. 111916	0. 0169	10	0. 6423	760	★
59	57	经济论坛	0. 032818	0. 0033	9	0. 0519	159	
60	60	财经问题研究	0. 073268	0. 0105	7	0. 5681	595	★
61	60	管理科学学报	0. 125431	0. 0637	11	1. 1146	204	★
62	60	现代财经	0. 049342	0. 0077	8	0. 1607	359	
63	60	软科学	0. 043254	0. 0161	6	0. 3601	101	★
64	64	财经科学	0. 059056	0. 0103	7	0. 2999	396	★
65	64	华东经济管理	0. 041605	0. 0154	10	0. 1220	113	

（续表 4－35）

序号	分学科被引位次	刊名	综合值	学科影响因子2005	分学科总被引	影响因子2005	总转摘	核心刊2008
66	64	经济科学	0.089169	0.0251	8	1.1608	273	★
67	64	情报科学	0.070726	0.0076	7	1.0634	238	★
68	68	俄罗斯中亚东欧市场	0.037651	0.0259	5	0.1262	40	★
69	68	价格理论与实践	0.033791	0.0116	8	0.0786	117	
70	68	经济社会体制比较	0.108404	0.0250	7	1.2350	354	★
71	68	江西财经大学学报	0.040372	0.0154	4	0.2211	150	
72	68	科学学与科学技术管理	0.060263	0.0117	8	0.4239	392	★
73	68	浙江社会科学	0.078285	0.0064	7	0.4328	690	★
74	75	东北亚论坛	0.058866	0.0281	5	0.2651	250	
75	75	财贸研究	0.029735	0.0051	6	0.0387	241	
76	75	国际金融研究	0.084153	0.0281	9	1.1938	189	★
77	75	经济纵横	0.066072	0.0123	14	0.3710	341	★
78	75	金融研究	0.109005	0.0135	8	1.8356	307	★
79	75	科研管理	0.093238	0.0174	8	0.9549	513	★
80	75	环球法律评论	0.065385	0.0198	4	0.7426	125	★
81	82	财经理论与实践	0.052465	0.0059	9	0.6265	266	★
82	82	湖南大学学报．社会科学版	0.037294	0.0138	4	0.2353	157	
83	82	技术经济与管理研究	0.029030	0.0104	7	0.1001	65	
84	82	企业活力	0.023991	0.0076	5	0.0557	127	
85	82	首都经济贸易大学学报	0.048581	0.0308	5	0.2359	105	★
86	82	税务研究	0.043144	0.0056	5	0.5531	101	★
87	82	武汉理工大学学报．社会科学版	0.033244	0.0137	3	0.1940	100	
88	82	现代国际关系	0.074114	0.0105	7	0.6399	586	★
89	82	厦门大学学报．哲学社会科学版	0.096170	0.0151	6	0.4472	605	★
90	82	学术交流	0.042290	0.0049	4	0.1370	398	★
91	82	中国经济问题	0.075909	0.0222	6	0.6815	262	★
92	82	中国农村观察	0.097241	0.0270	6	1.6937	195	★
93	94	福建论坛．人文社会科学版	0.056486	0.0152	6	0.2413	204	★
94	94	北京大学学报．哲学社会科学版	0.112344	0.0097	3	0.6278	1003	★
95	94	财经论丛	0.057384	0.0165	6	0.4298	304	
96	94	管理工程学报	0.046582	0.0269	6	0.4439	1	★
97	94	管理现代化	0.057238	0.0398	5	0.2836	149	

（续表4-35）

序号	分学科被引位次	刊　　名	综合值	学科影响因子2005	分学科总被引	影响因子2005	总转摘	核心刊2008
98	94	北京第二外国语学院学报	0.028988	0.0115	5	0.1839	48	
99	94	经济经纬（河南财经学院学报）	0.043330	0.0118	6	0.2229	289	
100	94	现代经济探讨	0.030944	0.0100	5	0.1876	120	
101	94	技术经济	0.019226	0.0031	5	0.0494	175	
102	94	旅游学刊	0.110730	0.0261	15	1.5565	180	★
103	94	生产力研究	0.026949	0.0038	7	0.1174	153	
104	94	山西财经大学学报	0.060194	0.0298	11	0.6161	239	
105	94	现代日本经济	0.061813	0.0588	4	0.3088	75	★
106	94	中国信息导报	0.040625	0.0053	7	0.4395	21	
107	108	法学	0.105878	0.0113	7	0.8869	680	★
108	108	宏观经济管理	0.038882	0.0143	6	0.2375	233	
109	108	广西社会科学	0.021887	0.0026	4	0.0916	248	
110	108	拉丁美洲研究	0.052857	0.0311	4	0.5093	170	★
111	108	南开学报．哲学社会科学版	0.088000	0.0097	8	0.4541	603	★
112	108	理论前沿	0.049383	0.0023	5	0.1885	612	★
113	108	南洋问题研究	0.050892	0.0426	4	0.1383	52	
114	108	内蒙古财经学院学报	0.023449	0.0123	4	0.1066	111	
115	108	求是	0.071985	0.0022	4	0.4725	886	★
116	108	兰州商学院学报	0.021942	0.0055	4	0.1205	139	
117	108	天津商业大学学报	0.042956	0.0227	5	0.1307	140	
118	108	武汉大学学报．哲学社会科学版	0.048913	0.0138	5	0.3772	114	★
119	108	西伯利亚研究	0.042971	0.0377	4	0.0818	40	
120	108	湘潭大学学报．哲学社会科学版	0.035330	0.0034	4	0.1426	435	★
121	108	西亚非洲	0.034703	0.0128	6	0.2115	219	★
122	108	云南财经大学学报	0.042189	0.0209	6	0.1566	272	
123	108	中国科技论坛	0.058141	0.0192	4	0.5156	299	★
124	108	知识产权	0.059667	0.0314	4	0.8050	59	★
125	127	当代法学	0.037295	0.0104	5	0.2003	157	
126	127	重庆大学学报．社会科学版	0.024159	0.0054	4	0.2147	104	★
127	127	广东商学院学报	0.033002	0.0081	3	0.0935	190	★

二、贸易经济专业核心期刊表测定步骤

1. 把上述核心期刊的备选表（其中贸易经济 18 种，其他经济类 62 种，综合性人文社会科学 13 种，政治类 11 种，科学学 6 种，管理学 5 种，其他类别 12 种）及析出的该专业核心期刊备选表送专家评审；

2. 将专家评审结果作隶属度处理后与数据"综合值"作加权运算，加权系数分别为 0.3 和 0.7；

3. 其运算结果再根据其他评价指标的运算结果作调整；

4. 经综合分析后，选出贸易经济专业核心期刊 11 种。见表 4－36。

表 4－36　贸易经济专业核心期刊表

位次	刊　名	主办单位	综合评价值	
1	国际贸易问题	对外经济贸易大学	0.691746	
2	财贸经济	中国社会科学院财贸经济研究所	0.493412	
3	商业经济与管理	浙江工商大学	0.275993	
4	国际经贸探索	广东外语外贸大学	0.253829	
5	商业研究	哈尔滨商业大学	0.241002	
6	国际商务研究（上海对外贸易学院学报）	上海对外贸易大学	0.237142	
7	消费经济	湘潭大学，湖南商学院，湖南师范大学	0.232643	
8	首都经济贸易大学学报	首都经济贸易大学	0.174007	
9	广东商学院学报	广东商学院	0.163102	
10	北京工商大学学报.社会科学版	北京工商大学	0.116597	
11	俄罗斯中亚东欧市场	中国社会科学院俄罗斯东欧中亚研究所	0.066356	

三、结果分析

在贸易经济类期刊引证表中，被引频次累计量达 80.67% 时，期刊累计数为 127 种（其中有贸易经济类专业期刊 17 种），占被引用期刊总数的 29.47%；被引频次累计量达 70.18% 时，期刊累计数为 78 种（其中有贸易经济类专业期刊 14 种）。统计结果显示，贸易经济类专业期刊的被引频次总量比较大且排在前列，经综合分析，最后选定 11 种贸易经济专业期刊为核心期刊。

财政金融专业核心期刊研制报告

一、财政金融类期刊引证表的生成过程

1. 根据对样本中的 25771 篇财政金融论文统计，其施引文献量为 12575 篇，总施引频次为 79829 次，被施引文献引用过的期刊共有 2939 种（其中来源期刊 641 种）；把上述被引期刊的 2005 年分学科被引频次递减排列，取其居前的 503 种期刊生成高被引频次的期刊引证表。

2. 根据财政金融类期刊引证表中的评价指标分别作系数加权，作隶属度运算后生成数据“综合值”，作为质量指标。

3. 取含有 603 种期刊的引证表，列出前 83 名，按分学科被引位次排列生成有多项指标的财政金融类期刊引证表，即财政金融专业核心期刊的备选表。见表 4－37。

表 4－37　财政金融类期刊引证表

序号	分学科被引位次	刊　　名	综合值	学科影响因子 2005	分学科总被引	影响因子 2005	总转摘	核心刊 2008
1	1	经济研究	0.924415	2.2960	1394	6.9675	868	★
2	2	金融研究	0.502076	1.5876	900	1.8356	307	★
3	3	国际金融研究	0.264749	1.0656	360	1.1938	189	★
4	4	世界经济	0.314397	1.0717	335	2.5339	579	★
5	5	管理世界	0.221872	0.4134	263	1.9350	1006	★
6	6	税务研究	0.131131	0.4413	235	0.5531	101	★
7	7	财贸经济	0.190274	0.4897	226	1.1402	777	★
8	8	保险研究	0.082562	0.3391	142	0.3854	103	★
9	9	会计研究	0.188214	0.3435	187	2.4134	241	★
10	10	中国金融	0.080571	0.2338	147	0.2692	170	★
11	11	财经研究	0.152033	0.4094	155	0.9281	578	★
12	12	经济科学	0.152557	0.4623	172	1.1608	273	★
13	13	经济学动态	0.156639	0.2363	153	1.2629	961	★
14	14	金融论坛	0.150702	0.7577	142	0.8502	149	★
15	15	财政研究	0.103010	0.3162	156	0.4476	323	★
16	16	证券市场导报	0.099501	0.3003	128	0.4234	238	★
17	17	上海金融	0.066876	0.2262	108	0.2675	113	

（续表 4－37）

序号	分学科被引位次	刊　　名	综合值	学科影响因子 2005	分学科总被引	影响因子 2005	总转摘	核心刊 2008
18	18	数量经济技术经济研究	0.066154	0.1531	112	0.4738	182	★
19	19	财经问题研究	0.100320	0.2264	120	0.5681	595	★
20	20	统计研究	0.071483	0.1667	87	0.6303	263	★
21	21	财经理论与实践	0.075080	0.2353	93	0.6265	266	★
22	21	当代财经	0.087882	0.1285	86	0.4421	643	★
23	23	中国管理科学	0.103601	0.3012	61	0.9382	334	★
24	24	国际经济评论	0.180402	0.8291	100	1.8544	273	★
25	25	中国工业经济	0.191404	0.2654	90	2.8981	759	★
26	26	经济研究参考	0.063714	0.1007	104	0.3888	205	
27	27	中国社会科学	0.266632	0.2696	72	4.0147	1161	★
28	27	中央财经大学学报	0.071920	0.2306	84	0.4612	283	★
29	29	金融理论与实践	0.063359	0.2148	93	0.2548	146	
30	29	中国软科学	0.091785	0.1067	77	0.9678	725	★
31	31	经济学家	0.105324	0.1780	83	1.0518	566	★
32	31	南开经济研究	0.091919	0.2442	81	0.8018	268	★
33	33	经济理论与经济管理	0.103361	0.2012	80	0.9207	467	★
34	34	经济评论	0.098022	0.2434	85	0.8224	443	★
35	35	经济社会体制比较	0.134093	0.2150	96	1.2350	354	★
36	36	财经科学	0.066975	0.1137	88	0.2999	396	★
37	37	当代经济科学	0.088930	0.2372	72	0.5721	407	★
38	38	商业研究	0.035590	0.0206	49	0.1277	484	★
39	39	改革	0.119354	0.2410	96	1.0562	589	★
40	40	世界经济研究	0.079883	0.2050	59	0.7839	342	★
41	41	中国农村经济	0.114676	0.1178	68	1.7407	707	★
42	42	农业经济问题	0.099143	0.1655	52	1.2758	541	★
43	43	管理科学学报	0.094639	0.2293	48	1.1146	204	★
44	44	经济师	0.027022	0.0153	61	0.0797	203	
45	45	预测	0.042784	0.0968	62	0.4240	109	
46	46	投资研究	0.057167	0.1696	79	0.2318	145	★
47	46	新金融	0.037190	0.1606	36	0.1848	78	★
48	48	经济问题	0.045004	0.0883	47	0.3852	361	
49	49	财经论丛	0.067292	0.1860	37	0.4298	304	
50	50	金融与经济	0.027339	0.0672	36	0.1017	207	

（续表 4－37）

序号	分学科被引位次	刊　　名	综合值	学科影响因子 2005	分学科总被引	影响因子 2005	总转摘	核心刊 2008
51	51	上海经济研究	0. 059111	0. 0935	40	0. 6079	401	★
52	51	经济管理	0. 057722	0. 0584	63	0. 4066	448	★
53	51	经济问题探索	0. 034351	0. 0529	36	0. 3441	253	
54	54	国际经济合作	0. 038525	0. 0876	34	0. 3362	182	★
55	54	经济体制改革	0. 044167	0. 1002	37	0. 4239	286	★
56	54	税务与经济	0. 044753	0. 1600	46	0. 2618	233	
57	57	中国卫生经济	0. 013418	0. 0417	22	0. 2769	9	
58	58	武汉金融	0. 023688	0. 0477	29	0. 0649	154	
59	59	现代财经	0. 037749	0. 0536	30	0. 1607	359	
60	59	中国农村观察	0. 095379	0. 2793	22	1. 6937	195	★
61	61	南开管理评论	0. 063501	0. 1333	28	1. 1077	130	★
62	61	山西财经大学学报	0. 046324	0. 1637	38	0. 6161	239	
63	61	外国经济与管理	0. 069108	0. 0913	36	0. 8493	386	★
64	64	生产力研究	0. 016507	0. 0177	18	0. 1174	153	
65	65	国际贸易问题	0. 052390	0. 0576	28	0. 7578	379	★
66	65	华东经济管理	0. 016526	0. 0270	20	0. 1220	113	
67	68	浙江大学学报．人文社会科学版	0. 069231	0. 0331	13	0. 4215	689	★
68	69	广东金融学院学报	0. 032358	0. 1731	24	0. 2500	66	★
69	69	国际贸易	0. 063254	0. 0800	32	0. 6433	329	
70	69	审计研究	0. 049189	0. 1257	17	1. 0343	67	
71	69	亚太经济	0. 030061	0. 0704	21	0. 3050	201	★
72	73	管理工程学报	0. 028705	0. 0807	26	0. 4439	1	★
73	73	宏观经济研究	0. 060265	0. 0718	40	0. 6630	298	★
74	73	经济纵横	0. 038797	0. 0541	25	0. 3710	341	★
75	73	企业经济	0. 015990	0. 0148	20	0. 1050	182	
76	77	金融会计	0. 012639	0. 0469	19	0. 0704	9	
77	79	财会月刊	0. 023419	0. 0055	15	0. 0543	355	
78	79	当代经济研究	0. 043561	0. 0439	20	0. 4780	439	★
79	79	江西财经大学学报	0. 028278	0. 0540	16	0. 2211	150	
80	79	浙江社会科学	0. 064313	0. 0299	19	0. 4328	690	★
81	83	南开学报．哲学社会科学版	0. 077288	0. 1208	16	0. 4541	603	★
82	85	湖南大学学报．社会科学版	0. 027498	0. 0588	11	0. 2353	157	
83	85	经济论坛	0. 013781	0. 0063	19	0. 0519	159	

二、财政金融专业核心期刊表测定步骤

1. 把上述核心期刊的备选表（其中财政金融 26 种，其他经济类 46 种，综合性人文社会科学 5 种，管理学 4 种，其他类别 2 种）及析出的该专业核心期刊备选表送专家评审；

2. 将专家评审结果作隶属度处理后与数据“综合值”作加权运算，加权系数分别为 0.3 和 0.7；

3. 其运算结果再根据其他评价指标的运算结果作调整；

4. 经综合分析后，选出财政金融专业核心期刊 19 种。见表 4－38。

表 4－38　财政金融专业核心期刊表

位次	刊　名	主 办 单 位	综合评价值	
1	金融研究	中国人民银行，中国金融学会	0.538965	
2	国际金融研究	中国国际金融学会	0.358726	
3	会计研究	中国会计学会	0.306394	
4	财经研究	上海财经大学	0.275614	
5	金融论坛	城市金融研究所，中国城市金融学会	0.251864	
6	财政研究	中国财政学会	0.233127	
7	税务研究	中国税务学会，中国税务杂志社	0.232870	
8	财经问题研究	东北财经大学	0.214578	
9	证券市场导报	深圳证券交易所	0.207396	
10	当代财经	江西财经大学	0.206880	
11	保险研究	中国保险学会，中国人民保险公司保险研究所	0.198402	
12	中央财经大学学报	中央财经大学	0.196423	
13	财经理论与实践	湖南大学	0.195959	
14	投资研究	中国建设银行股份有限公司，中国投资学会	0.194804	
15	财经科学	西南财经大学	0.181662	
16	广东金融学院学报	广东金融学院	0.181648	
17	新金融	交通银行	0.176569	
18	中国金融	中国金融出版社	0.169595	
19	上海财经大学学报	上海财经大学	0.159735	

三、结果分析

在财政金融类期刊引证表中，被引频次累计量达 80.40% 时，期刊累计数为 83 种（其中有财政金融专业期刊 26 种），占被引用期刊总数的 16.50%；被引频次累计量达 71.11% 时，期刊累计数为 49 种（其中有财政金融专业期刊 19 种）。财政金融类期刊的被引聚散效应明显，其中财政金融专业期刊的被引用率相对较高。根据财政金融类所包括的下位类学科和研究领域的特点，经过综合分析，最后选定 19 种财政金融专业核心期刊。

第六编　社会学、人口学、民族学

社会学专业核心期刊研制报告

一、社会学类期刊引证表的生成过程

1. 根据对样本中的6000篇社会学论文统计，其施引文献量为3046篇，总施引频次为19837次，被施引文献引用过的期刊共有2002种（其中来源期刊669种）；把上述被引期刊的2005年分学科被引频次递减排列，取其居前的511种期刊生成高被引频次的期刊引证表。

2. 根据社会学类期刊引证表中的评价指标分别作系数加权，作隶属度运算后生成数据“综合值”，作为质量指标。

3. 取含有511种期刊的引证表，列出前175名，按分学科被引位次排列生成有多项指标的社会学类期刊引证表，即社会学专业核心期刊的备选表。见表4－39。

表4－39　社会学类期刊引证表

序号	分学科被引位次	刊　　名	综合值	学科影响因子2005	分学科总被引	影响因子2005	总转摘	核心刊2008
1	1	社会学研究	0.748190	0.9174	271	2.2893	440	★
2	2	中国社会科学	0.395658	0.1225	108	4.0147	1161	★
3	3	人口研究	0.217522	0.2292	65	1.6736	334	★
4	4	青年研究	0.137788	0.1292	60	0.4270	233	★
5	5	江苏社会科学	0.141027	0.0598	41	0.3423	909	★
6	6	中国人口科学	0.160593	0.1474	41	1.3333	280	★
7	7	中国青年研究	0.072805	0.0668	26	0.1703	207	★
8	8	妇女研究论丛	0.098136	0.1018	37	0.2754	149	★
9	9	社会科学研究	0.110690	0.0558	31	0.3981	723	★
10	10	城市规划	0.079364	0.0478	25	1.3272	75	★
11	10	人口与经济	0.078683	0.0742	29	0.5586	186	★
12	12	城市问题	0.072024	0.1012	22	0.7143	94	★

（续表 4－39）

序号	分学科被引位次	刊名	综合值	学科影响因子 2005	分学科总被引	影响因子 2005	总转摘	核心刊 2008
13	12	中国党政干部论坛	0.069038	0.0219	19	0.2193	544	
14	14	管理世界	0.139266	0.0108	23	1.9350	1006	★
15	14	浙江学刊	0.112250	0.0258	24	0.3226	730	★
16	16	马克思主义与现实	0.104264	0.0821	19	0.7826	402	★
17	17	北京大学学报．哲学社会科学版	0.138225	0.0421	26	0.6278	1003	★
18	17	经济研究	0.319819	0.0217	23	6.9675	868	★
19	17	当代青年研究	0.081223	0.1462	16	0.2846	145	★
20	20	城市规划学刊	0.105976	0.1081	26	0.9459	56	★
21	20	国外社会科学	0.089611	0.0688	27	0.6878	448	★
22	22	社会科学	0.092249	0.0282	15	0.3953	788	★
23	23	读书	0.077203	0.0181	20	0.5113	267	
24	23	广西民族学院学报．哲学社会科学版	0.064334	0.0420	29	0.2522	281	★
25	25	民族研究	0.089942	0.0549	26	0.6829	308	★
26	26	中国人民大学学报	0.159012	0.0879	19	1.0879	993	★
27	27	华中师范大学学报．人文社会科学版	0.088894	0.0534	18	0.3096	700	★
28	27	人口与发展	0.056709	0.0812	13	0.4313	62	★
29	29	求是	0.077697	0.0176	10	0.4725	886	★
30	29	天津社会科学	0.084514	0.0243	14	0.2888	792	★
31	29	中国农村观察	0.110361	0.1081	16	1.6937	195	★
32	29	中国心理卫生杂志	0.044670	0.0190	20	0.2511	107	★
33	33	南京社会科学	0.049679	0.0094	10	0.2170	607	★
34	34	江海学刊	0.110916	0.0124	16	0.4104	1077	★
35	34	科学社会主义	0.043054	0.0539	9	0.2656	205	
36	34	哲学研究	0.109659	0.0114	13	0.7415	1143	★
37	37	开放时代	0.063933	0.0455	12	0.4148	373	★
38	37	青少年犯罪问题	0.039363	0.0733	11	0.2304	40	
39	37	人口学刊	0.059826	0.0267	19	0.4333	160	★
40	37	浙江社会科学	0.073223	0.0149	10	0.4328	690	★
41	37	中南民族大学学报．人文社会科学版	0.038294	0.0080	12	0.1387	331	★
42	42	求实	0.030121	0.0055	7	0.0958	327	
43	42	学海	0.049005	0.0153	11	0.1463	483	★
44	42	中国行政管理	0.074535	0.0352	12	1.0485	341	★
45	45	历史研究	0.085118	0.0200	9	1.0000	697	★

（续表 4－39）

序号	分学科被引位次	刊　　名	综合值	学科影响因子 2005	分学科总被引	影响因子 2005	总转摘	核心刊 2008
46	45	农业经济问题	0.084939	0.0264	8	1.2758	541	★
47	45	社会科学辑刊	0.052382	0.0062	9	0.2128	595	★
48	45	学术论坛	0.042051	0.0168	9	0.2206	399	★
49	45	中国农村经济	0.102602	0.0269	11	1.7407	707	★
50	45	中国青年政治学院学报	0.037698	0.0121	9	0.1273	318	
51	51	广东社会科学	0.051990	0.0065	8	0.2410	495	★
52	51	湖南师范大学社会科学学报	0.080005	0.0413	7	0.1556	705	★
53	51	人口与计划生育	0.015380	0.0104	7	0.0580	27	
54	51	探索与争鸣	0.041531	0.0246	7	0.2058	333	★
55	51	西南大学学报．社会科学版	0.048744	0.0161	7	0.2667	441	★
56	51	学习与探索	0.062715	0.0024	6	0.2315	641	★
57	51	自然辩证法研究	0.080454	0.0182	17	0.5173	745	★
58	58	江苏行政学院学报	0.051054	0.0485	5	0.2961	193	
59	58	理论前沿	0.045132	0.0045	6	0.1885	612	★
60	58	青海社会科学	0.019198	0.0115	6	0.1085	158	
61	58	人文地理	0.037455	0.0085	11	0.5489	175	★
62	58	学术界	0.061039	0.0211	7	0.3053	484	★
63	58	思想战线	0.067692	0.0203	12	0.2413	492	★
64	58	西南民族大学学报．人文社科版	0.037278	0.0031	7	0.1182	533	
65	65	经济地理	0.087738	0.0056	8	0.6423	760	★
66	65	毛泽东邓小平理论研究	0.035399	0.0229	5	0.2124	371	
67	65	农村经济	0.014846	0.0087	4	0.1557	56	
68	65	青年探索	0.021188	0.0290	6	0.1256	113	
69	65	改革	0.085430	0.0361	7	1.0562	589	★
70	65	人文杂志	0.067636	0.0135	6	0.2784	658	★
71	65	社会科学战线	0.088448	0.0046	8	0.3070	1097	★
72	72	北京社会科学	0.028265	0.0106	7	0.2606	281	
73	72	城市发展研究	0.031774	0.0181	6	0.3855	46	
74	72	东南学术	0.044186	0.0114	6	0.2422	341	★
75	72	甘肃社会科学	0.041771	0.0098	5	0.2095	373	★
76	72	华东师范大学学报．哲学社会科学版	0.060684	0.0297	4	0.3069	527	★
77	72	广西社会科学	0.019823	0.0040	6	0.0916	248	
78	72	江汉论坛	0.059851	0.0047	6	0.1910	819	★

（续表 4 –39）

序号	分学科被引位次	刊　　名	综合值	学科影响因子 2005	分学科总被引	影响因子 2005	总转摘	核心刊 2008
79	72	经济社会体制比较	0. 096001	0. 0550	6	1. 2350	354	★
80	72	经济研究参考	0. 033710	0. 0070	4	0. 3888	205	
81	72	教学与研究	0. 070236	0. 0082	6	0. 3261	859	★
82	72	中国劳动	0. 038067	0. 0492	3	0. 4344	119	
83	72	宁夏社会科学	0. 023837	0. 0119	6	0. 1250	212	★
84	72	旅游学刊	0. 061316	0. 0000	4	1. 5565	180	★
85	72	广西民族研究	0. 019745	0. 0134	5	0. 2953	94	★
86	72	政治学研究	0. 058236	0. 0276	6	0. 6966	212	★
87	72	求索	0. 048420	0. 0019	6	0. 1125	624	★
88	72	心理科学	0. 045536	0. 0086	10	0. 5228	365	★
89	72	中国软科学	0. 072823	0. 0117	7	0. 9678	725	★
90	72	中山大学学报. 社会科学版	0. 055769	0. 0069	6	0. 3931	490	★
91	91	湖北社会科学	0. 020846	0. 0037	3	0. 0749	236	★
92	91	国家行政学院学报	0. 050287	0. 0228	6	0. 6236	248	★
93	91	经济师	0. 018412	0. 0008	5	0. 0797	203	
94	91	经济体制改革	0. 032454	0. 0096	6	0. 4239	286	★
95	91	江西社会科学	0. 046000	0. 0031	7	0. 1196	663	★
96	91	理论与改革	0. 026914	0. 0061	5	0. 2061	339	
97	91	理论与现代化	0. 025752	0. 0290	4	0. 1449	253	
98	91	南京大学学报. 哲学·人文科学·社会科学	0. 084439	0. 0208	7	0. 3917	746	★
99	91	中共福建省委党校学报	0. 021555	0. 0123	4	0. 1006	209	
100	91	心理发展与教育	0. 034143	0. 0071	9	0. 5461	117	★
101	91	中国人民公安大学学报	0. 016358	0. 0029	7	0. 1784	72	
102	102	复旦学报. 社会科学版	0. 086644	0. 0224	4	0. 4753	786	★
103	102	华中科技大学学报. 社会科学版	0. 030458	0. 0098	7	0. 2190	179	★
104	102	现代经济探讨	0. 017473	0. 0040	3	0. 1876	120	
105	102	经济学动态	0. 099410	0. 0067	8	1. 2629	961	★
106	102	理论学刊	0. 033338	0. 0114	4	0. 1229	420	
107	102	兰州学刊	0. 014141	0. 0063	4	0. 0608	153	
108	102	山东社会科学	0. 053605	0. 0046	3	0. 1337	463	
109	102	天府新论	0. 022107	0. 0101	3	0. 1296	228	
110	102	武汉大学学报. 哲学社会科学版	0. 036810	0. 0069	6	0. 3772	114	★

（续表 4－39）

序号	分学科被引位次	刊　　名	综合值	学科影响因子 2005	分学科总被引	影响因子 2005	总转摘	核心刊 2008
111	102	西北人口	0.026764	0.0354	8	0.1970	89	
112	102	现代城市研究	0.024095	0.0113	4	0.4463	28	
113	102	新视野	0.041224	0.0162	7	0.3851	409	★
114	102	厦门大学学报．哲学社会科学版	0.081594	0.0201	5	0.4472	605	★
115	102	学术研究	0.089447	0.0055	6	0.2928	1043	★
116	102	政法论坛	0.074942	0.0000	4	1.0034	482	★
117	102	中共中央党校学报	0.033299	0.0054	3	0.3892	278	★
118	102	郑州大学学报．哲学社会科学版	0.065160	0.0169	8	0.2691	618	★
119	119	比较教育研究	0.047299	0.0072	5	0.4317	382	★
120	119	北京师范大学学报．社会科学版	0.095774	0.0080	7	0.5680	816	★
121	119	北京行政学院学报	0.038205	0.0163	6	0.2857	249	★
122	119	当代世界与社会主义	0.038369	0.0089	2	0.3304	422	★
123	119	道德与文明	0.035407	0.0124	3	0.3320	270	★
124	119	贵州民族研究	0.015569	0.0076	5	0.1221	136	★
125	119	湖北师范学院学报．哲学社会科学版	0.012751	0.0069	5	0.0724	84	
126	119	湖北大学学报．哲学社会科学版	0.025478	0.0000	4	0.1447	383	★
127	119	河北学刊	0.102002	0.0161	4	0.3883	818	★
128	119	环境保护	0.019961	0.0030	3	0.2922	128	★
129	119	华侨华人历史研究	0.013743	0.0000	3	0.2727	23	
130	119	上海经济研究	0.045004	0.0072	4	0.6079	401	★
131	119	经济理论与经济管理	0.063822	0.0091	4	0.9207	467	★
132	119	经济问题探索	0.025055	0.0046	3	0.3441	253	
133	119	吉林大学社会科学学报	0.086575	0.0140	6	0.4698	641	★
134	119	南开学报．哲学社会科学版	0.066277	0.0048	4	0.4541	603	★
135	119	辽宁大学学报．哲学社会科学版	0.026390	0.0116	3	0.1416	339	
136	119	民族教育研究	0.008927	0.0000	2	0.1261	50	
137	119	南京师大学报．社会科学版	0.052926	0.0073	5	0.3394	550	★
138	119	清华大学学报．哲学社会科学版	0.050969	0.0156	4	0.4115	432	★
139	119	西北民族研究	0.019534	0.0169	4	0.2260	96	★
140	119	生产力研究	0.014463	0.0038	4	0.1174	153	
141	119	教育发展研究	0.046627	0.0032	4	0.4161	444	★
142	119	社会主义研究	0.025896	0.0101	4	0.1469	333	★
143	119	中国特色社会主义研究	0.026591	0.0093	4	0.1931	244	

（续表 4－39）

序号	分学科被引位次	刊名	综合值	学科影响因子 2005	分学科总被引	影响因子 2005	总转摘	核心刊 2008
144	119	史学月刊	0.065065	0.0059	6	0.2392	742	★
145	119	体育科学	0.048152	0.0000	3	0.9729	141	★
146	119	文物	0.034944	0.0000	8	0.8182	78	★
147	119	西北师大学报．社会科学版	0.038025	0.0060	4	0.2553	400	★
148	119	徐州师范大学学报．哲学社会科学版	0.027294	0.0000	3	0.0685	317	
149	119	云南社会科学	0.032488	0.0215	9	0.2172	246	★
150	119	中国人口·资源与环境	0.035217	0.0112	5	0.8827	179	★
151	151	地理研究	0.076806	0.0361	4	1.9518	91	
152	151	福建师范大学学报．哲学社会科学版	0.028509	0.0062	3	0.1869	296	
153	151	中国工业经济	0.138702	0.0031	2	2.8981	759	★
154	151	国际新闻界	0.027856	0.0000	3	0.6333	110	★
155	151	甘肃理论学刊	0.013976	0.0064	2	0.0987	161	
156	151	高等教育研究	0.078640	0.0116	4	1.3591	384	★
157	151	河南社会科学	0.029747	0.0083	2	0.1526	331	★
158	151	经济学家	0.069536	0.0097	3	1.0518	566	★
159	151	经济与管理研究	0.029766	0.0043	4	0.4017	189	★
160	151	兰州大学学报．社会科学版	0.025773	0.0100	3	0.2126	299	★
161	151	理论月刊	0.019749	0.0033	4	0.0539	291	
162	151	美国研究	0.031894	0.0000	4	0.6196	97	★
163	151	新东方	0.011062	0.0000	2	0.1048	175	
164	151	山东大学学报．哲学社会科学版	0.032259	0.0028	4	0.1791	345	
165	151	世界经济	0.105713	0.0080	4	2.5339	579	★
166	151	中外法学	0.088821	0.0000	4	1.6452	406	★
167	151	外国经济与管理	0.052691	0.0046	4	0.8493	386	★
168	151	行政与法	0.009745	0.0000	2	0.1146	72	
169	151	西藏研究	0.014230	0.0071	3	0.1571	78	
170	151	云南民族大学学报．哲学社会科学版	0.025987	0.0049	7	0.0827	210	
171	151	学术探索	0.020899	0.0038	3	0.1114	170	
172	151	中国高等教育	0.044470	0.0048	3	0.5228	231	
173	151	哲学动态	0.061266	0.0121	7	0.5263	770	★
174	151	中央财经大学学报	0.029659	0.0094	2	0.4612	283	★
175	151	中州学刊	0.055833	0.0053	3	0.1805	622	★

二、社会学专业核心期刊表测定步骤

1. 把上述核心期刊的备选表（其中社会学7种，综合性人文社会科学68种，经济类29种，政治类24种，民族学9种，人口学8种，教育学5种，其他类别25种）及析出的该专业核心期刊备选表送专家评审；

2. 将专家评审结果作隶属度处理后与数据“综合值”作加权运算，加权系数分别为0.3和0.7；

3. 其运算结果再根据其他评价指标的运算结果作调整；

4. 经综合分析后，选出社会学专业核心期刊5种。见表4-40。

表4-40 社会学专业核心期刊表

位次	刊 名	主办单位	综合评价值	
1	社会学研究	中国社会科学院社会学研究所	0.819733	
2	青年研究	中国社会科学院社会学研究所	0.380452	
3	妇女研究论丛	全国妇联妇女研究所，中国妇女研究会	0.336695	
4	当代青年研究	上海市社会科学院青少年研究所	0.332856	
5	中国青年研究	中国青少年研究中心	0.202964	

三、结果分析

在社会学类期刊引证表中，被引频次累计量达80.69%时，期刊累计数为175种（其中有社会学专业期刊7种），占被引用期刊总数的16.50%；被引频次累计量达49.79%时，期刊累计数为38种（其中有社会学专业期刊6种）。社会学专业期刊的被引用率相对较高，但专业期刊数量较少。根据社会学研究扩散性特点，经过综合分析，最后选定5种社会学专业期刊为核心期刊，其中《社会学研究》占绝对优势。

人口学专业核心期刊研制报告

一、人口学类期刊引证表的生成过程

1. 根据对样本中的1337篇人口学论文统计，其施引文献量为760篇，总施引频次为5716次，被施引文献引用过的期刊共有664种（其中来源期刊346种）；

把上述被引期刊的 2005 年分学科被引频次递减排列，取其居前的 195 种期刊生成高被引频次的期刊引证表。

2. 根据人口学类期刊引证表中的评价指标分别作系数加权，作隶属度运算后生成数据“综合值”，作为质量指标。

3. 取含有 195 种期刊的引证表，列出前 47 名，按分学科被引位次排列生成有多项指标的人口学类期刊引证表，即人口学专业核心期刊的备选表。见表 4－41。

表 4－41　人口学类期刊引证表

序号	分学科被引位次	刊　　名	综合值	学科影响因子 2005	分学科总被引	影响因子 2005	总转摘	核心刊 2008
1	1	人口研究	0.707989	1.0347	182	1.6736	334	★
2	2	中国人口科学	0.460168	0.6538	99	1.3333	280	★
3	3	人口与经济	0.224983	0.1953	75	0.5586	186	★
4	4	人口与计划生育	0.080577	0.0372	25	0.0580	27	
5	5	人口与发展	0.145098	0.2250	29	0.4313	62	★
6	6	人口学刊	0.161456	0.2067	32	0.4333	160	★
7	7	社会学研究	0.205685	0.0992	30	2.2893	440	★
8	8	中国社会科学	0.282889	0.0441	22	4.0147	1161	★
9	9	南方人口	0.095625	0.1807	15	0.2289	7	
10	10	西北人口	0.078412	0.0808	23	0.1970	89	
11	11	经济研究	0.329163	0.0397	13	6.9675	868	★
12	12	人文地理	0.036103	0.0000	4	0.5489	175	★
13	13	管理世界	0.124428	0.0072	6	1.9350	1006	★
14	13	青年研究	0.032837	0.0112	6	0.4270	233	★
15	15	地理研究	0.076846	0.0241	4	1.9518	91	
16	15	中国农村经济	0.095992	0.0034	6	1.7407	707	★
17	17	城市问题	0.047457	0.0417	7	0.7143	94	★
18	17	妇女研究论丛	0.034790	0.0060	6	0.2754	149	★
19	19	江苏社会科学	0.084983	0.0082	4	0.3423	909	★
20	19	经济地理	0.088389	0.0169	4	0.6423	760	★
21	19	经济学家	0.076109	0.0097	4	1.0518	566	★
22	19	华东师范大学学报. 哲学社会科学版	0.060907	0.0149	3	0.3069	527	★
23	19	农业经济问题	0.077955	0.0096	4	1.2758	541	★
24	19	中国人口·资源与环境	0.042965	0.0168	6	0.8827	179	★
25	25	经济研究参考	0.032689	0.0030	2	0.3888	205	

（续表 4-41）

序号	分学科被引位次	刊　名	综合值	学科影响因子 2005	分学科总被引	影响因子 2005	总转摘	核心刊 2008
26	25	北京社会科学	0.029070	0.0160	4	0.2606	281	
27	25	地理与地理信息科学	0.031388	0.0094	3	0.6948	131	
28	25	俄罗斯研究	0.021500	0.0086	3	0.2500	59	
29	25	当代青年研究	0.021114	0.0000	2	0.2846	145	★
30	25	厦门大学学报．哲学社会科学版	0.078644	0.0000	3	0.4472	605	★
31	25	中国软科学	0.070125	0.0058	2	0.9678	725	★
32	25	中国青年政治学院学报	0.031934	0.0030	4	0.1273	318	
33	33	经济理论与经济管理	0.063163	0.0030	2	0.9207	467	★
34	33	经济体制改革	0.027882	0.0000	2	0.4239	286	★
35	33	复旦学报．社会科学版	0.087053	0.0135	2	0.4753	786	★
36	33	甘肃理论学刊	0.016660	0.0064	3	0.0987	161	
37	33	湖北大学学报．哲学社会科学版	0.028361	0.0000	4	0.1447	383	★
38	33	教育与经济	0.038658	0.0164	3	0.7049	139	★
39	33	拉丁美洲研究	0.024250	0.0000	2	0.5093	170	★
40	33	理论与改革	0.025159	0.0020	3	0.2061	339	
41	33	理论学刊	0.031667	0.0038	2	0.1229	420	
42	33	兰州学刊	0.013705	0.0018	3	0.0608	153	
43	33	农村经济	0.011973	0.0037	2	0.1557	56	
44	33	内蒙古社会科学	0.020078	0.0094	2	0.1412	257	
45	33	西北民族研究	0.015683	0.0000	3	0.2260	96	★
46	33	社会科学研究	0.067335	0.0024	2	0.3981	723	★
47	33	学术界	0.053701	0.0053	2	0.3053	484	★

二、人口学专业核心期刊表测定步骤

1. 把上述核心期刊的备选表（其中人口学 9 种，综合性人文社会科学 11 种，经济类 10 种，政治类 6 种，社会学 4 种，人文地理学 4 种，其他类别 3 种）及析出的该专业核心期刊备选表送专家评审；

2. 将专家评审结果作隶属度处理后与数据“综合值”作加权运算，加权系数分别为 0.3 和 0.7；

3. 其运算结果再根据其他评价指标的运算结果作调整；

4. 经综合分析后，选出人口学专业核心期刊 5 种。见表 4-42。

表 4－42　人口学专业核心期刊表

位次	刊　　名	主 办 单 位	综合评价值	
1	人口研究	中国人民大学	0.785593	
2	中国人口科学	中国社会科学院人口与劳动经济研究所	0.612118	
3	人口与经济	首都经济贸易大学	0.423488	
4	人口学刊	吉林大学	0.369019	
5	人口与发展	北京大学	0.363568	

三、结果分析

在人口学类期刊引证表中，被引频次累计量达 80.84% 时，期刊累计数为 47 种（其中有人口学专业期刊 9 种），占被引用期刊总数的 19.01%；被引频次累计量达 63.56% 时，期刊累计数为 10 种（其中有人口学专业期刊 8 种）。显然，人口学专业期刊被引用率很高，位居其他类型期刊之前。最后选定的 5 种人口学专业核心期刊均有较高的学术影响力。

民族学专业核心期刊研制报告

一、民族学类期刊引证表的生成过程

1. 根据对样本中的 1002 篇民族学论文统计，其施引文献量为 477 篇，总施引频次为 3259 次，被施引文献引用过的期刊共有 531 种（其中来源期刊 278 种）；把上述被引期刊的 2005 年分学科被引频次递减排列，取其居前的 190 种期刊生成高被引频次的期刊引证表。

2. 根据民族学类期刊引证表中的评价指标分别作系数加权，作隶属度运算后生成数据“综合值”，作为质量指标。

3. 取含有 190 种期刊的引证表，列出前 64 名，按分学科被引位次排列生成有多项指标的民族学类期刊引证表，即民族学专业核心期刊的备选表。见表 4－43。

表 4－43　民族学类期刊引证表

序号	分学科被引位次	刊　　名	综合值	学科影响因子2005	分学科总被引	影响因子2005	总转摘	核心刊2008
1	1	民族研究	0.691004	0.1098	46	0.6829	308	★
2	2	广西民族学院学报．哲学社会科学版	0.423555	0.0752	30	0.2522	281	★
3	3	西北民族研究	0.375153	0.0904	16	0.2260	96	★
4	4	广西民族研究	0.457938	0.1141	21	0.2953	94	★
5	4	中南民族大学学报．人文社会科学版	0.172034	0.0200	15	0.1387	331	★
6	6	世界民族	0.289247	0.0397	18	0.1984	118	★
7	7	中央民族大学学报．哲学社会科学版	0.223252	0.0354	14	0.2026	260	★
8	8	贵州民族研究	0.131776	0.0038	13	0.1221	136	★
9	9	中国社会科学	0.497184	0.0294	11	4.0147	1161	★
10	10	西南民族大学学报．人文社科版	0.116198	0.0034	7	0.1182	533	
11	11	北京大学学报．哲学社会科学版	0.212846	0.0097	8	0.6278	1003	★
12	12	回族研究	0.187072	0.0313	11	0.1937	91	★
13	13	思想战线	0.187907	0.0203	9	0.2413	492	★
14	14	社会科学战线	0.148135	0.0000	8	0.3070	1097	★
15	15	内蒙古大学学报．哲学社会科学版	0.080469	0.0039	4	0.1699	272	
16	16	宁夏社会科学	0.073158	0.0030	6	0.1250	212	★
17	16	内蒙古社会科学	0.083402	0.0071	5	0.1412	257	
18	16	黑龙江民族丛刊	0.099504	0.0122	7	0.0823	164	
19	16	云南民族大学学报．哲学社会科学版	0.119079	0.0146	8	0.0827	210	
20	20	读书	0.126582	0.0075	4	0.5113	267	
21	20	文物	0.092819	0.0000	4	0.8182	78	★
22	20	云南社会科学	0.069491	0.0048	4	0.2172	246	★
23	23	考古	0.079257	0.0000	6	0.6244	33	★
24	23	历史研究	0.138966	0.0000	6	1.0000	697	★
25	23	青海民族研究	0.071870	0.0084	4	0.1261	58	
26	23	西域研究	0.078442	0.0072	5	0.1667	87	
27	27	欧洲研究	0.094707	0.0000	5	0.7203	293	★
28	28	中山大学学报．社会科学版	0.085867	0.0000	3	0.3931	490	★
29	29	考古学报	0.074256	0.0000	3	0.7222	10	★
30	29	湖北民族学院学报．哲学社会科学版	0.063155	0.0089	4	0.0564	101	
31	29	青海民族学院学报．社会科学版	0.046731	0.0000	4	0.0857	82	
32	29	青海社会科学	0.043001	0.0023	3	0.1085	158	
33	29	中国边疆史地研究	0.067869	0.0161	2	0.1048	95	★

（续表 4－43）

序号	分学科被引位次	刊　　名	综合值	学科影响因子 2005	分学科总被引	影响因子 2005	总转摘	核心刊 2008
34	34	兰州大学学报．社会科学版	0.063768	0.0066	3	0.2126	299	★
35	34	满族研究	0.030575	0.0000	4	0.0325	51	
36	34	社会学研究	0.192420	0.0000	2	2.2893	440	★
37	34	世界宗教研究	0.052135	0.0063	2	0.2375	163	★
38	34	新疆大学学报．哲学人文社会科学版	0.044204	0.0033	5	0.1155	118	
39	34	西藏研究	0.048052	0.0071	2	0.1571	78	
40	34	哲学研究	0.133078	0.0000	2	0.7415	1143	★
41	41	敦煌研究	0.051606	0.0044	4	0.1733	83	★
42	41	复旦学报．社会科学版	0.108877	0.0000	3	0.4753	786	★
43	41	吉林大学社会科学学报	0.106455	0.0000	2	0.4698	641	★
44	41	宁夏大学学报．人文社会科学版	0.033819	0.0000	3	0.1036	143	
45	41	华中科技大学学报．社会科学版	0.055644	0.0098	2	0.2190	179	★
46	41	北京师范大学学报．社会科学版	0.119344	0.0000	2	0.5680	816	★
47	41	当代亚太	0.070167	0.0040	3	0.5101	273	★
48	41	国外社会科学	0.077133	0.0000	2	0.6878	448	★
49	41	史学集刊	0.056151	0.0070	2	0.1189	224	
50	41	史学月刊	0.086276	0.0020	3	0.2392	742	★
51	41	西北师大学报．社会科学版	0.063705	0.0030	2	0.2553	400	★
52	41	现代国际关系	0.079790	0.0000	3	0.6399	586	★
53	41	学海	0.059654	0.0022	3	0.1463	483	★
54	41	新疆社会科学	0.043060	0.0045	4	0.0848	55	★
55	41	学术月刊	0.124060	0.0000	2	0.5691	1252	★
56	41	浙江学刊	0.101080	0.0000	2	0.3226	730	★
57	41	中国社会经济史研究	0.058528	0.0089	3	0.2946	124	★
58	58	历史教学	0.038260	0.0000	2	0.2640	288	
59	58	甘肃社会科学	0.058783	0.0033	2	0.2095	373	★
60	58	世界历史	0.045913	0.0000	2	0.2010	414	★
61	58	齐鲁学刊	0.045768	0.0000	2	0.0862	511	★
62	58	四川大学学报．哲学社会科学版	0.079915	0.0000	2	0.2620	479	★
63	58	西藏民族学院学报．哲学社会科学版	0.016514	0.0000	2	0.0419	85	
64	58	中国历史地理论丛	0.057905	0.0133	2	0.2600	58	★

二、民族学专业核心期刊表测定步骤

1. 把上述核心期刊的备选表（其中民族学18种，综合性人文社会科学27种，历史学6种，考古学4种，政治3种，其他类别6种）及析出的该专业核心期刊备选表送专家评审；

2. 将专家评审结果作隶属度处理后与数据“综合值”作加权运算，加权系数分别为0.3和0.7；

3. 其运算结果再根据其他评价指标的运算结果作调整；

4. 经综合分析后，选出民族学专业核心期刊9种。见表4－44。

表4－44　民族学专业核心期刊表

位次	刊　名	主办单位	综合评价值
1	民族研究	中国社会科学院民族学与人类学研究所	0.783703
2	广西民族研究	广西壮族自治区民族研究所	0.553210
3	广西民族学院学报.哲学社会科学版	广西民族学院	0.535264
4	西北民族研究	西北民族大学	0.501383
5	世界民族	中国社会科学院民族学与人类学研究所	0.471861
6	中央民族大学学报.哲学社会科学版	中央民族大学	0.382807
7	中南民族大学学报.人文社会科学版	中南民族大学	0.365322
8	回族研究	宁夏社会科学院	0.357481
9	贵州民族研究	贵州省民族研究所	0.324897

三、结果分析

民族学类期刊引证表中，被引频次累计量达80.65%时，期刊累计数为64种（其中民族学专业期刊18种），占被引用期刊总数的33.69%；被引频次累计量达71.16%时，期刊累计数为37种（其中民族学专业期刊17种）。民族学类期刊的被引聚散效应明显，其中民族学专业期刊的被引用率相对较高。名列前8名的都是民族学专业期刊。经过综合分析，最后选定9种民族学专业期刊为核心期刊。

第七编　管理学、统计学

管理学类专业核心期刊研制报告

一、管理学类期刊引证表的生成过程

1. 根据对样本中的4798篇管理学论文统计，其施引文献量为2618篇，总施引频次为16352次，被施引文献引用过的期刊共有1754种（其中来源期刊608种）；把上述被引期刊的2005年分学科被引频次递减排列，取其居前的208种期刊生成高被引频次的期刊引证表。

2. 根据管理学类期刊引证表中的评价指标分别作系数加权，作隶属度运算后生成数据“综合值”，作为质量指标。

3. 取含有608种期刊的引证表，列出前135名，按分学科被引位次排列生成有多项指标的管理学类期刊引证表，即管理学专业核心期刊的备选表。见表4－45。

表4－45　管理学（含科学学、人才学）类期刊引证表

序号	分学科被引位次	刊　　名	综合值	学科影响因子2005	分学科总被引	影响因子2005	总转摘	核心刊2008
1	1	科学学研究	0.707272	0.3069	83	0.9675	532	★
2	2	中国管理科学	0.373332	0.1699	53	0.9382	334	★
3	3	科学学与科学技术管理	0.367763	0.0780	67	0.4239	392	★
4	4	科研管理	0.512707	0.1771	74	0.9549	513	★
5	4	中国软科学	0.391905	0.0746	72	0.9678	725	★
6	6	中国科技期刊研究	0.169018	0.0651	25	1.4100	10	★
7	7	科技进步与对策	0.184025	0.0168	42	0.1594	279	★
8	8	自然辩证法研究	0.311764	0.0528	51	0.5173	745	★
9	9	中国科技论坛	0.274777	0.0911	37	0.5156	299	★
10	10	中国行政管理	0.264289	0.0683	33	1.0485	341	★
11	11	研究与发展管理	0.335685	0.1120	45	0.5643	255	★
12	12	科学管理研究	0.188675	0.0591	30	0.4184	176	★

（续表 4－45）

序号	分学科被引位次	刊名	综合值	学科影响因子 2005	分学科总被引	影响因子 2005	总转摘	核心刊 2008
13	13	管理科学学报	0. 335516	0. 1019	40	1. 1146	204	★
14	14	编辑学报	0. 154359	0. 0500	12	1. 5405	69	★
15	14	经济研究	0. 426700	0. 0325	26	6. 9675	868	★
16	16	管理工程学报	0. 136933	0. 0269	22	0. 4439	1	★
17	17	科学技术与辩证法	0. 175415	0. 0656	19	0. 2951	314	★
18	18	中国社会科学	0. 355924	0. 0441	19	4. 0147	1161	★
19	19	南开管理评论	0. 221467	0. 0974	19	1. 1077	130	★
20	19	情报理论与实践	0. 154531	0. 0361	17	1. 2722	252	★
21	21	情报科学	0. 135818	0. 0190	17	1. 0634	238	★
22	22	中国工业经济	0. 272286	0. 0556	21	2. 8981	759	★
23	22	外国经济与管理	0. 164390	0. 0274	19	0. 8493	386	★
24	24	管理世界	0. 204284	0. 0253	17	1. 9350	1006	★
25	25	自然辩证法通讯	0. 155960	0. 0413	23	0. 3578	312	★
26	25	哲学研究	0. 182828	0. 0284	14	0. 7415	1143	★
27	27	中国高等教育	0. 107453	0. 0096	13	0. 5228	231	
28	28	情报杂志	0. 089923	0. 0121	10	0. 8957	162	
29	29	中国人力资源开发	0. 138974	0. 0312	22	0. 2975	246	★
30	31	商业研究	0. 067371	0. 0030	9	0. 1277	484	★
31	31	图书情报工作	0. 186568	0. 0129	23	1. 6489	509	★
32	31	预测	0. 109303	0. 0461	11	0. 4240	109	
33	34	高等教育研究	0. 144504	0. 0270	12	1. 3591	384	★
34	34	情报学报	0. 224536	0. 0323	13	2. 2903	751	★
35	34	社会学研究	0. 169844	0. 0248	8	2. 2893	440	★
36	34	中国人民大学学报	0. 169779	0. 0183	8	1. 0879	993	★
37	38	学术界	0. 099011	0. 0132	9	0. 3053	484	★
38	38	软科学	0. 080540	0. 0257	8	0. 3601	101	★
39	38	中国图书馆学报	0. 246371	0. 0034	13	4. 6318	429	★
40	41	重庆大学学报．社会科学版	0. 065608	0. 0215	11	0. 2147	104	★
41	41	求是	0. 104080	0. 0132	8	0. 4725	886	★
42	41	数量经济技术经济研究	0. 063106	0. 0102	8	0. 4738	182	★
43	44	经济问题探索	0. 051339	0. 0092	5	0. 3441	253	
44	45	经济师	0. 039887	0. 0004	7	0. 0797	203	
45	45	科学对社会的影响	0. 146577	0. 0918	8	0. 2653	84	★
46	45	理论探讨	0. 056147	0. 0083	5	0. 1663	408	
47	45	西安交通大学学报．社会科学版	0. 074874	0. 0219	7	0. 4818	145	★
48	45	现代情报	0. 049423	0. 0036	8	0. 3849	65	
49	45	学术研究	0. 115753	0. 0083	6	0. 2928	1043	★

（续表 4－45）

序号	分学科被引位次	刊　　名	综合值	学科影响因子 2005	分学科总被引	影响因子 2005	总转摘	核心刊 2008
50	51	国外社会科学	0. 072933	0. 0106	4	0. 6878	448	★
51	51	经济管理	0. 101499	0. 0159	16	0. 4066	448	★
52	51	经济评论	0. 078472	0. 0099	4	0. 8224	443	★
53	51	情报资料工作	0. 154615	0. 0256	11	1. 5783	466	★
54	51	图书情报知识	0. 106192	0. 0147	8	1. 5221	222	★
55	51	知识产权	0. 093410	0. 0377	5	0. 8050	59	★
56	51	哲学动态	0. 086067	0. 0121	5	0. 5263	770	★
57	58	财经研究	0. 093836	0. 0094	5	0. 9281	578	★
58	58	当代财经	0. 074809	0. 0063	4	0. 4421	643	★
59	58	华中科技大学学报. 社会科学版	0. 045715	0. 0098	4	0. 2190	179	★
60	58	经济科学	0. 087521	0. 0201	5	1. 1608	273	★
61	58	经济学动态	0. 126188	0. 0067	9	1. 2629	961	★
62	58	经济纵横	0. 051355	0. 0074	4	0. 3710	341	★
63	58	武汉大学学报. 哲学社会科学版	0. 051300	0. 0069	3	0. 3772	114	★
64	58	新视野	0. 057850	0. 0097	4	0. 3851	409	★
65	67	国家行政学院学报	0. 077877	0. 0152	6	0. 6236	248	★
66	67	经济论坛	0. 024315	0. 0016	3	0. 0519	159	
67	67	经济社会体制比较	0. 129593	0. 0250	8	1. 2350	354	★
68	67	技术经济与管理研究	0. 030119	0. 0065	5	0. 1001	65	
69	67	会计研究	0. 144158	0. 0152	8	2. 4134	241	★
70	67	南京社会科学	0. 055181	0. 0027	5	0. 2170	607	★
71	67	南开经济研究	0. 058794	0. 0046	4	0. 8018	268	★
72	67	企业经济	0. 027909	0. 0019	4	0. 1050	182	
73	67	生产力研究	0. 024575	0. 0013	3	0. 1174	153	
74	67	社会科学论坛	0. 038381	0. 0077	3	0. 1378	166	
75	67	世界经济	0. 118204	0. 0000	3	2. 5339	579	★
76	67	同济大学学报. 社会科学版	0. 046437	0. 0161	4	0. 2177	144	
77	67	图书馆	0. 097462	0. 0052	4	2. 0129	186	★
78	67	外语教学与研究	0. 097928	0. 0185	5	1. 5988	70	★
79	67	心理科学	0. 062171	0. 0037	8	0. 5228	365	★
80	83	地理研究	0. 091979	0. 0241	2	1. 9518	91	
81	83	档案学研究	0. 036950	0. 0102	2	0. 1633	235	★
82	83	河北法学	0. 037946	0. 0045	4	0. 1403	250	
83	83	广西社会科学	0. 023718	0. 0020	2	0. 0916	248	

（续表 4－45）

序号	分学科被引位次	刊名	综合值	学科影响因子2005	分学科总被引	影响因子2005	总转摘	核心刊2008
84	83	上海经济研究	0.059163	0.0072	3	0.6079	401	★
85	83	江海学刊	0.104205	0.0050	3	0.4104	1077	★
86	83	经济体制改革	0.042949	0.0019	4	0.4239	286	★
87	83	经济问题	0.044503	0.0080	3	0.3852	361	
88	83	经济学家	0.079335	0.0032	3	1.0518	566	★
89	83	技术经济	0.022332	0.0021	4	0.0494	175	
90	83	江苏大学学报．社会科学版	0.033727	0.0000	4	0.4612	87	★
91	83	南开学报．哲学社会科学版	0.082526	0.0145	2	0.4541	603	★
92	83	理论与改革	0.036352	0.0040	3	0.2061	339	
93	83	理论前沿	0.050275	0.0023	3	0.1885	612	★
94	83	南京大学学报．哲学・人文科学・社会科学	0.082865	0.0000	2	0.3917	746	★
95	83	政治学研究	0.087964	0.0138	9	0.6966	212	★
96	83	清华大学教育研究	0.049587	0.0109	3	0.3927	185	★
97	83	清华大学学报．哲学社会科学版	0.070782	0.0156	4	0.4115	432	★
98	83	企业管理	0.061386	0.0125	6	0.2438	300	
99	83	教育发展研究	0.060548	0.0065	3	0.4161	444	★
100	83	社会科学辑刊	0.061914	0.0083	4	0.2128	595	★
101	83	社会科学	0.092232	0.0141	4	0.3953	788	★
102	83	社会科学研究	0.083843	0.0097	4	0.3981	723	★
103	83	生态经济	0.022987	0.0032	2	0.1571	91	
104	83	商业经济与管理	0.043222	0.0028	4	0.3473	394	★
105	83	统计研究	0.048067	0.0030	4	0.6303	263	★
106	83	图书馆论坛	0.087942	0.0039	5	1.6588	123	★
107	83	体育文化导刊	0.034281	0.0038	4	0.4689	154	
108	83	武汉理工大学学报．社会科学版	0.030966	0.0055	2	0.1940	100	
109	83	心理学报	0.087203	0.0184	5	1.0645	277	★
110	83	西南民族大学学报．人文社科版	0.041726	0.0011	3	0.1182	533	
111	83	学术交流	0.044642	0.0049	4	0.1370	398	★
112	83	学术论坛	0.043392	0.0063	2	0.2206	399	★
113	83	中国信息导报	0.041941	0.0079	4	0.4395	21	
114	83	行政与法	0.021762	0.0049	2	0.1146	72	
115	83	云梦学刊	0.033752	0.0084	2	0.0758	210	

（续表4－45）

序号	分学科被引位次	刊名	综合值	学科影响因子2005	分学科总被引	影响因子2005	总转摘	核心刊2008
116	83	政法论坛	0.090403	0.0068	4	1.0034	482	★
117	83	中国高教研究	0.032618	0.0066	4	0.2434	117	
118	83	中山大学学报．社会科学版	0.077559	0.0138	4	0.3931	490	★
119	122	东岳论丛	0.053273	0.0043	2	0.1851	488	★
120	122	广西大学学报．哲学社会科学版	0.035226	0.0142	4	0.1026	240	
121	122	比较教育研究	0.058495	0.0048	3	0.4317	382	★
122	122	财贸经济	0.090543	0.0046	3	1.1402	777	★
123	122	高等工程教育研究	0.041783	0.0112	4	0.3209	91	
124	122	广东行政学院学报	0.023193	0.0071	2	0.0964	97	
125	122	黑龙江高教研究	0.017563	0.0009	2	0.0747	98	
126	122	经济研究参考	0.038058	0.0020	2	0.3888	205	
127	122	江西社会科学	0.054563	0.0037	4	0.1196	663	★
128	122	首都师范大学学报．社会科学版	0.037156	0.0000	3	0.1224	458	
129	122	西北大学学报．哲学社会科学版	0.038759	0.0026	3	0.2321	302	★
130	122	学习与探索	0.067529	0.0024	3	0.2315	641	★
131	122	云南行政学院学报	0.036461	0.0117	3	0.1991	132	
132	122	应用心理学	0.027318	0.0000	3	0.4421	69	
133	122	中国经济史研究	0.041866	0.0000	3	0.5918	235	★
134	122	中南财经政法大学学报	0.053015	0.0096	4	0.2994	514	
135	122	中国社会科学院研究生院学报	0.044814	0.0038	2	0.1962	448	★

二、管理学专业核心期刊表测定步骤

1. 把上述核心期刊的备选表（其中管理学16种，综合性人文社会科学33种，经济学36种，图书馆、情报与文献学13种，政治类10种，其他类别27种）及析出的该专业核心期刊备选表送专家评审；

2. 将专家评审结果作隶属度处理后与数据“综合值”作加权运算，加权系数分别为0.3和0.7；

3. 其运算结果再根据其他评价指标的运算结果作调整；

4. 经综合分析后，选出管理学专业核心期刊16种。见表4－46。

表 4-46 管理学（含科学学、人才学）专业核心期刊表

位次	刊 名	主办单位	综合评价值	
1	科学学研究	中国科学学与科技政策研究会，中国科学院科技政策与管理科学研究所，清华大学科学技术与社会研究中心	0.791090	
2	科研管理	中国科学院科技政策与管理科学研究所，中国科学学与科技政策研究会，清华大学技术创新研究中心	0.638728	
3	中国软科学	中国软科学研究会	0.544250	
4	中国管理科学	中国优选法统筹法与经济数学研究会，中国科学院科技政策与管理科学研究所	0.537333	
5	科学学与科学技术管理	中国科学学与科技政策研究会，中国管理科学研究院，天津市科学学研究所	0.509268	
6	管理科学学报	国家自然科学基金委员会管理科学部	0.506778	
7	研究与发展管理	复旦大学	0.484646	
8	中国行政管理	中国行政管理学会	0.443002	
9	中国科技论坛	中国科学技术发展战略研究院	0.435594	
10	科学管理研究	内蒙古自治区软科学研究会	0.389156	
11	科学技术与辩证法	山西省自然辩证法研究会	0.367874	
12	科技进步与对策	中国管理科学学会，湖北省科技信息研究院	0.339901	
13	管理工程学报	浙江大学	0.329187	
14	中国人力资源开发	中国人力资源开发研究会	0.306615	
15	科学对社会的影响	中国科学院科技政策与管理科学研究所	0.290937	
16	软科学	四川省科学技术厅，四川省科技促进发展研究中心	0.281044	

三、结果分析

在管理学类期刊引证表中，被引频次累计量达 80.36% 时，期刊累计数为 135 种（其中管理学专业期刊 16 种），占被引用期刊总数的 33.09%；被引频次累计量达 62.44% 时，期刊累计数为 48 种（其中管理学专业期刊 16 种）。管理学（含科学学、人才学）类期刊的被引聚散效应较为明显，其中管理学专业期刊的被引用率相对较高。根据管理学所包括的下位类学科较多的特点，经过综合分析，最后选定 16 种管理学专业期刊为核心期刊。

统计学专业核心期刊研制报告

一、统计学类期刊引证表的生成过程

1. 根据对样本中的 823 篇统计学论文统计，其施引文献量为 131 篇，总施引频次为 860 次，被施引文献引用过的期刊共有 172 种（其中来源期刊 111 种）；把上述被引期刊的 2005 年分学科被引频次递减排列，取其居前的 26 种期刊生成高被引频次的期刊引证表。

2. 根据统计学类期刊引证表中的评价指标分别作系数加权，作隶属度运算后生成数据“综合值”，作为质量指标。

3. 取含有 26 种期刊的引证表，列出前 18 名，按分学科被引位次排列生成有多项指标的统计学类期刊引证表，即统计学专业核心期刊的备选表。见表 4 -47。

表 4 -47 统计学类期刊引证表

序号	分学科被引位次	刊名	综合值	学科影响因子 2005	分学科总被引	影响因子 2005	总转摘	核心刊 2008
1	1	统计研究	0.670024	0.0545	29	0.6303	263	★
2	2	经济研究	0.525110	0.0144	10	6.9675	868	★
3	3	统计与信息论坛	0.088770	0.0066	4	0.1258	78	★
4	4	中国统计	0.119957	0.0088	6	0.1396	98	
5	5	管理世界	0.141474	0.0000	2	1.9350	1006	★
6	6	国际经济评论	0.103966	0.0063	1	1.8544	273	★
7	6	上海经济研究	0.070756	0.0036	1	0.6079	401	★
8	6	华中科技大学学报. 社会科学版	0.033170	0.0000	1	0.2190	179	★
9	6	管理科学学报	0.108739	0.0064	2	1.1146	204	★
10	6	江苏社会科学	0.089718	0.0000	1	0.3423	909	★
11	6	宏观经济研究	0.061209	0.0000	2	0.6630	298	★
12	6	经济师	0.025574	0.0002	1	0.0797	203	
13	6	企业管理	0.041693	0.0000	1	0.2438	300	
14	6	青年研究	0.035138	0.0000	1	0.4270	233	★
15	6	世界经济	0.140861	0.0040	2	2.5339	579	★
16	6	数量经济技术经济研究	0.067367	0.0044	3	0.4738	182	★
17	6	数理统计与管理	0.063347	0.0000	1	0.3523	43	★
18	6	中国人口科学	0.091433	0.0000	2	1.3333	280	★

二、统计学专业核心期刊表测定步骤

1. 把上述核心期刊的备选表（其中统计学 4 种，综合性人文社会科学 2 种，经济学 9 种，其他类别 3 种）及析出的该专业核心期刊备选表送专家评审；

2. 将专家评审结果作隶属度处理后与数据“综合值”作加权运算，加权系数分别为 0.3 和 0.7；

3. 其运算结果再根据其他评价指标的运算结果作调整；

4. 经综合分析后，选出统计学专业核心期刊 3 种。见表 4－48。

表 4－48　统计学专业核心期刊表

位次	刊　名	主办单位	综合评价值	
1	统计研究	中国统计学会，国家统计局统计科学研究所	0.769017	
2	统计与信息论坛	西安财经学院，中国统计教育学会高教分会	0.128139	
3	数理统计与管理	中国现场统计研究会	0.110343	

三、结果分析

在统计学类期刊引证表中，被引频次累计量达 80.95% 时，期刊累计数为 10 种（其中统计学专业期刊 4 种），占被引用期刊总数的 38.45%；被引频次累计量达 72.62% 时，期刊累计数为 4 种（其中统计学专业期刊 4 种）。统计学类期刊的数量和使用率较少，统计学专业期刊之间被引用率相差较大。经过综合分析，最后选定 3 种统计学专业期刊为核心期刊，其中《统计研究》占有绝对优势。

第八编　图书馆、情报与文献学

图书馆、情报与文献学专业核心期刊研制报告

一、图书馆、情报与文献学类期刊引证表的生成过程

1. 根据对样本中的21884篇图书馆、情报与文献学论文统计，其施引文献量为16991篇，总施引频次为147062次，被施引文献引用过的期刊共有3880种（其中来源期刊757种）；把上述被引期刊的2005年分学科被引频次递减排列，取其居前的556种期刊生成高被引频次的期刊引证表。

2. 根据图书馆、情报与文献学类期刊引证表中的评价指标分别作系数加权，作隶属度运算后生成数据“综合值”，作为质量指标。

3. 取含有556种期刊的引证表，列出前43名，按分学科被引位次排列生成有多项指标的图书馆、情报与文献学类期刊引证表，即图书馆、情报与文献学专业核心期刊的备选表。见表4－49。

表4－49　图书馆、情报与文献学类期刊引证表

序号	分学科被引位次	刊　　名	综合值	学科影响因子2005	分学科总被引	影响因子2005	总转摘	核心刊2008
1	1	中国图书馆学报	0.829400	4.2669	1746	4.6318	429	★
2	2	图书情报工作	0.487010	1.4950	1615	1.6489	509	★
3	3	图书馆论坛	0.393900	1.5682	1283	1.6588	123	★
4	4	大学图书馆学报	0.341793	1.1934	1115	1.3097	239	
5	5	情报杂志	0.208309	0.6985	706	0.8957	162	
6	6	图书馆建设	0.303954	1.4330	856	1.4991	123	★
7	7	图书馆	0.362306	1.8892	896	2.0129	186	★
8	8	图书馆杂志	0.329351	1.4349	929	1.5037	310	★
9	9	情报科学	0.242508	0.8023	778	1.0634	238	★
10	10	现代情报	0.138066	0.3336	547	0.3849	65	
11	11	图书馆学研究	0.187051	0.8641	559	0.9208	58	

（续表 4－49）

序号	分学科被引位次	刊　　名	综合值	学科影响因子 2005	分学科总被引	影响因子 2005	总转摘	核心刊 2008
12	12	现代图书情报技术	0.258645	1.0341	642	1.1913	175	★
13	13	图书情报知识	0.276161	1.3137	640	1.5221	222	★
14	14	情报学报	0.364084	1.6532	652	2.2903	751	★
15	15	图书馆理论与实践	0.208120	0.8193	594	0.9088	132	
16	16	情报理论与实践	0.213854	0.9444	496	1.2722	252	★
17	17	情报资料工作	0.295032	1.3482	545	1.5783	466	★
18	18	图书馆工作与研究	0.256012	1.4973	541	1.5968	92	★
19	19	图书与情报	0.171063	0.8378	357	0.9159	117	
20	20	图书馆学刊	0.143623	0.7269	392	0.7577	14	
21	21	高校图书馆工作	0.145313	0.7050	362	0.7905	42	
22	22	四川图书馆学报	0.141633	0.7432	284	0.7703	28	
23	23	新世纪图书馆	0.141437	0.8253	269	0.8630	71	
24	24	河南图书馆学刊	0.082976	0.4046	199	0.4245	25	
25	25	国家图书馆学刊	0.171531	1.0940	202	1.1879	75	
26	26	大学图书馆学报	0.100533	0.5415	163	0.5771	232	★
27	27	晋图学刊	0.066948	0.4065	128	0.4161	36	
28	28	山东图书馆季刊	0.053068	0.2328	142	0.2414	24	
29	29	江西图书馆学刊	0.057693	0.3556	122	0.3877	16	
30	30	档案学通讯	0.056637	0.3000	109	0.3613	227	★
31	31	中国信息导报	0.058261	0.2632	126	0.4395	21	
32	32	图书馆界	0.068197	0.4694	94	0.5170	12	
33	33	中国科技期刊研究	0.075015	0.1130	109	1.4100	10	★
34	34	档案学研究	0.039366	0.1480	59	0.1633	235	★
35	34	上海交通大学学报．哲学社会科学版	0.094902	0.5417	34	0.8333	306	★
36	36	中国档案	0.054297	0.3311	57	0.3581	187	
37	37	中国软科学	0.070984	0.0278	36	0.9678	725	★
38	38	编辑学报	0.067458	0.0690	45	1.5405	69	★
39	39	文物	0.034228	0.0087	22	0.8182	78	★
40	40	国外社会科学	0.060951	0.2222	34	0.6878	448	★
41	41	科研管理	0.072707	0.0833	24	0.9549	513	★
42	42	自然辩证法研究	0.064418	0.0383	23	0.5173	745	★
43	43	中国版权	0.029536	0.0625	37	0.1927	29	

二、图书馆、情报与文献学专业核心期刊表测定步骤

1. 把上述核心期刊的备选表（其中图书馆、情报与文献学 34 种，综合性人文社会科学 2 种，文化、新闻与传播学 2 种，科学学与未来学 2 种，其他类别 3 种）及析出的该专业核心期刊备选表送专家评审；

2. 将专家评审结果作隶属度处理后与数据“综合值”作加权运算，加权系数分别为 0.3 和 0.7；

3. 其运算结果再根据其他评价指标的运算结果作调整；

4. 经综合分析后，选出图书馆、情报与文献学专业核心期刊 16 种。见表 4－50。

表 4－50　图书馆、情报与文献学专业核心期刊表

位次	刊　名	主 办 单 位	综合评价值
1	中国图书馆学报	中国图书馆学会，国家图书馆	0.865634
2	图书情报工作	中国科学院文献情报中心	0.614683
3	情报学报	中国科学技术情报学会，中国科学技术信息研究所	0.519724
4	大学图书馆学报	北京大学，教育部高等学校图书情报工作指导委员会	0.491373
5	图书馆论坛	广东省立中山图书馆	0.489136
6	图书馆	湖南图书馆	0.486870
7	图书馆杂志	上海市图书馆学会，上海图书馆	0.474431
8	情报资料工作	中国人民大学	0.451026
9	图书情报知识	武汉大学	0.441275
10	图书馆建设	黑龙江省图书馆	0.438855
11	现代图书情报技术	中国科学院文献情报中心	0.418152
12	情报科学	吉林大学	0.403313
13	图书馆工作与研究	天津市图书馆学会，天津图书馆，天津市少年儿童图书馆	0.383019
14	情报理论与实践	中国国防科学技术信息学会，中国兵器工业集团第 210 研究所	0.370259
15	档案学通讯	中国人民大学	0.353438
16	档案学研究	中国档案学会	0.339918

三、结果分析

在图书馆、情报与文献学类期刊引证表中，被引频次累计量达80.11%时，期刊累计数为22种（其中图书馆、情报与文献学专业期刊22种），占被引用期刊总数的3.96%；被引频次累计量达68.31%时，期刊累计数为16种（其中图书馆、情报与文献学专业期刊16种）。图书馆、情报与文献学类期刊的被引聚散效应非常明显，其中图书馆、情报与文献学专业期刊的被引用率非常高。经过综合分析，最后选定16种图书馆、情报与文献学专业期刊为核心期刊。

第九编　新闻与传播、教育、体育

新闻学与传播学专业核心期刊研制报告

一、新闻学与传播学类期刊引证表的生成过程

1. 根据对样本中的10510篇新闻学与传播学论文统计，其施引文献量为4702篇，总施引频次为35124次，被施引文献引用过的期刊共有2402种（其中来源期刊653种）；把上述被引期刊的2005年分学科被引频次递减排列，取其居前的434种期刊生成高被引频次的期刊引证表。

2. 根据新闻学与传播学类期刊引证表中的评价指标分别作系数加权，作隶属度运算后生成数据“综合值”，作为质量指标。

3. 取含有434种期刊的引证表，列出前89名，按分学科被引位次排列生成有多项指标的新闻学与传播学类期刊引证表，即新闻学与传播学专业核心期刊的备选表。见表4－51。

表4－51　新闻学与传播学类期刊引证表

序号	分学科被引位次	刊　名	综合值	学科影响因子2005	分学科总被引	影响因子2005	总转摘	核心刊2008
1	1	编辑学报	0.693765	1.3571	635	1.5405	69	★
2	2	中国科技期刊研究	0.580718	1.1954	634	1.4100	10	★
3	3	编辑之友	0.192264	0.3152	133	0.3773	227	
4	4	现代传播（中国传媒大学学报）	0.153060	0.2356	113	0.3103	140	★
5	5	情报科学	0.144125	0.1128	115	1.0634	238	★
6	6	新闻与传播研究	0.272537	0.8018	85	0.8559	40	★
7	7	中国图书馆学报	0.305822	0.1993	104	4.6318	429	★
8	8	出版发行研究	0.103439	0.1305	85	0.1687	336	
9	9	国际新闻界	0.216042	0.5889	89	0.6333	110	★
10	9	情报学报	0.275615	0.2903	113	2.2903	751	★
11	9	情报杂志	0.100124	0.0752	85	0.8957	162	

（续表 4－51）

序号	分学科被引位次	刊名	综合值	学科影响因子 2005	分学科总被引	影响因子 2005	总转摘	核心刊 2008
12	12	图书情报工作	0. 179323	0. 0878	115	1. 6489	509	★
13	13	新闻大学	0. 139361	0. 3829	64	0. 3943	78	★
14	14	科技与出版	0. 096712	0. 1667	67	0. 2091	61	
15	14	图书馆	0. 121440	0. 0851	44	2. 0129	186	★
16	16	情报理论与实践	0. 141596	0. 1278	88	1. 2722	252	★
17	17	中国出版	0. 118313	0. 1525	86	0. 2020	372	
18	18	编辑学刊	0. 070456	0. 1071	47	0. 1389	156	
19	18	情报资料工作	0. 160807	0. 1118	58	1. 5783	466	★
20	20	大学图书馆学报	0. 098999	0. 0613	50	1. 3097	239	★
21	22	中国广播电视学刊	0. 044763	0. 0759	40	0. 0847	51	
22	23	图书馆论坛	0. 103392	0. 0407	34	1. 6588	123	★
23	23	图书情报知识	0. 113495	0. 1029	47	1. 5221	222	★
24	25	现代情报	0. 038610	0. 0174	32	0. 3849	65	
25	27	现代图书情报技术	0. 108520	0. 0777	46	1. 1913	175	★
26	28	中国信息导报	0. 046023	0. 0553	33	0. 4395	21	
27	29	图书馆理论与实践	0. 061515	0. 0372	19	0. 9088	132	
28	30	读书	0. 066815	0. 0256	17	0. 5113	267	
29	31	中国软科学	0. 077166	0. 0190	13	0. 9678	725	★
30	32	图书馆建设	0. 075130	0. 0312	24	1. 4991	123	★
31	33	图书与情报	0. 059216	0. 0300	16	0. 9159	117	
32	33	图书馆工作与研究	0. 078643	0. 0645	16	1. 5968	92	★
33	33	图书馆学研究	0. 043744	0. 0185	18	0. 9208	58	
34	36	北京大学学报．哲学社会科学版	0. 111927	0. 0162	13	0. 6278	1003	★
35	37	科研管理	0. 071925	0. 0139	12	0. 9549	513	★
36	37	图书馆杂志	0. 085684	0. 0223	23	1. 5037	310	★
37	39	国外社会科学	0. 050783	0. 0053	15	0. 6878	448	★
38	39	自然辩证法研究	0. 068726	0. 0073	13	0. 5173	745	★
39	41	科技进步与对策	0. 028107	0. 0072	12	0. 1594	279	★
40	41	科学学研究	0. 080715	0. 0253	6	0. 9675	532	★
41	43	高校图书馆工作	0. 044598	0. 0225	14	0. 7905	42	
42	44	学术界	0. 058254	0. 0132	12	0. 3053	484	★
43	44	中国版权	0. 030262	0. 0156	12	0. 1927	29	
44	46	复旦学报．社会科学版	0. 090325	0. 0493	5	0. 4753	786	★

（续表 4－51）

序号	分学科被引位次	刊　　名	综合值	学科影响因子 2005	分学科总被引	影响因子 2005	总转摘	核心刊 2008
45	46	学术交流	0.033190	0.0039	6	0.1370	398	★
46	48	地理研究	0.080458	0.0964	6	1.9518	91	
47	48	西南民族大学学报．人文社科版	0.033723	0.0034	11	0.1182	533	
48	48	郑州大学学报．哲学社会科学版	0.063416	0.0275	6	0.2691	618	★
49	52	河南师范大学学报．哲学社会科学版	0.036760	0.0103	6	0.2393	438	★
50	52	国家图书馆学刊	0.067166	0.0671	7	1.1879	75	
51	52	陕西师范大学学报．哲学社会科学版	0.064277	0.0085	8	0.1366	572	★
52	52	外国语（上海外国语大学学报）	0.058688	0.0078	9	1.3566	89	★
53	52	厦门大学学报．哲学社会科学版	0.075402	0.0201	4	0.4472	605	★
54	57	河南图书馆学刊	0.027398	0.0142	8	0.4245	25	
55	57	吉林大学社会科学学报	0.086347	0.0279	4	0.4698	641	★
56	57	新世纪图书馆	0.042973	0.0240	8	0.8630	71	
57	57	科学学与科学技术管理	0.037643	0.0026	6	0.4239	392	★
58	57	兰州大学学报．社会科学版	0.026773	0.0066	6	0.2126	299	★
59	57	社会科学论坛	0.022648	0.0077	6	0.1378	166	
60	57	浙江大学学报．人文社会科学版	0.072579	0.0248	7	0.4215	689	★
61	57	中国社会科学	0.227669	0.0245	9	4.0147	1161	★
62	67	河北大学学报．哲学社会科学版	0.022977	0.0158	7	0.1420	238	
63	67	河南大学学报．社会科学版	0.058293	0.0117	8	0.1348	606	★
64	67	求是	0.063952	0.0099	5	0.4725	886	★
65	67	文史哲	0.100659	0.0129	3	0.3560	933	★
66	67	西北大学学报．哲学社会科学版	0.031183	0.0102	6	0.2321	302	★
67	67	中国青年政治学院学报	0.028760	0.0152	4	0.1273	318	
68	67	哲学研究	0.097949	0.0085	5	0.7415	1143	★
69	74	辞书研究	0.011025	0.0120	6	0.1315	21	
70	74	管理世界	0.111137	0.0036	3	1.9350	1006	★
71	74	江西财经大学学报	0.022551	0.0154	4	0.2211	150	
72	74	科学管理研究	0.025148	0.0142	4	0.4184	176	★
73	74	南开管理评论	0.050155	0.0205	4	1.1077	130	★
74	74	上海交通大学学报．哲学社会科学版	0.065071	0.0298	4	0.8333	306	★
75	74	山西大学学报．哲学社会科学版	0.025247	0.0159	4	0.2548	225	
76	74	山西师大学报．社会科学版	0.029248	0.0093	4	0.1667	293	
77	74	图书馆学刊	0.032515	0.0135	8	0.7577	14	

（续表 4－51）

序号	分学科被引位次	刊　　名	综合值	学科影响因子 2005	分学科总被引	影响因子 2005	总转摘	核心刊 2008
78	74	云梦学刊	0.024441	0.0189	4	0.0758	210	
79	74	中国人民大学学报	0.116646	0.0110	9	1.0879	993	★
80	74	知识产权	0.037995	0.0126	7	0.8050	59	★
81	86	经济师	0.015663	0.0015	5	0.0797	203	
82	86	经济学动态	0.092486	0.0000	4	1.2629	961	★
83	86	经济研究	0.289876	0.0036	5	6.9675	868	★
84	86	科学对社会的影响	0.021183	0.0408	5	0.2653	84	★
85	86	南京大学学报．哲学・人文科学・社会科学	0.073113	0.0042	3	0.3917	746	★
86	86	企业管理	0.033201	0.0071	4	0.2438	300	
87	86	四川图书馆学报	0.039512	0.0034	10	0.7703	28	
88	86	武汉大学学报．哲学社会科学版	0.032360	0.0104	6	0.3772	114	★
89	86	中山大学学报．社会科学版	0.051024	0.0103	3	0.3931	490	★

二、新闻学与传播学专业核心期刊表测定步骤

1. 把上述核心期刊的备选表（其中新闻学与传播学 11 种，综合性人文社会科学 27 种，图书馆、情报与文献学 26 种，科学学 7 种，其他类别 18 种）及析出的该专业核心期刊备选表送专家评审；

2. 将专家评审结果作隶属度处理后与数据"综合值"作加权运算，加权系数分别为 0.3 和 0.7；

3. 其运算结果再根据其他评价指标的运算结果作调整；

4. 经综合分析后，选出新闻学与传播学专业核心期刊 6 种。见表 4－52。

表 4－52　新闻学与传播学专业核心期刊表

位次	刊　　名	主 办 单 位	综合评价值
1	编辑学报	中国科学技术期刊编辑学会	0.664636
2	中国科技期刊研究	中国科学院自然科学期刊编辑研究会	0.582503
3	新闻与传播研究	中国社会科学院新闻研究所	0.414776
4	国际新闻界	中国人民大学新闻学院	0.362230
5	现代传播（中国传媒大学学报）	中国传媒大学	0.314142
6	新闻大学	复旦大学	0.300553

三、结果分析

在新闻学与传播学类期刊引证表中，被引频次累计量达 80.06% 时，期刊累计数为 54 种（其中新闻学与传播学 15 种），占被引用期刊总数的 12.44%；被引频次累计量达 70.63% 时，期刊累计数为 26 种（其中新闻学与传播学 14 种）。新闻学与传播学类被引用期刊的被引聚散效应明显，其中新闻学与传播学专业期刊以及情报学专业期刊被引用率相对较高。经过综合评价，最后选定 6 种新闻学与传播学专业期刊为核心期刊。

教育学专业核心期刊研制报告

一、教育学类期刊引证表的生成过程

1. 根据对样本中的 25622 篇教育学类论文统计，其施引文献量为 12673 篇，总施引频次为 73814 次，被施引文献引用过的期刊共有 3899 种（其中来源期刊 766 种）；把上述被引期刊的 2005 年分学科被引频次递减排列，取其居前的 636 种期刊生成高被引频次的期刊引证表。

2. 根据教育学类期刊引证表中的评价指标分别作系数加权，作隶属度运算后生成数据“综合值”，作为质量指标。

3. 取含有 636 种期刊的引证表，列出前 119 名，按分学科被引位次排列生成有多项指标的教育学类期刊引证表，即教育学专业核心期刊的备选表。见表 4－53。

表 4－53　教育学类期刊引证表

序号	分学科被引位次	刊　名	综合值	学科影响因子 2005	分学科总被引	影响因子 2005	总转摘	核心刊 2008
1	1	教育研究	0.753281	1.1828	706	1.3629	868	★
2	2	高等教育研究	0.571192	1.0965	440	1.3591	384	★
3	3	中国高等教育	0.310774	0.4089	314	0.5228	231	
4	4	教育发展研究	0.264112	0.3387	257	0.4161	444	★
5	5	比较教育研究	0.261052	0.3765	235	0.4317	382	★
6	6	中国特殊教育	0.218232	0.6154	192	0.6866	4	★
7	7	教育理论与实践	0.189202	0.2541	191	0.3094	329	★
8	8	学位与研究生教育	0.264189	0.5434	233	0.6214	286	★

（续表 4 – 53）

序号	分学科被引位次	刊　名	综合值	学科影响因子2005	分学科总被引	影响因子2005	总转摘	核心刊2008
9	9	中国高教研究	0.131213	0.1889	159	0.2434	117	
10	10	课程·教材·教法	0.222404	0.3407	201	0.3926	491	★
11	11	全球教育展望	0.246706	0.2890	215	0.3146	281	★
12	12	清华大学教育研究	0.186014	0.3564	131	0.3927	185	★
13	13	江苏高教	0.148052	0.2172	145	0.2848	239	★
14	14	心理科学	0.125234	0.0763	151	0.5228	365	★
15	15	外国教育研究	0.141079	0.2011	118	0.2458	270	★
16	16	中国教育学刊	0.135050	0.2101	102	0.2536	308	★
17	17	北京师范大学学报. 社会科学版	0.185370	0.1680	107	0.5680	816	★
18	18	北京大学教育评论	0.325834	1.0724	57	1.3289	184	★
19	19	教师教育研究	0.158866	0.2439	116	0.2439	92	
20	20	高等工程教育研究	0.104586	0.2612	63	0.3209	91	
21	21	人民教育	0.081330	0.0839	88	0.1005	223	
22	22	教育与经济	0.158871	0.3443	68	0.7049	139	★
23	23	教育研究与实验	0.161836	0.3492	81	0.3889	217	★
24	24	历史教学	0.075667	0.2005	44	0.2640	288	
25	24	心理发展与教育	0.102769	0.1844	80	0.5461	117	★
26	26	教育科学	0.110707	0.2545	58	0.3091	162	★
27	27	教育评论	0.064141	0.0901	63	0.1211	185	
28	28	教育探索	0.051270	0.0490	58	0.0719	132	
29	29	黑龙江高教研究	0.046242	0.0486	49	0.0747	98	
30	29	中国社会科学	0.284448	0.1275	55	4.0147	1161	★
31	31	外语界	0.189687	0.4524	69	1.6905	3	★
32	32	心理学报	0.102846	0.0691	75	1.0645	277	★
33	33	中国心理卫生杂志	0.057851	0.0549	62	0.2511	107	★
34	34	外语教学与研究	0.114244	0.0864	48	1.5988	70	★
35	35	外语与外语教学	0.060277	0.0740	34	0.5765	55	★
36	36	哲学研究	0.123268	0.0483	35	0.7415	1143	★
37	38	读书	0.079833	0.0528	33	0.5113	267	
38	39	青年研究	0.069848	0.0955	47	0.4270	233	★
39	39	教育学报	0.052308	0.0706	40	0.0784	171	
40	41	教育与职业	0.026953	0.0123	31	0.0216	134	
41	41	辽宁教育研究	0.030127	0.0449	29	0.0541	37	

（续表 4－53）

序号	分学科被引位次	刊名	综合值	学科影响因子 2005	分学科总被引	影响因子 2005	总转摘	核心刊 2008
42	43	南京师大学报. 社会科学版	0. 084525	0. 0839	35	0. 3394	550	★
43	43	求是	0. 085316	0. 0418	31	0. 4725	886	★
44	43	西北师大学报. 社会科学版	0. 061947	0. 0631	32	0. 2553	400	★
45	46	民族教育研究	0. 038921	0. 0609	39	0. 1261	50	
46	47	中国职业技术教育	0. 023807	0. 0201	22	0. 0337	113	
47	48	东北师大学报. 哲学社会科学版	0. 076964	0. 0820	30	0. 3770	475	★
48	49	研究与发展管理	0. 062524	0. 0415	28	0. 5643	255	★
49	50	思想理论教育导刊	0. 042243	0. 0490	23	0. 1591	224	
50	50	西南大学学报. 社会科学版	0. 060535	0. 0437	29	0. 2667	441	★
51	50	江西教育科研	0. 035180	0. 0475	30	0. 0600	183	
52	53	中国成人教育	0. 025793	0. 0156	27	0. 0311	154	
53	54	经济研究	0. 307378	0. 0325	27	6. 9675	868	★
54	54	科学学与科学技术管理	0. 062744	0. 0351	51	0. 4239	392	★
55	56	科技进步与对策	0. 030459	0. 0120	21	0. 1594	279	★
56	56	社会学研究	0. 142584	0. 0826	21	2. 2893	440	★
57	58	北京大学学报. 哲学社会科学版	0. 112766	0. 0291	18	0. 6278	1003	★
58	60	科研管理	0. 077089	0. 0243	14	0. 9549	513	★
59	60	陕西师范大学学报. 哲学社会科学版	0. 070968	0. 0239	15	0. 1366	572	★
60	60	厦门大学学报. 哲学社会科学版	0. 087728	0. 0352	20	0. 4472	605	★
61	60	中国软科学	0. 079270	0. 0263	22	0. 9678	725	★
62	65	广西师范大学学报. 哲学社会科学版	0. 034569	0. 0518	15	0. 1753	309	
63	65	河南师范大学学报. 哲学社会科学版	0. 044052	0. 0393	15	0. 2393	438	★
64	67	国外社会科学	0. 055938	0. 0159	19	0. 6878	448	★
65	67	华东师范大学学报. 哲学社会科学版	0. 065880	0. 0347	21	0. 3069	527	★
66	67	西南民族大学学报. 人文社科版	0. 043602	0. 0191	30	0. 1182	533	
67	70	科学学研究	0. 083113	0. 0144	17	0. 9675	532	★
68	70	求索	0. 050570	0. 0122	12	0. 1125	624	★
69	70	心理科学进展	0. 064279	0. 0938	27	0. 7188	112	★
70	70	中国青年政治学院学报	0. 038473	0. 0303	15	0. 1273	318	
71	70	自然辩证法研究	0. 071191	0. 0128	19	0. 5173	745	★
72	75	道德与文明	0. 049754	0. 0581	14	0. 3320	270	★
73	75	江苏教育学院学报. 社会科学版	0. 018198	0. 0224	16	0. 0404	121	
74	75	学术界	0. 059291	0. 0211	12	0. 3053	484	★

（续表 4－53）

序号	分学科被引位次	刊　　名	综合值	学科影响因子2005	分学科总被引	影响因子2005	总转摘	核心刊2008
75	75	心理学探新	0.027843	0.0000	18	0.3095	79	
76	79	福建师范大学学报．哲学社会科学版	0.037655	0.0312	11	0.1869	296	
77	79	华南师范大学学报．社会科学版	0.034017	0.0148	16	0.1395	367	
78	79	江西社会科学	0.048413	0.0110	14	0.1196	663	★
79	83	学术研究	0.090822	0.0097	12	0.2928	1043	★
80	84	当代青年研究	0.038124	0.0538	18	0.2846	145	★
81	84	山东师范大学学报．人文社会科学版	0.032364	0.0254	15	0.1371	387	
82	84	社会科学战线	0.088111	0.0152	12	0.3070	1097	★
83	84	云南师范大学学报．哲学社会科学版	0.029005	0.0172	15	0.1089	238	
84	84	中国青年研究	0.039850	0.0431	17	0.1703	207	★
85	89	重庆大学学报．社会科学版	0.026175	0.0268	17	0.2147	104	★
86	89	管理世界	0.116465	0.0162	9	1.9350	1006	★
87	89	哲学动态	0.061264	0.0121	10	0.5263	770	★
88	92	江苏大学学报．社会科学版	0.038569	0.0685	9	0.4612	87	★
89	92	清华大学学报．哲学社会科学版	0.052026	0.0156	10	0.4115	432	★
90	92	外语教学	0.038041	0.0390	14	0.6702	12	★
91	92	应用心理学	0.046764	0.0842	13	0.4421	69	
92	92	中国科技论坛	0.045429	0.0264	10	0.5156	299	★
93	92	中国人民大学学报	0.123261	0.0366	11	1.0879	993	★
94	92	浙江师范大学学报．社会科学版	0.018140	0.0176	10	0.0781	188	
95	99	高校理论战线	0.036712	0.0400	14	0.1846	336	
96	99	河南社会科学	0.034047	0.0166	11	0.1526	331	★
97	99	华中师范大学学报．人文社会科学版	0.061515	0.0142	14	0.3096	700	★
98	99	经济学动态	0.096042	0.0150	7	1.2629	961	★
99	99	体育科学	0.055982	0.0158	14	0.9729	141	★
100	99	体育与科学	0.053630	0.0475	11	1.0475	122	★
101	99	中国音乐	0.018530	0.0248	11	0.1596	48	★
102	99	浙江大学学报．人文社会科学版	0.075722	0.0248	13	0.4215	689	★
103	108	西华师范大学学报．哲学社会科学版	0.010558	0.0160	9	0.0588	9	
104	108	经济师	0.017559	0.0028	8	0.0797	203	
105	108	内蒙古师范大学学报．哲学社会科学（汉文）版	0.020426	0.0230	10	0.1092	223	
106	108	中国行政管理	0.057802	0.0154	7	1.0485	341	★

（续表 4－53）

序号	分学科被引位次	刊　　名	综合值	学科影响因子 2005	分学科总被引	影响因子 2005	总转摘	核心刊 2008
107	112	大学图书馆学报	0. 060041	0. 0126	15	1. 3097	239	★
108	112	湖南社会科学	0. 029146	0. 0158	5	0. 1067	285	★
109	112	湖北大学学报．哲学社会科学版	0. 032952	0. 0314	11	0. 1447	383	★
110	112	开放时代	0. 049369	0. 0341	9	0. 4148	373	★
111	112	会计研究	0. 108040	0. 0182	10	2. 4134	241	★
112	112	辽宁师范大学学报．社会科学版	0. 024865	0. 0347	12	0. 1181	190	
113	112	现代外语	0. 044779	0. 0196	8	1. 3529	8	★
114	112	中南民族大学学报．人文社会科学版	0. 032968	0. 0160	10	0. 1387	331	★
115	112	中山大学学报．社会科学版	0. 058337	0. 0345	8	0. 3931	490	★
116	123	沈阳师范大学学报．社会科学版	0. 018614	0. 0087	9	0. 1020	185	
117	123	武汉大学学报．哲学社会科学版	0. 034445	0. 0104	7	0. 3772	114	★
118	123	外国语（上海外国语大学学报）	0. 061179	0. 0233	7	1. 3566	89	★
119	123	浙江学刊	0. 078406	0. 0065	7	0. 3226	730	★

二、教育学专业核心期刊表测定步骤

1. 把上述核心期刊的备选表（其中教育学 33 种，综合性人文社会科学 42 种，心理学 7 种，语言学 6 种，科学学 6 种，其他类别 25 种）及析出的该专业核心期刊备选表送专家评审；

2. 将专家评审结果作隶属度处理后与数据“综合值”作加权运算，加权系数分别为 0. 3 和 0. 7；

3. 其运算结果再根据其他评价指标的运算结果作调整；

4. 经综合分析后，选出教育学专业核心期刊 17 种。见表 4－54。

表 4－54　教育学专业核心期刊表

位次	刊　　名	主 办 单 位	综合评价值	
1	教育研究	中央教育科学研究所	0. 810993	
2	高等教育研究	华中科技大学，中国高等教育学研究会	0. 693312	
3	北京大学教育评论	北京大学	0. 528084	
4	比较教育研究	北京师范大学	0. 469693	
5	教育发展研究	上海市教育科学研究院，上海市高等教育学会	0. 432704	

（续表 4－54）

位次	刊　名	主办单位	综合评价值	
6	学位与研究生教育	国务院学位委员会	0.429497	
7	课程·教材·教法	人民教育出版社	0.410031	
8	中国特殊教育	中央教育科学研究所	0.407110	
9	全球教育展望	华东师范大学	0.404216	
10	清华大学教育研究	清华大学	0.394340	
11	教育理论与实践	山西省教育科学研究院，山西省教育学会	0.386789	
12	教育与经济	华中师范大学，中国教育经济学会研究会	0.362297	
13	教育研究与实验	华中师范大学	0.357850	
14	外国教育研究	东北师范大学	0.353103	
15	江苏高教	江苏省教育委员会	0.348201	
16	中国教育学刊	中国教育学会	0.329318	
17	教育科学	辽宁师范大学	0.328582	

三、结果分析

在教育学类期刊引证表中，被引频次累计量达 80.08% 时，期刊累计数为 119 种（其中教育学 40 种），占被引用期刊总数的 18.71%；被引频次累计量达 70.12% 时，期刊累计数为 62 种（其中教育学 37 种）。显而易见，教育学专业期刊大部分居核心区前列，被引用率较高。经过综合评价，最后选定 17 种教育学专业期刊为核心期刊，其中《教育研究》和《高等教育研究》占有突出的优势。

体育学专业核心期刊研制报告

一、体育学类期刊引证表的生成过程

1. 根据对样本中的 10393 篇体育学类论文统计，其施引文献量为 7975 篇，总施引频次为 60765 次，被施引文献引用过的期刊共有 2586 种（其中来源期刊 583 种）；把上述被引期刊的 2005 年分学科被引频次递减排列，取其居前的 443 种期刊生成高被引频次的期刊引证表。

2. 根据体育学类期刊引证表中的评价指标分别作系数加权，作隶属度运算后生成数据“综合值”，作为质量指标。

3. 取含有443种期刊的引证表，列出前18名，按分学科被引位次排列生成有多项指标的体育学类期刊引证表，即体育学类专业心期刊的备选表。见表4－55。

表4－55　体育学类期刊引证表

序号	分学科被引位次	刊　　名	综合值	学科影响因子2005	分学科总被引	影响因子2005	总转摘	核心刊2008
1	1	体育科学	0.673117	0.9299	1104	0.9729	141	★
2	2	北京体育大学学报	0.319465	0.4261	577	0.4519	121	★
3	3	中国体育科技	0.427842	0.7605	607	0.7877	46	★
4	4	体育学刊	0.407519	0.7865	497	0.8266	84	★
5	5	武汉体育学院学报	0.244202	0.4117	382	0.4274	107	★
6	6	体育文化导刊	0.269903	0.4297	387	0.4689	154	
7	7	体育与科学	0.470979	0.9831	443	1.0475	122	★
8	8	成都体育学院学报	0.321582	0.5939	368	0.6242	106	★
9	9	西安体育学院学报	0.189968	0.3039	285	0.3096	74	
10	10	天津体育学院学报	0.250395	0.4403	265	0.4527	63	★
11	11	上海体育学院学报	0.231766	0.4148	308	0.4318	85	★
12	12	广州体育学院学报	0.180003	0.3232	229	0.3333	67	
13	13	山东体育学院学报	0.149508	0.2818	191	0.3791	59	
14	14	沈阳体育学院学报	0.097369	0.2018	87	0.2076	41	★
15	15	心理科学	0.054624	0.0172	51	0.5228	365	★
16	16	心理学报	0.067770	0.0323	31	1.0645	277	★
17	17	中国心理卫生杂志	0.030229	0.0063	38	0.2511	107	★
18	18	教育研究	0.130444	0.0157	34	1.3629	868	★

二、体育学专业核心期刊表测定步骤

1. 把上述核心期刊的备选表（其中体育学14种，心理学3种，教育学1种）及析出的该专业核心期刊备选表送专家评审；

2. 将专家评审结果作隶属度处理后与数据“综合值”作加权运算，加权系数分别为0.4和0.6；

3. 其运算结果再根据其他评价指标的运算结果作调整；

4. 经综合分析后，选出体育学专业核心期刊10种。见表4－56。

表 4－56　体育学专业核心期刊表

位次	刊　名	主 办 单 位	综合评价值	
1	体育科学	中国体育科学学会	0.795070	
2	体育与科学	江苏省体育科学研究所	0.648188	
3	中国体育科技	国家体育总局体育科学研究所	0.611905	
4	北京体育大学学报	北京体育大学	0.578079	
5	体育学刊	华南理工大学，华南师范大学	0.456512	
6	成都体育学院学报	成都体育学院	0.428949	
7	上海体育学院学报	上海体育学院	0.423060	
8	武汉体育学院学报	武汉体育学院	0.406521	
9	天津体育学院学报	天津体育学院	0.399037	
10	沈阳体育学院学报	沈阳体育学院	0.398421	

三、结果分析

在体育学类期刊引证表中，被引频次累计量达 84.25%时，期刊累计数为 18 种（其中体育学 14 种），占被引用期刊总数的 4.06%；被引频次累计量达 70.23%时，期刊累计数为 10 种（其中体育学 10 种），显然，体育学类被引用期刊的被引聚散效应相当明显，其中体育学专业期刊被引用率很高。由于体育学类期刊中非人文社会科学类论文占有较高的比例，因而在综合统计中提高了专家评选因素的权重，经综合评价，最后选定 10 种体育学专业期刊为核心期刊。

第十编　环境科学

环境科学专业核心期刊研制报告

一、环境科学类期刊引证表的生成过程

1. 根据对样本中的401篇环境科学类论文统计，其施引文献量为271篇，总施引频次为2127次，被施引文献引用过的期刊共有549种（其中来源期刊269种）；把上述被引期刊的2005年分学科被引频次递减排列，取其居前的112种期刊生成高被引频次的期刊引证表。

2. 根据环境科学类期刊引证表中的评价指标分别作系数加权，作隶属度运算后生成数据“综合值”，作为质量指标。

3. 取含有112种期刊的引证表，列出前110名，按分学科被引位次排列生成有多项指标的环境科学类期刊引证表，即环境科学专业核心期刊的备选表。见表4--57。

表4－57　环境科学类期刊引证表

序号	分学科被引位次	刊　　名	综合值	学科影响因子2005	分学科总被引	影响因子2005	总转摘	核心刊2008
1	1	中国人口·资源与环境	0.456050	0.0559	11	0.8827	179	★
2	2	生态经济	0.297323	0.0064	6	0.1571	91	
3	3	自然资源学报	0.585834	0.0877	8	1.2807	230	
4	4	地理研究	0.405331	0.0241	7	1.9518	91	
5	4	环境保护	0.413389	0.0241	8	0.2922	128	★
6	6	资源科学	0.273561	0.0179	6	0.4911	64	★
7	7	环境科学动态	0.330185	0.0326	6	0.1087	31	
8	7	自然辩证法研究	0.188922	0.0055	5	0.5173	745	★
9	9	中国软科学	0.152448	0.0000	2	0.9678	725	★
10	10	林业经济	0.124043	0.0074	3	0.0693	50	
11	10	长江流域资源与环境	0.248592	0.0213	4	0.4894	67	

（续表 4－57）

序号	分学科被引位次	刊名	综合值	学科影响因子 2005	分学科总被引	影响因子 2005	总转摘	核心刊 2008
12	10	城市规划	0. 173640	0. 0000	4	1. 3272	75	★
13	10	城市规划学刊	0. 158576	0. 0000	3	0. 9459	56	★
14	10	地域研究与开发	0. 155553	0. 0115	4	0. 4981	156	★
15	10	中国行政管理	0. 160138	0. 0022	4	1. 0485	341	★
16	16	旅游学刊	0. 219309	0. 0130	5	1. 5565	180	★
17	16	求实	0. 098641	0. 0008	3	0. 0958	327	
18	16	城市问题	0. 131823	0. 0119	2	0. 7143	94	★
19	16	经济地理	0. 183150	0. 0028	4	0. 6423	760	★
20	16	中国历史地理论丛	0. 098269	0. 0067	3	0. 2600	58	★
21	16	中国农村经济	0. 145346	0. 0000	2	1. 7407	707	★
22	23	经济研究	0. 336895	0. 0000	2	6. 9675	868	★
23	23	宁夏社会科学	0. 064502	0. 0000	2	0. 1250	212	★
24	23	南京师大学报. 社会科学版	0. 097323	0. 0000	2	0. 3394	550	★
25	23	数量经济技术经济研究	0. 058523	0. 0000	2	0. 4738	182	★
26	23	安徽大学学报. 哲学社会科学版	0. 084084	0. 0029	2	0. 1917	332	★
27	23	商业研究	0. 072542	0. 0000	2	0. 1277	484	★
28	23	城市发展研究	0. 081745	0. 0000	2	0. 3855	46	
29	23	当代经济研究	0. 093468	0. 0026	2	0. 4780	439	★
30	23	复旦学报. 社会科学版	0. 157812	0. 0090	2	0. 4753	786	★
31	23	国际经济评论	0. 113663	0. 0000	2	1. 8544	273	★
32	23	华夏考古	0. 088249	0. 0088	2	0. 1416	17	★
33	23	图书馆论坛	0. 099669	0. 0013	2	1. 6588	123	★
34	23	现代城市研究	0. 081235	0. 0113	2	0. 4463	28	
35	23	预测	0. 068292	0. 0000	2	0. 4240	109	
36	23	中国图书馆学报	0. 241942	0. 0000	2	4. 6318	429	★
37	23	浙江社会科学	0. 107300	0. 0000	2	0. 4328	690	★
38	39	经济研究参考	0. 059846	0. 0020	1	0. 3888	205	
39	39	晋图学刊	0. 039668	0. 0000	1	0. 4161	36	
40	39	教学与研究	0. 095092	0. 0027	1	0. 3261	859	★
41	39	开发研究	0. 097276	0. 0028	2	0. 2117	495	★
42	39	科技进步与对策	0. 058931	0. 0000	2	0. 1594	279	★
43	39	科学技术与辩证法	0. 049567	0. 0000	1	0. 2951	314	★
44	39	科学对社会的影响	0. 036493	0. 0000	1	0. 2653	84	★

（续表 4－57）

序号	分学科被引位次	刊　　名	综合值	学科影响因子 2005	分学科总被引	影响因子 2005	总转摘	核心刊 2008
45	39	科学学研究	0.082393	0.0000	1	0.9675	532	★
46	39	南方人口	0.033708	0.0000	1	0.2289	7	
47	39	理论前沿	0.061366	0.0000	1	0.1885	612	★
48	39	理论与现代化	0.037833	0.0000	1	0.1449	253	
49	39	内蒙古财经学院学报	0.031511	0.0000	1	0.1066	111	
50	39	农业经济问题	0.100394	0.0024	1	1.2758	541	★
51	39	南开经济研究	0.090961	0.0000	2	0.8018	268	★
52	39	清华大学学报．哲学社会科学版	0.066832	0.0000	1	0.4115	432	★
53	39	求是	0.084971	0.0000	1	0.4725	886	★
54	39	改革	0.092982	0.0000	1	1.0562	589	★
55	39	人文地理	0.069386	0.0043	1	0.5489	175	★
56	39	四川大学学报．哲学社会科学版	0.080113	0.0025	1	0.2620	479	★
57	39	生产力研究	0.037026	0.0006	1	0.1174	153	
58	39	四川师范大学学报．社会科学版	0.034626	0.0000	1	0.1343	403	
59	39	上海大学学报．社会科学版	0.062660	0.0041	1	0.1148	302	
60	39	世界经济	0.144113	0.0040	1	2.5339	579	★
61	39	世界经济与政治	0.118011	0.0000	1	1.3282	858	★
62	39	数理统计与管理	0.036748	0.0000	1	0.3523	43	★
63	39	税务研究	0.051233	0.0000	1	0.5531	101	★
64	39	北京大学学报．哲学社会科学版	0.121677	0.0000	1	0.6278	1003	★
65	39	北方论丛	0.049304	0.0000	1	0.0590	359	
66	39	北京师范大学学报．社会科学版	0.112345	0.0000	1	0.5680	816	★
67	39	北京体育大学学报	0.050793	0.0010	1	0.4519	121	★
68	39	财经问题研究	0.071491	0.0000	1	0.5681	595	★
69	39	财贸研究	0.036997	0.0000	1	0.0387	241	
70	39	湖北社会科学	0.040395	0.0000	1	0.0749	236	★
71	39	法学杂志	0.045976	0.0000	1	0.4038	151	★
72	39	中国工业经济	0.160610	0.0000	1	2.8981	759	★
73	39	外国文学	0.041088	0.0000	1	0.2025	189	★
74	39	管理世界	0.144045	0.0018	1	1.9350	1006	★
75	39	甘肃社会科学	0.058360	0.0000	1	0.2095	373	★
76	39	国外社会科学	0.064608	0.0000	1	0.6878	448	★
77	39	河北大学学报．哲学社会科学版	0.039686	0.0000	1	0.1420	238	

（续表 4－57）

序号	分学科被引位次	刊名	综合值	学科影响因子 2005	分学科总被引	影响因子 2005	总转摘	核心刊 2008
78	39	湖南大学学报．社会科学版	0.043439	0.0000	1	0.2353	157	
79	39	华南师范大学学报．社会科学版	0.047471	0.0000	1	0.1395	367	
80	39	广西社会科学	0.036983	0.0000	1	0.0916	248	
81	39	华中师范大学学报．人文社会科学版	0.077065	0.0000	1	0.3096	700	★
82	39	价格理论与实践	0.036865	0.0013	1	0.0786	117	
83	39	江汉论坛	0.077008	0.0000	1	0.1910	819	★
84	39	宏观经济研究	0.064959	0.0000	1	0.6630	298	★
85	39	经济理论与经济管理	0.081934	0.0000	1	0.9207	467	★
86	39	经济评论	0.081813	0.0000	1	0.8224	443	★
87	39	经济师	0.051277	0.0000	2	0.0797	203	
88	39	经济体制改革	0.048538	0.0000	1	0.4239	286	★
89	39	税务与经济	0.041402	0.0000	1	0.2618	233	
90	39	史学理论研究	0.052232	0.0000	1	0.2171	320	★
91	39	史学月刊	0.089970	0.0020	1	0.2392	742	★
92	39	探求	0.032823	0.0000	1	0.0920	168	
93	39	天津社会科学	0.086324	0.0000	1	0.2888	792	★
94	39	统计研究	0.055805	0.0000	1	0.6303	263	★
95	39	统计与信息论坛	0.032329	0.0000	1	0.1258	78	★
96	39	天津商业大学学报	0.037880	0.0000	1	0.1307	140	
97	39	中外法学	0.110426	0.0000	1	1.6452	406	★
98	39	未来与发展	0.034033	0.0000	1	0.0769	139	
99	39	西安财经学院学报	0.033393	0.0000	1	0.1123	114	
100	39	西南大学学报．社会科学版	0.061210	0.0000	1	0.2667	441	★
101	39	学海	0.057212	0.0000	1	0.1463	483	★
102	39	新视野	0.066152	0.0032	1	0.3851	409	★
103	39	学术交流	0.051899	0.0000	1	0.1370	398	★
104	39	学术月刊	0.128100	0.0027	1	0.5691	1252	★
105	39	西藏研究	0.034585	0.0000	1	0.1571	78	
106	39	中国党政干部论坛	0.066293	0.0022	1	0.2193	544	
107	39	中国法学	0.135919	0.0038	2	1.5492	386	★
108	39	中国发展	0.032623	0.0000	1	0.2212	19	
109	39	自然辩证法通讯	0.062791	0.0000	2	0.3578	312	★
110	39	中国社会科学	0.240275	0.0000	1	4.0147	1161	★

二、环境科学专业核心期刊表测定步骤

1. 把上述核心期刊的备选表（其中环境科学 5 种，综合性人文社会科学 28 种，经济类 36 种，政治类 8 种，地理类 6 种，科学学 6 种，其他类别 21 种）及析出的该专业核心期刊备选表送专家评审；

2. 将专家评审结果作隶属度处理后与数据“综合值”作加权运算，加权系数分别为 0.4 和 0.6；

3. 其运算结果再根据其他评价指标的运算结果作调整；

4. 经综合分析后，选出环境科学专业核心期刊 3 种。见表 4－58。

表 4－58　环境科学专业核心期刊表

位次	刊　名	主办单位	综合评价值	
1	中国人口·资源与环境	中国可持续发展研究会，山东省可持续发展研究中心，中国 21 世纪议程管理中心，山东师范大学	0.619235	
2	环境保护	国家环境保护总局	0.475372	
3	资源科学	中国科学院自然资源综合考察委员会	0.407493	

三、结果分析

在环境科学类期刊引证表中，被引频次累计量达 80.17% 时，期刊累计数为 66 种（其中环境科学 5 种），占被引用期刊总数的 58.93%；被引频次累计量达 70.26% 时，期刊累计数为 43 种（其中环境科学 5 种）。显然，环境科学类被引用期刊的被引聚散效应非常不明显，环境科学专业期刊较少，在被引用的期刊中非人文社会科学类论文占一定比例，因而在综合统计中提高了专家评选因素的权重，并排除了科技类期刊，最后选定 3 种环境科学专业期刊为核心期刊。

第十一编　综合性人文社会科学

综合性人文社会科学核心期刊研制报告

一、综合性人文社会科学期刊引证表的生成过程

1. 根据各分学科期刊引证报告的统计结果，汇集各分学科核心期刊备选表中的综合性人文社会科学期刊，以及评价指标值较高的非备选表中的综合性学术期刊共207种，生成综合性人文社会科学期刊引证表。

2. 根据综合性人文社会科学期刊引证表中的评价指标分别作系数加权，作隶属度运算后，生成数据综合评价值（即表中的“综合值”）；按表中的“综合值”数值的递减顺序排队，取前152名生成有高被引频次的综合性人文社会科学期刊引证表，即综合性人文社会科学核心期刊的备选表。见表4－59。

表4－59　综合性人文社会科学期刊引证表

序号	刊　　名	综合值	影响因子 2005	核心区7	核心区8	总转摘
1	中国社会科学	0.977611	4.0147	25	26	1161
2	中国人民大学学报	0.384368	1.0879	11	14	993
3	北京大学学报．哲学社会科学版	0.367465	0.6278	14	20	1003
4	学术月刊	0.307597	0.5691	11	13	1252
5	社会科学战线	0.299774	0.3070	14	17	1097
6	江海学刊	0.293381	0.4104	9	14	1077
7	学术研究	0.289214	0.2928	10	17	1043
8	江苏社会科学	0.285082	0.3423	11	15	909
9	北京师范大学学报．社会科学版	0.281871	0.5680	7	14	816
10	复旦学报．社会科学版	0.276936	0.4753	9	15	786
11	社会科学	0.272000	0.3953	10	15	788
12	文史哲	0.262385	0.3560	9	9	933
13	国外社会科学	0.257817	0.6878	9	15	448

（续表 4－59）

序号	刊　　名	综合值	影响因子 2005	核心区 7	核心区 8	总转摘
14	社会科学研究	0. 254511	0. 3981	9	15	723
15	浙江社会科学	0. 253904	0. 4328	11	15	690
16	河北学刊	0. 252550	0. 3883	6	9	818
17	浙江学刊	0. 241589	0. 3226	7	14	730
18	南京大学学报. 哲学・人文科学・社会科学	0. 234825	0. 3917	7	11	746
19	吉林大学社会科学学报	0. 232774	0. 4698	5	13	641
20	厦门大学学报. 哲学社会科学版	0. 231343	0. 4472	5	12	605
21	天津社会科学	0. 226395	0. 2888	9	11	792
22	江汉论坛	0. 207957	0. 1910	10	13	819
23	中山大学学报. 社会科学版	0. 206458	0. 3931	7	13	490
24	南开学报. 哲学社会科学版	0. 197846	0. 4541	3	11	603
25	求索	0. 197177	0. 1125	8	15	624
26	浙江大学学报. 人文社会科学版	0. 193853	0. 4215	4	9	689
27	学术界	0. 187121	0. 3053	6	11	484
28	人文杂志	0. 183576	0. 2784	6	9	658
29	江西社会科学	0. 182012	0. 1196	9	14	663
30	华中师范大学学报. 人文社会科学版	0. 179375	0. 3096	6	9	700
31	中州学刊	0. 178944	0. 1805	7	9	622
32	南京社会科学	0. 177483	0. 2170	7	13	607
33	求是学刊	0. 175326	0. 3436	3	7	672
34	上海交通大学学报. 哲学社会科学版	0. 170964	0. 8333	1	2	306
35	学习与探索	0. 170878	0. 2315	4	10	641
36	陕西师范大学学报. 哲学社会科学版	0. 170301	0. 1366	5	10	572
37	清华大学学报. 哲学社会科学版	0. 166123	0. 4115	2	9	432
38	社会科学辑刊	0. 166094	0. 2128	7	9	595
39	思想战线	0. 166056	0. 2413	7	8	492
40	武汉大学学报. 哲学社会科学版	0. 161615	0. 3772	7	9	114
41	南京师大学报. 社会科学版	0. 161480	0. 3394	5	8	550
42	华东师范大学学报. 哲学社会科学版	0. 159788	0. 3069	5	8	527
43	四川大学学报. 哲学社会科学版	0. 155776	0. 2620	2	6	479
44	西南大学学报. 社会科学版	0. 151890	0. 2667	5	11	441
45	郑州大学学报. 哲学社会科学版	0. 148937	0. 2691	2	7	618

（续表 4－59）

序号	刊　　名	综合值	影响因子 2005	核心区 7	核心区 8	总转摘
46	东北师大学报．哲学社会科学版	0.148395	0.3770	5	7	475
47	甘肃社会科学	0.139800	0.2095	5	9	373
48	开放时代	0.138543	0.4148	4	6	373
49	广东社会科学	0.135714	0.2410	4	8	495
50	学术交流	0.130447	0.1370	3	12	398
51	福建论坛．人文社会科学版	0.129831	0.2413	5	7	204
52	河南师范大学学报．哲学社会科学版	0.129148	0.2393	5	8	438
53	西北师大学报．社会科学版	0.127876	0.2553	3	8	400
54	河南大学学报．社会科学版	0.121711	0.1348	2	4	606
55	东岳论丛	0.119069	0.1851	2	7	488
56	学术论坛	0.118629	0.2206	4	8	399
57	学海	0.116970	0.1463	4	7	483
58	东南学术	0.116773	0.2422	3	5	341
59	西北大学学报．哲学社会科学版	0.115264	0.2321	3	8	302
60	湘潭大学学报．哲学社会科学版	0.114742	0.1426	5	9	435
61	山东社会科学	0.113145	0.1337		6	463
62	湖南师范大学社会科学学报	0.111637	0.1556	2	2	705
63	西安交通大学学报．社会科学版	0.110718	0.4818	1	4	145
64	河北师范大学学报．哲学社会科学版	0.109230	0.1797	3	7	377
65	中国社会科学院研究生院学报	0.105758	0.1962	2	5	448
66	华中科技大学学报．社会科学版	0.102449	0.2190	2	6	179
67	齐鲁学刊	0.102180	0.0862	3	5	511
68	探索与争鸣	0.101844	0.2058	4	4	333
69	河南社会科学	0.096340	0.1526	3	7	331
70	江苏大学学报．社会科学版	0.095080	0.4612	3	5	87
71	宁夏社会科学	0.094193	0.1250	5	7	212
72	安徽大学学报．哲学社会科学版	0.093742	0.1917	4	5	332
73	云南社会科学	0.091299	0.2172	2	7	246
74	广西社会科学	0.085831	0.0916	4	8	248
75	兰州大学学报．社会科学版	0.084456	0.2126	3	5	299
76	武汉大学学报．人文科学版	0.083802	0.1722	1	3	283
77	重庆大学学报．社会科学版	0.083252	0.2147	1	8	104
78	湖南社会科学	0.080024	0.1067	1	6	285

（续表 4－59）

序号	刊　　名	综合值	影响因子2005	核心区 7	核心区 8	总转摘
79	湖北大学学报. 哲学社会科学版	0.079060	0.1447	2	5	383
80	天津师范大学学报. 社会科学版	0.077016	0.1744		4	355
81	深圳大学学报. 人文社会科学版	0.074540	0.1966	1	2	350
82	北京社会科学	0.074189	0.2606	2	3	281
83	安徽师范大学学报. 人文社会科学版	0.073727	0.1502	3	4	223
84	暨南学报. 哲学社会科学版	0.072940	0.1947	1	4	317
85	青海社会科学	0.072938	0.1085	4	6	158
86	晋阳学刊	0.072705	0.0943	2	7	220
87	山西大学学报. 哲学社会科学版	0.072481	0.2548	2	3	225
88	福建师范大学学报. 哲学社会科学版	0.071800	0.1869		4	296
89	华南师范大学学报. 社会科学版	0.071118	0.1395	2	4	367
90	同济大学学报. 社会科学版	0.071068	0.2177	2	4	144
91	苏州大学学报. 哲学社会科学版	0.069799	0.1438	1	4	287
92	首都师范大学学报. 社会科学版	0.068675	0.1224	1	3	458
93	河北大学学报. 哲学社会科学版	0.065489	0.1420	1	4	238
94	北方论丛	0.064654	0.0590	1	4	359
95	南昌大学学报. 人文社会科学版	0.064547	0.1019	1	4	293
96	四川师范大学学报. 社会科学版	0.064503	0.1343	1	3	403
97	武汉理工大学学报. 社会科学版	0.064134	0.1940		4	100
98	社会科学家	0.063823	0.1374	3	3	216
99	云梦学刊	0.063532	0.0758	1	3	210
100	湖北社会科学	0.062993	0.0749	2	5	236
101	学术探索	0.062945	0.1114	2	4	170
102	山东师范大学学报. 人文社会科学版	0.062254	0.1371	1	4	387
103	湖南大学学报. 社会科学版	0.061820	0.2353		4	157
104	社会科学论坛	0.061028	0.1378	1	3	166
105	内蒙古社会科学	0.060945	0.1412	2	4	257
106	山西师大学报. 社会科学版	0.060880	0.1667		3	293
107	新疆师范大学学报. 哲学社会科学版	0.058213	0.2033	1	3	151
108	江淮论坛	0.056581	0.1071	2	3	285
109	江西师范大学学报. 哲学社会科学版	0.056134	0.1520	1	4	225
110	内蒙古大学学报. 哲学社会科学版	0.055491	0.1699	2	2	272
111	天府新论	0.055475	0.1296	1	3	228

（续表 4－59）

序号	刊　　名	综合值	影响因子 2005	核心区 7	核心区 8	总转摘
112	山东大学学报．哲学社会科学版	0.055054	0.1791		1	345
113	徐州师范大学学报．哲学社会科学版	0.053966	0.0685		3	317
114	杭州师范大学学报．社会科学版	0.053649	0.1767	1	2	204
115	吉首大学学报．社会科学版	0.051957	0.1058	1	1	268
116	新疆大学学报．哲学人文社会科学版	0.051121	0.1155	2	4	118
117	云南师范大学学报．哲学社会科学版	0.051012	0.1089	1	2	238
118	东南大学学报．哲学社会科学版	0.050274	0.1486		2	177
119	上海大学学报．社会科学版	0.049086	0.1148		1	302
120	理论月刊	0.048886	0.0539	1	4	291
121	兰州学刊	0.045767	0.0608	2	4	153
122	贵州社会科学	0.045205	0.0467	2	3	228
123	南都学坛	0.041133	0.0706		1	208
124	湖北师范学院学报．哲学社会科学版	0.041114	0.0724	2	3	84
125	华侨大学学报．哲学社会科学版	0.040119	0.0750	1	2	158
126	辽宁大学学报．哲学社会科学版	0.039912	0.1416		1	339
127	内蒙古师范大学学报．哲学社会科学（汉文）版	0.039462	0.1092	1	3	223
128	当代世界	0.038583	0.0675	1	1	382
129	汕头大学学报．人文社会科学版	0.037171	0.1320		1	185
130	辽宁师范大学学报．社会科学版	0.034580	0.1181		2	190
131	海南师范大学学报．社会科学版	0.032856	0.0528	1	1	183
132	新疆社会科学	0.032695	0.0848	1	2	55
133	哈尔滨工业大学学报．社会科学版	0.032570	0.0528	1	2	53
134	北京工业大学学报．社会科学版	0.032248	0.1024		2	37
135	福州大学学报．哲学社会科学版	0.030458	0.1053	1	1	104
136	浙江师范大学学报．社会科学版	0.029392	0.0781		2	188
137	沈阳师范大学学报．社会科学版	0.029116	0.1020		1	185
138	成都大学学报．社会科学版	0.028443	0.0435	1	2	55
139	东疆学刊	0.026825	0.0449			124
140	江苏教育学院学报．社会科学版	0.026470	0.0404	1	2	121
141	唐都学刊	0.023366	0.0795			137
142	北京交通大学学报．社会科学版	0.022823	0.1783			28
143	西华师范大学学报．哲学社会科学版	0.021297	0.0588	1	2	9

（续表 4－59）

序号	刊　名	综合值	影响因子 2005	核心区 7	核心区 8	总转摘
144	江汉大学学报. 人文科学版	0.020459	0.0502			170
145	理论探索	0.018109	0.0940	1		109
146	南阳师范学院学报	0.017834	0.0414			95
147	信阳师范学院学报. 哲学社会科学版	0.017770	0.0615			170
148	黑龙江社会科学	0.015690	0.0564			130
149	惠州学院学报	0.014287	0.0188	1	1	7
150	吉林师范大学学报. 人文社会科学版	0.014270	0.0644			154
151	商丘师范学院学报	0.005898	0.0272			27
152	社科纵横	0.005463	0.0285			72

说明：上表中的评价指标“核心区 7”和“核心区 8”分别表示某期刊在分学科被引累积率 70% 和 80% 之内的分学科数量，旨在显示该刊在各分学科影响的深度和广度；“总转摘”指标表示某刊在 1995～2006 年期刊被转摘的数量，意在扩大指标的时间参考度。

二、综合性人文社会科学核心期刊表测定步骤

1. 把上述核心期刊的备选表送专家评审；

2. 将专家评审结果作隶属度处理后与数据“综合值”作系数加权运算，系数分别为 0.3 和 0.7；

3. 其运算结果参照其他评价因素的运算结果作调整；

4. 经综合分析后，选出综合性人文社会科学核心期刊 81 种。见表 4－60。

表 4－60　综合性人文社会科学核心期刊表

位次	刊　名	主办单位	综合评价值	
1	中国社会科学	中国社会科学杂志社	0.979828	
2	中国人民大学学报	中国人民大学	0.547683	
3	北京大学学报. 哲学社会科学版	北京大学	0.537303	
4	学术月刊	上海市社会科学界联合会	0.489318	
5	学术研究	广东省社会科学界联合会	0.470450	
6	北京师范大学学报. 社会科学版	北京师范大学	0.467216	

（续表 4－60）

位次	刊　名	主办单位	综合评价值	
7	复旦学报．社会科学版	复旦大学	0.466058	
8	江海学刊	江苏省社会科学院	0.463554	
9	社会科学战线	吉林省社会科学院	0.462811	
10	文史哲	山东大学	0.459920	
11	国外社会科学	中国社会科学院文献信息中心	0.453441	
12	江苏社会科学	江苏省哲学社会科学界联合会	0.451839	
13	社会科学	上海市社会科学院	0.450994	
14	南京大学学报．哲学·人文科学·社会科学	南京大学	0.436190	
15	浙江社会科学	浙江省社会科学界联合会	0.431139	
16	吉林大学社会科学学报	吉林大学	0.427192	
17	河北学刊	河北省社会科学院	0.425129	
18	社会科学研究	四川省社会科学院	0.424408	
19	浙江学刊	浙江省社会科学院	0.422847	
20	厦门大学学报．哲学社会科学版	厦门大学	0.421346	
21	天津社会科学	天津市社会科学院	0.402179	
22	浙江大学学报．人文社会科学版	浙江大学	0.398900	
23	中山大学学报．社会科学版	中山大学	0.398724	
24	南开学报．哲学社会科学版	南开大学	0.395367	
25	华中师范大学学报．人文社会科学版	华中师范大学	0.378281	
26	江汉论坛	湖北省社会科学院	0.377945	
27	求是学刊	黑龙江大学	0.377228	
28	学术界	安徽省社会科学界联合会	0.376484	
29	清华大学学报．哲学社会科学版	清华大学	0.375786	

（续表 4－60）

位次	刊　名	主 办 单 位	综合评价值	
30	人文杂志	陕西省社会科学院	0. 374675	
31	武汉大学学报. 哲学社会科学版	武汉大学	0. 372224	
32	求索	湖南省社会科学院	0. 369649	
33	陕西师范大学学报. 哲学社会科学版	陕西师范大学	0. 369211	
34	南京社会科学	南京市社会科学界联合会，南京市社会科学院，中共南京市委党校	0. 361957	
35	思想战线	云南大学	0. 361364	
36	华东师范大学学报. 哲学社会科学版	华东师范大学	0. 360477	
37	社会科学辑刊	辽宁省社会科学院	0. 360266	
38	中州学刊	河南省社会科学院	0. 360261	
39	江西社会科学	江西省社会科学院	0. 358971	
40	南京师大学报. 社会科学版	南京师范大学	0. 356755	
41	四川大学学报. 哲学社会科学版	四川大学	0. 354981	
42	上海交通大学学报. 哲学社会科学版	上海交通大学	0. 349488	
43	学习与探索	黑龙江省社会科学院	0. 346365	
44	西南大学学报. 社会科学版	西南大学	0. 345479	
45	广东社会科学	广东省社会科学院	0. 337531	
46	东北师大学报. 哲学社会科学版	东北师范大学	0. 332127	
47	开放时代	广州市社会科学院	0. 328230	
48	学海	江苏省社会科学院	0. 327036	
49	福建论坛. 人文社会科学版	福建省社会科学院	0. 326632	
50	甘肃社会科学	甘肃省社会科学院	0. 323860	
51	郑州大学学报. 哲学社会科学版	郑州大学	0. 323506	

（续表 4－60）

位次	刊　名	主办单位	综合评价值	
52	学术交流	黑龙江省社会科学界联合会	0. 319969	
53	湖南师范大学社会科学学报	湖南师范大学	0. 317208	
54	东岳论丛	山东省社会科学院	0. 316817	
55	中国社会科学院研究生院学报	中国社会科学院研究生院	0. 316609	
56	西北师大学报. 社会科学版	西北师范大学	0. 312420	
57	华中科技大学学报. 社会科学版	华中科技大学	0. 310902	
58	探索与争鸣	上海市社会科学界联合会	0. 307916	
59	河南社会科学	河南省社会科学界联合会	0. 304750	
60	东南学术	福建省社会科学界联合会	0. 303960	
61	河南师范大学学报. 哲学社会科学版	河南师范大学	0. 303232	
62	河南大学学报. 社会科学版	河南大学	0. 302119	
63	齐鲁学刊	曲阜师范大学	0. 301573	
64	学术论坛	广西社会科学院	0. 295134	
65	西北大学学报. 哲学社会科学版	西北大学	0. 293451	
66	湘潭大学学报. 哲学社会科学版	湘潭大学	0. 292382	
67	江苏大学学报. 社会科学版	江苏大学	0. 288837	
68	安徽大学学报. 哲学社会科学版	安徽大学	0. 288307	
69	宁夏社会科学	宁夏社会科学院	0. 288232	
70	西安交通大学学报. 社会科学版	西安交通大学	0. 285565	
71	河北师范大学学报. 哲学社会科学版	河北师范大学	0. 284461	
72	湖南社会科学	湖南省社会科学界联合会	0. 283970	

（续表 4－60）

位次	刊　名	主 办 单 位	综合评价值	
73	云南社会科学	云南省社会科学院	0. 280191	
74	重庆大学学报. 社会科学版	重庆大学	0. 277964	
75	深圳大学学报. 人文社会科学版	深圳大学	0. 277085	
76	天津师范大学学报. 社会科学版	天津师范大学	0. 276943	
77	暨南学报. 哲学社会科学版	暨南大学	0. 271840	
78	湖北社会科学	湖北省社会科学界联合会，湖北省社会科学院	0. 266673	
79	兰州大学学报. 社会科学版	兰州大学	0. 266026	
80	湖北大学学报. 哲学社会科学版	湖北大学	0. 265967	
81	新疆社会科学	新疆社会科学院	0. 218824	

三、结果分析

综合性人文社会科学期刊引证表脱胎于各分学科的核心期刊引证表，其核心区的影响力存在于各分学科的统计之中。综合性人文社会科学期刊引证表及核心期刊表的设立主要是考虑其多学科和跨学科特点，从期刊的整体影响力着眼，选出综合性人文社会科学核心期刊。在综合评选中，也考虑到部分期刊的特色研究领域，最后评出 81 种综合性人文社会科学期刊为核心期刊。

综合性核心期刊学科引用分布表

说明：1. 下述各表中列出了综合性核心期刊的各学科统计指标6项，其中的“分学科被引”、“影响因子”与分学科报告中的指标含义相同；“学科被引百分比”指该刊的被引频次在该学科总被引频次中所占的比例。“学科被引累计百分比”指该刊被引频次百分比的累积量，其数值越小，表示该刊的被引位次越高，一般70%和80%以内是分学科核心期刊的预选范围；“学科被引位次”表示被引累计百分比的相应位次；“学科被引期刊位次”表示该刊在分学科引证表中的排位。上述6项指标中，前三位指标值越大越好，后三位指标值越小越好。

2. 以下刊名按综合性核心期刊的位次顺序列出。

3. 以下各表下的备注中，分别列出该刊的两项指标值。

1. 中国社会科学

学科分类	分学科被引	分学科影响因子	学科被引百分比(%)	学科被引累积百分比(%)	学科被引位次	学科被引期刊位次
法学	279	0.8480	2.63	40.61	10	10
政治学	164	0.5098	2.28	9.83	3	3
经济计划与管理	158	0.4510	1.27	32.14	11	11
哲学	115	0.2255	3.37	11.43	2	2
社会学	108	0.1225	4.11	15.03	2	2
中国经济	103	0.3235	2.04	19.65	5	5
经济学理论	96	0.2598	2.33	21.80	5	5
文学	84	0.1029	1.52	37.34	13	13
财政、金融	72	0.2696	0.83	57.12	27	27
历史学	64	0.1029	1.08	33.71	14	14
教育学	55	0.1275	0.71	56.58	29	29
农业经济	50	0.0980	1.39	41.30	13	13
语言学	36	0.0196	0.39	81.39	32	32
马克思主义	26	0.0735	3.92	7.83	1	2
贸易经济	25	0.0686	0.99	40.69	18	19
人口学	22	0.0441	2.65	58.64	8	8
工业经济	21	0.0833	1.74	28.40	6	7
其他学科（科技）	20	0.0392	1.13	46.12	15	15
管理学（含科学学、人才学）	19	0.0441	1.26	42.75	18	18
文化学	19	0.0245	1.86	8.05	3	4
图书馆、情报与文献学	14	0.0098	0.08	91.37	55	55
其他学科（人文社科）	13	0.0294	3.35	7.68	2	2

（续表）

学科分类	分学科被引	分学科影响因子	学科被引百分比(%)	学科被引累积百分比(%)	学科被引位次	学科被引期刊位次
民族学	11	0.0294	2.59	37.60	9	9
世界各国经济（含各国经济史、经济地理）	11	0.0245	1.44	38.27	13	15
体育学	11	0.0147	0.10	88.32	42	45
新闻学与传播学	9	0.0245	0.18	82.03	57	65
宗教学	8	0.0098	1.43	33.23	7	8
考古学	8	0.0049	0.11	94.60	46	46
心理学	4	0.0049	0.24	88.09	35	40
艺术学	4	0.0049	0.42	80.53	25	26
人文地理学	4	0.0049	0.52	65.33	32	39
交通运输经济、旅游经济	2	0.0098	0.05	97.04	190	257
环境科学	1	0.0000	0.43	76.72	39	58
邮电经济	1	0.0000	1.67	70.00	9	26

备注：该刊“影响因子”为4.0147，“总转摘频次”为1161次。

2. 中国人民大学学报

学科分类	分学科被引	分学科影响因子	学科被引百分比(%)	学科被引累积百分比(%)	学科被引位次	学科被引期刊位次
政治学	80	0.2051	1.09	18.10	9	9
法学	60	0.0989	0.43	66.88	34	34
哲学	42	0.2015	1.51	25.89	8	8
经济计划与管理	24	0.0696	0.20	74.66	93	96
经济学理论	20	0.0769	0.59	48.53	31	34
社会学	19	0.0879	0.68	43.15	26	26
财政、金融	15	0.0769	0.13	85.94	112	118
中国经济	15	0.0366	0.23	66.49	101	105
教育学	11	0.0366	0.16	76.89	92	96
文学	11	0.0183	0.26	74.81	82	86
历史学	9	0.0147	0.18	82.77	140	145
新闻学与传播学	9	0.0110	0.13	84.33	74	81
管理学（含科学学、人才学）	8	0.0183	0.59	56.57	34	35
语言学	8	0.0000	0.03	97.11	184	203

（续表）

学科分类	分学科被引	分学科影响因子	学科被引百分比(%)	学科被引累积百分比(%)	学科被引位次	学科被引期刊位次
农业经济	6	0.0183	0.12	87.08	141	158
图书馆、情报与文献学	5	0.0256	0.02	96.55	157	195
其他学科（科技）	5	0.0256	0.36	67.94	46	51
马克思主义	4	0.0147	0.58	58.53	42	45
文化学	4	0.0073	0.69	30.91	27	28
其他学科（人文社科）	3	0.0183	0.56	48.60	32	37
体育学	3	0.0037	0.01	98.27	278	304
贸易经济	3	0.0037	0.09	90.21	172	210
世界各国经济（含各国经济史、经济地理）	3	0.0037	0.24	81.83	82	90
人口学	2	0.0110	0.10	95.28	85	147
艺术学	1	0.0000	0.06	96.02	99	151
民族学	1	0.0000	0.14	93.87	81	145

备注：该刊“影响因子”为1.0879，“总转摘频次”为993次。

3. 北京大学学报．哲学社会科学版

学科分类	分学科被引	分学科影响因子	学科被引百分比(%)	学科被引累积百分比(%)	学科被引位次	学科被引期刊位次
文学	49	0.0324	0.73	52.56	29	29
法学	47	0.0550	0.43	67.31	35	35
历史学	38	0.0129	0.87	38.54	19	19
哲学	33	0.0712	1.28	33.86	12	14
政治学	33	0.0518	0.44	45.56	52	53
语言学	32	0.0324	0.33	82.43	35	35
经济计划与管理	26	0.0971	0.24	72.55	86	86
社会学	26	0.0421	0.97	37.87	17	19
财政、金融	18	0.0162	0.13	86.32	112	121
教育学	18	0.0291	0.27	69.11	58	58
图书馆、情报与文献学	18	0.0324	0.09	91.19	53	53
经济学理论	15	0.0097	0.39	59.51	57	58
考古学	15	0.0000	0.29	90.71	23	23
新闻学与传播学	13	0.0162	0.37	75.32	36	36

（续表）

学科分类	分学科被引	分学科影响因子	学科被引百分比(%)	学科被引累积百分比(%)	学科被引位次	学科被引期刊位次
中国经济	12	0.0097	0.17	73.44	135	140
心理学	10	0.0291	0.38	83.29	22	23
文化学	9	0.0000	1.08	17.08	10	11
民族学	8	0.0097	2.18	42.23	11	11
人文地理学	6	0.0032	1.42	45.02	12	12
马克思主义	5	0.0129	0.46	64.29	48	57
农业经济	5	0.0097	0.07	91.72	191	214
体育学	5	0.0032	0.06	91.55	70	90
管理学（含科学学、人才学）	4	0.0032	0.14	83.88	122	161
交通运输经济、旅游经济	4	0.0129	0.23	78.93	57	75
艺术学	4	0.0065	0.18	86.71	45	51
贸易经济	3	0.0097	0.22	75.49	94	100
人口学	3	0.0000	0.10	99.02	85	185
世界各国经济（含各国经济史、经济地理）	3	0.0065	0.48	68.95	46	54
工业经济	2	0.0097	0.09	96.60	152	254
其他学科（科技）	2	0.0000	0.09	92.29	145	217
其他学科（人文社科）	2	0.0032	0.70	44.55	26	30
宗教学	2	0.0000	0.16	88.39	108	118
环境科学	1	0.0000	0.43	75.00	39	54

备注：该刊“影响因子”为0.6278，“总转摘频次”为1003次。

4. 学术月刊

学科分类	分学科被引	分学科影响因子	学科被引百分比(%)	学科被引累积百分比(%)	学科被引位次	学科被引期刊位次
哲学	82	0.1197	3.15	17.92	4	4
历史学	49	0.0372	1.01	35.76	16	16
文学	43	0.0239	0.81	49.54	25	25
经济学理论	31	0.0532	0.61	45.54	29	29
政治学	25	0.0559	0.43	46.86	55	56
经济计划与管理	23	0.0532	0.20	74.27	93	94
中国经济	18	0.0266	0.30	57.37	71	71

（续表）

学科分类	分学科被引	分学科影响因子	学科被引百分比(%)	学科被引累积百分比(%)	学科被引位次	学科被引期刊位次
马克思主义	16	0.0293	2.65	13.36	4	4
法学	11	0.0213	0.09	84.76	124	136
教育学	10	0.0186	0.08	84.88	162	167
其他学科（人文社科）	9	0.0532	3.21	14.11	3	4
财政、金融	7	0.0266	0.12	87.49	123	131
文化学	5	0.0053	0.20	82.83	115	201
人文地理学	5	0.0053	1.03	52.13	17	18
语言学	5	0.0027	0.04	96.42	162	181
贸易经济	4	0.0080	0.12	86.23	144	168
社会学	4	0.0053	0.06	90.93	248	286
农业经济	3	0.0027	0.05	95.15	241	275
图书馆、情报与文献学	3	0.0000	0.00	99.45	420	437
考古学	3	0.0000	0.07	95.98	59	61
其他学科（科技）	3	0.0000	0.18	81.20	82	111
艺术学	3	0.0000	0.24	82.85	33	33
管理学（含科学学、人才学）	2	0.0080	0.05	94.22	264	280
工业经济	2	0.0027	0.17	85.37	96	138
宗教学	2	0.0027	0.64	60.10	32	38
军事学	2	0.0027	2.63	27.19	5	7
体育学	2	0.0000	0.04	93.70	133	133
新闻学与传播学	2	0.0000	0.04	96.23	180	264
民族学	2	0.0000	0.41	75.48	41	49
交通运输经济、旅游经济	1	0.0027	0.05	97.79	190	273
环境科学	1	0.0027	0.43	97.84	39	107
心理学	1	0.0000	0.05	96.92	97	141
人口学	1	0.0000	0.10	94.11	85	135

备注：该刊“影响因子”为0.5691，“总转摘频次”为1252次。

5. 学术研究

学科分类	分学科被引	分学科影响因子	学科被引百分比(%)	学科被引累积百分比(%)	学科被引位次	学科被引期刊位次
经济计划与管理	45	0.0373	0.36	65.15	62	62
哲学	33	0.0221	1.39	28.71	10	10
文学	29	0.0207	0.75	51.82	27	28
政治学	28	0.0442	0.34	56.25	78	81
历史学	25	0.0180	0.47	56.00	46	48
法学	19	0.0138	0.21	74.84	61	61
经济学理论	16	0.0152	0.29	66.26	78	79
中国经济	15	0.0221	0.30	58.58	71	75
教育学	12	0.0097	0.19	74.72	83	83
财政、金融	12	0.0069	0.07	93.19	190	199
语言学	11	0.0069	0.11	88.88	68	70
马克思主义	6	0.0124	1.38	32.14	14	14
农业经济	6	0.0097	0.21	75.31	82	82
管理学（含科学学、人才学）	6	0.0083	0.36	62.08	45	47
社会学	6	0.0055	0.19	72.27	102	118
文化学	6	0.0041	0.49	44.65	43	52
贸易经济	5	0.0041	0.15	82.99	127	142
图书馆、情报与文献学	5	0.0028	0.01	98.93	308	372
工业经济	4	0.0110	0.17	85.19	96	137
交通运输经济、旅游经济	3	0.0041	0.14	86.58	105	118
其他学科（科技）	3	0.0028	0.14	83.14	113	125
艺术学	3	0.0028	0.42	80.12	25	25
新闻学与传播学	3	0.0014	0.04	95.05	180	237
考古学	3	0.0014	0.07	95.91	59	60
体育学	2	0.0014	0.04	93.78	133	135
民族学	2	0.0014	0.14	94.14	81	147
人口学	2	0.0014	0.20	89.10	58	84
人文地理学	2	0.0000	0.39	76.46	48	65
宗教学	2	0.0000	0.48	71.70	46	60
统计学	1	0.0014	1.19	96.43	6	23
世界各国经济（含各国经济史、经济地理）	1	0.0000	0.12	92.66	115	156
军事学	1	0.0000	0.88	78.95	19	54

备注：该刊“影响因子”为0.2928，“总转摘频次”为1043次。

6. 北京师范大学学报. 社会科学版

学科分类	分学科被引	分学科影响因子	学科被引百分比(%)	学科被引累积百分比(%)	学科被引位次	学科被引期刊位次
教育学	107	0.1680	1.17	46.17	17	17
文学	37	0.0640	0.72	53.28	30	30
历史学	31	0.0280	0.42	58.65	54	54
心理学	23	0.0440	1.09	75.56	11	11
语言学	22	0.0080	0.31	83.06	37	37
政治学	12	0.0280	0.14	79.71	180	187
经济计划与管理	12	0.0240	0.08	89.08	201	206
哲学	10	0.0160	0.36	62.10	58	58
体育学	10	0.0120	0.14	87.00	32	33
法学	8	0.0200	0.13	81.03	94	99
中国经济	7	0.0360	0.17	73.09	135	138
社会学	7	0.0080	0.16	74.21	119	130
图书馆、情报与文献学	7	0.0040	0.05	92.93	79	80
经济学理论	6	0.0160	0.16	78.90	130	137
文化学	5	0.0200	0.39	48.48	56	61
考古学	5	0.0040	0.15	93.53	38	38
农业经济	4	0.0080	0.16	80.81	106	111
管理学（含科学学、人才学）	3	0.0120	0.09	86.32	170	184
新闻学与传播学	3	0.0080	0.09	89.31	105	131
财政、金融	3	0.0080	0.02	97.97	329	331
人文地理学	3	0.0000	0.65	59.25	22	28
其他学科（人文社科）	2	0.0080	0.42	60.20	43	63
其他学科（科技）	2	0.0080	0.14	85.44	113	142
艺术学	2	0.0040	0.12	88.72	62	63
马克思主义	2	0.0040	0.12	90.44	141	165
贸易经济	2	0.0040	0.03	96.85	294	329
民族学	2	0.0000	0.41	78.34	41	56
工业经济	1	0.0040	0.09	88.76	152	164
环境科学	1	0.0000	0.43	75.86	39	56
宗教学	1	0.0000	0.16	87.92	108	115
交通运输经济、旅游经济	1	0.0000	0.05	94.84	190	210

备注：该刊“影响因子”为0.5680，“总转摘频次”为816次。

7. 复旦学报. 社会科学版

学科分类	分学科被引	分学科影响因子	学科被引百分比(%)	学科被引累积百分比(%)	学科被引位次	学科被引期刊位次
文学	46	0.0448	0.86	47.91	23	23
政治学	37	0.0493	0.48	42.39	46	46
哲学	28	0.0807	1.06	39.52	19	19
历史学	24	0.0090	0.56	48.78	34	34
法学	19	0.0224	0.21	75.05	61	62
财政、金融	15	0.0404	0.19	81.75	85	90
中国经济	12	0.0269	0.24	64.37	95	96
经济计划与管理	12	0.0179	0.12	84.55	160	160
经济学理论	12	0.0179	0.18	75.93	120	120
语言学	9	0.0000	0.09	90.65	86	87
教育学	7	0.0090	0.08	84.46	162	162
人文地理学	6	0.0000	1.42	46.44	12	13
新闻学与传播学	5	0.0493	0.24	78.35	46	46
文化学	5	0.0045	0.69	31.60	27	29
社会学	4	0.0224	0.19	70.13	102	107
农业经济	4	0.0090	0.09	87.91	159	167
图书馆、情报与文献学	3	0.0179	0.02	96.48	157	192
贸易经济	3	0.0045	0.15	80.98	127	129
其他学科（科技）	3	0.0000	0.14	82.33	113	119
民族学	3	0.0000	0.41	75.89	41	50
人口学	2	0.0135	0.29	77.01	33	34
马克思主义	2	0.0090	0.35	68.66	63	68
环境科学	2	0.0090	0.86	59.48	23	28
交通运输经济、旅游经济	2	0.0045	0.09	88.50	132	132
工业经济	2	0.0045	0.17	83.97	96	130
管理学（含科学学、人才学）	2	0.0000	0.05	95.53	264	309
艺术学	2	0.0000	0.06	94.42	99	124
其他学科（人文社科）	1	0.0045	0.14	82.26	130	142
经济学	1	0.0045	9.09	100.00	1	11
体育学	1	0.0000	0.01	98.86	278	351
考古学	1	0.0000	0.02	98.47	117	117
世界各国经济（含各国经济史、经济地理）	1	0.0000	0.12	90.73	115	140

备注：该刊“影响因子”为0.4753，“总转摘频次”为786次。

8. 江海学刊

学科分类	分学科被引	分学科影响因子	学科被引百分比(%)	学科被引累积百分比(%)	学科被引位次	学科被引期刊位次
政治学	43	0.0473	0.52	38.39	38	38
哲学	38	0.0945	1.31	30.02	11	11
文学	34	0.0149	0.62	53.89	31	31
历史学	32	0.0249	0.68	45.21	27	28
法学	31	0.0448	0.28	72.43	51	51
经济计划与管理	18	0.0323	0.14	81.30	133	135
社会学	16	0.0124	0.49	48.88	34	36
中国经济	15	0.0423	0.30	59.48	71	78
农业经济	8	0.0249	0.21	76.57	82	88
教育学	8	0.0124	0.09	83.81	142	155
马克思主义	7	0.0149	1.04	37.10	18	18
经济学理论	7	0.0025	0.12	85.03	164	182
文化学	5	0.0075	0.39	46.91	56	57
图书馆、情报与文献学	4	0.0075	0.03	94.92	121	131
管理学（含科学学、人才学）	3	0.0050	0.18	73.77	83	95
新闻学与传播学	3	0.0025	0.02	99.21	267	398
体育学	3	0.0000	0.04	95.61	133	184
工业经济	3	0.0000	0.09	98.08	152	271
贸易经济	3	0.0000	0.09	89.47	172	202
财政、金融	2	0.0050	0.03	96.06	251	261
人口学	2	0.0050	0.20	86.15	58	69
考古学	2	0.0025	0.04	97.33	82	85
艺术学	2	0.0025	0.06	97.09	99	169
其他学科（人文社科）	2	0.0025	0.28	78.21	77	121
语言学	2	0.0000	0.03	96.65	184	188
其他学科（科技）	2	0.0000	0.23	73.31	69	70
军事学	2	0.0000	1.75	33.33	9	10
交通运输经济、旅游经济	1	0.0025	0.05	98.73	190	293
心理学	1	0.0000	0.05	95.25	97	106
世界各国经济（含各国经济史、经济地理）	1	0.0000	0.12	96.99	115	192
民族学	1	0.0000	0.14	87.74	81	100

备注：该刊“影响因子”为0.4104，“总转摘频次”为1077次。

9. 社会科学战线

学科分类	分学科被引	分学科影响因子	学科被引百分比(%)	学科被引累积百分比(%)	学科被引位次	学科被引期刊位次
文学	59	0.0274	0.94	45.23	19	20
历史学	53	0.0198	1.13	32.64	13	13
哲学	34	0.0289	1.20	35.06	15	15
政治学	27	0.0319	0.33	57.25	82	84
法学	18	0.0137	0.20	75.66	64	65
中国经济	15	0.0350	0.27	62.85	86	90
经济计划与管理	14	0.0152	0.10	87.49	180	188
考古学	14	0.0046	0.20	91.62	26	27
农业经济	12	0.0198	0.21	75.94	82	85
教育学	12	0.0152	0.18	75.43	84	87
经济学理论	12	0.0106	0.33	62.90	64	68
财政、金融	10	0.0243	0.11	87.60	132	132
文化学	10	0.0198	1.37	12.46	7	7
社会学	8	0.0046	0.29	60.09	65	66
民族学	8	0.0000	1.63	47.82	14	14
语言学	6	0.0030	0.07	92.73	107	112
图书馆、情报与文献学	6	0.0015	0.01	98.07	241	289
其他学科（科技）	5	0.0030	0.36	66.86	46	48
人文地理学	4	0.0046	0.91	53.04	19	19
管理学（含科学学、人才学）	4	0.0030	0.05	99.37	264	394
马克思主义	4	0.0030	0.58	57.37	42	43
心理学	4	0.0015	0.28	85.24	29	29
工业经济	3	0.0076	0.09	98.95	152	281
贸易经济	3	0.0030	0.09	91.14	172	220
宗教学	3	0.0000	0.48	65.02	46	46
体育学	2	0.0015	0.04	94.53	133	155
新闻学与传播学	2	0.0015	0.04	94.65	180	228
其他学科（人文社科）	2	0.0015	0.42	53.91	43	48
世界各国经济（含各国经济史、经济地理）	2	0.0000	0.24	87.36	82	113
艺术学	1	0.0015	0.06	97.63	99	178

备注：该刊“影响因子”为 0.3070，“总转摘频次”为 1097 次。

10. 文史哲

学科分类	分学科被引	分学科影响因子	学科被引百分比(%)	学科被引累积百分比(%)	学科被引位次	学科被引期刊位次
历史学	53	0.0388	0.71	42.48	24	24
文学	49	0.0485	1.04	42.36	17	17
哲学	37	0.0680	1.11	38.46	18	18
政治学	24	0.0356	0.33	57.91	82	86
考古学	8	0.0162	0.09	95.76	51	58
教育学	8	0.0097	0.09	84.19	142	159
语言学	7	0.0032	0.03	97.73	184	223
社会学	6	0.0259	0.13	83.54	151	197
中国经济	6	0.0227	0.11	83.29	197	210
其他学科（人文社科）	5	0.0324	1.54	25.42	10	10
体育学	5	0.0065	0.06	90.68	70	76
法学	5	0.0065	0.03	95.61	300	345
宗教学	5	0.0032	0.95	43.72	16	17
图书馆、情报与文献学	4	0.0065	0.02	96.41	157	189
经济学理论	4	0.0032	0.06	92.09	237	268
文化学	4	0.0000	0.29	56.92	79	84
人文地理学	4	0.0000	0.52	63.26	32	35
新闻学与传播学	3	0.0129	0.15	83.28	67	73
经济计划与管理	3	0.0065	0.03	96.92	360	371
其他学科（科技）	2	0.0032	0.09	92.02	145	214
马克思主义	2	0.0032	0.46	66.13	48	61
民族学	2	0.0000	0.14	92.37	81	134
艺术学	2	0.0000	0.12	91.57	62	87
贸易经济	1	0.0032	0.03	99.88	294	427
财政、金融	1	0.0000	0.01	99.52	403	446

备注：该刊“影响因子”为0.356，“总转摘频次”为933次。

11. 国外社会科学

学科分类	分学科被引	分学科影响因子	学科被引百分比(%)	学科被引累积百分比(%)	学科被引位次	学科被引期刊位次
政治学	38	0.0952	0.52	38.91	38	39
图书馆、情报与文献学	34	0.2222	0.17	89.68	40	40
哲学	34	0.0582	1.00	40.52	20	20

（续表）

学 科 分 类	分学科被 引	分 学 科影响因子	学科被引百分比(%)	学科被引累积百分比(%)	学科被引位 次	学科被引期刊位次
社会学	27	0.0688	0.81	39.49	20	21
教育学	19	0.0159	0.23	71.80	67	69
历史学	17	0.0212	0.35	63.97	67	68
经济学理论	16	0.0317	0.39	59.12	57	57
法学	15	0.0265	0.06	90.55	205	220
新闻学与传播学	15	0.0053	0.33	76.35	39	39
经济计划与管理	13	0.0794	0.13	83.20	148	149
文学	9	0.0000	0.12	88.98	160	169
其他学科（科技）	6	0.0053	0.23	75.11	69	78
文化学	6	0.0053	0.79	28.75	18	25
心理学	6	0.0000	0.28	86.66	29	34
马克思主义	6	0.0000	0.35	74.88	63	86
管理学（含科学学、人才学）	4	0.0106	0.32	64.74	51	55
其他学科（人文社科）	4	0.0053	0.70	45.25	26	31
财政、金融	3	0.0106	0.03	97.30	285	303
世界各国经济（含各国经济史、经济地理）	3	0.0106	0.48	66.55	46	49
人口学	2	0.0053	0.10	90.08	85	94
体育学	2	0.0000	0.04	94.75	133	161
中国经济	2	0.0000	0.06	92.63	308	328
贸易经济	2	0.0000	0.09	88.36	172	190
艺术学	2	0.0000	0.12	90.74	62	80
工业经济	2	0.0000	0.26	73.69	73	79
民族学	2	0.0000	0.41	72.62	41	42
农业经济	1	0.0106	0.02	97.54	315	339
环境科学	1	0.0000	0.43	81.03	39	68

备注：该刊“影响因子”为0.6878，“总转摘频次”为448次。

12. 江苏社会科学

学科分类	分学科被引	分学科影响因子	学科被引百分比(%)	学科被引累积百分比(%)	学科被引位次	学科被引期刊位次
政治学	45	0.0454	0.61	35.05	29	32
社会学	41	0.0598	1.65	22.16	5	5
法学	34	0.0268	0.33	69.17	39	40
哲学	33	0.0309	0.86	42.28	22	22
经济计划与管理	19	0.0165	0.13	83.33	148	150
历史学	18	0.0186	0.35	63.62	67	67
中国经济	17	0.0309	0.42	48.72	46	47
农业经济	14	0.0227	0.44	63.67	42	45
文学	14	0.0165	0.37	65.44	56	56
经济学理论	12	0.0124	0.27	67.91	83	85
财政、金融	5	0.0082	0.08	92.14	173	184
人口学	4	0.0082	0.49	72.79	19	23
工业经济	4	0.0062	0.17	78.75	96	100
语言学	4	0.0021	0.02	98.02	229	235
文化学	3	0.0082	0.29	60.45	79	96
教育学	3	0.0062	0.03	94.61	338	342
管理学（含科学学、人才学）	3	0.0041	0.14	82.93	122	154
其他学科（人文社科）	3	0.0021	0.98	38.55	18	22
体育学	3	0.0000	0.04	95.46	133	180
其他学科（科技）	3	0.0000	0.09	86.25	145	150
贸易经济	3	0.0000	0.09	87.06	172	176
马克思主义	2	0.0041	0.23	77.19	89	95
宗教学	2	0.0041	0.32	77.42	61	78
新闻学与传播学	2	0.0021	0.02	99.25	267	400
心理学	1	0.0021	0.05	95.59	97	113
世界各国经济（含各国经济史、经济地理）	1	0.0021	0.12	97.11	115	193
考古学	1	0.0000	0.02	99.98	117	200
民族学	1	0.0000	0.14	85.83	81	86
统计学	1	0.0000	1.19	80.95	6	10

备注：该刊“影响因子”为0.3423，“总转摘频次”为909次。

13. 社会科学

学科分类	分学科被引	分学科影响因子	学科被引百分比(%)	学科被引累积百分比(%)	学科被引位次	学科被引期刊位次
政治学	38	0.0659	0.50	40.92	42	43
历史学	25	0.0094	0.51	53.07	42	42
法学	22	0.0471	0.26	73.51	55	55
经济计划与管理	17	0.0306	0.11	86.01	168	173
中国经济	16	0.0306	0.26	63.63	91	93
社会学	15	0.0282	0.78	40.27	22	22
文学	15	0.0094	0.28	73.21	80	80
哲学	15	0.0094	0.42	60.17	49	53
经济学理论	11	0.0282	0.27	67.65	83	84
财政、金融	10	0.0353	0.12	87.02	123	127
农业经济	7	0.0118	0.19	78.35	94	97
图书馆、情报与文献学	7	0.0071	0.03	95.58	136	154
教育学	6	0.0071	0.08	85.80	162	178
工业经济	5	0.0141	0.44	66.20	49	56
管理学（含科学学、人才学）	4	0.0141	0.18	72.51	83	88
文化学	4	0.0094	0.59	36.21	35	36
体育学	4	0.0047	0.11	87.92	36	41
交通运输经济、旅游经济	4	0.0024	0.23	77.99	57	71
人口学	4	0.0000	0.29	83.20	33	55
世界各国经济（含各国经济史、经济地理）	3	0.0071	0.84	55.35	28	32
贸易经济	3	0.0047	0.06	93.76	224	261
马克思主义	3	0.0024	0.23	84.10	89	125
其他学科（科技）	3	0.0000	0.14	82.06	113	117
其他学科（人文社科）	2	0.0071	0.70	41.76	26	26
语言学	2	0.0024	0.01	99.86	288	362
新闻学与传播学	2	0.0024	0.07	90.80	134	153
心理学	2	0.0024	0.09	94.68	64	95
艺术学	2	0.0024	0.12	88.84	62	64
考古学	1	0.0000	0.02	99.73	117	186
人文地理学	1	0.0000	0.13	94.31	107	157

备注：该刊“影响因子”为0.3953，“总转摘频次”为788次。

14. 南京大学学报. 哲学・人文科学・社会科学

学科分类	分学科被引	分学科影响因子	学科被引百分比(%)	学科被引累积百分比(%)	学科被引位次	学科被引期刊位次
法学	25	0.0542	0.30	70.70	45	45
历史学	24	0.0167	0.45	57.35	49	51
文学	22	0.0375	0.35	68.28	59	64
语言学	20	0.0083	0.24	84.90	44	44
哲学	19	0.0625	0.45	58.08	45	48
经济计划与管理	18	0.0542	0.17	79.06	118	120
政治学	18	0.0208	0.27	63.56	104	105
图书馆、情报与文献学	9	0.0042	0.06	92.20	66	66
社会学	7	0.0208	0.23	67.61	91	95
教育学	6	0.0167	0.07	86.27	182	184
中国经济	6	0.0083	0.16	75.72	146	154
财政、金融	5	0.0083	0.05	94.05	212	214
农业经济	5	0.0042	0.14	82.90	118	125
贸易经济	4	0.0208	0.09	87.99	172	186
文化学	4	0.0083	0.59	39.74	35	42
马克思主义	4	0.0083	0.69	53.46	35	37
考古学	4	0.0042	0.05	96.47	68	68
经济学理论	3	0.0083	0.02	98.69	382	446
其他学科（科技）	3	0.0042	0.09	87.60	145	165
新闻学与传播学	3	0.0042	0.11	85.51	86	91
艺术学	3	0.0000	0.06	96.97	99	167
宗教学	2	0.0083	0.16	99.36	108	187
交通运输经济、旅游经济	2	0.0042	0.05	98.36	190	285
世界各国经济（含各国经济史、经济地理）	2	0.0042	0.12	98.68	115	206
心理学	2	0.0000	0.09	93.17	64	79
人文地理学	2	0.0000	0.13	99.61	107	198
民族学	2	0.0000	0.14	96.46	81	164
管理学（含科学学、人才学）	2	0.0000	0.18	74.85	83	101
体育学	1	0.0000	0.01	99.43	278	397

备注：该刊“影响因子”为0.3917，“总转摘频次”为746次。

15. 浙江社会科学

学科分类	分学科被引	分学科影响因子	学科被引百分比(%)	学科被引累积百分比(%)	学科被引位次	学科被引期刊位次
法学	35	0.0469	0.29	71.86	47	49
中国经济	32	0.0896	0.63	37.18	24	24
政治学	31	0.0682	0.43	47.29	55	57
经济计划与管理	26	0.0384	0.19	76.03	101	103
财政、金融	19	0.0299	0.20	80.20	79	82
经济学理论	15	0.0320	0.41	58.32	53	55
哲学	14	0.0171	0.59	52.65	35	37
历史学	13	0.0107	0.37	62.52	63	64
文学	11	0.0149	0.16	83.85	125	131
社会学	10	0.0149	0.45	50.70	37	40
农业经济	10	0.0107	0.23	74.87	76	80
教育学	8	0.0107	0.09	83.06	142	147
贸易经济	7	0.0064	0.31	68.14	68	71
文化学	4	0.0043	0.29	56.62	79	83
管理学（含科学学、人才学）	4	0.0021	0.09	89.48	170	219
语言学	4	0.0000	0.06	94.08	119	133
体育学	3	0.0064	0.05	92.72	93	113
图书馆、情报与文献学	3	0.0043	0.01	97.86	241	274
工业经济	3	0.0043	0.35	68.38	58	62
其他学科（人文社科）	3	0.0021	0.56	50.84	32	41
交通运输经济、旅游经济	3	0.0000	0.14	88.41	105	131
人口学	2	0.0064	0.29	82.91	33	54
艺术学	2	0.0043	0.06	95.79	99	147
世界各国经济（含各国经济史、经济地理）	2	0.0043	0.36	77.50	63	75
环境科学	2	0.0000	0.86	62.93	23	32
马克思主义	1	0.0000	0.12	91.82	141	177
人文地理学	1	0.0000	0.13	90.94	107	131
民族学	1	0.0000	0.14	94.55	81	150
统计学	1	0.0000	1.19	98.81	6	25

备注：该刊“影响因子”为 0.4328，“总转摘频次”为 690 次。

16. 吉林大学社会科学学报

学科分类	分学科被引	分学科影响因子	学科被引百分比(%)	学科被引累积百分比(%)	学科被引位次	学科被引期刊位次
法学	57	0.0930	0.39	68.13	37	37
哲学	18	0.0837	0.75	45.57	26	26
政治学	17	0.0558	0.29	62.20	97	100
心理学	14	0.0000	1.38	74.47	10	10
经济计划与管理	11	0.0465	0.10	86.52	174	178
历史学	11	0.0140	0.19	79.97	128	130
文学	11	0.0093	0.15	85.26	138	140
中国经济	8	0.0465	0.17	72.58	135	135
财政、金融	8	0.0326	0.07	92.79	190	193
语言学	7	0.0000	0.07	92.51	107	109
社会学	6	0.0140	0.16	77.29	119	149
教育学	6	0.0000	0.04	92.15	280	282
经济学理论	5	0.0140	0.14	79.84	142	143
新闻学与传播学	4	0.0279	0.18	82.20	57	66
考古学	4	0.0000	0.09	95.22	51	52
农业经济	2	0.0093	0.07	90.67	191	199
马克思主义	2	0.0093	0.46	61.98	48	52
交通运输经济、旅游经济	2	0.0047	0.09	88.60	132	133
工业经济	2	0.0047	0.17	79.97	96	107
管理学（含科学学、人才学）	2	0.0000	0.05	96.98	264	341
贸易经济	2	0.0000	0.12	83.27	144	144
文化学	2	0.0000	0.29	62.22	79	102
宗教学	2	0.0000	0.32	77.11	61	77
民族学	2	0.0000	0.41	74.66	41	47
人口学	1	0.0000	0.10	98.13	85	176

备注：该刊“影响因子”为0.4698，“总转摘频次”为641次。

17. 河北学刊

学科分类	分学科被引	分学科影响因子	学科被引百分比(%)	学科被引累积百分比(%)	学科被引位次	学科被引期刊位次
文学	30	0.1046	0.53	57.78	36	38
历史学	24	0.0342	0.53	51.50	38	39
哲学	18	0.0664	0.89	41.42	21	21

（续表）

学科分类	分学科被引	分学科影响因子	学科被引百分比(%)	学科被引累积百分比(%)	学科被引位次	学科被引期刊位次
政治学	12	0.0362	0.19	73.92	152	152
农业经济	8	0.0101	0.14	83.46	118	129
中国经济	5	0.0141	0.11	82.14	197	200
经济计划与管理	5	0.0101	0.04	95.59	299	328
社会学	4	0.0161	0.16	76.32	119	143
法学	4	0.0141	0.02	97.38	353	416
经济学理论	4	0.0101	0.08	89.88	209	233
文化学	4	0.0101	0.49	42.69	43	48
财政、金融	4	0.0040	0.02	97.94	329	329
马克思主义	3	0.0141	0.81	47.35	28	29
其他学科（人文社科）	3	0.0121	0.42	54.33	43	49
考古学	3	0.0020	0.15	93.96	38	41
教育学	2	0.0060	0.05	90.25	241	245
艺术学	2	0.0060	0.12	90.62	62	79
其他学科（科技）	2	0.0040	0.09	88.14	145	171
体育学	2	0.0020	0.02	96.34	186	213
人文地理学	2	0.0020	0.26	82.79	71	87
宗教学	2	0.0020	0.32	76.79	61	76
语言学	2	0.0000	0.02	98.11	229	239
新闻学与传播学	1	0.0040	0.02	97.48	267	319
交通运输经济、旅游经济	1	0.0020	0.05	94.04	190	193
图书馆、情报与文献学	1	0.0000	0.00	99.85	420	524
人口学	1	0.0000	0.10	91.85	85	112

备注：该刊“影响因子”为0.3883，“总转摘频次”为818次。

18. 社会科学研究

学科分类	分学科被引	分学科影响因子	学科被引百分比(%)	学科被引累积百分比(%)	学科被引位次	学科被引期刊位次
政治学	40	0.0995	0.57	36.21	34	34
社会学	31	0.0558	1.20	27.53	9	9
法学	24	0.0194	0.20	76.06	64	67
历史学	23	0.0170	0.39	60.63	58	59
经济计划与管理	18	0.0291	0.15	80.73	129	131

（续表）

学科分类	分学科被引	分学科影响因子	学科被引百分比(%)	学科被引累积百分比(%)	学科被引位次	学科被引期刊位次
文学	14	0.0170	0.23	76.74	91	94
哲学	13	0.0340	0.53	53.73	39	39
中国经济	12	0.0243	0.29	60.63	79	82
农业经济	12	0.0194	0.32	70.05	62	62
马克思主义	10	0.0097	1.61	30.76	12	13
经济学理论	9	0.0170	0.22	73.07	101	106
教育学	8	0.0024	0.05	91.45	241	268
财政、金融	6	0.0097	0.08	92.44	173	188
图书馆、情报与文献学	5	0.0024	0.03	95.19	136	140
管理学（含科学学、人才学）	4	0.0097	0.18	72.87	83	90
文化学	3	0.0049	0.49	40.73	43	44
艺术学	3	0.0024	0.18	86.17	45	48
体育学	2	0.0049	0.04	93.89	133	138
贸易经济	2	0.0049	0.12	85.74	144	164
宗教学	2	0.0049	0.64	58.82	32	36
其他学科（科技）	2	0.0024	0.14	83.00	113	124
人口学	2	0.0024	0.29	77.31	33	35
其他学科（人文社科）	2	0.0024	0.56	46.93	32	34
考古学	2	0.0000	0.02	99.04	117	148
语言学	2	0.0000	0.02	98.86	229	276
新闻学与传播学	2	0.0000	0.04	95.27	180	242
民族学	1	0.0024	0.14	98.91	81	182
交通运输经济、旅游经济	1	0.0000	0.05	99.01	190	299
心理学	1	0.0000	0.05	98.05	97	165
世界各国经济（含各国经济史、经济地理）	1	0.0000	0.12	93.02	115	159

备注：该刊“影响因子”为0.3981，“总转摘频次”为723次。

19. 浙江学刊

学科分类	分学科被引	分学科影响因子	学科被引百分比(%)	学科被引累积百分比(%)	学科被引位次	学科被引期刊位次
政治学	35	0.0753	0.61	33.23	29	29
社会学	24	0.0258	1.04	33.95	14	15
历史学	23	0.0172	0.34	64.65	69	70
法学	21	0.0473	0.24	73.75	56	56
哲学	20	0.0387	0.56	53.21	38	38
经济计划与管理	19	0.0258	0.18	77.33	110	110
文学	16	0.0129	0.29	71.46	73	74
中国经济	11	0.0065	0.19	71.29	128	128
农业经济	8	0.0108	0.23	74.64	76	79
教育学	7	0.0065	0.12	80.68	123	124
经济学理论	6	0.0086	0.16	77.91	130	131
财政、金融	5	0.0043	0.03	95.92	251	257
贸易经济	4	0.0065	0.12	85.98	144	166
文化学	4	0.0000	0.79	24.04	18	19
新闻学与传播学	3	0.0065	0.09	88.87	105	126
图书馆、情报与文献学	3	0.0022	0.02	96.10	157	176
宗教学	2	0.0065	0.48	67.41	46	51
管理学（含科学学、人才学）	2	0.0043	0.09	90.29	170	228
马克思主义	2	0.0043	0.12	91.59	141	175
其他学科（人文社科）	2	0.0043	0.56	50.28	32	40
语言学	2	0.0022	0.02	98.29	229	248
考古学	2	0.0022	0.07	96.27	59	65
世界各国经济（含各国经济史、经济地理）	2	0.0022	0.24	83.27	82	96
艺术学	2	0.0000	0.12	91.93	62	90
人口学	2	0.0000	0.20	85.95	58	68
人文地理学	2	0.0000	0.26	80.21	71	77
民族学	2	0.0000	0.41	77.52	41	54
体育学	1	0.0022	0.01	98.35	278	310
交通运输经济、旅游经济	1	0.0000	0.05	97.18	190	260
心理学	1	0.0000	0.05	98.01	97	164
军事学	1	0.0000	0.88	83.33	19	59

备注：该刊“影响因子”为0.3226，“总转摘频次”为730次。

20. 厦门大学学报

学科分类	分学科被引	分学科影响因子	学科被引百分比(%)	学科被引累积百分比(%)	学科被引位次	学科被引期刊位次
政治学	26	0.0653	0.32	59.53	89	91
历史学	25	0.0302	0.69	43.17	25	25
教育学	20	0.0352	0.25	69.62	60	60
经济计划与管理	19	0.0503	0.13	82.81	141	146
财政、金融	18	0.0302	0.13	84.80	108	109
法学	15	0.0251	0.13	80.91	94	98
中国经济	12	0.0503	0.29	61.20	79	84
文学	11	0.0302	0.29	72.05	73	76
语言学	10	0.0050	0.09	90.93	86	90
哲学	7	0.0050	0.25	70.71	79	87
贸易经济	6	0.0151	0.25	73.48	82	91
经济学理论	6	0.0101	0.14	82.13	142	159
社会学	5	0.0201	0.19	69.16	102	102
新闻学与传播学	4	0.0201	0.20	79.86	52	53
其他学科（科技）	4	0.0050	0.18	81.38	82	112
考古学	4	0.0000	0.13	94.24	43	43
交通运输经济、旅游经济	3	0.0101	0.28	73.35	49	52
农业经济	3	0.0050	0.07	93.11	191	234
人口学	3	0.0000	0.39	76.03	25	31
图书馆、情报与文献学	3	0.0000	0.02	96.43	157	190
民族学	2	0.0050	0.27	83.38	58	74
文化学	2	0.0050	0.20	84.59	115	210
心理学	2	0.0050	0.09	94.78	64	96
世界各国经济（含各国经济史、经济地理）	2	0.0000	0.36	73.53	63	64
马克思主义	2	0.0000	0.23	82.95	89	120
管理学（含科学学、人才学）	2	0.0000	0.14	84.02	122	162
宗教学	1	0.0050	0.16	89.51	108	125
工业经济	1	0.0050	0.09	93.73	152	221
艺术学	1	0.0050	0.06	99.47	99	209
军事学	1	0.0000	0.88	84.21	19	60
其他学科（人文社科）	1	0.0000	0.14	88.55	130	187
体育学	1	0.0000	0.01	99.70	278	419

备注：该刊“影响因子”为0.4472，“总转摘频次”为605次。

21. 天津社会科学

学科分类	分学科被引	分学科影响因子	学科被引百分比(%)	学科被引累积百分比(%)	学科被引位次	学科被引期刊位次
政治学	48	0.0274	0.46	42.85	47	47
哲学	46	0.0699	1.62	24.39	7	7
历史学	27	0.0091	0.32	65.96	73	74
文学	24	0.0213	0.35	66.52	59	59
法学	21	0.0122	0.15	78.99	83	84
经济学理论	18	0.0274	0.43	54.09	45	45
社会学	14	0.0243	0.62	46.91	29	32
中国经济	12	0.0243	0.16	74.61	146	147
经济计划与管理	8	0.0152	0.05	92.78	256	263
文化学	7	0.0091	0.69	35.03	27	34
教育学	7	0.0000	0.10	82.18	128	138
马克思主义	5	0.0061	0.69	52.76	35	36
体育学	4	0.0061	0.04	95.12	133	171
财政、金融	4	0.0030	0.03	97.37	285	306
新闻学与传播学	3	0.0091	0.07	91.78	134	168
农业经济	3	0.0030	0.07	92.13	191	220
语言学	3	0.0000	0.03	97.33	184	210
其他学科（科技）	3	0.0000	0.09	91.75	145	211
其他学科（人文社科）	2	0.0122	0.56	49.72	32	39
图书馆、情报与文献学	2	0.0030	0.01	98.74	308	352
贸易经济	2	0.0030	0.06	94.01	224	265
工业经济	2	0.0030	0.09	98.43	152	275
管理学（含科学学、人才学）	2	0.0000	0.05	99.82	264	404
艺术学	2	0.0000	0.06	97.21	99	171
人口学	2	0.0000	0.10	94.30	85	137
人文地理学	2	0.0000	0.26	86.68	71	102
宗教学	2	0.0000	0.32	82.83	61	95
世界各国经济（含各国经济史、经济地理）	1	0.0000	0.12	92.54	115	155
环境科学	1	0.0000	0.43	87.50	39	83

备注：该刊“影响因子”为0.2888，“总转摘频次”为792次。

22. 浙江大学学报. 人文社会科学版

学科分类	分学科被引	分学科影响因子	学科被引百分比(%)	学科被引累积百分比(%)	学科被引位次	学科被引期刊位次
法学	35	0.0455	0.31	69.79	42	42
语言学	23	0.0041	0.25	84.42	42	42
文学	21	0.0248	0.41	63.11	49	50
经济计划与管理	16	0.0372	0.13	83.71	148	153
政治学	16	0.0372	0.30	61.05	94	96
财政、金融	13	0.0331	0.23	77.21	68	68
教育学	13	0.0248	0.15	77.79	99	102
历史学	10	0.0124	0.10	89.55	195	196
图书馆、情报与文献学	8	0.0372	0.05	93.17	79	85
新闻学与传播学	7	0.0248	0.18	81.68	57	63
农业经济	7	0.0248	0.23	75.10	76	81
中国经济	6	0.0248	0.13	80.65	182	188
哲学	6	0.0000	0.06	94.79	253	293
经济学理论	5	0.0248	0.12	83.44	164	169
贸易经济	4	0.0124	0.09	87.53	172	181
宗教学	4	0.0124	0.48	67.89	46	52
交通运输经济、旅游经济	4	0.0000	0.05	97.84	190	274
社会学	3	0.0124	0.10	87.04	198	233
体育学	3	0.0000	0.04	95.42	133	179
其他学科（科技）	2	0.0083	0.18	80.30	82	106
文化学	2	0.0083	0.20	76.94	115	171
艺术学	2	0.0041	0.12	91.69	62	88
其他学科（人文社科）	2	0.0041	0.28	74.86	77	109
管理学（含科学学、人才学）	2	0.0000	0.09	89.93	170	224
考古学	1	0.0000	0.02	99.42	117	169
工业经济	1	0.0000	0.09	93.82	152	222

备注：该刊“影响因子”为0.4215，“总转摘频次”为689次。

23. 中山大学学报

学科分类	分学科被引	分学科影响因子	学科被引百分比(%)	学科被引累积百分比(%)	学科被引位次	学科被引期刊位次
法学	28	0.0207	0.27	73.25	52	54
经济计划与管理	23	0.0483	0.23	73.02	88	88
政治学	20	0.0552	0.28	62.75	101	102
文学	15	0.0069	0.26	74.01	82	83
历史学	14	0.0069	0.26	72.88	95	98
哲学	12	0.0586	0.42	58.92	49	50
语言学	9	0.0069	0.12	88.05	63	63
教育学	8	0.0345	0.13	80.20	112	120
中国经济	8	0.0276	0.23	66.95	101	107
财政、金融	6	0.0241	0.08	92.37	173	187
社会学	6	0.0069	0.26	62.59	72	75
管理学（含科学学、人才学）	4	0.0138	0.18	76.84	83	112
宗教学	4	0.0138	0.95	47.54	16	21
经济学理论	4	0.0103	0.10	86.40	190	194
图书馆、情报与文献学	4	0.0034	0.02	96.90	197	214
贸易经济	4	0.0034	0.06	94.26	224	269
新闻学与传播学	3	0.0103	0.11	85.95	86	95
交通运输经济、旅游经济	3	0.0069	0.23	78.23	57	72
其他学科（人文社科）	3	0.0034	0.42	63.55	43	71
民族学	3	0.0000	0.82	64.58	28	28
心理学	2	0.0069	0.14	90.93	46	58
文化学	2	0.0069	0.20	82.43	115	199
人口学	2	0.0069	0.29	81.73	33	50
体育学	2	0.0034	0.01	98.44	278	318
工业经济	2	0.0034	0.09	94.34	152	228
其他学科（科技）	2	0.0034	0.14	82.46	113	120
农业经济	2	0.0000	0.07	91.65	191	213
人文地理学	2	0.0000	0.26	85.64	71	98

备注：该刊“影响因子”为0.3931，“总转摘频次”为490次。

24. 南开学报. 哲学社会科学版

学科分类	分学科被引	分学科影响因子	学科被引百分比(%)	学科被引累积百分比(%)	学科被引位次	学科被引期刊位次
历史学	33	0.0290	0.45	56.90	49	50
经济计划与管理	20	0.0628	0.13	82.27	141	142
文学	17	0.0097	0.31	70.57	69	71
财政、金融	16	0.1208	0.20	80.40	79	83
政治学	11	0.0193	0.21	70.91	132	137
语言学	11	0.0048	0.06	93.59	119	125
经济学理论	10	0.0435	0.27	68.45	83	87
哲学	9	0.0145	0.20	72.91	96	97
法学	9	0.0097	0.09	83.88	124	126
贸易经济	8	0.0097	0.19	77.55	108	110
中国经济	7	0.0338	0.11	82.95	197	207
世界各国经济（含各国经济史、经济地理）	7	0.0242	0.96	47.29	23	23
教育学	4	0.0048	0.08	85.05	162	169
社会学	4	0.0048	0.16	73.73	119	127
图书馆、情报与文献学	3	0.0048	0.01	99.08	308	389
考古学	3	0.0000	0.05	96.91	68	76
农业经济	2	0.0145	0.09	89.30	159	182
管理学（含科学学、人才学）	2	0.0145	0.18	74.67	83	100
其他学科（人文社科）	2	0.0048	0.28	74.02	77	106
新闻学与传播学	2	0.0000	0.07	89.68	134	136
宗教学	2	0.0000	0.16	97.46	108	175
文化学	2	0.0000	0.20	72.82	115	150
马克思主义	2	0.0000	0.23	80.18	89	108
心理学	1	0.0048	0.05	99.19	97	189
体育学	1	0.0000	0.01	99.40	278	395
艺术学	1	0.0000	0.06	99.94	99	217
民族学	1	0.0000	0.14	97.28	81	170

备注：该刊“影响因子”为0.4541，“总转摘频次”为603次。

25. 华中师范大学学报. 人文社会科学版

学 科 分 类	分学科被　引	分 学 科影响因子	学科被引百分比(%)	学科被引累积百分比(%)	学科被引位　　次	学科被引期刊位次
历史学	29	0.0285	0.53	50.96	38	38
政治学	24	0.0249	0.33	57.58	82	85
文学	19	0.0071	0.35	66.88	59	60
社会学	18	0.0534	0.65	44.44	27	28
语言学	15	0.0178	0.15	87.22	55	57
教育学	14	0.0142	0.15	77.50	99	100
法学	11	0.0391	0.10	82.32	109	110
哲学	8	0.0178	0.22	71.40	89	90
农业经济	7	0.0071	0.09	89.68	159	186
中国经济	6	0.0178	0.10	83.61	212	213
经济计划与管理	5	0.0178	0.04	94.12	278	291
体育学	5	0.0142	0.05	92.07	93	100
图书馆、情报与文献学	5	0.0071	0.03	95.42	136	148
心理学	4	0.0142	0.28	85.52	29	30
贸易经济	4	0.0036	0.12	85.00	144	158
文化学	4	0.0036	0.59	35.62	35	35
经济学理论	4	0.0000	0.06	92.64	237	277
新闻学与传播学	3	0.0000	0.09	87.11	105	106
交通运输经济、旅游经济	2	0.0071	0.14	87.42	105	124
民族学	2	0.0071	0.27	81.47	58	67
其他学科（科技）	2	0.0036	0.09	86.52	145	153
管理学（含科学学、人才学）	2	0.0036	0.09	86.59	170	187
财政、金融	2	0.0000	0.02	99.16	329	402
艺术学	2	0.0000	0.12	90.27	62	76
马克思主义	1	0.0000	0.12	96.66	141	219
人文地理学	1	0.0000	0.13	89.13	107	117
其他学科（人文社科）	1	0.0000	0.14	85.06	130	162
环境科学	1	0.0000	0.43	71.55	39	46
军事学	1	0.0000	0.88	67.54	19	41

备注：该刊“影响因子”为0.3096，“总转摘频次”为700次。

26. 江汉论坛

学科分类	分学科被引	分学科影响因子	学科被引百分比(%)	学科被引累积百分比(%)	学科被引位次	学科被引期刊位次
历史学	34	0.0094	0.68	45.88	27	29
政治学	26	0.0448	0.50	41.91	42	45
文学	24	0.0094	0.43	61.01	45	45
中国经济	20	0.0307	0.43	47.89	44	45
哲学	20	0.0212	0.53	54.79	39	41
经济学理论	17	0.0130	0.33	61.60	64	64
经济计划与管理	15	0.0212	0.17	78.38	114	116
法学	9	0.0071	0.07	88.04	156	179
马克思主义	8	0.0059	1.04	38.13	18	19
财政、金融	7	0.0024	0.03	95.99	251	259
社会学	6	0.0047	0.26	62.84	72	76
考古学	5	0.0000	0.07	96.42	59	67
农业经济	4	0.0024	0.09	87.45	159	162
教育学	3	0.0035	0.03	95.02	338	355
贸易经济	3	0.0024	0.15	82.22	127	137
文化学	3	0.0012	0.39	46.52	56	56
其他学科（科技）	2	0.0024	0.14	84.36	113	134
管理学（含科学学、人才学）	2	0.0012	0.09	86.95	170	191
交通运输经济、旅游经济	2	0.0000	0.09	93.66	132	187
工业经济	2	0.0000	0.17	86.76	96	146
人文地理学	2	0.0000	0.26	84.09	71	92
其他学科（人文社科）	1	0.0035	0.28	65.92	77	77
新闻学与传播学	1	0.0012	0.02	99.23	267	399
艺术学	1	0.0012	0.06	99.58	99	211
人口学	1	0.0012	0.10	92.93	85	123
图书馆、情报与文献学	1	0.0000	0.00	99.80	420	512
体育学	1	0.0000	0.01	99.94	278	438
民族学	1	0.0000	0.14	86.10	81	88
宗教学	1	0.0000	0.32	74.88	61	70
环境科学	1	0.0000	0.43	72.41	39	48

备注：该刊“影响因子”为0.1910，“总转摘频次”为819次。

27. 求是学刊

学科分类	分学科被引	分学科影响因子	学科被引百分比(%)	学科被引累积百分比(%)	学科被引位次	学科被引期刊位次
哲学	32	0.0734	0.81	44.82	25	25
法学	17	0.0618	0.12	81.77	102	105
文学	14	0.0309	0.25	75.05	87	87
历史学	10	0.0000	0.11	87.89	176	181
经济计划与管理	6	0.0270	0.04	95.51	299	326
政治学	6	0.0270	0.11	83.13	214	214
经济学理论	5	0.0154	0.12	85.89	164	189
文化学	4	0.0154	0.49	45.63	43	54
中国经济	3	0.0193	0.04	95.11	352	378
农业经济	3	0.0154	0.07	93.32	191	237
财政、金融	3	0.0116	0.02	98.54	329	365
工业经济	3	0.0077	0.26	72.65	73	75
其他学科（科技）	3	0.0039	0.23	74.66	69	76
教育学	3	0.0000	0.03	95.30	338	364
语言学	3	0.0000	0.06	94.20	119	135
图书馆、情报与文献学	2	0.0077	0.01	98.99	308	379
其他学科（人文社科）	2	0.0077	0.28	67.32	77	82
体育学	2	0.0039	0.02	96.91	186	236
管理学（含科学学、人才学）	2	0.0039	0.09	89.57	170	220
考古学	2	0.0000	0.02	99.85	117	193
新闻学与传播学	2	0.0000	0.07	90.93	134	155
马克思主义	2	0.0000	0.35	70.39	63	73
交通运输经济、旅游经济	1	0.0000	0.05	99.62	190	312
民族学	1	0.0000	0.14	99.73	81	188

备注：该刊“影响因子”为 0.3436，“总转摘频次”为 672 次。

28. 学术界

学科分类	分学科被引	分学科影响因子	学科被引百分比(%)	学科被引累积百分比(%)	学科被引位次	学科被引期刊位次
政治学	25	0.0395	0.35	54.53	74	76
哲学	16	0.0289	0.42	59.34	49	51
历史学	16	0.0237	0.27	70.48	89	89
其他学科（人文社科）	15	0.0421	3.21	10.89	3	3

（续表）

学科分类	分学科被引	分学科影响因子	学科被引百分比(%)	学科被引累积百分比(%)	学科被引位次	学科被引期刊位次
教育学	12	0.0211	0.21	73.11	75	75
新闻学与传播学	12	0.0132	0.26	77.84	44	44
图书馆、情报与文献学	10	0.0132	0.05	93.03	79	82
法学	10	0.0079	0.07	87.03	156	165
管理学（含科学学、人才学）	9	0.0132	0.50	58.24	38	38
社会学	7	0.0211	0.32	58.54	58	61
经济计划与管理	5	0.0105	0.04	94.82	299	308
语言学	5	0.0105	0.05	94.78	142	145
经济学理论	4	0.0053	0.06	93.25	237	287
中国经济	3	0.0079	0.04	95.71	352	392
文学	3	0.0079	0.10	90.58	174	184
体育学	3	0.0026	0.01	99.13	278	373
马克思主义	3	0.0026	0.35	72.47	63	79
民族学	2	0.0053	0.27	85.01	58	80
人口学	2	0.0053	0.29	76.72	33	33
财政、金融	2	0.0026	0.01	99.88	403	489
农业经济	2	0.0026	0.05	96.36	241	301
其他学科（科技）	2	0.0026	0.09	90.85	145	201
文化学	2	0.0026	0.29	61.04	79	98
贸易经济	1	0.0026	0.03	98.43	294	380
宗教学	1	0.0026	0.16	91.89	108	140

备注：该刊“影响因子”为0.3053，“总转摘频次”为484次。

29. 清华大学学报. 哲学社会科学版

学科分类	分学科被引	分学科影响因子	学科被引百分比(%)	学科被引累积百分比(%)	学科被引位次	学科被引期刊位次
经济计划与管理	17	0.0208	0.07	90.44	219	224
法学	14	0.0313	0.14	79.57	86	88
政治学	11	0.0990	0.14	79.42	180	185
教育学	10	0.0156	0.16	76.58	92	94
财政、金融	9	0.0313	0.09	89.91	144	156
中国经济	7	0.0208	0.14	79.60	166	180
语言学	7	0.0052	0.05	94.88	142	147

（续表）

学科分类	分学科被引	分学科影响因子	学科被引百分比(%)	学科被引累积百分比(%)	学科被引位次	学科被引期刊位次
哲学	6	0.0365	0.20	74.28	96	104
体育学	6	0.0104	0.07	90.02	56	66
其他学科（科技）	5	0.0104	0.09	92.92	145	224
经济学理论	5	0.0104	0.12	82.82	164	164
历史学	4	0.0156	0.13	86.96	169	173
社会学	4	0.0156	0.16	73.24	119	124
管理学（含科学学、人才学）	4	0.0156	0.18	75.94	83	107
图书馆、情报与文献学	4	0.0104	0.01	98.76	308	354
文学	4	0.0104	0.03	98.55	292	332
新闻学与传播学	3	0.0156	0.02	99.65	267	418
交通运输经济、旅游经济	3	0.0104	0.19	83.48	81	98
文化学	2	0.0156	0.29	62.81	79	104
艺术学	2	0.0052	0.06	96.68	99	162
工业经济	2	0.0052	0.17	81.01	96	113
农业经济	2	0.0000	0.02	99.63	315	429
贸易经济	2	0.0000	0.03	98.49	294	382
马克思主义	2	0.0000	0.23	86.41	89	135
其他学科（人文社科）	2	0.0000	0.42	58.94	43	60
世界各国经济（含各国经济史、经济地理）	1	0.0000	0.12	98.19	115	202
环境科学	1	0.0000	0.43	97.41	39	106

备注：该刊“影响因子”为0.4115，“总转摘频次”为432次。

30. 人文杂志

学科分类	分学科被引	分学科影响因子	学科被引百分比(%)	学科被引累积百分比(%)	学科被引位次	学科被引期刊位次
哲学	29	0.0378	0.86	43.14	22	23
文学	21	0.0297	0.35	67.93	59	63
历史学	20	0.0162	0.31	66.91	77	77
政治学	19	0.0459	0.19	74.48	152	155
中国经济	8	0.0270	0.20	70.90	117	126
法学	8	0.0162	0.11	82.11	106	108

（续表）

学科分类	分学科被引	分学科影响因子	学科被引百分比(%)	学科被引累积百分比(%)	学科被引位次	学科被引期刊位次
经济计划与管理	8	0.0081	0.09	87.95	192	193
经济学理论	7	0.0135	0.25	70.98	92	97
社会学	6	0.0135	0.29	60.97	65	69
教育学	6	0.0000	0.08	85.21	162	171
财政、金融	5	0.0216	0.05	94.35	212	220
文化学	5	0.0027	0.39	50.05	56	65
考古学	5	0.0000	0.05	96.64	68	71
新闻学与传播学	4	0.0054	0.09	87.46	105	110
图书馆、情报与文献学	4	0.0000	0.01	98.02	241	285
其他学科（人文社科）	3	0.0081	0.42	65.22	43	75
农业经济	3	0.0054	0.07	90.60	191	198
马克思主义	2	0.0081	0.23	84.79	89	128
贸易经济	2	0.0054	0.03	98.15	294	371
管理学（含科学学、人才学）	2	0.0054	0.14	83.61	122	159
艺术学	2	0.0027	0.12	89.44	62	69
语言学	2	0.0000	0.02	98.43	229	255
交通运输经济、旅游经济	2	0.0000	0.14	85.45	105	110
宗教学	2	0.0000	0.16	92.37	108	143
其他学科（科技）	1	0.0027	0.05	95.99	229	288
人口学	1	0.0027	0.10	98.82	85	183
体育学	1	0.0000	0.01	99.14	278	374
人文地理学	1	0.0000	0.13	93.66	107	152
军事学	1	0.0000	0.88	94.74	19	72

备注：该刊“影响因子”为0.2784，“总转摘频次”为658次。

31. 武汉大学学报．哲学社会科学版

学科分类	分学科被引	分学科影响因子	学科被引百分比(%)	学科被引累积百分比(%)	学科被引位次	学科被引期刊位次
法学	49	0.0554	0.45	66.45	33	33
政治学	32	0.0519	0.33	56.92	82	83
经济计划与管理	22	0.0692	0.19	75.84	101	102
图书馆、情报与文献学	19	0.0138	0.07	92.00	62	63
历史学	13	0.0035	0.31	68.44	77	82

（续表）

学科分类	分学科被引	分学科影响因子	学科被引百分比(%)	学科被引累积百分比(%)	学科被引位次	学科被引期刊位次
财政、金融	10	0.0450	0.10	88.52	135	141
教育学	7	0.0104	0.12	80.80	123	125
中国经济	7	0.0069	0.09	88.31	236	264
哲学	7	0.0069	0.28	67.89	73	76
文学	7	0.0035	0.09	91.91	186	199
体育学	6	0.0381	0.11	87.36	36	36
新闻学与传播学	6	0.0104	0.11	85.29	86	89
社会学	6	0.0069	0.19	72.08	102	117
贸易经济	5	0.0138	0.19	80.15	108	124
经济学理论	5	0.0104	0.04	96.71	301	365
语言学	4	0.0000	0.03	97.63	184	220
管理学（含科学学、人才学）	3	0.0069	0.27	65.91	58	59
农业经济	2	0.0138	0.09	89.12	159	180
马克思主义	2	0.0069	0.35	68.32	63	67
文化学	2	0.0035	0.10	96.76	212	333
人文地理学	2	0.0000	0.52	66.88	32	42
考古学	2	0.0000	0.04	98.35	82	113
其他学科（科技）	2	0.0000	0.05	96.93	229	309
世界各国经济（含各国经济史、经济地理）	2	0.0000	0.12	91.94	115	150
人口学	1	0.0000	0.10	94.79	85	142

备注：该刊“影响因子”为0.3772，“总转摘频次”为114次。

32. 求索

学科分类	分学科被引	分学科影响因子	学科被引百分比(%)	学科被引累积百分比(%)	学科被引位次	学科被引期刊位次
文学	20	0.0071	0.31	70.26	69	70
法学	19	0.0090	0.18	76.63	70	70
政治学	17	0.0064	0.22	69.65	124	131
经济计划与管理	16	0.0148	0.15	80.44	129	129
哲学	13	0.0032	0.36	63.18	58	61
教育学	12	0.0122	0.22	72.68	70	73

（续表）

学科分类	分学科被引	分学科影响因子	学科被引百分比(%)	学科被引累积百分比(%)	学科被引位次	学科被引期刊位次
历史学	12	0.0032	0.24	74.81	99	106
中国经济	11	0.0103	0.22	67.60	108	110
财政、金融	11	0.0077	0.09	88.90	144	145
经济学理论	8	0.0064	0.22	72.84	101	105
农业经济	6	0.0064	0.21	75.52	82	83
社会学	6	0.0019	0.26	65.95	72	88
宗教学	5	0.0019	0.79	55.64	23	31
体育学	4	0.0032	0.07	89.27	56	56
文化学	4	0.0019	0.79	25.61	18	21
马克思主义	4	0.0006	0.46	62.90	48	54
新闻学与传播学	3	0.0032	0.07	89.55	134	134
语言学	3	0.0019	0.04	95.76	162	165
贸易经济	3	0.0019	0.15	81.60	127	133
图书馆、情报与文献学	3	0.0006	0.01	97.97	241	282
其他学科（科技）	3	0.0006	0.14	83.27	113	126
交通运输经济、旅游经济	2	0.0019	0.05	99.58	190	311
管理学（含科学学、人才学）	2	0.0019	0.09	90.47	170	230
其他学科（人文社科）	2	0.0013	0.42	61.45	43	66
心理学	2	0.0006	0.05	99.24	97	190
艺术学	2	0.0006	0.12	91.34	62	85
人文地理学	2	0.0000	0.39	72.19	48	54
工业经济	1	0.0006	0.09	99.48	152	287
人口学	1	0.0006	0.10	99.12	85	186
考古学	1	0.0000	0.02	99.87	117	194

备注：该刊“影响因子”为0.1125，“总转摘频次”为624次。

33. 陕西师范大学学报．哲学社会科学版

学科分类	分学科被引	分学科影响因子	学科被引百分比(%)	学科被引累积百分比(%)	学科被引位次	学科被引期刊位次
文学	25	0.0141	0.45	59.71	42	42
历史学	20	0.0028	0.34	64.31	69	69
教育学	15	0.0239	0.25	70.12	60	62
哲学	15	0.0028	0.50	55.80	42	43

（续表）

学科分类	分学科被引	分学科影响因子	学科被引百分比(%)	学科被引累积百分比(%)	学科被引位次	学科被引期刊位次
语言学	14	0.0127	0.15	86.91	55	55
心理学	9	0.0070	0.57	81.16	18	18
中国经济	8	0.0169	0.20	70.09	117	122
人文地理学	8	0.0099	2.33	40.10	9	9
新闻学与传播学	8	0.0085	0.20	79.66	52	52
政治学	8	0.0014	0.07	90.19	280	297
经济学理论	5	0.0056	0.06	91.53	237	259
考古学	4	0.0028	0.09	95.31	51	53
社会学	4	0.0000	0.06	92.23	248	306
农业经济	3	0.0070	0.14	84.85	118	139
财政、金融	3	0.0028	0.01	99.81	403	480
经济计划与管理	3	0.0028	0.04	95.28	299	320
体育学	3	0.0028	0.07	90.17	56	68
其他学科（科技）	3	0.0014	0.18	76.15	82	83
宗教学	3	0.0014	0.64	58.19	32	35
法学	2	0.0014	0.02	98.12	422	460
民族学	2	0.0014	0.27	84.74	58	79
马克思主义	2	0.0000	0.12	98.16	141	232
图书馆、情报与文献学	1	0.0028	0.00	99.86	420	526
人口学	1	0.0000	0.10	94.60	85	140
军事学	1	0.0000	0.88	77.19	19	52

备注：该刊“影响因子”为0.1366，“总转摘频次”为572次。

34. 南京社会科学

学科分类	分学科被引	分学科影响因子	学科被引百分比(%)	学科被引累积百分比(%)	学科被引位次	学科被引期刊位次
经济计划与管理	46	0.0431	0.40	62.45	54	55
政治学	38	0.0216	0.50	40.42	42	42
中国经济	22	0.0418	0.30	57.97	71	73
法学	22	0.0135	0.22	74.41	58	59
哲学	21	0.0135	0.70	46.27	27	27
财政、金融	10	0.0162	0.09	89.82	144	155
社会学	10	0.0094	0.52	47.42	33	33

（续表）

学科分类	分学科被引	分学科影响因子	学科被引百分比(%)	学科被引累积百分比(%)	学科被引位次	学科被引期刊位次
历史学	9	0.0094	0.24	73.60	99	101
经济学理论	9	0.0081	0.20	73.50	108	108
贸易经济	6	0.0094	0.15	82.53	127	139
农业经济	6	0.0027	0.14	83.18	118	127
教育学	5	0.0040	0.07	86.34	182	185
管理学（含科学学、人才学）	5	0.0027	0.23	68.26	67	68
其他学科（科技）	4	0.0027	0.18	79.94	82	104
工业经济	4	0.0027	0.44	65.77	49	55
图书馆、情报与文献学	4	0.0013	0.02	96.57	157	196
马克思主义	3	0.0027	0.35	71.43	63	76
文学	3	0.0013	0.04	96.86	259	280
其他学科（人文社科）	2	0.0027	0.28	70.67	77	94
体育学	2	0.0013	0.01	99.15	278	375
语言学	2	0.0013	0.03	96.80	184	193
交通运输经济、旅游经济	2	0.0000	0.05	98.45	190	287
新闻学与传播学	2	0.0000	0.07	91.26	134	160
人口学	2	0.0000	0.10	99.71	85	192
世界各国经济（含各国经济史、经济地理）	2	0.0000	0.12	98.56	115	205
宗教学	1	0.0000	0.16	99.52	108	188
军事学	1	0.0000	0.88	100.00	19	78
邮电经济	1	0.0000	1.67	86.67	9	36

备注：该刊“影响因子”为0.2170，“总转摘频次”为607次。

35. 思想战线

学科分类	分学科被引	分学科影响因子	学科被引百分比(%)	学科被引累积百分比(%)	学科被引位次	学科被引期刊位次
交通运输经济、旅游经济	33	0.0640	1.69	49.55	8	8
历史学	18	0.0029	0.37	62.89	63	65
社会学	12	0.0203	0.32	57.56	58	58
政治学	10	0.0233	0.17	77.46	167	172
民族学	9	0.0203	1.91	46.19	13	13

（续表）

学科分类	分学科被引	分学科影响因子	学科被引百分比(%)	学科被引累积百分比(%)	学科被引位次	学科被引期刊位次
文学	9	0.0145	0.13	85.96	144	145
文化学	9	0.0145	0.79	24.83	18	20
法学	7	0.0087	0.06	89.33	181	199
考古学	6	0.0000	0.13	94.49	43	45
中国经济	5	0.0203	0.09	87.88	236	259
哲学	5	0.0029	0.11	88.02	172	200
教育学	4	0.0058	0.05	91.56	241	270
语言学	3	0.0116	0.01	99.47	288	324
农业经济	3	0.0058	0.07	92.76	191	229
经济计划与管理	3	0.0029	0.03	96.58	334	358
宗教学	3	0.0029	0.48	66.93	46	50
财政、金融	2	0.0058	0.02	98.39	329	356
贸易经济	2	0.0029	0.03	97.34	294	345
人口学	2	0.0029	0.20	87.72	58	77
体育学	2	0.0000	0.01	99.76	278	424
人文地理学	2	0.0000	0.39	69.86	48	48
图书馆、情报与文献学	1	0.0029	0.00	99.96	420	547
经济学理论	1	0.0029	0.02	99.98	382	509
马克思主义	1	0.0029	0.12	99.54	141	244
其他学科（科技）	1	0.0000	0.05	96.66	229	303

备注：该刊“影响因子”为0.2413，“总转摘频次”为492次。

36. 华东师范大学学报. 哲学社会科学版

学科分类	分学科被引	分学科影响因子	学科被引百分比(%)	学科被引累积百分比(%)	学科被引位次	学科被引期刊位次
教育学	21	0.0347	0.23	71.57	67	68
历史学	21	0.0198	0.39	60.24	58	58
语言学	19	0.0396	0.25	84.67	42	43
文学	18	0.0050	0.37	65.81	56	57
哲学	16	0.0149	0.59	51.48	35	35
政治学	9	0.0248	0.08	88.07	254	267
财政、金融	7	0.0347	0.08	91.69	173	178
经济计划与管理	6	0.0149	0.05	93.34	256	274

（续表）

学科分类	分学科被引	分学科影响因子	学科被引百分比(%)	学科被引累积百分比(%)	学科被引位次	学科被引期刊位次
体育学	6	0.0000	0.06	90.81	70	78
社会学	4	0.0297	0.26	65.18	72	85
农业经济	4	0.0099	0.14	83.60	118	130
文化学	4	0.0000	0.39	52.01	56	70
交通运输经济、旅游经济	3	0.0248	0.28	74.19	49	55
中国经济	3	0.0149	0.06	92.40	308	324
人口学	3	0.0149	0.49	72.30	19	22
贸易经济	3	0.0000	0.15	82.68	127	140
法学	2	0.0099	0.02	96.65	353	386
经济学理论	2	0.0050	0.04	94.58	301	313
人文地理学	2	0.0050	0.13	89.91	107	123
考古学	2	0.0000	0.04	98.45	82	116
其他学科（科技）	2	0.0000	0.05	95.27	229	272
心理学	2	0.0000	0.05	96.20	97	126
马克思主义	2	0.0000	0.12	94.82	141	203
其他学科（人文社科）	2	0.0000	0.14	86.03	130	169
宗教学	1	0.0050	0.16	86.80	108	108
图书馆、情报与文献学	1	0.0000	0.00	100.00	420	555
民族学	1	0.0000	0.14	88.28	81	104

备注：该刊“影响因子”为0.3069，“总转摘频次”为527次。

37. 社会科学辑刊

学科分类	分学科被引	分学科影响因子	学科被引百分比(%)	学科被引累积百分比(%)	学科被引位次	学科被引期刊位次
历史学	25	0.0165	0.43	58.23	53	53
文学	22	0.0124	0.34	69.31	66	67
哲学	15	0.0289	0.59	52.06	35	36
政治学	11	0.0248	0.22	68.99	124	128
中国经济	9	0.0331	0.19	71.84	128	131
经济计划与管理	9	0.0248	0.07	90.79	219	229
社会学	9	0.0062	0.39	53.97	45	48
财政、金融	8	0.0145	0.08	90.83	157	167
法学	6	0.0083	0.06	88.18	181	181

（续表）

学科分类	分学科被引	分学科影响因子	学科被引百分比(%)	学科被引累积百分比(%)	学科被引位次	学科被引期刊位次
经济学理论	6	0.0062	0.14	81.12	142	152
管理学（含科学学、人才学）	4	0.0083	0.18	72.33	83	87
图书馆、情报与文献学	4	0.0021	0.02	97.24	197	232
文化学	4	0.0021	0.29	63.69	79	107
贸易经济	3	0.0021	0.09	89.38	172	201
农业经济	3	0.0021	0.09	88.47	159	173
马克思主义	3	0.0000	0.23	82.49	89	118
体育学	2	0.0041	0.04	93.97	133	140
其他学科（科技）	2	0.0041	0.05	95.72	229	282
工业经济	2	0.0041	0.09	98.00	152	270
其他学科（人文社科）	2	0.0021	0.28	69.55	77	90
考古学	2	0.0000	0.02	99.76	117	188
新闻学与传播学	2	0.0000	0.04	95.22	180	241
交通运输经济、旅游经济	1	0.0021	0.05	99.06	190	300
心理学	1	0.0021	0.05	99.29	97	191
世界各国经济（含各国经济史、经济地理）	1	0.0000	0.12	93.26	115	161
民族学	1	0.0000	0.14	97.82	81	174
宗教学	1	0.0000	0.16	93.00	108	147

备注：该刊“影响因子”为0.2128，“总转摘频次”为595次。

38. 中州学刊

学科分类	分学科被引	分学科影响因子	学科被引百分比(%)	学科被引累积百分比(%)	学科被引位次	学科被引期刊位次
文学	22	0.0088	0.47	59.26	41	41
哲学	18	0.0195	0.70	47.66	27	29
历史学	18	0.0088	0.37	62.15	63	63
政治学	15	0.0248	0.22	68.55	124	126
经济计划与管理	13	0.0177	0.12	84.32	154	158
中国经济	11	0.0230	0.22	67.81	108	111
经济学理论	9	0.0106	0.31	64.76	70	74
法学	7	0.0088	0.09	83.96	124	127

（续表）

学科分类	分学科被引	分学科影响因子	学科被引百分比(%)	学科被引累积百分比(%)	学科被引位次	学科被引期刊位次
农业经济	6	0.0088	0.16	81.46	106	115
财政、金融	5	0.0106	0.04	95.15	231	237
考古学	4	0.0035	0.11	95.04	46	50
社会学	3	0.0053	0.13	79.66	151	167
图书馆、情报与文献学	3	0.0035	0.02	96.34	157	186
教育学	3	0.0018	0.04	93.24	280	308
语言学	3	0.0000	0.02	97.90	229	229
其他学科（科技）	2	0.0053	0.18	81.02	82	110
其他学科（人文社科）	2	0.0035	0.28	75.98	77	113
文化学	2	0.0035	0.29	55.74	79	80
宗教学	2	0.0035	0.32	83.15	61	96
交通运输经济、旅游经济	2	0.0018	0.09	89.16	132	139
工业经济	2	0.0018	0.17	81.71	96	117
新闻学与传播学	2	0.0000	0.04	93.78	180	208
世界各国经济（含各国经济史、经济地理）	1	0.0018	0.12	96.63	115	189
体育学	1	0.0000	0.01	99.32	278	388
艺术学	1	0.0000	0.06	96.50	99	159
马克思主义	1	0.0000	0.12	96.08	141	214
民族学	1	0.0000	0.14	99.86	81	189
人口学	1	0.0000	0.20	84.77	58	62

备注：该刊“影响因子”为0.1805，“总转摘频次”为622次。

39. 江西社会科学

学科分类	分学科被引	分学科影响因子	学科被引百分比(%)	学科被引累积百分比(%)	学科被引位次	学科被引期刊位次
经济计划与管理	24	0.0147	0.20	74.07	93	93
政治学	23	0.0123	0.39	50.11	63	64
法学	19	0.0092	0.22	74.63	58	60
历史学	15	0.0067	0.45	57.80	49	52
教育学	14	0.0110	0.20	74.13	79	80
哲学	14	0.0049	0.39	60.56	54	54

（续表）

学科分类	分学科被引	分学科影响因子	学科被引百分比(%)	学科被引累积百分比(%)	学科被引位次	学科被引期刊位次
文学	12	0.0074	0.19	81.31	109	116
图书馆、情报与文献学	12	0.0055	0.06	92.43	69	70
中国经济	11	0.0080	0.20	69.29	117	118
经济学理论	10	0.0080	0.35	60.22	60	60
交通运输经济、旅游经济	10	0.0043	0.75	59.27	17	17
财政、金融	8	0.0055	0.09	88.81	144	144
社会学	7	0.0031	0.23	67.15	91	93
贸易经济	7	0.0006	0.12	83.51	144	146
马克思主义	5	0.0018	0.92	41.13	22	22
管理学（含科学学、人才学）	4	0.0037	0.14	79.95	122	132
新闻学与传播学	4	0.0031	0.09	87.90	105	115
农业经济	4	0.0018	0.09	87.54	159	163
语言学	4	0.0012	0.05	94.67	142	143
体育学	3	0.0018	0.06	91.18	70	84
宗教学	3	0.0000	0.95	45.63	16	19
其他学科（科技）	2	0.0018	0.09	88.86	145	179
人文地理学	2	0.0012	0.13	93.01	107	147
文化学	2	0.0006	0.20	75.17	115	162
心理学	2	0.0000	0.09	93.74	64	85
世界各国经济（含各国经济史、经济地理）	1	0.0000	0.12	98.80	115	207
民族学	1	0.0000	0.14	87.06	81	95

备注：该刊“影响因子”为0.1196，“总转摘频次”为663 次。

40. 南京师大学报. 社会科学版

学科分类	分学科被引	分学科影响因子	学科被引百分比(%)	学科被引累积百分比(%)	学科被引位次	学科被引期刊位次
教育学	35	0.0839	0.43	64.97	43	45
文学	29	0.0547	0.57	55.65	33	34
心理学	21	0.0474	1.71	71.62	8	8
语言学	21	0.0219	0.27	84.18	40	41
法学	15	0.0146	0.13	80.65	94	96

（续表）

学科分类	分学科被引	分学科影响因子	学科被引百分比(%)	学科被引累积百分比(%)	学科被引位次	学科被引期刊位次
政治学	11	0.0109	0.12	83.02	199	213
哲学	7	0.0255	0.25	68.95	79	80
经济计划与管理	7	0.0073	0.08	89.55	209	212
社会学	5	0.0073	0.16	73.57	119	126
历史学	5	0.0036	0.03	97.65	291	341
中国经济	4	0.0109	0.10	83.71	212	214
农业经济	3	0.0036	0.05	96.59	241	306
体育学	3	0.0000	0.04	94.19	133	146
管理学（含科学学、人才学）	3	0.0000	0.09	92.37	170	251
图书馆、情报与文献学	2	0.0073	0.01	97.57	241	253
经济学理论	2	0.0073	0.04	95.64	301	339
新闻学与传播学	2	0.0036	0.02	99.85	267	427
贸易经济	2	0.0036	0.09	88.08	172	187
文化学	2	0.0000	0.29	64.87	79	111
宗教学	2	0.0000	0.32	72.02	61	61
环境科学	2	0.0000	0.86	55.17	23	23
财政、金融	1	0.0109	0.02	98.46	329	360
其他学科（人文社科）	1	0.0036	0.14	94.83	130	232
考古学	1	0.0000	0.02	100.00	117	201
工业经济	1	0.0000	0.09	99.83	152	291
人口学	1	0.0000	0.10	99.61	85	191
人文地理学	1	0.0000	0.13	99.74	107	199

备注：该刊“影响因子”为0.3394，“总转摘频次”为550次。

41. 四川大学学报．哲学社会科学版

学科分类	分学科被引	分学科影响因子	学科被引百分比(%)	学科被引累积百分比(%)	学科被引位次	学科被引期刊位次
历史学	26	0.0302	0.45	56.45	49	49
经济计划与管理	23	0.0378	0.14	81.58	133	137
文学	16	0.0227	0.29	71.17	73	73
财政、金融	11	0.0353	0.11	87.82	132	134
哲学	11	0.0227	0.22	71.63	89	91
农业经济	11	0.0076	0.14	82.34	118	121

（续表）

学 科 分 类	分学科被 引	分 学 科影响因子	学科被引百分比(%)	学科被引累积百分比(%)	学科被引位 次	学科被引期刊位次
法学	11	0.0025	0.08	85.10	140	140
政治学	9	0.0277	0.12	81.81	199	203
语言学	8	0.0076	0.12	88.17	63	64
中国经济	6	0.0151	0.14	78.31	166	171
考古学	6	0.0025	0.15	93.67	38	39
图书馆、情报与文献学	5	0.0050	0.04	94.49	103	118
贸易经济	4	0.0050	0.09	90.68	172	215
新闻学与传播学	3	0.0050	0.07	89.94	134	140
管理学（含科学学、人才学）	3	0.0050	0.09	90.65	170	232
宗教学	3	0.0025	0.32	86.01	61	105
经济学理论	3	0.0000	0.04	95.19	301	328
交通运输经济、旅游经济	2	0.0050	0.09	92.63	132	176
马克思主义	2	0.0050	0.12	95.74	141	211
其他学科（人文社科）	2	0.0050	0.28	68.72	77	87
体育学	2	0.0000	0.02	97.24	186	249
人文地理学	2	0.0000	0.13	93.79	107	153
工业经济	2	0.0000	0.17	86.41	96	144
民族学	2	0.0000	0.27	79.84	58	61
环境科学	1	0.0025	0.43	99.57	39	111
心理学	1	0.0000	0.05	100.00	97	206
艺术学	1	0.0000	0.06	98.04	99	185

备注：该刊“影响因子”为 0.2620，“总转摘频次”为 479 次。

42. 上海交通大学学报. 哲学社会科学版

学 科 分 类	分学科被 引	分 学 科影响因子	学科被引百分比(%)	学科被引累积百分比(%)	学科被引位 次	学科被引期刊位次
图书馆、情报与文献学	34	0.5417	0.27	88.64	34	35
经济计划与管理	11	0.0060	0.06	91.50	232	240
财政、金融	10	0.0238	0.08	90.66	157	165
其他学科（科技）	6	0.0179	0.45	64.47	40	42
法学	5	0.0714	0.05	92.13	232	251
政治学	4	0.0298	0.08	88.38	254	271
新闻学与传播学	4	0.0298	0.13	83.94	74	78

（续表）

学科分类	分学科被引	分学科影响因子	学科被引百分比(%)	学科被引累积百分比(%)	学科被引位次	学科被引期刊位次
经济学理论	4	0.0179	0.12	84.17	164	175
教育学	4	0.0000	0.06	88.73	204	220
哲学	3	0.0179	0.17	77.12	117	119
语言学	3	0.0000	0.01	99.89	288	365
中国经济	2	0.0238	0.04	95.07	352	377
管理学（含科学学、人才学）	2	0.0179	0.14	81.04	122	140
社会学	2	0.0119	0.06	93.52	248	326
历史学	2	0.0060	0.02	99.13	350	425
农业经济	2	0.0060	0.02	98.19	315	367
贸易经济	2	0.0060	0.06	93.95	224	264
其他学科（人文社科）	1	0.0060	0.14	98.74	130	260
马克思主义	1	0.0000	0.12	94.70	141	202

备注：该刊“影响因子”为0.8333，“总转摘频次”为306次。

43. 学习与探索

学科分类	分学科被引	分学科影响因子	学科被引百分比(%)	学科被引累积百分比(%)	学科被引位次	学科被引期刊位次
政治学	33	0.0406	0.39	50.50	63	65
法学	26	0.0310	0.31	70.40	42	44
经济计划与管理	21	0.0263	0.15	79.68	122	124
哲学	19	0.0263	0.50	55.30	42	42
历史学	17	0.0024	0.21	78.34	118	122
经济学理论	9	0.0072	0.31	65.07	70	75
文学	8	0.0072	0.16	84.82	125	137
中国经济	7	0.0191	0.14	79.46	166	179
社会学	6	0.0024	0.36	55.46	51	52
财政、金融	5	0.0143	0.05	94.80	212	229
农业经济	4	0.0167	0.19	79.10	94	101
图书馆、情报与文献学	4	0.0048	0.03	95.56	136	153
教育学	4	0.0048	0.03	95.05	338	356
新闻学与传播学	4	0.0048	0.11	86.17	86	97
马克思主义	4	0.0048	0.23	82.03	89	116
文化学	3	0.0024	0.10	85.38	212	217

（续表）

学科分类	分学科被引	分学科影响因子	学科被引百分比(%)	学科被引累积百分比(%)	学科被引位次	学科被引期刊位次
管理学（含科学学、人才学）	3	0.0024	0.14	80.90	122	139
考古学	3	0.0000	0.05	96.96	68	77
心理学	2	0.0048	0.09	92.03	64	67
贸易经济	2	0.0024	0.06	93.33	224	254
民族学	2	0.0024	0.27	81.74	58	68
宗教学	2	0.0000	0.16	98.25	108	180
工业经济	2	0.0000	0.17	85.71	96	140
其他学科（人文社科）	2	0.0000	0.28	78.49	77	122
其他学科（科技）	1	0.0048	0.05	99.86	229	374
语言学	1	0.0000	0.01	99.41	288	318
体育学	1	0.0000	0.01	98.08	278	289
交通运输经济、旅游经济	1	0.0000	0.09	90.38	132	152

备注：该刊“影响因子”为0.2315，“总转摘频次”为641次。

44. 西南大学学报. 社会科学版

学科分类	分学科被引	分学科影响因子	学科被引百分比(%)	学科被引累积百分比(%)	学科被引位次	学科被引期刊位次
教育学	29	0.0437	0.32	66.73	50	50
文学	27	0.0552	0.62	54.51	31	32
心理学	22	0.0483	1.47	73.09	9	9
历史学	15	0.0046	0.21	79.18	118	126
语言学	14	0.0000	0.18	85.73	48	48
哲学	8	0.0184	0.25	69.70	79	83
社会学	7	0.0161	0.36	56.88	51	56
交通运输经济、旅游经济	7	0.0115	0.19	82.54	81	93
法学	6	0.0115	0.06	89.08	181	195
政治学	5	0.0069	0.07	90.06	280	295
中国经济	5	0.0069	0.10	83.51	212	212
体育学	4	0.0046	0.06	90.74	70	77
经济学理论	3	0.0069	0.06	92.27	237	271
经济计划与管理	3	0.0023	0.04	93.63	278	280
图书馆、情报与文献学	3	0.0000	0.02	97.09	197	224
新闻学与传播学	2	0.0069	0.04	95.35	180	244

（续表）

学科分类	分学科被引	分学科影响因子	学科被引百分比(%)	学科被引累积百分比(%)	学科被引位次	学科被引期刊位次
其他学科（人文社科）	2	0.0023	0.28	79.05	77	124
人文地理学	2	0.0023	0.52	64.29	32	37
宗教学	2	0.0023	0.32	79.01	61	83
文化学	2	0.0023	0.20	79.69	115	185
艺术学	2	0.0000	0.06	99.29	99	206
贸易经济	1	0.0023	0.03	98.92	294	396
马克思主义	1	0.0023	0.23	84.33	89	126
财政、金融	1	0.0023	0.01	99.30	403	419
管理学（含科学学、人才学）	1	0.0023	0.05	95.89	264	317
世界各国经济（含各国经济史、经济地理）	1	0.0023	0.12	91.82	115	149
军事学	1	0.0000	0.88	74.56	19	49
统计学	1	0.0000	1.19	94.05	6	21
环境科学	1	0.0000	0.43	90.52	39	90

备注：该刊“影响因子”为0.2667，“总转摘频次”为441次。

45. 广东社会科学

学科分类	分学科被引	分学科影响因子	学科被引百分比(%)	学科被引累积百分比(%)	学科被引位次	学科被引期刊位次
历史学	17	0.0195	0.39	61.01	58	60
政治学	12	0.0195	0.20	71.74	141	141
经济计划与管理	10	0.0358	0.12	84.78	160	162
文学	8	0.0228	0.15	85.40	138	141
社会学	8	0.0065	0.36	57.24	51	57
中国经济	7	0.0293	0.17	73.26	135	139
法学	7	0.0261	0.07	87.54	156	172
哲学	7	0.0130	0.20	74.67	96	106
经济学理论	4	0.0065	0.14	82.27	142	160
体育学	3	0.0098	0.04	94.38	133	151
财政、金融	3	0.0065	0.03	96.39	251	271
文化学	3	0.0033	0.20	69.68	115	134
教育学	2	0.0098	0.01	99.78	499	615

（续表）

学科分类	分学科被引	分学科影响因子	学科被引百分比(%)	学科被引累积百分比(%)	学科被引位次	学科被引期刊位次
贸易经济	2	0.0065	0.12	84.75	144	156
图书馆、情报与文献学	2	0.0033	0.00	99.85	420	523
考古学	2	0.0033	0.04	97.87	82	100
农业经济	2	0.0033	0.05	96.87	241	312
心理学	2	0.0033	0.09	93.93	64	87
宗教学	2	0.0033	0.32	74.24	61	68
军事学	2	0.0033	1.75	40.35	9	14
其他学科（科技）	2	0.0000	0.09	86.88	145	157
管理学（含科学学、人才学）	2	0.0000	0.09	85.87	170	179
工业经济	2	0.0000	0.17	87.46	96	150
新闻学与传播学	1	0.0000	0.02	97.39	267	315
交通运输经济、旅游经济	1	0.0000	0.05	94.18	190	196
人文地理学	1	0.0000	0.13	91.72	107	137
民族学	1	0.0000	0.14	87.87	81	101
其他学科（人文社科）	1	0.0000	0.14	86.17	130	170

备注：该刊“影响因子”为 0.2410，“总转摘频次”为 495 次。

46. 东北师大学报. 哲学社会科学版

学科分类	分学科被引	分学科影响因子	学科被引百分比(%)	学科被引累积百分比(%)	学科被引位次	学科被引期刊位次
历史学	33	0.0369	0.47	55.06	46	46
教育学	30	0.0820	0.35	66.07	48	48
文学	23	0.0451	0.41	63.52	49	51
政治学	12	0.0574	0.19	74.29	152	154
语言学	8	0.0205	0.10	89.54	76	76
中国经济	5	0.0123	0.04	94.38	352	361
心理学	5	0.0123	0.28	86.09	29	32
经济计划与管理	4	0.0123	0.04	95.20	299	318
哲学	4	0.0082	0.14	81.16	135	145
贸易经济	3	0.0082	0.03	95.80	294	295
财政、金融	3	0.0082	0.03	96.66	251	279
法学	3	0.0041	0.03	95.00	300	326
管理学（含科学学、人才学）	3	0.0041	0.14	84.83	122	168

（续表）

学科分类	分学科被引	分学科影响因子	学科被引百分比（%）	学科被引累积百分比（%）	学科被引位次	学科被引期刊位次
其他学科（科技）	2	0.0082	0.05	94.50	229	255
其他学科（人文社科）	2	0.0082	0.28	72.91	77	102
文化学	2	0.0082	0.39	50.83	56	67
马克思主义	2	0.0082	0.58	57.95	42	44
图书馆、情报与文献学	2	0.0041	0.02	96.63	197	199
农业经济	2	0.0041	0.02	97.03	315	317
体育学	2	0.0041	0.02	95.84	186	193
社会学	2	0.0041	0.10	84.03	198	202
新闻学与传播学	1	0.0082	0.04	95.53	180	248
交通运输经济、旅游经济	1	0.0041	0.05	94.89	190	211
艺术学	1	0.0041	0.06	94.72	99	129
宗教学	1	0.0000	0.16	91.41	108	137

备注：该刊“影响因子”为0.3770，“总转摘频次”为475次。

47. 开放时代

学科分类	分学科被引	分学科影响因子	学科被引百分比（%）	学科被引累积百分比（%）	学科被引位次	学科被引期刊位次
政治学	28	0.1080	0.42	47.71	58	58
社会学	12	0.0455	0.45	50.24	37	39
哲学	12	0.0170	0.36	63.55	58	62
教育学	9	0.0341	0.13	79.82	112	117
法学	8	0.0511	0.08	85.75	140	148
历史学	7	0.0455	0.23	76.40	108	113
经济学理论	6	0.0057	0.10	86.81	190	198
农业经济	5	0.0170	0.12	85.57	141	145
经济计划与管理	4	0.0170	0.04	94.55	299	301
文学	4	0.0170	0.06	94.55	229	235
中国经济	4	0.0114	0.07	91.28	267	305
其他学科（人文社科）	3	0.0114	0.70	42.46	26	27
财政、金融	3	0.0057	0.02	99.14	329	401
新闻学与传播学	3	0.0057	0.09	88.08	105	117
贸易经济	2	0.0057	0.06	95.37	224	287
体育学	2	0.0000	0.01	98.98	278	361

（续表）

学科分类	分学科被引	分学科影响因子	学科被引百分比(%)	学科被引累积百分比(%)	学科被引位次	学科被引期刊位次
管理学（含科学学、人才学）	2	0.0000	0.05	97.65	264	356
艺术学	1	0.0057	0.06	99.05	99	202
马克思主义	1	0.0057	0.12	94.59	141	201
世界各国经济（含各国经济史、经济地理）	1	0.0057	0.12	96.87	115	191
其他学科（科技）	1	0.0000	0.05	98.06	229	334
工业经济	1	0.0000	0.09	96.86	152	257
文化学	1	0.0000	0.10	98.92	212	355
人口学	1	0.0000	0.10	97.64	85	171
民族学	1	0.0000	0.14	86.78	81	93

备注：该刊“影响因子”为0.4148，“总转摘频次”为373次。

48. 学海

学科分类	分学科被引	分学科影响因子	学科被引百分比(%)	学科被引累积百分比(%)	学科被引位次	学科被引期刊位次
政治学	21	0.0306	0.34	55.91	78	80
法学	13	0.0218	0.14	79.43	86	87
社会学	11	0.0153	0.42	51.99	42	43
哲学	11	0.0044	0.31	66.16	69	70
中国经济	6	0.0218	0.11	81.80	197	197
历史学	6	0.0066	0.10	90.90	195	210
经济计划与管理	6	0.0044	0.03	96.45	334	354
农业经济	5	0.0044	0.12	85.34	141	143
经济学理论	4	0.0109	0.18	76.67	120	124
教育学	4	0.0000	0.06	89.36	204	230
文学	3	0.0044	0.07	93.62	207	221
民族学	3	0.0022	0.41	75.07	41	48
财政、金融	3	0.0000	0.01	99.29	403	418
交通运输经济、旅游经济	2	0.0066	0.09	90.19	132	150
管理学（含科学学、人才学）	2	0.0022	0.09	92.10	170	248
体育学	2	0.0022	0.02	97.59	186	263
图书馆、情报与文献学	2	0.0000	0.01	99.24	308	406

（续表）

学科分类	分学科被引	分学科影响因子	学科被引百分比(%)	学科被引累积百分比(%)	学科被引位次	学科被引期刊位次
文化学	2	0.0000	0.39	48.09	56	60
语言学	1	0.0022	0.01	99.33	288	311
世界各国经济（含各国经济史、经济地理）	1	0.0022	0.12	94.46	115	171
人口学	1	0.0000	0.10	93.52	85	129
环境科学	1	0.0000	0.43	92.67	39	95
贸易经济	1	0.0000	0.03	98.70	294	389
其他学科（人文社科）	1	0.0000	0.14	90.64	130	202
人文地理学	1	0.0000	0.13	94.44	107	158
艺术学	1	0.0000	0.06	99.41	99	208
其他学科（科技）	1	0.0000	0.05	96.62	229	302

备注：该刊“影响因子”为0.1463，“总转摘频次”为483次。

49. 福建论坛. 人文社会科学版

学科分类	分学科被引	分学科影响因子	学科被引百分比(%)	学科被引累积百分比(%)	学科被引位次	学科被引期刊位次
文学	18	0.0065	0.34	69.65	66	68
财政、金融	16	0.0348	0.13	85.69	112	116
中国经济	13	0.0370	0.24	64.62	95	97
经济计划与管理	11	0.0283	0.12	84.07	154	156
历史学	11	0.0087	0.31	67.52	77	79
经济学理论	10	0.0326	0.31	64.15	70	72
哲学	9	0.0109	0.14	81.44	135	147
政治学	7	0.0087	0.10	85.93	225	241
贸易经济	6	0.0152	0.22	76.13	94	103
农业经济	5	0.0174	0.21	75.73	82	84
教育学	5	0.0065	0.07	87.37	182	199
马克思主义	3	0.0065	0.69	55.53	35	40
语言学	3	0.0022	0.02	98.90	229	278
图书馆、情报与文献学	2	0.0087	0.01	98.41	308	316
其他学科（科技）	2	0.0043	0.09	90.40	145	196
体育学	2	0.0022	0.01	97.95	278	278

（续表）

学科分类	分学科被引	分学科影响因子	学科被引百分比（%）	学科被引累积百分比（%）	学科被引位次	学科被引期刊位次
新闻学与传播学	2	0.0022	0.04	95.49	180	247
交通运输经济、旅游经济	2	0.0022	0.09	93.20	132	182
管理学（含科学学、人才学）	2	0.0022	0.14	84.56	122	166
世界各国经济（含各国经济史、经济地理）	2	0.0022	0.24	83.75	82	98
法学	2	0.0000	0.02	97.33	353	414
社会学	2	0.0000	0.06	88.66	248	251
艺术学	2	0.0000	0.12	89.79	62	72
宗教学	2	0.0000	0.32	85.69	61	104
考古学	1	0.0000	0.02	98.55	117	121
其他学科（人文社科）	1	0.0000	0.14	82.12	130	141

备注：该刊“影响因子”为 0.2413，“总转摘频次”为 204 次。

50. 甘肃社会科学

学科分类	分学科被引	分学科影响因子	学科被引百分比（%）	学科被引累积百分比（%）	学科被引位次	学科被引期刊位次
文学	17	0.0164	0.23	77.21	91	96
政治学	15	0.0262	0.20	73.13	141	148
经济计划与管理	13	0.0245	0.15	80.14	122	127
法学	11	0.0262	0.14	80.26	90	93
中国经济	11	0.0229	0.22	67.38	108	109
历史学	11	0.0065	0.40	59.86	55	57
财政、金融	7	0.0147	0.09	89.63	144	153
农业经济	6	0.0098	0.14	82.20	118	120
社会学	5	0.0098	0.26	65.69	72	87
经济学理论	4	0.0115	0.16	78.40	130	134
图书馆、情报与文献学	4	0.0082	0.02	95.71	157	159
教育学	4	0.0049	0.06	89.11	204	226
哲学	4	0.0016	0.14	83.25	135	160
交通运输经济、旅游经济	3	0.0049	0.14	85.03	105	107
体育学	3	0.0033	0.06	91.24	70	85
新闻学与传播学	2	0.0033	0.04	95.31	180	243

（续表）

学科分类	分学科被引	分学科影响因子	学科被引百分比(%)	学科被引累积百分比(%)	学科被引位次	学科被引期刊位次
管理学（含科学学、人才学）	2	0.0033	0.05	99.14	264	389
民族学	2	0.0033	0.27	80.65	58	64
宗教学	2	0.0033	0.32	73.61	61	66
语言学	2	0.0000	0.02	98.84	229	275
其他学科（科技）	2	0.0000	0.05	95.45	229	276
马克思主义	2	0.0000	0.12	88.82	141	151
文化学	2	0.0000	0.20	69.28	115	132
工业经济	1	0.0049	0.17	82.06	96	119
人文地理学	1	0.0000	0.13	91.20	107	133
环境科学	1	0.0000	0.43	80.60	39	67
军事学	1	0.0000	0.88	63.16	19	36

备注：该刊“影响因子”为0.2095，“总转摘频次”为373次。

51. 郑州大学学报．哲学社会科学版

学科分类	分学科被引	分学科影响因子	学科被引百分比(%)	学科被引累积百分比(%)	学科被引位次	学科被引期刊位次
图书馆、情报与文献学	27	0.0720	0.10	91.00	50	51
法学	27	0.0212	0.29	71.57	47	48
历史学	23	0.0191	0.51	54.10	42	44
文学	19	0.0127	0.43	61.44	45	46
哲学	9	0.0275	0.22	71.18	89	89
政治学	9	0.0127	0.06	91.41	313	316
社会学	8	0.0169	0.19	70.52	102	109
语言学	8	0.0042	0.08	92.22	97	105
考古学	8	0.0000	0.15	94.11	38	42
新闻学与传播学	6	0.0275	0.22	79.47	48	51
中国经济	6	0.0106	0.13	81.55	182	195
经济计划与管理	6	0.0085	0.03	97.51	360	394
教育学	5	0.0085	0.04	93.78	280	321
经济学理论	3	0.0021	0.08	88.24	209	213
财政、金融	3	0.0000	0.03	96.85	285	285
农业经济	2	0.0021	0.02	98.31	315	372
管理学（含科学学、人才学）	2	0.0021	0.09	92.46	170	252

（续表）

学科分类	分学科被引	分学科影响因子	学科被引百分比(%)	学科被引累积百分比(%)	学科被引位次	学科被引期刊位次
艺术学	2	0.0021	0.12	92.52	62	95
文化学	2	0.0021	0.20	84.00	115	207
其他学科（科技）	2	0.0000	0.09	91.84	145	212
人文地理学	2	0.0000	0.26	79.95	71	76
交通运输经济、旅游经济	1	0.0042	0.05	96.86	190	253
贸易经济	1	0.0021	0.03	96.17	294	307
其他学科（人文社科）	1	0.0021	0.14	90.92	130	204
邮电经济	1	0.0021	1.67	96.67	9	42
心理学	1	0.0000	0.05	99.95	97	205

备注：该刊“影响因子”为0.2691，“总转摘频次”为618次。

52. 学术交流

学科分类	分学科被引	分学科影响因子	学科被引百分比(%)	学科被引累积百分比(%)	学科被引位次	学科被引期刊位次
经济计划与管理	20	0.0243	0.18	77.69	110	112
政治学	9	0.0097	0.18	75.94	160	163
文学	8	0.0107	0.22	78.76	98	103
法学	8	0.0058	0.10	82.84	109	115
财政、金融	7	0.0126	0.08	92.52	173	189
教育学	7	0.0078	0.09	84.38	142	161
哲学	7	0.0068	0.20	76.62	96	116
新闻学与传播学	6	0.0039	0.24	78.59	46	47
图书馆、情报与文献学	6	0.0010	0.01	98.94	308	373
中国经济	5	0.0155	0.17	74.30	135	145
交通运输经济、旅游经济	5	0.0078	0.56	61.66	20	21
农业经济	5	0.0058	0.21	77.61	82	93
语言学	5	0.0039	0.05	95.29	142	155
贸易经济	4	0.0049	0.25	73.97	82	93
管理学（含科学学、人才学）	4	0.0049	0.18	75.21	83	103
社会学	4	0.0049	0.13	81.99	151	185
经济学理论	3	0.0039	0.06	92.02	237	267
其他学科（人文社科）	2	0.0010	0.42	64.39	43	73
历史学	2	0.0010	0.05	94.95	258	268

（续表）

学科分类	分学科被引	分学科影响因子	学科被引百分比(%)	学科被引累积百分比(%)	学科被引位次	学科被引期刊位次
体育学	2	0.0000	0.02	97.46	186	258
军事学	1	0.0000	0.88	69.30	19	43
环境科学	1	0.0000	0.43	84.05	39	75
工业经济	1	0.0000	0.09	92.51	152	207
人口学	1	0.0000	0.10	95.58	85	150
文化学	1	0.0000	0.10	95.88	212	324

备注：该刊“影响因子”为0.1370，“总转摘频次”为398次。

53. 湖南师范大学社会科学学报

学科分类	分学科被引	分学科影响因子	学科被引百分比(%)	学科被引累积百分比(%)	学科被引位次	学科被引期刊位次
政治学	12	0.0286	0.12	82.66	199	210
哲学	10	0.0127	0.33	65.22	63	67
文学	10	0.0032	0.18	82.72	117	124
社会学	7	0.0413	0.36	55.10	51	51
教育学	7	0.0032	0.06	89.86	204	238
语言学	7	0.0000	0.06	93.34	119	121
法学	7	0.0000	0.09	84.32	124	131
历史学	6	0.0032	0.08	92.62	218	230
中国经济	4	0.0063	0.10	84.01	212	217
心理学	4	0.0000	0.14	89.23	46	46
经济计划与管理	3	0.0095	0.01	99.92	515	596
新闻学与传播学	3	0.0095	0.09	87.38	105	109
经济学理论	3	0.0063	0.06	93.01	237	283
交通运输经济、旅游经济	3	0.0063	0.09	91.32	132	162
其他学科（科技）	3	0.0032	0.14	85.57	113	143
人文地理学	2	0.0063	0.26	83.31	71	89
图书馆、情报与文献学	2	0.0032	0.01	98.67	308	344
财政、金融	2	0.0032	0.02	98.27	329	349
贸易经济	2	0.0032	0.06	93.64	224	259
体育学	2	0.0000	0.02	96.72	186	228
管理学（含科学学、人才学）	1	0.0032	0.05	98.28	264	370
其他学科（人文社科）	1	0.0032	0.14	85.47	130	165
文化学	1	0.0000	0.10	97.45	212	340

备注：该刊“影响因子”为0.1556，“总转摘频次”为705次。

54. 东岳论丛

学科分类	分学科被引	分学科影响因子	学科被引百分比(%)	学科被引累积百分比(%)	学科被引位次	学科被引期刊位次
哲学	15	0.0255	0.70	46.96	27	28
文学	12	0.0149	0.21	79.79	104	108
经济计划与管理	10	0.0277	0.10	86.32	174	176
历史学	9	0.0085	0.16	83.78	149	151
政治学	7	0.0106	0.10	84.43	225	226
中国经济	6	0.0277	0.16	76.66	146	160
财政、金融	5	0.0064	0.03	96.59	251	277
法学	5	0.0043	0.05	91.65	232	241
体育学	5	0.0043	0.07	89.50	56	59
经济学理论	4	0.0170	0.12	84.05	164	174
农业经济	4	0.0085	0.02	97.61	315	342
马克思主义	4	0.0064	0.69	56.22	35	41
图书馆、情报与文献学	4	0.0021	0.02	97.31	197	236
社会学	3	0.0021	0.10	84.42	198	206
新闻学与传播学	2	0.0043	0.09	88.17	105	118
管理学（含科学学、人才学）	2	0.0043	0.14	79.01	122	125
教育学	2	0.0021	0.03	95.46	338	369
其他学科（人文社科）	2	0.0021	0.28	71.51	77	97
语言学	2	0.0000	0.03	97.02	184	200
其他学科（科技）	2	0.0000	0.05	93.73	229	238
文化学	2	0.0000	0.20	70.46	115	138
工业经济	1	0.0021	0.09	90.68	152	186
世界各国经济（含各国经济史、经济地理）	1	0.0021	0.12	88.21	115	119
宗教学	1	0.0021	0.16	90.46	108	131
心理学	1	0.0000	0.05	96.58	97	134
人口学	1	0.0000	0.10	90.77	85	101
民族学	1	0.0000	0.14	89.65	81	114

备注：该刊“影响因子”为0.1851，“总转摘频次”为488次。

55. 中国社会科学院研究生院学报

学科分类	分学科被引	分学科影响因子	学科被引百分比(%)	学科被引累积百分比(%)	学科被引位次	学科被引期刊位次
法学	17	0.0385	0.15	79.14	83	85
哲学	10	0.0115	0.33	65.55	63	68
历史学	10	0.0077	0.10	90.13	195	202
财政、金融	8	0.0269	0.07	92.72	190	192
经济计划与管理	7	0.0154	0.05	93.09	256	269
经济学理论	7	0.0154	0.20	75.13	108	116
中国经济	7	0.0077	0.07	89.06	267	274
政治学	6	0.0038	0.08	88.76	254	276
社会学	4	0.0192	0.10	86.56	198	228
文学	4	0.0115	0.12	88.74	160	167
语言学	4	0.0038	0.06	93.28	119	120
教育学	3	0.0038	0.05	90.14	241	243
贸易经济	3	0.0038	0.06	94.50	224	273
文化学	3	0.0038	0.39	53.58	56	74
新闻学与传播学	2	0.0077	0.07	90.60	134	150
工业经济	2	0.0038	0.09	94.25	152	227
马克思主义	2	0.0038	0.12	90.78	141	168
管理学（含科学学、人才学）	2	0.0038	0.14	78.87	122	124
民族学	2	0.0000	0.14	93.73	81	144
体育学	1	0.0000	0.01	98.47	278	320
农业经济	1	0.0000	0.02	98.42	315	377
心理学	1	0.0000	0.05	97.72	97	158
人文地理学	1	0.0000	0.13	89.26	107	118

备注：该刊“影响因子”为0.1962，“总转摘频次”为448次。

56. 西北师大学报．社会科学版

学科分类	分学科被引	分学科影响因子	学科被引百分比(%)	学科被引累积百分比(%)	学科被引位次	学科被引期刊位次
教育学	32	0.0631	0.43	64.12	43	43
文学	22	0.0330	0.40	63.92	52	52
历史学	13	0.0120	0.27	71.85	89	94
哲学	11	0.0210	0.45	56.74	45	45
体育学	9	0.0060	0.12	87.12	34	34

（续表）

学科分类	分学科被引	分学科影响因子	学科被引百分比(%)	学科被引累积百分比(%)	学科被引位次	学科被引期刊位次
心理学	6	0.0210	0.33	84.62	24	27
中国经济	5	0.0270	0.13	80.13	182	184
语言学	5	0.0000	0.03	96.77	184	192
法学	4	0.0180	0.05	91.56	232	239
社会学	4	0.0060	0.16	76.97	119	147
政治学	4	0.0030	0.08	88.84	254	277
艺术学	4	0.0000	0.24	85.46	33	44
考古学	3	0.0090	0.07	96.20	59	64
图书馆、情报与文献学	3	0.0030	0.01	98.96	308	376
交通运输经济、旅游经济	2	0.0090	0.09	90.10	132	149
经济计划与管理	2	0.0060	0.01	100.00	515	608
宗教学	2	0.0060	0.32	76.47	61	75
文化学	2	0.0030	0.20	79.88	115	186
财政、金融	2	0.0030	0.02	98.87	329	385
民族学	2	0.0030	0.41	74.25	41	46
人文地理学	2	0.0000	0.26	87.45	71	105
经济学理论	2	0.0000	0.04	96.50	301	360
农业经济	2	0.0000	0.02	97.82	315	351
马克思主义	1	0.0030	0.12	89.17	141	154
贸易经济	1	0.0000	0.03	98.98	294	398
管理学（含科学学、人才学）	1	0.0000	0.05	99.01	264	386
其他学科（人文社科）	1	0.0000	0.14	89.53	130	194

备注：该刊“影响因子”为0.2553，“总转摘频次”为400次。

57. 华中科技大学学报. 社会科学版

学科分类	分学科被引	分学科影响因子	学科被引百分比(%)	学科被引累积百分比(%)	学科被引位次	学科被引期刊位次
经济计划与管理	24	0.0327	0.15	79.83	122	125
法学	11	0.0359	0.10	83.61	116	123
政治学	9	0.0229	0.11	83.68	214	219
社会学	7	0.0098	0.19	71.88	102	116
哲学	6	0.0098	0.11	88.46	172	204
语言学	5	0.0131	0.06	94.45	119	139

（续表）

学科分类	分学科被引	分学科影响因子	学科被引百分比(%)	学科被引累积百分比(%)	学科被引位次	学科被引期刊位次
财政、金融	5	0.0098	0.03	97.02	285	292
新闻学与传播学	5	0.0098	0.07	91.45	134	163
其他学科（科技）	5	0.0065	0.14	84.63	113	136
管理学（含科学学、人才学）	4	0.0098	0.27	66.19	58	60
图书馆、情报与文献学	4	0.0000	0.03	94.66	121	123
教育学	3	0.0098	0.08	85.38	162	173
体育学	3	0.0033	0.05	92.17	93	102
文学	3	0.0033	0.06	95.37	229	249
贸易经济	3	0.0033	0.09	89.01	172	197
民族学	2	0.0098	0.41	73.02	41	43
中国经济	2	0.0065	0.03	98.31	402	478
农业经济	2	0.0033	0.02	99.28	315	414
历史学	2	0.0033	0.05	95.24	258	274
经济学理论	2	0.0033	0.06	92.70	237	278
其他学科（人文社科）	2	0.0033	0.28	68.44	77	86
交通运输经济、旅游经济	2	0.0000	0.09	91.13	132	160
心理学	1	0.0033	0.05	96.73	97	137
工业经济	1	0.0000	0.09	91.55	152	196
统计学	1	0.0000	1.19	78.57	6	8

备注：该刊“影响因子”为0.2190，“总转摘频次”为179次。

58. 探索与争鸣

学科分类	分学科被引	分学科影响因子	学科被引百分比(%)	学科被引累积百分比(%)	学科被引位次	学科被引期刊位次
政治学	34	0.0604	0.44	45.12	52	52
历史学	11	0.0224	0.34	64.98	69	71
社会学	7	0.0246	0.36	55.81	51	53
教育学	7	0.0089	0.10	81.66	128	133
经济计划与管理	6	0.0112	0.05	93.40	256	275
法学	6	0.0089	0.03	94.97	300	325
文学	4	0.0112	0.09	92.09	186	201
中国经济	3	0.0134	0.07	91.35	267	306
哲学	3	0.0022	0.11	86.45	172	186

（续表）

学科分类	分学科被引	分学科影响因子	学科被引百分比(%)	学科被引累积百分比(%)	学科被引位次	学科被引期刊位次
文化学	3	0.0022	0.29	58.68	79	90
经济学理论	2	0.0112	0.02	97.89	382	407
其他学科（科技）	2	0.0045	0.09	88.59	145	176
图书馆、情报与文献学	2	0.0045	0.00	99.86	420	525
财政、金融	2	0.0045	0.02	98.77	329	379
人口学	2	0.0022	0.29	82.61	33	53
语言学	2	0.0000	0.01	99.45	288	322
农业经济	2	0.0000	0.05	95.20	241	276
马克思主义	1	0.0045	0.12	98.85	141	238
世界各国经济（含各国经济史、经济地理）	1	0.0022	0.12	92.18	115	152
新闻学与传播学	1	0.0022	0.02	97.74	267	331
工业经济	1	0.0022	0.09	95.73	152	244
民族学	1	0.0000	0.14	95.64	81	158
体育学	1	0.0000	0.01	99.46	278	400
管理学（含科学学、人才学）	1	0.0000	0.05	98.33	264	371

备注：该刊“影响因子”为0.2058，“总转摘频次”为333次。

59. 河南社会科学

学科分类	分学科被引	分学科影响因子	学科被引百分比(%)	学科被引累积百分比(%)	学科被引位次	学科被引期刊位次
法学	19	0.0415	0.29	72.15	47	50
政治学	12	0.0249	0.22	68.77	124	127
财政、金融	7	0.0166	0.08	90.91	157	168
教育学	11	0.0166	0.15	78.38	99	106
社会学	2	0.0083	0.13	78.23	151	156
经济计划与管理	4	0.0050	0.03	96.26	334	348
新闻学与传播学	3	0.0050	0.04	93.82	180	209
文学	3	0.0033	0.01	99.30	340	376
历史学	1	0.0033	0.02	99.26	350	433
图书馆、情报与文献学	4	0.0033	0.02	95.83	157	164
交通运输经济、旅游经济	1	0.0033	0.05	93.99	190	192

（续表）

学科分类	分学科被引	分学科影响因子	学科被引百分比(%)	学科被引累积百分比(%)	学科被引位次	学科被引期刊位次
心理学	1	0.0033	0.05	96.16	97	125
体育学	3	0.0033	0.05	93.32	93	125
哲学	3	0.0033	0.20	74.86	96	107
中国经济	2	0.0017	0.01	99.04	479	529
语言学	2	0.0017	0.02	97.96	229	232
经济学理论	3	0.0017	0.04	94.54	301	312
艺术学	1	0.0017	0.06	93.95	99	116
农业经济	2	0.0017	0.07	92.20	191	221
管理学（含科学学、人才学）	2	0.0017	0.09	87.58	170	198
其他学科（人文社科）	3	0.0017	0.42	56.01	43	53
其他学科（科技）	1	0.0000	0.05	94.05	229	245
工业经济	1	0.0000	0.09	91.20	152	192
人口学	1	0.0000	0.10	92.14	85	115
文化学	2	0.0000	0.20	68.50	115	128

备注：该刊“影响因子”为0.1526，“总转摘频次”为331次。

60. 东南学术

学科分类	分学科被引	分学科影响因子	学科被引百分比(%)	学科被引累积百分比(%)	学科被引位次	学科被引期刊位次
政治学	15	0.0313	0.22	68.33	124	125
文学	9	0.0256	0.12	89.45	160	173
财政、金融	8	0.0228	0.08	91.32	173	173
哲学	8	0.0199	0.39	61.73	54	57
中国经济	6	0.0256	0.14	79.03	166	176
经济计划与管理	6	0.0171	0.04	94.78	299	307
经济学理论	6	0.0171	0.16	79.06	130	138
教育学	6	0.0114	0.06	87.91	204	207
社会学	6	0.0114	0.26	62.07	72	73
农业经济	4	0.0085	0.09	89.49	159	184
马克思主义	4	0.0085	0.23	80.65	89	110
历史学	4	0.0028	0.08	92.70	218	231
法学	3	0.0057	0.06	90.33	205	216
新闻学与传播学	2	0.0085	0.07	92.04	134	172

（续表）

学科分类	分学科被引	分学科影响因子	学科被引百分比（%）	学科被引累积百分比（%）	学科被引位次	学科被引期刊位次
其他学科（科技）	2	0.0057	0.09	92.65	145	221
文化学	2	0.0057	0.10	91.07	212	275
贸易经济	2	0.0028	0.06	95.25	224	285
图书馆、情报与文献学	2	0.0000	0.00	99.41	420	429
其他学科（人文社科）	1	0.0057	0.14	84.50	130	158
工业经济	1	0.0028	0.09	88.33	152	159
体育学	1	0.0000	0.01	98.66	278	335
艺术学	1	0.0000	0.06	95.85	99	148
人口学	1	0.0000	0.10	92.63	85	120
人文地理学	1	0.0000	0.13	90.17	107	125
民族学	1	0.0000	0.14	90.33	81	119

备注：该刊“影响因子”为0.2422，“总转摘频次”为341次。

61. 河南师范大学学报. 哲学社会科学版

学科分类	分学科被引	分学科影响因子	学科被引百分比（%）	学科被引累积百分比（%）	学科被引位次	学科被引期刊位次
法学	20	0.0547	0.30	70.99	45	46
文学	18	0.0205	0.34	68.97	66	66
政治学	16	0.0393	0.35	54.18	74	75
教育学	15	0.0393	0.24	71.11	65	66
历史学	13	0.0103	0.23	76.62	108	114
语言学	12	0.0068	0.19	85.55	47	47
哲学	8	0.0154	0.28	68.17	73	77
图书馆、情报与文献学	7	0.0085	0.03	94.60	121	121
新闻学与传播学	6	0.0103	0.20	80.25	52	55
体育学	6	0.0017	0.06	90.37	70	71
马克思主义	4	0.0068	0.46	63.36	48	55
中国经济	3	0.0034	0.06	93.09	308	336
其他学科（科技）	2	0.0034	0.09	86.07	145	148
农业经济	2	0.0034	0.09	89.40	159	183
社会学	2	0.0034	0.10	85.00	198	212
经济计划与管理	2	0.0017	0.01	99.16	447	495
经济学理论	2	0.0017	0.04	94.50	301	311

（续表）

学科分类	分学科被引	分学科影响因子	学科被引百分比(%)	学科被引累积百分比(%)	学科被引位次	学科被引期刊位次
心理学	2	0.0017	0.09	92.88	64	76
文化学	2	0.0017	0.39	53.19	56	73
财政、金融	1	0.0034	0.01	99.48	403	441
考古学	1	0.0000	0.02	98.98	117	145
世界各国经济（含各国经济史、经济地理）	1	0.0000	0.12	97.71	115	198

备注：该刊“影响因子”为0.2393，“总转摘频次”为438次。

62. 河南大学学报. 社会科学版

学科分类	分学科被引	分学科影响因子	学科被引百分比(%)	学科被引累积百分比(%)	学科被引位次	学科被引期刊位次
法学	17	0.0234	0.16	78.04	78	78
历史学	16	0.0176	0.37	63.26	63	66
文学	12	0.0059	0.16	84.49	125	135
语言学	9	0.0098	0.10	90.46	76	85
新闻学与传播学	8	0.0117	0.15	82.51	67	68
教育学	8	0.0039	0.12	81.03	123	127
哲学	7	0.0156	0.20	76.03	96	113
中国经济	5	0.0039	0.07	90.35	267	292
政治学	5	0.0020	0.08	87.22	254	256
图书馆、情报与文献学	4	0.0098	0.00	99.69	420	490
经济计划与管理	4	0.0098	0.01	99.13	447	493
财政、金融	4	0.0039	0.03	96.12	251	263
管理学（含科学学、人才学）	2	0.0039	0.09	87.77	170	200
其他学科（人文社科）	2	0.0039	0.28	69.27	77	89
体育学	2	0.0020	0.02	96.76	186	230
贸易经济	2	0.0020	0.06	93.58	224	258
民族学	2	0.0020	0.27	81.20	58	66
考古学	2	0.0000	0.02	98.96	117	144
社会学	2	0.0000	0.06	90.67	248	282
交通运输经济、旅游经济	2	0.0000	0.09	93.38	132	184
心理学	2	0.0000	0.14	90.65	46	56
其他学科（科技）	1	0.0020	0.05	93.55	229	234
经济学理论	1	0.0000	0.02	99.08	382	465
世界各国经济（含各国经济史、经济地理）	1	0.0000	0.12	98.07	115	201

备注：该刊“影响因子”为0.1348，“总转摘频次”为606次。

63. 齐鲁学刊

学 科 分 类	分学科被　引	分 学 科影响因子	学科被引百分比(%)	学科被引累积百分比(%)	学科被引位　　次	学科被引期刊位次
文学	27	0.0049	0.50	58.79	40	40
哲学	22	0.0172	0.61	50.89	33	34
历史学	20	0.0025	0.34	65.32	69	72
政治学	7	0.0099	0.08	87.53	254	260
中国经济	5	0.0099	0.07	90.06	267	288
体育学	4	0.0049	0.07	89.87	56	64
其他学科（科技）	4	0.0049	0.23	74.89	69	77
考古学	4	0.0025	0.02	99.82	117	191
图书馆、情报与文献学	4	0.0025	0.02	96.68	197	202
法学	4	0.0000	0.03	95.55	300	343
农业经济	3	0.0049	0.09	88.10	159	169
新闻学与传播学	2	0.0074	0.07	90.27	134	145
经济计划与管理	2	0.0025	0.01	99.09	447	490
财政、金融	2	0.0025	0.02	98.56	329	366
经济学理论	2	0.0025	0.02	99.16	382	469
教育学	2	0.0025	0.02	97.78	408	461
文化学	2	0.0025	0.10	94.41	212	309
语言学	2	0.0000	0.03	97.57	184	218
马克思主义	2	0.0000	0.12	96.20	141	215
民族学	2	0.0000	0.27	79.02	58	58
交通运输经济、旅游经济	1	0.0000	0.05	99.67	190	313
心理学	1	0.0000	0.05	99.76	97	201
社会学	1	0.0000	0.06	93.46	248	325

备注：该刊“影响因子”为0.0862，“总转摘频次”为511次。

64. 学术论坛

学 科 分 类	分学科被　引	分 学 科影响因子	学科被引百分比(%)	学科被引累积百分比(%)	学科被引位　　次	学科被引期刊位次
政治学	18	0.0378	0.32	58.89	89	89
法学	11	0.0189	0.09	84.93	124	138
经济计划与管理	9	0.0231	0.10	87.10	180	184
社会学	9	0.0168	0.39	54.75	45	50
中国经济	9	0.0147	0.16	77.14	146	163

（续表）

学科分类	分学科被引	分学科影响因子	学科被引百分比(%)	学科被引累积百分比(%)	学科被引位次	学科被引期刊位次
文学	7	0.0021	0.15	84.96	138	138
图书馆、情报与文献学	6	0.0105	0.04	93.39	90	90
教育学	5	0.0126	0.05	90.40	241	248
经济学理论	5	0.0063	0.06	91.72	237	262
新闻学与传播学	4	0.0147	0.04	95.13	180	239
历史学	4	0.0063	0.08	91.82	218	220
哲学	4	0.0063	0.20	74.47	96	105
交通运输经济、旅游经济	4	0.0042	0.09	90.29	132	151
马克思主义	3	0.0084	0.46	65.21	48	59
财政、金融	3	0.0063	0.03	96.90	285	287
其他学科（人文社科）	3	0.0063	0.56	46.37	32	33
文化学	3	0.0021	0.20	83.42	115	204
贸易经济	2	0.0063	0.09	88.92	172	196
管理学（含科学学、人才学）	2	0.0063	0.18	76.66	83	111
农业经济	2	0.0042	0.05	94.69	241	265
体育学	2	0.0021	0.02	97.44	186	257
艺术学	2	0.0021	0.06	98.34	99	190
语言学	2	0.0000	0.02	99.09	229	287
宗教学	1	0.0021	0.16	89.98	108	128
心理学	1	0.0000	0.05	96.96	97	142
人口学	1	0.0000	0.10	95.78	85	152
人文地理学	1	0.0000	0.13	99.35	107	196
民族学	1	0.0000	0.14	91.14	81	125
军事学	1	0.0000	0.88	78.07	19	53

备注：该刊“影响因子”为0.2206，“总转摘频次”为399次。

65. 西北大学学报. 哲学社会科学版

学科分类	分学科被引	分学科影响因子	学科被引百分比(%)	学科被引累积百分比(%)	学科被引位次	学科被引期刊位次
历史学	17	0.0051	0.31	67.83	77	80
经济计划与管理	14	0.0051	0.06	90.99	232	232
中国经济	12	0.0255	0.20	70.30	117	123
交通运输经济、旅游经济	11	0.0179	1.08	54.62	12	12
文学	11	0.0128	0.18	82.19	117	121
经济学理论	10	0.0204	0.22	72.62	101	104
考古学	9	0.0255	0.40	89.76	20	20
图书馆、情报与文献学	8	0.0204	0.05	92.79	72	77
新闻学与传播学	6	0.0102	0.15	82.97	67	71
政治学	6	0.0051	0.04	94.70	355	381
财政、金融	6	0.0051	0.04	95.40	231	243
教育学	5	0.0102	0.07	87.44	182	200
法学	5	0.0077	0.04	93.13	261	274
哲学	5	0.0000	0.17	78.96	117	130
农业经济	4	0.0153	0.16	81.30	106	114
人文地理学	4	0.0051	0.52	62.23	32	33
贸易经济	4	0.0026	0.12	86.35	144	169
语言学	3	0.0077	0.05	95.54	142	160
管理学（含科学学、人才学）	3	0.0026	0.14	80.77	122	138
工业经济	2	0.0102	0.17	84.67	96	134
马克思主义	2	0.0051	0.35	72.12	63	78
文化学	2	0.0051	0.20	80.27	115	188
社会学	2	0.0026	0.06	88.53	248	249
民族学	2	0.0000	0.27	83.92	58	76
体育学	2	0.0000	0.05	93.27	93	124
其他学科（科技）	2	0.0000	0.09	90.76	145	200
宗教学	1	0.0026	0.16	99.21	108	186
邮电经济	1	0.0026	1.67	80.00	9	32
艺术学	1	0.0000	0.06	99.17	99	204

备注：该刊“影响因子”为 0.2321，“总转摘频次”为 302 次。

66. 湘潭大学学报. 哲学社会科学版

学科分类	分学科被引	分学科影响因子	学科被引百分比(%)	学科被引累积百分比(%)	学科被引位次	学科被引期刊位次
法学	18	0.0103	0.18	77.37	70	74
文学	12	0.0069	0.22	78.32	98	101
政治学	9	0.0189	0.17	77.63	167	173
经济计划与管理	7	0.0155	0.07	90.86	219	230
财政、金融	7	0.0120	0.08	90.41	157	162
图书馆、情报与文献学	7	0.0086	0.03	95.50	136	151
哲学	7	0.0069	0.33	63.88	63	63
历史学	7	0.0034	0.14	86.17	157	167
中国经济	6	0.0172	0.22	68.89	108	116
交通运输经济、旅游经济	6	0.0069	0.52	62.74	23	23
经济学理论	6	0.0034	0.14	80.41	142	147
教育学	6	0.0034	0.08	85.97	162	180
语言学	6	0.0017	0.07	93.16	107	118
马克思主义	4	0.0052	0.46	64.75	48	58
文化学	4	0.0034	0.39	51.62	56	69
贸易经济	4	0.0034	0.19	79.41	108	120
农业经济	3	0.0086	0.14	84.01	118	133
管理学（含科学学、人才学）	3	0.0017	0.14	81.17	122	141
社会学	2	0.0017	0.10	87.24	198	235
新闻学与传播学	2	0.0017	0.07	90.99	134	156
体育学	2	0.0000	0.02	97.41	186	256
世界各国经济（含各国经济史、经济地理）	1	0.0017	0.12	95.43	115	179
其他学科（人文社科）	1	0.0000	0.14	88.41	130	186
人口学	1	0.0000	0.10	96.37	85	158
其他学科（科技）	1	0.0000	0.05	99.59	229	368

备注：该刊“影响因子”为0.1426，“总转摘频次”为435次。

67. 江苏大学学报. 社会科学版

学科分类	分学科被引	分学科影响因子	学科被引百分比(%)	学科被引累积百分比(%)	学科被引位次	学科被引期刊位次
教育学	9	0.0685	0.16	77.21	92	98
文学	8	0.0457	0.13	87.15	144	154
经济计划与管理	6	0.0457	0.05	92.58	256	259

（续表）

学科分类	分学科被引	分学科影响因子	学科被引百分比(%)	学科被引累积百分比(%)	学科被引位次	学科被引期刊位次
政治学	6	0.0457	0.09	86.28	242	245
中国经济	5	0.0228	0.09	88.22	236	263
法学	4	0.0137	0.06	90.22	205	214
历史学	4	0.0137	0.06	93.33	235	240
管理学（含科学学、人才学）	4	0.0000	0.18	76.30	83	109
财政、金融	3	0.0228	0.04	95.23	231	239
经济学理论	3	0.0137	0.08	88.40	209	215
新闻学与传播学	2	0.0320	0.04	94.48	180	224
哲学	2	0.0228	0.11	85.79	172	180
文化学	2	0.0228	0.29	60.75	79	97
图书馆、情报与文献学	2	0.0183	0.01	98.22	241	300
马克思主义	2	0.0183	0.35	67.97	63	66
语言学	2	0.0137	0.03	96.96	184	198
社会学	2	0.0137	0.10	85.39	198	216
考古学	1	0.0046	0.02	99.53	117	175
体育学	1	0.0046	0.02	96.27	186	210
交通运输经济、旅游经济	1	0.0046	0.05	98.92	190	297
心理学	1	0.0046	0.05	99.67	97	199
军事学	1	0.0046	0.88	49.12	19	20
艺术学	1	0.0000	0.06	98.75	99	197

备注：该刊“影响因子”为0.4612，“总转摘频次”为87次。

68. 安徽大学学报. 哲学社会科学版

学科分类	分学科被引	分学科影响因子	学科被引百分比(%)	学科被引累积百分比(%)	学科被引位次	学科被引期刊位次
法学	15	0.0177	0.14	80.13	90	92
文学	10	0.0059	0.19	80.55	109	112
哲学	10	0.0118	0.36	62.46	58	59
中国经济	10	0.0088	0.30	58.88	71	76
图书馆、情报与文献学	8	0.0265	0.04	93.48	90	92
历史学	7	0.0118	0.16	83.46	149	149
语言学	7	0.0118	0.08	91.56	97	97
财政、金融	4	0.0029	0.03	96.16	251	264

（续表）

学科分类	分学科被引	分学科影响因子	学科被引百分比(%)	学科被引累积百分比(%)	学科被引位次	学科被引期刊位次
经济计划与管理	4	0.0177	0.02	98.53	399	446
社会学	4	0.0029	0.06	93.00	248	318
政治学	4	0.0206	0.08	87.06	254	254
新闻学与传播学	3	0.0029	0.09	87.55	105	111
环境科学	2	0.0029	0.86	57.76	23	26
交通运输经济、旅游经济	2	0.0000	0.09	89.25	132	140
教育学	2	0.0029	0.03	96.56	338	404
经济学理论	2	0.0059	0.06	90.49	237	242
贸易经济	2	0.0059	0.06	95.43	224	288
其他学科（人文社科）	2	0.0059	0.28	67.04	77	81
体育学	2	0.0088	0.05	92.27	93	104
文化学	2	0.0029	0.10	94.80	212	313
宗教学	2	0.0059	0.32	75.52	61	72
考古学	1	0.0029	0.02	99.51	117	174
农业经济	1	0.0000	0.02	99.88	315	440
其他学科（科技）	1	0.0000	0.05	99.05	229	356
人文地理学	1	0.0000	0.13	87.97	107	108
艺术学	1	0.0029	0.06	97.15	99	170

备注：该刊“影响因子”为0.1917，“总转摘频次”为332次。

69. 宁夏社会科学

学科分类	分学科被引	分学科影响因子	学科被引百分比(%)	学科被引累积百分比(%)	学科被引位次	学科被引期刊位次
历史学	16	0.0089	0.24	73.12	99	99
法学	11	0.0119	0.09	84.23	124	130
政治学	10	0.0119	0.13	80.27	191	191
宗教学	7	0.0089	0.64	60.73	32	39
社会学	6	0.0119	0.26	63.88	72	80
民族学	6	0.0030	1.36	52.04	16	17
经济计划与管理	5	0.0149	0.06	91.85	242	246
中国经济	4	0.0149	0.11	82.03	197	199
考古学	4	0.0030	0.07	96.13	59	63
人文地理学	4	0.0030	0.91	53.95	19	20

（续表）

学科分类	分学科被引	分学科影响因子	学科被引百分比(%)	学科被引累积百分比(%)	学科被引位次	学科被引期刊位次
农业经济	3	0.0060	0.12	86.15	141	150
管理学（含科学学、人才学）	3	0.0030	0.05	97.43	264	351
文学	3	0.0030	0.06	94.31	229	231
图书馆、情报与文献学	3	0.0000	0.01	99.22	308	404
语言学	3	0.0000	0.02	98.70	229	268
财政、金融	2	0.0060	0.02	99.06	329	396
经济学理论	2	0.0060	0.06	90.55	237	243
教育学	2	0.0000	0.01	99.30	499	569
哲学	2	0.0000	0.03	98.58	311	412
马克思主义	2	0.0000	0.23	79.03	89	103
环境科学	2	0.0000	0.86	58.62	23	27
文化学	1	0.0060	0.10	92.74	212	292
体育学	1	0.0030	0.02	95.99	186	199
其他学科（科技）	1	0.0000	0.05	99.64	229	369

备注：该刊“影响因子”为0.1250，“总转摘频次”为212次。

70. 西安交通大学学报. 社会科学版

学科分类	分学科被引	分学科影响因子	学科被引百分比(%)	学科被引累积百分比(%)	学科被引位次	学科被引期刊位次
经济计划与管理	22	0.1241	0.21	73.67	91	91
财政、金融	9	0.0657	0.13	86.44	112	122
管理学（含科学学、人才学）	7	0.0219	0.36	63.16	45	50
教育学	7	0.0146	0.05	91.08	241	261
政治学	6	0.0584	0.10	84.63	225	228
经济学理论	5	0.0292	0.12	84.66	164	179
图书馆、情报与文献学	4	0.0292	0.04	93.90	90	102
中国经济	4	0.0219	0.03	97.59	402	453
法学	3	0.0219	0.03	95.51	300	342
交通运输经济、旅游经济	3	0.0219	0.19	82.36	81	92
其他学科（科技）	3	0.0073	0.14	81.51	113	113
贸易经济	3	0.0000	0.06	91.79	224	229
工业经济	2	0.0219	0.17	82.58	96	122
马克思主义	2	0.0219	0.35	75.58	63	88

（续表）

学科分类	分学科被引	分学科影响因子	学科被引百分比(%)	学科被引累积百分比(%)	学科被引位次	学科被引期刊位次
人口学	2	0.0000	0.10	93.71	85	131
社会学	2	0.0000	0.03	99.16	342	485
体育学	2	0.0000	0.02	97.71	186	268
军事学	1	0.0073	0.88	73.68	19	48
农业经济	1	0.0073	0.05	95.52	241	283
文化学	1	0.0000	0.10	99.31	212	359
新闻学与传播学	1	0.0000	0.02	97.52	267	321

备注：该刊“影响因子”为0.4818，“总转摘频次”为145次。

71. 河北师范大学学报．哲学社会科学版

学科分类	分学科被引	分学科影响因子	学科被引百分比(%)	学科被引累积百分比(%)	学科被引位次	学科被引期刊位次
教育学	20	0.0588	0.10	81.13	128	128
文学	19	0.0163	0.38	64.69	54	54
历史学	13	0.0033	0.23	75.95	108	111
语言学	10	0.0033	0.11	89.44	68	75
法学	7	0.0163	0.09	84.05	124	128
政治学	7	0.0131	0.09	86.01	242	242
哲学	6	0.0033	0.14	79.91	135	136
经济计划与管理	4	0.0098	0.04	95.32	299	321
心理学	4	0.0098	0.14	89.80	46	50
艺术学	4	0.0065	0.06	93.65	99	111
新闻学与传播学	4	0.0033	0.11	86.83	86	103
交通运输经济、旅游经济	3	0.0131	0.23	75.41	57	60
中国经济	3	0.0098	0.04	94.25	352	358
体育学	3	0.0033	0.05	93.57	93	130
图书馆、情报与文献学	3	0.0000	0.01	98.68	308	346
文化学	2	0.0065	0.20	68.69	115	129
农业经济	2	0.0033	0.07	93.04	191	233
财政、金融	2	0.0000	0.01	99.67	403	464

（续表）

学科分类	分学科被引	分学科影响因子	学科被引百分比(%)	学科被引累积百分比(%)	学科被引位次	学科被引期刊位次
社会学	2	0.0000	0.03	98.93	342	478
经济学理论	2	0.0000	0.04	94.62	301	314
马克思主义	2	0.0000	0.23	78.34	89	100
人文地理学	2	0.0000	0.52	68.95	32	46
考古学	1	0.0000	0.02	98.71	117	130
贸易经济	1	0.0000	0.03	99.07	294	401

备注：该刊“影响因子”为0.1797，“总转摘频次”为377次。

72. 湖南社会科学

学科分类	分学科被引	分学科影响因子	学科被引百分比(%)	学科被引累积百分比(%)	学科被引位次	学科被引期刊位次
政治学	11	0.0184	0.21	69.86	132	132
法学	8	0.0105	0.08	85.99	140	151
教育学	5	0.0158	0.13	79.57	112	115
交通运输经济、旅游经济	5	0.0092	0.33	72.22	42	48
经济学理论	5	0.0053	0.10	87.63	190	206
中国经济	4	0.0105	0.07	88.77	267	270
财政、金融	4	0.0079	0.07	92.85	190	194
经济计划与管理	4	0.0040	0.04	95.17	299	317
哲学	3	0.0066	0.20	72.71	96	96
文学	3	0.0000	0.07	93.48	207	219
贸易经济	2	0.0040	0.09	89.75	172	205
其他学科（人文社科）	2	0.0040	0.14	81.98	130	140
社会学	2	0.0026	0.10	84.71	198	209
文化学	2	0.0026	0.20	70.07	115	136
图书馆、情报与文献学	2	0.0013	0.01	98.40	308	315
其他学科（科技）	2	0.0000	0.09	87.24	145	161
马克思主义	2	0.0000	0.35	75.23	63	87
新闻学与传播学	1	0.0013	0.02	97.17	267	305
管理学（含科学学、人才学）	1	0.0013	0.05	93.81	264	271
人文地理学	1	0.0013	0.13	91.33	107	134
体育学	1	0.0000	0.01	97.96	278	279

备注：该刊“影响因子”为0.1067，“总转摘频次”为285次。

73. 云南社会科学

学科分类	分学科被引	分学科影响因子	学科被引百分比(%)	学科被引累积百分比(%)	学科被引位次	学科被引期刊位次
政治学	13	0.0573	0.21	71.12	132	138
历史学	10	0.0119	0.19	80.16	128	131
社会学	9	0.0215	0.16	76.00	119	141
中国经济	8	0.0215	0.17	73.61	135	141
文学	6	0.0143	0.10	90.27	174	181
哲学	6	0.0072	0.25	70.46	79	86
经济计划与管理	4	0.0167	0.04	93.90	278	286
教育学	4	0.0048	0.04	93.20	280	307
农业经济	4	0.0048	0.07	91.16	191	206
民族学	4	0.0048	1.23	57.22	20	21
人文地理学	4	0.0024	0.65	55.37	22	22
财政、金融	3	0.0119	0.04	94.94	231	232
法学	3	0.0095	0.04	93.57	261	285
交通运输经济、旅游经济	3	0.0048	0.05	97.61	190	269
贸易经济	3	0.0000	0.06	92.59	224	242
文化学	2	0.0048	0.20	79.10	115	182
图书馆、情报与文献学	2	0.0024	0.01	97.67	241	260
语言学	2	0.0024	0.02	97.92	229	230
其他学科（科技）	2	0.0000	0.09	89.50	145	186
马克思主义	2	0.0000	0.12	93.09	141	188
经济学理论	1	0.0048	0.04	96.22	301	353
体育学	1	0.0024	0.01	98.16	278	295
新闻学与传播学	1	0.0024	0.02	98.53	267	367
其他学科（人文社科）	1	0.0024	0.14	93.44	130	222
艺术学	1	0.0000	0.06	93.77	99	113

备注：该刊“影响因子”为0.2172，“总转摘频次”为246次。

74. 重庆大学学报. 社会科学版

学科分类	分学科被引	分学科影响因子	学科被引百分比(%)	学科被引累积百分比(%)	学科被引位次	学科被引期刊位次
经济计划与管理	19	0.0394	0.19	76.96	105	108
教育学	17	0.0268	0.17	76.11	89	91
管理学（含科学学、人才学）	11	0.0215	0.45	60.59	41	43
法学	9	0.0233	0.08	85.26	140	142
财政、金融	8	0.0179	0.12	87.37	123	130
政治学	8	0.0161	0.14	79.85	180	188
语言学	6	0.0089	0.05	95.49	142	159
贸易经济	4	0.0054	0.15	80.67	127	127
工业经济	3	0.0072	0.35	70.47	58	68
经济学理论	3	0.0054	0.06	91.41	237	257
社会学	3	0.0036	0.06	92.29	248	307
其他学科（科技）	3	0.0036	0.14	82.73	113	122
农业经济	3	0.0018	0.02	97.38	315	332
图书馆、情报与文献学	3	0.0000	0.01	98.47	308	323
交通运输经济、旅游经济	2	0.0072	0.09	90.57	132	154
新闻学与传播学	2	0.0054	0.07	91.39	134	162
中国经济	2	0.0036	0.04	94.08	352	354
其他学科（人文社科）	2	0.0036	0.28	76.26	77	114
文学	2	0.0018	0.03	98.72	292	338
哲学	2	0.0018	0.06	93.17	253	264
心理学	2	0.0018	0.09	91.93	64	66
文化学	2	0.0000	0.20	71.44	115	143
人口学	2	0.0000	0.20	84.58	58	61
马克思主义	2	0.0000	0.23	75.81	89	89
宗教学	1	0.0018	0.16	87.12	108	110
世界各国经济（含各国经济史、经济地理）	1	0.0000	0.12	90.97	115	142

备注：该刊“影响因子”为0.2147，“总转摘频次”为104次。

75. 深圳大学学报. 人文社会科学版

学科分类	分学科被引	分学科影响因子	学科被引百分比(%)	学科被引累积百分比(%)	学科被引位次	学科被引期刊位次
法学	10	0.0237	0.10	82.42	109	111
语言学	9	0.0102	0.10	90.36	76	84
政治学	8	0.0407	0.11	83.46	214	217
文学	7	0.0203	0.21	78.97	104	104
教育学	7	0.0136	0.06	89.61	204	234
中国经济	5	0.0102	0.10	84.71	212	224
图书馆、情报与文献学	4	0.0203	0.02	95.87	157	166
哲学	4	0.0136	0.08	91.50	206	240
经济计划与管理	4	0.0102	0.01	98.58	447	450
文化学	4	0.0102	0.39	51.23	56	68
新闻学与传播学	3	0.0034	0.04	94.92	180	234
管理学（含科学学、人才学）	3	0.0034	0.14	83.21	122	156
财政、金融	2	0.0102	0.01	99.92	403	493
社会学	2	0.0034	0.06	94.17	248	336
体育学	2	0.0000	0.01	100.00	278	443
历史学	2	0.0000	0.03	96.40	291	302
贸易经济	1	0.0034	0.06	94.87	224	279
经济学理论	1	0.0000	0.02	99.39	382	480
农业经济	1	0.0000	0.02	97.98	315	358
心理学	1	0.0000	0.05	97.39	97	151
艺术学	1	0.0000	0.06	97.27	99	172
人口学	1	0.0000	0.10	94.50	85	139
马克思主义	1	0.0000	0.12	99.08	141	240

备注：该刊“影响因子”为0.1966，“总转摘频次”为350次。

76. 天津师范大学学报. 社会科学版

学科分类	分学科被引	分学科影响因子	学科被引百分比(%)	学科被引累积百分比(%)	学科被引位次	学科被引期刊位次
文学	14	0.0116	0.22	78.10	98	100
语言学	12	0.0058	0.14	87.66	59	60
历史学	9	0.0233	0.23	75.50	108	109
教育学	7	0.0233	0.09	83.53	142	152
经济计划与管理	5	0.0407	0.05	92.73	256	262
政治学	5	0.0000	0.07	89.86	280	292

（续表）

学科分类	分学科被引	分学科影响因子	学科被引百分比(%)	学科被引累积百分比(%)	学科被引位次	学科被引期刊位次
心理学	4	0.0000	0.14	89.37	46	47
管理学（含科学学、人才学）	3	0.0174	0.14	82.53	122	151
哲学	3	0.0058	0.08	92.00	206	246
体育学	3	0.0000	0.05	92.02	93	99
法学	2	0.0058	0.02	98.38	422	476
财政、金融	2	0.0058	0.02	98.36	329	354
其他学科（人文社科）	2	0.0058	0.28	77.09	77	117
中国经济	2	0.0000	0.04	95.88	352	396
图书馆、情报与文献学	1	0.0116	0.01	98.78	308	356
社会学	1	0.0058	0.03	96.92	342	416
工业经济	1	0.0058	0.09	98.34	152	274
经济学理论	1	0.0000	0.02	99.55	382	488
贸易经济	1	0.0000	0.03	97.22	294	341
文化学	1	0.0000	0.20	77.72	115	175
军事学	1	0.0000	0.88	91.23	19	68

备注：该刊“影响因子”为0.1744，“总转摘频次”为355次。

77. 暨南学报. 哲学社会科学版

学科分类	分学科被引	分学科影响因子	学科被引百分比(%)	学科被引累积百分比(%)	学科被引位次	学科被引期刊位次
语言学	14	0.0115	0.16	86.43	52	52
经济计划与管理	13	0.0344	0.08	88.66	201	201
政治学	9	0.0344	0.12	82.90	199	212
法学	9	0.0191	0.10	82.74	109	114
历史学	9	0.0115	0.10	90.23	195	203
文学	7	0.0038	0.21	79.17	104	105
财政、金融	6	0.0191	0.08	90.74	157	166
哲学	5	0.0115	0.22	72.30	89	94
中国经济	4	0.0153	0.07	91.42	267	307
教育学	4	0.0038	0.07	86.71	182	190
农业经济	4	0.0000	0.07	90.32	191	194
贸易经济	3	0.0038	0.09	86.69	172	172

（续表）

学科分类	分学科被引	分学科影响因子	学科被引百分比(%)	学科被引累积百分比(%)	学科被引位次	学科被引期刊位次
世界各国经济（含各国经济史、经济地理）	2	0.0153	0.36	79.66	63	81
社会学	2	0.0038	0.06	88.73	248	252
管理学（含科学学、人才学）	2	0.0038	0.09	88.31	170	206
图书馆、情报与文献学	2	0.0000	0.01	98.34	308	309
经济学理论	2	0.0000	0.02	99.92	382	506
其他学科（人文社科）	1	0.0038	0.14	81.56	130	137
工业经济	1	0.0000	0.09	97.65	152	266
人口学	1	0.0000	0.10	98.04	85	175
民族学	1	0.0000	0.14	86.38	81	90
军事学	1	0.0000	0.88	51.75	19	23

备注：该刊“影响因子”为0.1947，“总转摘频次”为317次。

78. 湖北社会科学

学科分类	分学科被引	分学科影响因子	学科被引百分比(%)	学科被引累积百分比(%)	学科被引位次	学科被引期刊位次
政治学	15	0.0132	0.21	70.70	132	136
经济计划与管理	12	0.0117	0.12	84.67	160	161
法学	7	0.0059	0.06	90.72	205	223
财政、金融	6	0.0059	0.06	93.67	202	207
农业经济	6	0.0059	0.12	86.03	141	149
中国经济	6	0.0044	0.10	85.51	212	232
教育学	4	0.0044	0.07	87.66	182	203
图书馆、情报与文献学	4	0.0037	0.02	96.24	157	182
社会学	3	0.0037	0.23	68.97	91	101
管理学（含科学学、人才学）	2	0.0029	0.14	82.80	122	153
哲学	2	0.0015	0.03	95.90	311	316
其他学科（科技）	2	0.0015	0.09	93.28	145	228
贸易经济	2	0.0015	0.09	87.34	172	179
历史学	2	0.0007	0.02	98.04	350	357
体育学	2	0.0007	0.02	96.39	186	215
经济学理论	2	0.0007	0.06	91.90	237	265

（续表）

学 科 分 类	分学科被 引	分 学 科影响因子	学科被引百分比(%)	学科被引累积百分比(%)	学科被引位 次	学科被引期刊位次
其他学科（人文社科）	2	0.0007	0.28	79.89	77	127
马克思主义	2	0.0007	0.35	66.94	63	63
工业经济	1	0.0015	0.09	91.11	152	191
文化学	1	0.0015	0.10	90.48	212	269
世界各国经济（含各国经济史、经济地理）	1	0.0007	0.12	89.77	115	132
艺术学	1	0.0000	0.06	95.49	99	142
人口学	1	0.0000	0.10	89.19	85	85
民族学	1	0.0000	0.14	88.56	81	106
环境科学	1	0.0000	0.43	74.14	39	52

备注：该刊“影响因子”为0.0749，“总转摘频次”为236次。

79. 兰州大学学报. 社会科学版

学 科 分 类	分学科被 引	分 学 科影响因子	学科被引百分比(%)	学科被引累积百分比(%)	学科被引位 次	学科被引期刊位次
文学	16	0.0299	0.38	65.07	54	55
历史学	14	0.0233	0.32	66.29	73	75
法学	12	0.0266	0.16	78.68	78	82
语言学	9	0.0033	0.11	88.99	68	71
经济计划与管理	8	0.0166	0.08	89.63	209	213
图书馆、情报与文献学	7	0.0133	0.02	96.94	197	216
中国经济	6	0.0066	0.04	95.97	352	398
教育学	6	0.0066	0.09	83.43	142	151
新闻学与传播学	6	0.0066	0.18	81.15	57	60
财政、金融	5	0.0100	0.05	94.60	212	225
哲学	3	0.0166	0.11	86.79	172	189
政治学	3	0.0100	0.03	96.21	393	423
社会学	3	0.0100	0.13	80.05	151	170
民族学	3	0.0066	0.54	70.71	34	38
农业经济	3	0.0033	0.12	86.73	141	155
经济学理论	3	0.0000	0.02	97.79	382	402

（续表）

学科分类	分学科被引	分学科影响因子	学科被引百分比(%)	学科被引累积百分比(%)	学科被引位次	学科被引期刊位次
体育学	3	0.0000	0.05	92.97	93	118
宗教学	2	0.0066	0.16	92.05	108	141
管理学（含科学学、人才学）	2	0.0033	0.09	86.14	170	182
交通运输经济、旅游经济	2	0.0033	0.14	87.85	105	127
人文地理学	2	0.0033	0.26	81.24	71	81
考古学	2	0.0000	0.04	97.25	82	83
艺术学	2	0.0000	0.12	89.67	62	71
经济学	1	0.0033	9.09	45.45	1	5
文化学	1	0.0000	0.10	94.90	212	314
人口学	1	0.0000	0.10	97.45	85	169
其他学科（人文社科）	1	0.0000	0.14	96.23	130	242

备注：该刊“影响因子”为0.2126，“总转摘频次”为299次。

80. 湖北大学学报．哲学社会科学版

学科分类	分学科被引	分学科影响因子	学科被引百分比(%)	学科被引累积百分比(%)	学科被引位次	学科被引期刊位次
文学	17	0.0157	0.23	76.27	91	92
语言学	14	0.0063	0.15	87.06	55	56
历史学	12	0.0094	0.16	84.26	149	154
教育学	11	0.0314	0.13	79.20	112	112
哲学	7	0.0094	0.33	64.21	63	64
农业经济	4	0.0094	0.12	86.26	141	151
图书馆、情报与文献学	4	0.0031	0.01	98.68	308	345
政治学	4	0.0000	0.07	90.46	280	301
社会学	4	0.0000	0.16	75.02	119	135
人口学	4	0.0000	0.29	80.84	33	47
交通运输经济、旅游经济	3	0.0157	0.09	89.44	132	142
中国经济	3	0.0094	0.06	93.14	308	337
经济计划与管理	3	0.0031	0.02	97.99	399	418
新闻学与传播学	2	0.0094	0.04	94.30	180	220
法学	2	0.0031	0.02	97.40	353	417
考古学	2	0.0031	0.04	97.22	82	82
体育学	2	0.0031	0.04	95.57	133	183

（续表）

学科分类	分学科被引	分学科影响因子	学科被引百分比（%）	学科被引累积百分比（%）	学科被引位次	学科被引期刊位次
贸易经济	2	0.0031	0.06	93.21	224	252
宗教学	2	0.0031	0.48	68.84	46	54
马克思主义	2	0.0000	0.12	97.47	141	226
其他学科（人文社科）	1	0.0031	0.14	85.75	130	167
财政、金融	1	0.0000	0.01	99.87	403	487
心理学	1	0.0000	0.05	95.63	97	114
人文地理学	1	0.0000	0.13	88.75	107	114
民族学	1	0.0000	0.14	88.69	81	107

备注：该刊“影响因子”为0.1447，“总转摘频次”为383次。

81. 新疆社会科学

学科分类	分学科被引	分学科影响因子	学科被引百分比（%）	学科被引累积百分比（%）	学科被引位次	学科被引期刊位次
历史学	8	0.0000	0.14	85.88	157	165
宗教学	7	0.0000	1.11	39.59	12	13
考古学	5	0.0000	0.11	94.82	46	48
中国经济	4	0.0268	0.09	87.71	236	257
民族学	4	0.0045	0.41	76.29	41	51
法学	3	0.0134	0.02	95.91	353	355
政治学	3	0.0045	0.02	97.76	448	481
经济计划与管理	2	0.0089	0.02	97.86	399	411
图书馆、情报与文献学	2	0.0045	0.00	99.42	420	432
文学	2	0.0045	0.04	97.08	259	285
人口学	2	0.0045	0.20	88.51	58	81
农业经济	2	0.0000	0.02	97.75	315	348
人文地理学	2	0.0000	0.26	79.43	71	74
经济学理论	1	0.0045	0.02	97.55	382	390
新闻学与传播学	1	0.0045	0.02	98.64	267	372
社会学	1	0.0045	0.03	98.74	342	472
财政、金融	1	0.0000	0.01	99.27	403	416
语言学	1	0.0000	0.01	99.56	288	333
其他学科（人文社科）	1	0.0000	0.14	88.83	130	189

备注：该刊“影响因子”为0.0848，“总转摘频次”为55次。

核心期刊简介

安徽大学学报. 哲学社会科学版 = Journal of Anhui University. Philosophy and Social Sciences/安徽大学. －合肥：《安徽大学学报》编辑部，1960－
双月刊　　　　　大 16 开
ISSN 1001－5019　　CN 34－1040
安徽省合肥市肥西路 3 号（230039）
编辑部电话：0551－5107145
E-mail:journal@mars.ahu.edu.cn

人文社会科学综合性学术刊物。办刊宗旨：坚持正确的舆论导向，立足安徽、面向全国，以学术为本位，以质量为生命，刊发有较高学术水平的论文。除刊载人文社会科学各学科领域的理论研究成果外，还根据学科设置和实际情况，刊发有一定深度的学术论文和调查研究报告。常设栏目有：哲学、语言文学、法学、政治学、历史学、经济学、管理学、新闻学、教育学等。此外，还开设了重点栏目“徽史研究”、“汉语言研究”等。读者对象为社会科学工作者和高校文科专业师生。继承：《安徽大学学报. 社会科学版》（1975～1979）。2004 年获得安徽省教育厅、安徽省新闻出版局颁发的“安徽省高等学校优秀学报一等奖”。有英文目次和中英文文摘。

安徽史学 = Anhui Historiography/安徽省社会科学院. －合肥：《安徽史学》编辑部，1956－
季刊　　　　　大 16 开
ISSN 1005－605X　　CN 34－1008　　26－9
安徽省合肥市卫岗安徽省社会科学院内（230053）
编辑部电话：0551－3438361
E-mail:ahshixue@tom.com

史学研究类学术刊物。原名《安徽史学通讯》。以历史研究为主，注重专业性、学术性，是我国创办比较早的史学刊物之一。办刊宗旨：反映国内外史学界的最新史学研究成果和研究动态，注重发挥既有全国影响、又有特色的选题优势，努力办成有较高的学术质量和鲜明特色，兼具“虚”“实”，容纳古今中外的综合性史学刊物。主要栏目：徽学研究、家族史研究、桐城派研究、江淮流域史研究、学术争鸣、读史札记、学习评介等。读者对象主要是国内外各大专院校、社会科学研究机构的教学、研究人员，中学历史教师，以及史学爱好者。有英文目次。

保险研究 = Insurance Studies/中国保险学会，中国人民保险公司保险研究所． －北京：《保险研究》编辑部，1980 －

月刊　　　　　　　大 16 开

ISSN 1004 －3306　　　CN 11 －1632

北京市西城区金融大街 15 号鑫茂大厦北楼 7 层（100140）
编辑部电话：010 －66553510
E-mail:bxyjbjb@ 163. com

保险研究专业刊物。中国保险学会会刊。以科学发展观为办刊指导，坚持理论联系实际的原则，根据国家经济社会发展战略和经济体制改革的要求，研究探讨社会主义市场经济体制下的保险理论和实务问题，保持“繁荣学术研究，创新保险理论，促进事业发展，服务小康社会”的办刊特色，引导和推动保险事业持续、快速、协调、健康地发展。主要板块栏目：本刊特稿、专题研究、行业观察、产险论坛、寿险专论、保险监管、诚信建设、风险管理、公司经营、中介专版、争鸣园地、法律经纬、市场调研、海外视窗、学术动态等。读者对象为从事保险理论研究和保险业务工作的人员，以及相关专业的高校师生。有英文目次。

北京大学教育评论 = Peking University Education Review/北京大学． －北京：《北京大学教育评论》编辑部，1986 －

季刊　　　　　　　16 开

ISSN 1671 －9468　　　CN 11 －4848　　　82 －388

北京市海淀区颐和园路 5 号（100871）
编辑部电话：010 －62754971
E-mail:jypl@ pku. edu. cn

教育类学术刊物。前身为《高等教育论坛》，2003 年改为现刊名。办刊宗旨：贯彻“双百”方针，繁荣教育科学研究，为教育学学科建设及教育改革和发展服务；坚持立足中国教育现实、着眼国际学术前沿、理论联系实际、众多学科参与的栏目特色。主要栏目设置：教育基本理论、课程与教学论、教育经济与财政、教育管理与政策、高等教育、基础教育、教育改革与发展、国际与比较教育、教育技术、教育史论、专题研究、著述评介等。读者对象为教育科研人员、教育行政管理人员、高等院校师生。有英文目次、中文论文提要。

北京大学学报. 哲学社会科学版 = Journal of Peking University. Philosophy and Social Sciences/北京大学. －北京：《北京大学学报》编辑部，1955－
双月刊　　大 16 开
ISSN 1000－5919　　CN 11－1561　　2－88
北京市海淀区北京大学（100871）
编辑部电话：010－62751216
E-mail:journal@pku.edu.cn

人文社会科学综合性学术刊物。办刊宗旨：坚持正确的人文导向，贯彻“双百”方针，继承北京大学优良学术传统，注重理论和实践问题探索，走理论联系实际、学术结合时代之路，追踪社会思潮、理论前沿和学术热点。重点刊载北京大学师生的最新研究成果，体现北京大学在学术探索和学术创新上的水平。内容涉及哲学、文学、史学、经济学、政治学、法学、教育学等领域。主要栏目：本刊特稿、宗教学研究、文学研究、史学研究、法学研究、治学之道、书评等。读者对象为社会科学工作者及大专院校文科师生。

北京电影学院学报 = Journal of Beijing Film Academy/北京电影学院. －北京：《北京电影学院学报》编辑部，1984－
双月刊　　大 16 开
ISSN 1002－6142　　CN 11－1677
北京市海淀区西土城路 4 号（100088）
编辑部电话：010－82283412
E-mail:xuebaobfa@bfa.edu.cn

电影电视艺术类期刊。办刊宗旨：始终保持浓厚的时代气息，注意反映学院教师的教学及学术研究成果，注意追踪反映国内外影视最新创作动态及研究动态，报道中外电影艺术发展动向，发表有关电影理论与教学研究、电影创作等方面的论文。栏目设置有：电影美术、美学与创作、电影合作艺术研究、电影技术与艺术、大师研究、对话与访谈、锐影评等。读者对象为电影院校师生、电影专业人员及广大电影爱好者。

北京工商大学学报. 社会科学版 = Journal of Beijing Technology and Business University. Social Science/北京工商大学. －北京：《北京工商大学学报》编辑部，1981－
双月刊　　大 16 开

ISSN 1009 - 6116　　CN 11 - 4509　　82 - 360
北京市海淀区阜成路 33 号（100037）
编辑部电话：010 - 68984614
E-mail：xuebao@ btbu. edu. cn

以贸易经济类为主的综合性学术期刊。曾用名《北京商学院学报》。力求及时、真实地反映国内外贸易经济领域内的最新学术成果和理论研究动态，特别是在市场经济条件下，及时反映大商业、大市场、大流通理论研究与实践中的创新科研成果和前沿动态。主要栏目：商贸流通、管理研究、市场营销、会计研究、金融研究、旅游经济、经济法、经济史等。读者对象为高校师生、科研机构和政府政策研究部门的研究人员以及企业经营管理人士等。有英文目次、中文论文摘要。

北京师范大学学报. 社会科学版 = Journal of Beijing Normal University. Social Science/北京师范大学. - 北京：《北京师范大学学报. 社会科学版》编辑部，1956 -
双月刊　　16 开
ISSN 1002 - 0209　　CN 11 - 1514　　2 - 98
北京市西城区新街口外大街 19 号（100875）
编辑部电话：010 - 58807848
E-mail：wkxb@ bnu. edu. cn

人文社会科学综合性学术刊物。以推崇科研成果、促进交流、繁荣文化为办刊宗旨，以时代性、实用性、学术性、创新性为办刊特色，突出哲学社会科学研究的前沿问题。以反映北京师范大学师生的科研成果为主，刊载教育学、教育思想、传统文化及中外人文社会科学各学科领域的学术文章。主要栏目：教育研究、文学研究、历史研究、马克思主义哲学研究、网络中的哲学问题研究、管理研究、可持续发展战略研究。读者对象为社会科学工作者、教育工作者、大专院校文科师生。

北京体育大学学报 = Journal of Beijing Sport University/北京体育大学. - 北京：《北京体育大学学报》编辑部，1966 -
双月刊　　大 16 开
ISSN 1007 - 3612　　CN 11 - 3785　　80 - 325
北京市海淀区中关村北大街（100084）

编辑部电话：010－62989268
E-mail：BJTD@ chinajournal. net. cn

体育类学术期刊。原名《北京体育学院学报》，1993 年变更为现刊名。主要刊登体育教师、教练员、研究人员、研究生等在体育科学及其边缘学科等领域的研究成果及综述性文章，其中包括体育基础理论研究与应用、体育教学与训练改革、体育及竞赛项目技术分析、体育科研动态、体育社会学、运动医学、群众体育及国外体育科研成果与体育信息交流等。辟有体育社会学、运动心理学、人体运动科学、学科研究与进展、统计与测量、体育教学、运动训练等栏目。读者对象为国内外体育科技工作者与管理者、体育教师、教练员以及体育院校在校生等。有英文目次和摘要。

北京行政学院学报 = Journal of Beijing Administrative College/北京行政学院．－北京：《北京行政学院学报》编辑部，1999－
双月刊　　　　大 16 开
ISSN 1008－7621　　CN 11－4054　　2－385
北京市西城区车公庄大街 6 号（100044）
编辑部电话：010－68007412
E-mail：bacjournal@ vip. 163. com

政治研究类学术刊物。办刊宗旨：致力于贴近中国现代化建设事业、中国学术事业和读者的需要，强化对马克思主义中国化最新成果的研究和探索，注重学术积累与学术创新，注重对重大现实问题的理论探索，注重推动学科发展。主要刊载涉及政治学、公共管理学、马克思主义、经济学、社会学、法学、哲学、历史学等学科的研究成果，以及首都研究和国外（海外）政治行政研究成果译介、学术研究综述和调查报告等。主要栏目：地方政府与治理、政治·行政、马克思主义与当代、经济·管理、法律·社会、哲学·人文等。其中“政治学”、“公共管理学”、“马克思主义与当代”为重点栏目。此外还开设了“专题研究”、“笔谈”等特色栏目。读者对象为人文社会科学工作者、大专院校师生以及部分机关干部、社会人士。有英文目次和中英文论文摘要。

比较法研究 = Journal of Comparative Law/中国政法大学比较法研究所．－北京：《比较法研究》编辑部，1987－
双月刊　　　　16 开

ISSN 1004 -8561　　CN 11 -3171　　2 -306
北京市海淀区西土城路 25 号（100088）
编辑部电话：010 -58908258
E-mail:bijiaofa@ hotmail. com

比较法学专业理论刊物。旨在促进我国比较法学基本理论、方法的探讨和发展，及时深入地反映国内外法学理论和法律制度发展的最新动态及较高水平的研究成果，倡导对各国法律制度与思想进行深入的比较研究，增进中外法律界之间的思想沟通和学术对话，为我国法律制度的发展与完善提供具有启发性和可行性的借鉴和思路。载文注重学理性，刊发有深度、有独立见解、反映最新学术水平的文章和直接涉及社会现实问题的制度性研究文章。栏目设置：论文、评论、任务与思考、法学译介等。读者对象为法学教师或大专院校法律系学生、科研工作者，立法者、司法者、律师以及有兴趣于法学研究的读者。有英文目次。

比较教育研究 = Comparative Education Review/北京师范大学． -北京：北京师范大学国际比较教育研究所，1965 -

月刊　　大 16 开
ISSN 1003 -7667　　CN 11 -2878　　2 -466
北京市西城区新街口外大街 19 号（100875）
编辑部电话：010 -62208310
E-mail:bjb@ 263. net. cn

教育学专业刊物。办刊宗旨：向教育工作者介绍世界各国的教育情况，对外国教育进行比较研究，学习外国教育中的好经验，以便促进中国教育事业的发展。主要刊登国内外教育思想研究、教学理论研究、教学管理经验、中外教育观比较等方面的文章，及时报道国内外教育动态。设有多个栏目板块：教育方针政策的比较研究、幼儿教育、普通教育、高等教育、职业技术教育、师范教育、成人教育事业的情况介绍和研究比较；当代教育、教学理论和学派的研究比较；德智体美劳诸方面的经验介绍；学术动态与教改经验；重要教育论文；动态报道和统计资料。读者对象为高等院校师生、教育学研究人员等。有英文目次和中英文论文提要。

编辑学报 = Acta Editologica/中国科学技术期刊编辑学会． -北京：《编辑学报》编辑部，1989 -

双月刊　　　　　　大 16 开
ISSN 1001 – 4314　　CN 11 – 2493　　82 – 638
北京市丰台区右安门外首都医科大学内（100069）
编辑部电话：010 – 83911350
E-mail：bjxb_bj@ 163. com

专业学术性刊物。重点反映国内外有关科技书刊特别是科技期刊编辑出版理论与实践研究的成果，介绍新技术方法，报道研究动态。辟有理论研究、编辑工程与标准化、改革探索、经营管理、新技术应用、人才培养 、办刊之道、期刊评价、编辑感悟、学术争鸣、标准修订讨论、有问必答、名刊采风等栏目。读者对象为科技期刊编辑人员及图书编辑出版研究者、管理者、作者和读者及高校编辑专业的师生。有英文目次、中英文论文提要。

财经科学 = Finance & Economics/西南财经大学 . – 成都：《财经科学》编辑部，1957 –
月刊　　　　　　16 开
ISSN 1000 – 8306　　CN 51 – 1104　　62 – 5
四川省成都市外西光华村西南财经大学光华楼 1301 室（610074）
编辑部电话：028 – 87352248
E-mail：cjkx@ swvfe. edu. cn

财经类综合性刊物。连续三届被评为全国学报“百强”社科期刊。以“求是为本、创新为先”为办刊理念，重点刊载关于经济体制改革中的重大理论和实践问题和反映西北地区经济问题的研究文章，使经济理论研究为社会主义市场经济体制创新和改革开放服务。论文内容以研究金融理论与理论经济学为主，兼顾研究宏观经济学、产业经济学、管理学、社会问题经济学等多个学科领域的重要问题。栏目设置有：改革开放 30 年、金融论坛、宏观经济、学术失控、企业经济、城乡统筹、公共管理、经济经纬、书评 · 书讯等。读者对象为：经济理论工作者、企业和经济管理部门工作人员，高等院校相关专业师生。有英文目次和中英文文摘。

财经理论与实践 = The Theory and Practice of Finance and Economics/湖南大学 . – 长沙：《财经理论与实践》编辑部，1980 –
双月刊　　　　　　大 16 开

ISSN 1003 – 7217　　CN 43 – 1057　　42 – 56
湖南省长沙市岳麓区（410082）
编辑部电话：0731 – 8821883
E-mail：cjllysj2008@ vip. sina. com

研究财经理论的综合性学术刊物。曾用刊名《湖南财经学院学报》。全国百强社科学报。办刊宗旨：坚持与时俱进，开拓创新，注重基础理论与实践应用相结合，着重研究我国改革开放和现代化建设的重大理论和实际问题，积极探索中国特色社会主义经济的发展规律。内容以探讨社会主义市场经济理论和实践问题为主，介绍相关理论的最新研究成果和财政金融方面的市场动态，以及经济学专业知识，国内外证券与投资市场变动，财政与税务的关联，经济与管理的分析等方面内容。设有金融与保险、证券与投资、财务与会计、财政与税收、经济管理、统计与信息、探索与争鸣、农业经济、地域经济研究、经济法等栏目。读者对象为财经部门工作人员及相关专业的高校师生。有英文目次和中文摘要。

财经问题研究 = Research on Financial and Economic Issues/东北财经大学. – 大连：东部财经大学杂志社，1979 –
月刊　　大 16 开
ISSN 1000 – 176X　　CN 21 – 1096　　8 – 117
辽宁省大连市黑石礁东北财经大学（116025）
编辑部电话：0411 – 84710514
E-mail：cjwtyj@ 163. com

经济管理类学术刊物。第二届全国双十佳社科学报。办刊宗旨：探索财经管理改革，报道财经研究动态，传播前沿财经观点，推展财经学术成就，提升财经研究水准，并以学术性、时代性、创新性、前瞻性为办刊风格，着重反映国家经济管理部门、研究部门、经济管理类院校的专家学者探讨中国改革与发展过程中的热点与难点问题的研究成果。内容既包含对中国宏观层面经济管理的讨论，又包含对微观层面企业经营管理的研究，也包含对中国公共管理问题的探讨。栏目设置：理论研究、产业组织、金融与投资、企业经济、区域经济等。读者对象为从事企业管理、行业管理、实际经济业务、理论研究、教学、经济决策、政策研究等工作的人员、高等院校师生。有英文目次、中文论文提要。

财经研究 = Journal of Finance and Economics/上海财经大学．－上海：《财经研究》编辑部，1956－

月刊　　16开

ISSN 1001－9952　　CN 31－1012　　4－331

上海市武东路321号乙（200434）

编辑部电话：021－65904345

E-mail：cjyj@mail.shufe.edu.cn

综合性经济理论刊物。中国期刊方阵“双效期刊”、第三届全国三十佳社科学报。注重理论联系实际，着重研究和阐述我国改革开放和现代化经济建设的重大理论和实际问题，积极探索具有中国特色社会主义经济的发展规律。集学术性、现实性于一体，既提倡学术原创性，又注重现实性，对经济建设出现的热点、难点和焦点进行跟踪研究，并将其中的学术成果及时予以发表。栏目设置有：经济史·经济思想史研究、国际经济研究、区域经济研究、产业经济研究、金融研究、公共经济与管理、财务与会计研究等。读者对象为经济理论工作者、大专院校师生、经济部门的实际工作者、企业管理人员。有英文目次和中英文文摘。

财贸经济 = Finance and Trade Economics/中国社会科学院财贸经济研究所．－北京：财贸经济杂志社，1980－

月刊　　大16开

ISSN 1002－8102　　CN 11－1166　　2－845

北京市西城区月坛北小街2号（100836）

编辑部电话：010－68034659

E-mail：cmjj2008@yahoo.com.cn

经济理论刊物。坚持基础理论研究与对策研究的紧密结合，增强理论性、可读性、实践性的办刊特点。发表有关财政、金融、内外贸易、旅游经济、城市经济、成本价格、服务、第三产业、审计、会计等部门的优秀科研成果和改革经验总结，探讨在经济改革和经济建设中出现的新情况、新问题，提出解决问题的新观点和新思路，为理论研究和部门管理服务。主要栏目：金融与证券、财政与税收、贸易经济等。主要读者对象是经济理论研究人员、实际工作部门中从事政策研究和理论宣传的广大干部及经济决策者、各高等院校财经类专业师生、一切关心我国改革开放事业及有志研究财经理论的各界人士。有英文目录与部分论文英文提要。

财政研究 = Public Finance Research/中国财政学会. －北京：中国财政学会秘书处，《财政研究》编辑部，1980－

月刊　　大 16 开

ISSN 1003－2878　　CN 11－1077

北京市西城区复兴门外三里河财政部科研所（100820）
编辑部电话：010－88191233
E-mail:czyj1225@vip.163.com

财经类理论学术刊物。坚持改革开放、理论联系实际的原则，注重对财经实际工作中的重大理论和政策问题进行实证分析和理论探讨；贯彻百家争鸣方针，反映各方观点，报道财经理论和实践方面的新成果、新动向、新经验和新知识。栏目设置有：理论探讨、经济分析、政策研究、专题调研、地方财经、改革探索、宏观经济、财务会计、书刊评论、学术动态、外国财政等。读者对象为全国广大财经部门和企事业工作人员、财经理论研究工作者和财经院校师生。有英文目次。

成都体育学院学报 = Journal of Chengdu Sport University/成都体育学院. －成都：《成都体育学院学报》编辑部，1960－

月刊　　大 16 开

ISSN 1001－9154　　CN 51－1097　　62－100

四川省成都市体院路 2 号（610041）
编辑部电话：028－85095371
E-mail:cdtyxb2001@263.net

体育类学术期刊。以反映校内教学、科研、训练方面的科研成果为主，全面报道国内外体育运动发展状况。内容包括体育理论、运动技术、专业理论学科、学校体育等，注重体育史、武术和运动医学，同时还介绍体育新学科科研及研究信息。主要栏目有体育人文社会科学、运动竞赛与训练学、体育生物科学等。主要读者对象是体育科研人员、教练员、大专院校师生。有英文目次。

城市规划 = City Planning Review/中国城市规划学会. －北京：《城市规划》编辑部，1977－

月刊　　大 16 开

ISSN 1002－1329　　CN 11－2378　　82－72

北京市西城区三里河路 9 号（100037）

编辑部电话：010－68323851；010－68323859
E-mail:cityplan@china.cn；bjb@planning.gov.cn

城市规划管理专业学术性刊物。刊发文章分为：研究、综述、评价、实例和信息五大类。内容涉及城市研究、城市规划、城市建设、城市交通、城市管理、城市地理、城市经济、城市环境等。主要栏目：本刊特稿、住房规划、规划研究、研究综述、空间研究、工程规划、遗珠拾粹、实例研究、交通规划、规划管理、国外规划管理等。读者对象为城市规划建设和管理部门的技术人员、城市政府部门的行政管理人员 、经济界人士、大专院校相关专业的师生等。有英文目次和中英文摘要。

城市规划学刊 = Urban Planning Forum/同济大学．－上海：同济大学出版社，1957－
双月刊　　　　大16开
ISSN 1000－3363　　CN 31－1360　　4－465
上海市四平路1239号（200092）
编辑部电话：021－65983507
E-mail:upforum@shtel.net.cn；upforum@126.com

专业学术性刊物。原名《城市规划汇刊》，1978年复刊。报道在改革开放和向市场经济转轨的新形势下，我国城市规划学科的发展动态及科研成果。刊登国内外有关城市规划、城市设计、道路交通、生活居住、村镇、园林风景和环境保护方面的论述。以创新性、前瞻性、学术性为办刊特色，致力于推进中国城市规划学科的发展。特色栏目有：热点评说、书评、海外动态、名院风采。读者对象为城市规划及建筑设计方面的工程技术与管理人员、相关专业大专院校师生。

城市问题 = Urban Problems/北京市社会科学院．－北京：城市问题杂志社，1982－
双月刊　　　　大16开
ISSN 1002－2031　　CN 11－1119
北京市朝阳区北四环中路33号（100101）
编辑部电话：010－64870894
E-mail:cswt2001@sohu.com

人文地理学专业学术期刊。注重城市科学基础理论研究，致力中国城市科学学科的建设和发展，倡导多学科交叉研究城市现存的诸多问题，力求全面反映中国城市科学理论研究的最新进展，反映中外城市发展及在推进社会公平方面的成功经验和现存问题。刊载城市科学、城市学、城市经济学、区域经济学、城市社会学、城市环境学、城市生态学、城市规划学、城市地理学等学科及城市建设、文化、人口、交通、社区、社会保障等方面的研究成果。设有城市科学、城市建设与发展、经济与社会、城市管理、外国城市、城市瞭望等栏目。读者对象为人文社会科学研究机构研究人员、高等院校相关院系师生、各级城市政府研究室研究人员、城市建设、管理、规划、设计等领域的科研、工程和工作人员。有英文目录、中文论文摘要。

大学图书馆学报 = Journal of Academic Libraries/北京大学，教育部高等学校图书情报工作指导委员会. －北京：北京大学出版社，1986 －

双月刊　　大 16 开

ISSN 1002 －1027　　CN 11 －2952　　82 －692

北京市海淀区北京大学图书馆 302 室（100871）

编辑部电话：010 －62759056

E-mail：jal@ lib. pku. edu. cn

图书馆学情报学期刊。原名《大学图书馆通讯》，1991 年改为现名。连续六次荣获“全国图书馆学优秀期刊”称号。办刊宗旨：注重理论联系实际，密切关注和报道管理新理念、服务新手段、信息新技术在图书情报事业中的应用。特色栏目有：图书馆与图书馆事业、数字图书馆、合作与共享、文献资源建设、信息组织与利用、图书馆人等。读者对象为图书馆从业人员、图书馆学情报学的教学与研究机构的师生。有英文目次和中英文摘要。

当代财经 = Contemporary Finance & Economics/江西财经大学. －南昌：《当代财经》编辑部，当代财经杂志社，1980 －

月刊　　大 16 开

ISSN 1005 －0892　　CN 36 －1030　　44 －61

江西省南昌市庐山南大道（330013）

编辑部电话：0791 －3816904

E-mail：cfe@ jxufe. edu. cn

财经学术理论刊物。第三届国家期刊奖百种重点期刊，华东地区优秀期刊。办刊宗旨：求实、创新、争鸣、服务；办刊原则：竭诚为广大作者提供更好的展示才干的空间，为广大读者提供最新最快的学术文章；刊物特点：突出理论联系实际，突出当代财经的热点、难点、焦点，突出前瞻性和时代震撼力。栏目设置有：专家视线、热点透析、理论经济、公共经济与管理、现代金融、工商管理、产业经济与区域经济、国际贸易与投资、财务会计、国际经贸、法制经纬、学术评论等。读者对象为财经理论研究工作者和财经类大专院校师生。有英文目次和中文摘要。

当代电影 = Contemporary Cinema/中国电影艺术研究中心，中国传媒大学. －北京：《当代电影》编辑部，1985 －

月刊　　　　大 16 开

ISSN 1002 －4646　　CN 11 －1447　　2 －760

北京市海淀区小西天文慧园路 3 号（100082）

编辑部电话：010 －82296102

E-mail：dddy@ chinajournal. net. cn

电影艺术专业刊物。宗旨为介绍、探讨、研究和交流当前世界上各种电影理论、流派和倾向，推动中国电影创作的发展。侧重对电影理论的研究和探索，尤其是对中国电影精品和国外电影经典作品的分析，并注重对当代电影作品的研究。主要栏目：本刊特稿、本期焦点、新作评议、电影专辑、口述历史、电影理论、艺术与技术、外国电影等。读者对象为电视艺术工作者、高校相关专业师生及电视艺术爱好者。有英文目次。

当代经济科学 = Modern Economic Science/西安交通大学. －西安：《当代经济科学》编辑部，1979 －

双月刊　　　　大 16 开

ISSN 1002 －2848　　CN 61 －1400　　52 －4

陕西省西安市雁塔西路 76 号西安交通大学医学校区 169 信箱（710061）

编辑部电话：029 －82657048

E-mail：ddjjkxbjb@ 163. com

综合性经济学刊物。原名《陕西财经学院学报》。坚持理论与实践的统一，积极研究改革开放的新情况，深入研究探索社会主义市场经济的新进展，及时报道国内外经济理论研究的新动态和社会主义市场经济的新进展，紧扣我国改革开放的主题，反映我国经济体制改革中的热点问题与难点问题，为促进全国经济发展、振兴西部经济献计献策。主要板块栏目：经济改革理论与实践、经济学基本理论研究、国外经济理论研究、经济学最新动态与发展、宏观经济研究、财政理论与实践、财务与会计研究、国际贸易研究、地区经济问题研究、金融理论与实践、企业与市场研究、统计理论与实践、产业经济理论研究、研究生论坛等。读者对象为广大经济理论工作者、实际工作者、文科高等院校师生。有英文目次、中文论文提要。

当代经济研究 = Contemporary Economic Research/中国资本论研究会，长春税务学院．－长春：当代经济研究杂志社，1990－

月刊　　大16开

ISSN 1005－2674　　CN 22－1232　　12－139

吉林省长春市净月大街3699号长春税务学院（130117）

编辑部电话：0431－84539199

E-mail:cer1990@163.com

经济类综合性理论刊物。办刊宗旨：弘扬现代科学精神，大力倡导作者运用马克思主义的立场、观点和方法进行科学研究，使刊物成为传播和发展马克思主义经济学的稳固的理论阵地，为建设中国特色社会主义市场经济服务，着重发表国内外学者关于《资本论》、政治经济学、经济思想史、西方经济学等领域的最新研究成果，也发表关于当代中国及世界经济等方面的优秀作品。设有《资本论》研究与应用、外国经济理论述评、争鸣与探索、财经园地、改革开放论坛等栏目。读者对象为经济理论工作者、主管经济工作的官员、企业家、经济院校师生等。有英文目次和重要论文英文摘要。

当代青年研究 = Contemporary Youth Research/上海市社会科学院青少年研究所．－上海：《当代青年研究》编辑部，当代青年研究杂志社，1981－

月刊　　16开

ISSN 1006－1789　　CN 31－1221　　4－551

上海市淮海中路622弄7号（200020）

编辑部电话：021－53060606－2593

E-mail:sassqssz@online.sh.cn

青年研究理论刊物。坚持“研究青年、发现青年、发展青年”的宗旨，反映多种学科领域中青年研究和青年工作的理论和实践，注重学术性、实证性、应用性的结合，保持系列性报告、集束性专题的理论研究特色和高质量的学术品位，为繁荣青年研究理论和推动实际工作服务。侧重刊登从社会学、伦理学、文化人类学、教育学等角度对当代青年进行研究的文章，以其学术性、前瞻性面对读者。先后辟有养成教育、社会转型与社会发展、文化寻踪、心理探微、群体扫描、域外视野、实践探索、青年政策、青年学、青年思想教育、青年社会问题、走进乡村、青春期研究、全球视野、新人类透视、新视点、人力资源开发、教育纵横、系列调查报告等二十多个栏目。读者对象为青少年研究人员、广大青年工作者、共青团干部等。有英文目次和中文摘要。

当代世界与社会主义 = Contemporary World & Socialism/中共中央编译局世界社会主义研究所，中国国际共运史学会．－北京：《当代世界与社会主义》编辑部，1980－

双月刊　　大16开

ISSN 1005－6505　　CN 11－3404　　82－75

北京市西城区西单西斜街36号（100032）

编辑部电话：010－66509501

E-mail：ddsj@ vip. sina. com

政治研究类学术刊物。2001年入选新闻出版总署评审的“中国期刊方阵·社科双效期刊”。宗旨是追踪国内外最新理论动态，探讨世界社会主义现实命运，分析当代资本主义发展趋势，报道中国改革开放新理论、新政策、新成果。主要研究当代世界政治、经济、社会和文化的现状与发展，研究国际共运、工运的历史与现状、理论与实践，重点研究当代世界社会主义的热点问题。设有主题论坛、学术动态、中国研究、资料与信息等栏目。读者对象为国际共运、国际工运理论研究人员、党政机关及高等院校的科研人员。继承《国际共运史研究》（1987）。

当代亚太 = Journal of Contemporary Asia-Pacific Studies/中国亚洲太平洋学会，中国社会科学院亚洲太平洋研究所．－北京：当代亚太杂志社，1992－

双月刊　　16开

ISSN 1007－161X　　CN 11－3706　　2－554

北京市东城区张自忠路3号（100007）

编辑部电话：010－64063921
E-mail：bjb-yas@ cass. org. cn

政治研究类学术刊物。刊登中国亚太研究者关于亚太国家和地区诸学科的研究成果，及时报道和分析重大问题和热点问题，提供各种信息。内容包括亚太地区国际政治、经济、外交、安全及宗教文化等方面，既注重文章的理论探讨性又强调研究的实践意义。主要栏目：亚太政治（国际关系）、经济（金融、贸易）、军事安全、社会文化、宗教哲学等，并有学术会议和学术交流情况的报道。读者对象为大专院校师生、国际问题研究人员、新闻单位、对外经贸部门、外事部门、涉外企事业单位以及个人等。

当代语言学＝Contemporary Linguistics/中国社会科学院语言研究所．－北京：外语教学与研究出版社，1980－

季刊　　16 开
ISSN 1007－8274　　CN 11－3879　　2－527
北京市东城区建国门内大街 5 号（100732）
编辑部电话：010－85195392
E-mail：dangdaiyuyanxue@ vip. 163. com

语言学专业刊物。原名《国外语言学》。办刊方针：一方面刊载国外语言学研究的论文和译述，介绍国外语言学著作、刊物、研究机构和人物，以便国内学人及时了解其发展动态，拓宽视野；另一方面为那些洋为中用、推陈出新、致力于在理论和方法上做出新的探索的研究者提供一个交流切磋的论坛。主要栏目：专题研究、国外语言学综述、书刊介绍、专题讨论与争鸣、术语译评等。读者对象为语言学工作者。有英文目次和英文文摘。

当代作家评论＝Contemporary Writers Review/辽宁省作家协会．－沈阳：当代作家评论杂志社，1984－

双月刊　　16 开
ISSN 1002－1809　　CN 21－1046　　8－183
辽宁省沈阳市大东区小北关街 31 号（110041）
编辑部电话：024－88501513

大型文学评论专业刊物。以研究当代作家的创作经验，介绍当代作家的文学作品，关注当代文学的重大论争为宗旨。对当代作家、作品进行学术点评，开展思想争论。常设栏目有：小说探讨、评论小辑、创作批评论、创作手记、作家论作家、作家作品研究、文艺短评、当代期刊与编辑家、作家通信、作家访问记等。读者对象为文学研究人员、作家、文学评论家、大专院校中文专业师生及文学爱好者。有英文目次。

党的文献 = Literature of Chinese Communist Party/中共中央文献研究室，中央档案馆. －北京：党的文献杂志社，1988－

双月刊　　大 16 开

ISSN 1005－1597　　CN 11－1359　　82－872

北京市西城区前毛家湾 1 号（100017）

编辑部电话：010－83087309

E-mail：ddwx@ sina. com

党史文献研究专业刊物。侧重公布中国共产党、中华人民共和国及党和国家领导人的重要历史文献，刊发中共领袖人物的生平思想研究文章。登载有关毛泽东思想、中国特色社会主义理论体系的研究论文，同时发表党史国史专题研究、作者亲历、访问记录、学术争鸣、研究综述、历史随笔、文摘信息等方面的文论。主要栏目：重要文献、访谈录、党和国家领导人生平思想研究、党史国史专题研究、回忆与研究、考订与探讨、历史文献中的人和事、文摘、书评等。读者对象为各级党政领导干部、政治思想工作者、党务工作者、政党研究及党史研究人员。

档案学通讯 = Archives Science Bulletin/中国人民大学. －北京：档案学通讯杂志社，1980－

双月刊　　大 16 开

ISSN 1001－201X　　CN 11－1450　　82－21

北京市东城区张自忠路 3 号（100007）

编辑部电话：010－64035109

E-mail：daxtx@ ruc. edu. cn

档案专业学术性刊物。主要发表档案学研究与档案学专业教育成果，旨在研究档案学、文书学的基本理论和应用理论，普及档案管理知识，交流工作经验，使社会各界人士了解档案学发展动态。设有本刊专稿、每期话题、公文研究、档案管理现代化、企业档案管理、科技档案管理、档案资源开发利用、理论纵横、实践经纬、教与学、法制天地、对外交流、他山之石、档案史志、博士文库、研究生论坛、档案保护技术等栏目。读者对象为档案学研究人员、档案工作者、相关大专院校师生等。有重要论文英文目次、中文论文提要。

档案学研究 = Archives Science Study/中国档案学会. －北京：《档案学研究》编辑部，1987－

双月刊　　16开

ISSN 1002－1620　　CN 11－1226　　82－817

北京市宣武区永安路106号（100050）

编辑部电话：010－63028558

E-mail:daxy@chinajournal.net.cn

档案专业学术性刊物。办刊宗旨是结合我国档案事业的实际，开展档案学研究，提高档案科学技术水平，组织和协调群众性档案学术研究活动，培养和提高广大会员和档案工作者的研究能力和学术水平，进行国际档案学术交流。栏目设置有：档案理论与历史、档案事业管理、档案教育、档案馆室业务、县乡（镇）村档案工作。读者对象为广大档案人员、文秘人员、史志编纂人员等。有英文目次。

道德与文明 = Morality and Civilization/中国伦理学会，天津市社会科学院. －天津：《道德与文明》编辑部，天津社会科学院出版社，1982－

双月刊　　大16开

ISSN 1007－1539　　CN 12－1029　　6－60

天津市南开区迎水道7号（300191）

编辑部电话：022－23075325；022－23075124

E-mail:daodeyu@126.com

伦理学专业理论刊物。原名《伦理学与精神文明》，1985年改称现名。办刊宗旨：高举中国特色社会主义理论伟大旗帜，贯彻落实科学发展观，宣传普及和研究马克思主义伦理学，为三个文明建设服务。设有伦理学基础理论研究、中国伦理思想研究、西方伦理思想研究、公民道德建设、思想道德教育、婚姻家庭伦理、经济伦理、政治与行政伦理、环境伦理等二十余个栏目，对伦理道德和精神文明建设中的理论问题，以及构建和谐社会、树立社会主义荣辱观和公民道德建设等重大社会现实问题进行广泛深入地探讨。读者对象为哲学伦理学研究者和爱好者、高校思想政治教育工作者、各系统理论宣传教育工作者。

地域研究与开发 = Areal Research and Development/河南省科学院地理所，河南省发展计划委员会地理所. -郑州：《地域研究与开发》编辑部，1982 -

双月刊　　大16开

ISSN 1003 - 2363　　CN 41 - 1085　　36 - 109

河南省郑州市陇海中路64号（450052）

编辑部电话：0371 - 67939201

E-mail:yjkf@371.net

地理学综合性学术刊物。办刊宗旨：贯彻“百花齐放，百家争鸣”的方针，促进学术交流和学科发展；突出地理学综合性、区域性特色，服务于国民经济建设。主要刊载地域研究与开发方面的理论、方法与实践性的最新研究成果。主要栏目：重大问题专论、理论与方法、区域开发与发展、可持续发展研究、城市研究、农业研究、旅游研究、环境研究、地图与遥感研究等。读者对象主要是地理学研究、可持续发展研究、区域研究等方面的科研工作者及大中专院校相关专业的师生。

电影艺术 = Film Art/中国电影家协会. -北京：《电影艺术》编辑部，1956 -

双月刊　　16开

ISSN 0257 - 0181　　CN 11 - 1528　　2 - 318

北京市朝阳区北三环东路22号（100013）

编辑部电话：010 - 64296226；010 - 64296225

E-mail:filmart1956@yahoo.com.cn

电影评论、电影理论研究的学术期刊。办刊宗旨：以研究中国电影为本，密切关注中国电影当前的发展动向，全面、专业地描述当代中国电影的创作及理论轨迹，并及时展现中国电影的最新成就及创作经验，研究中国电影各个历史阶段的史料，深入挖掘世界电影背后的思想、文化。发文内容涉及影视编导、文学、摄影、美术、表演以及纪录片、动画片、国内外电影美学、文化研究等领域。常设栏目有：电影批评、学术探讨、长短辑、访谈录、电影人物、影史探问、视与听、多元影像、国际视野、新书推介、业界资讯等。读者对象为电影艺术研究人员、电影工作者、广大电影文艺爱好者。有英文目次。

东北师大学报．哲学社会科学版 = Journal of Northeast Normal University. Philosophy and Social Sciences/东北师范大学． －长春：东北师大学术期刊社，1951 －

双月刊　　大 16 开

ISSN 1001 －6201　　CN 22 －1062　　12 －21

吉林省长春市人民大街 5268 号（130024）

编辑部电话：0431 －85099325

E-mail：dswkxb@ nenu. edu. cn

人文社会科学综合性学术刊物。前身为《吉林师大学报．社会科学版》，1980 年改为现刊名。办刊宗旨：坚持理论联系实际，鼓励、引导和支持对全局性、前瞻性、战略性重大理论和实际问题的研究，提倡理论创新和知识创新。经过多年努力，形成了鲜明的学术特色、师范特色和地方特色。辟有世界古典文明史研究、美国史研究、中国明清史研究、中共党史研究、中国古代文学研究、茅盾研究、儿童文学研究、东北老工业基地改造研究、教育理论研究、农村教育研究等专栏。吉林省十佳期刊，2001 年入选新闻出版总署评审的“中国期刊方阵·社科双效期刊”。读者对象为人文社会科学工作者、大专院校师生和部分机关干部、社会人士。有中英文目次、论文摘要。

东南学术 = Southeast Academic Research/福建省社会科学界联合会． －福州：东南学术杂志社，1978 －

双月刊　　大 16 开

ISSN 1003 －370X　　CN 35 －1197　　34 －82

福建省福州市柳河路 18 号（350001）

编辑部电话：0591 －83739507

E-mail：dnxsh@ tom. com；dnxsh@ fiskl. com. cn

人文社会科学综合性学术刊物。办刊宗旨：坚持正确的舆论导向，追求庄重、严谨的办刊风格，认真、扎实的创新精神，敏锐、深刻的探索意识，鲜明、正确的学术立场；立足福建，面向全国，勇于探索改革开放中的重大理论和实践问题，反映人文社会科学研究的最新成果，在保持学术品位的同时具有现实敏锐性，以实现学术文化与社会实践的双重价值。辟有“新农村建设理论与实践”、“公共管理与公共政策”、“我国县政体制改革研究”等专题研讨栏目。载文范围包括马克思主义研究、哲学、经济、政治、法律、文学、文化、教育、体育等学科内容。读者对象为高等院校、科研机构的人文社会科学工作者和党政机关、文化宣传部门的理论工作者。有英文目次。

东南亚研究 = Southeast Asian Studies/暨南大学东南亚研究所. -广州：东南亚研究杂志社，1959 -

双月刊　　　　　大 16 开

ISSN 1008 - 6099　　CN 44 - 1124　　46 - 320

广东省广州市暨南大学第二文科楼四楼（510630）

编辑部电话：020 - 85226122

E-mail:odnybj@ jnu. edu. cn

国际问题类学术刊物。原名《东南亚经济资料汇编》，1960 年更名为《东南亚研究资料》，"文化大革命"期间休刊，1979 年复刊，1987 年起使用现刊名。办刊宗旨：坚持为改革开放和现代化建设服务，坚持突出东南亚特色，坚持学术性。注重及时全面地反映中国东南亚现状研究的成果，为发展和繁荣中国的东南亚研究发挥积极的作用。每期文章兼顾现状研究与理论研究，内容以东南亚研究为主，并适当扩展到港澳台、亚太和全球事务研究。辟有东南亚问题评论、亚太政经观察、华侨华人研究、东南亚社会、历史与文化等栏目，并根据需要不定期设立一些其他栏目。读者对象为人文社会科学工作者、大专院校师生和部分企事业机关研究人员、社会人士。有中英文目次、论文提要。

东岳论丛 = DongYue Tribune/山东省社会科学院. -济南：《东岳论丛》编辑部，1980 -

双月刊　　　　　大 16 开

ISSN 1003 - 8353　　CN 37 - 1062　　24 - 36

山东省济南市舜耕路 56 号（250002）

编辑部电话：0531 - 82704570

E-mail:dongyueluncong@ sohu. net

人文社会科学综合性学术刊物。曾多次获得省、地区和国家级奖项，2001 年入选新闻出版总署评审的"中国期刊方阵·社科双效期刊"。主要刊发研究中国经济社会发展的理论与实践问题的学术论文和反映社会科学各学科领域的最新研究成果。辟有哲学研究、历史研究、法学研究、经济学研究、管理学研究、社会学研究、文学研究、文化与教育研究等多个栏目。还开设"纪念改革开放 30 周年"、"名家主持"等专栏。读者对象为社会科学工作者、大专院校文科师生等。

有英文目次、中文论文提要。

敦煌研究 = Dunhuang Research/敦煌研究院． －兰州：《敦煌研究》编辑部，1983 －

双月刊　　　大 16 开
ISSN 1000 －4106　　CN 62 －1007　　54 －62
甘肃省兰州市滨河东路 522 号（730030）
编辑部电话：0931 －8866013
E-mail:dhyjbjb@ tom. com

敦煌学专业学术刊物。办刊宗旨：刊发敦煌学研究的最新学术成果和敦煌学的新资料，促进敦煌学研究，以弘扬敦煌文化，继承祖国优秀的文化遗产，服务于社会主义精神文明建设。全面具体地介绍敦煌文化、石窟究奇、壁画之谜、远古神话的起源、近代文明的辉煌。主要栏目：敦煌文学、敦煌乐舞、河西史地、中西交通、敦煌建筑、敦煌民俗、敦煌佛教、敦煌科技等。读者对象为敦煌学专业研究人员和中外所有敦煌学业余爱好者。有英文目次。

俄罗斯中亚东欧市场 = Russian，Central Asian & East European Market/中国社会科学院俄罗斯东欧中亚研究所． －北京：俄罗斯中亚东欧研究杂志社，1981 －

月刊　　　大 16 开
ISSN 1671 －8453　　CN 11 －4810　　2 －475
北京市东城区张自忠路 3 号东院（100007）
编辑部电话：010 －64039129
E-mail:oysc-oys@ cass. org. cn

国际经济类学术刊物。以促进我国同俄罗斯、东欧和中亚各国的经贸科技合作为宗旨，刊登有关俄罗斯、中亚、东欧国家的经济转轨进程、商运市场、要素市场、涉外法律法规、投资环境、风土人情及同中国的经贸关系方面的文章。栏目设置有：要文特约、俄罗斯研究、中亚五国研究、中东欧研究、法律法规研究、经济合作研究、欧亚博览、经贸信息等。读者对象为关心东欧中亚国家经济状况的专家学者、外事和外经贸部门工作者、有志于开拓该地区市场的企业家以及关心社会科学和国际问题的广大读者。有英文目次。

俄罗斯中亚东欧研究 = Russian, Central Asian & East European Studies/中国社会科学院俄罗斯东欧中亚研究所. -北京：俄罗斯中亚东欧研究杂志社，1981 -

双月刊　　大16开

ISSN 1671 -8461　　CN 11 -4809　　2 -474

北京市东城区张自忠路3号东院（100007）

编辑部电话：010 -64039120

E-mail:oyyj-oys@ cass. org. cn

国际政治研究类学术刊物。原名《苏联东欧问题》、《东欧中亚研究》。反映俄罗斯、东欧、中亚国家政治、经济、外交、历史、文化、军事、民族、宗教等各个领域的最新研究成果，载文具有理论性、应用性和独创性，刊登的资料具有原生性。辟有专论、政治、经济、外交、历史、理论探索、专访、人物志和书刊评介和外论摘编等栏目。读者对象为从事俄罗斯、东欧、中亚问题研究的专家和学者、各级决策部门、大中型公司和企业的领导人、外事工作者、大专院校师生等。有英文目次和重要论文英文提要。

法律科学（西北政法大学学报） = Science of Law/西北政法大学. -西安：《法律科学》编辑部，1983 -

双月刊　　大16开

ISSN 1671 -6914　　CN 61 -1470　　52 -85

陕西省西安市长安南路西北政法大学（710063）

编辑部电话：029 -5385160

E-mail:xbbjb@ nwupl. edu. cn

法学研究专业刊物。2002年获陕西省优秀人文社科学报一等奖。以探索中国社会主义法制现代化理论为宗旨，努力反映法学研究的新成果，注重学术性、专业性、知识性。主要发表有深度、有独立见解、反映最新学术水平的学理性文章，同时也关注直接涉及社会现实问题的制度性研究文章。栏目设置有：法律文化与法律价值、法律思维与法律方法、人权与法制、部门法理学、法制现代化、法律制度探微、法学新问题研究、域外法评、长安法史、立法研究、法律实践等。读者对象为法学研究人员、司法工作者、高等院校法学专业师生。有英文目次和中英文摘要。

法商研究 = Studies in Law and Business/中南财经政法大学. -武汉：《法商研究》编辑部，1957 -

双月刊 大 16 开
ISSN 1000－5234 CN 42－1370 38－43
湖北省武汉市洪山区政院路 1 号（430073）
编辑部电话：027－87516912
E-mail：fashangyanjiu@21cn.com

法学研究专业刊物。曾用名《中南政法学院学报》、《法商研究（中南政法学院学报）》、《法商研究——中南财经政法大学学报（法学版）》，2002 年正式启用现刊名。先后三次被评为“全国百强社科学报”（1999、2002、2006 年），2006 年荣获“湖北省优秀期刊”荣誉称号。以服务于依法治国、社会主义市场经济法制建设和促进法制进步为办刊宗旨，以市场经济体制下的法律问题为探讨和研究重点，侧重反映法学研究的新成果。辟有热点问题、法学争鸣、法学论坛、外国法制借鉴、法史研究、立法建议、新视野、法史研究、评论、综述等栏目。读者对象为法学理论工作者、法学专业研究人员、政法学院师生、司法工作者和广大法学爱好者。有英文目次。

法学 = Legal Science/华东政法大学．－上海：《法学》月刊社，1956－
月刊 16 开
ISSN 1000－4238 CN 31－1050 4－342
上海市万航渡路 1575 号（200042）
编辑部电话：021－62071924
E-mail：hzfaxue@sina.com

法学理论刊物。全国百强社科学报。以关注社会、面向实际、理论创新、推进法治为宗旨。注重刊载理论联系实际，有针对性探讨法制建设中的现实问题和社会关注的热点、难点问题的论文，并强调文章要有观念新、思想性强、干预现实生活、紧贴法律发展、冲击法学前沿、文字清新活泼的特点。栏目板块有：评论（专题评论、时事评论），论文，笔谈，专题探讨，争鸣，简论，挑战名家，质疑通说，打假，批评与回应，司法实践（含案例评析、疑案探析等），域外法治（或法学），沙龙，专访，会议综述等。读者对象为法学理论工作者、政法院校师生、司法行政执法干部等。有英文目次。

法学家 = Jurists Review/中国人民大学．－北京：法学家杂志社，1986－
双月刊 大 16 开

ISSN 1005－0221　　CN 11－3212
北京市海淀区中关村大街59号（100872）
编辑部电话：010－82509250
http://www.cnlawschool.com

法学学术理论刊物。办刊宗旨：搭建沟通中外法律文化交流平台，展示最新法学研究成果，提供反映最新法制变革动态园地。重点介绍法律实践中出现的新问题、新对策和属于学科前沿的最新理论观点、学术思想；反映学术进展和重大理论问题的研究动向；根据社会生活实践，选定法学理论和实务界的热点问题并以此为主线，约请法学界的知名专家学者，从不同学科的角度进行深入探讨，以求对推动我国的法学研究、法制建设有所助益。栏目设置有：法学研究综述，法学专论，三大讲坛（大法官讲坛、大检察官讲坛、名家法律讲坛），本期视点，法制改革，法学争鸣与评论，域外法学，青年法苑，司法官谈法治，法学教育，外国法述评，法学信息等。读者对象为法学研究和教学人员，司法工作者以及政法院校师生等。有英文目次。

法学论坛＝Legal Forum/山东省法学会．－济南：《法学论坛》编辑部，1986－
双月刊　　大16开
ISSN 1009－8003　　CN 37－1343　　24－219
山东省济南市经十路9号（250014）
编辑部电话：0531－2923347
E-mail:luntan@vip.sina.com

法学学术理论刊物。办刊宗旨：立足学科前沿，关注法学基础理论研究，侧重法学应用理论与对策研究，以创新为主，兼顾普及与提高，着重刊登法学研究的最新成果，反映法学进展的最新动态，介绍法学会议的最新观点，积极为推进“依法治国，建设社会主义法治国家”进程提供理论支持和智力服务。主要栏目：法学探索与争鸣、依法治国论坛、立法研究与建议、宪法行政法专论、民商法专论、经济法专论、刑法专论、法理学法史学专论、国外法制专论、司法制度与实务、比较法学、会议综述、新书评介等。主要读者对象：法学教学、科研部门的专家、学者和研究人员，全国各政治院校的师生，党政机关、司法机关、企事业单位等社会各界的法律工作者和法学爱好者。有英文目次和中文提要。

法学评论 = Law Review/武汉大学. －武汉：《法学评论》编辑部，1983－
双月刊　　　　　　大16开
ISSN 1004－1303　　CN 42－1086　　38－107
湖北省武汉市珞珈山武汉大学（430072）
编辑部电话：027－7882712
E-mail:faxuepl@126.com

法学专业刊物。原名《法学研究资料》（内部刊物），1983年改为现刊名。办刊宗旨：深入开展法学理论研究和应用法学研究，重点反映我国在改革开放、搞活以及现代化建设中和司法实践中出现的各种理论和实践问题，积极推荐我国法学研究的新成果，发挥法学为社会主义市场经济服务的功能。登载有关法学研究、法学评论的学术论文。主要栏目板块：欧盟法论坛、评论·专论·争鸣、立法研究、外国法制、司法改革纵横谈、法史研究。读者对象为法学研究人员、高等院校法学专业师生。有英文目次。

法学研究 = Chinese Journal of Law/中国社会科学院法学研究所. －北京：法学研究杂志社，1953－
双月刊　　　　　　16开
ISSN 1002－896X　　CN 11－1162　　2－528
北京市东城区沙滩北街15号（100720）
编辑部电话：010－64035471
E-mail:fxyjbjb@cass.org.cn

法学学术理论刊物。前身是《政法研究》，1957年停办，1979年复刊。2002年获中国社会科学院第二届优秀期刊奖。办刊宗旨：坚持“百花齐放，百家争鸣”的方针，坚持学术性、理论性的原则，坚持基础理论的研究，坚持高水平的用稿标准以展现我国法学理论最新和最高水平的研究成果。结合我国法制建设和依法治国、建设社会主义法治国家的实际情况，围绕以下几方面内容刊载学术研究成果：（1）研究我国法治建设重大理论与实践问题；（2）研究我国现行法律之规定；（3）研究我国司法解释和重大疑难案件的判决；（4）对学术著作的评论。读者对象为法学教学和理论研究工作者，立法和司法工作者，法学专业的本科生和研究生，律师、行政执法人员和法学理论爱好者。有英文目次和中文摘要。

法学杂志 = Law Science Magazine/北京市法学会. －北京：法学杂志社，1980 －
双月刊　　　　　　大 16 开
ISSN 1001 －618X　　CN 11 －1648　　2 －205
北京市丰台区成寿寺四方景园 1 区 6 号楼（100164）
编辑部电话：010 －67640120
E-mail:fxzzh@ yahoo. com. cn

法学学术理论刊物。办刊宗旨：研讨法学理论，推动法制建设，积极推荐中国法学研究的新成果，及时报道司法改革的新进展，为我国的依法治国提供充分的理论依据和司法实践的成功经验。刊登法学学术性论文、司法实践方面的文章。辟有刑法学研究专题、法学专论、热点聚焦、学术前沿、新法学习、青年法苑、司法实践与改革、法官检察官论坛、人权法学研究、军法纵横、案例分析、外国法制、法制史话、立法动态、调查研究、法律咨询、观点集萃、律师园地、评述、书序等栏目。读者对象为法学专业研究人员、法律工作者、高等院校相关专业师生。有中文论文摘要。

法制与社会发展 = Law and Social Development/吉林大学. －长春：法制与社会发展杂志社，1995 －
双月刊　　　　　　大 16 开
ISSN 1006 －6128　　CN 22 －1243　　12 －165
吉林省长春市前进大街 2699 号（130012）
编辑部电话：0431 －85168640
E-mail:lasd1995@ vip. 163. com

理论法学专业期刊。旨在探究法律精义，鼓动百家思潮、推进法制建设，促进社会发展。主要刊登法学领域中具有重要价值和普遍影响，尤其是具有原创性的学术研究论文。主要栏目：本刊特稿、法律哲学研究、法律文化研究、司法学、部门法哲学、理论纵横、法律教育、权利研究、生活中的法理、法律与全球化、学术书评等。读者对象为法学专业研究人员、司法部门工作人员、高等院校法律专业师生等。有英文目次和中英文论文提要。

方言 = Dialect/中国社会科学院语言研究所. －北京：商务印书馆，1979 －
季刊　　　　　　　16 开
ISSN 0257 －0203　　CN 11 －1052　　2 －526

北京市东城区建国门内大街5号（100732）
编辑部电话：010－85195390
E-mail:fy-yys@cass.org.cn

汉语方言研究专业刊物。追求重语言事实又重理论、唯实求是的办刊风格，侧重探讨汉语各种方言中的规律、特点及内部差异。主要刊载有关汉语方言研究及相关学科的各种文章，包括专题论文、调查报告、调查表格以及书评书目、资料介绍、情况报道等。读者对象为专业的和业余的方言工作者、一般语文工作者、高等院校的图书馆和中文系、汉语系师生。有英文目次和中英文提要。

福建论坛.人文社会科学版 = Fujian Tribune. The Humanities & Social Sciences Monthly/福建省社会科学院．－福州：福建论坛杂志社，1981－
月刊　大16开
ISSN 1000－8659　CN 35－1248　34－33
福建省福州市柳河路18号（350001）
编辑部电话：0591－83791487
E-mail:fjltzzs@163.com；fjltwsz@163.com

人文社会科学综合性学术刊物。办刊宗旨：立足福建，面向全国，强调学术理论品位，注重当代重大社会实践和理论的探讨，突出理论研究的思想性、前瞻性。发文内容注重对有中国特色社会主义理论的研究，探讨改革开放中的重大经济问题、社会问题、海峡两岸经贸发展问题、特区发展问题及华侨问题等。辟有经济研究、哲学研究、历史研究、文学研究、区域问题研究、社会探讨等栏目，并开设“改革开放30周年”、“行为经济学与主流经济学”、“西方马克思主义意识形态理论研究”等专栏。读者对象为经济界人士及大专院校师生等。有英文目次。

妇女研究论丛 = Collection of Women's Studies/全国妇联妇女研究所，中国妇女研究会．－北京：《妇女研究论丛》编辑部，1992－
双月刊　大16开
ISSN 1004－2563　CN 11－2876
北京市东城区建国门内大街15号（100730）
编辑部电话：010－65103472
E-mail:17656@263.net；LunCong@wsic.ac.cn

妇女学理论刊物。办刊宗旨：坚持以马克思主义妇女观为指导，立足于中国国情，运用多学科的知识和方法，多层次、多角度地探讨在建设有中国特色社会主义过程中，妇女解放和发展面临的重大理论问题和现实问题，推动妇女研究的繁荣与发展。主要栏目：理论探索与争鸣、观察与调查、史学研究与反思、妇女/性别文化研究、妇运观察、国外妇女研究、研究动态与信息、读书与思考等。读者对象为各级妇女工作者、妇女问题专家及关心妇女问题的各界人士。有英文目次。

复旦学报. 社会科学版 = Fudan Journal. Social Sciences/复旦大学. －上海：《复旦学报. 社会科学版》编辑部，1978－
双月刊　　大 16 开
ISSN 0257－0289　　CN 31－1142　　4－246
上海市邯郸路 220 号（200433）
编辑部电话：021－65642109
E-mail:fdwkxb@ fudan. edu. cn

人文社会科学综合性学术刊物。办刊宗旨：立足本校，面向国内外，鼓励研究新情况，探讨新问题，发表具有新鲜明见解、材料、方法的学术论文；注意评述社会科学的新发展，介绍社会科学各学科的新成就。主要反映复旦大学师生在社会科学各领域的研究成果。主要栏目：马克思主义哲学基础理论与前沿问题研究、文史研究新视野、国际问题探索、历史地理研究、应用伦理学研究、学术争鸣、经济增长与社会发展研究、法学探索、文艺理论研究、中国古代文学研究、中国现代文学研究、世界史研究。读者对象为社会科学工作者、大专院校文科师生。

改革 = Reform/重庆市社会科学院. －重庆：改革杂志社，1988－
月刊　　大 16 开
ISSN 1003－7543　　CN 50－1012　　78－82
重庆市江北区桥北村 270 号（400020）
编辑部电话：023－67767553
E-mail:vip. 163. com

经济理论刊物。原名《体制改革探索》。办刊宗旨：探索改革理论，传播改革信息，振奋改革精神，推动改革实践，根据我国改革实践分析并探讨改革中出现的各种问题，反映我国改革的动态，比较研究改革的经验与教训，为决策者提供借鉴。围绕我国经济改革的实践，发表论文、评著、调查报告等。主要栏目：宏观经济、产业经济、财政金融、区域经济、“三农”新解、全球化与中国、企业发展、资本市场、公共管理、探索与争鸣、改革动态、改革社评。读者对象为经济工作者、大专院校经济专业师生及各级领导干部。有英文目次。

甘肃社会科学 = Gansu Social Sciences/甘肃省社会科学院．－兰州：甘肃省社会科学院杂志社，1979－

双月刊　　大16开

ISSN 1003－3637　　CN 62－1093　　54－2

甘肃省兰州市安宁区健康路143号（730070）

编辑部电话：0931－7763141

E-mail:gssk143@126.com

人文社会科学综合性学术刊物。办刊宗旨：理论联系实际，坚持“双百”方针，重视对现实问题的研究。除辟有马克思主义研究、哲学研究、政治广角、党的建设、社会学、经济理论与实践、当代法学、文学、文化、文史纵横、历史学、中国农村观察、西部开发、学者访谈、批评与争鸣、敦煌学、西路军研究等常设栏目外，还定期或不定期开设“丝绸之路”、“汉简研究”等具有浓厚地方特色的栏目。此外，为了重视对青年的培养，还设有青年论坛专栏。读者对象为社会科学工作者及高校师生。有英文目次。

高等教育研究 = Journal of Higher Education/华中科技大学，中国高等教育学研究会．－武汉：高等教育研究杂志社，1980－

双月刊　　大16开

ISSN 1000－4203　　CN 42－1024　　38－73

湖北省武汉市武昌喻家山华中科技大学内（430074）

编辑部电话：027－87543893

E-mail:gjbjb@mail.hust.edu.cn

教育学专业期刊。以繁荣高等教育科学、促进高教改革发展为办刊宗旨。注重学术性、前瞻性和时代性。发表有关高等教育改革与发展的理论性论文，具有指导意义的调查报告和经验总结。提倡不同学术观点的争鸣，注意反映高等教育研究前沿的学术动态。栏目设置有：教育基本理论、院校研究、高等教育体制与结构、高等职业技术教育、学位与研究生教育、教学理论与教学改革、德育与美育、高等教育史、国际与比较高等教育、高等教育学科建设、探索与争鸣等。读者对象为教育工作者和研究人员。有英文目次。

古汉语研究 = Research in Ancient Chinese Language/湖南师范大学. －长沙:《古汉语研究》编辑部，1988 －

季刊 16 开

ISSN 1001 －5442 CN 43 －1145 80 －460

湖南省长沙市岳麓山湖南师范大学文学院一楼（410081）

编辑部电话：0731 －8872560

E-mail:ghyyj@ sohu. com. cn

语言文字学学术刊物。以促进古汉语研究和教学为办刊宗旨，刊登有关古代汉语的学术研究文章，内容涉及古文字研究、词语研究、古汉语语法研究、修辞研究、训诂学、音韵学研究等领域。辟有词语句读、训诂与工具书、汉字考论、古籍探讨、教学研究、资料动态、书评等栏目。读者对象为古汉语研究人员、古汉语教学人员、语言学研究人员。有英文目次和中英文摘要。

管理工程学报 = Journal of Industrial Engineering and Engineering Management/浙江大学. －杭州:《管理工程学报》编辑委员会，1988 －

季刊 大 16 开

ISSN 1004 －6062 CN 33 －1136

浙江省杭州市古墩路浙江大学金港校区（310058）

编辑部电话：0571 －88206832

E-mail:lxn@ zju. edu. cn

管理科学类专业学术刊物。原名《管理研究》。旨在服务国家经济建设，交流管理科学与工程学科理论研究成果，提高管理学科的教学科研水平，推动中国管理理论的创立，促进管理工程学科的繁荣与发展。栏目设置分为研究论文和研究简报两大板块，重点刊登管理工程及其相关的经济、财政、金融等领域的研究成果，强调科学性、创造性与实用性。内容覆盖管理工程理论涉及的广大学科领域：管理系统设计理论、模型预测分析以及与国内经济系统的调整、金融、投资、信用、成本核算、企业、农业、工业、区域可持续发展等相关的管理问题。读者对象为管理工程、经济财会、科技类学校与研究机构的教学、研究人员、学生和有志于理论研究的企业界人士。有英文目次和中文摘要。

管理科学学报 = Journal of Management Sciences in China/国家自然科学基金委员会管理科学部. －天津：《管理科学学报》编辑部，1992－

双月刊　　大 16 开

ISSN 1007－9807　　CN 12－1275　　6－89

天津市南开区卫津路 92 号天津大学（300072）

编辑部电话：022－27403197

E-mail:jmstju@263.net

管理科学类专业学术刊物。办刊宗旨：为管理科学研究成果开辟高水平的学术园地，积极反映、宣传和交流管理科学领域的优秀研究成果和科学基金项目；力求推动中国管理科学研究与实践水平的提高，促进管理与决策的科学化与现代化；重点刊载有关管理科学的基础理论、方法与应用等学术性研究成果，以及已取得社会或经济效益的应用性研究成果；加强管理科学研究的国际合作。栏目设置有：论文、学术动态、综述、应用研究、研究简报、管理科学论坛、实证研究等。读者对象为管理科学工作者、研究人员、企业管理人员、管理科学与经济管理院校师生。有英文目次和中英文论文提要。

管理世界 = Management World/国务院发展研究中心. －北京：管理世界杂志社，1985－

月刊　　大 16 开

ISSN 1002－5502　　CN 11－1235　　82－203

北京市海淀区大钟寺 8 号东楼 3 层（100098）

编辑部电话：010－62111169

http://www.mwm.com.cn

经济管理理论刊物。旨在多角度、多层次、多领域和多学科地综合反映有关中国经济、社会管理问题的研究成果，着重对中国经济改革和经济发展的热点、难点问题进行理论性、实证性、超前性的分析研究。内容主要涉及宏观经济形势分析、宏观经济管理研究、产业与区域发展研究、企业改革与管理研究、金融与财政研究、对外经济关系研究、公共管理研究、农村经济研究、国有企业改革研究、企业工商管理研究、国外经济管理研究与借鉴，以及环境、社会等方面。主要栏目：本刊专稿、中国宏观经济论坛、中国金融·财政研究、中国对外经济关系论坛、中国公共管理论坛、中国就业·分配论坛、中国区域经济发展论坛、中国农村经济论坛、中国产业发展论坛、工商管理理论论坛、中国上市公司研究、中国工商管理评论等。读者对象为党政领导干部、企业管理人员、经济管理理论及经济政策研究人员、高等院校师生，以及其他热爱探讨和了解经济管理理论及实践的各界人士。有英文目次。

广东金融学院学报 = Journal of Guangdong University of Finance/广东金融学院. -广州:《广东金融学院学报》编辑部，1986 -

双月刊　　16 开

ISSN 1674 - 1625　　CN 44 - 1622

广东省广州市天河区迎福路 527 号（510521）
编辑部电话：020 - 37216136
E-mail:hnjryj@ vip. tom. com

金融类专业学术刊物。原名《广州金融高等专科学校学报》，1998 年更名为《华南金融研究（广州金融高等专科学院学报）》，2004 年改为现刊名。2006 年获“全国优秀社科学报”称号。注重金融基础理论研究，并结合中国金融发展的理论和实践问题，反映金融及其相关领域的最新研究成果。发文内容涉及宏观经济政策、证券投资学、货币银行学、国际金融学、财政学、金融市场和金融体系等研究领域的问题。读者对象为金融学研究者、大专院校学生和金融业从业人员。有中英文目次和中英文摘要。

广东商学院学报 = Journal of Guangdong University of Business Studies/广东商学院. -广州:《广东商学院学报》编辑部，1986 -

双月刊　　大 16 开

ISSN 1008 - 2506　　CN 44 - 1446　　46 - 295

广东省广州市赤沙路 21 号（510320）
编辑部电话：020 - 84096712
E-mail:gdsxyxb@ 126. com

以研究经济理论、经济管理为主的综合性理论学术期刊。主要刊登经济领域及相关学科有一定学术水平，有创新性或具有较高应用价值的学术论文、调查报告以及反映国内外学术研究新动向、新理论的综述文章；尤其重视发表具有广东地域特色，对该地区经济建设有一定指导意义的原创性研究成果。设有经济理论、消费经济、企业管理、流通经济、财政研究、金融研究、会计研究、粤商研究、法学研究等栏目。“粤商研究”为其特色栏目，意在全面研究粤商的历史与现状，推动粤商研究向纵深发展，为当代粤商的发展提供思路与对策。读者对象为人文社会科学工作者、大专院校师生和机关干部、企业界人士。有英文目次、英文摘要。

广东社会科学 = Social Sciences in Guangdong/广东省社会科学院. －广州：广东社会科学杂志社，1984 －

双月刊　　　　大 16 开

ISSN 1000 －114X　　CN 44 －1067　　46 －134

广东省广州市天河北路 369 号（510610）

编辑部电话：020 －38801447

E-mail:gdshhkx_zonghe@ 126. com

人文社会科学综合性学术刊物。办刊宗旨：立足广东，面向海内外，坚持正确的舆论导向，坚持理论联系实际，坚持学术性、理论性、实践性、前沿性、创新性的统一，努力探究中国改革开放和现代化建设热点问题，为社会主义现代化建设服务。主要刊登人文社会科学研究的最新研究成果和有关改革开放的理论与实践的学术论文。载文内容涉及经济学、哲学、政治、历史、经济、中国经济社会发展现实问题研究等方面。栏目设置：本刊专稿、学人新论、新书评介、孙中山研究、港澳台研究、哲学、经济学、历史学等。读者对象为社会科学工作者、高校文科师生。有英文目次、中文论文提要。

广西民族学院学报. 哲学社会科学版 = Journal of Guangxi University for Nationalities. Philosophy and Social Sciences Edition/广西民族学院. －南宁：《广西民族学院学报》编辑部，1978 －

双月刊　　　　大 16 开

ISSN 1002 －3887　　CN 45 －1074　　48 －89

广西南宁市大学西路 80 号（530006）

编辑部电话：0771 －3260122

E-mail:xbx@ public. nngx. cn

民族学类综合性学术刊物。主要刊发处于学术前沿的人类学、民族学、民俗学等学科领域的研究论文。先后辟有人类学研究、壮学研究、瑶学研究、族群问题争鸣、民俗学研究、社会学研究、经济学研究、文学研究、文艺学研究、语言学研究、高教研究、德育研究、编辑学研究、研究生园地等十多个栏目。读者对象为大专院校文科师生、民族教育工作者、社会科学工作者、国家机关公务员等。有英文目次和中英文摘要。

广西民族研究 = Study of Ethnics Guangxi/广西壮族自治区民族研究所. －南宁：《广西民族研究》编辑部，1985－

季刊　　大 16 开

ISSN 1004－454X　　CN 45－1041　　48－85

广西南宁市桃源路 4 号（530021）

编辑部电话：0771－2813282

E-mail：gxmzyjs@163.com

民族学类综合性学术刊物。以壮学、瑶学等民族学研究为办刊特色。主要发表民族历史、民族经济、民族文化、民族美学、民族语言与文字、民族法学、民族考古等方面的理论性文章。先后辟有民族理论研究、民族学人类学研究、壮学研究、瑶学研究、民族语言文字研究、民族历史与文化研究、民族经济研究、民族美学研究、岭南考古研究、港澳台文化研究、侬智高研究、盘古神话来源研究、非物质文化遗产保护研究、民族文化旅游研究等栏目。读者对象为民族学研究人员、政府部门民族事务工作人员、民族院校师生等。有英文目次和中文摘要。

贵州民族研究 = Guizhou Ethnic Studies/贵州省民族研究所. －贵阳：《贵州民族研究》编辑部，1979－

双月刊　　大 16 开

ISSN 1002－6959　　CN 52－1001　　66－35

贵州省贵阳市北路扁井巷 27 号（550004）

编辑部电话：0851－6615623

民族学类综合性学术刊物。坚持地区性与民族性相结合的办刊方针，主要刊载具有较高学术价值的学术论文。内容包括民族工作、民族学、民族语言以及民族经济研究等。辟有民族理论与民族法学研究、民族学与民族文化研究、民族经济研究、民族教育、民族历史、民族风俗、民族语言文字、民族民间文学、民族问题、民族宗教研究、民族学调查、国外民族学研究介绍等栏目。曾获贵州省优秀期刊奖。读者对象为民族学研究人员、政府部门民族事务工作人员、民族院校师生等。有英文目次和中英文摘要。

国际观察 = International Review/上海外国语大学．－上海：上海外国语大学国际关系与外交事务研究院，1993－

双月刊　　　　　　大 16 开

ISSN 1005－4812　　CN 31－1642　　4－574

上海市大连西路 550 号科研楼 711 室（200083）
编辑部电话：021－65311900－2614
E-mail:gjgc2008@126.com

国际问题研究学术刊物。办刊宗旨：通过对世界上主要国家和地区的政治、经济、社会等诸方面情况和国际格局的变化趋势，使读者了解世界局势，了解外国成功的经验和方法，了解他们的挫折和教训，以进一步搞好我国的改革开放。主要以“专稿”、“特稿”形式介绍我国知名国际问题专家的学术成果，同时也兼顾中青年学者有真知灼见的文章，以及时向读者介绍国际问题的研究动态及相关背景。主要栏目：专稿、主题文章、国际组织与中国、国际关系和世界经济等。读者对象为社会科学研究人员、高等院校国际问题专业的师生以及党政决策机关干部及广大国际问题爱好者。

国际金融研究 = Studies of International Finance/中国国际金融学会．－北京：《国际金融研究》编辑部，1984－

月刊　　　　　　大 16 开

ISSN 1006－1029　　CN 11－1132　　82－961

北京市西城区复兴门内大街 1 号（100818）
编辑部电话：010－66594051
E-mail:sif@bank-of-china.com

金融专业学术性刊物。报道国际金融理论研究成果，介绍和分析国外金融界的发展情况和趋势。主要板块栏目有国际金融时评：报道分析最新国际金融重大事件；理论园地：研究国际金融的前沿理论；环球金融：追踪国际金融热点；国际银行业：介绍国外先进的金融管理经验、产品和技术；金融市场：立足国际资本市场汇市、股市的理性思考；金融科技：关注迅猛发展的 IT 业对金融业的深刻影响。读者对象为金融工作者及相关专业的高校师生。有英文目次和中文摘要。

国际经济合作 = International Economic Cooperation/商务部国际贸易经济合作研究院．－北京：国际经济合作杂志社，1985－

月刊　　　　　　　大 16 开
ISSN 1002－1515　　CN 11－1583　　82－788
北京市东城区安定门外东后巷 28 号（100710）
编辑部电话：010－64249223
E-mail：ieciec@263.net

国际经济与贸易研究专业刊物。办刊宗旨：致力于为中国多级政府部门制订对外经贸政策提供参考，发布对外经济合作领域的权威性新闻，研究国际经济贸易的实务和理论，为国内外企业、经济研究部门和关心中国对外经济技术合作的人士提供服务。主要栏目：封面专题、研究与探讨、利用外资、观察家札记、经贸实务、天津大学·国际工程管理论坛、世界经济与贸易、国际市场、双多边合作等，适合于所有从事和关心国际经济合作事业的人士阅读。

国际经济评论 = International Economic Review/中国社会科学院世界经济与政治研究所．－北京：世界经济杂志社，1996－
月刊　　　　　　　大 16 开
ISSN 1007－0974　　CN 11－3799　　82－814
北京市东城区建国门内大街 5 号（100732）
编辑部电话：010－85195773
E-mail：ier@cass.org.cn

国际经济问题评论学术刊物。办刊特色：在经济全球化和中国改革开放的背景下，将国际问题与中国问题结合起来研究，紧扣现实主题。辟有专稿、时评：评论当前国际经济、政治焦点问题；争鸣：反思国际经济、政治热点问题；专论：由专家阐述国际国内重要现象背后的深层含义；中国经济：在国际经济背景下讨论中国改革开放进程中的重大问题；地区·国别：探索和评论世界各国经济发展中可资借鉴的经验和教训；工商：评析国内外工商界中有启迪性的现象；专访：与对世界和中国产生过重要影响的人物交谈；人物与思想：评介经济学大师中的思想家；学术动态等栏目。

国际经贸探索 = International Economics and Trade Research/广东外语外贸大学．－广州：广东外语外贸大学学报《国际经贸探索》编辑部，1985－
月刊　　　　　　　大 16 开
ISSN 1002－0594　　CN 44－1302　　46－289

广东省广州市白云区白云大道北2号（510420）
编辑部电话：020-36207076
E-mail:gpietr@mail.gdufs.edu.cn

探讨国际经贸理论与实务的学术刊物。原名《广州对外贸易学院学报》，1991年起改用现名。坚持学术性、专业性、导向性、外向性的办刊特色，着重研究和阐述国际经贸理论，注重探索当今外经贸热点问题，总结介绍广东省外经贸的成功经验。主要刊登广东外语外贸大学的国际经济与贸易教学科研成果。栏目设置有：经贸论坛、粤港澳经济、WTO透视、跨国公司、经贸实务、经贸法规、金融与投资、国际营销、经贸论坛、国际贸易、粤港澳经济 、工商管理、外交经济。有英文目次和英文摘要。

国际论坛 = International Forum/北京外国语大学. -北京：北京外国语大学国际问题研究所，外语教学与研究出版社，1988-

双月刊　　大16开
ISSN 1008-1755　　CN 11-3959　　82-998
北京市海淀区西三环北路2号北京外国语大学167信箱（100081）
编辑部电话：010-88814778；010-88816998
E-mail:gjlt@bfsu.edu.cn；bwgjs@bfsu.edu.cn

研究国际问题的综合类学术性刊物。原名《国际地平线》（不定期内部刊物），后更名为名《东欧》、《亚非》，1999年由三刊合并成《国际论坛》。主要刊登有关国际政治、世界经济、中国外交方面的学术论文。设有国际时事评述、国际政治、中外关系、理论探讨、世界经济、国别与地区等栏目。主要读者对象：外事部门科研机构高等院校的干部、专家、学者及关注国际问题的一般读者。

国际贸易问题 = Journal of International Trade/对外经济贸易大学. -北京：国际贸易问题杂志社，1975-

月刊　　大16开
ISSN 1002-4670　　CN 11-1692　　2-847
北京市朝阳区惠新里东街10号对外经济贸易大学（100029）
编辑部电话：010-64492403
E-mail:zzsbjb@sina.com

国际经济贸易类刊物。主旨是宣传我国对外贸易的方针、政策，研究和分析国际经贸问题、国际经贸动态，介绍最新的国际贸易理论。主要栏目：经贸论坛、部长及省市长专访、省市外经贸委主任专稿、世贸组织与中国、国际商务研究、世界市场透视、国际投资与跨国经营、国际服务贸易、国际金融、国际经济法、企业家论坛、电子商务、环境与贸易、港澳台等。读者对象为对外经贸机关、企业的决策者和业务人员、外商投资企业的中高级管理人员、高等学校师生及国际经贸研究人员。有英文目次与英文摘要。

国际商务研究（上海对外贸易学院学报） = International Business Research/上海对外贸易学院. －上海：《国际商务研究》编辑部，1980－

双月刊　　大16开

ISSN 1006－1894　　CN 31－5007　　4－590

上海市古北路620号（200336）

编辑部电话：021－52067319

E-mail:gjswyj@ qq. com

以国际商务研究为主的综合性学术期刊。曾用名《外贸教学与研究》。全国优秀社科学报、全国百强社科学报、上海市最佳学报。始终以求是、求新、严谨的治学精神，注重科学性、实效性，严格筛选高质量的文章奉献给广大读者。侧重报道国际贸易方面的理论研究成果和最新信息，介绍国际商务知识。主要栏目：学术探讨、国际金融、国际经济法、经贸案例评析等。读者对象为大专院校师生、从事外经贸理论研究与实务工作者、企业管理者和政府管理部门的各界人士。有英文目次和英文摘要。

国际问题研究 = International Studies/中国国际问题研究所. －北京：世界知识出版社，1959－

双月刊　　大16开

ISSN 0452－8832　　CN 11－1504　　82－1

北京市崇文区台基厂头条3号（100005）

编辑部电话：010－85119558；010－85119559

E-mail:gyzz@ ciis. org. cn

国际关系研究专业刊物。主要刊登有关国际问题、世界形势和国际关系方面的论文。主要栏目有：国际形势总论、欧洲问题专论、其他国际专论、统计材料、对外关系、事实与材料、学术交流动态、研究所介绍、新书介绍等。特别刊登对外学术交流简讯和我国对外关系大事记。读者对象为国际关系、国际问题专业研究人员，外事工作人员，高等院校相关专业师生和对国际问题感兴趣的读者。有英文目次和中文摘要。

国际新闻界 = Journal of International Communication/中国人民大学新闻学院. －北京：国际新闻界杂志社，1960 －

月刊　　　　大 16 开

ISSN 1002 －5685　　CN 11 －1523　　82 －849

北京市海淀区中关村大街 59 号（100872）

编辑部电话：010 －82509362

E-mail:gjxwj0@ 126. com

新闻学、传播学理论刊物。曾用名《国际新闻界简报》。不仅报道中国和外国的整个新闻学、传播学领域研究，同时还探讨大众传播业界、广播影视、编辑出版、广告、公共关系和传媒经济的各种理论与实践的问题，探讨网络信息传播、传播科技的各种现象和问题，以及与传播相关的跨学科领域的研究。主要栏目：本期话题、本期特稿、传播学研究、新闻学研究、电视传播研究、传媒研究、公共关系研究、新闻史研究等。读者对象为新闻理论研究者、新闻工作者、大专院校师生。有英文目次。

国际政治研究 = International Politics Quarterly/北京大学. －北京：北京大学国际关系学院，全国高校国际政治研究会，1980 －

季刊　　　　16 开

ISSN 1671 －4709　　CN 11 －4782　　82 －236

北京市海淀区北京大学内国际关系学院大楼（100871）

编辑部电话：010 －62755560

E-mail:yuankan@ pku. edu. cn

国际政治类学术刊物。原名《世界政治资料》，曾更名为《政治研究》，1989 年改为现名。以推动学科建设、促进学术交流为己任，刊发国内外高水平、高质量的国际政治和国际关系领域的学术论文。内容涵盖国际政治、国际关系、国际组织与国际法、世界经济、中国外交、国际战略、国别和地区研究、世界社会主义运动、比较政治、台港澳研究、口述外交等方面。主要栏目有：中国政治外交、国际政治理论、世界政治、地区与国别政治和动态与评论等。

国家行政学院学报 = Journal of China National School of Administration/国家行政学院. -北京:《国家行政学院学报》编辑部, 1999 -

双月刊　　大 16 开

ISSN 1008 -9314　　CN 11 -4079　　2 -364

北京市海淀区长春桥路 6 号国家行政学院 (100089)

编辑部电话: 010 -68929341; 010 -68929976

E-mail:xuebao@ nsa. gov. cn; xuebao@ 163bj. com

政治研究类学术刊物。办刊主旨: 突出政府管理、政府决策和公务员队伍建设的鲜明主题; 反映党和国家关于政府工作的重大方针、政策和举措; 反映当前经济体制改革、政治体制改革和行政管理改革等方面的新鲜经验; 反映新形势下政府管理和政权建设等方面的前沿性研究成果; 力求刊物在学术性、指导性、可读性和丰富的信息量方面的有机结合。主要栏目包括行政首长论坛、政治学与公共行政、中国经济发展与改革、法治经纬、决策咨询与参考、案例库、比较与借鉴、国际学苑、调查与思考等。读者对象是各级政府公务员和政府管理理论教学研究人员。

国外社会科学 = Social Sciences Abroad/中国社会科学院文献信息中心. -北京:《国外社会科学》编辑部, 1980 -

双月刊　　大 16 开

ISSN 1000 -4777　　CN 11 -1163　　82 -632

北京市东城区建国门内大街 5 号 (100732)

编辑部电话: 010 -85197749

E-mail:guowaisheke@ yahoo. com. cn

社会科学综合性学术刊物。注重跨学科研究及介绍国内外社会科学最新的学术理论、研究方法和发展趋势, 尤其是新思潮、新流派、新理论、新论著和新成果, 突出刊物的学术性、理论性、综合性及前沿性。主要栏目有学术思潮、理论动态、专题研究、国际视野、学科流派、海外专稿、动态跟踪、成果快讯等。读者对象为广大社会科学工作者及高等院校文科师生。

国外文学 = Foreign Literature/北京大学．－北京：《国外文学》编辑部，1981－
双月刊　　16开
ISSN 1002－5014　　CN 11－1562　　18－44
北京市海淀区北京大学外文楼（100871）
编辑部电话：010－62751589

以外国文学评论为主的学术性刊物。主要发表外国文学研究方面的论文、评论、述评等，同时介绍外国文学史上的各种流派及有影响的作家作品。固定栏目有文学理论探讨、文本分析与阐释、作品翻译与评介等。同时还设有各种专题性质的栏目。读者对象为国内外文学研究、教学工作者及广大外国文学爱好者。有英文目次和中文摘要。

汉语学习 = Chinese Language Learning/延边大学．－延吉：《汉语学习》编辑部，1980－
双月刊　　16开
ISSN 1003－7365　　CN 22－1026　　12－36
吉林省延吉市公园路977号（133002）
编辑部电话：0433－2732219
E-mail:hyxx@ybu.edu.cn

语言研究、汉语教学专业刊物。以介绍国内外现代汉语和第二语言汉语教学的新成果，提供学术讨论和争鸣的园地，反映学术研究活动的新动态，展示国内外汉语研究的新视野为办刊宗旨。主要刊登有关语言研究、汉语教学研究和少数民族汉语教育及语言比较研究方面的论文。辟有语言发展与规范、语言学与现代汉语研究、语言·文化·社会、语言对比研究、第二语言汉语教学、现代汉语研究述评、国外汉语学者评介、书评等栏目。读者对象为国内外广大语言工作者、语言学研究人员、汉语教学人员等。有英文目次和中英文摘要。

河北师范大学学报．哲学社会科学版 = Journal of Hebei Normal University. Philosophy and Social Sciences Edition/河北师范大学．－石家庄：《河北师范大学学报》编辑部，1956－
双月刊　　大16开
ISSN 1000－5587　　CN 13－1029　　18－11
河北省石家庄市裕华东路265号（050016）

编辑部电话：0311－86268094
E-mail：shekeb@ mail. hebtu. edu. cn

人文社会科学综合性学术刊物。办刊宗旨：坚持人文社会科学的正确导向，倡导实事求是、开拓创新、理论与实践统一的学风和文风，内容兼顾理论、历史、现状三个方面，突出思想性、学术性和现实性。主要栏目：马克思主义中国化研究、经济研究、法律研究、哲学、文学研究、语言学研究、中国古代史研究、晚清史研究、燕赵文化研究、传播学研究等。全国百强学报、河北省第四届“十佳期刊”；华北地区第四届和第五届“优秀期刊”。2001 年入选新闻出版总署评审的“中国期刊方阵·社科双效期刊”。有英文目次和中英文摘要。

河北学刊 = Hebei Academic Journal/河北省社会科学院．－石家庄：《河北学刊》编辑部，1981－
双月刊　　大 16 开
ISSN 1003－7071　　CN 13－1020　　18－25
河北省石家庄市裕华西路 67 号（050051）
编辑部电话：0311－83032440
E-mail：hbxk282@ 163. com

人文社会科学综合性刊物。以传承学术文化，繁荣社科研究，推出探索性、前沿性、原创性科研精品为办刊宗旨，主要反映河北省社会科学院学者的研究成果。主要栏目有特别关注、哲学天地、史学纵横、史学理论与史学史、文学评论、社会学透视、经济学观察、法学经纬、文化研究、中国特色社会主义理论研究、教育学研究、河北经济社会文化发展研究、学人论坛、名家访谈、书评园地。读者对象为社会科学工作者、大专院校文科师生。

河南大学学报. 社会科学版 = Journal of Henan University. Social Science/河南大学．－开封：《河南大学学报》编辑部，1934－
双月刊　　大 16 开
ISSN 1000－5242　　CN 41－1028　　36－26
河南省开封市明伦街 85 号（475001）
编辑部电话：0378－2860394
E-mail：xbskb@ henu. edu. cn

人文社会科学综合性学术刊物。多次被评为河南省优秀期刊。坚持为教学科研和社会主义现代化建设服务的方针，着重探讨和研究人文社会科学的有关学术问题和现实理论问题。办刊特色：编辑学研究和宋代文化研究。主要栏目：名家代表作、新秀展台、哲学研究、历史研究、政治学研究、社会学研究、法学研究、经济学研究、文学研究、艺术研究、文化传播、语言·文字研究、编辑学研究、综述天地等。读者对象为海内外哲学社会科学各学科领域的专家、学者，广大社会科学工作者和高等学校文科师生。有英文目次和中英文论文摘要。

河南社会科学 = Henan Social Sciences/河南省社会科学界联合会. －郑州：河南社会科学杂志社，1993－

双月刊　　大 16 开
ISSN 1007－905X　　CN 41－1213
河南省郑州市丰产路 23 号（450002）
编辑部电话：0371－63933724
E-mail：sheke@ public. zz. ha. cn

人文社会科学综合性学术刊物。2000 年、2002 年、2005 年、2008 年先后被评为“河南省一级期刊”，2005 年、2008 年荣获“河南省二十佳期刊”称号。办刊宗旨：立足学术前沿，兼顾社会科学的应用理论和基础理论研究，密切关注社会科学方面的前沿性、应用性成果，注重学术的原创性、互动性和应用性，积极开展学术讨论和学术交流，组织社会科学学术研究，不断促进哲学社会科学事业的繁荣。载文内容包括经济学、社会学、政治学、法学、哲学、文学、历史学、教育学、文化学等学科的研究成果。主要栏目：专题研究、非物质文化遗产研究、新媒体研究、哲学研究、政治学研究、社会学研究、经济学研究、法学研究、文学研究、教育学研究等。读者对象为社会科学工作者、大专院校师生和部分机关干部。

河南师范大学学报. 哲学社会科学版 = Journal of Henan Normal University. Philosophy and Social Sciences Edition/河南师范大学. －新乡：《河南师范大学学报》编辑部，1960－

双月刊　　大 16 开
ISSN 1000－2359　　CN 41－1011　　36－54
河南省新乡市建设路（453007）
编辑部电话：0373－3326281

E-mail:hnsk@ chinajournal. net. cn

人文社会科学综合性学术期刊。全国百强社科学报。办刊宗旨：以党的四项基本原则为指导，鼓励学术争鸣，促进学术交流，广泛吸收国内外高质量的来稿，强调学术性、创新性和实践性，注重对现实问题的敏锐把握和富有启示性的理论探讨，以服务于社会主义现代化建设和促进国内学术繁荣。刊登校内外学者在哲学、经济学、政治学、法学、历史学、语言文学、教育学等人文社科领域的创新性研究成果。刊文范围包括马克思主义研究、哲学、心理学、政治学、经济学、历史学、法学、语言学、文化、文学等学科内容。有英文目次和中英文摘要。

红楼梦学刊 = Studies on "A Dream of Red Mansions" /中国艺术研究院． －北京：《红楼梦学刊》编辑委员会，1979 －

双月刊　　大 32 开

ISSN 1001 －7917　　CN 11 －1676　　18 －102

北京市朝阳区惠新北里甲 1 号（100029）

编辑部电话：010 －64813287

E-mail:hongloumeng1979@ 163. com

红学研究专业刊物。坚持双百方针，主要发表研究《红楼梦》思想、艺术、版本、作者生平家事、脂砚斋评语、文物资料的考证等方面的学术论文。开辟知识性、趣味性较强的红楼文化、红注集锦、红楼一角、红学书窗等栏目。另外还有研究生论坛、新人新作、红学动态等栏目，推出红学新人，报道国内外红学大事和最新研究成果。读者对象为中国古典文学研究人员、红学研究人员及红学爱好者。有英文目次。

宏观经济研究 = Macro Economics/国家发展和改革委员会宏观经济研究院． －北京：宏观经济研究杂志社，1979 －

月刊　　大 16 开

ISSN 1008 －2069　　CN 11 －3952　　82 －791

北京市西城区木樨地北里甲 11 号国宏大厦 B 座 1308 室（100038）

编辑部电话：010 －63908358

E-mail:hongguanjingji@ 163. com

以宏观经济理论与政策研究为主的综合性经济理论刊物。主要以应用研究为主体，强调理论与实践相联系，宏观与微观相结合，政策研究与学术探讨相统一，紧紧围绕我国经济运行中的重点、难点和热点问题，从战略全局角度进行实证性和前瞻性分析，提出有理有据的剖析、判断和可操作的政策建议，为国家宏观经济决策和各级政府、各类企业及社会各界服务。主要栏目：本刊专稿、企业发展、理论研究、产业发展、政策建设、区域经济、世界经济、经济指标等。读者对象为各级党政领导机关、经济管理部门、大专院校师生。

湖北大学学报. 哲学社会科学版 = Journal of Hubei University. Philosophy and Social Science/湖北大学. －武汉：《湖北大学学报》编辑部，1974－

双月刊　　大 16 开

ISSN 1001－4799　　CN 42－1020　　38－46

湖北省武汉市武昌学院路 11 号（430062）

编辑部电话：027－88663545

E-mail：hudaxuebao@163. com

人文社会科学综合性学术刊物。原《武汉师院学报（哲学社会科学版）》，1985 年起使用现刊名。主要刊登哲学、科学社会主义、经济学、法学、行政管理、社会学、文学、语言学、历史学、文化教育、心理学等学科领域的理论与应用研究的论文。设有价值论与伦理学研究、中部崛起论坛、中国近代史研究、文化学研究、湖北文化研究、明清小说研究、词学研究、湖北作家研究等特色栏目。曾被评为湖北省第三届、第四届优秀期刊，2001 年入选新闻出版总署评审的“中国期刊方阵·社科双效期刊”。读者对象为高等院校师生和社会科学工作者。有英文目次和中英文摘要。

湖北社会科学 = Hubei Social Sciences/湖北省社会科学界联合会，湖北省社会科学院. －武汉：湖北社会科学杂志社，1987－

月刊　　大 16 开

ISSN 1003－8477　　CN 42－1112　　38－211

湖北省武汉市武昌黄鹂路 60 号《湖北社会科学》编辑部（430077）

编辑部电话：027－86798366

E-mail：hbsk@263. net

人文社会科学综合性学术刊物。以立足于中国特色社会主义建设的实践，坚持以理论与实际、工作指导与理论研究相结合为方针；以大胆探索改革开放和现代化建设中出现的新情况、新问题，求真务实，融现实性与理论性为一体，荟萃科研成果、反映理论动态、服务指导实践为主旨。发文主要涉及马克思主义、哲学、经济学、法学、社会学、教育学、文学、历史学、新闻传播学等学科领域。固定栏目有马克思主义与马克思主义中国化、政治文明研究、社会建设研究、理论答疑、中部崛起与湖北发展、经济论坛、人文视野、法律园地、教育论丛等。2001 年入选新闻出版总署“中国期刊方阵·双效期刊”，连续荣获“湖北省优秀期刊”称号。读者对象主要为高校社会科学及各类社会科学研究机构工作者、政府决策及政策研究部门。有英文目次。

湖南社会科学 = Hunan Social Sciences/湖南省社会科学界联合会. －长沙：湖南社会科学杂志社，1988－

双月刊　　大 16 开

ISSN 1009－5675　　CN 43－1161　　42－229

湖南省长沙市德雅路浏河村 7 号（410003）

编辑部电话：0731－4213603

E-mail:hnsheke01@163.com

人文社会科学综合性学术刊物。坚持走学者办刊、学术立刊之路，秉承以人扬刊、以刊助人的办刊理念，注重哲学社会科学的基础理论研究，并结合中国经济社会发展的理论与实践问题，反映哲学社会科学的最新研究成果。内容包括哲学、政治学、法学、社会学、经济学、文学、教育学、历史学、新闻学、新兴学科的研究论文以及典型调查报告等。主要栏目：哲学科学、政法社会、经济管理、文教历史、领导论坛、新人新作、新闻出版、学者随笔等。读者对象为人文社会科学工作者、大专院校师生、科研院所的研究人员和部分机关干部及社会人士。2005 年获“湖南省十佳社科期刊”称号。有英文目次、中文论文摘要。

湖南师范大学社会科学学报 = Journal of Social Science of Hunan Normal University/湖南师范大学. －长沙：湖南师范大学期刊社，1956－

双月刊　　大 16 开

ISSN 1000－2529　　CN 43－1165　　42－97

湖南省长沙市岳麓山湖南师范大学（410081）

编辑部电话：0731－8872209

E-mail:scasci@126.com

人文社会科学综合性学术刊物。原名《湖南师范大学学报（社会科学版）》。办刊宗旨：面向社会主义现代化建设，发表该校文科各系、所，以及校外学者的研究成果，为发展和繁荣社会主义教学理论和高等师范教育作出贡献。曾获湖南省社会科学“双十佳”学报称号，2001 年入选新闻出版总署评审的“中国期刊方阵·社科双效期刊”。主要栏目：哲学·伦理学、党史·党建、社会学、经济学、史学、文化、文学、语言、美学、历史·传媒等。读者对象为大专院校师生、社会科学工作者。有英文目次和中英文论文摘要。

华东师范大学学报. 哲学社会科学版 = Journal of East China Normal University. Philosophy and Social Science/华东师范大学 . －上海：华东师范大学学报期刊社，1955 －

双月刊　　大 16 开

ISSN 1000 －5579　　CN 31 －1010　　4 －105

上海市中山北路 3663 号（200062）
编辑部电话：021 －62232305
E-mail:xbzs@ xb. ecnu. edu. cn

人文社会科学综合性学术刊物。我国高校中创办最早的人文社科学报之一。新闻出版总署双效期刊、首届全国双十佳社科学报。坚持“追求真理、繁荣学术”和“求实创新、开拓进取”的办刊方针，刊登该校文科专业师生及校外作者的研究成果及学术论文，涉及哲学、政治、经济、金融、文学、语言和历史等方面。主要栏目：佛教思想反思、哲学思想研究、西方哲学研究、金融问题研究、文艺学研究、古典文学研究、语言学研究、历史学研究、经济法律问题研究、社会经济发展问题研究、文学与宗教研究等。读者对象为社会科学研究人员、大专院校文科师生。有英文目次和中英文摘要。

华夏考古 = Huaxia Archaeology/河南省文物考古研究所，河南省文物考古学会 . －郑州：《华夏考古》编辑部，1987 －

季刊　　16 开

ISSN 1001 －9928　　CN 41 －1014

河南省郑州市陇海北三街 9 号（450000）
编辑部电话：0371 －66319695
E-mail:hxkg@ chinajournal. net. cn

文物考古类专业刊物。办刊方向：立足河南，面向全国，走向世界。主要发表全国各地田野考古发掘报告和简报，根据文物、考古发掘资料撰写的学术论文、译文和探讨考古理论与方法的文章，以及有关文物科学技术保护方面的论文和资料。辟有田野考古报告、考古文物研究、古文字研究、考古技术与文物保护、学者与学术史、译文园地、文物赏鉴、书评等栏目。进入21世纪，连续荣获三届“河南省社会科学期刊二十佳”称号。读者对象为考古、文物研究人员、文物工作者及文物爱好者。有英文目次和中英文摘要。

华中科技大学学报. 社会科学版 = Journal of Huazhong University of Science and Technology. Social Science Edition/华中科技大学. －武汉：《华中科技大学学报（社会科学版）》编辑部，1980－

双月刊　　大16开

ISSN 1671－7023　　CN 42－1673　　38－322

湖北省武汉市珞瑜路1037号（430074）

编辑部电话：027－87543836

E-mail:jsshust@hust.edu.cn

人文社会科学综合性学术刊物。曾用名《华中工学院学报（哲学社会科学版）》、《华中理工大学学报（社会科学版）》。湖北省优秀期刊，全国百强社科学报。常设栏目：民族精神与文明家园、科技社会与人文视野、乡村建设与乡村治理研究、哲学之维与思辨空间、法学视野与政治之思、经济理论与经济发展、管理平台与治道研讨、历史时空与文化探微、寓言纵横与文学研究、媒体传播与出版探究、学术访谈与学术争鸣、喻园茶座等。此外还设有“培育与弘扬民族精神”、“科技与人文新视野”、“社会扫描与转型透视”和“乡村治理与乡村建设”等特色栏目。读者对象为人文社会科学工作者、大专院校师生和广大爱好人文社会科学的社会人士。

华中师范大学学报. 人文社会科学版 = Journal of Huazhong Normal University. Humanities and Social Sciences/华中师范大学. －武汉：《华中师范大学学报》编辑部，1955－

双月刊　　大16开

ISSN 1000－2456　　CN 42－1040　　38－38

湖北省武汉市桂子山华中师范大学（430079）

编辑部电话：027－87673249
E-mail：inbox@ ccnu. edu. cn

人文社会科学综合性学术刊物。办刊宗旨是坚持理论联系实际，关注重大现实问题，坚持刊物的学术性和理论性，致力于学术研究的历史积累和理论创新，传播有创造性的、高学术水平的最新科研成果。主要刊登华中师范大学师生撰写的最新哲学社会科学研究论文。内容涉及政治学、法学、文化学、文学、语言学、历史学、教育学与心理学等。主要栏目：中国农村研究、社会风险与危机管理、妇女研究、法学研究、房地产经济学研究、中国近现代社会经济史研究、古代文学研究、教育学研究等。读者对象为社会科学工作者、大专院校文科师生。

环境保护 = Environmental Protection/国家环境保护总局．－北京：环境保护杂志社，1973－
半月刊　　　　大 16 开
ISSN 0253－9705　　CN 11－1700　　2－605
北京市海淀区普惠南里 14 号（100062）
编辑部电话：010－67113764（A 刊）；010－67114404（B 刊）
E-mail：enprmag@ 126. com. cn

综合性环保科学刊物。旨在宣传和报道我国环境保护的方针政策、环境法制与管理、污染防治技术、监测和评价、环境标准与认证、环境经济、资源和能源的综合利用、自然生态保护、环境与健康，并介绍国内外环保的新技术、新方法、新设备及新信息和交流各地环保工作经验。主要栏目：特稿、法制天地、工程与技术、自然生态保护、环境评价、产业与市场、国际合作、环境与健康、综合利用等。读者对象为各级政府部门的环境决策者、环境保护行政主管部门干部职工、教育科研机构环境保护研究人员、企业环保管理人员、环保国际组织和民间团体以及社会各界关心环保的人士。有英文目次和中文论文摘要。

环球法律评论 = Global Law Review/中国社会科学院法学研究所．－北京：法学研究杂志社，1962－
双月刊　　　　大 16 开
ISSN 1009－6728　　CN 11－4560　　2－529
北京市东城区沙滩北街 15 号（100720）

编辑部电话：010－64022194
E-mail：glawreview@ cass. org. cn

法学专业学术期刊。原名为《外国法译评》，2000 年改用现刊名。办刊宗旨：比较研究中国法与外国法以及各国法之间的利弊得失，倡导宏观的、体系的、基础理论的比较研究，注重微观的、个别的、具体的法律制度，法律技巧，法律设计诸方面的比较研究；追踪外国法的发展，翻译介绍外国最新的重要立法、最新法学理论及相关文献。栏目设置：主题研讨、理论前沿、学术争鸣、介绍与评论、立法研究、司法研究、述评、案例评析、国外立法选择、域外论文选择、外国判例译评等。读者对象为法学专业研究人员、立法和司法部门的专业人员、法律工作者、高等院校法律专业师生等。有英文目次、中文论文提要。2008 年获得第四届中国社会科学院优秀期刊奖。

黄钟（武汉音乐学院学报） = HUANGZHONG（Journal of Wuhan Conservatory of Music）/武汉音乐学院．－武汉：《黄钟》编辑部，1987－
季刊　　大 16 开
ISSN 1003－7721　　CN 42－1062　　38－409
湖北省武汉市武昌解放路 255 号（430060）
编辑部电话：027－88068303
E-mail：wyhz@ public. wh. hb. cn；wyhz@ whcm. com. cn

音乐理论刊物。办刊方针：密切关注音乐理论中的新学科、新观点与新动向；注重学科交叉的研究方法；注重前沿课题的研究；重视音乐基础理论研究；探索音乐实践与理论规律；大力扶植音乐研究队伍中的新生力量。发表音乐史理论方面的研究成果，报道国内外音乐理论研究信息，并刊登译文和有特色的音乐作品。主要栏目：作曲技术理论研究、音乐基础理论研究、音乐形态学研究、音乐作品研究、计算机与音乐、音乐史学研究、音乐美学研究、音乐民族学研究、宗教音乐学研究、楚音乐文化研究、音乐考古学研究、音乐传播学研究、音乐文献学研究、音乐编辑学研究、音乐社会学研究、音乐心理学研究、音乐教育理论研究、音乐表演理论研究、音乐学术译文等。读者对象为专业音乐工作者、高等音乐院校师生及音乐爱好者。有英文目次。

回族研究 = Researches on the Hui/宁夏社会科学院．－银川：《回族研究》编辑部，1991－

季刊　　大 16 开
ISSN 1002 - 0586　　CN 64 - 1016　　74 - 20
宁夏银川市西夏区（750021）
编辑部电话：0951 - 2074543
E-mail:ychzyj@163.com

民族学类综合性学术刊物。办刊宗旨：繁荣回族研究，弘扬回族文化。具有集知识性、学术性与资料性于一体的特色。主要栏目：伊斯兰思想、回商文化论坛、明清回族进士考、中国名城名镇、伊斯兰教研究、了解伊斯兰文化、回族文化、阿拉伯文化、宗教经典研究等。读者对象为从事民族宗教研究的人文社会科学工作者、大专院校师生和民族地区机关干部、社会人士。有中英文目次、论文摘要。

会计研究 = Accounting Research/中国会计学会. - 北京：《会计研究》编辑部，1980 -

月刊　　大 16 开
ISSN 1003 - 2886　　CN 11 - 1078　　2 - 844
北京市西城区月坛南街 14 号月新大厦三层（100820）
编辑部电话：010 - 68528922
E-mail:ar@asc.net.cn

财会理论性刊物。以紧密联系中国经济建设实际，强化会计基础理论研究，丰富会计理论，促进财会改革和企业内部会计管理水平的提高，建设具有中国特色的会计理论方法体系为办刊宗旨。突出政策指导性、学术探索性和现实针对性，及时、集中地反映我国会计学科的研究状况。主要刊登理论探讨、会计管理、经济与会计、改革探索、国企改革及证券市场中的财务会计问题、成本问题、国际会计准则、外国财会理论研究动态等方面的文章。读者对象为财会理论研究人员、广大财会工作者以及大专院校师生。有英文目次、中文论文提要。

吉林大学社会科学学报 = Jilin University Journal. Social Science Edition/吉林大学. - 长春：《吉林大学社会科学学报》编辑部，1955 -

双月刊　　大 16 开
ISSN 0257 - 2834　　CN 22 - 1063　　12 - 18
吉林省长春市前进大街 2699 号（130012）

编辑部电话：0431－85166970
E-mail：journal@ jlu. edu. cn

人文社会科学综合性学术刊物。办刊宗旨：坚持社会主义的办刊方向，使学报成为宣传马列主义、毛泽东思想的阵地，社会科学教学和研究人员发表科研成果的园地，发现和培养社科人才的基地，展示高校学术水平的窗口。主要刊载吉林大学文科师生的最新研究成果。主要栏目：改革开放30年、探索当代中国哲学的道路、民法典立法研究、社会理论与社会发展研究、制度与产业经济、20世纪中国文学研究。读者对象为社会科学工作者、教育工作者、大专院校文科师生。

暨南学报. 哲学社会科学版 = Journal of Jinan University. Philosophy & Social Sciences Edition/暨南大学．－广州：《暨南大学学报》编辑部，1936－
双月刊　　大16开
ISSN 1000－5072　　CN 44－1285　　46－75
广东省广州市石牌暨南大学（510632）
编辑部电话：020－85224092
E-mail：oxbwtg@ sina. com

人文社会科学综合性学术刊物。主要发表文学、史学、经济学、法学和哲学等方面的学术论文，并着重发表有关华侨、华裔、世界各地中外关系的现状与历史方面的科研成果，促进内外学术交流，为四个现代化建设和人类社会进步事业服务。栏目设置：国际法研究、国际关系研究、诉讼法研究、经济·管理研究、文学·文化研究、语言学研究、历史研究、哲学研究、传播学研究等。读者对象为社会科学工作者和高校文科专业师生。有英文目次和中英文摘要。

江海学刊 = Jianghai Academic Journal/江苏省社会科学院．－南京：江海学刊杂志社，1958－
双月刊　　大16开
ISSN 1000－856X　　CN 32－1013　　28－27
江苏省南京市虎踞北路12号（210013）
编辑部电话：025－83715429
E-mail：jhxk@ jlonline. com

人文社会科学综合性学术刊物。注重人文社会科学的基础理论研究，探讨我国经济社会发展的理论与实践问题，反映哲学社会科学的最新研究成果，内容包括中国改革开放、经济理论、城市、乡村、就业研究、台湾问题、法律、文学艺术、行政管理、国际政治、马克思主义研究等。主要栏目：原创学术空间、名家专论、海外学术之窗、公共性前沿问题研究等。读者对象为社会科学工作者、大专院校师生、社会人士。

江汉论坛 = Jianghan Tribune/湖北省社会科学院. －武汉：江汉论坛杂志社，1958 －
月刊　　大 16 开
ISSN 1003 －854X　　CN 42 －1018　　38 －226
湖北省武汉市武昌东湖路 165 号（430077）
编辑部电话：027 －86789435
E-mail：jhlt@ pubic. wh. hb. cn

人文社会科学综合性学术刊物。注重理论与实际相结合，认真贯彻党的“双百”方针，开拓、创新、严谨、求实，实行“立足湖北，面向全国，走向世界”的编辑战略。注重基础理论和对现实问题的探讨，发文内容涵盖经济、哲学、历史、文学及法学、政治学、伦理学、社会学等诸多学科。主要栏目：经济、哲学、历史、政治、法律、古典主义、社会学、文化、书评等。读者对象为社会科学工作者及大专院校文科师生。

江苏大学学报. 社会科学版 = Journal of Jiangsu University. Social Sciences Edition/江苏大学. －镇江：《江苏大学学报. 社会科学版》编辑部，1999 －
双月刊　　大 16 开
ISSN 1671 －6604　　CN 32 －1655　　28 －181
江苏省镇江市学府路 301 号（212003）
编辑部电话：0511 －84446168
E-mail：skxb@ ujs. edu. cn

人文社会科学综合性学术刊物。原名《江苏理工大学学报（社会科学版）》，2002 年起改为现刊名。办刊宗旨：坚持社会主义办刊方向，努力为学校的教学、科研和学科建设服务，为繁荣我国的科学文化事业服务。主要刊登校内外有关政治、哲学、历史、法律、企业管理、金融财会、国际贸易、教育教学、文学艺术等方面的学术研究成果。辟有哲学研究、政治学研究、历史学研究、经济学研究、法学研究、文学研究、艺术学研究、语言学研究等栏目。读者对象为科学研究工作者、大专院校文科师生。有英文目次和中英文摘要。

江苏高教 = Jiangsu Higher Education/江苏省教育委员会. -南京:《江苏高教》编辑部,1985 -
双月刊　　大16开
ISSN 1003 -8418　　CN 32 -1048　　28 -264
江苏省南京市北京西路15号(210024)
编辑部电话:025 -6638659
E-mail:jsgjzz@ ec. js. edu. cn

高等教育专业理论刊物。旨在从理论和实践两个方面研究高等教育的基本规律和高等教育改革发展中的各种重点、难点、热点问题,注重理论与实践的有机结合。主要栏目:高教理论、高教管理、高教与经济、教学研究、德育天地、学生工作、高校科研、学位与研究生教育、高等职业教育、师资队伍建设、成人高等教育、比较教育等。2002年、2004年、2007年三次获江苏省"十佳社科期刊"称号。读者对象为高等教育管理人员、研究人员和大专院校师生。有英文目次、中文论文摘要。

江苏社会科学 = Jiangsu Social Sciences/江苏省哲学社会科学界联合会. -南京:江苏社会科学杂志社,1990 -
双月刊　　大16开
ISSN 1003 -8671　　CN 32 -1312　　28 -148
江苏省南京市山西路120号国贸大厦16层(210009)
编辑部电话:025 -83321531
E-mail:3701531@ sohu. com

人文社会科学综合性学术刊物。刊登人文社会科学领域的最新研究成果,重视基础理论与应用理论的研究。发文注重学术性、理论性、探索性。主要栏目:改革开放30年理论研究、哲学研究、经济学研究、政治学研究、法学研究、社会学研究、审美价值的危机与重构、文学研究、历史学研究、江苏发展研究、教育学研究。读者对象为人文社会科学工作者、高等院校师生、党政干部。

江西社会科学 = Jiangxi Social Sciences/江西省社会科学院. -南昌:江西社会科学杂志社,1980 -

月刊　　大 16 开
ISSN 1004 - 518X　　CN 36 - 1001　　44 - 25
江西省南昌市洪都北大道 649 号（330077）
编辑部电话：0791 - 8596531
E-mail:jxsheke@ 163. com

人文社会科学综合性学术刊物。主要刊登江西省社会科学院的最新学术研究成果。主要栏目：学子语类、叙事学、海外传真、文学、哲学、经济学、历史学、法学等。在栏目设计上，坚持学科与主题相结合、常设栏目与滚动栏目相结合的原则，推出了一批特色鲜明、个性突出的品牌栏目，如："学子语类"每期刊发一组由全国著名专家主持的笔谈文章；"叙事学研究"主要刊发国内知名学者有关叙事学研究的力作以及国外权威学者有关叙事学研究最新成果的翻译或述评文章；"海外传真"主要刊发国外学者或长期旅居海外的中国学者论述当前中国经济社会热点问题的理论文章。读者对象为人文社会科学工作者、大专院校师生和部分机关干部、社会人士。有英文目次、中文论文摘要。

教学与研究 = Teaching and Research/中国人民大学. - 北京：中国人民大学出版社《教学与研究》编辑部，1953 -
月刊　　大 16 开
ISSN 0257 - 2826　　CN 11 - 1454
北京市海淀区中关村大街 59 号（100872）
编辑部电话：010 - 62511680
E-mail:jiaoyuyan@ sina. com

综合性政治理论研究刊物。宗旨是为高校马克思主义理论教学与研究服务，同时发表相关的人文社会科学研究成果。2001 年入选"中国期刊方阵·社科双效期刊"。主要栏目：学术评论、前沿问题、当代中国社会发展研究、马克思主义与现时代、科学社会主义理论与实践、国外马克思主义研究、当代西方思潮评介、近现代中国社会研究、当代世界经济与政治、思想政治教育研究、教材·教学·教改等。读者对象是高校、各级党校、各类成人院校的理论课教师，理论研究和理论宣传工作者，以及有关学科的大学生、研究生。有英文目次。

教育发展研究 = Research in Education Development/上海市教育科学研究院，上海市高等教育学会. - 上海：《教育发展研究》编辑部，1980 -

半月刊　　大 16 开
ISSN 1008 - 3855　　CN 31 - 1722　　4 - 591
上海市茶陵北路 21 号（200032）
编辑部电话：021 - 60344596
E-mail:jyfz@263.net

教育类综合性学术期刊。坚持从大教育视角关注教育与社会、经济、文化、科技的联系，坚持从中、宏观层面研究和探讨教育改革与发展的热点难点问题，坚持前沿与纵深相结合、理论与实践相结合、学术性和可读性相结合，探讨教育的内在规律和发展趋势。载文内容涉及教育理论与实践、教育事业与经费分析、学校、校长、教师发展、招生与就业等国内外各级各类教育的改革与发展。主要栏目：决策参考、视点、专题、国际比较、专访、论坛、广角等。读者对象为教育行政主管、教育科研人员、校长、教师、各类培训主管、高校学生等。有英文目次和中英文摘要。

教育科学 = Education Science/辽宁师范大学. - 大连：教育科学杂志社，1985 -
双月刊　　大 16 开
ISSN 1002 - 8064　　CN 21 - 1066
辽宁省大连市黄河路 850 号（116029）
编辑部电话：0411 - 82158254
E-mail:jykx915@sohu.com

教育类学术刊物。原名为《教育科学研究》。办刊宗旨：繁荣教育理论研究，推动教育科学发展，介绍和推广国内外成功的教育经验、实验和理论，弘扬民族教育遗产，为教育改革和发展服务。主要栏目：教育理论研究、教学研究、教师和学生管理研究、师范教育、职业教育研究、外国教育研究、教育史研究等。读者对象为大、中、小学教师，教育管理人员，教育研究人员，师范院校学生等。有英文目次、中文论文提要。

教育理论与实践 = Theory and Practice of Education/山西省教育科学研究院，山西省教育学会. - 太原：《教育理论与实践》编辑部，1981 -
月刊　　大 16 开
ISSN 1004 - 633X　　CN 14 - 1027　　22 - 31
山西省太原市解放路东头道巷 9 号（030009）

编辑部电话：0351 – 5604672
E-mail:jyll@ chinajournal. net. cn

教育类综合性学术期刊。旨在坚持四项基本原则，立足山西，面向全国，进行基础教育理论研究和实践探索，反映教育科研成果，传播教育科学信息，促进教育改革开放。主要辟有教育基本理论、教育决策与管理、教育与教学改革、教育调查与实验、农村教育、思想品德教育、教育心理、教师论坛、青年论苑、学术争鸣、比较教育等栏目。读者对象为教育学研究人员、各级各类学校管理人员、师范院校师生等。有英文目次和中英文摘要。

教育研究 = Educational Research/中央教育科学研究所. –北京：教育研究杂志社，1979 –

月刊　　　　　　大 16 开

ISSN 1002 – 5731　　CN 11 – 1281　　2 – 277

北京市朝阳区北三环中路 46 号（100088）
编辑部电话：010 – 82014985
E-mail:jyyjzz@ 263. net

教育理论类刊物。面向全国大、中、小学，刊登教育科学论文，评介教育科研成果，探讨教育思想与办学方向、教育投资与经费、教育管理体制改革、教育教学规律等问题，宣传教改实验成就，开展教育学术讨论，报道学术研究动态，提供国内外教育信息。除论文板块外，较固定的栏目有：地方科研园地、学术动态、校长论坛、书评等。2001 年入选新闻出版总署评审的“中国期刊方阵·社科双效期刊”。读者对象为教育教学科研人员，大、中、小学及幼儿园教师，职业技术教育、成人教育工作者，师范院校师生，各级教育行政干部，以及其他社会科学工作者、管理人员等。有英文目次。

教育研究与实验 = Educational Research and Experiment/华中师范大学. –武汉：《教育研究与实验》编辑部，1982 –

双月刊　　　　　　大 16 开

ISSN 1003 – 160X　　CN 42 – 1041　　38 – 144

湖北省武汉市桂子山华中师范大学（430079）
编辑部电话：027 – 62795681
E-mail:jiaoyu518@ sohu. com

教育理论期刊。刊登教育科学研究成果，关注教育热点问题，致力于教育改革实验和实验技术的开发，报道中小学教育实验最新动态。主要栏目："教育纵横谈"：关注教育理论的前沿和热点问题，探寻教育活动的基本规律和原理；"教育心理研究"：研讨教育的心理学基础、儿童社会性发展和青少年的人格与社会心理等问题，注重学校心理健康教育方面的研究；"教育实验研究"：注重中小学教育实验的理论与实践问题研究，推广教育教学改革实验成果；"学校专栏"：介绍当代中国著名学校及实验学校，传播先进的办学思想和管理经验。主要读者群：全国教育行政人员、教育科研人员、师范院校以及中小学校教师。

教育与经济 = Education and Economy/华中师范大学，中国教育经济学会研究会. -武汉：《教育与经济》编辑部，1985 -

季刊　　16 开

ISSN 1003 -4870　　CN 42 -1268　　38 -177

湖北省武汉市华中师范大学教科院（430079）

编辑部电话：027 -67865330

E-mail:ccnujyyjj@126. com

教育经济学专业学术刊物。刊登教育经济学理论、历史和现实问题的研究成果，及时报道国内外教育经济理论与现实问题研究的新成果、新观点、新动态，交流各地学校教育经费和筹措使用的先进经验。辟有教育经济调查报告、国家教育经济重点课题研究专栏，以及教育经济计量研究、教育经济学基本理论研究、教育与经济热点问题探索、教育投入与教育资源配置、教育资源利用效率与教育效益问题研究、教育与就业、教育与人力资源开发、教育供求问题研究、教师的劳动与报酬、企业教育与企业发展、农村教育与农村经济发展、教育预测与规划、教育经济史料研究、外国教育经济学研究、教育经济学知名学者论坛等栏目。读者对象为教育理论工作者、各级各类教育管理工作者、企事业单位人力资源部门管理人员、高校师生。有英文目次和中文摘要。

金融论坛 = Finance Forum/城市金融研究所，中国城市金融学会. -北京：《金融论坛》编辑部，1996 -

月刊　　大 16 开

ISSN 1009 -9190　　CN 11 -4613　　80 -312

北京市海淀区翠微路 15 号（100036）

编辑部电话：010 －66109108
E-mail:jrlt@ chinajournal. net. cn

金融类学术刊物，定位于商业银行研究。曾用刊名《城市金融论坛》，2000 年改为现刊名。办刊宗旨：倡导规范、严谨的研究方法，提倡学术创新和学术争鸣。坚持追踪金融界的重要事件、重大举措和热点问题，及时报道既有理论价值又有实践意义的文章。主要栏目：宏观经济、理论探讨、改革探索、金融法苑、行长论坛、业务创新、经营管理、专题研究、国际金融、知识窗口等。主要读者对象：银行业、证券业、保险业等金融业从业人员，大专院校、研究机构的经济学、金融学、管理学等学科的教学与科员人员。有英文目次和中文摘要。

金融研究 = Journal of Financial Research/中国人民银行，中国金融学会．－北京：《金融研究》编辑部，1979 －
月刊　　　　　16 开
ISSN 1002 －7246　　CN 11 －1268
北京市西城区成方街 33 号 2 号楼（100800）
编辑部电话：010 －66195402
E-mail:pbc1979jryj@ gmail. com

金融类学术刊物。办刊宗旨：倡导理论与实践相结合的学风，及时反映我国经济金融界对中国社会主义现代化建设和金融体制改革方面的研究成果，报道国外金融理论界对重要金融理论问题取得的新成果、新进展。刊载的文章来自社会各类金融机构和非银行金融机构，既展示国内权威部门、权威人士对货币、信贷等重大宏观经济理论和政策问题进行的研究成果，也推出从事实际工作的金融从业人员的研究体会与心得，力图全方位地服务于社会主义经济建设，立体反映国内货币信用理论、政策和实务的发展状况。读者对象为实际业务部门、政策研究部门和理论宣传部门的广大干部、高等院校财经专业师生、企业厂矿经理和研究经济金融理论的各界人士等。

近代史研究 = Modern Chinese History Studies/中国社会科学院近代史研究所．－北京：《近代史研究》编辑部，1979 －
双月刊　　　　16 开
ISSN 1001 －6708　　CN 11 －1215　　82 －472
北京市东城区王府井大街东厂胡同 1 号（100006）

编辑部电话：010－65275944
E-mail:jdsyj-jd@cass.org.cn

中国近代史专业学术理论刊物。主要发表有关中国近代（1840－1949年）政治、经济、社会、思想文化、军事、外交等领域的论文、专史，以及史学方法论等方面的研究成果，还刊登史学研究动态、读史札记和史学著作评论等。主要栏目有专题研究、问题讨论、研究述评、书评、读史札记等。读者对象为史学研究工作者、高校史学专业师生及广大史学爱好者。有英文目次和重要论文英文提要。

经济地理＝Economic Geography/中国地理学会，湖南省经济地理研究所．－长沙：经济地理杂志社，1981－
双月刊　　16开
ISSN 1000－8462　　CN 43－1126　　42－47
湖南省长沙市青园路506号（410004）
编辑部电话：0731－5584716
E-mail:moeg5584716@163.com

专业学术性刊物。以服务于广大地理科研工作者和高等院校地理教学为办刊宗旨。重点反映经济地理学研究的前沿理论、区域经济开发以及与国民经济相关的工业、农业、交通、旅游、生态环境等方面的最新科研成果和研究动态。主要栏目：理论探讨、区域经济与产业发展、城市与交通、土地与农业、交通地理、旅游研究、西部大开发、问题讨论、新书交流与介绍等。读者对象为地理工作者、经济学研究人员、大专院校师生及中学地理教师。有英文目次和中英文摘要。曾获得第一、第二届全国优秀地理期刊奖、湖南省一级期刊等多项荣誉称号。

经济管理＝Economic Management/中国社会科学院工业经济研究所．－北京：经济管理杂志社，1979－
半月刊　　大16开
ISSN 1002－5766　　CN 11－1047　　2－839
北京市西城区阜外月坛北小街2号（100836）
编辑部电话：010－68039094
E-mail:jjglbjb@163.com

经济管理类学术理论刊物。旨在宣传国家经济发展方针和改革举措，探讨经济管理理论，传播先进管理经验，报道经济管理的最新动态，对经济法律法规、金融市场及产业发展进行深入剖析。立足学术，办出特色，服务社会。载文主要覆盖管理学门类的工商管理学和经济学门类的应用经济学，内容包括国家有关政策研究、经济热点问题评析、经济改革与发展研究、企业经营管理经验以及案例分析、管理学前沿探讨等。读者对象为各层经济管理干部、企业管理人员、经济研究工作者。有英文目次和中文提要。

经济科学 = Economic Science/北京大学经济学院. －北京：北京大学出版社，1979－
双月刊　　16 开
ISSN 1002－5839　　CN 11－1564　　2－840
北京市海淀区北京大学法学楼 4 层（100871）
编辑部电话：010－62751488
E-mail:jjkx@ pku. edu. cn

综合经济理论刊物。以贯彻党的双百方针，繁荣经济理论，促进学术交流，为我国改革开放和社会主义现代化服务为宗旨。站在经济理论的前沿，紧密结合我国经济体制改革和对外开放的实践，研究和探索经济理论的热点问题；尤其是在经济学基础理论、经济思想史、经济史研究等方面，坚持持之以恒，深入探索，及时反映国内外经济学最新研究成果。载文内容包括：经济学、经济管理、国际经济、经济思想史、经济学说史、西方经济学等方面的学术论文和研究报告。读者对象为经济科学工作者、大专院校经济和管理专业师生及经济科学爱好者。有英文目次及中文摘要。

经济理论与经济管理 = Economic Theory and Business Management/中国人民大学. －北京：《经济理论与经济管理》编辑部，1981－
月刊　　大 16 开
ISSN 1000－596X　　CN 11－1517　　2－286
北京市海淀区中关村大街 31 号（100080）
编辑部电话：010－62510762
E-mail:etbm@ 263. net

综合性经济与管理学术刊物。关注经济与管理现实，追踪学术前沿，思考焦点问题，发表创新成果，注重学术规范，推进研究深化。注重理论创新和理论与实际的结合，运用最新理论成果分析现实经济问题，从现实经济发展变化中寻找理论的新突破。主要栏目：经济热点、学术前沿、理论探索、纪念改革开放30周年、金融研究、产业经济、新农村建设、工商管理、国际经济、书评等。读者对象是经济学和管理学研究人员、企业家、政府官员、高校师生，以及其他关注经济理论与经济管理的各界人士。有英文目次。

经济评论 = Economic Review/武汉大学经济学院. -武汉：武汉大学经济与管理评论期刊社，1980 -

双月刊　　大16开

ISSN 1005 - 3425　　CN 42 - 1348　　38 - 204

湖北省武汉市武昌珞珈山（430072）

编辑部电话：027 - 68753012

E-mail:ffb_9@ whu. edu. cn

经济类学术理论刊物。立足于中国经济发展实践，瞄准当代经济学理论研究的前沿，致力于推动中国经济学研究的现代化、本土化和规范化。主要刊登经济理论和现实经济问题方面的科研论文、评论、调研报告等。既重视理论经济学的研究，也重视应用经济学、新兴经济学和现实经济问题的研究。设有中国经济研究、经济理论研究、经济理论前沿动态、新书评介等栏目。读者对象为国内外经济研究人员、经济部门管理人员和大专院校师生。有英文目次、中文摘要。

经济社会体制比较 = Comparative Economic and Social Systems/中共中央编译局当代马克思主义研究所. -北京：《经济社会体制比较》编辑部，1985 -

双月刊　　16开

ISSN 1003 - 3947　　CN 11 - 1591　　82 - 732

北京市西城区西斜街36号（100032）

编辑部电话：010 - 66509504

E-mail:bijiac2008@ 126. com

经济与社会比较研究综合性理论刊物。秉承“比较开眼界、比较长知识、比较启智慧、比较出真理”的办刊宗旨，及时开辟“比较经济学”、“新制度主义”、“寻租理论”、“转轨经济学”等前沿理论领域的学术研讨空间，有针对性地刊载一系列如“中国经济体制改革总体设计”、“压力型体制”等原创性研究成果和深度研究中国改革和发展热点、难点问题与政策建议的文章。长期开设的主要栏目有：改革理论前沿、转轨经济比较、地区发展比较、企业改革、经济学文献、政治体制改革问题研究、著名经济学家和企业家专访、领导论坛和企业家俱乐部、改革政策和对策性研究、前瞻性理论研究与争鸣、改革案例研究等。读者对象为各阶层领导和各行各业关注经济社会体制变化的人士。有英文目次和重要论文中英文摘要。

经济体制改革 = Reform of Economic System/四川省社会科学院. －成都：经济体制改革杂志社，1983－

双月刊　　大 16 开

ISSN 1006－012X　　CN 51－1027　　62－169

四川省成都市青羊宫四川省社会科学院内（610072）
编辑部电话：028－87016562
E-mail:ytg-zh@163.com

经济理论综合性学术刊物。探讨建立社会主义市场经济体制过程中的各种问题，注重发表有关改革开放、建立社会主义市场经济过程中所遇到的各种新、难、急问题，并提出解决方案、措施和建议的学术研究论文。主要栏目有：专论、企业改革与发展、企业管理、“三农”问题、财税与金融体制改革、区域经济发展、争鸣与探索。读者对象为理论工作者、大专院校师生和实际工作部门人员。

经济学动态 = Economic Perspectives/中国社会科学院经济研究所. －北京：经济学动态杂志社，1960－

月刊　　16 开

ISSN 1002－8390　　CN 11－1057　　82－490

北京市西城区阜外月坛北小街 2 号（100836）
编辑部电话：010－68051607
E-mail:jjxdt-jjs@cass.org.cn

经济类综合性理论刊物。以学术性、政策性、前瞻性、实用性、信息性、综合性吸引广大读者，为繁荣经济科学和推动我国经济体制改革起积极作用。载文侧重反映国内外经济理论研究的最新成果与动态，促进经济理论工作的开展。主要栏目：经济科学新论、经济热点分析、宏观经济探讨、部门经济、地区经济、财政金融研究、会议综述、学术资料、经济体制改革、企业管理、调查与建议、中外学术交流、外国经济理论、海外经济学博览、世界经济、书刊评介等。读者对象为各级经贸管理干部、企业管理人员、经济理论研究工作者。有英文目次。

经济学家 = Economist/西南财经大学. －成都：经济学家杂志社，1989－
双月刊　　　　　大16开
ISSN 1003－5656　　CN 51－1312　　62－92
四川省成都市外西光华村55号西南财经大学（610074）
编辑部电话：028－87352177
E-mail：economi@ swufe. edu. cn

经济理论刊物。主要反映我国经济学基本理论的最新研究成果，积极参与经济改革与经济发展重大课题的讨论。所刊载的文章理论性强，注重理论与实际的紧密联系，鼓励经济科学研究中的新方法和新思维，以推进中国经济学的发展和创新。所发论文内容包括马克思主义经济学基本理论研究、社会主义经济及其运行机制研究、中国经济改革和经济发展问题研究等。并刊登调研报告以及当代国外各派经济理论的介绍和评介等。主要栏目：专论、经济体制改革研究、博士论坛、经济研究报告、经济学说与流派研究、海外来稿、学术动态等。读者对象为经济学研究人员、企业管理人员及经济院校师生。有英文目次。

经济研究 = Economic Research Journal/中国社会科学院经济研究所. －北京：《经济研究》编辑部，1955－
月刊　　　　　大16开
ISSN 0577－9154　　CN 11－1081　　2－251
北京市西城区月坛北小街2号（100836）
编辑部电话：010－68034153
E-mail：erj@ cass. org. cn

综合性经济理论刊物。坚持学术性、时代性、创新性和超前性特点，立足中国现实，面向世界经济理论研究前沿，注重发表研究改革开放、经济发展和体制转型过程中出现的各种经济问题的具有原创性意义的高水平的理论文章，以推动中国经济的现代化和中国经济学的现代化。载文内容以政治经济学为主，兼及各个经济学科的基本理论问题，反映经济界的最新研究成果，注重理论的权威性、经济信息的新颖性和学术成果的科学性。主要读者对象为：经济理论研究人员、各高等院校和财经类中专学校师生、各级经济决策者和政策研究部门人员、实际工作部门和理论宣传部门的广大干部、各类企业的负责人、一切有志于研讨经济理论和关注中国改革开放事业的各界人士。有英文目次和重要论文中英文提要。

经济与管理研究 = Research on Economics and Management/首都经济贸易大学，中国工业经济学会. －北京：《经济与管理研究》编辑部，1980－
月刊　　　　　　大 16 开
ISSN 1000－7636　　CN 11－1384　　2－254
北京市朝阳门外红庙首都经济贸易大学内（100026）
编辑部电话：010－65976484
E-mail:jjyglyj@ cueb. edu. cn

综合经济类刊物。坚持以“应用性、思想性、前沿性”的办刊思想为指导，注重宏观、微观经济理论方面的研究，密切关注中国经济发展和管理创新的新动向，及时报道科学管理知识和国外经济发展新动态。辟有本刊特稿、专题论坛、理论前沿、观点争鸣、学者视点、国际视野、名刊要栏（经济管理类）、名著推介（经济管理类）等栏目。读者对象为经济理论研究人员、经济工作者和经济专业院校师生。有英文目次、中文论文提要。

经济纵横 = Economic Review/吉林省社会科学院，吉林省社会科学界联合会. －长春：《经济纵横》编辑部，1985－
月刊　　　　　　大 16 开
ISSN 1007－7685　　CN 22－1054　　12－97
吉林省长春市自由大路 5399 号（130033）
编辑部电话：0431－84637225
E-mail:jjzh1985@ vip. eyou. com

经济类专业学术刊物。围绕我国经济、政治体制改革主题，注重难点、热点问题，及时反映经济社会研究领域的新观点。主要栏目：回顾与思考、宏观经济透视、理论探讨、学术前沿、热点聚集、改革开放论坛、专题研究、区域发展论坛、现代农业、财贸金融、世界经济、企业管理、博士论坛、案例剖析、学术动态。读者对象为各级党政、企业界人士、大专院校师生。

开发研究 = Research on Development/甘肃省社会科学院. －兰州：《开发研究》编辑部，1985－
双月刊　　　　　大 16 开
ISSN 1003－4161　　CN 62－1005　　54－48
甘肃省兰州市安宁区健康路 143 号（730070）

编辑部电话：0931 －7768027
E-mail：kfyj@0931mail. com

探讨区域开发的综合性学术刊物。办刊宗旨：立足西部，面向全国，探讨西部开发理论，注重应用研究，兼顾宏观、中观和微观，打造学术精品。主要刊载中国区域经济研究理论，西部经济发展方面的文章。栏目设置有：经济增长理论与实践、实践对接课题特稿、经济一体化、生态经济与生态文明、新农村建设、区域经济、开发史、管理学等。读者对象为政府决策部门、经济职能部门、科研院校、企事业单位及关心中国西部开发的热心人士。

开放时代 = Open Times/广州市社会科学院． －广州：开放时代杂志社，1982 －
双月刊　　大 16 开
ISSN 1004 －2938　　CN 44 －1034　　46 －169
广东省广州市白云区新市街云安路 119 号（510410）
编辑部电话：020 －86464940
E-mail：opentimes@21cn. net

人文社会科学综合性学术刊物。原名《广州研究》，1989 年改为现刊名。首届穗版优秀期刊。办刊宗旨：以深厚的学理关注中国社会现实，突出两个前沿（理论前沿、实践前沿），倡导真问题、真学术，追求更加专业、更加现实的学风，促进中国社会科学的发展进步。栏目设置：专题（内容多样，如“共和国六十年”、“知识东亚与现实东亚”、“劳工研究”等）、人文天地、文化教育、经济社会、法学与政治、他者的世界、阅读、学术随笔等。载文内容广泛，涉及政治、哲学、文化、历史、法律、经济、社会诸学科。主要读者对象为哲学社会科学研究人员和大专院校师生等。有英文目次。

抗日战争研究 = The Journal of Studies of China's Resistance War/中国抗日战争史学会． －北京：中国社会科学院近代史研究所，1991 －
季刊　　32 开
ISSN 1002 －9575　　CN 11 －2890　　82 －473
北京市东城区王府井大街东厂胡同 1 号（100006）
编辑部电话：010 －65275931
E-mail：kyzz-jd@cass. org. cn

以中国抗日战争史为研究对象的专业理论刊物。以繁荣历史研究、总结历史经验、宣传爱国主义为办刊宗旨，以倡导实事求是、百花齐放、百家争鸣为办刊方针，刊登有关抗日战争研究的论文、研究综述、史学考订、译文、资料等。内容涉及抗日战争时期的政治、经济、军事、文化、外交、社会、人物以及日本侵华罪行、战后遗留问题研究等。主要栏目：笔谈、专论、人物研究、战争遗留问题研究、书评、综述等。读者对象为抗日战争史研究人员，历史工作者，高等院校师生，其他社会各界关注中国近代史、抗日战争史、中日关系史的人士。有英文目次和中文提要。

考古 = Archaeology/中国社会科学院考古研究所. －北京：考古杂志社，1955－

月刊　　16开
ISSN 0453－2899　　CN 11－1208　　2－803

北京市东城区王府井大街27号（100710）
编辑部电话：010－65253665
E-mail:kaogu@cass.org.cn

考古专业学术性、资料性刊物。坚持“百花齐放、百家争鸣”的方针，发文突出科学性、学术性和资料性，为弘扬中国悠久的历史和文化，推动中国考古事业的发展和促进中国同世界各国的文化学术交流服务。主要刊载考古学研究论文，发表野外考古发掘调查简报、考古资料的综述和书刊评介，亦反映自然科学在考古中的应用成果。主要栏目有：述评·综论、新发现·新进展、本刊专稿、调查与发掘、研究与探索、讨论与争鸣、考古与科技、研究一得、博士论坛、考古学家、考古学史、学术动态、读书与思考等。读者对象为考古、文物、历史工作者，高等院校有关专业的师生，中学历史教师和业余爱好者。有英文目次和英文提要。

考古学报 = Acta Archaeologica Sinica/中国社会科学院考古研究所. －北京：考古杂志社，1936－

季刊　　16开
ISSN 0453－2902　　CN 11－1209　　2－116

北京市东城区王府井大街27号（100710）
编辑部电话：010－65253665
E-mail:yhx@history.cass.net.cn

考古学专业学术性期刊。办刊宗旨：坚持学术公平的原则，提倡百家争鸣，力求客观科学地报道最新的考古发掘与研究成果，领风气之先，推动考古学的发展。主要刊登考古发掘调查报告、考古学理论和考古研究的专题论文、考古学和古代史的论文、科技考古报告和论文，以及古代建筑、古人类、古生物鉴定的研究动态。读者对象为从事考古、文物、历史研究的专家和学者，文科大学生，中学历史教师和业余考古爱好者。有英文目录和英文提要。

考古与文物 = Archaeology and Cultural Relics/陕西省考古研究院. －西安：《考古与文物》编辑部，1980－

双月刊　　大16开

ISSN 1000－7830　　CN 61－1010　　52－12

陕西省西安市雁塔路南段乐游路3号（710054）

编辑部电话：029－85529472

E-mail:kgyww@ sina. com

文物考古类专业刊物。办刊宗旨：以历史唯物主义理论为指导，探索华夏文明的起源和演变；研究传统文化的表现形态；展现和积累物质文明的重要资料；丰富和扩大人们对自己过去的认识以及对自身的理解。本着“百花齐放、百家争鸣”的方针，积极开展学术讨论，活跃学术思想，交流研究成果，报道考古与文物工作的最新成就。主要栏目：调查与发掘、研究与探索、考古学史、古文字研究、文物保护与科技、译文、读书与思考、文物鉴赏等。读者对象为国内外的大学、考古研究机构和公共图书馆的研究人员以及考古学家、汉学家等。有英文目次。

科技进步与对策 = Science & Technology Progress and Policy/中国管理科学学会，湖北省科技信息研究院. －武汉：科技进步与对策杂志社，1984－

月刊　　大16开

ISSN 1001－7348　　CN 42－1224　　38－118

湖北省武汉市洪山路2号湖北科教大厦D座5楼（430071）

编辑部电话：027－87277066

E-mail:qikan-kjjb@ tom. com

专业学术性期刊。以实施党中央、国务院制定的科教兴国和可持续发展战略，宣传推动科技进步，促进经济体制和经济增长方式的转变为宗旨，以“理论与实际相结合、学术性与可操作性相结合”和“创新求实、适度超前”为特色，主要关注科技进步对社会经济生活的影响、科研政策、科技管理与组织、效益评价等方面的理论与实践问题。辟有科技法制与政策研究、企业创新发展、区域科学发展、产业技术进步、科技管理创新、评价与预见、知识科学与知识工程、科学理性与科学方法、人才与教育等栏目。2001 年入选新闻出版总署评审的“中国期刊方阵·社科双百期刊”，2002 年获湖北省宣传部、新闻出版局评选的“湖北出版佳作奖”。读者对象为各级领导干部、科技管理人员、专家学者和企业家。有英文目次、中文论文提要。

科学对社会的影响 = Impact of Science on Society/中国科学院科技政策与管理科学研究所. －北京：《科学对社会的影响》编辑部，1981－

季刊　　大 16 开

ISSN 0254－8763　　CN 11－1520　　82－318

北京市海淀区中关村南四街甲 1 号（100190）

编辑部电话：010－62542630

E-mail:zhubin@ casipm. ac. cn

专业学术性期刊。中国科学院科技政策与管理科学研究所曾编译出版联合国教科文组织创办的“Impact of Science on Society”一刊，该刊于 1993 年 12 月停刊。中文版《科学对社会的影响》沿用了这一刊名，并继承其宗旨，以科学和技术的最新进展宣传科学对社会的影响。立足于探讨资源、环境和可持续发展问题，并致力于提高中国科技界的文化品位，提倡科学与文化的交融，分析中国和世界科技的发展及其影响，评价科技名人和科学史事。主要栏目有：世界科学界、可持续发展、科学文化、青年学者论坛、科学评论等。主要读者对象为科技决策和科技管理人员、科研工作者和大专院校师生等。

科学管理研究 = Scientific Management Research/内蒙古自治区软科学研究会. －呼和浩特：《科学管理研究》编辑部，1981－

双月刊　　大 16 开

ISSN 1004－115X　　CN 15－1103　　16－16

内蒙古呼和浩特市新城西街 47 号汇通饭店 316 室（010010）

编辑部电话：0471－5883717

E-mail:Kxglyj@ yahoo. com. cn

专业学术性刊物。华北地区十佳期刊。办刊宗旨：面向实践，开拓理论，着重以经济社会大系统为背景探讨中国科技系统的运行机制、发展战略及其方针政策和管理问题；及时追踪国内外最新的科技管理信息；广泛开展科技体制改革、企业及农村技术进步、科技与经济结合以及决策预测理论、科学学、人才学、未来学等方面的综合性研究；努力探讨软科学研究方法论、软科学学科建设等方面的问题。主要栏目：创新论坛、人力资源、可持续发展、科技金融、农业科技、软科学、科技管理、案例分析、无形资产等。读者对象为科技工作者、科技管理者、经济工作者、大专院校师生以及企业家和有志钻研软科学研究的广大人员。有英文目次和中英文摘要。

科学技术与辩证法 = Science Technology and Dialectics/山西省自然辩证法研究会. -太原:《科学技术与辩证法》编辑部，1984 -

双月刊　　大 16 开

ISSN 1003 -5680　　CN 14 -1061　　22 -25

山西省太原市坞城路 36 号（030006）

编辑部电话：0351 -7011922

E-mail:bianjibu@ sxu. edu. cn

哲学类综合性学术刊物。旨在坚持理论联系实际，倡导辩证思维，提倡和促进自然科学工作者和哲学社会科学工作者及管理工作者联盟，积极推进自然辩证法及相关学科的发展，鼓励学术和理论创新，注重应用研究。主要栏目有：自然辩证法理论、应用辩证法、方法论、科学哲学、技术论、科技史、跨学科研究、科技与企业文化等。读者对象为自然辩证法研究者和哲学社会科学工作者。有英文目次。

科学学研究 = Studies in Science of Science/中国科学学与科技政策研究会，中国科学院科技政策与管理科学研究所，清华大学科学技术与社会研究中心. -北京:《科学学研究》编辑部，1983 -

月刊　　大 16 开

ISSN 1003 -2053　　CN 11 -1805　　82 -315

北京市海淀区中关村东路 55 号 8712 信箱《科学学研究》编辑部（100190）

编辑部电话：010 -62622031

E-mail:kxxyj@ 263. net

综合性、理论性学术期刊。着重反映中国学者在科学技术活动发展规律及其与社会相互影响方面的研究成果和动向。主要发表科学学、科技政策、科技管理和中国科技事业发展中的重大理论和实践问题等方面具有一定理论见解和研究水平的学术论文、实证研究和案例分析。除设有科学学理论、科技发展战略与政策、科技管理与知识管理、技术创新与制度创新等栏目外，还设有科技论坛、书刊评介、学术动态等非常设栏目。读者对象为科学学研究人员及科技政策、科技管理、图书情报工作者和高等院校师生。有英文目次和中英文摘要。

科学学与科学技术管理 = Science of Science and Management of S. & T. /中国科学学与科技政策研究会，中国管理科学研究院，天津市科学学研究所．－天津：科学学与科学技术管理杂志社，1980－

月刊　　　　大 16 开

ISSN 1002－0241　　CN 12－1117　　6－42

天津市河东区新开路 138 号科技创新大厦（300011）

编辑部电话：022－24437122

E-mail：kxxykxjsgl@163. com

科技管理学术刊物。办刊宗旨：宣传科学精神和科学学理论，提高科技政策与科技管理水平，为“科教兴国”战略的确立和实施，率先在理论和实践上做超前研究和探索。注重我国科技体制改革和经济体制改革中的重大理论与实践问题的深入探讨。主要刊登宣传科学精神和科学学理论、提高科技政策与科技管理水平、中国科技体制改革和经济体制改革中的重大理论与实践问题等方面的文章。曾荣获第一届、第二届全国优秀科技期刊二等奖和一等奖及华北地区第三届“优秀期刊奖”、第五届“特别荣誉奖”。主要栏目：科学学论坛、21 世纪科技展望、科教兴国、科委主任访谈、地方科技工作、政策与法规、高新技术产业化、企业现代管理、技术创新、知识经济、科技管理、教育与人才、海外学人广场等。读者对象：各阶层管理决策者、研究人员、咨询机构工作者、大专院校师生、各级科委工作人员、企业管理者。有英文目次和重要论文中英文提要。

科研管理 = Science Research Management/中国科学院科技政策与管理科学研究所，中国科学学与科技政策研究会，清华大学技术创新研究中心．－北京：《科研管理》编辑部，1980－

双月刊　　　　大 16 开

ISSN 1000－2995　　CN 11－1567　　2－505

北京市海淀区中关村东路55号8712信箱（100080）
编辑部电话：010－62555521
E-mail：kygl@mail.casipm.ac.cn

专业学术性刊物。办刊宗旨：坚持综合性、科学性、文献性，宣传我国科技体制改革和发展科技事业的方针政策，推动国内外管理工作的交流，增进社会各界在管理工作方面的相互了解，沟通国内与国外的联系，促进国际交流。栏目设置有：管理理论与方法、技术创新研究、企业技术进步研究、知识产权研究、人才管理、项目管理、研究所管理、成果管理、农业科研、地方科技与教育、高校科技与管理、预测与分析等。读者对象为科研管理和科研政策工作者、科学研究人员及高校师生。有英文目次、中英文摘要。

课程·教材·教法＝Curriculum，Teaching Material and Method/人民教育出版社．－北京：《课程·教材·教法》编辑部，1981－

月刊　　16开

ISSN 1000－0186　　CN 11－1278　　2－294

北京市海淀区中关村南大街17号院1号楼（100081）
编辑部电话：010－58758977
E-mail：maed@pep.com.cn

初、中等教育专业刊物。其宗旨是推动中小学课程、教材和教法的理论研究，总结和交流改革中小学课程及各科教材教法的经验，探讨教学理论与教学规律。主要栏目有：课程研究、教学理论与方法、学术动态、中小学各科教材与教学、教师教育课程与教学、研究与借鉴等。读者对象为广大中小学教师、教育科研工作者及师范院校师生。

孔子研究＝Confucius Studies/中国孔子基金会．－济南：《孔子研究》编辑部，1986－

双月刊　　16开

ISSN 1002－2627　　CN 37－1037　　24－76

山东省济南市舜耕路46号（250002）
编辑部电话：0531－82732510
E-mail：82732510@126.com

关于孔子、儒学和传统文化研究的学术刊物。办刊宗旨：力求推动关于孔子、儒学及中国传统思想文化的研究工作，反映该领域的最新研究成果及学术动态，对不同观点、不同流派相互尊重，支持有新突破、新贡献的创造性研究，为建设有中国特色的社会主义文化服务。办刊特色：关注孔子、儒家思想的当代价值问题，积极反映有关儒商、儒家管理思想、儒学与东亚价值观、儒学与当代道德文明建设、儒学与世界和平及社会和谐等一系列具有重大现实意义的课题的研究。主要栏目有：韩国儒学研究、经学研究、儒学史研究、儒学与宗教研究、历代孔子形象研究、比较研究、争鸣、书评、学术动态等。读者对象为哲学、文化学、历史学等国内外广大儒学爱好者、专业研究人员、高等院校教学人员等。有英文目次。

拉丁美洲研究 = Journal of Latin American Studies/中国社会科学院拉丁美洲研究所 . - 北京：拉丁美洲研究杂志社，1979 -

双月刊　　大 16 开

ISSN 1002 - 6649　　CN 11 - 1160　　82 - 513

北京市东城区张自忠路 3 号（100007）

编辑部电话：010 - 64039006

E-mail：jourlas@ cass. org. cn

研究拉美地区重大现实问题和基本情况的刊物。办刊宗旨：为四化建设服务、为改革开放服务，贴近社会、贴近时代、贴近读者，为促进我国的拉美问题研究事业作出更大的贡献。主要刊载有关拉美地区经济、政治、国际关系、文教、科技、民族、宗教、社会思潮等方面的学术论文。主要栏目有：专题研究、国别研究、中拉关系、国际关系、外论摘编、书刊评介和学术动态等。读者对象为从事社会科学和国际问题的研究人员、外事部门和涉外单位工作人员、大专院校师生和有志于开拓拉美市场的企业家、对拉美问题感兴趣的各界人士。有英文目次和重要论文中英文提要。

兰州大学学报. 社会科学版 = Journal of Lanzhou University. Social Sciences/兰州大学 . - 兰州：《兰州大学学报》编辑部，1957 -

双月刊　　大 16 开

ISSN 1000 - 2804　　CN 62 - 1029　　54 - 32

甘肃省兰州市东岗西路兰州大学（730000）

编辑部电话：0931 – 8912706
E-mail:jss@ lzu. edu. cn

人文社会科学综合性学术刊物。甘肃省一级期刊。办刊宗旨：立足西部，面向全国，本着“求实、求是、求精、求新”的原则，力争把学报办成一个繁荣学术研究、展示学术成果、促进知识创新的学术舞台。主要刊登该校师生在社会科学各领域的研究成果与学术论文，突出地方特色。固定栏目主要有：学术时空、敦煌研究、哲学研究、史学研究、文学研究、传播学研究、法学研究、政治学研究、经济理论与实践等。此外还开设了“改革开放 30 年”、“中国传统文化研究”、“政府绩效评估”、“网络社会学”、“反恐与国家安全”等专题栏目。读者对象为大专院校师生和社会科学工作者。有英文目次和中英文摘要。

理论前沿 = Theory Front/中共中央党校邓小平理论和“三个代表”重要思想研究中心. –北京：中共中央党校理论前沿杂志社，1996 –
半月刊　　大 16 开
ISSN 1007 – 1962　　CN 11 – 3807　　82 – 2
北京市海淀区大有庄 100 号（100091）
编辑部电话：010 – 62805185
E-mail:lilunqianyan@ 126. com

综合性理论刊物。以“突出理论、反映前沿”为主题，报道国内外理论研究的新观点、新成果，特别是理论与实践中的热点难点问题，鼓励和提倡对人们普遍关心的重大现实理论问题进行大胆探索与争鸣。“中国期刊方阵·社科双奖期刊”，曾两次被新闻出版总署评选为“全国百种重点社科期刊”，获首届和第二届“国家期刊奖”提名奖。主要栏目有：本刊专论、前沿访谈、前沿论坛、探索与争鸣、理论研究、前沿调查、观察与思考、研究动态和实践中课题等。主要读者对象：理论研究、理论宣传、理论教育工作者，各级党政、企事业领导和政工干部。有英文目次、中文论文提要。

历史档案 = Historical Archives/中国第一历史档案馆. –北京：历史档案杂志社，1981 –
季刊　　16 开
ISSN 1001 – 7755　　CN 11 – 1265　　2 – 270
北京市故宫西华门内（100031）

编辑部电话：010 - 63097399
E-mail：lsda@ chinajournal. net. cn

历史史料研究与资料性刊物。以公布明清档案为主，适当公布 1949 年以前其他历史时期的档案，注重资料性、学术性和知识性。刊载利用档案、资料撰写的学术论文。主要栏目有：专论、读者随笔、档案史料、读档随笔、史苑杂谈、档案馆工作、书刊评介、档案与地方志、书讯等。读者对象为历史研究专业人员、档案馆工作人员、高等院校历史专业师生、史学爱好者。有英文目次。

历史研究 = Historical Research/中国社会科学院． - 北京：《历史研究》编辑部，1954 -

双月刊　　大 16 开

ISSN 0459 - 1909　　CN 11 - 1213　　2 - 77

北京市西城区鼓楼西大街甲 158 号（100720）
编辑部电话：010 - 65275944
E-mail：lsyj@ cass. org. cn

历史学专业学术刊物。办刊宗旨：百家争鸣、实事求是，坚持用马克思主义观点研究中国历史和世界历史。主要发表我国史学界研究成果，内容涉及中国古代史、近代史、现代史、世界史等方面，刊登史学著作评介，报道史学研究动态。主要栏目：专题研究、史家与史学、理论与方法、讨论与评议、读史札记、书评、海外新书评介等。读者对象为从事历史研究的专家、学者和历史爱好者。有英文目次和中英文提要。

鲁迅研究月刊 = Lu Xun Research Monthly/鲁迅博物馆． - 北京：《鲁迅研究月刊》编辑部，1980 -

月刊　　16 开

ISSN 1003 - 0638　　CN 11 - 2722

北京市西城区阜内大街宫门口二条 19 号（100034）
编辑部电话：010 - 66165647
E-mail：lxyjyk@ vip. sina. com

鲁迅研究专业刊物。原名《鲁迅研究动态》，1990 年改用现刊名。刊登有关鲁迅生平、鲁迅作品研究的论文，发表鲁迅研究的有关史料。主要栏目有：作品与思想研究、研究资料、翻译研究、青年论坛、学术综述、新书评论、学术随笔等。读者对象为鲁迅研究专业人员、现代文学研究人员、高等院校文科师生、作家及文学爱好者。

旅游学刊 = Tourism Tribune/北京联合大学旅游学院．－北京：《旅游学刊》编辑部，1986－
月刊　　　　　　大16开
ISSN 1002－5006　　CN 11－1120　　82－396
北京市朝阳区北四环东路99号（100101）
编辑部电话：010－64909224
E-mail：luxka@ tom. com

旅游专业学术刊物。重视研究的新深度和新视角，注重理论与实际的结合，并力图及时反映产业发展的新态势、新思路、新经验、新问题。主要栏目有：旅游基础理论研究、旅游目的地研究、旅游产业运营、旅游发展战略、旅游市场、旅游管理、旅游饭店、旅行社研究、旅游资源开发、旅游区域规划、旅游地学、旅游美学、旅游心理学、旅游社会学、旅游人类学、旅游法规、旅游教育、休闲研究、会展与节事以及研究述评等。读者对象为旅游企事业单位、科研部门、旅游院校师生和相关学科、相关行业的研究人员、管理人员、教学人员。有中英文目录、中英文摘要。

伦理学研究 = Studies in Ethics/湖南师范大学．－长沙：《伦理学研究》编辑部，2002－
双月刊　　　　　　大16开
ISSN 1671－9115　　CN 43－1385　　42－201
湖南省长沙麓山南路36号（410081）
编辑部电话：0731－8872086
E-mail：llxyj@ yahoo. com. cn

伦理学类专业学术刊物。办刊宗旨：坚持正确的舆论导向，坚持学术性、思想性和实践性的统一，为建设有中国特色的伦理道德体系服务。刊发伦理学研究领域各个研究方向的创新性稿件。设有主题栏目：伦理学前沿问题研究，主要是从伦理学视角对现实中的热点、难点问题进行研究；伦理学基础理论研究，针对伦理学基本理论的研究现状提出新观点、新概念、新方法和新材料；中外伦理思想（史），对中外之古今的伦理思想的挖掘和研究；应用伦理学，应用伦理学基本理论和伦理学应用具体理论的研究，伦理学与其他学科的交叉研究；德育课程教学，探索社会发展背景下的德育教学改革，探求德育的新途径和新方法，对道德教育和品德修养的新机制进行研究。有英文目次及摘要。

马克思主义研究 = Studies on Marxism/中国社会科学院马克思列宁主义毛泽东思想研究所．－北京：《马克思主义研究》编辑部，1983－
月刊　　16 开
ISSN 1006－5199　　CN 11－3591　　82－686
北京市建国门内大街 5 号（100732）
编辑部电话：010－85196310
E-mail:makesizhuyiyanjiu@ sina. com

马克思主义研究学术理论刊物。以马克思主义的整体理论体系为研究对象，探讨现实重大问题，发表具有理论深度的学术文章。辟有本刊特稿、名家访谈、经济学、哲学、科学社会主义、中国特色社会主义、国外流派和思潮、世界社会主义、争鸣、青年论坛、五四运动与马克思主义在中国的传播、动态与信息、书评等主要栏目，并将随着理论宣传和研究的需要不断充实其他新栏目。读者对象为国内外理论工作者、党校和大专院校师生、关心马克思主义和社会主义历史命运的各界人士。有英文目次和中文提要。

马克思主义与现实 = Marxism and Reality/中共中央编译局当代马克思主义研究所．－北京：马克思主义与现实杂志社，1990－
双月刊　　大 16 开
ISSN 1004－5961　　CN 11－3040　　82－821
北京市西城区西斜街 36 号（100032）
编辑部电话：010－66509601
E-mail:mkszy@ vip. sina. com

马克思主义研究类综合性理论刊物。刊登关于马克思主义基本理论和中国特色社会主义理论研究的论文和资料，报道马列著作编译的重大变动。同时登载研究和宣传党的方针政策的文章。选题力求具有理论性、现实性、对策性、前瞻性，栏目设置有：马克思主义与中国传统文化、国外马克思主义研究、当代资本主义研究、中国调查报告系列、基本理论研究、治理与善治、科学发展观与构建和谐社会、马克思主义中国化问题研究、理论前沿等。读者对象为理论宣传工作者、各级党政领导等。有英文目次。

毛泽东思想研究 = Mao Zedong Thought Study/四川省社会科学院，四川省社会科学界联合会，四川省委党史研究室. -成都：毛泽东思想研究杂志社，1983 -
双月刊　16 开
ISSN 1001 - 8999　CN 51 - 1033　62 - 168
四川省成都市青羊区一环路西一段 155 号（610072）
编辑部电话：028 - 87014462
E-mail:bjb@ mzdsxyj. com

研究和宣传毛泽东思想的学术理论刊物。中央档案馆指定收藏、中宣部理论局指定送阅。办刊宗旨：从理论、历史和现实的结合上研究和宣传毛泽东思想，着重研究和宣传党的十一届三中全会以来毛泽东思想的新发展（邓小平理论和党的第三代领导集体思想）。特色栏目有：从各个领域研究毛泽东思想、老一辈无产阶级革命家研究、邓小平理论研究、中国特色社会主义理论体系研究、马克思主义中国化研究、当代思想政治研究、社会热点述评、学术动态等。读者对象为党政机关理论宣传工作者，科研人员，大专院校、党校、军事院校师生。有英文目次和中英文摘要。

美国研究 = American Studies Quarterly/中国社会科学院美国研究所，中华美国学会. -北京：《美国研究》编辑部，1987 -
季刊　大 32 开
ISSN 1002 - 8986　CN 11 - 1170　82 - 982
北京市东城区张自忠路 3 号东院（100007）
编辑部电话：010 - 64000071
E-mail:zhaomei@ cass. org. cn

专业学术性期刊。刊登中国学者研究美国社会各个方面的文章，涉及美国政治、经济、外交、军事、科技、文化、历史、艺术以及思潮等各个领域，有多篇文章被美国政府参资性刊物 FBIS 译成英文转载。主要栏目：专题研究、书评・文评、学术动态、著述巡礼等。读者对象为美国问题研究人员、外事部门和涉外单位工作人员、大专院校师生和对美国问题感兴趣的各界人士。有英文目次和重要论文英文提要。

美术研究 = Art Research/中央美术学院． －北京：《美术研究》编辑部，1957 －
季刊　　大 16 开
ISSN 0461 －6855　　CN 11 －1190　　2 －172
北京市朝阳区花家地南街 8 号（100102）
编辑部电话：010 －64771021
E-mail：msyj@ cafa. edu. cn

美术专业学术性刊物。侧重反映中央美术学院教学与创作成果，研究国内外美术教育、美术创作、美术史论、艺术思潮。近年来更加强了对当代艺术现状、艺术教育改革、当代视觉文化与现代设计艺术的研究，是一个全方位探索美术教育和美术发展规律的专业刊物。栏目设置有探索与建树、美术史研究、近现代美术、教学研究与当代艺术、文化遗产、创作与评改等。读者对象为美术专业研究人员、美术工作者、美术爱好者及美术院校师生。有英文目次。

民国档案 = Republican Archives/中国第二历史档案馆． －南京：民国档案杂志社，1985 －
季刊　　大 16 开
ISSN 1000 －4491　　CN 32 －1012　　28 －127
江苏省南京市中山东路 309 号（210016）
编辑部电话：025 －84665959
E-mail：mgda@ vip. sina. com

档案史料方面的学术性、资料性刊物。以公布民国档案史料的窗口、荟萃民国史研究成果的园地、沟通档案界与史学界的桥梁为办刊宗旨，专门刊载利用民国档案资料研究民国史的成果，并公布各档案馆、文博部门及个人收藏的民国档案资料。主要栏目有：档案史料、私家藏档、读档随笔、史事备考、民国档案知识、档案资料信息、民国档案和民国史研究信息、机构简介、人物志、国内外民国史研究动态等。读者对象为档案工作者、史学史料工作者和高等院校师生。有英文目次。

民族文学研究 = Studies of Ethnic Literature/中国社会科学院民族文学研究所． －北京：《民族文学研究》编辑部，1983 －
季刊　　16 开
ISSN 1002 －9559　　CN 11 －1443　　82 －334

北京市建国门内大街5号（100732）
编辑部电话：010－85195627
E-mail：iel-bianjibu@cass.org.cn

民族文学研究刊物。以中国各少数民族文学研究为主要内容，重点刊发少数民族古典文学、民间文学、现当代文学、各民族文学关系的理论与研究文章，适当刊发一些海外少数族裔原住民文学及口头文学的相关研究成果。栏目设置有：古典文学研究、民间文学论坛、现当代作家作品评论、国外研究之窗·信息等。读者对象为少数民族文学专业或业余研究工作者、大专院校文科师生、民族工作者、民族文学爱好者。有英文目次。

民族研究 = Ethno-National Studies/中国社会科学院民族学与人类学研究所．－北京：民族研究杂志社，1958－
双月刊　　　　大16开
ISSN 0256－1891　　CN 11－1217　　2－523
北京市海淀区中关村南大街27号（100081）
编辑部电话：010－68932934
E-mail：mzyjbjb@cass.org.cn

民族学类综合性学术刊物。主要刊登涉及民族理论和民族政策、民族经济、民族学、民族教育、民族人口、民族法制、民族宗教、民族语言、民族历史及世界民族等各学科的学术成果。常辟栏目有：田野调查与研究、研究书评、学术动态与信息等。读者对象为从事民族研究、民族教学和民族工作的人员，以及对民族问题有兴趣的学人。有英文目次和重要论文中英文提要。

民族艺术 = Ethnic Arts Quarterly/广西民族文化艺术研究院．－南宁：《民族艺术》编辑部，1985－
季刊　　　　16开
ISSN 1003－2568　　CN 45－1052　　48－58
广西南宁市民主路11－4号（530023）
编辑部电话：0771－5621053
E-mail：minzuyishu001@126.com

专业学术性刊物。办刊宗旨：坚持跨民族、大艺术、多学科的定位，发表中国各民族文化艺术研究方面的论文及调查报告，为推动民族民间文化艺术的研究及弘扬服务。主要栏目有：非物质文化遗产保护、学术访谈、艺术人类学论坛、神话与图像、艺术探索、文化研究、艺术考古、艺术·民族·文化等。读者对象为民族学及民族文化艺术研究人员和民族文艺创作者。有英文目次。

民族语文 = Minority Languages of China/中国社会科学院民族学与人类学研究所．－北京：民族语文杂志社，1979－

双月刊　　16 开

ISSN 0257－5779　　CN 11－1216

北京市海淀区中关村南大街 27 号（100081）

编辑部电话：010－68932381

E-mail：mzywbjb@cass.org.cn

中国少数民族语言学专业期刊。探求我国少数民族语言文字的发展规律，反映我国少数民族语言文字方面的研究成果。内容涉及中国少数民族语言的语音、语法、词汇研究，语言的历史演变与比较研究，新发现语言概况和语言描写研究，语言接触和语言影响研究，语言系属与方言研究，计算语言学与实验语音学研究，古文字与古文献研究，社会语言学与双语教学研究和语文与政策研究诸领域。读者对象为从事民族语言研究的科研人员和实际工作者。有英文目次和重要论文中英文提要。

明清小说研究 = The Journal of Ming－Qing Fiction Studies/江苏省社会科学院文学研究所明清小说研究中心．－南京：《明清小说研究》编辑部，1985－

季刊　　大 32 开

ISSN 1004－3330　　CN 32－1017　　28－217

江苏省南京市虎踞北路 12 号（210013）

编辑部电话：025－83751749

E-mail：mqxsyj984@sina.com

古代小说研究学术理论刊物。所发论文内容涵盖整个中国古代小说研究的方方面面。主要刊登国内外学者关于中国古代小说以及中国古代小说理论的最新最重要的研究论文，兼及学术述评与学术会议综述。主要栏目有：各种名著的研究、一般作家作品研究、话本小说研究、文言小说研究、古代小说理论研究、中国古代小说在国外、学术信息、学术专著评论等。主要面向本专业领域研究人员、大专院校文科师生、文化和新闻出版领域相关专业人员和中国古代小说爱好者。有英文目次。

南京大学学报. 哲学·人文科学·社会科学 = Journal of Nanjing University. Philosophy, Humanities and Social Sciences/南京大学. –南京:《南京大学学报》编辑部, 1955 –

双月刊　　16 开

ISSN 1007 – 7278　　CN 32 – 1084　　28 – 24

江苏省南京市汉口路 22 号 (210093)

编辑部电话: 025 – 83592704

E-mail: ndxb@ nju. edu. cn

人文社会科学综合性学术刊物。反映南京大学师生在社会科学各领域的科研成果，刊登哲学、政治学、经济学、法学、社会学、历史学、文学、语言学等方面的学术论文。主要栏目有：中国经济转型与发展研究、当代西方研究、思想史研究、法律文化研究、政治学研究、社会学研究、争鸣论坛。读者对象为社会科学工作者、大专院校师生。

南京社会科学 = Nanjing Social Sciences/南京市社会科学界联合会，南京市社会科学院，中共南京市委党校. –南京：南京社会科学杂志社，1984 –

月刊　　大 16 开

ISSN 1001 – 8263　　CN 32 – 1302　　28 – 145

江苏省南京市成贤街 43 号 (210018)

编辑部电话: 025 – 83611547

E-mail: njsh@ chinajournal. net. cn

人文社会科学综合性学术刊物。原名《南京社联学刊》，1990 年更名为现刊名。2001 年入选新闻出版总署评审的“中国期刊方阵”，2002 年入选首届江苏省“期刊方阵·社科双效期刊”，同年被评为第三届华东地区优秀期刊。办刊宗旨：面向全国社会科学专家学者，扶植最新研究成果，注意现实问题深层探索，倡导理论前沿课题开发。主要反映人文社会科学各学科的最新研究成果，关注社会、经济、文化、历史、现状和当今社会热点问题及学科前沿的研究。栏目设置有：哲学研究、历史学研究、文学研究、文化研究、经济学研究、政治学研究、行政学研究、法学研究、社会学研究、教育学研究、语言学研究、地方经济社会发展研究（江苏地区）等。读者对象为社会科学工作者、大专院校师生、理论工作者、企事业单位管理人员。有英文目次和中文摘要。

南京师大学报.社会科学版 = Journal of Nanjing Normal University. Social Science Edition/南京师范大学. －南京：《南京师大学报》编辑部，1955－

双月刊　　16开

ISSN 1001－4608　　CN 32－1030　　28－26

江苏省南京市宁海路122号（210097）

编辑部电话：025－83598341

E-mail：wkxb@njnu.edu.cn

人文社会科学综合性学术刊物。2002年和2006年分别获全国高校“双十佳”、“三十佳社科学报”称号。坚持基础理论与应用研究并重，为学校的学科建设、科研工作和人才培养服务的办刊方针，关注我国现代化建设的重大理论与实践问题的研究。主要刊登国内外哲学、教育学、心理学、经济学、管理学、法学、社会学、政治学、历史学、文学和语言学等学科的学术论文。栏目设置有：当代中国马克思主义研究、法制现代化研究、当代中国教育研究、心理学研究、古代诗学研究、宋代词学研究、语言学研究等。其中“当代中国教育研究”、“心理学研究”、“法制现代化研究”为特色栏目。读者对象为高校师生和社会科学工作者。有英文目次、中英文摘要。

南开管理评论 = Nankai Business Review/南开大学商学院. －天津：《南开管理评论》编辑部，1992－

双月刊　　大16开

ISSN 1008－3448　　CN 12－1288　　6－130

天津市南开区卫津路94号南开大学商学院（300071）

编辑部电话：022－23505995

E-mail：nkgl@163.com

管理类学术理论刊物。创刊时刊名为《国际经贸研究》，1998年变更为现刊名。以坚持理论联系实际的方针、促进中国企业管理现代化为宗旨，关注中国管理实践热点和难点问题的研究成果，追踪国际管理理论发展趋势，推动中国管理理论的发展与实践的创新，为国家的经济建设服务。主要栏目：主题文章、学者与企业家、国际企业管理、战略管理、营销研究、新探索、金融与财务、市场营销、会计研究、企业论坛、知识管理、人力资源管理、旅游管理等。读者对象为各高校的学者与学生、部分企业界的人士等。有英文目次和中文提要。

南开经济研究 = Nankai Economic Studies/南开大学经济学院. -天津:《南开经济研究》编辑部，1985 -

双月刊　　大16开

ISSN 1001 -4691　　CN 12 -1028　　6 -88

天津市南开大学经济学院大楼1013室（300071）

编辑部电话：022 -23508250

E-mail:nkes@ nankai. edu. cn

综合性经济理论刊物。贯彻理论联系实际和百家争鸣的方针，积极选登有创见的新思想、新观点和新学派的经济理论等方面的研究成果。文章形式包括经济论文、调查报告、问题讨论、学术介绍、书评、资料摘编和南开大学经济学院考试试题等。主要栏目有：金融、国际经济、转型、经济、宏观经济、经济理论、书评等。读者对象为经济理论研究人员、实际工作者及大专院校财经专业师生。

南开学报. 哲学社会科学版 = Nankai Journal. Philosophy, Literature and Social Science Edition/南开大学. -天津:《南开大学学报》编辑部，1955 -

双月刊　　大16开

ISSN 1001 -4667　　CN 12 -1027　　6 -10

天津市卫津路94号（300071）

编辑部电话：022 -23501681

E-mail:xbd@ nankai. edu. cn

人文社会科学综合性学术刊物。办刊宗旨：坚持为社会主义现代化服务的办刊方向，突出学术理论期刊特色，刊登有理论深度和学术价值的社会科学论文，鼓励创新，支持争鸣，关注现实性问题，力求做到时代性、社会性、科学性、应用性的统一。主要反映南开大学及校外人文社会科学工作者的最新研究成果。栏目辟有专题、专栏、学术笔谈等。内容涉及当代西方研究、小说与文化、历史编纂学研究、行政学研究、生态文明、中国经济、国际经济等。读者对象为高等院校文科师生、社会科学工作者。

宁夏社会科学 = Social Sciences in Ningxia/宁夏社会科学院． –银川：《宁夏社会科学》编辑部，1982 –

双月刊　　大 16 开

ISSN 1002 – 0292　　CN 64 – 1001　　74 – 12

宁夏银川西夏区宁夏社会科学院（750021）

编辑部电话：0591 – 2074593

E-mail：LXSK@ chinajournal. net. cn

人文社会科学综合性学术刊物。办刊宗旨：积极反映社会主义现代化建设中迫切需要解决的重大理论问题和实践问题的最新研究成果，应用研究和基础相结合，既突出应用研究，又重视基础理论研究，不断提高刊物质量和学术水平，力求把刊物办得富有地方特色和民族特色。主要栏目有：政治·法律、经济、社会、民族·宗教、西夏·历史、哲学·文化、文学·艺术等。读者对象为社会科学工作者、大专院校师生及民族工作者。有英文目次和英文摘要。

农业经济问题 = Issues in Agricultural Economy/中国农业经济学会，中国农业科学院． –北京：农业经济问题杂志社，1980 –

月刊　　大 16 开

ISSN 1000 – 6389　　CN 11 – 1323　　2 – 140

北京市海淀区中关村南大街 12 号（100081）

编辑部电话：010 – 68918705

E-mail：nyjjwt@ mail. cass. net. cn

农业经济类专业学术期刊。在遵循“创办学术期刊、探索农村改革、面向宏观决策、促进学科发展”宗旨的基础上，洞察农业发展焦点问题、辨析农村改革热点问题、探讨农民奔小康难点问题。辟有特稿、资源配置、组织与制度、农村发展、国外农经、专论、热点与难点、城市化与工业化、农民收入与结构调整、农业发展、农村社会、市场与贸易、产业经济、争鸣与探讨、可持续发展、综述、动态、观点荟萃、调查报告、国外农业经济等栏目。读者对象主要是从事经济工作和农村工作的各级行政领导和实际工作者、与经济和农村经济有关的政策研究人员、科研人员、大专院校师生以及各级农业经济学会会员。部分论文有英文目次和英文摘要。

欧洲研究 = Chinese Journal of European Studies/中国社会科学院欧洲研究所． –北京：中国社会科学院《欧洲研究》编辑部，1983 –

双月刊　　16 开
ISSN 1004 －9789　　CN 11 －4899　　82 －165
北京市建国门内大街 5 号（100732）
编辑部电话：010 －65135017
E-mail：cjes@ cass. org. cn

国际政治研究类学术期刊。原名《欧洲》，2003 年改为现刊名。全面反映国内外欧洲及相关国际问题研究的主流状况和优秀成果。内容包括欧洲一体化、当代欧洲政治、欧洲经济、欧盟法、欧洲社会与文化、中欧关系等。主要栏目有：欧洲一体化研究、国际政治经济评论、国别与地区、中国与欧洲、欧洲社会政策研究、欧洲讲坛、书评、学术动态等。读者对象为从事国际政治和欧洲问题学习和研究的中高等院校学生和教研人员，相关政府机构、驻华使馆工作人员，科研机构的研究人员，以及对国际政治和欧洲问题感兴趣的普通读者。有中英文目录、中英文论文提要。

齐鲁学刊 = Qilu Journal/曲阜师范大学. －曲阜：《齐鲁学刊》编辑部，1974 －
双月刊　　大 16 开
ISSN 1001 －022X　　CN 37 －1085　　24 －014
山东省曲阜师范大学（273165）
编辑部电话：0537 －4455347
E-mail：qlxk2003@ qfnu. edu. cn

人文社会科学综合性学术刊物。原名《破与立》，1980 年改为现名，是山东省创办较早的学术期刊。曾获全国百强社科学报、华东地区优秀期刊、山东省优秀期刊称号。遵循“立足世界文化名人孔子故乡，突出孔孟儒学齐鲁文化研究，重视社会科学基础理论探讨，倡导创新求实，既重名家力作，更重学界新人富于创造性的研究成果”的办刊宗旨。载文内容包括哲学、伦理学、政治学、法学、经济学、管理学、社会学、历史学、文学等社会科学学科的基础研究和应用研究成果。读者对象为大专院校师生和社会科学工作者。有英文目次和中英文摘要。

青年研究 = Youth Studies/中国社会科学院社会学研究所. －北京：《青年研究》编辑部，1980 －
月刊　　16 开
ISSN 1008 －1437　　CN 11 －3280　　18 －170

北京市建国门内大街 5 号（100732）
编辑部电话：010 - 85195565
E-mail:qsn@ cass. org. cn

以青年为研究对象的专业学术性期刊。研究当代青年特点、青年文化、青年心理、青年教育等问题，探讨青年发展与社会变迁之间的互动关系，介绍国外青年研究动态。栏目不固定，根据载文所论及的主题来设置标题，如社会流动、弱势群体、学生心理、道德研究、劳动就业、消费文化、社会政策、生活方式、社会问题等。读者对象为青年工作者、共青团干部和思想教育工作者。

清华大学教育研究 = Tsinghua Journal of Education/清华大学 . - 北京：《清华大学教育研究》编辑部，1980 -

双月刊　　大 16 开
ISSN 1001 - 4519　　CN 11 - 1610　　80 - 104
北京市海淀区清华大学文南楼 403 室（100084）
编辑部电话：010 - 62788995
E-mail:jysbjb@ mail. tsighua. edu. cn

综合性教育刊物。以“百花齐放，百家争鸣”、理论与实践相结合为办刊宗旨，力求全面反映和介绍国内外最新学术成果，努力跟踪和追赶当今国际学术发展的潮流。在积极保持和发挥清华大学理工学科研究优势的同时，力求继承和发扬历史上清华的人文社会科学传统，为中国的教育改革与发展服务，为教育科学繁荣作贡献。主要栏目：教育思想与理论、教育改革与发展、教育组织与管理、教育经济与财政、教育政策与法律、国际与比较教育、课程与教学、教育文化与历史等。读者对象为国内外教育科学研究人员、教育管理者、大专院校和中小学师生以及一切有志于教育和关注中国教育的人士。有英文目次和中英文摘要。

清华大学学报. 哲学社会科学版 = Journal of Tsinghua University. Philosophy and Social Sciences/清华大学 . - 北京：《清华大学学报》编辑部，1986 -

双月刊　　大 16 开
ISSN 1000 - 0062　　CN 11 - 3596　　82 - 724
北京市海淀区清华大学（100084）
编辑部电话：010 - 62783533
E-mail:skxb@ tsinghua. edu. cn

人文社会科学综合性学术刊物。主要反映清华大学文科师生的最新研究成果，内容涉及历史、文学、法律、经济、考古、哲学、图书馆学等领域。主要栏目有：国情研究、历史研究、文学研究、文献与考辨、法律与政治、期刊与规范。读者对象为大专院校文科师生、社会科学工作者。

清史研究 = Study on Qing History/中国人民大学清史研究所. －北京：《清史研究》编辑部，1991－

季刊　　　　　　大 16 开

ISSN 1002－8587　　CN 11－2765　　2－749

北京市海淀区中关村大街 59 号（100872）

编辑部电话：010－62511428

E-mail:qinghistory@263.net

中国清史研究学术刊物。原名《清史研究通讯》。办刊宗旨是注重学术性、资料性、信息性，载文内容涉及清史论丛、学术前沿、文献资料、清史学科等诸多研究领域。栏目设置有：社会变迁、区域经济、人物时代、边疆民族、读史札记、文献调查、清史研究评介、史籍考订、清史研究机构简介、中外清史专家介绍等，并报道清史研究动态，刊登清史研究论文索引等。读者对象为清史研究人员、历史工作者。

情报科学 = Information Science/吉林大学. －长春：情报科学杂志社，1980－

月刊　　　　　　大 16 开

ISSN 1007－7634　　CN 22－1264　　12－174

吉林省长春市人民大街 5988 号（130022）

编辑部电话：0431－85095200

E-mail:infosci@jlu.edu.cn

情报学专业学术刊物。旨在通过学术交流促进我国情报科学研究的发展，开展情报教学，普及情报知识。登载涉及高校图书馆网络化建设、现代信息业发展、多媒体技术、情报人员结构等方面的论文。主要栏目有：专论、理论研究、业务研究、博士论坛、综述等。读者对象为企事业单位情报工作者和研究人员及高等院校图书情报专业师生。2001 年被评为吉林省科技类一级期刊。有中英文目次和论文摘要。

情报理论与实践 = Information Studies: Theory and Application/中国国防科学技术信息学会，中国兵器工业集团第 210 研究所. －北京：情报理论与实践杂志社，1964－

双月刊　　大 16 开

ISSN 1000－7490　　CN 11－1762　　82－436

北京市海淀区 2413 信箱 10 分箱（100089）

编辑部电话：010－68963306

E-mail:ita@ onet. com. cn

情报学学术刊物。原名《兵工情报工作》，“文化大革命”期间停刊，1980 年复刊，1987 年改为现刊名。自 1996 年起成为中国国防科技信息学会会刊。注意跟踪报道国内外图书馆学情报学发展现状和趋势，侧重探讨情报学理论方法和热点问题，注重创新，注重理论与实践的结合，发文涉及情报学理论与方法、信息技术与系统、信息分析与研究、信息经济与产业、信息管理与知识管理、信息政策与法律、信息服务实践等各个领域。主要栏目有论坛、专题、理论与探索、实践研究、信息系统、综述与述评、在国外、书评简讯等。读者对象为情报学理论研究和实践工作者、图书馆工作人员、企业信息管理人员、高等院校信息管理专业师生。有英文目次、英文摘要、中文摘要。

情报学报 = Journal of the China Society for Scientific and Technical Information/中国科学技术情报学会，中国科学技术信息研究所. －北京：《情报学报》编辑部，1982－

双月刊　　大 16 开

ISSN 1000－0135　　CN 11－2257　　82－153

北京市西城区复兴路 15 号（100038）

编辑部电话：010－68598273

E-mail:qbxb@ istic. ac. cn

情报学专业刊物。贯彻理论研究和应用研究并重的办刊方针，主要发表情报科学和技术的理论研究和实验研究的学术论文、综述评论。内容包括：人类知识信息产生、交流和利用行为的研究；信息资源特征的研究；信息收集、加工、存储、检索、传递与应用中的理论和方法；情报分析与决策支持；信息服务和用户研究；信息工作的组织、管理和政策研究等。栏目设置有：网络研究、信息教育、信息技术、信息检索、数据库、信息处理、信息产业、信息管理、文献计量学等。读者为各行各业从事信息研究、信息技术、信息开发、信息服务、信息系统设计、信息教育和信息管理的各类人员。有英文目次。

情报资料工作 = Information and Documentation Services/中国人民大学. -北京：中国人民大学书报资料中心，1980 -
双月刊　　　　大16开
ISSN 1002 -0314　　CN 11 -1448　　82 -22
北京市海淀区中关村大街甲59号文化大厦1308（2）（100086）
编辑部电话：010 -64057499
E-mail:qingbaoziliao@263.net

情报学专业刊物，中国社会科学情报学会会刊。载文既有理论性又有实践性，广泛介绍图书馆情报学界的研究成果、理论争鸣，以及国外图书馆情报学界的新发展等情况。栏目设置有：理论探索、信息化与网络化建设、信息资源建设与管理、数字图书馆论坛、文献分析研究、事业改革与发展、信息需求与服务、信息专业教育、企业信息建设等。读者对象为图书情报工作者和高等院校图书情报专业师生。有英文目次。

求是 = Qiushi/中国共产党中央委员会. -北京：求是杂志社，1988 -
半月刊　　　　16开
ISSN 1002 -4980　　CN 11 -1000　　2 -371
北京市东城区北河沿大街甲83号（100727）
编辑部电话：010 -64037005
E-mail:qiushi@qsjournal.com.cn

中共中央的重要理论宣传刊物。指导思想：坚持以马列主义、毛泽东思想、邓小平理论和“三个代表”重要思想为指导，坚持党的基本路线和基本纲领，牢牢把握正确理论导向，解放思想，实事求是，更好地为人民服务，为社会主义服务，为全党全国工作大局服务。2001年入选新闻出版总署评审的“中国期刊方阵·社科双高期刊”。主要栏目有：高举中国特色社会主义伟大旗帜、经济改革与发展、党的建设、科教天地、文化视野、观察与思考、企业纵横、党员信箱和基层之声等。读者对象主要是各级党政领导干部、广大宣传思想理论工作者、教育工作者和全体党员。

求是学刊 = Seeking Truth/黑龙江大学． －哈尔滨：《求是学刊》编辑部，1974 －
双月刊　　　　　大 16 开
ISSN 1000 －7504　　CN 23 －1070　　14 －25
黑龙江省哈尔滨市南岗区学府路 74 号（150080）
编辑部电话：0451 －86608815
E-mail：qsxk@ vip. 163. com

人文社会科学综合性学术刊物。原名《黑龙江大学学报（哲学社会科学版）》，1980 年改为现刊名。该刊始终以“唯实、求是、图新”为办刊宗旨，坚持“开放、创新、超越”的办刊理念，主要刊发哲学、经济学、法学、文学、史学等研究领域的学术文章。长期以来，学刊开设的主题栏目为学界所瞩目，如“文化哲学：跨世纪的思考”、“文化哲学：现代化与日常生活批判”等文化哲学系列栏目刊发了大量国内外知名学者的高水平论文，推动了中国文化哲学研究向更深层面发展。此外还辟有“海外来稿”、“苏联俄罗斯法学在中国”、“美学名家与美学史”、“重塑文学史：古代文学研究新视界”、“当代文学思潮及前沿问题探讨”、“明清史研究”等不定期栏目。读者对象为社会科学工作者、大专院校文科师生。

求索 = Seeker/湖南省社会科学院． －长沙：求索杂志社，1980 －
双月刊　　　　　大 16 开
ISSN 1001 －490X　　CN 43 －1008　　42 －36
湖南省长沙市德雅村（410003）
编辑部电话：0731 －4223870
E-mail：hnqszzs@ sina. com

人文社会科学综合性学术刊物。立足人文社会科学理论与实践研究，反映哲学社会科学的最新研究成果。内容涉及经济学、政治学、社会学、哲学、法学、管理学、教育学、文学、历史学等哲学社会科学各学科领域，其科学性、前沿性、文献性、收藏性引人瞩目。读者对象为社会科学工作者、大专院校文科师生、党政理论工作者。

全球教育展望 = Global Education/华东师范大学． －上海：全球教育展望杂志社，1972 －
月刊　　　　　大 16 开
ISSN 1009 －9670　　CN 31 －1842　　4 －358

上海市中山北路 3663 号（200062）
编辑部电话：021 - 62232938
E-mail:globaledu@ kcx. ecnx. edu. cn

教育类专业学术期刊。原名《外国教育资料》，2001 年改为现刊名。刊登有关外国教育理论、制度、流派、方法、变革等方面的研究性论文和综述性文章；抓住全球化时代教育发展的根本问题，努力实现教育国际化与本土化的融合；把握国际教育理论发展的最新趋势，推出堪与国际教育理论界对话的学术成果；反映联合国教科文组织和世界各国的教育发展成就，推动比较教育学学科群的整体发展。主要栏目有：教学论、课程论、国际教育、比较教育、教育管理、国际学校等。2001 年入选新闻出版总署评审的“中国期刊方阵·社科双效期刊”。读者对象为教育科研人员、各级各类教育管理工作者及教师。有英文目次。

人口学刊 = Population Journal/吉林大学. －长春：《人口学刊》编辑部，1981 －

双月刊　　大 16 开
ISSN 1004 - 129X　　CN 22 - 1017　　12 - 57

吉林省长春市前进大街 2699 号（130012）
编辑部电话：0431 - 85166391
E-mail:rkxk@ mail. jl. cn

人口学专业期刊。侧重对人口问题进行定性与定量相结合的理论分析及介绍与此相关的新的实践经验和方法，关注改革开放给人口研究带来的热点问题和难点问题。强调载文的创新性与探索性。主要栏目有：综合研究、人口理论、人口政策、人口迁移、人口城市化、青年人口、少数民族人口、人口统计与分析、人口素质、社会工作保障、劳动就业与人力资源开发、人口与资源环境、人口发展、计划生育理论与实践、留守问题研究等。读者对象为各级政府部门、广大计划生育工作者、人口研究与教学工作者。有英文目次和英文摘要。

人口研究 = Population Research/中国人民大学. －北京：中国人民大学人口与发展研究中心，1977 －

双月刊　　大 16 开
ISSN 1000 - 6087　　CN 11 - 1489　　2 - 250

北京市海淀区中关村大街 59 号（100872）
编辑部电话：010 - 62511320

E-mail：rkyj@ ruc. edu. cn

人口学专业学术刊物。注重理论和实践相结合，为解决我国的现实人口问题，为人口科学发展和计划生育基本国策服务。刊登人口理论、人口政策、人口与社会、人口与经济、人口与资源环境，以及流动人口、贫困人口、就业问题等综合性研究文章。主要栏目：人口与发展论坛、人口与社会、人口调查与分析、老龄问题研究、社会医学、人口流迁、人口资源环境、学术争鸣、数字人口、人口与计划生育综合改革。其中，“人口与发展论坛”栏目，针对当前人口学研究中的热点问题和学术前沿问题进行讨论，受到社会广泛的关注。读者对象为各级政府部门、学术界、人口科研教学工作者、老龄科学工作者、计划生育干部等。

人口与发展 = Population and Development/北京大学．－北京：《人口与发展》编辑部，1979 －

双月刊　　大 16 开

ISSN 1006 －4346　　CN 11 －3601　　82 －737

北京市海淀区北京大学人口研究所（100871）
编辑部电话：010 －62759200
E-mail：rkyfz@ pku. edu. cn

人口学学术刊物。刊登研究人口以及人口与发展领域（经济、社会、环境、资源、健康、管理、劳动、教育、老龄、统计、计划生育等方面）的学术研究论文，并辟有马寅初人口科学论坛、人力资源开发与管理、人口普查与分析、老龄研究、人口与健康、人口与计划生育前沿等专栏，后又增设了学术争鸣、国外学术研究动态、残疾人口研究、研究方法介绍与述评等栏目。读者对象定位为人口、老龄、劳动、统计、社会、计划生育等领域的理论和实际工作者。有中英文目录，重点文章有中英文摘要。

人口与经济 = Population & Economics/首都经济贸易大学．－北京：《人口与经济》编辑部，1980 －

双月刊　　大 16 开

ISSN 1000 －4149　　CN 11 －1115　　2 －252

北京市朝阳门外红庙首都经济贸易大学内（100026）
编辑部电话：010 －65976473
E-mail：rks@ cueb. edu. cn

人口学专业刊物。以坚持理论联系实际为办刊宗旨，密切关注中国人口事业的发展，及时反映人口领域及其交叉学科的最新学术成果，传播计划生育工作先进经验。在人口与经济、社会、资源、环境协调发展与可持续发展领域中积极探索，形成自己的风格和特色。主要栏目有：人力资源开发与就业、社会保障研究、计划生育论坛、世界人口、女性人口、老龄人口、少数民族人口、调查报告等。读者对象为人口学研究人员、人口与计划生育工作者。有英文目次和中英文摘要。

人民音乐 = People's Music/中国音乐家协会. －北京：中国音乐家协会杂志社，1950－

月刊　　16开
ISSN 0477－6573　　CN 11－1655　　2－6
北京市朝阳区农展馆南里10号（100026）
编辑部电话：010－65066618；010－65389266
E-mail:rmyy1950@126.com，rmyy1950@sina.com

音乐艺术理论刊物。办刊宗旨是：在音乐领域中贯彻党的文艺方针政策，研究和评论音乐工作中的现实问题，开展学术理论活动，联系音乐工作者和广大音乐爱好者，促进社会主义音乐文化的发展。主要刊载国内外乐坛在创作、表演、教育、理论研究方面的最新动态及成果，介绍、评论优秀的中外音乐名家、名作。现设有创作研究、乐海撷英、表演艺术、民族音乐、音乐教育、环球采风、当代音乐家、社会音乐生活、书林漫步等栏目。有英文目次。

人文地理 = Human Geography/中国地理学会，西安外国语大学. －西安：人文地理杂志社，1986－

双月刊　　大16开
ISSN 1003－2398　　CN 61－1193　　36－75
陕西省西安市长安南路437号（710061）
编辑部电话：029－5309374
E-mail:rwdl@xisu.edu.cn

专门研究人文地理学及其分支学科的综合性刊物。主要发表中国人文地理学中具有先进水平的学术论述和研究成果，反映人文地理学研究的新理论、新观点和新方法。内容涉及政治地理、人文地理、城市地理、旅游地理、经济地理、文化地理、社会地理等。辟有进展与动态、文化、旅游、社会、城市、区域、经济、理论综述等栏目。读者对象为从事人文地理及其相关学科研究的科研人员、相关专业的大专院校师生和人文地理爱好者。有英文目次和中英文摘要。

人文杂志 = The Journal of Humanities/陕西省社会科学院. －西安：《人文杂志》编辑部，1957－
双月刊　　大16开
ISSN 0447－662X　　CN 61－1005　　52－11
陕西省西安市含光南路177号（710065）
编辑部电话：029－5255981
E-mail：rwzz177@163.com

人文社会科学综合性学术刊物。办刊宗旨：强调学术性、思想性、原创性，力争把握学术前沿和学术热点，以严肃、厚重、规范、创新的学术风格办好刊物。侧重刊登文、史、哲、政经、法学及伦理学、逻辑学、社会学等学科的学术论文，反映研究的新进展。主要栏目有：经济学、历史学、政治学、文艺学、考古、哲学·美学。适合大专院校教学人员、社科领域研究人员、党政部门和企事业单位高级管理人员以及大学生、研究生、博士生阅读。

日本学刊 = Japanese Studies/中国社会科学院日本研究所，中华日本学会. －北京：《日本学刊》编辑部，1985－
双月刊　　32开
ISSN 1002－7874　　CN 11－2747　　18－341
北京市东城区张自忠路3号（100007）
编辑部电话：64039045
E-mail：rbxk@cass.org.cn

综合性学术期刊。原名《日本问题》，1990年改为现刊名。办刊宗旨：为我国的社会主义现代化建设与改革开放服务，为促进中日友好关系的发展和繁荣社会科学服务。主要刊载中国学者关于日本政治、经济、外交、社会、文化、历史等领域的研究成果。主要栏目有：政治、经济、社会文化、历史、调研报告、书评和学术动态等。主要读者对象：研究机构、大专院校、政府机关、企业界和社会各界的广大读者。2002年、2005年分别获得中国社会科学院优秀期刊奖和优秀期刊提名奖。

软科学 = Soft Science/四川省科学技术厅，四川省科技促进发展研究中心. －成都：软科学杂志社，1987－

双月刊　　大16开

ISSN 1001－8409　　CN 51－1268　　62－61

四川省成都市人民南路4段11号5楼（610041）

编辑部电话：028－5221835

E-mail:afzyx@shell.scsti.ac.cn

软科学专业理论刊物。着重反映软科学、科学学、系统科学、政策科学以及管理科学的最新研究成果，为决策的科学化、民主化服务。辟有科技论坛、科技与经济、战略与对策、科技产业化、院（所）校改革、科技与金融、民营科技、学科建设和跨世纪人才、专访等栏目。适合软科学研究人员、各级各类决策者、管理人员、企业技术负责人以及大专院校师生阅读。有英文目次。

陕西师范大学学报. 哲学社会科学版 = Journal of Shaanxi Normal University. Philosophy and Social Sciences Edition/陕西师范大学. －西安：《陕西师范大学学报》编辑部，1960－

双月刊　　大16开

ISSN 1000－5293　　CN 61－1012　　52－58

陕西省西安市长安南路（710062）

编辑部电话：029－85303908

E-mail:xuebao@snnu.edu.cn

人文社会科学综合性学术刊物。以繁荣科学文化，促进学术交流，发现培养人才，为两个文明建设服务为办刊宗旨。以关注学术前沿，注重探索创新为办刊方针，在中国古代史、历史地理、古代文学、文艺理论、现当代文学、汉语言文学、中国哲学史、政治经济学、心理学领域形成特色。主要刊登文、史、哲、经、教等学科的研究论文，长期开设“历史地理研究”、“周秦汉唐文化研究”、“唐史研究”、“唐诗研究”、“西部研究”、“编辑出版学研究”等专栏。内容涉及社会主义现代化建设和改革开放中提出的重大理论问题与实践问题，各学科前沿问题，新兴学科交叉学科问题，以及师范教育问题和陕西地方社会、经济、历史文化问题的研究。曾入选新闻出版总署评审的“中国期刊方阵·社科双效期刊”。读者对象为高等师范学校师生及社会科学工作者。有英文目次和中英文摘要。

商业经济与管理 = Business Economics and Administration/浙江工商大学. －杭州：浙江工商大学杂志社，1981－
月刊　　大 16 开
ISSN 1000－2154　　CN 33－1013　　32－49
浙江省杭州市下沙高教园区学正街 18 号（310018）
编辑部电话：0571－28877503
E-mail:zazhishe@ mail. zjgsu. edu. cn

商业经济类刊物。办刊宗旨：研究社会主义市场经济条件下大商业、大市场、大流通理论和实践，及时反映当今流通领域特别是商业改革的理论动态和最新发展。主要栏目有：名家论坛、贸易经济、市场研究、流通改革、市场营销、企业经营管理、外经外贸、旅游经济、供销合作经济、粮食经济、国外商业、商业文化、企业家论坛等。读者对象为商业经济理论研究人员、商业部门决策人员及大专院校师生。有英文目次和中文摘要。

商业研究 = Commercial Research/哈尔滨商业大学. －哈尔滨：商业研究杂志社，1958－
月刊　　大 16 开
ISSN 1001－148X　　CN 23－1364　　14－71
黑龙江省哈尔滨市道里区通达街 138 号（150076）
编辑部电话：0451－84866358
E-mail:syyj@ vip. 163. com

经济类专业学术期刊。以宣传党的商业经济工作方针政策，以现代科技与经济相结合，促进科技兴商，繁荣社会主义市场经济为办刊宗旨；以探索最新商经理论，倡导科技兴商，促进商贸体制改革为特色。主要栏目设置有：商经理论、经营管理、改革探索、财经纵横、市场营销、企业文化、国外经济、振兴东北、西部开发、商务论坛、WTO 话题等。读者对象为经济理论工作者、财经院校师生以及全国城乡商贸财经企、事业单位工作人员。有英文目次和英文摘要。

上海财经大学学报 = Journal of Shanghai University of Finance and Economics/上海财经大学. －上海：上海财经大学学术期刊编辑部，1999－
双月刊　　16 开
ISSN 1009－0150　　CN 31－1817　　4－627

上海市武东路乙 321 号（200434）
编辑部电话：021 – 65904190
E-mail：cdxb@ mail. shufe. edu. cn

以财经为主的综合性学术理论刊物。办刊宗旨：着重研究和探讨我国改革开放和现代化建设中的重大理论和现实问题。既重视具有思想性和影响力的名家名作，更鼓励富有创见的探索之文；既关注经典理论问题的研究，更注重实践中提出的重大问题的争论；既反映经济学、管理学的研究成果，也涉猎法学和其他人文社会科学的研究领域；既争鸣学科专业理论问题，也探讨综合学术性问题。主要栏目：经济学、文史哲、法学、专论、综述等。读者对象为人文社会科学理论工作者、科研单位研究人员、经济部门工作人员、高等院校师生等。2002 年被评为第二届全国“优秀社科学报”。2006 年被评为第三届全国“百强社科学报”。有英文目次和中文摘要。

上海交通大学学报. 哲学社会科学版 = Journal of Shanghai Jiaotong University. Philosophy and Social Sciences/上海交通大学. – 上海：《上海交通大学学报》编辑部，1993 –

双月刊　　大 16 开

ISSN 1008 – 7095　　CN 31 – 1778　　4 – 667

上海市华山路 1954 号 1000 信箱（200030）
编辑部电话：021 – 62933089
E-mail：skxb93@ sjtu. edu. cn

人文社会科学综合性学术刊物。2002 年全国优秀社科学报，2003 年上海市最佳学报。办刊宗旨：重视基础研究，偏重应用研究，为繁荣学术研究，推动学科建设，培养高素质人才服务，力求在“理论性、超前性、实践性”方面办出特色。主要栏目有：当代中国问题研究、政治·法律·社会、科学文化、管理与传播、经济·管理、哲学与科学思维、文学·历史·艺术、高等教育等。读者对象为高校师生及社会科学工作者。有英文目次和中英文文摘。

上海经济研究 = Shanghai Economic Review/上海市社会科学院经济研究所. – 上海：《上海经济研究》编辑部，1984 –

月刊　　大 16 开

ISSN 1005 – 1309　　CN 31 – 1163　　4 – 524

上海市淮海中路 622 弄 7 号 501 室（200020）
编辑部电话：021 -53060606
E-mail:ser@ sass. org. cn

经济类专业刊物。坚持以邓小平理论为指导，紧扣时代脉搏，以独特视角、新颖观点及前瞻性论点，探讨上海及全国经济发展中的理论问题，为经济理论界、政府机构、实际工作部门及企业界出谋划策，更好地为社会经济发展服务。主要刊载既有时效性又有现实参与性的文章，内容包括中国经济、农业、养老、产业、上海经济、外地经济比较研究、宏观经济、国际经济问题等。读者对象为经济理论研究人员、实际经济部门工作者以及经济院校师生。

上海体育学院学报 = Journal of Shanghai University of Sport/上海体育学院. -上海：《上海体育学院学报》编辑部，1959 -

双月刊　　大 16 开

ISSN 1000 -5498　　CN 31 -1005　　4 -793

上海市清源环路 650 号（200438）
编辑部电话：021 -51253130
E-mail:stxb@ 263. net

体育类学术期刊。“文化大革命”期间停刊，1979 年复刊并出版至今。注重反映我国体育科学领域最新的、高水平的体育科研成果，内容包括体育人文社会学、运动人体科学、民族传统体育学、体育教育训练学等学科。主要栏目有：专题论坛、体育人文社会学、运动人体科学、民族传统体育学、体育教育训练学等。2004 年获教育部“全国高校自然科学优秀学报一等奖”；2006 年、2008 年连续两次获教育部“中国高校精品科技期刊”奖。读者对象为广大体育科研人员、大中院校或中学体育教师、教练员及体育管理工作者。有中英文论文摘要和目次。

社会科学 = Journal of Social Sciences/上海市社会科学院. -上海：《社会科学》编辑部，1979 -

月刊　　大 16 开

ISSN 0257 -5833　　CN 31 -1112　　4 -273

上海市淮海中路 622 弄 7 号 337 室（200020）
编辑部电话：021 -53062234
E-mail:shkx@ sass. org. cn

人文社会科学综合性学术刊物。办刊宗旨：以“实、新、活、广、深、快”为特色，立足上海，面向国内外，致力于探讨新问题，发表新观点，鼓励学术争鸣，扶植理论新秀，倡导新兴学派。同时开展比较研究，促进中西方文化交流。主要栏目有：社会主义理论、政党政治、经济就业、法律研究、哲学研究、文艺文化研究、历史地理研究以及国家综合配套改革试验专题。主要读者对象：党政机关工作人员、国内外各单位专家学者、社会科学研究工作者和大专院校师生及社会科学爱好者。

社会科学辑刊 = Social Science Journal/辽宁省社会科学院. －沈阳：《社会科学辑刊》编辑部，1979－

双月刊　　大16开

ISSN 1001－6198　　CN 21－1012　　8－105

辽宁省沈阳市皇姑区泰山路86号（110031）

编辑部电话：024－86120485

E-mail:jikan08@163.com

人文社会科学综合性学术刊物。社会科学类国际交流期刊。辽宁省一级期刊，2001年入选新闻出版总署评审的“中国期刊方阵·社科双效期刊”。办刊宗旨：坚持改革开放的方针，繁荣社会科学事业，活跃学术气氛，为社会科学研究者发表研究成果，为学术界百家争鸣提供园地，推动社会科学的进步与发展。发表人文社会科学领域的最新研究成果。内容主要为哲学、社会学、经济学、历史学、文学、法学等学科诸多观点新颖、有理论深度的研究成果，主要栏目有：马克思主义哲学的当代视角、聚焦理论经济新空间、古代外交的体制、政策与思想、农民工问题研究、中国古代美学的当代视野、辽海书镜等。读者对象为人文社会科学研究人员、大专院校师生和部分机关干部、社会人士。有英文目次和中文摘要。

社会科学研究 = Social Science Research/四川省社会科学院. －成都：社会科学研究杂志社，1979－

双月刊　　大16开

ISSN 1000－4769　　CN 51－1037　　62－13

四川省成都市一环路西一段155号（610071）

编辑部电话：028－87013623

E-mail:shyjjcxk@126.com

人文社会科学综合性学术刊物。办刊宗旨：立足四川，面向全国，走理论联系实际、学术结合时代之路，以学术性、思想性、综合性为特点，努力提倡各种不同学术理论观点的争鸣，大胆探索建设有中国特色社会主义的理论问题和实践问题。载文内容涉及哲学、经济学、政治学、法学、社会学、历史学、文学、新兴交叉等学科。主要栏目有：专题研讨、社科研究、人文研究、学术观察。读者对象为广大社会科学工作者、高校文科师生。

社会科学战线 = Social Science Front/吉林省社会科学院． －长春：社会科学战线杂志社，1978 －

月刊　　大 16 开

ISSN 0257 －0246　　CN 22 －1002　　12 －28

吉林省长春市自由大路 5399 号（130033）

编辑部电话：0431 －84638362

E-mail：8zxbj@ 163. com

人文社会科学综合性学术刊物。办刊宗旨：发表科研成果，推动学术交流，发现和培养人才，为繁荣社会科学事业、加强社会主义精神文明建设服务。所发论文内容覆盖哲学、经济学、历史学、文学、政治学、法学、社会学、民族学、民俗学、文化研究、教育学、管理学等人文社会科学的各个学科。主要栏目有：中国改革三十年、中国哲学研究、比较哲学、经济理论、世界经济研究、史学史研究、区域历史与文化、新国学研究、美学研究、政治学研究、社会学研究、人才学研究、学术名家、博士论坛、学术短文。读者对象为社会科学工作者、大专院校文科师生。

社会学研究 = Sociological Studies/中国社会科学院社会学研究所． －北京：《社会学研究》编辑部，1986 －

双月刊　　16 开

ISSN 1002 －5936　　CN 11 －1100　　82 －499

北京市建国门内大街 5 号（100732）

编辑部电话：010 －85195564

E-mail：sbjb@ cass. org. cn

社会学理论刊物。注重发表翔实、科学的社会调查和社会学论文，探讨社会发展中各方面的相互关系及其变化规律和重大理论问题，研究社会结构、社会变迁和其他社会问题。以加强社会学的学术建设、提高经验研究与理论研究的水平及其与相关学科之间的对话能力、促进国内外社会学家相互间的学术沟通和交流为宗旨。主要栏目：论文、学术评论、书评。读者对象为社会学理论工作者。有英文目次和英文提要。

社会主义研究 = Socialism Studies/华中师范大学． －武汉：《社会主义研究》编辑部，1978 －

双月刊　　　　大 16 开

ISSN 1001 －4527　　CN 42 －1093　　38 －158

湖北省武汉市华中师范大学文科楼，武昌桂子山 3 号楼（430079）

编辑部电话：027 －67868330

E-mail：whtm@ vip. 163. com

社会主义理论与实践研究专业刊物。办刊宗旨：努力反映科学社会主义研究动态，介绍新成果和新资料，贯彻党的基本路线，为科学社会主义教学与科研服务，为建设有中国特色的社会主义服务。刊载有关社会主义现代化建设中的重大理论和现实问题的研究成果，涉及社会主义思想史、国外社会主义、政治学、社会学、经济学、法学等多方面内容。主要栏目有：马克思主义基本理论、生态马克思主义、马克思主义中国化、改革开放三十年、社会主义核心价值体系与文化建设、社会主义民主政治建设、城乡建设发展、世界政治与国际关系、研究进展等。读者对象为科学社会主义研究人员、政治理论工作者、党政机关工作人员。

深圳大学学报. 人文社会科学版 = Journal of Shenzhen University. Humanities & Social Sciences/深圳大学． －深圳：《深圳大学学报》编辑部，1984 －

双月刊　　　　大 16 开

ISSN 1000 －260X　　CN 44 －1030　　46 －140

广东省深圳市深圳大学办公楼 521 室（518060）

编辑部电话：0755 －26534976

E-mail：sdxb@ szu. edu. cn

人文社会科学综合性学术刊物。办刊宗旨：坚持正确的舆论导向，鼓励探索人文社会科学研究领域的学术前沿问题，为建设和繁荣有中国特色社会主义文化服务。除辟有文明对话与文化比较、特区研究、哲学·伦理学研究、经济学研究、文学研究、文化学研究、教育学研究、历史学研究等固定栏目外，还开设了“创建中国新论”、“改革开放和服务型政府建设”等专题研讨栏目。读者对象为高校文科专业学生及社会科学工作者。有英文目次和中英文摘要。

沈阳体育学院学报 = Journal of Shenyang Sport University/沈阳体育学院. －沈阳：《沈阳体育学院学报》编辑部，1982－
双月刊　　　　　　大 16 开
ISSN 1004－0560　　CN 21－1081/G
辽宁省沈阳市苏家屯区金钱松东路 36 号（110102）
编辑部电话：024－89166377
E-mail：stxb@ syty. edu. cn，sytyxb@ 163. com

体育类学术期刊。注重体育科学基础理论和应用技术的研究，鼓励对新学科领域的开拓，突出反映具有地域特色的冰雪运动学术研究成果。内容涉及体育人文社会学、运动人体科学、体育教育训练学、民族传统体育学等学科。现设有论坛、博士论坛、冰雪运动、体育人文社会学、运动人体科学、体育教育训练学和民族传统体育学等栏目。主要读者对象是体育训练、科研、管理工作者和体育院校师生。有中英文目次和摘要。2004 年获辽宁省优秀科技期刊称号，2006 年被评为全国人文社会科学学报优秀期刊，2008 年被中国高等学校自然科学学报研究会评为全国体育院校学报优秀学报和第 2 届中国高校特色科技期刊。

史林 = History Review/上海市社会科学院历史研究所. －上海：《史林》编辑部，1986－
双月刊　　　　　　大 16 开
ISSN 1007－1873　　CN 31－1105
上海市中山西路 1610 号（200235）
编辑部电话：021－64862266－240
E-mail：shilin33@ historyshang. com

历史研究学术性刊物。以推动历史学术研究、提高历史专业的学术水平为宗旨，刊登史学研究的最新成果。主要栏目有：中国古代史研究、中国近代史研究、中国现代史研究、中国经济史研究、社会史研究、文化史研究、口述史研究、上海工运史研究、上海地方史研究、城市史研究、世界史研究、著名史学家研究、史林拾叶、海外史学名著评介、读书札记和书评等。读者对象为史学研究工作者、党政机关工作人员、高等院校师生等。有英文目次和中英文提要。

史学理论研究 = Historiography Quarterly/中国社会科学院世界历史研究所，中国社会科学院近代史研究所，中国社会科学院历史研究所．－北京：《史学理论研究》编辑部，1992－

季刊　　16 开

ISSN 1004－0013　　CN 11－2934　　82－697

北京市东城区王府井大街东厂胡同1号（100006）

编辑部电话：010－65275931

E-mail：sxlls-sjlss@cass.org.cn

史学理论和方法论专业性学术刊物。致力于介绍中国和世界的各种史学思潮、史学思想、史学流派、史学理论和方法论问题，研究国内外史学发展状况和趋势，探索史学的跨学科研究，介绍国外新的史学流派，刊登运用新理论和新方法所撰写的文章。主要栏目：专题研究、马克思主义历史思想研究、研究综述、理论沙龙、书评等。读者对象为从事历史研究的专家、学者，大专院校师生和史学爱好者。提要和目录在美国的《历史文摘》和《美国：历史和生活》杂志刊载。有英文目次和重要论文中英文摘要。

史学史研究 = Journal of Historiography/北京师范大学史学研究所．－北京：北京师范大学出版社，1961－

季刊　　16 开

ISSN 1002－5332　　CN 11－1667

北京市西城区新街口外大街19号（100875）

编辑部电话：010－62208084

E-mail：shixueshi@126.com

历史学学术刊物。原名《史学史资料》，1979年改为现刊名。办刊宗旨：以马克思主义为指针，提倡实事求是的科学精神和严谨扎实的治学态度，力图为推进中国的史学史学科建设与发展作出贡献。主要报道历史理论、历史教育、历史文献学、历史编纂学等方面的最新动态及研究成果。栏目设置有：史学理论、史学史专论、当代史学、中国古代史学、中国近代史学研究、人物志、民族志、地方志、外国史学、书刊春秋、史林偶拾、史学精粹等。读者对象为历史工作者、大专院校历史系师生、中学历史教师和史学爱好者等。有英文目次和中英文摘要。

史学月刊 = Journal of Historical Science/河南大学，河南省历史学会． －开封：《史学月刊》编辑部，1951 －

月刊　　　　　　　　大 16 开

ISSN 0583 －0214　　　CN 41 －1016　　　36 －6

河南省开封市明伦街河南大学东一斋（475001）

编辑部电话：0378 －2869623

E-mail：sxyk@ henu. edu. cn

史学专业刊物。办刊特色：重视理论创新和新的历史研究方式与手段的运用，注意开拓历史研究新视阈。主要刊登研究性评论文章，史学评论理论与方法的研究论文，以及有关城市史、乡村史、环境史、家庭史、性别史、族裔史等方面的研究论文。辟有史学评论、专题研究、社会经济史研究、学术综述、读史札记等栏目。有英文目次和中英文摘要。

世界汉语教学 = Chinese Teaching in the World/北京语言大学． －北京：北京语言大学对外汉语研究中心《世界汉语教学》编辑部，1987 －

季刊　　　　　　　　16 开

ISSN 1002 －5804　　　CN 11 －1473　　　82 －317

北京市海淀区学院路 15 号（100083）

编辑部电话：010 －82303689

E-mail：sjhyjx@ blcu. edu. cn

对外汉语教学类专业学术刊物。办刊宗旨为：及时反映世界范围内汉语教学领域的最新理论研究成果，交流世界各地的汉语教学实践经验，提供新的信息，促进汉语教学的理论研究，推动教学实践的开展。主要栏目有：语言学和汉语研究，集中发表汉语语音、词汇、语法及汉字研究的最新成果；语言学习研究，发表将汉语作为第二语言学习的理论研究成果；语言教学研究，发表对外汉语教学理论（包括总体设计、教材编写、课堂教学和测试等方面）研究成果；汉语对比研究，发表汉语语言和文化对比的研究成果；汉语与汉文化，发表汉语教学中文化因素的研究成果；世界汉语教学史研究。读者对象为各国汉语爱好者、汉语语言教学工作者、学生及关心对外汉语教学的人士。载文中除中文论文外，还适当发表英文论文。有英文目次和中文摘要。

世界经济 = The Journal of World Economy/中国世界经济学会，中国社会科学院世界经济与政治研究所． －北京：中国社会科学院世界经济杂志社，1978 －

月刊　　　　　　　大16开
ISSN 1002－9621　　CN 11－1138　　82－896
北京市建国门内大街5号（100732）
编辑部电话：010－85195790
E-mail:jwe@cass.org.cn

经济学理论刊物。坚持“理论性、战略性、综合性和现实性”的办刊宗旨。刊登经济学各个领域的研究文章，侧重世界经济及相关领域的理论研究，介绍和分析世界经济形势及动态，研究和探讨当前经济领域的热点问题及国外经济发展趋势。同时也刊登研究中国经济体制改革、经济学基础理论、经济思想史、管理经济学等方面的论文。主要栏目有：国际贸易和国际投资、中国经济、宏观经济学、国际政治经济学、书评等。有英文目次和中文提要。读者对象为各级政府经济管理部门干部、经济理论研究机构人员、大专院校师生及关心世界经济问题的各界人士。

世界经济研究 = World Economy Study/上海市社会科学院世界经济研究所．－上海：《世界经济研究》编辑部，1985－
月刊　　　　　　　大16开
ISSN 1007－6964　　CN 31－1048　　4－544
上海市淮海中路622弄7号472室（200020）
编辑部电话：021－63845104
E-mail:wes@sass.org.cn

经济类专业学术期刊。以研究世界经济领域重大理论问题与现实问题为主，侧重探讨全球化条件下中国对外开放理论与战略的探索与创新，同时也刊登介绍世界各国发展经验和发展模式的学术性文章。一贯秉承“学术性、思想性、战略性”的办刊方针，重视运用世界经济基础理论和规范方法对当代世界经济重大现实问题进行深层次理论与战略分析的研究成果。辟有全球化与国际格局、国际金融、国际贸易、跨国投资研讨、区域与国别研究、台港澳研究等专栏，具有内容新、范围广、时代感强、信息量大等特点。读者对象为经济研究人员、大专院校师生、经济工作者、政府有关部门及社会人士。有中英文目次和内容摘要。

世界经济与政治 = World Economics and Politics/中国社会科学院世界经济与政治研究所．－北京：世界经济杂志社，1979－

月刊　　　　　　　　大 16 开
ISSN 1006 - 9550　　CN 11 - 1343　　82 - 871
北京市建国门内大街 5 号（100732）
编辑部电话：010 - 85195784
E-mail：sjzbjb@ cass. org. cn

世界经济、国际政治问题研究学术期刊。以国际关系理论研究为主旨，注重国际政治与世界经济的结合；注重理论和实践的结合；注重国内问题和国际问题的结合；注重选题的综合性、前瞻性和创新性，紧扣时代热点和学科前沿问题，报道世界经济与国际政治研究的最新成果。主要刊登综合研究世界经济与国际政治问题的学术成果，特别是从多学科、跨学科角度探讨全球整体性的变化与特点以及国际关系一般理论和方法的文章。设有以下专栏：专论、国际关系理论、世界政治、海外专稿、世界经济等。读者对象为各级政府经济管理部门干部、经济理论研究机构人员、大专院校师生及关心世界经济问题的各界人士。有英文目次和重要论文英文提要。

世界经济与政治论坛 = Forum of World Economics & Politics/江苏省社会科学院世界经济研究所． - 南京：《世界经济与政治论坛》编辑部，1980 -
双月刊　　　　　　　大 16 开
ISSN 1007 - 1369　　CN 32 - 1544　　28 - 254
江苏省南京市虎踞北路 12 号（210013）
编辑部电话：025 - 83391504
E-mail：fowep@ 126. com

世界经济、国际政治问题学术期刊。办刊宗旨：围绕世界经济和国际政治领域的重大理论和实际问题展开学术探讨，反映世界经济和国际政治领域的最新研究成果，追踪国际热点问题，为正确判断国际经济与政治局势提供理论依据、方法和思路。设有国际贸易与投资、国际金融、国际经济关系、外国经济、长江三角洲、国际战略、国外政治发展、外交关系、国际安全、台港澳研究等栏目。

世界历史 = World History/中国社会科学院世界历史研究所． - 北京：《世界历史》编辑部，1978 -
双月刊　　　　　　　大 16 开
ISSN 1002 - 011X　　CN 11 - 1046　　82 - 696

北京市东城区王府井大街东厂胡同 1 号（100006）
编辑部电话：010－65275907
E-mail：sjls@ yahoo. com. cn

世界史研究专业杂志。反映世界史研究最新成果，范围包括世界史研究论文、史学理论探讨、评述等。辟有学术论文、专题论坛、研究综述、史学理论与方法论、争鸣、书评、学术报道等栏目。适合高校历史系、国际政治系、世界经济与政治系师生，国际问题研究人员，外事工作人员，中学历史教师以及其他世界历史研究者和爱好者阅读。有英文目次及部分文章的英文提要。

世界民族 = World Ethno-national Studies/中国社会科学院民族学与人类学研究所．－北京：世界民族杂志社，1995－
双月刊　　大 16 开
ISSN 1006－8287　　CN 11－3673　　82－793
北京市海淀区中关村南大街 27 号（100081）
编辑部电话：010－68932802
E-mail：shjmzbjb@ cass. org. cn

民族学与人类学专业学术期刊。以多视角探索人类社会民族过程的自身发展规律及其与社会进程发展规律之间的互动关系，提高人们对民族现象、民族问题及其长期性、复杂性和重要性的科学认识为宗旨。选登具有较高学术价值和借鉴意义的、研究国外民族与民族关系及民族政策的论文。内容主要包括马克思主义民族问题理论研究、族际热点问题透析、人类学与民族学理论和方法、民族社会与文化、外国学者对中国民族的研究、资料与信息、人物或机构介绍、会议报道、国外民族考察报告等。读者对象为民族学研究人员、民族工作者、外事工作人员等。有英文目次和中英文提要。

世界宗教研究 = Studies in World Religions/中国社会科学院世界宗教研究所．－北京：《世界宗教研究》编辑部，1980－
季刊　　16 开
ISSN 1000－4289　　CN 11－1299　　82－266
北京市建国门内大街 5 号（100732）
编辑部电话：010－85198393
E-mail：sjzjwh@ sina. com

宗教研究专业刊物。办刊宗旨：介绍各种宗教文化知识，评析各种宗教大事和热点，探讨宗教理论教义的发展，服务国家，服务社会，服务人生。发表关于道教、儒教、基督教、伊斯兰教等宗教方面的研究论文，所发论文注重学术性、理论性、科学性，内容涉及宗教立法、佛教研究、伊斯兰教研究、儒家研究、基督教研究、宗教心理、各种宗教研究、各国宗教研究、宗教历史等领域。读者对象为宗教研究人员、宗教界人士。

首都经济贸易大学学报 = Journal of Capital University of Economics and Business/首都经济贸易大学. －北京：首都经济贸易大学杂志总社学术期刊编辑部，1999－

双月刊　　16 开

ISSN 1008－2700　　CN 11－4579　　82－952

北京市朝阳门外红庙首都经济贸易大学内（100026）

编辑部电话：010－65976402

E-mail:journal@ cueb. edu. cn

以经济管理研究为主的综合性学术期刊。2006 年被评为第三届全国优秀社科学报。坚持开放性、包容性的办刊理念，立足本校的学科优势，选题突出学术性和创新性，注重前瞻性与现实性相统一，研究方法注重规范分析与实证分析相结合。坚持"三高一大一性"（高质量、高品位、高层次，大篇幅、学术性）的办刊特色。主要栏目有：特稿、垄断与竞争、金融保险、产业经济、区域经济、国际经济与国际贸易、统计研究、理论述评、文史哲、高教研究、学术会议等。读者对象为高校师生、科研机构和政府政策研究部门的研究人员以及企业经营管理人士。有英文目次和中文摘要。

数理统计与管理 = Application of Statistics and Management/中国现场统计研究会. －北京：《数理统计与管理》编辑部，数理统计与管理杂志社，1982－

双月刊　　16 开

ISSN 1002－1566　　CN 11－2242　　82－69

北京市海淀区中关村东路 55 号中国科学院应用数学所内（100190）

编辑部电话：010－62751863

E-mail:sltj@ amt. ac. cn

统计学学术刊物。以推进数理统计与管理方法的研究与应用，更好地为我国社会主义建设事业服务为办刊宗旨；坚持面向基层、面向应用、侧重方法、注重效果的办刊方针；使刊物发挥传递成果信息、交流使用方法、服务生产和研究的重要作用。主要刊登数理统计与管理科学的研究成果，兼顾介绍统计学科的其他科学方法知识及其应用。设有应用成果、方法的探讨与研究 、统计学院、趣味概率与统计、学点统计思想、数据化管理 、股市与投资探讨、生物医学统计等栏目。读者对象主要是与统计和管理有关的实际工作者、科技人员、管理人员、经济工作者、统计研究人员、大专院校师生。对专门从事理论研究的概率论、数理统计、现代管理、统计学的专家和学者也有参考价值。

数量经济技术经济研究 = The Journal of Quantitative and Technical Economics/中国社会科学院数量经济与技术经济研究所． -北京：《数量经济技术经济研究》编辑部，1984 -

月刊　　16 开

ISSN 1000 -3984　　CN 11 -1087　　2 -745

北京市建国门内大街 5 号（100732）

编辑部电话：010 -85195717

E-mail：bjb-iqte@ cass. org. cn

数量经济技术经济专业学术刊物。坚持理论联系实际，定性研究与定量分析相结合的办刊方针。主要针对改革开放中的焦点问题，及时反映数量经济和技术经济两个学科的最新研究成果，交流新理论、新方法和新经验，探索国内外该学科的发展趋势和动向，反映其运用于中国经济发展实践的研究成果。常设栏目有：现实经济问题研究、理论与方法研究、应用研究、评介等。读者对象为经济理论界研究人员、政府决策人士、高等院校师生和企业管理人员。有英文目次和中文提要。

税务研究 = Taxation Research/中国税务学会，中国税务杂志社． -北京：税务研究杂志社《税务研究》编辑部，1985 -

月刊　　大 16 开

ISSN 1003 -448X　　CN 11 -1011　　80 -292

北京市宣武区枣林前街 68 号（100053）

编辑部电话：010 -63569126

E-mail：swyj@ ctax. org. cn

税收科学理论研究学术期刊。以始终坚持正确的政治方向，成为及时反映税收研究最高水平的理论学术研究载体，注重发挥税收理论研究领域的阵地作用为办刊宗旨。重点刊登当代中国税收理论研究领域品位高、理论性学术性强、质量高、具有权威性的文章，并注意发挥其群众性学术交流园地的作用，推动群众性税收理论研究的发展，发现、培养、扶植税收理论研究新生力量。主要栏目有：税法理论与实务、税收征管、工作探索、外国税收与借鉴、论文摘萃、学术动态等。读者对象为财税部门理论工作者、财经院校师生及税务工作者。有英文目次和中文提要。

思想战线 = Thinking/云南大学． －昆明：《思想战线》编辑部，1975－
双月刊　　　　　　大 16 开
ISSN 1001－778X　　CN 53－1002　　64－3
云南省昆明市翠湖北路 2 号（650091）
编辑部电话：0871－5031473
E-mail：sxzx@ ynu. edu. cn

人文社会科学综合性学术刊物。办刊宗旨：追踪学科前沿，突出边疆民族特色，推动学术创新。注重学科前沿热点及现实理论问题和民族地区研究。除刊登民族学、民族历史学、民族文化学、民族问题研究等方面的文章外，还突出云南省的区位优势，发表有关周边国家研究、政治学、社会学、文艺学、美学、旅游学以及生态文化学、医学人类学、影视文化学等新兴学科、边缘交叉学科的研究论文。主要栏目有：社会热点聚焦、社会科学方法论、文化研究、政治文化与政治发展、制度创新论、经济史研究、旅游研究、民族史研究、学术评论等。2001 年入选新闻出版总署评审的“中国期刊方阵・社科双效期刊”。读者对象为大专院校文科师生、社会科学工作者、民族理论工作者。有英文目次。

四川大学学报. 哲学社会科学版 = Journal of Sichuan University. Social Science Edition/四川大学． －成都：《四川大学学报. 哲学社会科学版》编辑部，1955－
双月刊　　　　　　大 16 开
ISSN 1006－0766　　CN 51－1099　　62－6
四川省成都市望江路 29 号文科楼（610064）
编辑部电话：028－85412440
E-mail：xbzsb@ scu. edu. cn

人文社会科学综合性学术刊物。简称“川大文科学报”，1963 年停刊，1973

年复刊。全国双十佳社科学报、四川省优秀期刊。办刊宗旨是在突出本校特色的前提下，面向社会，面向西部，在强调刊物的学术性、理论性及独创性的基础上，将科学、严谨与开放、创新有机地结合在一起，努力办出自己的风格和趣味。主要刊载语言文学、史学、哲学、管理学、经济学、政治学、法律、宗教学等学科的科研成果。栏目设置有：哲学、宗教学、教育学、文学、历史学、法学、城市与管理、经济与管理、文化学、当代中国研究、“三农”问题研究、汉语新词新语研究等。读者对象为社会科学工作者、高校师生。有英文目次和中英文摘要。

台湾研究 = Taiwan Studies/中国社会科学院台湾研究所. －北京：《台湾研究》编辑部，2004 －

双月刊　　　　　　大 16 开

ISSN 1006 －6683　　CN 11 －1728

北京市海淀区中关村东路 21 号（100083）

编辑部电话：010 －82864912

E-mail：twyis@ sina. com. cn

台湾研究的综合性学术刊物。办刊宗旨：促进海峡两岸和国内外的学术交流与合作，加深对台湾的研究。主要刊登有关台湾政治、经济、法律、历史、宗教、社会、教育、文学、艺术以及有关两岸关系、祖国统一等问题的学术论文，兼载台湾人物介绍、书刊评价及其他重要研究资料。主要栏目有：政治、两岸经贸、经济、社会、历史等。读者对象为台湾问题研究人员、台湾事务工作者。有英文目次和中文摘要。

太平洋学报 = Pacific Journal/中国太平洋学会，汕头大学法学院. －北京：太平洋学报杂志社，1994 －

月刊　　　　　　　16 开

ISSN 1004 －8049　　CN 11 －3152　　82 －873

北京市海淀区大慧寺 8 号（100081）

编辑部电话：

E-mail：pacificjournal@ sina. com

以国际问题研究为主的学术刊物。致力于理论创新，实践学术自由和平等。载文以国际关系理论和国际问题为主，内容涉及太平洋区域的国际关系以及本地区各国与地区的经济、政治、文化、艺术、外交、军事、社会和环境等。主要栏目有：专题研讨、国际政治与国际法、民主宪政与法治发展、公共管理与经贸政策、海洋经济与安全、新国学与思想文化等。读者对象为社会科学工作者、外事机构各级领导和工作人员、国际关系院校师生。有英文目次和中文提要。

探索与争鸣 = Exploration and Free Views/上海市社会科学界联合会. －上海：探索与争鸣杂志社，1985－

月刊　　大16开

ISSN 1004－2229　　CN 31－1208　　4－496

上海市淮海中路622弄7号（200020）

编辑部电话：021－53060418

E-mail:tsyzm@ sssa. org. cn

人文社会科学综合性理论评论刊物。华东地区优秀期刊。创刊20多年来，一直以“坚持正确方向、提倡自由探索、鼓励学术争鸣、推动理论创新”为办刊主旨，以“重思想性和问题意识”为办刊风格。主要内容涉及政治学、法学、社会学、文学、历史学、哲学、经济学、教育学、新闻学等学科对于社会重大现实和理论问题的研究成果。重要栏目有：本刊特稿、圆桌会议、学术争鸣、专家访谈、时事观察、经济改革、文化视野、教育纵横、际会风云、新闻思辨、史海钩沉、书林漫步等。读者对象主要为人文社会科学工作者、大专院校师生、部分机关干部、社会人士。有英文目次和中文摘要。

体育科学 = China Sport Science/中国体育科学学会. －北京：《体育科学》编辑部，1981－

月刊　　大16开

ISSN 1000－677X　　CN 11－1295　　2－436

北京市崇文区体育馆路11号（100061）

编辑部电话：010－87182588

E-mail:tgty@ chinajournal. net. cn

体育专业学术性刊物。以满足广大读者的需求，促进体育科学事业的不断发展为办刊宗旨，以密切联系体育运动实践为办刊特色。刊登研究性论文、研究报告、综述与进展、争鸣与探讨、前沿动态等。主要栏目有：运动训练学、运动医学、体制研究、运动心理学、运动生物力学、体育教育学、体育经济学、群众体育学、体育管理学、体育概论、武术研究、体育仪器与场地研究、国外体育学术译文、体育科技动态等。在全国历年体育类学术期刊的评比（评估）等中均排名第一。读者对象为体育科研工作者、体育教育工作者、体育管理工作者、教练员、运动员及体育专业学生等。有英文目次和中英文摘要。

体育学刊 = Journal of Physical Education/华南理工大学，华南师范大学．－广州：《体育学刊》编辑部，1994－

月刊　　　　　　大16开

ISSN 1006－7116　　CN 44－1404

广东省广州市华南师范大学公体楼303号（510631）

编辑部电话：020－85211412

E-mail：tyxk@scnu.edu.cn

体育专业学术性刊物。2002年被评为全国高校人文社科优秀学报。办刊宗旨：侧重反映我国体育科学文化进展情况，重点发表中国体育学术前沿研究成果，为体育学术研究和学习提供交流园地，为考察与研究中国体育发展现状和趋势提供依据。设有经验总结、理论探索、读书思考、试验报告、专题讨论、最新科技知识介绍、体育科技动态报道等栏目。读者对象主要是体育科研工作者、体育院校师生、教练员、运动员等。

体育与科学 = Journal of Sports and Science/江苏省体育科学研究所．－南京：《体育与科学》编辑部，1978－

双月刊　　　　　大16开

ISSN 1004－4590　　CN 32－1208　　28－51

江苏省南京市孝陵卫灵谷寺路8－1号（210014）

编辑部电话：025－84755315

E-mail：zhili9@sina.com

体育科学学术期刊。其前身是《江苏体育科技》，1986年改用现刊名。办刊宗旨：以体育科学研究和运动训练研究为主体，兼顾基础理论建设、学校体育研究以及奥林匹克文化研究，并重视研究的学术性与普及性，以利于学科建设。所发论文涉及体育文化、奥林匹克文化、社会体育学、体育经济学、体育法学、体育课程论、体育方法论、运动竞赛与训练学、新学科介绍等，兼及商榷讨论、学术综述和会议述评。目前辟有新论坛、奥林匹克文化研究、体育文史观察、运动竞赛的理论与实践、科研报告、学校体育研究以及一些特设专题研究栏目。有中英文目次和摘要。读者对象以体育科研人员、大专院校研究生和本科生为主，兼及体育管理和体育理论研究的爱好者。

天津社会科学 = Tianjin Social Sciences/天津市社会科学院. –天津：天津社会科学杂志社，1981 –

双月刊　　　　大 16 开

ISSN 1002 – 3976　　CN 12 – 1047　　6 – 12

天津市南开区迎水道 7 号（300191）

编辑部电话：022 – 23369296

E-mail：tjshkx@126.com

人文社会科学综合性学术刊物。办刊宗旨：坚持“双百”方针，理论联系实际，重点探讨改革开放和中国现代化建设的重大理论和实践问题，为两个文明建设服务，为繁荣和促进社会科学研究服务。登载社会科学各个领域的研究文章。栏目有：马克思主义哲学中国化研究、马克思哲学的当代阐释、历史哲学研究、学术评论、公共行政与公共管理研究、社会建设与社会和谐研究、舆情问题研究、综合配套改革研究、百年中国文艺研究、当代中国文艺研究、文化研究、中国学术史研究、史学理论与史学史研究。读者对象为社会科学工作者、大专院校文科师生。

天津师范大学学报. 社会科学版 = Journal of Tianjin Normal University. Social Sciences Edition/天津师范大学. –天津：《天津师范大学学报. 社会科学版》编辑部，1974 –

双月刊　　　　大 16 开

ISSN 1671 – 1106　　CN 12 – 1336　　6 – 8

天津市河西区卫津路 241 号（300074）

编辑部电话：022 – 23541014

E-mail：tjsdxb@126.com

人文社会科学综合性学术刊物。天津市一级期刊及华北地区优秀期刊。注重选用反映学科研究前沿、研究热点和理论联系实际的文章，注重研究我国社会主义建设中的重大理论与现实问题，为教学科研服务。发表的学术论文主要涵盖哲学、政治学、经济学、管理学、人口学、法学、文学、历史学、教育学、社会学、文化研究等学科内容。读者对象为大专院校文科师生、社会科学工作者等。有英文目次和中英文摘要。

天津体育学院学报 = Journal of Tianjin University of Sport/天津体育学院. －天津:《天津体育学院学报》编辑部，1981－

双月刊　　　　　　大16开

ISSN 1005－0000　　CN 12－1140　　6－145

天津市河西区卫津南路51号（300381）

编辑部电话：022－23012636

E-mail:xb@tjipe.edu.cn

体育类学术期刊。办刊宗旨：在反映本院教学、科研成果的同时，全面报道体育学科领域最新的、前沿的研究成果；开展院内外学术研讨、争鸣活动；传播有理论与实践价值的体育科研信息；架设体育理论与运动实践沟通的桥梁；促进本院教学、科研工作的开展，推动体育的科学化进程。主要栏目有：专题研究、成果报告、综述与进展、百家论坛、体育科学研究方法、教练员与学者沙龙、研究报道等。

统计研究 = Statistical Research/中国统计学会，国家统计局统计科学研究所. －北京：统计研究杂志社，1984－

月刊　　　　　　大16开

ISSN 1002－4565　　CN 11－1302　　82－14

北京市西城区月坛南街75号（100826）

编辑部电话：010－68783982

E-mail:tjyanjiu@stats.gov.cn

统计学理论刊物。着重反映统计学领域研究的新动向、新思潮和新成果。发文选题范围主要有：统计基本问题，统计方法的创新和应用，社会、经济、科技领域的实证分析，政府统计体制及统计制度方法的改革，新国民经济核算体系的建立与实施，经济分析与统计分析，应用技术与模型方法设计，抽样技术和其他调查方法的实际应用，统计学科体系的构筑与完善，统计史学研究等。每期首页设有“本期导读”。读者对象为科研单位、高等院校、政府部门、企业界从事投入产出研究、教学和应用研究的人员。有英文目次和英文摘要。

统计与信息论坛 = Statistics & Information Forum/西安财经学院，中国统计教育学会高教分会. －西安：《统计与信息论坛》编辑部，1986－

月刊　　　　　　大16开

ISSN 1007－3116　　CN 61－1421　　52－153
陕西省西安市小寨东路64号（710061）
编辑部电话：029－82348751
E-mail：tjyxxlt@126.com

统计学类学术期刊。以“探索理论，关注应用，突出创新，提倡争鸣”为办刊理念，瞄准统计学科发展前沿，注重统计理论、方法与其创新应用相结合，关注经济发展与社会热点。主要栏目有：统计理论与方法、统计应用研究、统计调查与分析、统计信息化、统计教育、统计史研究、观点综述、国际统计动态、争鸣等。连续三次荣获“全国优秀社科学报”称号，连续四次获“陕西省优秀社科学报”殊荣。读者对象主要为：统计理论研究者、高等院校统计学专业的师生、政府统计工作者、企业经营管理者。有英文目次和中英文摘要。

投资研究 = Investment Research/中国建设银行股份有限公司，中国投资学会．－北京：《投资研究》编辑部，1982－
月刊　　大16开
ISSN 1003－7624　　CN 11－1389
北京市西城区金融大街25号（100032）
编辑部电话：010－67596643
E-mail：i-research@263.net

专业学术性理论刊物。中国投资学会会刊。登载有关投资的宏观控制和微观管理的基础理论和应用理论研究成果，探讨财政投资、银行长期信用投资、企业和证券投资管理的发展问题，介绍国外投资研究的新动向和学术成果，剖析我国股票市场的现状和问题。主要栏目有：本期特稿、金融论坛、投资论坛、资本市场、银行管理、产业投资、商业银行、证券投资、西方经济理论、吸引外资等。读者对象为投资、金融、财政、建设等部门的理论研究者和实际工作者及经济类大专院校师生。有英文目次。

图书馆 = Library/湖南省图书馆．－长沙：《图书馆》编辑部，1973－
双月刊　　大16开
ISSN 1002－1558　　CN 43－1031　　42－103
湖南省长沙市韶山北路169号（410011）
编辑部电话：0731－4174148

E-mail:bianjb@ library. hn. cn

综合性图书馆专业刊物。创刊伊始刊名为《图书馆工作参考资料》，1974 年改名为《图书馆工作》，1980 年又易名《湘图通讯》，1983 年开始启用现刊名。湖南省一级期刊。主要刊登涉及图书馆学、目录学、分类学、情报学、图书馆建设、图书馆业务探讨等研究领域的学术文章。栏目设有：青年图书馆学家论坛、新概念·新思潮·新视野论坛、学术论坛、图苑随笔、综述、书刊评介、专题研究、工作研究、基层图书馆工作、书林清话等。读者对象为各级各类图书馆、信息机构资料室工作人员和广大读者。有中英文目次和文摘。

图书馆工作与研究 = Library Work and Study/天津市图书馆学会，天津市图书馆，天津市少年儿童图书馆. －天津：《图书馆工作与研究》编辑部，1979－

月刊　　16 开

ISSN 1005－6610　　CN 12－1020　　6－115

天津市南开区复康路 15 号（300191）
编辑部电话：022－23368221
E-mail:TSGG@ chinajournal. net. cn

图书馆学、情报学类专业刊物。坚持以知识性与学术性相结合，普及与提高相结合，交流和研究图书情报工作及研究成果，普及图书情报学知识为办刊宗旨。内容涉及图书情报学理论、图书馆事业、图书馆现代化、图书分类编目、数据库建设、藏书、读者工作等多方面。主要栏目有：理论研究、图书馆事业、文献资源建设、参考咨询、图书馆现代化、数字图书馆、古籍整理与保护、文献工作与研究、读者工作、图书馆工作、各类型图书馆等。连续五次被中国图书馆学会评为图书馆学优秀期刊。读者对象为图书情报工作者及相关学科的高校师生。有中英文目次和中文摘要，部分论文有英文摘要。

图书馆建设 = Library Development/黑龙江省图书馆. －哈尔滨：《图书馆建设》编辑部，1978－

月刊　　大 16 开

ISSN 1004－325X　　CN 23－1331　　14－162

黑龙江省哈尔滨市南岗区长江路 218 号（150090）
编辑部电话：0451－85990515
E-mail:tsgjsvip@ vip. sina. com

图书馆学专业学术性期刊。原名《黑龙江图书馆》，1992 年改为现刊名。始终遵循“立足本省、面向全国，理论与实践相结合，普及与提高并重”的办刊宗旨，坚持“以质取稿，严谨务实”的工作作风。注重图书馆学基础理论的研究，并结合当代中国图书馆事业发展的实践，反映图书馆学界的最新研究成果。主要栏目有：学术论坛、信息资源建设、服务研究、技术导航等。1991 ~ 2005 年连续六届被中国图书馆学会评为全国优秀图书馆学期刊。读者对象为全国各地的图书馆学研究人员、从事图书馆工作的图书馆员及高校图书馆学专业师生。有中英文目次和中英文摘要。

图书馆论坛 = Library Tribune/广东省立中山图书馆．－广州：《图书馆论坛》编辑部，1981 －

双月刊　　大 16 开

ISSN 1002 － 1167　　CN 44 － 1306　　46 － 127

广东省广州市文明路 213 号（510110）

编辑部电话：020 － 83825705

E-mail：tsglt@ zslib. com. cn

图书馆学、情报学类专业刊物。主要发表图书馆学、情报学学术研究成果，交流图书馆工作经验和有关信息。两次被评为全国优秀图书馆学期刊。主要栏目有：学者论坛、争鸣·探索、网络化·电子化·自动化、信息资源建设·信息管理、信息组织·信息服务、信息开发·信息利用、图书情报教育·素质教育、信息政策·信息法规、图书馆建筑、从业抒怀、图书情报界人物、文献之窗等。读者对象为图书情报工作者及相关学科院校的师生。有英文目次和中英文摘要。

图书馆杂志 = Library Journal/上海市图书馆学会，上海市图书馆．－上海：《图书馆杂志》编辑部，1982 －

月刊　　16 开

ISSN 1000 －4254　　CN 31 － 1108　　4 －332

上海市淮海中路 1555 号（200031）

编辑部电话：021 －64455502

E-mail：tsgzz@ libnet. sh. cn

图书馆学、情报学类专业刊物。该刊坚持理论联系实际，向图书馆学、情报学专业的教研人员提供最新理论研究信息，为图书馆管理实践提供经验交流的园地，内容涉及图书馆现代化技术、国外图书馆概况、专业活动信息报道等。连续五次被中国图书馆学会评为全国图书馆学优秀期刊，2001 年入选新闻出版总署“中国期刊方阵·社科双效期刊”。主要栏目有：理论探索、工作研究、各类型图书馆、新技术应用、海外眺望、专业教育、文史天地、上图讲座经典、悦读时空等。读者对象为图书馆工作者、高校相关专业师生。主要文章有英文目次和内容摘要。

图书情报工作 = Library and Information Service/中国科学院文献情报中心. －北京：图书情报工作杂志社，1956－

月刊　　大 16 开

ISSN 0252－3116　　CN 11－1541　　2－412

北京市海淀区中关村北四环西路 33 号（100190）

编辑部电话：010－82623933

E-mail：journal@mail.las.ac.cn

图书馆学、情报学类专业刊物。刊登图书情报领域的理论研究、文献信息资源建设、图书情报事业和队伍建设及专业教育等方面的论文。常设的重要栏目有：专题、研究论文、基金项目、工作研究、评论·论坛。“专题”栏目就某一前沿性或热点问题进行集中、全面和深入的研究报道，引领学科发展；“研究论文”栏目发表选题新颖，视角独特，具有创新性和前沿性的研究力作；“基金项目”栏目提供向公众发布国家、省部级及各类相关重大课题研究成果的平台；“工作研究”栏目承载实践工作中的方法介绍、经验交流、创新性思考和建设性策略；“评论·论坛”对业界重大、有争议或者认识上模糊的问题进行思考、梳理、讨论。读者对象为图书情报部门的研究人员，大专院校图书情报专业的师生。

图书情报知识 = Document，Information & Knowledge/武汉大学. －武汉：《图书情报知识》编辑部，1984－

双月刊　　大 16 开

ISSN 1003－2797　　CN 42－1085

湖北省武汉市珞珈山武汉大学信息管理学院（430072）

编辑部电话：027－68754437

E-mail：tqy12@whu.edu.cn

图书馆、情报与档案管理研究的综合性专业学术期刊。坚持“关注公众知识状态，引领学科发展潮流”的办刊宗旨，倡导“以人为本”、“理论联系实践”的办刊理念。栏目设置五大块：博士论坛，图书、文献与交流，情报、信息与共享，知识、学习与管理，以及适时推出的包括有“学科前沿”、“专题研究”、“名家专论”、“文华情怀”等栏目的动态板块。连续六次被评为优秀图书馆学期刊，连续三次被评为湖北省优秀期刊，并被《乌利希国际期刊指南》收录。读者对象为图书馆、情报及档案机构的工作人员和高校相关专业师生。有中英文目次及文摘。

外国教育研究 = Studies in Foreign Education/东北师范大学．－长春：《外国教育研究》编辑部，1974－

月刊　　大 16 开

ISSN 1006－7469　　CN 22－1022　　12－102

吉林省长春市人民大街 5268 号（130024）

编辑部电话：0431－5098501

E-mail:wgjyyj@126.com

国际与比较教育学科专业学术刊物。办刊宗旨：坚持四项基本原则和改革开放政策，在“洋为中用”的原则指导下，发表有关外国教育理论与实践的研究成果，为我国教育改革与发展服务。载文内容涉及外国教育理论、思潮及流派；外国中小学教育、职业教育、高等教育、教师教育、课程与教学论、学校道德教育、农村教育及教育改革动向等，并以东北亚教育为研究主题。栏目设置有：教育理论、教育改革、基础教育、高等教育、职业技术教育、教师教育、公民与道德等。读者对象为高等院校师生及各级各类学校管理人员。有英文目次和中英文文摘。

外国经济与管理 = Foreign Economics & Management/上海财经大学．－上海：《外国经济与管理》编辑部，1979－

月刊　　大 16 开

ISSN 1001－4950　　CN 31－1063　　4－412

上海市武东路 321 号乙（200434）

编辑部电话：021－65904367

E-mail:wjgl@mail.shufe.edu.cn

外国经济管理类刊物。原名《外国经济参考资料》，1984 年改用现刊名。华东地区优秀期刊，首届全国优秀经济期刊。办刊宗旨：介绍和研究国外新的经济理论和先进的管理方法，为我国的经济建设服务。主要研究和阐述我国改革开放和现代化建设的重大理论和实际问题，探索有中国特色的社会主义经济发展规律。内容涉及经济理论与实践、产业经济、财政与税务、金融与保险、财务与会计、区域经济、企业管理、经济学史、经济法学等领域。主要栏目有：经营管理、组织研究、公司治理、人力资源管理、创业研究等。读者对象为经济理论工作者、大专院校师生、企业管理人员、实际经济工作者。

外国文学 = Foreign Literature/北京外国语大学．－北京：《外国文学》编辑部，1981－

双月刊　　16 开

ISSN 1002－5529　　CN 11－1248　　2－450

北京市海淀区西三环北路2号北京外国语大学（100089）

编辑部电话：010－ 88816730

E-mail：wgwx@ bfsu. edu. cn

外国文学研究类刊物。介绍国外最新文学戏剧作品和作家信息；登载中外文艺评论家的理论述评、文坛动向；刊载研究当代最新外国文学理论流派和现象，介绍和评论当代各国作家的优秀作品，兼及历代名作家作品。刊登小说，也有诗歌、散文、戏剧等。主要栏目有小说、诗歌、评论、理论、文化研究、书评、谈艺录、美术。读者对象为外国文学研究工作者及外国文学爱好者。有英文目次。

外国文学评论 = Foreign Literature Review/中国社会科学院外国文学研究所．－北京：外国文学评论，1987－

季刊　　16 开

ISSN 1001－6368　　CN 11－1068　　82－325

北京市建国门内大街5号（100732）

编辑部电话：010－85195583

E-mail：wenping@ cass. org. cn

文艺理论刊物。以研究外国文学理论、开展外国文学批评和评论、扩展国内文学界的视野为宗旨。重在反应外国文学研究领域中具有原创性发现、独特视角和学术创新的科研成果，在关注经典文学和理论研究推进的基础上，及时刊出对当代具有代表性的作家、作品及理论批评的个案解读，反映中国的外国文学研究的整体趋势。主要栏目有：理论研究、当代外国文学、书评动态等。读者对象为外国文学研究工作者、教育者及外国文学爱好者。有英文目次和中文提要。

外国文学研究 = Foreign Literature Studies/华中师范大学． －武汉：外国文学研究杂志社，1978－

双月刊　　16 开

ISSN 1003－7519　　CN 42－1060　　38－11

湖北省武汉市华中师范大学文学院（430079）

编辑部电话：027－67866042

E-mail：wwyj@ mail. ccnu. edu. cn

外国文学与比较文学研究学术刊物。办刊宗旨：反映外国文学理论、思潮和创作的新动向和我国外国文学与比较文学研究的新成果，开拓外国文学和比较文学研究的新领域、新课题。载文内容涉及外国文学与批评理论、当代外国文学流派评论、外国文学研究方法评论、作家作品推介、比较文学研究、中外文学关系、文学翻译理论探讨、外国文学发展态势等。栏目设置有：西方现代文学理论、作家与作品、诗歌研究、比较文学、外国文学“教与学”、评述与书评、书评与信息等。读者对象为外国文学研究工作者、教育工作者。有英文目次和中英文提要。

外国语（上海外国语大学学报） = Journal of Foreign Languages/上海外国语大学． －上海：《上海外国语大学学报》编辑部，1978－

双月刊　　16 开

ISSN 1004－5139　　CN 31－1038　　4－252

上海市大连西路 550 号（200083）

编辑部电话：021－65420358

E-mail：jfl@ shisu. edu. cn

以英语为主的多语种外语类学术期刊。办刊宗旨与特色是反映国内外学术热点和趋势，促进国内外语界科研与教学的发展及其与国际的交流。主要刊载语言学及具体语言研究，翻译研究，外国文学理论研究，语言、翻译、外国文学类书籍评介，国内外语言文学、外语教学学术会议简讯等方面的文章。主要栏目有：语言学及具体语言研究、翻译研究、二语习得研究等。读者对象为翻译工作者、高校师生、外语爱好者。有英文目次和中英文文摘。

外语教学 = Foreign Language Education/西安外国语学院． －西安：《外语教学》编辑部，1979－

双月刊　　大 16 开

ISSN 1000 - 5544　　CN 61 - 1023　　52 - 170
陕西省西安市长安南路八里村西西安外国语学院 62 号（710061）
编辑部电话：029 - 83714261
E-mail:xuebao@ xisu. net. cn

中国常用外国语类学术刊物。第二、三届全国百强社科学报。以繁荣学术，促进中国的外语教学与研究为己任，坚持理论与实践、提高与普及相结合的原则，力求学术性和实用性兼备。主要栏目有：语言学、翻译理论、外国文学、外语教学等。有英文目次。

外语教学与研究 = Foreign Language Teaching and Research/北京外国语大学. - 北京：《外语教学与研究》编辑部，1957 -
双月刊　　16 开
ISSN 1000 - 0429　　CN 11 - 1251　　2 - 130
北京市海淀区西三环北路 2 号（100089）
编辑部电话：010 - 88816466
E-mail:bwyys@ bfsu. edu. cn

外国语言教学研究专业刊物。原名《西方语文》。发表语言学研究和外语教学研究论文，包括翻译理论、书刊评介、学术动态、外语教学实践和翻译技巧等。以英语为主，兼顾俄、德、法、日及其他语种。主要栏目有：语言学、语言政策研究、语言研究、外语教育、外国文学研究、翻译研究、学术报道、书刊评介等。2001 年入选新闻出版总署评审的“中国期刊方阵・社科双效期刊”。读者对象为高校外语教师与翻译工作者、高校外语专业高年级学生和研究生等。有英文目次和摘要。

外语界 = Foreign Language World/上海外国语大学. - 上海：上海外语教育出版社，1985 -
双月刊　　16 开
ISSN 1004 - 5112　　CN 31 - 1040　　4 - 438
上海市大连西路 558 号（200083）
编辑部电话：021 - 65420525
http://www. sflep. com. cn

外国语言教学与研究专业期刊。继承《外国语教学资料导报》。以探讨外语教学理论，反映各级各类外语教学改革和科研成果，交流教学经验为宗旨。刊载有关外语教学、外语研究、语言学等方面的论文。主要栏目有：外语教学、教材编写研究、学术会议综述、外语评估与测试、书刊评介、信息之窗等。读者对象为外语研究人员、语言研究人员、外语教学工作者。有英文目次和英文提要。

外语学刊 = Foreign Language Research/黑龙江大学. －哈尔滨：《外语学刊》编辑部，1978－

双月刊　　大 16 开
ISSN 1000－0100　　CN 23－1071　　14－24
黑龙江省哈尔滨市南岗区学府路 74 号（150080）
编辑部电话：0451－86608322
E-mail：wyxk@ hlju. edu. cn

外国语言学研究学术刊物。宗旨是以外国语言学为主线开展与其相关各学科的讨论，为促进我国外语教学与语言研究服务。主要刊发的文稿涵盖普通语言学、俄语语言学、英语语言学、日语语言学 、比较语言学、符号学、词典学、翻译学、文学、文化、教学法和书评。主要栏目：普通语言学、语言学家介绍、苏联语言学、语言教学法论文介绍、俄语词汇学专题讲座、语法、俄语教学法、翻译及翻译教学法、教师进修、学习园地、答读者问、词源知识等。读者对象是高等院校教师、外语院系博士研究生、硕士研究生、高年级学生、科研院所语言、文字工作者以及其他语言学爱好者。有英文目次与摘要。

外语与外语教学 = Foreign Languages and Their Teaching/大连外国语学院. －大连：《大连外国语学院学报》编辑部，1979－

月刊　　大 16 开
ISSN 1004－6038　　CN 21－1060　　8－22
辽宁省大连市延安路 94 号（116002）
编辑部电话：0411－2803121－6388
E-mail：dwflatt@ 163. com

外国语言与文化研究专业刊物，以英语研究为主，兼顾俄、日、德、法等语言的研究。2002 年入选美国《剑桥科学文摘》（CSA）社会科学检索系统来源期刊。办刊宗旨：追踪学术前沿，关注学术热点，注重学术的原创性，提倡非功利主义的理论研究。主要刊登当代语言学（系统功能语言学、认知语言学、心理语言学、语用学）、语言哲学、翻译理论等方面的学术论文。主要栏目有：现代语言学理论及语言问题研究、外语教学研究、翻译研究、外国文学文论研究、书评、词典编纂学研究等。读者对象为外语研究人员、翻译人员、外语教学人员。有英文目次和中英文摘要。

文史哲 = Journal of Literature, History and Philosophy/山东大学. －济南：《文史哲》编辑部，1951－

双月刊　　大16开

ISSN 0511－4721　　CN 37－1101　　24－4

山东省济南市山大南路27号（250100）

编辑部电话：0531－88364666

E-mail:lhp@ sdu. edu. cn

人文社会科学综合性学术刊物。办刊宗旨：严肃严谨、求是求真、繁荣学术、扶植新人，以学术为本位，以创新为生命，不断发掘新的选题，展开新的争鸣。登载哲学、文学、史学等方面的学术论文。主要栏目有：中国社会形态问题、人文前沿、文学与审美、中国哲学研究、当代学术纵览、学林春秋、国情研究等。读者对象为社会科学工作者、大专院校师生。

文物 = Cultural Relics/文物出版社. －北京：文物出版社，1950－

月刊　　16开

ISSN 0511－4772　　CN 11－1532　　2－27

北京市东城区东直门内北小街2号楼（100007）

编辑部电话：010－84007071

E-mail:wwyk@ wenwu. com

文物和考古专业学术性资料性刊物。原刊名《文物参考资料》，1966～1971年休刊，1972年复刊后改为现刊名。重点反映国内文物考古的重大成果，刊载有关文物考古方面的专题研究论文，介绍和研究我国的出土文物和传世文物。主要栏目：考古新发现、研究与探索、古代建筑、青铜集萃等。读者对象为考古、文物、历史研究、博物馆方面的专业人员和工作人员、高等院校文科专业师生。有英文目次。

文学评论 = Literary Review/中国社会科学院文学研究所． －北京：《文学评论》编辑部，1957 －

双月刊　　大 16 开

ISSN 0511 －4683　　CN 11 －1037　　2 －26

北京市建国门内大街 5 号（100732）
编辑部电话：010 －65264557
E-mail：wxpl-wx@ cass. org. cn

文学研究和理论批评的学术性刊物。原名《文学研究》，1959 年改名《文学评论》，“文化大革命”时期停刊，1978 年复刊。发表有关中国文学与中外文论研究方面的论文，促进我国文艺理论体系、学说的建设。通过对古代文学的研究，以及 20 世纪以来各时期文学及理论学说的评价，推动我国当代文艺学及其他文艺理论学派的发展。主要栏目有：文学笔谈、文艺理论、中国古代文学、中国现代文学、海外学人研究、论坛、书评、综述等。读者为作家、文艺理论工作者及高校文科师生。有英文目次和中文提要。

文学遗产 = Literary Heritage/中国社会科学院文学研究所． －北京：《文学遗产》编辑部，1953 －

双月刊　　大 16 开

ISSN 0257 －5914　　CN 11 －1009　　18 －266

北京市建国门内大街 5 号（100732）
编辑部电话：010 －85195453
E-mail：wxyc-wx@ cass. org. cn

古典文学研究专业刊物。以发表古典文学研究论文为主，同时也报导本专业学术动态，交流学术信息。主要刊登有关古典文学理论、各时代作家作品、各文学流派以及各种文体的研究论文，古典文学文献资料的考据及研究整理，有关学科建设的探讨，还有对有关研究著作的评论，国内外学术信息等等。读者对象是大学文科师生，各学术研究部门、文化事业单位专业人员，以及广大中国古典文学爱好者。有英文目次。

文艺理论研究 = Theoretical Studies in Literature and Art/中国文艺理论学会，华东师范大学中文系． －上海：《文艺理论研究》编辑部，1980 －

双月刊　　大 16 开

ISSN 0257－0254　　CN 31－1152　　4－323
上海市中山北路3663号（200062）
编辑部电话：021－62450954
E-mail：wyllyj@ sina. com

文艺理论研究专业刊物。办刊宗旨：为全国从事文艺理论教学、研究、评论、编辑出版的人们提供学术园地；为提高教学、深化研究、活跃思想、繁荣创作、建设具有中国民族特色的文艺理论服务。主要刊发当代中青年作家、文艺评论家、教育工作者的学术论文，研究探讨文学创作和文艺理论方面的问题，介绍国内外最新文艺思潮及各学派观点。主要栏目：理论与批评、中国古代文论、文学新探、中国现当代文论、文学研究、外国文论、文学研究。读者对象为文艺评论家、文学家、艺术家、文艺理论工作者。有英文目次。

文艺理论与批评 = Theory and Criticism of Literature and Art/中国艺术研究院．－北京：文艺理论与批评杂志社，1986－
双月刊　　16开
ISSN 1002－9583　　CN 11－1581　　82－205
北京市朝阳区惠新北里甲1号（100029）
编辑部电话：010－64935584
E-mail：wenliping2511@ sohu. com

文艺理论类期刊。倡导以跨学科的综合的文艺学和社会科学的理论框架来观察、分析和评论当代中国以及世界的文艺现象和思潮；探索中国和第三世界的文论和批评方法；倡导鲜明的问题意识，重视对1980年代以来的学术思潮进行清理和反思。常设栏目：当代文艺思潮、理论探讨、新作荐评、争鸣录、当代文艺评论、作家作品。读者对象为专业文艺理论工作者、大专院校师生、作家、艺术家、文艺评论家以及文艺理论爱好者。有英文目次。

文艺研究 = Literature and Art Studies/中国艺术研究院．－北京：《文艺研究》编辑部，1979－
月刊　　大16开
ISSN 0257－5876　　CN 11－1672　　2－25
北京市朝阳区惠新北里甲1号（100029）
编辑部电话：010－64934162

E-mail：wyyj@ chinajournal. net. cn

综合性文艺理论刊物。主要发表文艺学、美学、艺术理论方面的论文，研究探讨古今中外文化艺术领域中的重要问题，介绍、研究、评论各个不同历史时期的文艺学派，反映中外文化艺术理论研究状况及发展趋势。论文内容涉及思维科学、文艺学、文艺规律、艺术学、美学、文学、戏剧、电影、美术、音乐等方面。辟有理论专题、访谈与对话、书与书评、视觉·经验、短论·动态等栏目。读者为各文艺团体、大专院校师生、文学艺术研究工作者及文艺爱好者。有英文目次。

文艺争鸣 = Literature and Art Forum/吉林省文学艺术界联合会. －长春：《文艺争鸣》编辑部，1986－

月刊　　16 开

ISSN 1003－9538　　CN 22－1031　　12－99

吉林省长春市自由大路 509 号（130021）

编辑部电话：0431－85643867

E-mail：wyzm80@ 126. com

文艺理论和评论专业刊物。旨在贯彻党的“双百”方针，发表文艺界众家之谈，讨论当前文艺创作、文艺思想、文艺研究中的各种问题，推动文艺的建设与发展。现有理论综合版和当代文学版两种刊本。理论综合版主要辟有理论、史论、评论、艺术现象等栏目。当代文学版主要辟有当代文学论坛、新世纪文学研究、当代视野、当代纪事、当代百论、当代阅读等栏目。读者对象为文艺理论工作者、作家、艺术家及文艺爱好者。

武汉大学学报. 哲学社会科学版 = Wuhan University Journal. Philosophy and Social Sciences/武汉大学. －武汉：《武汉大学学报. 哲学社会科学版》编辑部，1930－

双月刊　　大 16 开

ISSN 1672－7320　　CN 42－1071　　38－7

湖北省武汉市珞珈山武汉大学（430072）

编辑部电话：027－68754203

E-mail：whds@ whu. edu. cn

人文社会科学综合性学术刊物。其前身是 1930 年创办的《国立武汉大学社会科学季刊》和《国立武汉大学文哲季刊》，1956 年改称《武汉大学学报（人文科学版)》，1966 年停刊。1973 年重新复刊，改名《武汉大学学报（社会科学版)》，1994 年起用现刊名。主要刊载武汉大学师生的最新研究成果，范围涉及财会研究、区域经济研究、保险学研究、思想政治研究、公共管理研究、政治学理论研究、世界贸易组织法研究、刑法研究、民商法研究。主要栏目有：经济学·管理学、政治学·公共管理学、法学、社会学、书评。读者对象为大专院校师生、社会科学工作者。

武汉体育学院学报 = Journal of Wuhan Institute of Physical Education/武汉体育学院．－武汉：《武汉体育学院学报》编辑部，1959 －
月刊　　大 16 开
ISSN 1000 －520X　　CN 42 －1105　　38 －234
湖北省武汉市洪山区珞瑜路 461 号（430079）
编辑部电话：027 －87191508
E-mail：WTXB@ chinajournal. net. cn

体育类学术期刊。体育领域创办最早的几家学术刊物之一。以注重体育社会科学的基础理论研究，紧密联系中国体育领域的理论与实践问题，及时反映体育科学研究的最新成果为办刊方针。主要栏目有：学者新视野、体育人文社会学、全民健身、体育产业与市场开发、运动心理学、运动人体科学、民族传统体育、体育教育学、运动训练学等。2004 年、2006 年、2008 年 3 次被教育部评为“中国高校优秀科技期刊”，2005 年、2008 年两次被评为“湖北省优秀期刊（精品期刊)”。读者对象为体育教师、教练员、体育院系研究生、体育科研人员、体育管理人员。有英文目次、中文与英文摘要。

西安交通大学学报. 社会科学版 = Journal of Xi’an Jiaotong University. Social Sciences/西安交通大学．－西安：《西安交通大学学报. 社会科学版》编辑部，1997 －
双月刊　　大 16 开
ISSN 1008 －245X　　CN 61 －1329
陕西省西安市咸宁西路 28 号（710049）
编辑部电话：029 －82663982
E-mail：skxb@ mail. xjtu. edu. cn

人文社会科学综合性学术刊物。注重人文社会科学的基础理论研究及应用研究，结合社会现实和国家改革发展的理论与实践问题，反映哲学社会科学研究的重点和热点及交叉科学研究的最新研究成果。内容包括管理学、经济学、社会学、政治学、法学、哲学、文学与传播学、历史学、人口学、高等教育学等学科的研究成果。主要栏目有：经济与管理研究、和谐社会构建与可持续发展研究、哲学研究、法学研究、政治学与社会学研究、人口学研究、历史文化与艺术研究、文学与传播学研究、公共管理与公共政策研究、高等教育研究、钱学森科学思想研究、交叉科学研究等。2002 年、2006 年两次被评为全国高校百强社科学报，2004 年获“教育部高校哲学社会科学学报名栏建设期刊”称号，2006 年被评为陕西省高校五佳学报。读者对象为人文社会科学工作者、大专院校师生和部分机关干部、社会人士。有中英文目次、中英文论文提要。

西北大学学报. 哲学社会科学版 = Journal of Northwest University. Philosophy and Social Sciences Edition/西北大学. –西安：《西北大学学报》编辑部，1913 –

双月刊　　大 16 开

ISSN 1000 –274X　　CN 61 –1072　　52 –10

陕西省西安市太白北路 229 号（710069）

编辑部电话：029 –8302822

E-mail：xdxbsk@ nwu. edu. cn

人文社会科学综合性学术刊物。2001 年入选新闻出版总署评审的“中国期刊方阵·社科双效期刊”。办刊宗旨：立足国内外科学发展前沿，展示西部人文文化风采，兼顾理论探索与应用研究，崇尚学术争鸣和创新求实。主要发表哲学、法学、新闻学、经济学、公共管理学、历史学、文学、语言学等基础研究和应用研究方面的学术论文，旨在促进科学文化发展和交流。栏目设置有：中国思想史、历史研究、经济研究、文艺理论与中国现当代文学、中国古代文学研究、公共管理研究、法学研究、中外语言学研究、新闻传播与艺术学、学术新视野等。读者对象为社会科学工作者、大专院校师生。有英文目次和中英文文摘。

西北民族研究 = N. W. Ethno-National Studies/西北民族大学. –兰州：西北民族研究杂志社，1986 –

季刊　　16 开

ISSN 1001 –5558　　CN 62 –1035　　54 –181

甘肃省兰州市西北新村 1 号（730030）

编辑部电话：0931 –2938256

E-mail:xbmzyj@263.net

民族学类综合性学术刊物。办刊宗旨：发掘、介绍西北各民族文献典籍，发布各少数民族研究最新成果，包括涉及敦煌学、丝绸之路、西夏学、阿尔泰学及蒙古学、藏学、伊斯兰文化研究、人类学、社会学、民间文化-民俗学等学术研究领域的论文。设有史实探幽、生态发展、宗教与人类学、教育人类学、他山之石、民族经济、民间文艺学、考察报告、学术随笔、社会瞭望、西北特有民族研究、民族文献译介、西部开发等专栏。有英文目次、中文文摘。

西北师大学报.社会科学版 = Journal of Northwest Normal University. Social Sciences/西北师范大学. -兰州:《西北师大学报》编辑部，1942 -

双月刊　　大16开
ISSN 1001 -9162　　CN 62 -1086　　54 -15

甘肃省兰州市安宁东路967号（730070）
编辑部电话：0931 -7971692
E-mail:sdxbs@ nwnu.edu.cn

人文社会科学综合性学术刊物。2001年入选新闻出版总署评审的“中国期刊方阵·社科双效期刊”。以突出刊物的学术性、师范性、地域性特色，弘扬民族文化，促进国际文化交流，为教学和科研服务，为两个文明建设服务为宗旨，刊登人文社会科学各学科的学术论文。主要栏目有：马克思主义研究、哲学、伦理学、美学、历史学、心理学、文学、艺术学、文艺理论、经济学、法学、民族学、语言学、教育学等。读者对象为社会科学工作者、大专院校师生。有英文目次和中英文文摘。

西南大学学报.社会科学版 = Journal of Southwest China Normal University. Social Sciences Edition/西南大学. -重庆:《西南大学学报》编辑部，1957 -

双月刊　　大16开
ISSN 1000 -2677　　CN 50 -1022　　78 -20

重庆市北碚区天生路2号（400715）
编辑部电话：023 -68254225
E-mail:wkxb@ swnu.edu.cn

人文社会科学综合性学术刊物。原名《西南师范大学学报（社会科学版）》。

以繁荣学术、发展科学文化事业、促进社会全面进步为宗旨，致力于探讨社会主义建设和人文社会科学研究中的理论与实践问题，尤其是我国西部地区社会发展和师范教育中的新问题，在教育及教育心理研究、文史哲研究等方面形成了自己的优势和特色。长期开设哲学、政治学、社会学、经济学、教育学、心理学、中国文学、外国文学、世界历史、中国古代史、中国近代史等栏目，另辟有“基础心理学”、“中国现代诗学”、“西南历史文化”、“明清史研究”、“中国侠论”、“西南民族教育与心理研究”等特色栏目。读者对象有社会科学工作者、大专院校文科师生、中学教师等。有英文目次和中英文文摘。

西亚非洲 = West Asia and Africa/中国社会科学院西亚非洲研究所. －北京：西亚非洲杂志社，1980－

月刊　　　　大16开
ISSN 1002－7122　　CN 11－1150　　2－391

北京市东城区张自忠路3号东院（100007）
编辑部电话：010－64039151
E-mail:waaa@cass.org.cn

西亚非洲综合性专业研究刊物。主要刊载研究西亚非洲地区政治、经济、国际关系、历史、宗教和社会问题等方面的学术论文。主要栏目有：热点透视、论坛、非洲冲突问题研究、非洲法研究、非洲教育研究、学术争鸣、社会调研、学术动态、海外见闻、资料库。读者对象为外事工作人员、亚非问题研究人员、高校有关专业师生。有英文目次和中英文内容提要。

戏剧（中央戏剧学院学报） = Drama（The Journal of the Central Academy of Drama）/中央戏剧学院. －北京：戏剧学报社，1956－

季刊　　　　16开
ISSN 1003－0549　　CN 11－1159　　2－454

北京市东城区东棉花胡同39号（100710）
编辑部电话：010－64056580
E-mail:xuebao@chntheatre.edu.cn

戏剧类理论学术刊物。“文化大革命”期间停刊。1979年以《戏剧学习》的名字复刊，1986年改为现刊名。注重戏剧领域的基础理论研究，并结合中国戏剧的实践与理论问题，反映戏剧理论的最新研究成果。内容包括戏剧文学、戏剧导演、戏剧表演、戏剧舞台美术等学科的研究成果，以及剧本、资料整理、考察报告等。主要栏目有：外国戏剧研究、戏曲研究、表导演艺术研究、舞台美术研究等。读者对象为人文社会科学工作者、戏剧艺术实践和理论工作者、高校学生、戏剧爱好者。有英文目次和中英文内容提要。

厦门大学学报. 哲学社会科学版 = Journal of Xiamen University. Arts & Social Sciences/厦门大学. －厦门：《厦门大学学报. 哲学社会科学版》编辑部，1926－
双月刊　　　　　　　大 16 开
ISSN 0438－0460　　CN 35－1019　　34－7
福建省厦门大学学报编辑部（361005）
编辑部电话：0592－2182366
E-mail:xdxbs@ xmu. edu. cn

人文社会科学综合性学术刊物。全国双十佳社科学报，中国期刊方阵期刊。办刊宗旨：反映哲学社会科学的新成果、新成就，开展学术交流，促进文科教学和科研，发现和扶植哲学社会科学领域的新秀，促进精神文明建设。发表的论文内容涉及人文社会科学的各个研究领域。主要栏目有：现代性研究、前沿课题研究述评、台湾研究、南洋问题研究、科学学研究等。读者对象为人文社会科学工作者、大专院校文科师生。有英文目次和中文摘要。

现代传播（中国传媒大学学报） = Modern Communication/中国传媒大学. －北京：《现代传播（中国传媒大学学报）》编辑部，1979－
双月刊　　　　　　　大 16 开
ISSN 1007－8770　　CN 11－5363　　2－753
北京市朝阳区定福庄东街 1 号（100024）
编辑部电话：010－65779586
E-mail:journalcuc@ 163. com

以广播电视为中心的传媒学术期刊。刊物密切关注变动着的以广播电视为中心的大众传播事业的新问题、新现象、新观念。从整个社会文化大背景对传播现象进行全方位、综合性的理论研究，并紧紧追踪国内外理论研究的最新动向和学科前沿。现开设有传播文化研究、新闻学与传播学、传播艺术与艺术传播、传媒观察、媒介经营与管理、网络时代、个案研究、学报沙龙、专题研究、纪录片研究、争鸣园地、传媒教育、随笔札记等栏目。读者对象为广播、电视、报纸、网络等媒体专业人士，高等院校、科研机构的专家学者，以及新闻传播院校的学生。有英文目次和中文内容摘要。

现代法学 = Modern Law Science/西南政法大学．－重庆：《现代法学》编辑部，1979 －

双月刊　　　　　大 16 开

ISSN 1001 －2397　　CN 50 －1020　　78 －15

重庆市沙坪坝区壮志路 2 号（400031）

编辑部电话：023 －65382256

E-mail:lsp57120@163.com

法学专业期刊。创刊时名为《西南政法学院学报》，1984 年更名为《法学季刊》，1988 年改为现刊名。第三届全国百强社科学报，重庆市第四届期刊综合考评“一级期刊”。办刊特色：立足法学高等院校，面向全国，以大容量的信息载体刊登国内法学研究的最新成果；注重弘扬马克思主义法学，坚持理论联系实际，推出法学研究精品。主要刊登法学理论及实践方面的文章，同时还十分重视刊载针对司法实践中出现的一系列新问题的学术研究成果。栏目设置有：理论思考、部门法研究、国际法与比较法论坛、观点回应、专题研究、评论等。读者对象为法学专业研究人员、司法部门工作人员、高等院校法学专业师生。有英文目次和中英文内容摘要。

现代国际关系 = Contemporary International Relations/中国现代国际关系研究院．－北京：《现代国际关系》编辑部，1981 －

月刊　　　　　大 16 开

ISSN 1000 －6192　　CN 11 －1134　　82 －981

北京市海淀区万寿寺甲 2 号（100081）

编辑部电话：010 －88547315

E-mail:cir@cicir.ac.cn

国际关系研究专业学术刊物。办刊宗旨是：为广大读者了解、认识世界和增长国际知识服务，为从事国际问题研究的专家学者交流研究成果服务，为党、政、军领导了解国际环境、为涉外工作单位掌握时局和国际信息服务。着重发表有关当前重大国际形势变化和国际关系重要发展的研究成果，各地区和国家出现的新问题、新动向，边缘学科和科技领域的新趋势。设有特约评论、国际政治与安全、大国关系、理论探索、专题研讨、外论选登、会议信息和书评等栏目。读者对象为国际问题研究人员、外事工作者、高等院校相关专业师生及对国际问题有兴趣的人员。有英文目次和中文内容提要。

现代日本经济 = Contemporary Economy of Japan/吉林大学，全国日本经济学会. -长春:《现代日本经济》编辑部，1982 -

双月刊　　大16开

ISSN 1000 -355X　　CN 22 -1065　　12 -225

吉林省长春市前进大街2699号（130012）

编辑部电话：0431 -85166391

E-mail:xdrbjj@ mail. jl. cn

专门介绍、研究日本经济问题的学术性刊物。办刊宗旨是：以实事求是、理论联系实际为基本原则，如实地传导日本发展经济、提高技术、改进经营管理的经验与技术，供我国经济工作者及企事业部门研究与借鉴。主要特点为对日本经济问题的全面、系统研究，密切联系国内经济领域的实际。主要研究内容为：日本战后经济发展的理论、方针、政策；新技术革命的动向及趋势；工、农、交通、财政、金融、商业、外贸等的发展情况；各个行业的企业管理技术与措施等问题。主要读者对象为：从事日本经济研究的专业人员、财经院校的教师与学生、企事业部门的领导干部与管理人员，以及对日本经济问题感兴趣者。有英文目次和中英文内容摘要。

现代图书情报技术 = New Technology of Library and Information Service/中国科学院文献情报中心. -北京:《现代图书情报技术》编辑部，1985 -

月刊　　大16开

ISSN 1003 -3513　　CN 11 -2856　　82 -421

北京市海淀区中关村北四环西路33号（100190）

编辑部电话：010 -82624938

E-mail:jishu@ mail. las. ac. cn

图书馆、情报学、信息管理技术类学术刊物。原名《计算机与图书馆》，1985年改为现刊名。以跟踪信息管理技术的研究、应用、交流为主，集图书馆界、情报界各种现代技术的应用和情报信息服务工作导向于一身，面向情报信息界、图书馆界和档案界，刊载有关图书情报技术工作的经验，促进新技术的研究、应用等方面的学术交流文章。栏目设置有：专题、数字图书馆、知识组织与知识管理、情报分析与研究、应用实践、动态等。读者对象为从事图书情报研究、工作的人员，大专院校师生。有中英文目次和摘要。

现代外语 = Modern Foreign Languages/广东外语外贸大学. －广州：《现代外语》编辑部，1978－
季刊　　16 开
ISSN 1003－6105　　CN 44－1165　　46－70
广东省广州市白云区白云大道北 2 号（510420）
编辑部电话：020－36207235
E-mail：gplal@mail.gdufs.edu.cn

语言学与应用语言学专业学术期刊。以发表具有独到见解的外国语言学与应用语言学原创性研究论文为特色。主要刊登以下领域的理论性、实证性和综述性论文：理论语言学、语音学、音系学、句法学、语义学、语用学、社会语言学、心理语言学、认知语言学、语言习得、语言教学与测试、计算语言学、语料库语言学、法律语言学、词典学等。此外，还刊登介绍相关学科最新动态的新书评介。读者对象为外语研究人员、语言学与应用语言学研究人员、外语教学人员。有英文目次。

现代哲学 = Modern Philosophy/广东省哲学学会. －广州：现代哲学杂志社，1985－
双月刊　　大 16 开
ISSN 1000－7660　　CN 44－1071　　46－267
广州市新港西路 135 号中山大学文科楼 806 房（510275）
编辑部电话：020－84114924
E-mail：xdzx@mail.sysu.edu.cn

哲学类专业学术期刊。坚持文本解读、学术取向、理论创新、联系实际的办刊宗旨，发稿范围覆盖哲学一级学科，并将特别关注现代哲学发展的动态，注重反映马克思主义哲学研究的最新成果。常设栏目主要有：马克思主义哲学的当代价值、毛泽东与当代中国、唯物史观与当代社会发展、国外马克思主义研究、实践哲学与政治哲学、中国传统思想与现代审视、现象学研究、分析哲学研究、科学哲学研究、美学研究、宗教学研究等。主要读者对象为国内外哲学专家、学者，各大专院校图书馆、资料室相关人员，哲学专业工作者和哲学爱好者。有英文目次及摘要。

湘潭大学学报.哲学社会科学版 = Journal of Xiangtan University. Philosophy and Social Sciences/湘潭大学. －湘潭:《湘潭大学学报》编辑部,1977－

双月刊　　大 16 开

ISSN 1001－5981　　CN 43－1164　　42－34

湖南省湘潭市湘潭大学(411105)

编辑部电话:0732－8292142

E-mail:JXTU@ xtu. edu. cn

人文社会科学综合性学术刊物。首届全国百强社科学报,湖南省首届十佳社科期刊。办刊宗旨:以反映本校教学、科研成果为主,理论联系实际,反映专业学术研究前沿动态的最新成果、针对理论与现实的主流热点问题进行学术争鸣。辟有毛泽东思想研究、公共管理研究、法学研究、政治学研究、经济学研究、哲学研究、伦理学研究、历史学研究、文化研究、文学研究、语言学研究、教育学研究等栏目。读者对象为社会科学工作者及高校师生。有英文目次和中英文文摘。

消费经济 = Consumption Economics/湘潭大学,湖南商学院,湖南师范大学. －长沙:《消费经济》编辑部,1985－

双月刊　　大 16 开

ISSN 1007－5682　　CN 43－1022　　42－89

湖南省长沙市麓山路 36 号(410081)

编辑部电话:0731－8644080

E-mail:xfjj1985@ 126. com

经济类理论刊物。以研究消费理论、指导生产经营、提供消费信息、引导居民消费为宗旨,密切关注消费领域的热点、难点、焦点问题,具有理论性、指导性、知识性。主要栏目有:消费者行为、消费者权益、消费市场、住房消费、旅游消费、文化教育消费、研究动态、消费趋势、消费文化、消费热点、消费需求等。读者对象为从事经济研究、社会学研究的工作人员、企业家、政府官员、高校师生等。有英文目次。

小说评论 = Novel Review/陕西省作家协会. －西安:《小说评论》编辑部,1985－

双月刊　　16 开

ISSN 1004－2164　　CN 61－1017　　52－108
陕西省西安市建国路83号（710001）
编辑部电话：029－87428615
E-mail：xsplzzs@163.com

文学评论专业刊物。探讨小说创作理论，刊登有关当代小说评论及作家作品研究的学术论文。主要栏目有：小说理论研究、小说形势分析、文坛纵横、作家手记、小说家档案、现代小说批评、小说讨论会、小说评论小辑、小说专线、小说思潮研究、小说作家作品研究、小说批评研究、小说世界随笔、综述等。读者对象为当代文学研究人员、作家、评论人员、高等院校文学专业师生及文学爱好者。有英文目次。

心理发展与教育＝Psychological Development and Education/北京师范大学．－北京：《心理发展与教育》编辑部，1985－
季刊　　大16开
ISSN 1001－4918　　CN 11－1608　　2－913
北京市西城区新街口外大街19号（100875）
编辑部电话：010－62207731
E-mail：http://www.devpsy.com.cn

儿童心理学、教育心理学专业刊物。刊登国内外专家撰写的发展心理学与教育心理学领域的高质量研究报告与论文。既注重发表理论性的文章，如介绍国内外儿童发展心理学的学科动向、当前进展及最新成果，又注重发表实用性、指导性的文章，如介绍儿童身心发展障碍、心理与行为问题、学习困难、心理咨询和行为矫正方法等。主要栏目有：认知与社会性发展、教与学心理学、心理健康教育、理论探讨与进展、研究方法与工具等。读者对象为广大教育工作者、心理学工作者及从事心理健康的医学工作者。有英文目次。

心理科学＝Psychological Science/中国心理学会．－上海：《心理科学》编辑部，1964－
双月刊　　大16开
ISSN 1671－6981　　CN 31－1582　　4－317
上海市中山北路3663号（20062）
编辑部电话：021－62232236

E-mail:xinlikexue@ vip. 163. com

心理科学研究专业刊物。前身为《心理科学通讯》，1988 年改为现名。“文化大革命”时期停刊，1981 年复刊。全面反映国内外心理学各个分支学科的最新成果和最新进展，注重理论建设和实验研究，同时重视应用研究。特设专栏刊登一定数量的中、短篇论文，为该刊的一大特色。主要栏目有：研究报告与论文，综述、研究方法，应用心理，学术动态与问题讨论，中、短篇论文等。读者对象为心理学专业研究人员、相关专业教师、学生等。有英文目次。

心理科学进展 = Advances in Psychological Science/中国科学院心理研究所．－北京：《心理科学进展》编辑委员会，1983－

双月刊　　16 开

ISSN 1671－3710　　CN 11－4766　　2－938

北京市德胜门外北沙滩中国科学院心理研究所（100101）

编辑部电话：010－64850861

E-mail:jinzhan@ psych. ac. cn

心理科学研究专业刊物。原名《心理学动态》，2002 年改为现刊名。宗旨是强调心理科学基础理论研究与应用研究并重，促进用心理学研究成果解决现实问题，提高我国心理科学的研究水平。主要刊登能够反映国内外心理学各领域研究的新进展、新动向、新成果的综合性或理论性文章。内容涉及认知心理、发展与教育心理、生理与医学心理、心理学史与基本理论、心理测量与研究方法、管理心理学等心理学研究的各个领域。读者对象为心理学教学科研工作者、教育工作者、社会工作者和医学工作者等。有英文目次。

心理学报 = Acta Psychologica Sinica/中国心理学会，中国科学院心理研究所．－北京：《心理学报》编辑委员会，1956－

月刊　　大 16 开

ISSN 0439－755X　　CN 11－1911　　82－12

北京市德胜门外北沙滩中国科学院心理研究所（100101）

编辑部电话：010－64850861

E-mail:xuebao@ psych. ac. cn

心理学学术刊物。1966 年停刊，1979 年复刊。以反映心理学各领域的最新研究进展为办刊宗旨。主要发表我国心理学家最新、最高水平的心理学科技论文，包括心理学各领域（认知与实验心理、发展与教育心理、生理与医学心理、企业管理与社会心理、心理测验、心理学史与基本理论、研究方法等）具有原创性的研究报告、理论综述等。读者对象为从事心理学、工程、生物学、医学、教育学及哲学的科技工作者，大专院校师生及其他有关人员。有英文目次和中英文提要。

新疆社会科学 = Social Sciences in Xinjiang/新疆社会科学院． －乌鲁木齐：新疆社会科学杂志社，1981 －
双月刊　　　　大 16 开
ISSN　　　　CN 65 －1211　　58 －32
新疆乌鲁木齐市北京南路 246 号（830011）
编辑部电话：0991 －3837937
E-mail：xjskyzzs@ xj. cninfo. net；xjshekx@ 126. com

人文社会科学综合性学术刊物。原名《新疆社会经济》，2001 起改为现刊名。办刊宗旨：为繁荣哲学社会科学研究和社会主义物质文明、政治文明、精神文明服务，优先选用选题新颖、观点创新以及挖掘新材料的优秀论文。文章内容涵盖哲学、科学社会主义、政治学、经济理论与实践（以区域经济研究为主）、中亚及西亚、南亚研究、民族与宗教、法学、文化、社会学、历史等学科领域。读者对象为社会科学工作者，文科院校师生等。有英文目次。

新金融 = New Finance/交通银行． －上海：《新金融》编辑部，1990 －
月刊　　　　大 16 开
ISSN 1006 －1770　　CN 31 －1560
上海市银城中路 188 号交通银行 23 楼（200120）（200120）
编辑部电话：021 －58408635
E-mail：xinjr@ bankcomm. com

金融类学术刊物。以宏观经济研究和商业银行经营管理为特色，突出金融的理论前沿研究，紧跟国际金融发展的最新动态，反映国际金融创新与风险控制的最新成果。力求以广阔的视野，全方位、多层次和多角度地服务于我国的金融体制改革和金融事业的发展。特别注重选取国际著名机构和国际著名专家的文章分析国际金融发展势态。栏目设置有：专家视点、宏观经济、热点追踪、金融论坛、金融风险监控、财经界专访、商业银行经营管理、国际银行业、商业银行实物、借鉴与思考、商业银行与法、金融产品创新等。主要读者对象包括国家金融管理部门、金融机构、高等院校、社会科学研究机构、大型国企及外资企业的研究人员和中高级管理人员以及各大专院校师生。有英文目次、中文论文提要。

新视野 = Expanding Horizons/中共北京市委党校，北京行政学院．－北京：《新视野》编辑部，1984－

双月刊　　　　大 16 开

ISSN 1006－0138　　CN 11－3257　　82－544

北京市西城区车公庄大街 6 号（100044）

编辑部电话：010－68007097

E-mail：xisy@263.net.cn

综合性政治理论刊物。关注当代人文社会科学领域的前沿问题，深入分析当前社会普遍关注的焦点、热点问题。栏目设置：国事要闻、当代马克思主义研究、中国社会经济发展战略、市场经济纵横、特别策划、政策研究、经济决策分析、公共管理科学、政府改革与创新、学科前沿、人文世纪行、传统文化与现代化、文化广角、问题探讨、理论资讯和环球经纬等等。连续数年被北京市新闻出版局评为一级期刊。

新闻大学 = Journalism Quarterly/复旦大学．－上海：《新闻大学》编辑部，1981－

季刊　　　　大 16 开

ISSN 1006－1460　　CN 31－1157

上海市邯郸路 440 号复旦大学新闻学院内（200433）

编辑部电话：021－65643630

E-mail：xwdx@fudan.edu.cn

新闻专业学术性刊物。以探讨新闻学理论、繁荣新闻学研究、交流新闻实践经验、普及新闻知识、培养新闻人才为宗旨。辟有新闻理论、传播学、广播电视、新闻业务、媒介经营管理、媒介与文化研究、经验交流等栏目。面向新闻专业大专院校师生、新闻工作者以及新闻爱好者。有英文目次。

新闻与传播研究 = Journalism and Communication/中国社会科学院新闻研究所．－北京：中国社会科学院新闻与传播研究所，宁波日报报业集团，1994－

季刊　　大16开
ISSN 1005－2577　　CN 11－3320
北京市朝阳门外金台路2号9号楼（100026）
编辑部电话：010－65940579
E-mail:submit-jc@163.com

新闻传播学理论刊物。前身为《新闻研究资料》。发表国内新闻学和传播学研究的最新成果，刊登新闻传播史方面的资料及研究论文，报道电子、网络等现代化技术手段在新闻传播工作中的应用，介绍国外及港台地区新闻传播事业和新闻传播教育的发展状况。重视学科的理论基础发展，积极开展跨学科研究，与国际学术界保持密切联系。读者对象为新闻、广播、电视工作者及新闻传播学的科研人员。有英文目次和中英文提要。

行政法学研究＝Administrative Law Review/中国政法大学．－北京：行政法学研究杂志社，1993－
季刊　　16开
ISSN 1005－0078　　CN 11－3110　　82－664
北京市海淀区长春桥路6号国家行政学院法学部（100089）
编辑部电话：010－68929072
E-mail:xzfxyj@tom.com

部门法专业学术理论刊物。以推动行政法治建设为宗旨。刊登以研究行政法学为主要内容的法学研究论文。常设栏目有：专论、争鸣与思考、法制时评、行政复议与审判指导、案例分析、外国行政法制、行政法制比较研究等，此外为紧密配合立法、行政、司法实践，还不定期推出一些特别栏目，如立法笔谈、新司法解释答疑等。读者对象为大专院校师生、科研院所研究人员、各级人大法制工作机构、政府法制、监察部门、法院行政审判庭、检察院民事行政检察机构和公安、工商、税务、土地管理、环保等行政执法部门工作人员。有英文目次和中文内容摘要。

学海＝Academia Bimestris/江苏省社会科学院．－南京：《学海》编辑部，1990－
双月刊　　大16开
ISSN 1001－9790　　CN 32－1308　　28－303
江苏省南京市虎踞北路12号（210013）

编辑部电话：025 - 83391490
E-mail:xue-hai@ jlonline. com；xuehai@ 1990@ 126. com

人文社会科学综合性学术刊物。1990 年在合并《哲学探讨》、《社会学探索》、《法学论丛》和《江苏史学》等杂志基础上创刊。反映哲学社会科学领域的最新研究成果，注重基础理论及社会实践问题研究。设有马克思主义与当代中国、主题研讨、专题论文、学术评论和学术书评等栏目。“主题研讨”栏目就学术界关心的重要问题进行跨学科研究；“专题论文”栏目以哲学、政治学、社会学、历史学、法学、经济学为主，发表的论文强调在文献评述的基础上对某一问题的研究有所推进；“学术评论”栏目就各学科的趋势、观点、方法与著作进行深度评述与讨论；“学术书评”栏目对新近出版的学术专论进行评介，力图从总体上跟踪中国学术的进展。2001 年、2003 年、2005 年、2008 年连续获得江苏省优秀期刊称号。读者对象为人文社会科学研究者、大专院校师生和部分机关干部、社会人士。有论文提要和英文目次。

学术交流 = Academic Exchange/黑龙江省社会科学界联合会. -哈尔滨：学术交流杂志社，1985 -
月刊　　大 16 开
ISSN 1000 - 8284　　CN 23 - 1048　　14 - 166
黑龙江省哈尔滨市南岗区中宣街 20 - 6 号（150001）
编辑部电话：0451 - 82808211
E-mail:XSJL@ chinajournal. net. cn

人文社会科学综合性学术刊物。办刊宗旨：面向当代，面向全国，面向世界，热情地为广大哲学社会科学工作者交流科研成果、传递学术信息、综述学术观点等提供理论阵地；以研究和探讨我国改革开放和社会主义现代化建设中的重大理论和现实问题为己任，侧重刊发运用马列主义基本理论，研究探讨在世界发展和建设中国特色社会主义的实践中所遇到的新情况、新问题的学术论文。载文内容涉及哲学、美学、经济、法学、文学、社会学、教育学等学科。读者对象为大专院校文科师生及社会科学工作者。有英文目次。

学术界 = Academics in China/安徽省社会科学界联合会. -合肥：学术界杂志社，1986 -
双月刊　　16 开

ISSN 1002－1698　　CN 34－1004　　26－68
安徽省合肥市望江东路社科大楼（230051）
编辑部电话：0551－3422973
E-mail：xsjzzs@163. com

人文社会科学综合性学术刊物。办刊宗旨：坚持以创新理念为指导，努力追求学术创新、学术自由，登载人文社会科学的基础理论研究和应用理论研究的学术论文。长期采用特色栏目方式报道我国学术界具有学术史价值的问题和成果，坚持思想性和学术性并重，内容涉及人文社会科学的各主要学科领域。主要栏目有：学术探索、学科前沿、学术批评、学人论语、学者专论、学术史谭、学界观察、学术论点摘编、学术信息、学界荐书等。读者对象为人文社会科学工作者、大专院校文科师生。有英文目次。

学术论坛＝Academic Forum/广西社会科学院．－南宁：学术论坛杂志社，1978－
月刊　　大 16 开
ISSN 1004－4434　　CN 45－1002　　48－35
广西南宁市新竹路 5 号（530022）
编辑部电话：0771－5860201
E-mail：xslt@163. net

综合类人文社会科学学术刊物。2001 年入选国家新闻出版总署评审的“中国期刊方阵·社科双效期刊”。坚持强调思想性、理论性、学术性及应用性的办刊原则，刊登理论联系实际，学术结合时代，追踪社会思潮、理论前沿和学术热点，研究改革开放中的重大理论和实践问题的论文，注重文章的新理论、新观点、新方法、新材料。主要栏目有：哲学研究、政治学研究、公共管理研究、法学研究、经济学研究、社会学研究、法学研究、文学研究、文学艺术研究、教育学研究等。读者对象为社会科学工作者、高等院校文科师生。有英文目次。

学术研究＝Academic Research/广东省社会科学界联合会．－广州：学术研究杂志社，1958－
月刊　　大 16 开
ISSN 1000－7326　　CN 44－1070　　46－64
广东省广州市黄华路四号之二（510050）
编辑部电话：020－83846163

E-mail:gzphl@ yahoo. com. cn

人文社会科学综合性学术刊物。办刊宗旨：坚持“方向正，品位高，特色鲜明”和“从高层次切入实际”的办刊方针，适应新世纪、新形势、新任务的要求，着力反映和推进对重大理论和实践问题的研究，推进学科建设和理论创新，刊载国内外学术界的最新研究成果。内容涉及政法、社会学、哲学、经济学、管理学、历史学、文学、语言学、岭南文化，并辟有改革开放研究专栏。读者对象为社会科学工作者、高等院校师生。

学术月刊 = Academic Monthly/上海市社会科学界联合会． －上海：学术月刊社，1957 －

月刊　　大 16 开

ISSN 0439 －8041　　CN 31 －1096　　4 －72

上海市淮海中路 622 弄 7 号（乙）（200020）
编辑部电话：021 －53069080
E-mail:xsyk 021@ 163. com

人文社会科学综合性学术刊物。坚持理论联系实际，倡导理论创新，鼓励学派竞争的办刊方针，发表哲学、经济学、文学、历史等基础学科，兼及政治学、社会学、法学、教育学等学科的研究成果。尤其注重发表有关当代现实社会、经济发展问题的理论学术文章。主要栏目有：学界视点、对话与交锋、海外名家新论、哲学关注、经济学前沿、文学艺术论评、史学经纬等。读者对象为社会科学工作者、高等院校文科师生。

学位与研究生教育 = Academic Degrees and Graduate Education/国务院学位委员会． －北京：学位与研究生教育杂志社，1984 －

月刊　　16 开

ISSN 1001 －960X　　CN 11 －1736

北京市海淀区中关村南大街 5 号（100081）
编辑部电话：010 －68912292
E-mail:adge@ bit. edu. cn

高等教育类专业刊物。宗旨是坚持理论联系实际的原则，从我国社会主义建设的实际需要出发，围绕研究生教育和学位工作中迫切需要解决的问题，总结国内外的实践经验，探索有效做法，为建设和发展有中国特色的研究生教育和学位制度服务。辟有多个栏目：专稿、回顾与展望、校长论坛、导师论坛、研究生院院长论坛、培养、学科建设与发展、德育、招生与就业、课程与教学、学位、管理、研究生园地、评估理论与实践、改革与争鸣、研究与探索、国外教育研究、学人风华、来稿摘登、资料、信息窗、培养单位介绍等。读者对象主要是从事学位工作与研究生教育的各级管理干部、研究生导师、高教研究人员和研究生。有英文目次。

学习与探索 = Study and Exploration/黑龙江省社会科学院．－哈尔滨：学习与探索杂志社，1979－

双月刊　　16 开

ISSN 1002－462X　　CN 23－1049　　14－64

黑龙江省哈尔滨市南岗区联发街 62 号（150001）

编辑部电话：0451－86240851

E-mail：xxts@ chinajournal. net. cn

人文社会科学综合性学术刊物。坚持原则性、学术性、探索性、时代性的办刊方针，坚持为广大学术理论工作者提供理论阵地，扶植、培养中青年作者，在选题策划、栏目设置上紧跟学术前沿和时代特色，注重对改革开放和现代化建设的重大理论和实践问题进行深入研究和探讨。刊载论文涵盖政治、经济、法律、哲学、历史、文学等多个学科。主要栏目：当代哲学问题探索、政治发展研究、法治文明与法律发展、管理学研究、当代文艺理论与思潮探索、史学理论与史学史研究、文化史研究等。首届全国百种重点社科期刊、东北三省优秀社科期刊、黑龙江省社科一级期刊，2001 年入选国家新闻出版总署评审的“中国期刊方阵·社科双百期刊”。读者对象为文科大专院校师生、党政机关干部、社会科学理论工作者。有英文目次。

亚太经济 = Asia-Pacific Economic Review/福建省社会科学院亚太经济研究所．－福州：《亚太经济》编辑部，1984－

双月刊　　大 16 开

ISSN 1000－6052　　CN 35－1014　　34－22

福建省福州市柳河路 18 号（350001）

编辑部电话：0591－83791485

E-mail:ytjj@ eyou. com

世界经济类学术期刊。办刊宗旨：研究亚太地区经济，着重刊登世界经济形势对亚太经济发展的影响，亚太各国或地区经济发展的经验、教训、前景以及我国改革开放等方面的科研成果，也适当刊载有关世界经济重大问题与热点问题的文章。主要栏目有：亚太纵横、亚太金融、亚太贸易、亚太投资与企业、国别经济、对外开放、台港澳经济、比较研究等。读者对象是经济理论工作者、经济院校师生、党校教员、党政及外经贸部门官员、大型企业管理人员等。有英文目次和重要论文英文摘要。

研究与发展管理 = R&D Management/复旦大学． －上海：《研究与发展管理》编辑部，1989 －

双月刊　　16 开
ISSN 1004 －8308　　CN 31 －1599　　4 －670
上海市邯郸路 220 号（200433）
编辑部电话：021 －65643679
E-mail:rdmana@ fudan. edu. cn

综合性科技管理学术刊物。主要刊登科学研究及其技术发展和应用方面的管理研究论文。主要栏目：研究与发展管理的理论与方法、科技方针与政策、科技体制改革、科学基金及其管理、学科建设、高新技术及其产业、科技开发、科技成果转化、知识产权、科技企业、科技评估、科技队伍建设、国外研究与发展管理、科技发展中的热点问题等。读者对象是科研部门与企业的广大科技人员、科技管理人员、科技管理研究人员、高校师生等。有英文目录和中英文提要。

音乐研究 = Music Research/人民音乐出版社． －北京：《音乐研究》编辑部，1958 －

双月刊　　16 开
ISSN 0512 －7939　　CN 11 －1665　　2 －258
北京市海淀区翠微路 2 号（100036）
编辑部电话：010 －58110575；010 －59757213
E-mail:yyyj@ rymusic. com. cn

音乐艺术理论刊物。致力于中国传统音乐艺术的研究，关注国内外音乐学术研究的最新发展状态，探讨音乐艺术理论，反映我国音乐艺术领域的研究成果，报道音乐学术动态及专业资讯。内容包括音乐创作、作品与作曲家、音乐史学、民族音乐学、音乐教育学、音乐美学、作曲技术理论、表演艺术理论及音乐科技等方面的研究成果。读者对象为专业音乐工作者、文艺理论工作者及音乐爱好者。有英文目次。

音乐艺术（上海音乐学院学报） = The Art of Music（Shanghai Conservatory of Music）/上海音乐学院．－上海：《音乐艺术》编辑部，1979－

季刊　　16 开

ISSN 1000－4270　　CN 31－1004　　4－398

上海市汾阳路 20 号（200031）

编辑部电话：021－64319166

E-mail：musart@ online. sh. cn

音乐理论学术性刊物。以贯彻“双百”方针，提高我国高等音乐教育和音乐艺术各领域的研究水平，繁荣社会主义音乐文化为办刊宗旨。主要发表有关民族音乐研究、音乐教育、乐律学、音乐美学、音乐心理学、作曲理论研究、作家作品研究以及演奏艺术、创作思想方面的文章。辟有：音乐博士学位论文选摘、分析研究、思维观念、读书评乐等栏目。读者对象为专业音乐工作者、音乐院校师生及音乐爱好者。有英文目次。

语言教学与研究 = Language Teaching and Linguistic Studies/北京语言大学．－北京：北京语言大学语言研究所《语言教学与研究》编辑部，1979－

双月刊　　16 开

ISSN 0257－9448　　CN 11－1472　　2－458

北京市海淀区学院路 15 号（100083）

编辑部电话：010－82303573

E-mail：xb@ blcu. edu. cn

汉语教学与汉语研究专业性学术期刊。以开展汉语教学理论和规律研究、汉语与外语对比研究、语言学研究为办刊宗旨。发表关于汉语教学方法、教学经验研究、外国大学汉语教学问题的学术论文，提供国内外语言教学与研究的学术信息。2001 年入选国家新闻出版总署评审的“中国期刊方阵·社科双效期刊”。读者对象为语言研究人员、汉语教学人员、汉语专业的学生等。有英文目次。

语言科学 = Linguistic Sciences/徐州师范大学《语言科学》杂志社. －徐州：语言科学杂志社，2002－

双月刊　　大16开
ISSN 1671－9484　　CN 32－1687　　80－114
徐州师范大学语言研究所（221009）
编辑部电话：0516－83403513
E-mail：yykx@vip.163.com

语言学及应用语言学专业学术刊物。主要刊登语言科学研究领域内有理论意义和应用价值的基础研究、应用研究的专论，以及基于共时或历时的具体语言事实且有理论深度或独创性见解和在交叉学科、新兴学科领域中有突破性进展的专题研究成果，包括理论语言学、计算语言学、工程语言学（语言信号处理、机器翻译、人工智能等）、神经语言学、心理语言学、认知语言学、社会语言学、数理语言学、声学语言学、比较语言学、人类语言学、语言习得研究、现代汉语研究、汉语史研究、中国境内各民族语言研究、国外语言及国外语言学研究、中外语言学史等方面的内容。2007年荣获第六届江苏省优秀期刊奖。读者对象为国内外从事语言科学的教学研究人员、研究生、大学生，以及其他从事与语言科学相关的应用或交叉学科的研究人员。有英文目次、中英文论文摘要。

语言文字应用 = Applied Linguistics/教育部语言文字应用研究所. －北京：语言文字应用杂志社，1992－

季刊　　16开
ISSN 1003－5397　　CN 11－2888　　82－576
北京市东城区朝内南小街51号（100010）
编辑部电话：010－65130351
E-mail：yywzyy@126.com

汉语语言文字学理论刊物。以宣传国家语言文字工作的方针政策，研究语言文字的规范化、标准化，开展对语言文字的信息处理，发表语言文字应用研究学术成果为宗旨。主要栏目：规范汉字研究、语言规划研究、词汇研究、语用研究、心理语言学、辞书研究、对外汉语教学和中文信息处理等。2001年入选国家新闻出版总署评审的“中国期刊方阵·社科双效期刊”。读者对象为语言文字研究与教学工作者，各级语言工作委员会的工作人员、文秘工作者。有英文目次。

语言研究 = Studies in Language and Linguistics/华中科技大学中国语言研究所. -武汉：语言研究杂志社，1981 -

季刊　　　　　　大 16 开

ISSN 1000 -1263　　CN 42 -1025　　38 -399

湖北省武汉市珞瑜路 1037 号（430074）
编辑部电话：027 -87559504
E-mail:yyyj@ chinajournal. net. cn

语言学学术刊物。以中国境内各种语言为研究对象，兼采传统语言学和现代语言学之长，旨在建立具有中国特色的语言学理论和方法论体系，促进中国语言学的发展。载文内容包括：语言学理论方法的探索及新学说的评价，汉语和少数民族语言及方言的描写，亲属语言的历史比较研究，在语言研究中使用自然科学手段的理论和实践，语言的对比研究，用现代语言学理论研究传统的文字学、音韵学、训诂学，当前国内外重要语言学著作述评等。读者对象：从事语言研究的单位和个人，高等院校和科研机构汉语、少数民族语、外语等有关专业师生及研究人员。

云南社会科学 = Social Sciences in Yunnan/云南省社会科学院. -昆明：《云南社会科学》编辑部，1981 -

双月刊　　　　　　大 16 开

ISSN 1000 -8691　　CN 53 -1001　　64 -27

云南省昆明市环城西路 577 号（650034）
编辑部电话：0871 -4154719
E-mail:YSHX@ chinajournal. net. cn

人文社会科学综合性学术刊物。2001 年入选国家新闻出版总署评审的“中国期刊方阵·社科双效期刊”。坚持以马列主义为指导、为中国的社会主义现代化建设服务、为繁荣社会科学事业服务的办刊宗旨。发表社会科学各学科的学术论文、调研报告、学术综述等新成果。注重少数民族的政治、经济、哲学、社会、宗教、文学等方面的研究成果，立足云南，面向全国，注重现实，选用具有真知灼见、持之有故、言之成理、论证周密、讲究章辞、符合语法的学术文章。读者对象为社会科学工作者、大专院校师生。有英文目次。

哲学动态 = Philosophical Trends/中国社会科学院哲学研究所. -北京：哲学研究杂志社，1978 -

月刊　　　　　　　大16开

ISSN 1002 - 8862　　CN 11 - 1141　　82 - 462

北京市建国门内大街5号（100732）

编辑部电话：010 - 85195517

E-mail:zhexuedongtai@ yahoo. com. cn

哲学类动态、资料性学术刊物。以马克思主义为指导，提倡大胆探索，开拓创新；贯彻双百方针，活跃学术讨论；坚持理论联系实际，推进哲学研究的开展和哲学问题的深入探讨为宗旨。栏目设有：人物专访、研究述评、学术评论、哲学与现实、哲学与文化、当代科学与哲学、西方哲学思潮、学者心语和学术活动等，并刊登最新的大陆和港台地区的哲学论文和著作目录。读者对象为哲学专业研究人员、理论工作者及大专院校师生。有英文目次。

哲学研究 = Philosophical Researches/中国社会科学院哲学研究所. －北京：哲学研究杂志社，1955 －

月刊　　　　　　　大16开

ISSN 1000 - 0216　　CN 11 - 1140　　2 - 201

北京市建国门内大街5号（100732）

编辑部电话：010 - 65137954

E-mail:zhexueyanjiubjb_1@ sina. com

学术理论刊物。荣获第二届国家期刊奖提名奖，入选2001年国家新闻出版总署评审的“中国期刊方阵·社科双效期刊”。反映哲学领域的研究成果，注重对学术理论和重大现实问题的研究、讨论和争鸣，以现实问题研究带动和促进基础理论研究，促进跨学科研究，巩固和发展哲学与自然科学、人文社会科学的联盟。辟有马克思主义哲学与现实、历史唯物主义研究、中国哲学、外国哲学、科学哲学、逻辑学和书评、动态等栏目。读者对象为哲学专业研究人员、理论工作者及大专院校师生。有英文目次和重要论文中英文提要。

浙江大学学报. 人文社会科学版 = Journal of Zhejiang University. Humanities and Social Sciences/浙江大学. －杭州：《浙江大学学报》编辑部，1955 －

双月刊　　　　　　大16开

ISSN 1008 - 942X　　CN 33 - 1237　　32 - 35

浙江省杭州市天目山路148号（310027）

编辑部电话：0571 - 88273210
E-mail：zdxb-w@ zju. edu. cn

人文社会科学综合性学术刊物。办刊宗旨：立足本省，面向全国，本着理论与实践相结合的原则，着重探讨浙江省改革实践中的重大理论问题和现实问题；促进学术研究和学术交流，活跃学术气氛，锻炼社会科学人才，繁荣浙江省社会科学事业。登载文史哲、政经法等基础学科的研究论文，重视前沿性和新兴学科、交叉学科研究。主要栏目有：主题研究、问题研究、宋学研究、跨文化研究、中国休闲文化研究、中国三农问题研究、中国人口问题研究、汉语史研究。读者对象为社会科学工作者、大专院校文科师生。有英文目次和中英文内容摘要。

浙江社会科学 = Zhejiang Social Sciences/浙江省社会科学界联合会． - 杭州：《浙江社会科学》编辑部，1985 -

月刊　　大 16 开
ISSN 1004 - 2253　　CN 33 - 1149　　32 - 102

浙江省杭州市省府大院 2 号楼（310025）
编辑部电话：0571 - 87058848
E-mail：zjsk@ vip. 163. com

人文社会科学综合性学术刊物。发表国内外人文社会科学工作者优秀研究成果，反映浙江社会科学学术研究动态。主要栏目有：浙江研究、法律研究、历史研究、教育研究、哲学研究、社会学研究、行政研究、征文选登等。读者对象为全国社会科学工作者、高等院校文科师生。有英文目次和中英文内容提要。

浙江学刊 = Zhejiang Academic Journal/浙江省社会科学院． - 杭州：浙江学刊杂志社，1963 -

双月刊　　大 16 开
ISSN 1003 - 420X　　CN 33 - 1005　　32 - 22

浙江省杭州市省府大院 2 号楼（310025）
编辑部电话：0571 - 87057581
E-mail：zjxkzzs@ mail. hz. zj. cn

人文社会科学综合性学术刊物。办刊宗旨是：坚持正确的政治方向，以传承文明、传承学术为使命，倡导学术创新，呼唤学术良知，揭示社会真理，追求广阔的时空效应和深远的社会影响；力求准确、深刻地反映时代精神和社会实践的轨迹。登载人文社会科学各学科的最新研究成果。内容有经济研究、社会学研究、哲学研究、政治学研究、宗教文化研究、妇女研究、法学研究、文学研究、历史研究、浙人治学谈等。主要栏目有：人文问思、社科新论、妇女研究等。读者对象为社会科学工作者、大专院校文科师生。有英文目次和中文提要。

证券市场导报 = Securities Market Herald/深圳证券交易所. －深圳：深圳证券交易所综合研究所《证券市场导报》编辑部，1991－

月刊　　　　大16开

ISSN 1005－1589　　CN 44－1162　　46－311

广东省深圳市福田区红荔西路上步工业区10栋506室（518028）

编辑部电话：0755－83236093

E-mail:zqscdb@szse.cn

金融专业刊物。以促进我国证券市场的理性、建设性与创造性为办刊宗旨。注重选题的前瞻性，力求紧紧围绕证券市场发展和建设中的重大现象、趋势与问题，作深入、系统的研究和探讨。主要栏目有：编者絮语、上市公司、证券机构、证券产品创新、债券市场、基金研究、微观结构、制度创新、证券法律与监管、证券译苑、理论专题等，并定期或不定期地就一些重大的市场热点问题开设专栏进行专题性研究。每期还附有海内外证券市场动态、海内外证券市场数据，以供读者参考。先后荣获第二届、第三届广东省优秀社会科学期刊奖。2001年被中国新闻出版总署选为“中国期刊方阵·社科双效期刊”。读者对象为金融界、证券界、企业管理界、高校经济类专业的师生及有关专业人士。有英文目次、中英文提要。

郑州大学学报. 哲学社会科学版 = Journal of Zhengzhou University. Philosophy and Social Sciences Edition/郑州大学. －郑州：《郑州大学学报》编辑部，1960－

双月刊　　　　大16开

ISSN 1001－8204　　CN 41－1027　　36－4

河南省郑州市科学大道100号（450001）

编辑部电话：0371－7763150

E-mail:ZOXB01371.net

人文社会科学综合性学术刊物。全国百强学报、曾连续四届获河南省优秀社科期刊暨河南社科期刊二十佳称号。2001 年入选国家新闻出版总署评审的“中国期刊方阵·社科双效期刊”。刊登有关政治、经济、哲学、法律、管理、文学、艺术、语言、新闻、历史、图书情报等方面的学术论文。主要栏目有：哲学研究、政治学研究、社会学研究、经济学研究、法学研究、外国文学研究、文艺理论研究、教育学研究、语言文字研究、中国古代史研究、艺术研究、新闻与传播研究等。读者对象为社会科学工作者、大专院校师生。有英文目次。

政法论坛 = Tribune of Political Science and Law/中国政法大学. －北京：《政法论坛》编辑部，1979 －

双月刊　　　　大 16 开

ISSN 1000－0208　　CN 11－5608　　82－121

北京市海淀区西土城路 25 号（100088）

编辑部电话：010－58908281

E-mail：zhengfaluntan@ vip. 163. com

法学研究学术理论刊物。2006 年度被评为全国三十佳社科学报。注重提升中国法学学术品质，强调论文的理论厚度和学术含量。主要发表有关我国法制建设、社会治安以及经济建设和改革中的法律问题的阐述，政法工作实践经验的总结研究，政法教育改革问题的研究和教学经验介绍，中国古代法律制度、法制思想和法学历史人物的研究，以及调查报告、典型材料、教材资料、法学书刊评介、国内外法学动态等方面的文章。辟有论文、评论、文选等栏目。读者对象为高等政法院校师生和研究人员，法学、政治学、社会学及其他社会科学工作者，全国的公安、检察、法院、司法行政、劳改、民政、律师、公证等部门广大政法工作者。有英文目次和中文摘要。

政治学研究 = CASS Journal of Political Science/中国社会科学院政治学研究所. －北京：《政治学研究》编辑部，1985 －

双月刊　　　　大 16 开

ISSN 1000－3355　　CN 11－1396　　82－838

北京市建国门内大街 5 号（100732）

编辑部电话：010－85196395

E-mail：zzxyj@ cass. org. cn

政治学专业性学术刊物。主要反映深入阐述、探讨马克思主义政治学理论，研究我国改革开放和社会主义现代化建设进程中面对的新情况、新矛盾和新问题的学术论文，以及论述中外历代政治思想、政治制度评析、当代世界各国政治学流派最新发展动态的研究成果。主要栏目有：政治理论、政治制度、行政管理、国际政治、中国政治学发展、当代世界政治思潮、政治思想史等。读者对象为政治学研究人员、党政机关干部。有英文目次和中文提要。

政治与法律 = Political Science and Law/上海市社会科学院法学研究所. －上海：《政治与法律》编辑部，1982 －

双月刊　　16 开

ISSN 1005 －9512　　CN 31 －1106　　4 －375

上海市淮海中路622 弄7 号（200020）

编辑部电话：021 －53060606

E-mail:fxs@ sass. stc. sh. cn

以法学为主的专业学术理论刊物。侧重刊登理论性和说服力强、观点新颖的论文。栏目设置包括：思路与断想、国外法学信息、专论、港澳台地区法律研究、新问题笔谈、法治点评、市场经济与法制建设、案例研究、政治体制改革与法制建设、立法工作探索、司法实务研究等。读者对象为政法研究、教学工作和实际工作者。有英文目次。

知识产权 = Intellectual Property/中国知识产权研究会. －北京：《知识产权》编辑部，1987 －

双月刊　　大16 开

ISSN 1003 －0476　　CN 11 －2760　　82 －570

北京市海淀区西土城路6 号（100088）

编辑部电话：010 －58515818

E-mail:cipsip@ sohu. com

知识产权专业学术理论期刊。创刊时刊名为《工业产权》，1991 年改为现刊名。办刊宗旨：注重开展知识产权学术研究与交流，促进知识产权事业的完善与发展。文章涉及知识产权的法律保护、制度管理、体系构建等内容。主要栏目有：学术论坛、工作研究、调处·仲裁·诉讼、百家言、世界知识产权等。读者对象为知识产权法学研究者、司法工作者、高校法学专业师生、企业知识产权管理人员以及关心知识产权的各界人士。有英文目次，中文摘要。

中共党史研究 = Study of C. P. C. History/中共中央党史研究室. －北京：中共党史研究杂志社，1988 －

双月刊　　大 16 开

ISSN 1003 －3815　　CN 11 －1675　　82 －864

北京市海淀区北四环西路 69 号（100080）
编辑部电话：010 －82615330
E-mail：zszzs@ vip. sina. com. cn

党史研究学术理论刊物。由《党史研究》和《党史通讯》合并而成。主要特色是及时反映党史研究的最新成果，总结党的历史经验，加强和改进党的建设。刊登内容主要涉及党史专题研究、毛泽东思想研究、邓小平理论问题、“三个代表”思想研究、党史人物研究，以及党史文献资料、有关党史人物的重要回忆录和访谈录、问题讨论、史实考证、译文、中外政党比较研究，以及国内外中共党史研究动态、综述等。主要栏目有：探索与争鸣、史实考证、读史札记、研究动态等。读者对象为党政干部、党史研究工作者、大专院校师生。有英文目次。

中共中央党校学报 = Journal of the Party School of the Central Committee of the C. P. C/中共中央党校. －北京：《中共中央党校学报》编辑部，1997 －

双月刊　　大 16 开

ISSN 1007 －5801　　CN 11 －3847　　82 －972

北京市海淀区大有庄 100 号（100091）
编辑部电话：010 －62806124；010 －62806257
E-mail：dxxuebao@ 126. com

政治研究类学术期刊。以马克思列宁主义、毛泽东思想、中国特色社会主义理论体系为指导，围绕党和国家工作大局，以对重大理论和现实问题的研究为主线，思想性和学术性并重，着重反映马克思主义中国化的最新理论成果，反映人文社会科学领域的最新学术成果，反映国内外学术研究的最新动态，为中国共产党的思想理论建设和中国特色社会主义事业服务。以理论联系实际、研究现实问题见长，辟有专题研究、哲学、政治学、经济学、法学、社会学、文化研究等学科栏目，重视战略研究，重视围绕问题进行交叉研究。主要读者对象为全国党校、干校的教研人员和学员，社会科学院所、高等院校、军事院校的思想理论工作者，党政军企等实际工作部门的战略和政策研究人员，学习型社会骨干和有理论兴趣的各界人士。

中国比较文学 = Comparative Literature in China/上海外国语大学，中国比较文学学会. －上海：《中国比较文学》编辑部，1984－
双月刊　　大32开
ISSN 1006－6101　　CN 31－1694　　4－560
上海市大连西路550号（200083）
编辑部电话：021－65311900－262
E-mail：shccl203@ yahoo. com. cn，shccl@ citiz. net

比较文学研究专业学术刊物。关注国内外文学理论、思潮、流派、作家及作品的研究；致力于探讨具有中国特色的比较文学研究；关注中外文学关系研究、翻译研究、跨学科研究及比较文学教学研究；及时反映中外比较学界研究和出版的最新动态和信息。主要栏目有：比较文学学科理论建设、翻译研究、海外华人文学研究、书评等。读者对象为文学理论研究人员、高等院校中文专业师生。有英文目次。

中国边疆史地研究 = China Borderland History and Geography Studies/中国社会科学院中国边疆史地研究中心. －北京：中国边疆史地研究杂志社，1991－
季刊　　16开
ISSN 1002－6800　　CN 11－2795　　2－787
北京市东城区王府井大街东厂胡同1号（100006）
编辑部电话：010－65274307
E-mail：bjb-bjzx@ cass. org. cn

中国边疆研究的综合性学术理论刊物。以促进中国边疆地区发展，为中国边疆学科研究服务为办刊宗旨。调整后的栏目设置有：边疆理论研究、边政研究、历代疆域、边疆开发、边疆民族、边务交涉、边疆地理、边界研究、海疆研究、周边地区研究、边疆研究史、新书评介、边疆考察、学术动态等十几个栏目，并不定期设置笔谈专栏，刊登针对学科发展或学者们关注的重大问题进行探讨的成组稿件。有英文目次和中文提要。

中国法学 = China Legal Science/中国法学会. －北京：中国法学杂志社，1984－
双月刊　　大16开
ISSN 1003－1707　　CN 11－1030　　2－544
北京市西城区兵马司胡同63号（100034）

编辑部电话：010－66188780
E-mail：zgfxtg@163.com

法学研究专业刊物。办刊宗旨：坚持正确的政治方向，坚持理论联系实际，坚持刊物的学术性，追求学术创新，严守学术规范。关注重大现实问题，注重刊发最新和最重要的法学学术研究成果，在繁荣和发展我国的法学理论、传承法律文化 、促进国内外法学交流方面发挥重要作用。栏目设置有：本期聚焦、学术专论、立法与司法研究、批评与争鸣、判例解析、中国法学往事、法治观察、维权实录、法制文摘等。读者对象为法学专业研究人员，法律工作者，高等院校法律专业师生。先后三届荣获新闻出版总署颁发的国家期刊奖。有英文目次和中文摘要。

中国翻译 = Chinese Translators Journal/中国翻译协会．－北京：《中国翻译》编辑部，1980－

双月刊　　大 16 开

ISSN 1000－873X　　CN 11－1354　　2－471

北京市西城区百万庄大街 24 号（100037）

编辑部电话：010－68326681；010－68327209
E-mail：ctjtac@gmail.com

翻译研究专业刊物。原名《翻译通讯》，1986 年改为现刊名。办刊宗旨：反映国内、国际学术翻译界前沿发展水平与走向，开展译学理论研究，交流翻译经验，评介翻译作品，传播译事知识，促进外语教学，介绍新、老翻译工作者，报道国内外译界思潮和动态，繁荣翻译事业。主要栏目有：译学研究、翻译理论与技巧、翻译评论、译著评析、翻译教学、科技翻译、经贸翻译、实用英语翻译、人物介绍、国外翻译界、当代国外翻译理论、翻译创作谈、翻译史话、译坛春秋、中外文化交流、国外翻译界动态、词汇翻译选登、读者论坛、争鸣与商榷、翻译自学之友等。读者对象为大专院校外语师生、翻译工作者和翻译爱好者。有英文目次和英文提要。

中国工业经济 = China Industrial Economy/中国社会科学院工业经济研究所．－北京：中国工业经济杂志社，1984－

月刊　　大 16 开

ISSN 1006－480X　　CN 11－3536　　82－143

北京市西城区月坛北小街 2 号（100836）
编辑部电话：010－86593079
E-mail：zggyjjbjb@cass.org.cn；gjbjb@sina.com

经济专业理论刊物。原名《中国工业经济学报》。研究我国经济改革、发展和管理中出现的热点问题、难点问题、重点问题和前沿问题，预测我国经济发展的动态和走向，探讨我国经济改革的理论与政策问题，以工业经济和工商管理为主要内容。发表了大量有影响、高质量、多角度、全方位反映我国产业经济和企业发展的优秀研究成果。主要栏目：形势与展望、国民经济运行、产业经济、经济体制改革、企业经营与管理、工商管理、书评等。读者对象主要为高等院校、科研机构，以及政府机关、大中企业的相关人员。有英文目次和重要论文英文提要。

中国管理科学 = Chinese Journal of Management Science/中国优选法统筹法与经济数学研究会，中国科学院科技政策与管理科学研究所．－北京：《中国管理科学》编辑部，1984－

双月刊　　　　大 16 开
ISSN 1003－207X　　CN 11－2835　　82－50
北京市海淀区中关村东路 55 号（100190）
编辑部电话：010－62542629
E-mail：zgglkx@mail.casipm.ac.cn

管理科学专业性学术刊物。原名《优选与管理科学》，1993 年改为现刊名。办刊宗旨：促进我国在管理科学学科领域的理论、方法和应用研究，鼓励跟踪国际上学科前沿与热点的创造性研究，推动我国管理科学整体研究水平的提高和国内外学术交流。以反映我国管理科学理论方法和应用方面的最新研究成果为标志，努力扶持中青年优秀人才的成长，更好地为经济建设和学科建设服务。主要刊登有关规划与优化、投资分析与决策、生产与经营管理、供应链管理、项目与风险管理、应急管理、知识管理、管理信息系统等方面具有创造性的学术论文，以反映我国管理科学的最新研究成果，促进国内外学术交流。读者对象：大专院校师生，科研院所管理科学研究工作者，企事业部门管理人员，政府部门管理人员。有英文目次。

中国教育学刊 = Journal of the Chinese Society of Education/中国教育学会. －北京：《中国教育学刊》编辑部，1980 －
月刊　　16 开
ISSN 1002 －4808　　CN 11 －2606　　82 －410
北京市朝阳区大屯路西奥中心 A 座 3 层（100101）
编辑部电话：010 －64845699
E-mail：xuekan@ edujournal. net

基础教育类综合性学术刊物。旨在推动群众性教育科学研究，为教育改革发展，繁荣教育科学，基层教育工作者服务。发表教育基本理论、教育、教学和教育管理等方面的理论和实践研究成果，以及有关教育教学改革的实验研究报告和调查报告，介绍国内外教育教学理论进展和改革趋势的信息，对广大教育工作者和社会各界共同关注的教育热点问题组织专题讨论。栏目设置有：科学发展观与基础教育改革、教育茶座、教育政策理论研究、教育科学大讲堂、热点问题研究、现代学校领导与管理、学校文化建设、教师发展、德育理论与实践、课程与教学、教育短论等。读者对象为中小学教师和行政管理人员、师范院校的师生、各级教育行政部门的干部、教育科研人员，以及关心教育的社会各界人士。有英文目次。

中国金融 = China Finance/中国金融出版社. －北京：中国金融杂志社，1950 －
半月刊　　大 16 开
ISSN 0578 －1485　　CN 11 －1267　　2 －496
北京市宣武区广安门外小红庙南里 3 号（100055）
编辑部电话：010 －63265580
E-mail：cnfinance@ 263. net. cn

金融类专业刊物。办刊宗旨：立足金融，面向经济，面向社会，为中国人民银行的中心工作服务，为金融改革开放服务，为金融系统干部职工服务。以强化全国性金融政策指导类刊物为特点，以“大金融、宽口径、全方位”为宣传视野，以解读、宣传金融方针政策，反馈金融政策执行情况，研究实际金融问题为主要任务。主要栏目有：专题报道、特稿、专访、专家论坛、国际金融、经济观察、金融视点、央行业务、银行业监管、商业银行、农村金融、证券市场、保险市场、观察思考、基层声音、金融纪事等。读者对象为金融部门的各级管理人员和从事金融政策的研究人员，广大金融从业人员，大专院校相关专业师生等。有英文目次。

中国经济史研究 = Researches in Chinese Economic History/中国社会科学院经济研究所. －北京：经济研究杂志社，1986－
季刊 大16开
ISSN 1002－8005 CN 11－1082 82－749
北京市西城区月坛北小街2号（100836）
编辑部电话：010－68035007
E-mail:jjsbjb@126.com

经济史研究专业学术性刊物。刊登有关经济史理论、中国古代经济史、中国近代经济史以及中国现代经济史的论著，中外比较经济史研究论著，中国经济史的专题研究资料，中外经济史著作的评介，国内外中国经济史研究动态的报道，并适当刊登中国经济思想史方面的论著等。主要栏目有：三农问题、城镇发展研究、商人研究、中国古代经济史、读史札记、学人与学术、青年论坛、论著评介、学术动态、中国经济史研究述评。读者对象为经济学、经济史学、历史学等学科的研究人员，各经济部门的工作者以及大专院校师生。有英文目次和中文内容提要。

中国经济问题 = Economic Issues in China/厦门大学经济研究所. －厦门：《中国经济问题》编辑部，1959－
双月刊 16开
ISSN 1000－4181 CN 35－1020 34－3
福建省厦门大学经济研究所（361005）
编辑部电话：0592－2181474
E-mail:zgjjwt@xmu.edu.cn

经济理论刊物。办刊宗旨：阐述党和社会主义经济方针、政策，理论联系实际，推动改革开放和社会主义市场经济建设。侧重探讨中国经济建设的理论和实践问题，刊登重大经济问题的分析以及对未来形势预测的文章。主要栏目有：公有制经济、转轨时期政府职能、资源环境、企业、休闲、产业政策、农村建设等。读者对象为从事经济理论研究的人员、决策部门的领导及高等经济院校师生。有英文目次。

中国科技论坛 = Forum on Science and Technology in China/中国科学技术发展战略研究院. －北京：中国科技论坛杂志社，1985－

月刊　　大16开
ISSN 1002－6711　　CN 11－1344　　2－878
北京市海淀区玉渊潭南路8号（100038）
编辑部电话：010－58884593
E-mail:zgkjlt@china.com

探讨科技政策与社会问题的专业理论期刊。以科技发展战略、政策和管理的学术研究为主要内容，以兼顾政策性、综合性和学术性为办刊特色。旨在探讨我国科技发展战略、政策和管理问题，研究我国现代化建设进程中科技战线出现的新情况、新问题，以及世界科技发展的新趋势；开展有关科技发展规律、科技与经济结合、科技管理与决策、技术分析与评价、科技人才开发与使用、科技引导社会发展以及国际科技关系等多方面理论与实际问题的研究评述，总结交流全国科技工作的经验、方法和体会。主要栏目：专题笔谈、战略研究、科技管理研究、创新研究、产业研究、企业研究、知识产权研究、人才研究、三农研究、国际研究、研究与探讨。读者对象为科技政策研究人员、企业和经营人员、大专院校师生和关心“科教兴国”的广大读者。有英文目次和中文提要。

中国科技期刊研究 = Chinese Journal of Scientific and Technical Periodicals/中国科学院自然科学期刊编辑研究会. －北京：《中国科技期刊研究》编辑委员会，1990－
双月刊　　大16开
ISSN 1001－7143　　CN 11－2684　　82－398
北京市海淀区中关村中国科学院微生物所（100190）
编辑部电话：010－62572403
E-mail:journals@china.com

综合研究科技期刊的刊物。办刊宗旨：团结广大科技工作者和科技期刊编辑出版工作者，开展科技期刊研究，促进期刊事业繁荣，推动科技进步，为社会主义现代化建设服务。栏目设置有：专论与综述、管理与改革、研究与报道、分析与评论、新技术与应用、办刊之道、论坛与笔会、人才培养、标准化规范化、科技写作、编辑技艺、装帧与版式设计、刊史与人物等。读者对象为科技期刊编辑，出版、印刷、发行、管理人员和图书情报工作人员。有英文目次。

中国历史地理论丛 = Journal of Chinese Historical Geography/陕西师范大学. －西安：《中国历史地理论丛》编辑部，陕西师范大学西北历史环境与经济社会发展

研究中心，1987 -
季刊　16 开
ISSN 1001 - 5205　CN 61 - 1027
陕西省西安市陕西师范大学（710062）
编辑部电话：029 - 85308547，029 - 85303935
E-mail:zglsdllc@ snnu. edu. cn

历史地理学专业学术刊物。登载有关历史地理学基本理论和方法研究、历史自然地理与历史人文地理研究、地名学研究、方志学研究、古都学研究、历史地理学史研究等方面的文章，以及历史地理学专题资料索引、重要的历史地理考察报告和考古发掘报告等。主要栏目有：西北历史环境研究、历史地理学的理论和方法、历史自然地理、历史政治地理、历史经济地理、历史军事地理、历史交通、民族、人口地理、历史地理文献研究、问题讨论等。读者对象为人文、历史科学研究人员和高等院校历史地理专业师生。有英文目次和中英文论文提要。

中国农村观察 = China Rural Survey/中国社会科学院农村发展研究所. - 北京：中国农村经济杂志社，1985 -
双月刊　大 16 开
ISSN 1006 - 4583　CN 11 - 3586　82 - 995
北京市建国门内大街 5 号（100732）
编辑部电话：010 - 85195649
E-mail:ruralsurvey@ cass. org. cn

专业学术刊物。探讨中国农村改革与发展中的重大问题，反映该领域研究的前沿成果，注重文章的实证性和资料性，提倡不同学术观点的争鸣。主要栏目：农村形势、乡镇企业、农民收入与消费、农村社会问题、农村组织制度、农业技术推广、农业增长方式、农村工业化村民自治、妇女问题、农村金融等。读者对象为经济理论研究人员、大专院校师生及有志于研究农村经济和社会问题的人士。有英文目次和重要论文英文提要。

中国农村经济 = Chinese Rural Economy/中国社会科学院农村发展研究所. - 北京：中国农村经济杂志社，1985 -
月刊　大 16 开
ISSN 1002 - 8870　CN 11 - 1262　2 - 850

北京市建国门内大街 5 号（100732）
编辑部电话：010－85195649
E-mail：ruraleconomy@cass.org.cn

经济专业学术理论期刊。办刊宗旨：探索中国农村发展的理论问题，推动农村发展的学术研究，交流各地农村发展的经验，普及中外农村发展的知识，并为各级政府的决策提供理论依据。刊文内容涉及农村改革与发展中迫切需要解决的重大问题，农村经济运行中带有苗头性、倾向性的问题，党和国家重要的农村政策等。主要栏目有：劳动力转移、农村人力资本、农村组织制度等。主要读者对象是农村经济部门的干部、乡镇企事业单位管理人员及社会科学工作者。有英文目次。

中国农史 = Agricultural History of China/中国农业历史学会，南京农业大学．－南京：《中国农史》编辑部，1981－
季刊　　大 16 开
ISSN 1000－4459　　CN 32－1061　　28－65
江苏省南京市卫岗南京农业大学内（210095）
编辑部电话：025－4396605
E-mail：zgns@niau.edu.cn

中国农业发展史研究专业学术性刊物。探讨我国农业各个历史时期的农业生产、农业科学技术的发展，整理和发掘我国古农书、农史资料，反映代表我国农史学界最高水平的研究成果。主要栏目有：农业科技史、农业经济史、农村社会史、地区农业史、少数民族农业史、农业文化史、世界农业史、中外农业文化交流及农史文献整理与研究等，同时也登载有益于农史研究的农业史学新著评论、农业史坛信息、读史札记等。读者对象为高校历史系师生、科学技术史研究者、农业历史研究者、农业经济史研究者等。有英文目次和中英文摘要。

中国青年研究 = China Youth Study/中国青少年研究中心．－北京：中国青年研究杂志社，1989－
月刊　　大 16 开
ISSN 1002－9931　　CN 11－2579　　82－733
北京市海淀区西三环北路 25 号（100089）
编辑部电话：010－68722794

E-mail:qnyj@ vip. sina. com

青年研究理论刊物。紧紧围绕青少年的成长和发展，及时反映国内有关青少年研究的最新成果和国际研究动态，内容涉及青少年教育、就业、健康、消费、价值观及青少年工作等领域。栏目设置主要分为四个板块，分别是：专题特稿版、调查研究版、社会综合版、资讯参考版。主要栏目有：特别企划、本刊特稿、青少年政策、实证调研、典型研究、青年事务、就业方略、国外青年等。读者对象为人文社会科学工作者、共青团干部、大中专院校师生及青少年社会工作者。有英文目次、中文论文摘要。

中国人口·资源与环境 = China Population Resources and Environment/中国可持续发展研究会，山东省可持续发展研究中心，中国21世纪议程管理中心，山东师范大学. －济南：《中国人口·资源与环境》编辑部，1991－
双月刊　　大16开
ISSN 1002－2104　　CN 37－1196
山东省济南市文化东路88号（250014）
编辑部电话：0531－82966021
E-mail:cpre@ sdnu. edu. cn

以可持续发展为宗旨的政策指导性学术刊物。以关注时代主题、探索发展方向、弘扬理念创新为宗旨，从多视角、多层次、多学科（经济学、管理学、社会学、法学、地理学、环境学、生物学及其他学科）上反映我国可持续发展理论和实践、公共政策等方面的研究成果，内容涉及我国可持续发展中的社会经济重大理论和现实问题、最新研究成果和决策动态等。设有四大板块栏目：可持续发展理论、可持续发展技术与方法、可持续发展能力建设、可持续发展实验区。读者对象主要为可持续发展研究方面的专家学者、高等院校师生及政府和企事业单位的管理者。2001年入选国家新闻出版总署评审的“中国期刊方阵·双奖期刊”。有英文目次和中英文提要。

中国人口科学 = Chinese Journal of Population Science/中国社会科学院人口与劳动经济研究所. －北京：中国人口科学杂志社，1987－
双月刊　　大16开
ISSN 1000－7881　　CN 11－1043　　82－426
北京市建国门内大街5号（100732）

编辑部电话：010 - 85195419
E-mail：zazhi@ cass. org. cn

人口学理论刊物。反映人口领域及交叉学科的最新学术研究成果，为国家和政府决策部门提供理论信息和对策，重点发表具有较高质量的人口学及相关领域的研究论文、综述、调查报告、书评、学术动态等方面的科研成果。内容包括：人口理论与政策研究、人口统计、人口与经济、人力资本与劳动经济、社会保障研究、人口与社会、国际人口比较、人口与生态环境、少数民族人口及计划生育理论与实践等。主要读者对象为全国各大专院校人口学研究者及社会科学研究工作者、教育者。有部分论文的英文目次与英文摘要。

中国人力资源开发 = Human Resource Development of China/中国人力资源开发研究会. －北京：中国人力资源开发杂志社，1984 －

月刊　　大 16 开
ISSN 1004 - 4124　　CN 11 - 2822　　82 - 846

北京市西城区百万庄子区 38 号（100037）
编辑部电话：010 - 88363163
E-mail：hrdchina@ 263. net

人力资源研究专业理论刊物。按照与时俱进的要求，从宏观、中观和微观等不同层面介绍人力资源开发与管理的最新理论研究成果，阐述人力资本、薪酬激励、绩效考核、人才培育、组织文化等方面的新理念、新方法与新发现。读者既可以从中读到 HR 高层权威人士的最新观点，也可以看到来自跨国公司、国内优秀企业 HR 经理的心得体会；既可以获得海外 HR 方面的前沿理论和技术，也可以分享国内 HR 管理者的实操方法；此外，还有 HR 图书、培训信息、业界新闻等最新的资讯。载文注重理论性、时效性和可操作性。主要栏目有：本期特稿、理论研究、政策分析、本期专题、案例研究、开发技术、劳动关系、企业论坛、资讯广场等。读者对象为劳动经济、HR 领域研究人员，政府机构 HR 管理人员、企业 HR 经理人，大专院校文科师生。有英文目次和中文提要。

中国人民大学学报 = Journal of Renmin University of China/中国人民大学. －北京：《中国人民大学学报》编辑部，1987 －

双月刊　　大 16 开
ISSN 1000 - 5420　　CN 11 - 1476　　82 - 159

北京市海淀区中关村大街59号（100872）
编辑部电话：010-62514768
E-mail:rdxb@263.com

人文社会科学综合性学术刊物。办刊宗旨：致力于基础理论与现实问题的研究，并注重从多学科、跨学科的角度开展学术探讨，力求准确反映人文社会科学各领域前沿和热点问题和最新研究成果。主要栏目有：专题研究、国学研究、哲学研究、经济学研究、社会学研究、科技与社会、法学研究、政治学研究、应用伦理学研究、管理学研究、文学研究、史学研究、学术动态等。读者对象为人文社会科学工作者、大专院校文科师生。有英文目次和中文内容摘要。

中国软科学 = China Soft Science/中国软科学研究会．-北京：中国软科学杂志社，1986-
月刊　　大16开
ISSN 1002-9753　　CN 11-3036　　82-451
北京市海淀区复兴路15号901室（100038）
编辑部电话：010-68598286
E-mail:zgrkx@cssm.com.cn

科学学专业刊物。以推进决策科学化，及时反映国家宏观经济、科技和社会发展政策、重大理论动向、国内外软科学领域研究成果和发展动态为宗旨，刊登软科学研究领域的专题成果。主要栏目有：专论、战略与决策、科技政策、科技与经济、科技与社会、科技与管理、区域发展、企业管理、理论·方法与案例、软科学研究成果与动态等。读者对象为经济、科技研究及管理人员、专家学者、高校师生、政府官员、企业家等社会各界人士。有英文目次和英文提要。

中国社会经济史研究 = The Journal of Chinese Social and Economic History/厦门大学历史研究所．-厦门：《中国社会经济史研究》编辑部，1982-
季刊　　大16开
ISSN 1000-422X　　CN 35-1023
福建省厦门市思明南路422号厦门大学399信箱（361005）
编辑部电话：0592-2186377
E-mail:xiadaysc@public.xm.fj.cn

社会经济史专业学术刊物。办刊宗旨：坚持为社会主义现代化服务的方向，刊登剖析中国历史上经济发展状况和经济制度演变的专题科学论文，反映社会经济史学研究的新成果。内容涉及社会发展史、经济发展史、城镇发展史、中国商业资本研究、财政改革、西北边贸、生活消费等。读者对象为国内外中国社会经济史学工作者及相关专业院校师生等。有英文目次。

中国社会科学 = Social Sciences in China/中国社会科学杂志社. －北京：《中国社会科学》编辑部，1980－

双月刊　　大 16 开

ISSN 1002－4921　　CN 11－1211

北京市西城区鼓楼西大街甲 158 号（100720）

编辑部电话：010－64076113

E-mail:zbs-zzs@ cass. org. cn

人文社会科学综合性学术刊物。曾荣获首届国家期刊奖，并连续两次被新闻出版总署评为百种全国重点社科期刊。主要发表我国人文社会科学领域各学科的重要研究成果。注重理论性、学术性，内容涉及哲学、文学、历史、考古、经济、文学艺术、语言学、政治、法律、社会学、民族学、教育学、媒体以及学术热点、焦点问题。主要读者对象为广大社会科学工作者、理论工作者、大专院校文科师生。有英文目次和中英文摘要。

中国社会科学院研究生院学报 = Journal of Graduate School of Chinese Academy of Social Sciences/中国社会科学院研究生院. －北京：中国社会科学院研究生院学报杂志社，1981－

双月刊　　16 开

ISSN 1000－2952　　CN 11－1131　　2－865

北京市朝阳区望京中环南路 1 号（100102）

编辑部电话：010－64753231－2521

E-mail:xuebao@ graduate. cass. net. cn

人文社会科学综合性学术刊物。原名《学习与思考》，1985 年正式更名为现刊名。全国百强社科学报。报道有关我国当代重大理论问题、现实问题的研究成果，发表基础理论研究和弘扬祖国传统文化的学术论文。重点刊登中国社会科学院的博士、硕士研究生导师和博士、硕士研究生的文章，同时也刊发一些受国内外学术界关注和高度评价的力作。内容涵盖哲学社会科学各学科，诸如哲学、经济学、管理学、政治学、逻辑学、法学、社会学、文学、语言学、新闻学、历史学、考古学、民族学等。读者对象为海内外人文社会科学工作者、硕士和博士研究生、政府部门干部。有英文目次和中英文提要。

中国史研究 = Journal of Chinese Historical Studies/中国社会科学院历史研究所. -北京：《中国史研究》编辑部，1979 -
季刊　　16 开
ISSN 1002 -7963　　CN 11 -1039　　2 -532
北京市建国门内大街 5 号（100732）
编辑部电话：010 -85195836
E-mail:http://www. cass. net. cn/lishisuo

历史学学术刊物。办刊宗旨：深入研究中国历史上的各种问题，坚持历史学的党性与科学性的统一，提倡实事求是、理论联系实际的学风，鼓励和支持创造性的理论探索及不同学派、不同学术观点的自由讨论，以促进历史学的繁荣和发展。以刊载研究中国古代历史的论文为主要内容，涉及中国古代政治、经济、军事、文化、科技及社会生活等方面的问题，具有学术性强、研究领域广泛等特点。主要栏目有：专题研究、学术评论、史学论著评介、新书介绍、读史札记、问题讨论等。读者对象是海内外研究中国古代史的专家、学者、大专院校师生及广大对中国古代史研究有兴趣的史学爱好者。有英文目次。

中国特殊教育 = Chinese Journal of Special Education/中央教育科学研究所. -北京：中央教育科学研究所心理与特殊教育研究部，《中国特殊教育》编辑部，1991 -
月刊　　大 16 开
ISSN 1007 -3728　　CN 11 -3826　　82 -12
北京市朝阳区北三环中路 46 号（100088）
编辑部电话：010 -62389395
E-mail:cjse@ cosn. net

教育类期刊。原名《特殊儿童与师资研究》，1994 年更改为现刊名。办刊宗旨是宣传党的特殊教育方针，探讨国内特殊教育发展规律，对全国特殊教育研究的发展起导向作用，促进与国际特殊教育之间的学术交流。所刊载的文章主要反映我国特殊儿童心理与教育研究、教学领域的最新成果与进展，力求全面反映特殊儿童心理与教育研究各个领域的最新动态。主要栏目：特殊教育理论研究、听力障碍研究、视力障碍研究、智力障碍研究、评估与测量、治疗与康复、孤独症研究、学习障碍研究、超常教育研究、青少年心理发展、心理健康研究、职业教育与高等特殊教育、名校园地等。主要读者对象为特殊教育研究人员，各级各类学校教师和学生。有英文目次。

中国体育科技 = China Sport Science and Technology/国家体育总局体育科学研究所. -北京：《中国体育科技》编辑部，1959 -

双月刊　　大 16 开

ISSN 1002 -9826　　CN 11 -2284　　82 -684

北京市崇文区体育馆路 11 号（100061）

编辑部电话：010 -87182588

E-mail:zgty@ chinajournal. net. cn，bjb@ ciss. cn

体育运动科技刊物。其前身是《体育科技资料》，“文化大革命”期间停刊，1972 年逐步复刊，1980 年更名为现刊名。注重反映体育科学与技术的理论与实践方面最新科研成果，内容涉及奥运、全民健身、体育产业及相关领域的研究，刊登有关各种运动项目的专题研究论文和国内外重大比赛专题调研报告，分析报道最新体育科技成果、各运动项目的技术及战术运用，并及时通报国家体育总局有关方针、政策和动态。设有运动医学、生理、生物化学、科学选材、运动心理、优秀运动队述评等栏目。读者对象为体育科研工作者、体育教育工作者、体育管理工作者、教练员、运动员及体育专业学生。有英文目次、中英文摘要。

中国图书馆学报 = Journal of Library Science in China/中国图书馆学会，国家图书馆. -北京：《中国图书馆学报》编辑部，1957 -

双月刊　　16 开

ISSN 1001 -8867　　CN 11 -2746　　2 -408

北京市海淀区中关村南大街 33 号（100081）

编辑部电话：010 -88545234

E-mail:tsgxb@ publicf. nlc. gov. cn

图书情报学专业期刊。前身为《图书馆学通讯》。注重图书馆学理论的研究，刊登专业学术论文，开展学术探讨。主要栏目有：理论研究·实践研究、事业发展·现代化建设、专论、综述·评介、探索·交流、信息·动态等。2001 年入选

“中国期刊方阵·社科双效期刊”。主要读者对象为广大图书情报工作者和图书馆学情报学专业师生。有英文目次和中英文提要。

中国土地科学 = China Land Science/中国土地学会．－北京：《中国土地科学》编辑部，1987－

双月刊　　16 开

ISSN 1001－8158　　CN 11－2640

北京市西城区冠英园西区 37 号（100035）

编辑部电话：010－66562683

E-mail：bianjibu@zgtdkx.com

农业经济类综合性学术期刊。办刊宗旨：为全国的土地科技和土地管理事业服务，为土地科学学科建设和当前土地工作实践中遇到的理论问题进行讨论、研究服务。栏目设置有：土地法、土地管理、土地利用、土地经济、土地整理、学科建设、参考与借鉴、综述等。读者对象为我国土地管理、房地产开发经营和地价评估部门，以及农林牧渔业生产、工矿交通、城乡建设、环境保护等部门与土地专业相关的科技人员，特别是从事土地调查评价，土地规划、利用、整治、保护和土地信息等专业人员以及高校有关专业的师生。有英文目次与英文摘要。

中国现代文学研究丛刊 = Modern Chinese Literature Studies/中国现代文学馆．－北京：中国现代文学研究丛刊杂志社，1979－

双月刊　　16 开

ISSN 1003－0263　　CN 11－2589　　2－667

北京市朝阳区文学馆路 45 号（100029）

编辑部电话：010－84619062

E-mail：jhxu@wxg.org.cn

中国现代文学研究专业刊物。发表对中国现代文学的研究评论文章，包括文学运动、文学思潮、文学流派以及作家作品的研究分析。注重论文的学术性、科学性以及文学资料的发现和整理、研究。栏目设置：专题研究、文学史研究、作家作品研究、史料及其研究、书评、综述、动态等。读者对象为中国现代文学研究人员、高等院校师生、中等学校语文教师及文学爱好者。有英文目次。

中国心理卫生杂志 = Chinese Mental Health Journal/中国心理卫生协会. -北京：中国心理卫生杂志社，1987 -
月刊　　大 16 开
ISSN 1000 - 6729　　CN 11 - 1873　　82 - 316
北京市海淀区花园北路 51 号（100083）
编辑部电话：010 - 62010890
E-mail:cmhj@ bjmu. edu. cn

神经精神学、心理学类学术期刊。主要报道心理卫生科学领域新进展和新成果，涉及医学、心理学、社会学和教育学等范畴。主要刊登学术论著、研究生论文、调查研究、实验研究、临床报告、专座、综述、译文及国内外学术动态等。设有儿童、青少年、老年、妇女及其他群体的心理卫生、性心理、跨文化心理、应激与健康、生活质量研究、心理咨询与治疗 、心理评估与测量、心理教育等栏目。阅读对象包括各界从事心理卫生工作的中、高级专业人员。有英文目次和中英文内容摘要。

中国刑事法杂志 = Chinese Criminal Science/中国检察理论研究所，最高人民检察院检察理论研究所. -北京：《中国刑事法杂志》编辑部，1990 -
双月刊　　大 16 开
ISSN 1007 - 9017　　CN 11 - 3891　　82 - 815
北京市石景山区鲁谷西路 5 号（100040）
编辑部电话：010 - 68630197
E-mail:xsfzz@ 263. net

刑事法领域专业学术期刊。办刊宗旨：坚持以学术为重，以研究刑事法领域的前沿理论和司法实践中的突出问题为己任，突出理论性和实践性的有机结合。注重全面反映我国刑事法领域各个学科理论和实践研究的最新成果，及时提供国外刑事法律研究的重要成果以及立法、司法改革的最新动态。设有专论、刑法理论、诉讼理论、调查报告、犯罪预防、刑事起诉、刑事辩护、刑事审判、刑事执行、刑事证据、刑事技术、案例研究、国外刑事法制、个罪研究、犯罪预防等栏目。读者对象为司法实务工作人员，法律专家，司法部门研究人员，高等院校相关专业师生。有英文目次。

中国行政管理 = Chinese Public Administration/中国行政管理学会．－北京：中国行政管理杂志社，1985－

月刊　大 16 开

ISSN 1006－0863　CN 11－1145　82－447

北京市西城区西安门大街 22 号（100017）
编辑部电话：010－63099102
E-mail:cpa@mail.gov.cn

管理学综合性学术期刊。办刊宗旨：以学术为品质，繁荣行政管理科学；以应用为追求，推动行政管理实践；构建理论探索与政府发展互动的高智力平台，促进我国行政管理科学的恢复和发展，深化我国行政管理体制的改革实践。载文兼顾理论与实践，主要栏目设有：本刊特稿、机构与编制、行政与法制、绩效管理、应急管理、公共管理、公共政策、公共经济、人力资源、地方政府、非营利组织、电子政务、探索与争鸣、学术论坛等。读者对象广泛，包括高等院校、政府部门以及企事业单位的各级党政领导干部，国家公务员，大中型企业负责人和高级管理者，各级行政学院教学科研人员和领导干部，国外研究中国行政管理的大学、学术机构、咨询机构等的专家学者，中外各类外交机构和跨国公司在华企业的高级管理者，相关专业的广大师生等。有英文目次和中英文摘要。

中国音乐 = Chinese Music/中国音乐学院．－北京：《中国音乐》编辑部，1981－

季刊　大 16 开

ISSN 1002－9923　CN 11－1379　2－263

北京市朝阳区安翔路 1 号（100101）
编辑部电话：010－64887378
E-mail:bianjibu7378@163.com

音乐类学术期刊。以研究中国民族音乐为其特色，注重基础理论研究，反映国内民族音乐研究的最新成果，同时介绍国际音乐教育、民族音乐学等学科的论著。主要发表中国传统音乐研究、音乐教育理论研究、音乐表演艺术研究的文章。主要栏目有：民族音乐研究、音乐传播、音乐教育、中外音乐家及其作品研究、中国音乐史研究、中国音乐美学、表演艺术等。读者对象为：国内外音乐研究机构人员、音乐艺术院校师生、部分综合大学师生、专业音乐工作者、各级文化馆及非物质文化保护机构工作人员。有英文目次。

中国音乐学 = Musicology in China/中国艺术研究院音乐研究所. -北京：中国音乐学杂志社，1985 -
季刊　　16 开
ISSN 1003 - 0042　　CN 11 - 1316　　82 - 185
北京市朝阳区惠新北里甲 1 号（100029）
编辑部电话：010 - 64674046
E-mail:musicology@263.net

音乐专业学术刊物。主要发表民族音乐研究、中外音乐研究、中外音乐史、音乐美学、音乐评论、音乐形态学、音乐科技等学科的研究成果，反映国内外音乐学研究动态，对重要学术问题进行讨论。尤其关注当前人民群众在音乐生活领域遇到的紧迫问题和我国音乐学研究的历史与现状。辟有民族音乐研究、中外音乐研究、中外音乐史、音乐美学、音乐评论、音乐形态学、音乐科技等栏目。读者对象为国内外音乐理论研究工作者及音乐、艺术院校师生。有英文目次。

中国语文 = Chinese Languages and Writings/中国社会科学院语言研究所. -北京：中国语文杂志社，1952 -
双月刊　　16 开
ISSN 0578 - 1949　　CN 11 - 1053　　2 - 46
北京市建国门内大街 5 号（100732）
编辑部电话：010 - 85195375
E-mail:zgyw_yys@cass.org.cn

汉语语言专业学术性刊物。多年来坚持务实与创新相结合的办刊宗旨，主要刊登汉语现状、历史以及应用研究，语言理论、语言政策的研究，汉语教学、汉外对比研究，语言学和其他学科交叉课题的研究，汉字现状、历史以及应用调查和研究，语言文字著作的评论文章等。主要读者对象是语言工作者、大专院校中文专业师生、语文爱好者等。有英文目次和重要论文英文提要。

中国哲学史 = History of Chinese Philosophy/中国哲学史学会. -北京：哲学研究杂志社，1982 -
季刊　　大 16 开
ISSN 1005 - 0396　　CN 11 - 3042　　2 - 394
北京市建国门内大街 5 号（100732）

编辑部电话：010－85195527
E-mail：xf@ cass. net. cn

哲学专业学术期刊。主要刊登国内外中国哲学史研究的最新成果和其他有关哲学与传统文化方面有价值的学术论文，以及学术书评和学术札记等。主要栏目有：世纪回眸、中国哲学史方法论探讨、儒学研究、道家与道教、吕氏春秋、研究、史料辑佚和海外汉学等。读者对象为哲学研究工作者、大专院校哲学专业师生、哲学爱好者等。有英文目次和重要论文英文提要。

中南民族大学学报.人文社会科学版 = Journal of South-Central University for Nationalities. Humanities and Social Sciences/中南民族大学. －武汉：《中南民族大学学报》编辑部，1960－
双月刊　　大16开
ISSN 1672－433　　CN 42－1704　　38－97
湖北省武汉市武昌民院路5号（430074）
编辑部电话：027－67842094
E-mail：xuebao@ mail. scuec. edu. cn

民族学类综合性学术刊物。湖北省优秀期刊。以民族研究为主，兼顾其他学科，主要刊登有关我国南方民族研究方面的最新成果，具有学术性、知识性、民族性等特点。主要栏目有：哲学社会主义研究、民族理论与民族政策研究、民族法制建设研究、民族经济研究、西部大开发研究、民族学民族文化研究、民族史研究、民族文学研究、民族语文研究、民族高等教育研究等。此外还设专刊栏目，主要以邓小平理论研究、江泽民"三个代表"思想探讨、区域经济发展研究、西部大开发研究、旅游开发与管理研究、社会主义法治建设研究以及高校思想政治工作研究为主，兼顾其他。读者对象为民族研究工作者、高等院校师生。有英文目次和英文提要。

中山大学学报.社会科学版 = Journal of Sun Yat-Sen University. Social Science Edition/中山大学. －广州：《中山大学学报》编辑部，1955－
双月刊　　大16开
ISSN 1000－9639　　CN 44－1158　　46－14
广东省广州市新港西路135号（510275）
编辑部电话：020－84112070

E-mail:xuebaosk@ mail. sysu. edu. cn

人文社会科学综合性学术刊物。办刊宗旨：反映教学、科研最新成果；繁荣人类科学文化；培养高层次学术理论人才。注重发表人文社会科学基础理论的研究成果，内容包括文学、史学、哲学、人类学、社会学、经济学、政治学、法学等学科。近年来锐意改革，在原有以学科划分栏目的基础上，建立栏目主持人制度，开设了“经典与解释”、“近代中国的知识与制度”、“中山大学与现代中国”等特色栏目。读者对象为人文社会科学工作者、大专院校文科师生及部分社会人士。有英文目次和中文内容摘要。

中外法学 = Peking University Law Journal/北京大学法学院. －北京：北京大学《中外法学》编辑部，1978－

双月刊　　16 开

ISSN 1002－4875　　CN 11－2447　　2－204

北京市海淀区北京大学法学楼 5218 室（100871）

编辑部电话：010－62751689

E-mail:Journal@ Law. pku. edu. cn

法学学术性刊物。原名为《国外法学》，1989 年改为现刊名。办刊宗旨：在对西方法学思想的研究、介绍和翻译、丰富其法学研究视野的基础上，加强引导法学界对中国问题的研究，尤其是通过组织专题研究，以推动法学思想的发展和推动中国法学的发展和成长。栏目设置有：法学论坛、法治专论、法院春秋、问题与研究、立法研究、新学科、专题讨论、调查研究、笔谈会、中国人看外国法制、外国人看中国法制、欧美之页、东欧之页、曰本之页、东南亚之页、法制教育等。读者对象为法律研究人员、法律工作者，司法部门工作人员和高等院校法律专业教师、学生等。有英文目次。

中央财经大学学报 = Journal of Central University of Finance & Economics/中央财经大学. －北京：《中央财经大学学报》编辑部，1981－

月刊　　大 16 开

ISSN 1000－1549　　CN 11－3846　　82－950

北京市海淀区学院南路 39 号（100081）

编辑部电话：010－62288381

E-mail:zycjdxxb@ cufe. edu. cn

综合性经济理论刊物。曾用刊名《中央财政金融学院学报》。2002 年被评为全国百强学报，2006 年被评为百强社科学报。办刊宗旨：坚持为教学科研服务、为经济改革和经济发展服务，注重刊载国内优秀学者和有关部门领导人的研究文章，报道财经理论与实践相结合的学术论文，强调基础理论与实践应用相结合的重要意义。主要刊登财政、税收、金融、证券、保险、经济管理、财务、会计、审计等财经理论研究和实践方面的学术论文、课题研究成果、调研报告、会议综述等。长期设有“财政税收”、“金融证券”、“经济管理”、“会计审计”等栏目。读者对象为经济理论工作者、财经院校师生、经济部门的实际工作者和企业管理人员。有英文目次和中文摘要。

中央民族大学学报. 哲学社会科学版 = Journal of the Central University for Nationalities. Philosophy and Social Sciences Edition/中央民族大学． –北京：中央民族大学学报期刊社，1974 –

双月刊　　大 16 开

ISSN 1005 –8575　　CN 11 –3530　　2 –565

北京市海淀区中关村南大街 27 号（100081）

编辑部电话：010 –68933635

E-mail：zymdxb@ 163. com

民族学类综合性学术刊物。办刊方针：结合我国民族领域各学科特点，阐述党的民族政策，开展对少数民族社会形态、政治、经济、历史、哲学、语言、文学艺术、宗教信仰、生活习俗等方面的研究，发表有关少数民族研究的最新调查报告、学术资料和教学科研成果。主要栏目有：民族学、人类学、民族理论政策、国内外民族政策比较研究、民族经济、民族历史、民族语言文字、宗教与文化等。读者对象为民族学专业研究人员、高等院校相关学科师生。有英文目录和英文提要。

中央音乐学院学报 = Journal of the Central Conservatory of Music/中央音乐学院． –北京：《中央音乐学院学报》编辑部，1980 –

季刊　　16 开

ISSN 1001 –9871　　CN 11 –1183　　82 –41

北京市西城区鲍家街 43 号（100031）

编辑部电话：010 –66417541；66425731

E-mail：xbbjb@ ccom. edu. cn

音乐理论学术性刊物。办刊宗旨：致力于为广大读者推介关于音乐美学、表演艺术、民族音乐、外国音乐、古代音乐、音乐教育、音乐评论、作曲技术与创作理论研究等方面的文章。辟有音乐美学、中国音乐史、民族音乐、作曲技术理论、音乐心理学、西方音乐史、译文、音乐教学、学术批评、疑义相析、学术报道等栏目。读者对象为音乐院校师生、专业音乐工作者和音乐爱好者。有英文目次和中文内容摘要。

中原文物 = Cultural Relics of Central China/河南省博物院. －郑州：《中原文物》编辑部，1977－

双月刊　　16 开
ISSN 1003－1731　　CN 41－1012　　36－136

河南省郑州市农业路 8 号（450002）
编辑部电话：0371－63511062
E-mail：zywwbm@ 163. com

文博刊物。前身为《河南文博通讯》（1977～1980 年），1981 年改为现刊名。办刊宗旨：立足中原，面向国内外，弘扬民族优秀传统文化，繁荣学术；重点宣传党的文物法令和政策，宣传祖国灿烂的古代文化，反映河南省和中原地区的文物，博物馆工作动态，考古发掘收获及科研成果。主要板块栏目：本刊特稿、考古新发现、研究与探索、博物精华、鉴赏家园地、文物与科技、博物馆论坛、文物与旅游、书刊评介、文博信息。读者对象为文物考古工作者、大专院校师生及文物考古爱好者。

中州学刊 = Academic Journal of Zhongzhou/河南省社会科学院. －郑州：中州学刊杂志社，1979－

双月刊　　大 16 开
ISSN 1003－0751　　CN 41－1006　　36－118

河南省郑州市文化路 50 号（450002）
编辑部电话：0371－63836785
E-mail：zzxk1979@ 126. com

人文社会科学综合性学术刊物。以立足河南，面向全国，放眼世界，关注我国改革开放和现代化建设中的重大理论和实践问题，关注学术前沿问题，关注文章的思想性、学术性、原则性为办刊宗旨。刊载人文与社会科学研究的最新成果。载文内容以反映我国学术界的最新研究成果为主，涉及文、史、哲、政、经、法等基础学科。曾连续四届被评为河南省社科类优秀期刊，2001 年入选“中国期刊方阵·社科双效期刊”。主要栏目有：当代政治、党建热点、社会现象与社会问题研究、经济理论与实践、农业与农村经济、企业改革与管理、法学研究、伦理学研究、易学道家研究、宋明理学研究、历史研究、先秦文化研究、唐宋文学研究、现当代文学研究、文艺研究、语言·文字、新闻与传播·图书与情报等。读者对象为从事社会科学研究的工作人员、大专院校师生等。有英文目次和中文提要。

重庆大学学报. 社会科学版 = Journal of Chongqing University. Social Science Edition/重庆大学. －重庆：《重庆大学学报. 社会科学版》编辑部，1995 －
双月刊　　　　大 16 开
ISSN 1008 －5831　　CN 50 －1023　　78 －129
重庆市沙坪坝正街 174 号重庆大学（400044）
编辑部电话：023 －65102306
E-mail：CDSK@ chinajournal. net. cn；shekexeb@ cqu. edu. cn

人文社会科学综合性学术刊物。办刊宗旨：紧紧依靠重庆大学文科办学传统影响和现有社科研究实力及坚实雄厚的理工学科基础，加强科学与技术相结合，形成并巩固社会科学应用性研究的鲜明办刊特色。主要刊载涉及哲学、法律、中国经济、国际经济、贸易、金融、企业管理、社会学、心理学、文化、文学艺术、教育学、语言学、编辑学等领域的学术论文。读者对象为哲学社会科学研究人员及大专院校文科师生。有英文目次和论文中英文摘要。

重庆工商大学学报（西部论坛） = Journal of Chongqing Technology and Business University/重庆工商大学. －重庆：《重庆工商大学学报. 社会科学版》编辑部，1983 －
双月刊　　　　大 16 开
ISSN 1672 －0598　　CN 50 －1154　　78 －113
重庆市南岸区学府大道 19 号（400067）
编辑部电话：8623 －62769249
E-mail：xb@ ctbu. edu. cn

经济管理类学术刊物。原名《重庆商学院学报》，2003 年改名为《重庆工商大学学报（西部经济论坛）》，2004 年改用现刊名。办刊宗旨：秉承“求实、求是、求新、求精”的精神，理论联系实际，探讨前沿经济理论，研究中国经济，服务社会主义经济实践，促进经济管理理论创新；充分发挥地处重庆的区位优势，形成“站在西部看全国”的独特研究视角。主要栏目有：城乡统筹与区域发展、试验区探索、人口·资源·环境、西部研究、财政金融、对外经贸、产业经济、管理纵横、比较与借鉴、技术经济等。2001 年被国家新闻出版总署评为“中国期刊方阵·双效期刊”，2002 年、2006 年蝉联第二、三届“全国优秀社科学报”。读者对象为经济管理科研人员、教师、企业管理人员、公务员以及高校学生等。有英文目次和论文中英文摘要。

周易研究 = Studies of Zhouyi/山东大学，中国周易学会. －济南：《周易研究》编辑部，1988－

双月刊　　大 16 开

ISSN 1003－3882　　CN 37－1191　　24－087

山东省济南市山东大学东校区（250100）

编辑部电话：0531－88364829

E-mail：zhouyi@ sdu. edu. cn

易学研究刊物。办刊方针：既注重传统易学问题的研究以及出土易学文献的研究，又倡导易学与现代哲学、易学与管理学、易学与环境保护科学、易学与现代社会问题、易学与自然科学等相结合的多层次、多角度、多学科的交叉综合研究。主要栏目有：帛书与《周易》研究、经传与易学史研究、易学与哲学研究、易学与文化研究、易学与道家道教、易学与自然科学等。有英文目次和论文中英文摘要。

资源科学 = Resources Science/中国科学院自然资源综合考察委员会. －北京：《资源科学》编辑委员会，1977－

双月刊　　16 开

ISSN 1007－7588　　CN 11－3868　　82－4

北京市朝阳区大屯路甲 11 号（100101）

编辑部电话：010－64889446

E-mail：zykx@ igsnrr. ac. cn

综合性学术期刊。原名《自然资源》，1998 年改为现刊名。旨在报道资源科学领域（资源比较、资源调查、资源可持续利用；资源配置、资源安全；资源经济、资源政策、资源管理；人力资源；知识资源以及资源科学研究方法论）的前沿研究动态，介绍最新研究成果，刊登有创新价值的科技论文、综述报道、观点评论或争鸣、学科动态 、政策分析与管理建议等应用性或应用基础性文章。主要板块栏目：气候资源、土地资源、能源与矿产资源、资源经济、资源生态、资源信息。主要读者对象为从事自然资源、社会资源、资源管理与资源立法等学科领域的科研人员、管理人员和大专院校相关专业的师生。有英文目次。

自然辩证法通讯 = Journal of Dialectics of Nature/中国科学院研究生院. －北京：中国科学院自然辩证法通讯杂志社，1979 －

双月刊　　　　　　大 16 开

ISSN 1000 －0763　　　CN 11 －1518　　2 －281

北京市 4588 信箱中国科学院研究生院（100049）

编辑部电话：010 －88256007

E-mail：wangdm@ gucas. ac. cn

自然辩证法研究专业刊物。宗旨是联结自然科学、社会科学和人文科学，沟通科学文化和人文文化。刊登有关探索自然界和科学技术发展规律、讨论科学哲学、科学史方法论和科学思想史、研究科学技术对社会的影响和科技政策等方面的文章。栏目设置有：科学文化和技术文化、科学技术哲学、科学技术社会学、科学技术史、人物评传、科学前沿、问题讨论和学术信息等。读者对象为科学研究人员、管理人员、哲学、科学学研究人员等。有英文目次。

自然辩证法研究 = Studies in Dialectics of Nature/中国自然辩证法研究会. －北京：中国自然辩证法研究会编辑出版委员会，1985 －

月刊　　　　　　大 16 开

ISSN 1000 －8934　　　CN 11 －1649　　80 －519

北京市海淀区学院南路 86 号（100081）

编辑部电话：010 －62103265

E-mail：zrbzhf@ cast. org. cn

关于哲学和自然科学交叉、跨学科的哲学社会科学类学术刊物。研究自然哲学、科学哲学、技术哲学、科学方法论等理论问题，探讨当代科学、技术、经济与社会的相互关系，注重对最新国内外科学技术成果的哲学探索和对自然辩证法学科的基础理论的研究。主要栏目有：自然哲学、科学哲学、技术哲学、自然科学和技术中的哲学问题、科学技术与社会、科学技术史（科学思想史）、学科建设和教学研究等，同时通过“论坛”和“专题研究”聚焦热点问题。读者对象为哲学、理论、管理、科技工作者和自然辩证法专业教师以及关注该领域的研究人员。有英文目次。

宗教学研究 = Religious Studies/四川大学道教与宗教文化研究所．－成都：《宗教学研究》编辑部，1982－

季刊　　　　16 开

ISSN 1006－1312　　　　CN 51－1069

四川省成都市四川大学文科楼（610064）

编辑部电话：028－85412221

E-mail：zjxyjxu@ sohu. com

宗教研究专业学术刊物。办刊宗旨：立足宗教学术前沿，推动有中华民族特色的宗教学学术发展。载文内容突出中国道教研究特色，涉及宗教学理论、儒教、基督教（天主教）、伊斯兰教、中国民族民间宗教及其他宗教研究。主要栏目有：道教研究、儒教研究、基督教研究、少数民族宗教研究、宗教学理论与其他宗教研究、研究生论坛、书评与信息。读者对象为宗教研究人员、宗教事务工作者、教徒等。有英文目次和中文内容提要。

来源期刊简介

安徽师范大学学报. 人文社会科学版 = Journal of Anhui Normal University. Hummanities & Social Sciences/安徽师范大学. －芜湖：《安徽师范大学学报. 人文社会科学版》编辑部，1957－

双月刊　　大 16 开

ISSN 1001－2435　　CN 34－1041　　26－38

安徽省芜湖市北京东路 1 号（241000）

编辑部电话：0553－3869260

E-mail:ahsd@ chinajournal. net. cn

人文社会科学综合性学术刊物。以繁荣人文社会科学，鼓励理论创新，发现和培养人才，弘扬民族优秀传统文化，开展国际学术交流，促进教学科研与学科建设，推动物质文明、政治文明和精神文明建设为宗旨，力求形成文史见长，严谨求实的风格，体现师范特色、地方特色和时代特色。主要栏目有：科学发展观研究、诠释学、中国诗学、徽学、教育创新、道德建设、女性研究、马克思主义中国化研究。其中，诠释学、朱光潜宗白华美学思想研究、徽学研究成为在学术界有一定影响的特色研究栏目。

北方论丛 = The Northen Forum/哈尔滨师范大学. －哈尔滨：《北方论丛》编辑部，1959－

双月刊　　大 16 开

ISSN 1000－3541　　CN 23－1073　　14－60

黑龙江省哈尔滨市南岗区和兴路 50 号（150080）

编辑部电话：0451－88069646

E-mail:bflc@ vip. 163. com

人文社会科学综合性学术刊物。其前身为《哈尔滨师范学院学报（哲学社会科学版）》，1979 年改为现名。以为教学和科研服务、为繁荣学术服务、为社会主义精神文明建设服务为宗旨，开展不同学术观点的争鸣，重视黑龙江省历史和现状的理论研究，以文学、历史、教育研究为重点。主要栏目有：出土文献与中国文学、戏曲与小说、媒介文化批评、中国古代知识分子研究、现代性与马克思主义、科学技术哲学思想空间、史学博士论坛等。读者对象为人文社会科学研究人员及大专院校师生。

北方文物 = Northern Cultural Relics/北方文物杂志社．－哈尔滨：《北方文物》编辑部，1985－

季刊　　　　　　　　大 16 开

ISSN 1001－0483　　CN 23－1029　　14－78

黑龙江省哈尔滨市南岗区宣德街 44 号（150008）

编辑部电话：0451－82717994

E-mail：beifangwenwu@sina.com

文物、考古类期刊。办刊宗旨：坚持“双百”方针，以刊发研究北方民族的历史和考古的学术成果为己任，兼顾地方史和博物馆学，并报道东北亚国家在民族、考古学方面的最新信息和动态，推进东北亚国家在民族和考古学方面的研究，具有文物特色和地方特色。辟有文物考古发现及研究、民族史论、地方史志、博物馆学与研究、译文等栏目。以文物、考古、博物馆工作者及文物爱好者为读者对象。

北京第二外国语学院学报 = Journal of Beijing International Studies University/北京第二外国语大学．－北京：《北京第二外国语学院学报》编辑部，1979－

月刊　　　　　　　　大 16 开

ISSN 1003－6539　　CN 11－2802　　80－630

北京市朝阳区定福庄南里 1 号（100024）

编辑部电话：010－65778734

E-mail：ewxuebao@126.com（旅游版）；Hexuebao@126.com（外语版）

语言学类综合性学术刊物。办刊宗旨：为旅游事业和旅游教育事业及外语教育、教学与研究服务。登稿范围集中于“外语”及“旅游”两个学术领域。单月刊登：旅游产业发展研究、旅游理论、饭店管理、旅行社管理、旅游资源开发与管理、旅游产品与市场开发、旅游文化、旅游影响研究、政策法规。双月刊登：语言学、翻译学、外国文学、跨文化研究及外语教学等方面。读者对象为从事旅游、语言研究的研究人员，旅游从业人员，大专院校的教师、学生。

北京工业大学学报．社会科学版 = Journal of Beijing University of Technology. Social Sciences Edition/北京工业大学．－北京：《北京工业大学学报》编辑部，2001－

双月刊　　　　　　　大 16 开

ISSN 1671－0398　　CN 11－4558　　80－176

北京市朝阳区平乐园 100 号（100022）
编辑部电话：010 - 67392534
E-mail：xuebaosk@ bjut. edu. cn

人文社会科学综合性学术刊物。注重体现新世纪人文社会科学研究的特色，体现理、工、文的交叉、渗透与融合。注重学术性与创新性，广纳实践性与对策性的学术成果，提倡学术文采，使学科性与可读性并举，努力为北京及周边区域的经济、社会、文化服务。主要刊发社会、政治、经济、文化、教育等方面的学术论文和研究报告。主要栏目有：当代社会研究、经济与管理、哲学与政治、法律、文学与历史、教育理论与实践等。读者对象为高等院校教师、研究生及相关科研院所的研究人员。

北京交通大学学报. 社会科学版 = Journal of Beijing Jiaotong University. Social Sciences Edition/北京交通大学. - 北京：《北京交通大学学报. 社会科学版》编辑部，2002 -
季刊　　大 16 开
ISSN 1672 - 8106　　CN 11 - 5224
北京市海淀区西直门外上园村 3 号（100044）
编辑部电话：010 - 51682711
E-mail：bfxbsk@ center. njtu. edu. cn

人文社会科学综合性学术刊物。原名《北方交通大学学报（社会科学版）》。主要刊登人文社会科学和经济管理科学领域及文、理、工、管结合的交叉学科等方面的学术研究论文。主要栏目有：产业经济研究、物流研究、管理研究、哲学研究、德育研究、法学研究、语言文学研究、教育研究、旅游研究等。其中，物流研究、产业经济研究是重点建设的特色栏目。读者对象为文科高等院校师生及社会科学研究工作者。

北京社会科学 = Social Science of Beijing/北京市社会科学院. - 北京：《北京社会科学》编辑部，1986 -
双月刊　　16 开
ISSN 1002 - 3054　　CN 11 - 1105　　80 - 290
北京市朝阳区北四环中路 33 号（100101）
编辑部电话：010 - 64870591
E-mail：bjshkx@ 263. net

人文社会科学综合性学术刊物。注重对中国，特别是对北京在改革发展中遇到的现实问题和热点问题的研究，力求全面反映有关北京市的社会经济、人文历史等方面的学术研究成果。载文内容涉及哲学、文学、语言学、史学及经济、政治、社会学等。主要栏目有：哲学、经济学、科学社会主义、文学、北京史、社会与人口及法学等。读者对象为社会科学工作者、高等院校文科师生、党政机关工作人员。

编辑学刊 = Editors Monthly/上海市编辑学会. －上海：《编辑学刊》编辑部，1984－

双月刊　　大 16 开

ISSN 1007－3884　　CN 31－1116　　4－752

上海市绍兴路 74 号（200020）

编辑部电话：021－64740475

E-mail：bjxk@ sohu. com

研究出版方面的专业学术性刊物。以反映我国出版科学研究成果，繁荣出版编辑理论为宗旨，研究文化环境，探索出版规律，传播先进的编辑理念，宣传鲜活的出版成果。主要栏目有：人文讲坛、前沿观察、编海拾贝、人物速写、书海观潮和刊林采英等。读者对象：新闻从业人员、新闻院系师生、企事业单位宣传干部、广大通讯员。

编辑之友 = Editors' Friend/山西出版集团. －太原：《编辑之友》编辑部，1985－

双月刊　　大 16 开

ISSN 1003－6687　　CN 14－1066　　22－64

山西省太原市建设南路 15 号出版大厦（030012）

编辑部电话：035－4922194

E-mail：bianjizhiyou@ 126. com

编辑专业学术刊物。以倡导编辑科学研究，探索编辑工作规律，提高编辑队伍素质，促进出版事业发展为宗旨，刊登编辑出版理论研究方面的论文，介绍编辑出版工作经验。辟有专题访谈、出版研究、期刊探索、编辑教育、编辑札记等栏目。读者对象：编辑工作者及高校相关专业师生。

财经论丛 = Collected Essays on Finance and Economics/浙江财经学院. -浙江:《财经论丛》编辑部, 1985 -
双月刊　　大 16 开
ISSN 1004 -4892　　CN 33 -1154　　32 -27
浙江省杭州下沙高教园区学源街 18 号(310018)
编辑部电话: 0571 -87557169
E-mail:cjlc@ zufe. edu. cn

财经专业学术性刊物。坚持学术至上、精品是求的办刊宗旨,旨在宣传党和政府财政工作的方针、政策,探索社会主义市场经济条件下有关财政、税收、会计、金融、投资体制改革的理论,发表我国经济界最新成果论文。主要有区域经济、产业经济、民营经济、经济史、金融与保险、投资与证券、财政与税收、财务与会计、工商管理等栏目。读者对象为从事企业管理、行业管理、实际经济业务、理论研究、教学、经济决策、政策研究等工作的人员以及经济专业学习人员。

长白学刊 = Changbai Journal/中共吉林省委党校. -长春:《长白学刊》编辑部, 1985 -
双月刊　　大 16 开
ISSN 1003 -5478　　CN 22 -1009　　12 -119
吉林省长春市前进大街 1299 号(130012)
编辑部电话: 0431 -85885094
E-mail:jlcbxk@ 263. net

政治类学术刊物。以学术与宣传并举、理论与实践结合为办刊特色,以侧重研究和探讨在改革开放和建设中国特色社会主义过程中出现的重大理论和实践问题,努力把理论性、科学性、知识性、实践性融为一体为办刊方针。主要栏目有:哲学、政治、公共行政研究、法学、经济、社会问题研究、党建研究、历史、文化与教育、学术短论等。读者对象为社会科学工作者、教育工作者、大专院校文科师生。

长江流域资源与环境 = Resources and Environment in the Yangtze Basin/中国科学院资源环境科学技术局, 中国科学院武汉文献情报中心. -武汉:《长江流域资源与环境》编辑部, 1992 -
双月刊　　大 16 开

ISSN 1004 - 8227　　CN 42 - 1320　　38 - 311
湖北省武汉市武昌小洪山西区 25 号（430071）
编辑部电话：027 - 87198181
E-mail:bjb@ mail. whlib. ac. cn

研究长江流域人口、资源、环境问题的综合性学术刊物。立足长江流域，面向国内外，围绕长江流域的资源开发与利用保护、生态环境、社会经济可持续发展、河流流域综合管理、湖泊富营养化、湿地恢复与保护、自然灾害等重大问题，报道原创性的研究成果。辟有资源环境与社会可持续发展、自然资源、农业资源、生态环境、学术讨论与决策建议、动态信息等栏目。主要读者对象为从事资源与环境研究相关工作的科研人员、决策管理人员以及高等院校相关专业师生等。

成都大学学报. 社会科学版 = Journal of Chengdu University. Social Sciences/成都大学. - 成都：《成都大学学报》编辑部，1981 -

双月刊　　大 16 开

ISSN 1004 - 342X　　CN 51 - 1064
四川省成都市外东十陵镇（610106）
编辑部电话：028 - 84616023
E-mail:cddb@ chinajournal. net. cn

人文社会科学综合性学术刊物。办刊宗旨：立足地方经济、政治、文化和本校教学科研，突出创新意识，鼓励学术争鸣，培养新生代学术研究者，为校内外教职工、科研人员、学者专家提供学术科研的阵地。主要刊发以历史文化与地方特色为重点的学术性文章。先后开辟了政治理论、经济发展、巴蜀文化、三国与诸葛亮、蜀道论丛和教育研究等栏目。读者对象为人文社会科学研究人员及大专院校师生。

城市发展研究 = Urban Studies/中国城市科学研究会. - 北京：《城市发展研究》编辑部，1994 -

双月刊　　大 16 开

ISSN 1006 - 3862　　CN 11 - 3504　　82 - 74
北京市西城区百万庄建设部内（100835）
编辑部电话：010 - 58933972

E-mail:ebuds@263.net, sunyuwen05@sina.com

研究城市发展问题的专业学术期刊。旨在研究国家经济社会发展战略，在专家学者与决策者之间起到沟通的作用。主要刊载国内外城市科学研究成果，研究城市发展理论和城市发展趋势，就城市规划建设、管理以及城市总体发展方面的热点问题进行综述或展开讨论，报道学术动态和城市发展的成功实践经验，为促进我国城市的协调健康发展，进一步推动改革开放和科学技术的进步服务。主要栏目有：城市科学、城市发展理论前沿、城市规划、城市化、产业结构、城市生态、城市社会学、市长论坛。读者为各级决策者、城市科学研究人员。

出版发行研究 = Publishing Research/国家新闻出版总署，中国出版科学研究所. -北京：出版发行研究杂志社，1985 -

月刊　　　　　大16开

ISSN 1001 -9316　　　CN 11 -1537

北京市丰台区三路居路97号（100073）

编辑部电话：010 -51259130

E-mail:cbfx001@sohu.com

出版专业学术刊物。其前身为《出版与发行》，它是适应我国出版体制改革、总结出版工作的实践经验、开展出版学的理论研究、加强国内外学术交流、探索出版工作规律的需要而创办的。刊物以探索出版热点、研究出版理论为主，力求全方位服务于图书、期刊、音像制品及电子出版物的出版发行的各个领域，内容涵盖出版生产、出版管理、出版研究、出版教育等多个层面。主要栏目有：理论探索、改革论坛、编辑工作研究、期刊研究和网络出版等。

船山学刊 = CHUAN SHAN Journal/湖南省社会科学界联合会. -长沙：船山学刊杂志社，1915 -

季刊　　　　　大16开

ISSN 1004 -7387　　　CN 43 -1190　　42 -222

湖南省长沙市德雅路浏河村巷37号（410003）

编辑部电话：0731 -4220773

E-mail:csxkhn@126.com

哲学研究专业刊物。以船山思想研究为核心，以倡扬湖湘文化研究为主体，同时兼容儒、佛、道及中国传统学术文化研究。主要栏目有：船山思想研究、湖湘文化研究、传统文化研究、儒道佛思想研究、文学与历史、传统与现代化研究、中外文化比较研究、书评等。读者对象为历史、文化、宗教研究人员，大专院校师生。2002年获“第二届国家期刊奖百种重点社科期刊”称号。

辞书研究 = Lexicographical Studies/上海辞书出版社. －上海：《辞书研究》编辑部，1979－

双月刊　　大32开
ISSN 1000－6125　　CN 31－1077

上海市陕西北路457号（200040）
编辑部电话：021－62472088
E-mail:cishuyanjiu@163.com

辞书编纂与理论研究专业刊物。主要探讨辞书理论、总结字典词典、百科全书及其他工具书编纂的经验，介绍、评论中外工具书，开发辞书功能，指导辞书使用，讨论疑难字、词和新词语的确切释义，研究中外辞书编纂史及著名辞书编纂家生平等。主要刊登有关辞书编纂的理论研究和各种工具书编纂法研究的文章、评论。除论文专栏外，先后辟有辞、词典（书）研究、比较、杂谈、辞书评论、辞书教学与用户研究、辞书史与辞书学史、释义探讨、新词语新说等栏目。读者对象为辞书编纂研究人员、语言研究人员、社会科学工作者、文科院校师生。

当代法学 = Contemporary Law Review/吉林大学. －长春：《当代法学》编辑部，1987－

双月刊　　大16开
ISSN 1003－4781　　CN 22－1051　　12－342

吉林省长春市前进大街2699号（130012）
编辑部电话：0431－85166068
E-mail:ddfx@vip.163.com

法学研究专业刊物。旨在推动法学界开展多学科、多层次、多侧面的法学研究，努力探索中国社会主义法律建设的道路及其发展的客观规律，研究和回答在改革和四化建设中提出的重大法学理论问题和实际问题。主要栏目有：百家思潮、前沿探索、学科论要、新视界、方法钩玄、比较与借鉴、立法聚焦、实务求真等。读者对象为法学研究及法律工作者、政法院校师生等。

当代世界社会主义问题 = Issues of Contemporary World Socialism/山东大学当代社会主义研究所. －济南：《当代世界社会主义问题》编辑部，1984－

季刊　　16 开

ISSN 1001－5574　　CN 37－1065　　24－170

山东省济南市洪家楼 5 号（250100）

编辑部电话：0531－88375471

E-mail:csoc@ sdu. edu. cn

政治类学术刊物。原名《当代国外社会主义问题》（1984～1985）。以建设有中国特色社会主义的理论为指导思想，探讨社会主义建设的理论与实践问题，研究当代世界社会主义运动的重大课题，鼓励不同学术观点和流派的讨论商榷。主要栏目有：社会主义的历史与理论、苏联－俄罗斯、东欧研究、当代世界政治经济与社会主义、中国社会主义的理论与实践、学术探索与争鸣等。读者对象为社会主义理论研究人员、国际问题研究人员、党政有关部门领导干部和工作人员。

当代文坛 = Modern Literary Magazine/四川省作家协会. －成都：《当代文坛》编辑部，1982－

双月刊　　大 16 开

ISSN 1006－0820　　CN 51－1076　　62－173

四川省成都市锦江区红星路二段 85 号（610012）

编辑部电话：028－86740070

E-mail:dangdaiwentan@ sina. com

专业文学评论期刊。办刊宗旨：繁荣我国社会主义文学事业，丰富人民群众的文化生活，力求在内容上继续保持高品位，形式上更生动活泼，具有可读性。主要栏目有：名家论坛、自由评论、重写当代诗歌史、文坛关注、理论探索、创作研究、海外文坛、文坛回眸、文化与传媒、批评与阐释、网络文学之窗、影视画外音等。主要面向各大专院校中文系师生、各中小学校语文教研室老师、社会科学院文学所研究人员、专业作家、评论家和文学爱好者。

当代中国史研究 = Contemporary China History Studies/中国社会科学院当代中国研究所. －北京：当代中国史研究杂志社，1994－

双月刊　　16 开

ISSN 1005－4952　　CN 11－3200　　82－647

北京市西城区地安门西大街旌勇里 8 号（100009）
编辑部电话：010 -66572319
E-mail:ddzgs@ iccs. cn

历史研究专业学术刊物。以“研史通变，资政育人”为办刊方针，主要刊载中华人民共和国国史研究领域有价值的研究文献，相对固定的栏目主要包括：国史讲座、政治史、经济史、社会史、文化史、外交史、军事史、人物研究、国史札记、论点摘编、海外观察、国史研究篇目索引等。随机设置的栏目包括：本刊特稿、国史编年、调查与研究、重要文献、重大事件回顾、参考与借鉴、图书评介（或图书评议）、学术动态、地方史志研究等。

德国研究 = Deutschland - Studien/同济大学． - 上海：《德国研究》编辑部，1986 -

季刊 16 开

ISSN 1005 -4871 CN 31 -1661

上海市四平路 1239 号（200092）
编辑部电话：021 -65983997
E-mail:dgyj1234@ online. sh. cn

德国研究专业刊物。办刊宗旨：研究德国、介绍德国，促进中德两国人民之间的交流与了解，提高我国对德研究学术水平，为我国的改革、开放、经济建设服务。刊载有关研究德国政治、经济、外交、法律、历史、文化、教育等方面的论文。主要栏目有：政治、军事、经济、法律、文学、视点等栏目。读者对象为德国研究专业人员、外事工作者、高等院校有关专业师生。

地理研究 = Geographical Research/中国科学院地理科学与资源研究所． - 北京：《地理研究》编辑委员会，1982 -

双月刊 16 开

ISSN 1000 -0585 CN 11 -1848 2 -110

北京市朝阳区大屯路甲 11 号（100101）
编辑部电话：010 -64889584
E-mail:dlyj@ igsnrr. ac. cn

地理学学术理论期刊。以展示、交流中国地理科学研究的成果为办刊宗旨，主要刊载地理学及其分支和交叉学科具有创新意义的高水平论文，以及对地理学应用和发展有指导性的研究报告、专题综述与热点讨论等。辟有地理信息科学、地表过程研究、气候与全球变化、水文与水资源、环境与生态、经济与区域发展、城市与乡村、文化与旅游等栏目。读者对象为地理学及其相关学科的研究人员，大专院校师生。

地理与地理信息科学 = Geography and Geo-information Science/河北省地理科学研究所. －石家庄:《地理与地理信息科学》编辑部，1985－

双月刊　　大16开

ISSN 1672－0504　　CN 13－1330　　18－27

河北省石家庄市西大街94号（050011）

编辑部电话：0311－86054904

E-mail:dlxxkx@ vip. 163. com

地理类综合性学术期刊。原名《地理学与国土研究》。坚持面向经济建设，面向科研开发，重点反映地理学与地理信息科学的新理论、新技术、新方法、新成果。刊载内容涵盖理论地理学（部门地理学、区域地理学）和地理信息科学两大部分，侧重报道国家自然科学基金项目、国家重点实验室基金项目、国家科技攻关项目和国际合作项目的最新研究成果。主要栏目有：3S研究与应用、数字国土、环境与生态、区域经济、旅游开发、可持续发展研究、专题研究、地理学进展等。读者对象是从事地理和地理信息工作的研发人员。

东北亚论坛 = Northeast Asia Forum/吉林大学. －长春：《东北亚论坛》编辑部，1992－

双月刊　　大16开

ISSN 1003－7411　　CN 22－1180　　12－123

吉林省长春市前进大街2699号（130012）

编辑部电话：0431－85166392

E-mail:dbylt@ mail. jl. cn

政治类学术刊物。办刊宗旨：为研究东北亚区域合作与交流搭建平台，为研究东北亚各国及亚太地区经济、政治、文化及历史问题的专家学者开辟学术研究的新园地，为促进东北亚地区的国际合作与交流、经贸发展和友好往来服务。刊载有关东北亚地区政治、经济、国际关系方面的论文。主要栏目有：东北亚区域合作、东北亚政治、东北经济振兴、日本问题、韩国问题、俄罗斯问题、环渤海地区开发、东北亚历史与文化。读者对象为东北亚区域研究人员、外事工作者、高等院校有关专业师生。

东方论坛 = Oriental Forum/青岛大学. －青岛：东方论坛杂志社，1988－
双月刊　　大 16 开
ISSN 1005－7110　　CN 37－1216
山东省青岛市宁夏路 308 号（266071）
编辑部电话：0532－85953730
E-mail:DFLT@ chinajournal. net. cn

人文社会科学综合性学术刊物。原名《青岛大学学报（社会科学版）》，1992 年改用现刊名。在注重人文社会科学各领域的基础理论研究的同时，也关注社会实践中的热点问题。侧重发表社会科学各学科的研究论文、调查报告、札记、学术评论等文稿。除设有哲学、文学、经济学、历史学等方面的栏目外，还辟有东方文化、改革与发展、政策科学研究、东学西渐等有特色的专栏。主要读者对象为社会科学教学与研究者、高校学生、党政工作人员及其他社会科学爱好者。

东疆学刊 = Dongjiang Journal/延边大学. －延吉：延边大学《东疆学刊》编辑部，1984－
季刊　　大 16 开
ISSN 1002－2007　　CN 22－1162　　12－96
吉林省延吉市公园路 977 号（133002）
编辑部电话：0433－2733633
E-mail:djxkybu@ yahoo. com. cn

人文社会科学综合性学术刊物。主要研究东方各国观念形态的文化，如文学艺术、伦理道德、宗教、哲学、政治、法律制度、企业文化以及其他人文科学，侧重中朝韩日文化比较研究。设有东北亚文化研究、文学研究、教育学研究、艺术研究等主要栏目。曾获“全国百强期刊”称号。读者对象为从事东北亚社会科学及文化教育和世界各国文化教育研究的社会科学工作人员、大专院校师生等。

东南大学学报. 哲学社会科学版 = Journal of Southeast University. Philosophy and Social Science/东南大学. －南京：《东南大学学报. 哲学社会科学版》编辑部，1999－

双月刊　　大16开
ISSN 1671－511X　　CN 32－1517　　28－269
江苏省南京市四牌楼2号（210096）
编辑部电话：025－83791190
E-mail:skxbzf@seu.edu.cn

人文社会科学综合性学术刊物。报道该校最新科研成果，关注传统学科、基础理论研究，特别注重应用学科、边缘学科、新兴学科、学术史以及各学科之间的交叉渗透和综合研究，以推进学术研究与中国改革开放、现代化建设实际的结合。主要栏目有：社会主义与当代中国、伦理学与科技哲学、经济决策与企业管理、艺术学研究、社会与法制、文学与中国文化等。读者对象主要为高等院校有关师生、哲学社会科学专门研究机构和学术团体的理论工作者，以及热爱社会科学事业的各界人士。

东南文化 = Southeast Culture/南京博物院．－南京：南京博物院东南文化杂志社，1985－
双月刊　　大16开
ISSN 1001－179X　　CN 32－1096　　28－236
江苏省南京市中山东路321号（210016）
编辑部电话：025－84806201
E-mail:dnwh@chinajournal.net.cn

集历史研究、考古研究、民俗研究、艺术研究于一体的综合性学术期刊。以弘扬中国优秀传统文化为宗旨，以发表新史料和考古新发现为主体，以物质文史论为主线，尤其重视以考古新资料、新史料为基础所进行的传统文化研究成果，强调学术性、资料性与可读性的统一。主要读者对象：历史学、考古学、文化艺术、博物馆学等方面的研究者和爱好者，以及收藏爱好者。主要板块栏目：历史学、考古学、民俗学、博物馆学、文化史论、艺术史论、中外文化交流、文物研究、文物保护等。

杜甫研究学刊 = Journal of DU FU Studies/成都市杜甫研究学会．－成都：《杜甫研究学刊》编辑部，1981－
季刊　　16开
ISSN 1003－5702　　CN 51－1047

四川省成都市青华路 37 号杜甫草堂博物馆内（610072）
编辑部电话：028 - 87332291
E-mail：dfxk@ sina. com

杜甫研究专业刊物。办刊宗旨：以弘扬民族优秀文化为宗旨，宣扬杜甫爱国精神和人本思想，深入探讨杜诗艺术。刊载有关杜甫生平、杜甫思想、杜甫作品研究的论文，发表杜甫研究的有关史料。主要栏目有：中国杜甫研究、世界杜甫研究、杜甫生平研究、杜诗研究、杜甫文献研究、杜甫与其他诗人研究。读者对象为杜甫研究专业人员、古典文学研究人员、诗词爱好者、高等院校文学专业师生。

敦煌学辑刊 = Journal of Dunhuang Studies/兰州大学． - 兰州：《敦煌学辑刊》编辑部，1983 -
半年刊　　16 开
ISSN 1001 - 6252　　CN 62 - 1027
甘肃省兰州市兰州大学一分部衡山堂五楼（730020）
编辑部电话：0931 - 8913310
E-mail：dhxyjs@ lzu. edu. cn

研究敦煌学的学术期刊，主要发表敦煌吐鲁番学的学术研究论文及河西史地、中西交通与部分魏晋隋唐史方面的论文，促进敦煌学的研究，弘扬敦煌文化与祖国古代优秀文化遗产。辟有敦煌文献、佛教艺术、吐鲁番研究、敦煌语言文学、敦煌学史、河西史地等栏目。读者对象为文物、考古、博物馆工作者及文物爱好者。

俄罗斯文艺 = РУССКАЯ АИТЕРАТУРА И ИСКУССТВО/北京师范大学． - 北京：《俄罗斯文艺》编辑部，1980 -
季刊　　16 开
ISSN 1005 - 7684　　CN 11 - 5702　　2 - 541
北京市西城区新街口外大街 19 号（100875）
编辑部电话：010 - 58805352
E-mail：elsw@ chinajournal. net. cn

俄罗斯文学研究专业刊物。办刊宗旨：为广大读者介绍俄罗斯文学与文化思想，为俄苏文学与外国文学研究、教学工作者提供科研平台。刊载有关俄罗斯文学研究的论文、俄罗斯文学作品赏析等。主要栏目有：俄罗斯后现代主义文学、中国作家与俄罗斯文学、我的俄罗斯记忆、作品欣赏、新书架、特讯等。读者对象为俄罗斯文学研究人员、俄罗斯文学爱好者、高等院校文学专业师生。

俄罗斯研究 = Russian Studies/华东师范大学．－上海：《俄罗斯研究》编辑部，1982－

双月刊　　大 16 开

ISSN 1009－721X　　CN 31－1843

上海市中山北路 3663 号（200062）

编辑部电话：021－62233816

E-mail:russiastudies@ 163. net

俄罗斯研究专业刊物。以研究和介绍俄罗斯现状问题与信息为重点，反映国内外研究的最新成果，兼及历史、文化等领域和相关的东欧中亚研究。主要栏目有：专论、政治、社会、经济、国际关系、斯拉夫欧亚、苏联时期·苏共、历史·文化、书评和学术动态等。读者对象为从事俄罗斯、东欧问题研究的专家学者，各级决策部门，外事工作者等。

法律适用 = Journal of Law Application/国家法官学院．－北京：法律适用杂志社，1986－

月刊　　大 16 开

ISSN 1004－7884　　CN 11－3126

北京市通州区天成桥甲 1 号（101100）

编辑部电话：010－85259099

E-mail:flsy@ vip. sina. com

法学理论刊物。曾用刊名《学习与辅导》。立足于我国司法实践，研究重点案件审理中的新型、疑难、特殊法律问题，展示法官学术研究成果。辟有特别策划、权威访谈、问题探讨、学术前沿、案例评析、新法律、国外司法、法律适用信箱等栏目。读者为法官、检察官、律师及政法院校相关专业师生等。

佛山科学技术学院学报. 社会科学版 = Journal of Foshan University. Social Science Edition/佛山科学技术学院．－佛山：《佛山科学技术学院学报》编辑部，1983－

双月刊　　大 16 开
ISSN 1008－018X　　CN 44－1439
广东省佛山市江湾路（528000）
编辑部电话：0757－82982394
E-mail：edj@ fosu. edu. cn

人文社会科学综合性学术刊物。办刊宗旨：坚持社会主义方向，遵循“双百”方针，以学科创新性、应用性和地方性为特色，反映学校文科各科的教学和科研成果。主要栏目设有：哲学研究、经济学研究、历史学研究、文学研究、语言学研究、法学研究、心理学研究、佛山研究、教育学研究等。主要读者对象：各类专家、学者、政府和生产部门决策者、专业技术人员及高等院校师生。

福建师范大学学报. 哲学社会科学版 = Journal of Fujian Normal University. Philosophy and Social Scienecs Edition/福建师范大学. －福州：《福建师范大学学报》编辑部，1956－
双月刊　　大 16 开
ISSN 1000－5285　　CN 35－1016　　34－42
福建省福州市闽侯福建师大旗山校区（350108）
编辑部电话：0591－83465255
E-mail：ychen@ fjnu. edu. cn

人文社会科学综合性学术刊物。利用沿海开放和与台湾省毗邻的特殊人文地理环境的优势及该校理论经济学、中国文学、艺术学、专门史等优势学科的学术资源，设有哲学、经济学、文学艺术研究、语言文字学、历史学、教育学、心理学等专栏。近几年又开辟了“马克思主义理论与现实研究”、“闽台区域研究”、“修辞学大视野”三个重点栏目以及若干学术专题栏目。读者对象是从事社会科学研究的工作人员、大专院校师生等。

福州大学学报. 哲学社会科学版 = Journal of Fuzhou University. Philosophy and Social Sciences/福州大学. －福州：《福州大学学报. 哲学社会科学版》编辑部，1981－
双月刊　　大 16 开
ISSN 1002－3321　　CN 35－1048
福建省福州市工业路 523 号（350002）
编辑部电话：0591－87892444

E-mail:zsxb@fzu.edu.cn

人文社会科学综合性学术刊物。原名《福州大学学报（社会科学版）》。坚持人文社会科学的正确导向，遵循理论联系实际，学术结合时代的宗旨，立足本校，面向社会，展示开放型学术刊物的风采。主要栏目有：经济学、管理学研究、法学研究、政治学研究、文化研究、文学研究、社会学研究、外国语言文学研究、专题研究等。2002 年入选第二届“全国百强社科学报”。读者对象是从事社会科学研究的工作人员、大专院校师生等。

改革与战略 = Reformation and Strategy/广西壮族自治区社会科学界联合会. －南宁：《改革与战略》编辑部，1985－

月刊　　大 16 开

ISSN 1002－736X　　CN 45－1006　　48－47

广西南宁市思贤路绿塘里 1 号（530022）

编辑部电话：0771－5859720

E-mail:gxggyzl@163.com，ggyzlzz@163.com

经济综合类期刊。主要刊发学习、宣传、研究马克思主义的经济理论文章，特别是在改革与经济社会发展战略方面有独到见解的研究文章，以及与之有关的旅游、医院等行业经济管理、经济改革方面的文章。辟有经济与制度研究、战略与管理、金融财税研究、区域发展、农业与农村发展、产业对策研究、企业发展论坛、理论探讨等栏目。主要读者群是党政机关干部、大中专院校师生、经济管理人员、工商企业界人士和科研人员。

甘肃理论学刊 = Gansu Theory Research/中共甘肃省委党校. －兰州：《甘肃理论学刊》编辑部，1981－

双月刊　　大 16 开

ISSN 1003－4307　　CN 62－1002　　54－92

甘肃省兰州市安宁区健康路 6 号（730030）

编辑部电话：0931－7763608

E-mail:glxk@chinajournal.net.cn

政治类学术刊物。办刊宗旨：坚持把社会效益放在首位，紧密结合当前社会实际，营造良好的学术氛围，力求反映理论研究的新观点、新成果，研究和探讨改革开放中的热点、焦点问题，鼓励和提倡对当今社会人们普遍关注的重大现实问题进行探索与争鸣。侧重刊载研究和探讨中国改革开放中的热点、难点问题，探讨西部及甘肃经济与社会发展问题的文章。主要栏目有：中国改革开放三十年、政治广角、党的建设、哲学研究、社会学·人类学、经济理论与实践、马克思主义研究、毛泽东思想研究、历史纵横、调查研究。读者对象为理论研究、宣传、教育工作者，各级党政系统和企事业单位干部。

甘肃政法学院学报 = Journal of Gansu Political Science and Law Institute/甘肃政法学院. －兰州：《甘肃政法学院学报》编辑部，1985－

双月刊　　大 16 开

ISSN 1007－788X　　CN 62－1129　　54－95

甘肃省兰州市安宁路 6 号（730070）
编辑部电话：0931－7601471
E-mail：gszfxyxb@163. com，gszfxyxb@yahoo. com

法学研究专业刊物。第二、三届全国百强学报。办刊宗旨是：以法学、公安学研究为主，突出法学特色研究方向，立足学术前沿，积极倡导理论联系实际的学术风气，通过反映法学及其相关学科研究成果，为繁荣学术研究，为社会主义法治建设、经济建设及本院的学科建设服务。注重发表具有一定理论水平、学术水平和实践意义的论文，优先刊用具有真知灼见、说理充分、逻辑严密的文章。主要栏目：法学专论、法学探讨、法学与实践、青年法苑、公安研究、理论研究。读者对象为法学研究人员、政法院校师生等。

高等工程教育研究 = Research in Higher Education of Engineering/华中科技大学，中国工程院教育委员会，中国高等工程教育研究会，全国重点理工大学教学改革协作组. －武汉：《高等工程教育研究》编辑部，1983－

双月刊　　大 16 开

ISSN 1001－4233　　CN 42－1026　　38－106

湖北省武汉市武昌喻家山华中科技大学教科院（430074）
编辑部电话：027－87542950；027－87557574
E-mail：gangong@mail. hust. edu. cn

工程教育研究学术期刊。旨在探讨高等工程教育规律，反映研究成果，开展学术讨论，推动教育改革。常设栏目有：院士论坛、校长论坛、工程教育前沿、高等教育经济与政策、高等教育管理、学科与专业建设、院校发展研究、企业家论坛、国防高等工程教育、研究生教育、国际高等工程教育撷英、高职高专教育、教学工作研究。读者对象为高校师生、高教研究人员、高教管理的各级领导。

高校教育管理 = Journal of Higher Education Management/江苏大学. －镇江:《高校教育管理》编辑部, 2007 －

双月刊　　　　大 16 开

ISSN 1673 －8381　　　　CN 32 －1774

江苏省镇江市梦溪园巷 30 号 (212003)

编辑部电话: 0511 －84446013

E-mail:gxjygl@ 126. com

教育类学术期刊。办刊宗旨: 注重学术性、理论性、实用性, 以开放办刊的思想, 以坚持学术质量第一的办刊原则, 突出体现高等教育管理理论研究的办刊特色。刊载内容主要包括: (1) 高等教育管理研究; (2) 国内外高等教育管理研究; (3) 高校教师教育与人力资源管理研究; (4) 高校学生德育与管理研究; (5) 高校教务管理与行政管理研究。读者对象为高校教育工作者、行政管理人员、教育学专业教师和研究人员、研究生以及高等教育管理主管部门工作者。

高校理论战线 = Theoretical Front in Higher Education/教育部高等学校社会科学发展研究中心. －北京:《高校理论战线》编辑部, 1988 －

月刊　　　　大 16 开

ISSN 1002 －4409　　　　CN 11 －2814　　　　82 －419

北京市海淀区中关村大街 35 号 7 层 (100080)

编辑部电话: 010 －62514713

E-mail:gxllzx@ 263. net

政治类学术刊物。办刊宗旨: 联系实际, 开展理论研究和宣传, 反映高校理论研究和教学最新动向, 致力于我国哲学社会科学的发展和繁荣。刊载中外高等教育理论研究、应用研究等方面的论文。主要栏目有: 科学发展观研究、社科学人、文化纵论、思想政治教育研究、哲学与时代、历史与评论、国际论坛、社科论坛、社科动态等。读者对象为高等学校师生、高教研究人员和行政管理人员。

高校图书馆工作 = Library Work in Colleges and Universities/湖南省高等学校图书情报工作委员会. －长沙：高校图书馆工作杂志社，1981－

双月刊　　　　　　大 16 开
ISSN 1003－7845　　CN 43－1032

湖南省长沙市湖南大学图书馆内（410082）
编辑部电话：0731－8822267
E-mail:gtg@ hnu. cn

图书馆工作专业刊物。以“立足湖南、面向全国，着眼高校图书馆与公共图书馆和科研系统图书馆文苑相通”为宗旨，遵循理论与实践相结合的方针，总结交流中国高校图书馆学情报学研究成果，交流学术思想，探索高校图书馆工作规律。栏目有特稿、理论探讨、工作研究、馆长笔谈、馆员札记、专业教育与译丛、读者之友、访问记、图书馆与藏书介绍、资料室工作。读者对象为图书情报工作者和高等院校图书情报专业师生。

古籍整理研究学刊 = Journal of Ancient Books Collation and Studies/东北师范大学古籍整理研究所. －长春：《古籍整理研究学刊》编辑部，1985－

双月刊　　　　　　大 16 开
ISSN 1009－1017　　CN 22－1024

吉林省长春市人民大街 5268 号东北师大古籍所（130024）
编辑部电话：0431－5099771
E-mail:GUJS@ nenu. edu. cn

古籍整理研究学术性刊物。以反映古籍整理研究成果，交流工作经验，培养古籍整理人才，报道国内外古籍整理研究情况等为办刊宗旨。主要栏目设置：出土文献、版本研究、古籍研究、古籍今译谈、训诂、注释、校勘、佛教研究、古籍新书评介、文献与文化、海内外中国古籍研究信息，以及通讯报道等。读者对象为从事考古、文物、文献、历史研究的专家、学者和图书馆、资料室工作人员及有关专业教师、学生等。

古今农业 = Ancient and Modern Agriculture/中国农业博物馆. －北京：《古今农业》编辑部，1987－

季刊　　　　　　　16 开
ISSN 1672－2787　　CN 11－4997　　80－129

北京市朝阳区东三环北路16号（100125）
编辑部电话：010－65096052
E-mail:bjb@zgnybwg.com.cn

农史研究类期刊。中国农业博物馆馆刊。运用辩证唯物主义、历史唯物主义的方法研究中国农业历史和农业科技、经济、社会等方面的现实问题，同时刊载博物馆建设方面的研究文章。试图搭建一个贯通古今、兼及域外的农业历史与未来的学术平台，服务于中国的农业现代化建设事业。主要栏目：三农问题论坛、农业历史研究、农村社会史研究、农业经济史、农业民俗研究、国外农业史、古农书研究、农业国情研究等。

故宫博物院院刊 = Palace Museum Journal/故宫博物院．－北京：《故宫博物院院刊》编辑部，1958－

双月刊　　大16开

ISSN 0452－7402　　CN 11－1202　　2－241

北京市东城区景山前街故宫博物院（100009）
编辑部电话：010－85117377
E-mail:yuankan@gugong.sina.net

文物考古类学术期刊。以深入发掘故宫博物院丰富的文化内涵，努力推进中国宫廷学术研究、明清历史研究、中国古代建筑研究及历代艺术品研究为己任。主要发表有关故宫藏品研究的论文及研究成果，报道考古新发现及学术动态，介绍历代名家的书画作品和各种古玩、玉器、雕刻、瓷器作品及古建筑等。辟有书画研究、明清历史、古代工艺、古文字研究、古代建筑、古代陶瓷、古籍版本、帖文献、佛教造像、文物保护等栏目。读者对象为文物考古工作者、历史研究人员、博物馆工作人员及广大文物爱好者。

管理现代化 = Modernization of Management/中国管理现代化研究会．－北京：《管理现代化》编辑部，1981－

双月刊　　16开

ISSN 1003－1154　　CN 11－1403　　2－218

北京市朝阳区安华西里二区5号楼324室（100011）
编辑部电话：010－64249510
E-mail:glxdh@163.com

经济理论和管理类学术刊物。综述国内外宏观经济形势及走向，探讨中国实现管理现代化的途径，宣传与企业发展密切相关的经济政策与法规，介绍国内外现代化管理的经验和进展，普及管理知识，为深化改革提供急需的现代管理信息。栏目设置有：本刊特稿、宏观管理、企业天地、学者论坛、管理百科、管理探索、管理书架、管理前沿、管理改革回眸及热点追踪、海外之窗等。适合各级各类经济管理干部、管理人员、各级政府决策机构、研究机构、工业、农业、商业、科技、金融、财贸、交通、旅游、医疗机构及大专院校等各行各业关心中国经济管理发展的人士阅读。

管子学刊 = GUAN ZI Journal/齐文化研究院． －淄博：《管子学刊》编辑部，1987 －

双月刊　　　　　大16开

ISSN 1002 －3828　　CN 37 －1079

山东省淄博市张店区张周路12号（255049）

编辑部电话：0533 －2781654

E-mail:gzxk@ chinajournal. net. cn

管子研究、稷下学研究专业刊物。刊登有关中国古代思想史、齐史研究论文。主要栏目有：管子研究、稷下学研究、齐史研究、齐文化觅踪、古代学术思潮、文化比较研究、民风民俗、传统文化与生态、学术考辨、书评、动态。读者对象为中国哲学史、中国思想史、中国经济思想史、先秦历史专业研究人员。有英文目次。

广东教育学院学报 = Journal of Guangdong Education Institute/广东教育学院． －广州：《广东教育学院学报》编辑部，1981 －

双月刊　　　　　大16开

ISSN 1007 －8754　　CN 44 －1149

广东省广州市新港中路351号（510303）

编辑部电话：020 －34113278

E-mail:xb@ gdei. edu. cn

教育学学术理论刊物。发表各学科基础理论研究文章，尤其重视教育理论和实践、继续教育理论探索的研究成果，具有南方特色和继续教育研究特色。分社会科学和自然科学两种版本，1、2、4、6期为人文社会科学版，第3、5期为自然科学版。社会科学版栏目主要有：教育理论与实践、经济研究、文学研究、华文文学研究、文化研究、语言研究、思想政治研究、学术短论等。读者对象是教育行政管理部门工作人员，中小学校长、教师、教研人员和师范院校师生。

广东行政学院学报 = Journal of Guangdong Institute of Public Administration/广东行政学院. -广州:《广东行政学院学报》编辑部，1989 -
双月刊　　　　　　大 16 开
ISSN 1008 -4533　　CN 44 -1447
广东省广州市建设大马路 3 号（510050）
编辑部电话：020 -83122361
E-mail:gdxz@ chinajournal. net. cn

政治类学术刊物。办刊宗旨是：贯彻百家争鸣的方针，着力理论研究，突出实践应用，重点反映探索改革开放和中国特色社会主义公共行政的重大理论问题与实践问题的最新研究成果，力求办出行政院校特色和地方特色。刊载政治、法学、经济、社会、管理等学科领域的学术文章。主要栏目有：政治学研究、公共行政、体制改革研究、法制研究、经济与经济管理、方法论研究、社会纵横。读者对象为行政管理研究人员、社会科学工作者、大专院校文科师生。

广西大学学报. 哲学社会科学版 = Journal of Guangxi University. Philosophy and Social Science/广西大学. -南宁:《广西大学学报》编辑部，1979 -
双月刊　　　　　　大 16 开
ISSN 1001 -8182　　CN 45 -1070
广西南宁市秀灵路 13 号（530005）
编辑部电话：0771 -3239230
E-mail:nnt86@ gxu. edu. cn

人文社会科学综合性学术刊物。坚持党的基本路线，贯彻双百方针和理论与实际相结合的原则。努力提高学术质量，反映时代精神，兼顾地方特点，增强可读性。主要栏目有：东盟论坛、哲学、经济学、美学、文艺学、法学、社会学、语言文字学、教育学等。曾获“全国百强社科学报”称号。读者对象是从事社会科学研究的工作人员、大专院校师生等。

广西社会科学 = Guangxi Social Sciences/广西壮族自治区社会科学界联合会. -南宁：广西社会科学杂志社，1985 -

月刊　　大 16 开
ISSN 1004－6917　　CN 45－1185　　48－68
广西南宁市思贤路绿塘里 1 号（530022）
编辑部电话：0771－5868402
E-mail：gxshkx@163. com

人文社会科学综合性学术刊物。刊登具有开拓精神、富有创见的有关哲学、经济学、政治学、历史学、社会学、文学、教育学、法学等学术性、理论性和应用性文章，着重反映广西社会科学界各学会会员的学术成果。设有中共执政理论、民族学、广西论坛、哲学、经济学、法学、历史学、文学・艺术、语言学、政治・社会、文化・教育等栏目。曾获第四届、第五届“广西十佳社会科学期刊”称号。读者对象为从事社会科学研究的工作人员、大专院校师生等。

广西师范大学学报. 哲学社会科学版 = Journal of Guangxi Normal University. Philosophy and Social Sciences Edition/广西师范大学. －桂林：《广西师范大学学报》编辑部，1957－

双月刊　　大 16 开
ISSN 1001－6597　　CN 45－1066
广西桂林市育才路 15 号（541004）
编辑部电话：0773－5802521
E-mail：gxss@chinajournal. net. cn

人文社会科学综合性学术刊物。办刊宗旨：结合社会主义建设实际，开展哲学社会科学的学术理论研究。主要刊登哲学社会科学各专业领域里的学术研究论文和高校哲学社会科学研究成果。突出学术性、师范性和地方性特色。内容涉及哲学、经济学、法学、语言学、文学、教育学、历史学等方面。常设栏目有：经济法研究、政治学研究、美学研究、教育学研究、文学研究、语言研究、历史研究等。读者对象是从事社会科学研究的工作人员、大专院校师生等。

广州体育学院学报 = Journal of Guangzhou Physical Education Institute/广州体育学院. －广州：《广州体育学院学报》编辑部，1981－

双月刊　　大 16 开
ISSN 1007－323X　　CN 44－1129
广东省广州市广州大道中 1268 号（510500）

编辑部电话：020－61316730
E-mail：bjb5@163.com

综合性体育科学学术期刊。以反映广州体育学院教学、训练和科研成果为主，同时交流和传播国内外体育科研成果和科技信息，开展并进行学术讨论与争鸣，以广泛的学科涉及面和极强的学术论文实用性促进中国体育科研事业的发展。要求稿件应资料翔实、数据准确，具有创造性、科学性、实用性，优先刊发立论新颖、论据充分、数据可靠的文章。主要栏目有：体育社会科学、休闲体育、竞技体育、运动人体科学、民族传统体育、学校体育等。读者对象是高、中等学校体育教师、体育学院师生、体育科研工作者、教练员、运动员等。

贵州财经学院学报＝Journal of Guizhou College of Finance and Economics/贵州财经学院．－贵阳：《贵州财经学院学报》编辑部，1983－

双月刊　　大16开

ISSN 1003－6636　　CN 52－5009　　66－36

贵州省贵阳市鹿冲关路276号（550004）
编辑部电话：0851－6902525
E-mail：gz.cyxb@163.net

经济类学术期刊。办刊宗旨是：立足贵州，面向国内外，坚持为我国特别是我国中西部地区经济发展服务，为财经科学研究和财经教育服务。该刊不仅致力于中国社会主义经济理论和实践热点问题的宏观研究，更注重对中西部地区的贫困和发展问题进行多学科、多角度的深度探讨。主要栏目有：经济专论、贫困与发展、经济与人文、西部开发、贵州研究、农村经济，以及面向经济类本科学生的学子论坛专栏等。读者对象为财经理论研究者、政府财经部门工作人员、高等财经专业院校师生、实业界高级管理和企划人员。

贵州大学学报．社会科学版＝Journal of Guizhou University. Social Sciences/贵州大学．－贵阳：《贵州大学学报》编辑部，1942－

双月刊　　大16开

ISSN 1000－5099　　CN 52－5001　　66－34

贵州省贵阳市花溪贵州大学学报编辑部北区（550025）
编辑部电话：0851－3621708
E-mail：gdxbs@163.com

人文社会科学综合性学术刊物。办刊宗旨：以马列主义、毛泽东思想、邓小平理论和“三个代表”重要思想为指导，刊发哲学、政治学、经济学、法学、语言文学等领域的学术理论文章，全面反映贵州大学师生及国内外学者人文社会科学学术研究成果，为繁荣及促进社会的学术研究、促进贵州大学的教学和科研发挥积极作用。主要栏目有：法学与经济学研究、古代词赋研究、传统文化研究、西方文化研究、古典小说研究、《红楼梦》研究等。读者对象是从事社会科学研究的工作人员、大专院校师生等。

贵州教育学院学报. 社会科学版 = Journal of Guizhou Education Institute. Social Sciences Edition/贵州教育学院. －贵阳：《贵州教育学院学报》编辑部，1985－

月刊　　大16开

ISSN 1002－6983　　CN 52－5003　　66－49

贵州省贵阳市瑞金南路124号（550003）

编辑部电话：0851－5815817

E-mail:gzjyxyxb@sina.com.cn

以教育问题研究为主的综合性学术刊物。以坚持学术性、师范教育性为宗旨，集高教、基教、职教、成教研究为一体，从大教育角度探讨教育思想、教育理论和教育发展。分文科本和理科本，文科本辟有教育理论与实践、中学教育研究、普通高中新课改、教师教育、大学生论坛等特色栏目。读者对象为各级教育行政主管部门工作人员和广大校长、教师、教研人员等。

贵州民族学院学报. 哲学社会科学版 = Journal of Guizhou University for Ethnic Minorities. Philosophy and Social Sciences Edition/贵州民族学院. －贵阳：《贵州民族学院学报》编辑部，1981－

双月刊　　大16开

ISSN 1003－6644　　CN 52－1022　　66－44

贵州省贵阳市花溪区（550025）

编辑部电话：0851－3610314

E-mail:gzmzxyxb@163.com

民族学类综合性学术期刊。重视区位优势和学科优势，形成自己鲜明的特色，注重民族研究。主要刊登少数民族哲学研究、经济学研究、法律研究、历史学研究、文化研究、宗教研究、语言研究、文学研究、艺术等方面的研究论文及调查报告。辟有文化人类学研究、法学研究、社会学研究、经济学研究、艺术学研究、语言学研究、文学研究、体育学研究、高等教育研究、图书馆学研究等栏目。

贵州社会科学 = Social Sciences in Guizhou/贵州省社会科学院. －贵阳:《贵州社会科学》编辑委员会, 1980－

月刊　　大 16 开

ISSN 1002－6924　　CN 52－1005　　66－13

贵州省贵阳市梭石巷 95 号 (550002)

编辑部电话: 0851－5928568

E-mail: gzshkx@ 163. com

人文社会科学综合性学术刊物。主要刊载文学、史学、哲学、经济学、社会学、民族学、法学等学科的研究成果。内容涉及文、史、哲、法, 政治, 党建, 和谐社会与三个代表, 思想政治工作, 经济与管理, 图书情报, 教育与教学等。主要栏目: 社会主义精神文明建设、少数民族文化研究、城乡经济体制改革、地区经济发展战略研究、城乡经济体制改革、地区民族经济研究、社会学与社会改革、贵州近代史研究等。主要读者对象是哲学社会科学研究人员、大专院校师生、理论宣传工作干部以及广大哲学社会科学爱好者。

贵州师范大学学报. 社会科学版 = Journal of Guizhou Normal University. Social Science/贵州师范大学. －贵州:《贵州师范大学学报》编辑部, 1960－

双月刊　　大 16 开

ISSN 1001－733X　　CN 52－5005　　66－10

贵州省贵阳市宝山北路 116 号 (550001)

编辑部电话: 0851－6702106

E-mail: gzsdxb@ sohu. com

人文社会科学综合性学术刊物。前身是《贵阳师院学报》, 1985 年改为现刊名。注重选用具有较高学术、应用价值, 含有新观点、新材料、新方法, 追踪学术前沿及紧密联系社会现实的文章。设有国家社科基金项目专栏、传统知识与知识产权、亚太政经论丛、中亚研究、文艺美学与文学批评、教育课程与教学等特色栏目, 以及政治·哲学法律·经济与社会、历史与文化等专业栏目。全国百强社科学报及贵州省优秀社科学报。读者对象是从事社会科学研究的工作人员、大专院校师生等。

贵州文史丛刊 = Guizhou Culture and History/贵州省文史研究馆. －贵阳：《贵州文史丛刊》编辑部，1980 －

季刊　　16 开
ISSN 1000 －8705　　CN 52 －1004　　66 －18
贵州省贵阳市中华北路 119 号（550004）
编辑部电话：0851 －6826743
E-mail：gzwsck@ yahoo. com. cn

文史类专业学术期刊。遵循立足贵州，面向全国，坚持“百花齐放，百家争鸣”的方针，力求办出地方特色和时代特点，为社会主义物资和精神文明建设服务。该刊从文学、史学、哲学、宗教、科技、教育、民俗等方面研究中国历史文化，介绍贵州的人文地理、风俗民情，宣传贵州，了解世界。开辟栏目有：历史研究、古代思想史、近代史研究、历史人物研究、文学研究等。读者对象是民族研究专家、学者和民族工作部门的干部。

国际关系学院学报 = Journal of University of International Relations/国际关系学院. －北京：《国际关系学院学报》编辑部，1983 －

双月刊　　大 16 开
ISSN 1004 －3489　　CN 11 －1707
北京市海淀区坡上村 12 号（100091）
编辑部电话：010 －62861174
E-mail：ggxd@ uir. cn

政治类学术刊物。办刊宗旨：坚持四项基本原则，坚持“双百”方针，促进科研，加强学术交流，提高教学质量，为培养四有人才服务，为社会主义精神文明建设服务。刊载研究过去、当代国际关系和各个领域的理论与学术文章。主要栏目有：国际关系理论、国际政治、法学与国际法、国际文化与传播、教育教学等。读者对象为国际关系、国际问题研究人员，外事工作者，相关专业的高等院校师生。

国际商务（对外经济贸易大学学报） = International Business/对外经济贸易大学. －北京：国际商务杂志社，1987 －

双月刊　　大 16 开
ISSN 1002 - 4034　　CN 11 - 3645
北京市朝阳区惠新东街 12 号（100029）
编辑部电话：010 - 64492403

综合性经济理论刊物。以国际经济贸易为主要内容，注重对国内外重大理论全面展示国内外学者在国际贸易、经济学、金融、法律等领域的最新研究动态和科研成果。栏目设置有：国际贸易、经济学研究、金融科学、法律、管理学、国际投资、学术动态等。读者对象为从事经济贸易研究的专家学者、大专院校经济贸易系的师生、企业家和关注国内外经济贸易的人士。

国家检察官学院学报 = Journal of National Prosecutors College/国家检察官学院. - 北京：《国家检察官学院学报》编辑部，1993 -

双月刊　　大 16 开
ISSN 1004 - 9428　　CN 11 - 3194　　2 - 720
北京市昌平区百沙路 9 号（102206）
编辑部电话：010 - 61731662
E-mail：jcgxb@ vip. sina. com

法学研究专业刊物。坚持严谨务实的办刊风格，密切关注我国司法改革和检察事业的发展，着力推介法学前沿理论。主要栏目有：主题研讨、检察研究与改革巡礼、专题论文、域外检察、检察讲坛、检察业务专论和口述历史等。读者对象为法学界专家学者，公安、司法系统的各级领导干部，法官，检察官，律师及相关高等院校师生。

国家图书馆学刊 = Journal of the National Library of China/国家图书馆. - 北京：《国家图书馆学刊》编辑部，2000 -

季刊　　16 开
ISSN 1009 - 3125　　CN 11 - 4099　　18 - 251
北京市海淀区中关村南大街 33 号（100081）
编辑部电话：010 - 88545737
E-mail：gtxk@ nlc. gov. cn

图书馆和情报学专业学术期刊。办刊宗旨：坚持以图书馆学本体研究为主，关注国内外图书馆领域的动态，贴近工作实践和事业发展的前沿，突出理论和实践中重点和热点问题的研讨。结合信息时代的特点，文章内容尽量反映有关图书馆行业的世界高新科技、新型管理模式，以及本专业国内外最新学术成果和发展动态。栏目设置有：特稿、国家数字图书馆工程、国家馆纵横谈、图书馆学与图书馆工作、《中图法》及文献标引探讨、学界观察、他山之石等。读者对象为图书馆、资料室工作人员和研究人员，大专院校图书情报专业师生，从事图书情报专业的工作者。

国土资源科技管理 = Scientific and Technological Management of Land and Resources/国土资源部国际合作与科技司，成都理工大学. －成都：《国土资源科技管理》编辑部，1984－

双月刊　　　　　16 开

ISSN 1009－4210　　CN 51－1592　　62－171

四川省成都市二仙桥东三路 1 号（610059）

编辑部电话：010－84078996

E-mail：gzg@ cdut. edu. cn

以刊载土地、矿产、水、海洋等自然资源科技和管理研究成果为主的学术刊物。刊载内容包括：国土资源的方针政策与可持续发展战略研究；土地、矿产、海洋、农业、旅游等资源的规划，优化配置；资源开发的生态效益、经济效益以及环境保护；矿产、海洋和水资源的调查与评价；地质灾害与环境保护；国土资源的研究与国际合作；高新技术应用；科技体制与管理体制改革的探索；资源经济学的研究与企业发展策划；信息网络与管理知识；国内外国土资源管理动态与经验交流等。栏目设置：资源调查与评价、地学与资源研究、资源开发和保护、环境与地质灾害研究与管理、国土资源科技管理、信息与网络技术等。读者对象为土地、地矿、海洋、水利、测绘、农业、旅游等部门的各级领导、管理人员及大专院校和科研院所的研究人员。

国外理论动态 = Foreign Theoretical Trends/中共中央编译局. －北京：国外理论动态杂志社，1991－

月刊　　　　　16 开

ISSN 1674－1277　　CN 11－4507　　82－808

北京市西城区西斜街 36 号（100032）

编辑部电话：010－66509302
E-mail:lldongtai@ cctb. net

政治类学术刊物。主要介绍有关马克思主义、社会主义研究的新动向、新观点，反映国外当代世界政治、经济、文化等领域的新学派、新思潮。主要栏目有：专家访谈、理论前沿、中国研究、经济·社会、理论视野、短论选编等。读者对象为各级领导、社会科学研究人员、教育工作者、企业管理者、理论研究人员。

哈尔滨工业大学学报. 社会科学版 = Journal of Harbin Institute of Technology. Social Sciences Edition/哈尔滨工业大学. －哈尔滨：《哈尔滨工业大学学报. 社会科学版》编辑部，1999－

双月刊　　大16开

ISSN 1009－1971　　CN 23－1448　　14－307

黑龙江省哈尔滨市南岗区西大直街92号（150001）
编辑部电话：0451－86414389
E-mail:shekeban@ hit. edu. cn

人文社会科学综合性学术刊物。办刊宗旨为坚持四项基本原则，宣传党在人文社科领域的有关精神，展示当代人文社科方面的最新学术成果，为促进人文社科领域的学术交流和理论研究提供阵地，为繁荣我国社会主义初级阶段的理论研究服务，为提高该校师生和人文社科学界研究人员的理论研究水平服务。主要栏目有：科技史与科技哲学、国际政治、经济·管理、媒体与社会、城市理论与实践、新农村建设、法学、历史学、文学·美学等。读者对象是从事社会科学研究的工作人员、大专院校师生等。

海交史研究 = Maritime History Studies/中国海外交通史研究会，福建省泉州海外交通史博物馆. －泉州：《海交史研究》编辑委员会，1978－

半年刊　　16开

ISSN 1006－8384　　CN 35－1066

福建省泉州市东湖街泉州海外交通史博物馆5楼（362000）
编辑部电话：059－22104255
E-mail:zghjsyjh@ yahoo. com. cn

海外交通史研究专业性学术期刊，目前已为日本、美国、英国等欧美、亚洲国家以及台港澳地区的图书馆、学术机构所收藏。办刊宗旨是坚持用辩证唯物主义和历史唯物主义的史学观开展学术研究，着眼于历史，服务于现实，以海外交通史这一特殊的学术领域，团结全国海外交通史学界学者，开展中国古代海交史及相关学科的研究，弘扬中华民族悠久辉煌的海洋文明。刊文内容涵盖航海造船史、港口贸易史、中外关系史、科技文化交流史、外来宗教、海外移民、海交民俗、海交文献等诸多领域。

海南大学学报. 人文社会科学版 = Humanities & Social Sciences Journal of Hainan University/海南大学. －海口：《海南大学学报》编辑部，1983－

双月刊　　大16开

ISSN 1004－1710　　CN 46－1012　　84－4

海南省海口市人民大道海南大学（570228）

编辑部电话：0898－66279237

E-mail：xbbjb@hainu.edu.cn

人文社会科学综合性学术刊物。首届全国百强社科学报。办刊宗旨为坚持理论联系实际的原则和“双百”方针、“二为”方向，繁荣学术，促进教学与科研的发展。主要栏目有：海南研究、政治学、法学、语言学、经济学、语言文学、编辑出版学、高教研究等。读者对象是从事社会科学研究的工作人员、大专院校师生等。

海南师范大学学报. 社会科学版 = Journal of Hainan Normal University. Social Sciences/海南师范大学. －海口：《海南师范大学学报》编辑部，1987－

双月刊　　大16开

ISSN 1006－1053　　CN 46－1063　　84－2

海南省海口市龙昆南路99号（571158）

编辑部电话：0898－65883414

E-mail：hsxbwk@163.com

人文社会科学综合性学术刊物。原名《海南师范学院学报》。以现当代文学研究为主打栏目，开放办刊，特色明显，依托省级重点学科，广泛联系国内外现当代语言学研究界的有生力量，建立了稳固的作者队伍，注重发表学术性强、质量高的论文。主要栏目有：20世纪中国文学、文学新视角、新世纪小说研究、文学研究新著评价、比较文学与世界文学研究、海南当代文学研究、海南文史、艺术教育等。读者对象是从事社会科学研究的工作人员、大专院校师生等。

汉字文化 = Chinese Character Culture/北京国际汉字研究会. –北京:《汉字文化》编辑部, 1989 –

双月刊　　大 16 开

ISSN 1001 –0661　　CN 11 –2597　　82 –381

北京市海淀区阜成路 44 号院 8 号楼 3 层（100142）

编辑部电话：010 –88113535

E-mail:hanziwh@ yahoo. com. cn

语言学、汉语研究专业刊物。宗旨是宣传汉字汉语的科学性，推动对婴幼儿、小学、文盲、少数民族、外国人的科学的汉字教育，更新普通语言学理论，努力为提高人民的素质、开发人类智慧潜能作出贡献。刊载有关语言文字研究，特别是汉字汉语探讨研究的学术性文章。主要栏目有：语言文字大论坛、语言文字学术研究、讨论与争鸣、汉字与历史文化、转载、书评等。读者对象为语言学专业研究人员、汉语教学人员、语言学习爱好者。

杭州师范大学学报. 社会科学版 = Journal of Hangzhou Normal University. Social Sciences Edition/杭州师范大学. –杭州:《杭州师范大学学报》编辑部, 1979 –

双月刊　　大 16 开

ISSN 1674 –2338　　CN 33 –1347

浙江省杭州市下沙高教园区学林街 16 号（310036）

编辑部电话：0571 –28865870

E-mail:hsyxuebao@ hznu. edu. cn

人文社会科学综合性学术刊物。以提倡人文精神，促进人文社会科学研究为宗旨。主要为杭州师范大学师生的人文社会科学研究成果提供发表园地，同时适量采用外稿。先后设立长江三角洲城市社会与经济发展研究、中国社会与经济发展战略研究、中国当代社会问题研究、20 世纪学术回眸、现代性与中国文化传统、90 年代研究、当代小说讨论、21 世纪学术研究、21 世纪新儒学研究、影视艺术研究、语言及其应用研究、中外文化交流史研究、杭州研究专栏。读者对象是从事社会科学研究的工作人员、大专院校师生等。

和平与发展 = Peace and Development/和平与发展研究中心．－北京：《和平与发展》编辑部，1984－

季刊　　大16开
ISSN 1006－6241　　CN 11－3641

北京市海淀区马甸冠城园冠海大厦9层（100088）
编辑部电话：010－82009436
E-mail：hpyfz@263.net

国际问题研究综合性学术期刊。以研究当代现实问题为主，把当前国际热点问题和事件作为研究的切入点，透过表象，提示问题的实质，进行综合分析，从中把握国际形势的走向。主要发表当代国际政治、经济、社会等方面的分析文章和研究成果及信息资料，提供有价值的观点和论述，探讨国际形势，透视国际热点问题，融现实性、学术性为一体，题目广泛、内容丰富、学术性强。读者对象为国际问题研究方面专家、学者、有关部门领导和大专院校师生。

河北大学学报．哲学社会科学版 = Journal of Hebei University. Philosophy and Social Science/河北大学．－保定：《河北大学学报》编辑部，1960－

双月刊　　大16开
ISSN 1005－6378　　CN 13－1027　　18－52

河北省保定市五四东路180号（071002）
编辑部电话：0312－5079412
E-mail：xbs@mail.hbu

人文社会科学综合性学术刊物。主要刊登语言文学、历史、哲学、法学、教育学等方面的学术文章，特别是观点新颖、新鲜活泼的学术论文。主要栏目有：历史学研究、法学研究、哲学研究、语言学研究、经济管理学研究、文化研究等。另辟有“学术新论坛”、“短论”、“热点话题”、“论点撷英”等常设栏目。曾获“全国百强学报”、“河北十佳期刊”称号。读者对象是从事社会科学研究的工作人员、大专院校师生等。

河北法学 = Hebei Law Science/河北政法职业学院，河北省法学会．－石家庄：《河北法学》编辑部，1983－

月刊　　大16开
ISSN 1002－3933　　CN 13－1023　　18－68

河北省石家庄市学府路 41 号（050061）
编辑部电话：0311－87656088
E-mail：HBFX@ chinajournal. net. cn

法学研究专业刊物。侧重刊登理论与实践相结合、具有学术前瞻性的论文。内容涉及中国社会主义民主与法制建设中亟须解决的重大理论与实际问题等。辟有专论、专题、名家论坛、青年法学家、外国法学（欧盟法律研究、东盟法律研究、非洲法律研究）、法官检察官之窗、警官律师之页、中外法学书评等栏目。读者对象为法学研究人员、政法院校师生及立法、司法工作者。

河北经贸大学学报 = Journal of Hebei University of Economics and Trade/河北经贸大学．－石家庄：《河北经贸大学学报》编辑部，1980－

双月刊　　　　　大 16 开
ISSN 1007－2101　　CN 13－1207　　18－287

河北省石家庄市红旗大街 106 号（050061）
编辑部电话：0311－87655653
E-mail：jmxb7665829@ 163. com

以理论经济学为主的经济类学术期刊。办刊宗旨：立足河北，面向全国，推动该校教学、科研水平的不断提高，加强与兄弟院校的学术交流，为河北及全国的经济改革和建设服务。主要发表下列领域有创见的学术研究成果：理论经济学、宏观经济、中国经济问题、西方经济学、经济思想史、财政与金融、产业经济、工商管理、会计统计等。栏目设置有：理论经济学（包括西方经济学、政治经济学）、宏观经济、中国经济问题研究、学术争鸣、经济思想史、财政与金融、财务与会计研究、产业经济学、工商管理研究、京津冀经济圈研究、学术动态等。读者对象为经济学理论工作者和实践工作者，财经院校师生等。

河南教育学院学报. 哲学社会科学版 = Journal of Henan Institute of Education. Philosophy and Social Science/河南教育学院．－郑州：《河南教育学院学报》编辑部，1982－

双月刊　　　　　大 16 开
ISSN 1006－2920　　CN 41－1093

河南省郑州市纬五路 21 号（450014）
编辑部电话：0371－65682637

E-mail：xbbjb@ vip. 163. com

以教育问题研究为主的综合性学术刊物。办刊宗旨：理论联系实际，开展教育科学、学科基础理论、教学教法研究，以及针对当前教育界关注的热点问题和不同教育层次与领域的实践问题进行探讨，交流科研成果，促进学院教学、科研工作的发展。栏目设置有：教师教育、非物质文化遗产、当代美育、百年红学、现代文学、古代文学、人口与发展、体育经纬、心理学、法学、哲学、美学、艺术学、图书馆学等。适合师范院校，特别是成人师范院校的广大师生及中等学校教师、教育行政干部阅读。

河南省政法管理干部学院学报 = Journal of Henan Administrative Institute of Politics and Law/河南省政法管理干部学院. －郑州：《河南省政法管理干部学院学报》编辑部，1986－

双月刊　　大 16 开
ISSN 1008－6951　　CN 41－1291
河南省郑州市文化路 90 号（450002）
编辑部电话：0371－63927596
E-mail：hnzfxyxb@ vip. sina. com

法学研究专业刊物。秉承理论与实践相结合，注重思想性、学术性、理论性的办刊宗旨，及时反映法学领域国内外发展前沿状况，交流学术信息，推出具有创新性的法学研究成果。主要栏目：法学经纬、民生法学、域外法学、立法建议、法学博士生论坛、法苑夜话。主要读者对象为法学研究人员、执法人员、政法系统院校师生和政治理论工作者。

河南图书馆学刊 = The Library Journal of Henan/河南省图书馆学会，河南省图书馆. －郑州：《河南图书馆学刊》编辑部，1981－

双月刊　　大 16 开
ISSN 1003－1588　　CN 41－1013　　36－237
河南省郑州市嵩山南路 150 号河南省图书馆 6 楼（450052）
编辑部电话：0371－67181468
E-mail：hnlibj@ 163. net

图书馆学专业刊物。办刊宗旨：贯彻党的“百花齐放，百家争鸣”的方针，促进图书馆学理论研究、交流图书馆工作经验，普及图书馆知识。主要板块栏目：图书馆管理、改革、发展，图书馆现代化，文献与目录学研究，文献资源建设，读者服务工作，河南图书馆之窗，图书馆员，连续出版物管理与利用，图书馆建筑。主要读者对象：广大图书馆工作者和情报工作者。

黑龙江民族丛刊 = Heilongjiang National Series/黑龙江省民族研究所．–哈尔滨：黑龙江民族丛刊杂志社，1985 –

双月刊　　大 16 开

ISSN 1004 –4922　　CN 23 –1021　　14 –51

黑龙江省哈尔滨市动力区哈平路 186 号（150081）

编辑部电话：0451 –86660121

E-mail：nationalityy@ yahoo. com. cn

民族研究专业学术期刊。以交流民族工作经验，促进民族学研究为办刊宗旨。发表有关民族工作、民族理论、民族经济、民族教育、民族历史、民族学、民族风俗等方面的论文和信息，开展民族文学、民族语言等方面的研究。该刊的主要栏目有：民族工作研究、民族理论、民族经济、民族教育、民族学、民族文化研究等等。读者对象为民族学研究的专家、学者和民族工作者。

黑龙江社会科学 = Heilongjiang Social Sciences/黑龙江省社会科学院．–哈尔滨：黑龙江社会科学杂志社，1980 –

双月刊　　大 16 开

ISSN 1007 –4937　　CN 23 –1407　　14 –238

黑龙江省哈尔滨市南岗区联发街 62 号（150001）

编辑部电话：0451 –86217867

E-mail：hljss90@ 163. com

人文社会科学综合性学术刊物。前身为《国外社会科学学术情报》，1990 年改为《龙江社会科学》，1997 年变更为现刊名。坚持为社会科学事业发展服务的办刊宗旨，坚持原则性、学术性、时代性的办刊方针，在重视宏观理论和社会热点问题研究的同时，突出地方特色和应用研究。主要设有社会科学研究、马克思主义研究、邓小平理论研究、哲学研究、经济热点研究、文学评论、北方民族、法制建设、国有企业改革、今日东北亚和黑龙江研究等 20 多个栏目。读者对象为社会科学研究人员和大专院校师生等。

湖北民族学院学报. 哲学社会科学版 = Journal of Hubei University for Nation. Philosophy and Social Sciences Edition/湖北民族学院. －恩施：《湖北民族学院学报》编辑部，1982－

双月刊　　大 16 开

ISSN 1004－941X　　CN 42－1328

湖北省恩施市三孔桥湖北民族学院（445000）

编辑部电话：0718－8438535

E-mail：xbwk1@126.com

民族学类综合性学术期刊。本着“立足本土，涵泳自然，走向世界”的编辑思想，突出民族文化、民间文化特色。辟有土家族研究、民族社会研究、民族文化与非物质文化遗产保护、民族文化专题研究、民族生态与习惯法研究、文艺学研究、新闻传播与编辑学研究、中国化马克思主义研究、教育与行政管理研究、经济与社会发展研究等栏目。该刊在保持原有特色栏目的基础上还推出了“民族学研究”、“民族文化研究”、“文艺学与传播学研究”、“马克思主义研究”四个重点栏目。

湖北师范学院学报. 哲学社会科学版 = Journal of Hubei Normal University. Philosophy and Social Sciences/湖北师范学院. －黄石：《湖北师范学院学报》编辑部，1981－

双月刊　　大 16 开

ISSN 1009－4733　　CN 42－1606　　38－128

湖北省黄石市沈家营（435002）

编辑部电话：0714－6573612

E-mail：hbsx@chinajournal.net.cn

人文社会科学综合性学术刊物。办刊宗旨为坚持政治质量、学术质量并重，坚持依法办刊、开放办刊，坚持向名刊看齐、打造精品。主要依托该校作者，并广泛接纳海内外学人稿件，及时反映最新学术研究成果，激发理论探讨，培育学术新人，为该校学科建设服务，为繁荣我国哲学社会科学服务。设有哲学研究、政治、经济学研究、社会学研究、教育学研究、中国古代文学研究、中国现当代文学研究、外国文学研究、语言学研究、修辞学研究、新闻学研究、历史学研究、学术评论等栏目。读者对象是从事社会科学研究的工作人员、大专院校师生等。

湖北行政学院学报 = Journal of Hubei Administration Institute/中共湖北省委党校，湖北省行政学院. －武汉：《湖北行政学院学报》编辑部，1986－

双月刊　　大16开

ISSN 1671－7155　　CN 42－1653　　38－387

湖北省武汉市汉口万松园路18号（430022）

编辑部电话：027－59517114

E-mail:xbzqs@126.com

政治类学术刊物。办刊宗旨：坚持关注改革开放和现代化建设中重大的理论问题和实践问题，坚持理论的创新和发展，力求办成具有高学术水准的学术理论刊物。刊登政治学、法学、社会学、经济、历史、管理、文化、行政管理等方面的学术文章。主要栏目有：政治学研究、法学研究、社会学研究、经济研究、国家·社会·公民关系论坛、历史研究、管理研究、国际政治与经济、文化研究、学术综述。读者对象为大专院校师生、社会科学工作者。

湖南大学学报. 社会科学版 = Journal of Hunan University. Social Sciences/湖南大学. －长沙：《湖南大学学报. 社会科学版》编辑部，1987－

双月刊　　大16开

ISSN 1008－1763　　CN 43－1286　　41－181

湖南省长沙市岳麓山湖南大学期刊社（410082）

编辑部电话：0731－8822900

E-mail:hdwkxb@163.com

人文社会科学综合性学术刊物。坚持弘扬学术，追求真知，促进学科发展，坚持导向性、学术性、科学性、创新性的原则。主要反映湖南大学人文社会科学研究领域的学术成果，亦发表国内外同行专家学者的优秀学术论文。主要栏目有：岳麓书院与传统文化、管理科学、中国语言文学研究、外国语言文学研究、哲学与史学研究、新闻与传播、法学研究等。读者对象是从事社会科学研究的工作人员、大专院校师生等。

湖南科技大学学报. 社会科学版 = Journal of Hunan University of Science & Technology. Social Science Edition/湖南科技大学. －湘潭：湖南科技大学学报期刊社，1999－

双月刊　　大16开

ISSN 1672－7835　　CN 43－1436　　24－184

湖南省湘潭市湖南科技大学期刊社（411201）
编辑部电话：0732－8290354
E-mail：xuebao@ hnust. edu. cn

人文社会科学综合性学术刊物。坚持积极开展社会科学各领域的探索研究和学术交流，关注改革开放和现代化建设中的难点问题，倡导学术自由，鼓励开拓创新，贴近社会实践，倡导学术争鸣，深入理论前沿的办刊宗旨，致力于社会科学诸领域的探索研究与学术交流。辟有毛泽东研究、逻辑今探、哲学研究、经济透视、政法论苑、历史研究、教育纵横、文学研究等栏目，“毛泽东研究”是该刊特色专栏。2006 年荣获“全国百强社科学报”称号。

华东政法大学学报 = Journal of the East China University of Political Science and Law/华东政法大学. －上海：《华东政法大学学报》编辑部，1998－
双月刊　　16 开
ISSN 1008－4622　　CN 31－2005　　4－618
上海市万航渡路 1575 号（200042）
编辑部电话：021－62071670
E-mail：journal@ ecupl. edu. cn

以法学为主，其他学科为辅的法学理论刊物。原名《华东政法学院学报》。主要发表法学各领域的学术研究成果，包括对法学基础理论的研究，对中国法制建设、社会治安以及经济建设和改革中的法律问题的阐述，政法工作实践经验的总结研究、热点时评，国内外法学动态，同时兼顾政治学、社会学等学科的研究成果。主要栏目有：法学论坛、域外法苑、司法时评、热点笔谈、学思论说、社科探索、学术综述等。主要服务对象为：法学教师、法学院系学生、科研工作者、司法工作者、人文社科类学者等。

华南理工大学学报. 社会科学版 = Journal of South China University of Technology. Social Science Edition/华南理工大学. －广州：《华南理工大学学报. 社会科学版》编辑部，1999－
双月刊　　大 16 开
ISSN 1009－055X　　CN 44－1443
广东省广州市天河区五山路华南理工大学（510640）
编辑部电话：020－87110284

E-mail:stwhliu@ scut. edu. cn

人文社会科学综合性学术刊物。立足广东，面向全国，理论联系实际，积极反映人文、社会科学各领域在改革开放和现代化建设中理论与实践问题上的研究成果。主要刊载人文、社会科学领域，包括政治理论、哲学历史、经济管理、法律、语言文学、文化艺术、高等教育、编辑出版等方面的优秀学术研究论文。主要栏目有：时政热点问题研究、哲学研究、政治学、法学、社会学研究、历史学研究、经济学、管理学研究等。读者对象主要是人文社科工作者、高等院校有关教师、学生、党政干部以及企事业单位的管理干部和有关科研人员。

华南师范大学学报. 社会科学版 = Journal of South China Normal University. Social Science Edition/华南师范大学. －广州:《华南师范大学学报》编辑部，1956－

双月刊　　16 开
ISSN 1000－5455　　CN 44－1139　　46－72
广东省广州市石牌华南师范大学（510631）
编辑部电话：020－85211440
E-mail:xb03@ scnu. edu. cn

人文社会科学综合性学术刊物。主要刊登该校文科各系、所的教学和科研成果，突出学术性、地方性、师范性。注重对广东经济、特区经济问题的探讨，以及对广东党史任务介绍和华侨问题的研究，在哲学、经济学、中国古代近代文学、教育学、心理学、人文体育学等学科形成优势和特色。常设栏目有：哲学、政治学、经济学、语言学、文学、美学、文艺学、教育学、心理学、历史学、图书馆学、信息学、体育学、艺术学等。不定期栏目有：澳门研究、学术短论、书评、学术动态等。文学栏目板块以研究近代文学为重点，注重评介广东近代文学史上的重要任务及其著作。读者对象是从事社会科学研究的工作人员、大专院校师生等。

华侨大学学报. 哲学社会科学版 = Journal of Huaqiao University. Philosophy & Social Sciences/华侨大学. －泉州:《华侨大学学报. 哲学社会科学版》编辑部，1983－

季刊　　大 16 开
ISSN 1006－1398　　CN 35－1049
福建省泉州市华侨大学（362021）
编辑部电话：0595－22692431

E-mail:hdxbzsb@ hqu. edu. cn

人文社会科学综合性学术刊物。以报道该校的教育、科研成就及最新学术成果，促进校际和国际间学术交流为宗旨。主要刊登哲学、政治学、文学研究、法学、艺术学、海峡经济、华侨华人研究等方面的学术论文。辟有哲学研究、政治学研究、文学研究、法学研究、艺术研究、海峡经济研究、经济学研究、华侨华人研究等栏目。全国百强社科学报。读者对象是从事社会科学研究的工作人员、大专院校师生等。

华侨华人历史研究 = Overseas Chinese History Studies/中国华侨华人历史研究所 . －北京:《华侨华人历史研究》编辑部，1988 －

季刊　　16 开

ISSN 1002 －5162　　CN 11 －1158

北京市东城区北新桥三条甲 1 号（100007）
编辑部电话：010 －64018846
E-mail:hqhrlsyj2003@ yahoo. com. cn

专门研究华侨华人历史和现状的学术性刊物。主要研究华侨、华人的历史和现状，及时反映侨史研究成果，促进国内外的学术交流。从政治、经济、文化等各个角度对华侨华人问题进行全面的研究和探讨，是侨史研究者及侨务工作者的有益读物。主要栏目有：综合论述、专题研究、人物述评、译文园地、书评书介等。

吉林师范大学学报. 人文社会科学版 = Jilin Normal University Journal. Humanities & Social Science Edition/吉林师范大学 . －四平：《吉林师范大学学报》编辑部，1973 －

双月刊　　大 16 开

ISSN 1007 －5674　　CN 22 －1018

吉林省四平市铁西区海丰大街 1301 号（136000）
编辑部电话：0434 －3292015
E-mail:jlnu2015@ 163. com

人文社会科学综合性学术刊物。原名《松辽学刊》，2003 年改为现刊名。重视发展师范教育、教育心理研究、教育方面的新成果，坚持原则性与科学性统一的原则，提倡理论联系实际、实事求是的优良学风，以其师范性、地方性科学、服务性强为特点，为繁荣学术研究和社会主义科学文化事业服务。不定期开辟“中学校长论坛”、“吉林作家作品研究”专栏。常设栏目有：纪念专题、专题讨论、政治学研究、经济学研究、哲学研究、文学研究、语言文学研究、美学研究、东北史研究、图书馆学研究、教育学研究、心理学研究、教材教法研究、争鸣园地等。读者对象：海内外哲学、社会科学各学科领域的专家、学者，广大社会科学工作者和高等学校文科师生等。

吉首大学学报. 社会科学版 = Journal of Jishou University. Social Sciences Edition/吉首大学. －吉首：《吉首大学学报》编辑部，1980－
双月刊　　大16开
ISSN 1007－4074　　CN 43－1069
湖南省吉首市吉首大学西校区（416000）
编辑部电话：0743－8563684
E-mail:skxb@ vip. sina. com

人文社会科学综合性学术刊物。主要反映该校以及湘鄂渝黔在社会科学领域的最新研究成果，同时面向全国，优先刊载国内外知名专家、学者的学术成果。突出区域人文特色与个性。主要栏目有：伦理学研究、历史学研究、文学研究、经济学研究、政治学研究、法学研究、教育研究、语言·艺术研究、信息·情报研究等。首届、第二届全国百强社科学报。读者对象是从事社会科学研究的工作人员、大专院校师生等。

技术经济与管理研究 = Technoeconomics & Management Research/山西省人民政府发展研究中心. －太原：技术经济与管理研究杂志社，1980－
双月刊　　大16开
ISSN 1004－292x　　CN 14－1055　　22－56
山西省太原市水西关街26号（030002）
编辑部电话：0351－2021450
E-mail:jxjg@ vip. sina. com

面向生产和科研的学术性、普及性刊物。坚持以学术为主，对外开放，理论与实践相结合的办刊宗旨。介绍国内、国外技术经济与管理方面的研究成果与发展方向，交流产业结构宏观、微观方面的学术研究和工作经验，注重融入世界、融入全球经济一体化理念，提供学术咨询和工作指导等内容。主要栏目有：技术经济、技术创新、企业管理、公共管理、金融工程、产业经济、农村经济等。读者对象为各级政府经济管理部门、经济理论研究单位、大中型企业相关人员，大中专院校师生等。

建筑经济 = Construction Economy/亚太建设科技信息研究院，中国建筑设计研究院，中国建筑学会建筑经济分会. －北京：《建筑经济》编辑部，1980－

月刊　　大16开
ISSN 1002－851X　　CN 11－1326　　2－219
北京市西城区车公庄大街19号（100044）
编辑部电话：010－68302849
E-mail:jzjjdz@ cadg. cn

经济类综合性学术刊物。办刊宗旨：遵循理论与实践相结合的方针，注重刊物的政策性、权威性、指导性和前瞻性；刊载建筑经济理论研究成果，探讨建筑企业的经营管理，报道建筑领域相关市场主体执业实践和发展经验，为建筑行业的改革和发展服务。主要栏目板块：行业发展论坛、房地产经济、企业经营管理、研究探索、工程项目管理、建设投融资、造价管理、招标投标等。主要读者对象为各级政府及建筑业、房地产业的主管部门和建筑施工、房地产企业、勘察设计单位、科研院所、大专院校以及从事工程造价管理、建设监理、招标投标、工程咨询等部门的管理人员。

江汉大学学报. 人文科学版 = Journal of Jianghan University. Humanities Sciences/江汉大学. －武汉：《江汉大学学报》编辑部，1982－

双月刊　　大16开
ISSN 1006－6152　　CN 42－1389
湖北省武汉市经济技术开发区（430056）
编辑部电话：027－84225016
E-mail:xbbjb@ jhun. edu. cn

人文社会科学综合性学术刊物。以交流学术成果、发展学术事业、尊重学术名家、扶植学术新人为宗旨。主要展示该校学者的治学理念、治学成果和学科建设、学院发展的基本情况。主要栏目有：现当代诗学研究、环境哲学与生态美学研究、文学研究、语言研究、历史研究、新闻传播研究等。曾获“全国首届百强期刊”、“全国优秀社科学报”称号。读者对象是从事社会科学研究的工作人员、大专院校师生等。

江汉大学学报. 社会科学版 = Journal of Jianghan University. Social Sciences/江汉大学. －武汉：《江汉大学学报》编辑部，1983－

季刊　　　　　　　大 16 开

ISSN 1006－639X　　CN 42－1059

湖北省武汉市经济技术开发区（430056）

编辑部电话：027－84225016

E-mail:xbbjb@ jhun. edu. cn

人文社会科学综合性学术刊物。坚持贯彻“双百”方针，致力于繁荣社会主义文化，促进学术交流，为地方经济和社会发展作贡献。以刊载政治学、经济学、法学、管理学等社会科学类论文为主。主要栏目：政治学、教育学、经济学、武汉学研究、法学等。连续两届被评为全国优秀社科学报。读者对象是从事社会科学研究的工作人员、大专院校师生等。

江汉考古 = Jianghan Archaeology/湖北省文物考古研究所. －武汉：《江汉考古》编辑部，1980－

季刊　　　　　　　16 开

ISSN 1001－0327　　CN 42－1077　　38－72

湖北省武汉市东湖路天鹅村湖北省文物考古研究所（430077）

编辑部电话：027－86793389

E-mail:jhkg2728@ sina. com. cn

文物考古类学术期刊。坚持“百花齐放，百家争鸣”的办刊方针，立足长江、汉水流域，面向全国，积极报道长江中游及南方地区文物考古新发现、文物考古研究成果、楚文化研究、荆楚史地研究、简牍和与长江中游地区相关的古文字研究、文物保护的理论与实践、现代科技在考古学上的应用、古建保护与维修、馆藏文物的介绍与鉴定、国外考古学介绍与佳作译文、最新学术动态等。主要栏目有：考古发现、考古研究、科技考古、古文字研究、大遗址保护和信息交流等。主要读者对象：海内外文博专业工作者、史学工作者和爱好者。

江淮论坛 = Jianghuai Tribune/安徽省社会科学院．－合肥：江淮论坛杂志社，1958－

双月刊　　大 16 开

ISSN 1001－862X　　CN 34－1003　　26－14

安徽省合肥市卫岗社科大楼（230053）
编辑部电话：0551－3438336
E-mail：rwskjhlt@188.com

人文社会科学综合性学术刊物。办刊宗旨：立足安徽，面向全国和世界，发表多学科的理论研究文章，为两个文明建设服务，为繁荣学术、理论创新服务。着重研究社会主义建设中的理论问题和实践问题，注意开拓具有地方特色的研究课题。文章涵盖哲学、经济、政治、社会、文学等社会科学各主要学科。文章形式以论文为主，也发表调研报告、综述、书评等。文章内容以研究现当代问题为主，兼及学术史问题研究，也发表少量虽属冷僻但确有学术价值的文章（包括资料性的研究文章）。读者对象是从事社会科学研究的工作人员、大专院校师生等。

江苏教育学院学报. 社会科学版 = Journal of Jiangsu Institute of Education. Social Science Edition/江苏教育学院．－南京：《江苏教育学院学报》编辑部，1985－

双月刊　　大 16 开

ISSN 1671－1696　　CN 32－1082

江苏省南京市北京西路 77 号（210013）
编辑部电话：025－83758260
E-mail：xb3730821@jsie.edu.cn

以教育问题研究为主的综合性学术刊物。主要展示该院教学及科研成果，并反映江苏地区中学教育研究的成果，总结、展示、交流院内和中学的最新研究成果。主要栏目有：教师教育研究、高职研究、大学教学研究、教育史研究、政治经济研究、文学研究、外语研究、期刊研究、中等文科教育教学研究等。读者对象是从事社会科学研究的工作人员、大专院校师生等。

江苏警官学院学报 = Journal of Jiangsu Police Officer College/江苏警官学院．－南京：《江苏警官学院学报》编辑部，1986－

双月刊　　大 16 开

ISSN 1672－1020　　CN 32－1704

江苏省南京市安德门128号（210012）
编辑部电话：025－52881634
E-mail:xbtg@jpi.gov.cn

法学研究专业刊物。注重学术质量，倡导学术规范，围绕警事和相关法学，从多种理论角度研究分析有关法、法律、法制、法治、治安、警事、公安等方面的社会问题或学术问题。设有刑事法研究、宪法行政研究、民商法研究、政治理论研究、法史研究、社会治安研究、犯罪学研究、警事学研究、侦察学研究、公安工作研究、警事科技探索、警事教育研究等栏目。读者对象为法学及相关学科研究人员，公安、检察、法院等部门政法工作者。

江苏行政学院学报 = The Journal Jiangsu Administration Institute/江苏行政学院．－南京：《江苏行政学院学报》编辑部，2001－
双月刊　　大16开
ISSN 1009－8860　　CN 32－1562　　28－278
江苏省南京市建邺路168号（210004）
编辑部电话：025－84200709
E-mail:jsxyxb@263.net

政治类学术刊物。办刊宗旨：为中国的社会转型或文化转型提供理论支持，为中国的改革开放和现代化事业进行学术奠基。从学术的角度研究现实问题，力求以宏观的批判的眼光审视中国现代化进程中重大的学术理论问题。设马克思主义中国化研究、哲学研究、文化研究、经济学研究、社会学研究、政治学研究、行政学研究、法学研究、文学研究、历史研究等栏目。读者对象为行政管理研究人员、社会科学工作者、大专院校文科师生。

江西财经大学学报 = Journal of Jiangxi University of Finance and Economics/江西财经大学．－南昌：《江西财经大学学报》编辑部，1999－
双月刊　　大16开
ISSN 1008－2972　　CN 36－1224　　44－107
江西省南昌市庐山中大道（330013）
编辑部电话：0791－3816904
E-mail:cfe@jxufe.edu.cn

以探讨经济问题为主的学术刊物。以“立足理论前沿，传播科研成果，繁荣学术研究，服务学科建设”为办刊宗旨，强调学术质量为首要用稿标准，突出理论深度和创新意识；坚持在理论经济学、应用经济学、管理科学、经济文化等方面突出学科优势；注重在马克思主义理论、法学、新闻传播、经济史等领域的探讨；注重突出自己的办刊特色和推动新学科（新基地）建设，提携学术新人。栏目设置有：经济与管理、商业保险与社会保障、“三农”问题研究、经济史、文史哲、法学研究、旅游经济等。读者对象为经济理论研究者和实际工作者，经济院校师生等。

江西教育学院学报 = Journal of Jiangxi Institute of Education/江西教育学院. －南昌：《江西教育学院学报》编辑部，1980 －

双月刊　　　　大 16 开
ISSN 1005 －3638　　CN 36 －1031　　44 －63
江西省南昌市学院路 158 号（330029）
编辑部电话：0791 －8183280
E-mail：xuebao12345@ vip. sina. com

教育学学术理论刊物。主要刊登与成人高等师范教育所设各学科相关的学术性论文，以及中学教育教学研究成果，注重创新，以学术性、师范性、综合性为主要特色，以推动科研、扩大交流、繁荣学术，促进教育质量的提高。主要栏目：语言文学艺术、政治经济、哲学、历史地理、教育学等。读者对象为各级教育行政主管部门工作人员和广大校长、教师、教研人员等。

江西师范大学学报. 哲学社会科学版 = Journal of Jiangxi Normal University. Philosophy and Social Sciences Edition/江西师范大学. －南昌：江西师范大学学报杂志社，1957 －

双月刊　　　　大 16 开
ISSN 1000 －579X　　CN 36 －1025　　44 －24
江西省南昌市北京西路 437 号（330027）
编辑部电话：0791 －8506185
E-mail：xb8506185@ 126. com

人文社会科学综合性学术刊物。坚持“二为”方向，强调学术品位，注重对当代重大实践和理论问题的探讨，突出理论研究的思想性、前瞻性、地域性、师范性、创新性、可读性，尤其重视人文科学的基础理论和新兴学科的研究。主要刊登哲学、政治学、法学、文学、语言学、史学、教育学、心理学等学科的学术论文。主要栏目有：伦理学、法律探讨、当代中国政治、语言文字、文学艺术、江西学人学术、史学新证、社会学研究、教育教学研究等。读者对象是从事社会科学研究的工作人员、大专院校师生等。

江西图书馆学刊 = The Journal of the Library Science in Jiangxi/江西省图书馆学会，江西省图书馆. －南昌：《江西图书馆学刊》编辑部，1971－

季刊　　大16开

ISSN 1003－725X　　CN 36－1150　　44－106

江西省南昌市洪都北大道198号（330077）

编辑部电话：0791－8521034

E-mail:jxts@chinajournal.net.cn

图书馆学专业期刊。办刊宗旨：贯彻“二为”方针，立足该省，面向全国，交流图书馆工作经验，深化图书馆学、情报学、目录学、信息学等学科的理论研究，加速图书馆工作现代化及图书馆网络化建设。辟有资源建设等十多个图书馆学、情报学、信息学和目录学的栏目，适合广大图书情报工作者和图情专业学生阅读。

教育评论 = Education Review/福建省教育科学研究所，福建省教育学会. －福州：教育评论杂志社，1985－

双月刊　　大16开

ISSN 1004－1109　　CN 35－1015　　34－52

福建省福州市五四路217号（350003）

编辑部电话：0591－3781440

E-mail:jiaoyupinglun@163.com

教育学理论刊物。以鼓励学术探讨和学术争鸣为宗旨，通过发表优秀科研成果，促进教育理论与实践的研究，推动教育事业的健康发展。侧重报道国内外教育科研新成果和教育改革的新动态。主要栏目有：教育思想、教育理论研究、新视点、学人与中国文化、教学及管理、教育纵横谈、区域教育、教育史苑、外国教育、学术论坛、学术综述。读者对象为教育科学研究人员、各级各类教育管理工作者、师范院校师生等。

教育学报 = Journal of Educational Studies/北京师范大学. －北京:《教育学报》编辑部，1988 －

双月刊　　　　大 16 开

ISSN 1673 －1298　　CN 11 －5306　　82 －669

北京市西城区新街口外大街 19 号，北京师范大学教育学院（英东楼 624，626 房间）（100875）

编辑部电话：010 －58805288

E-mail:jiaoyuxb@ 126. com

教育学理论刊物。原名《学科教育》。以“拥有国际视野、关注本土教育；注重学术规范、提倡原创研究”为办刊原则。主要刊登反映中国教育发展的重要理论和实践问题的调查报告、实验报告，对特定时期国内外教育理论研究进行回顾、总结和前瞻的研究成果，有学术品位的教育经典和新教育图书评论等，依此宣传国家有关基础教育改革与发展的方针、政策，交流各地的教学改革成果，研究中小学学科教育的规律。主要服务于国内外教育理论研究者、教育行政管理者、教育教学实际工作者及关注教育理论问题的各界人士。

解放军外国语学院学报 = Journal of PLA University of Foreign Languages/解放军外国语学院. －洛阳:《解放军外国语学院学报》编辑部，1978 －

双月刊　　　　大 16 开

ISSN 1002 －722X　　CN 41 －1164　　36 －212

河南省洛阳市广文路解放军外国语学院（471003）

编辑部电话：0379 －64543520

E-mail:jfjw@ chinajournal. net. cn

语言学类综合性学术刊物。办刊宗旨：以尊重科学、理论联系实际、繁荣学术、促进中国外语教学为己任。刊登英、日、俄语及非通用语种的语言、文学、文化和相应的中外对比研究的学术论文。主要栏目有：语言与语言学研究、外语教学研究、翻译研究、外国文学与文化研究、词典研究、专国研究。读者对象为外语研究人员、语言学习与应用语言学的研究人员、外语教学人员、学生等。

金融理论与实践 = Financial Theory and Practice/中国人民银行郑州中心支行，河南省金融学会. －郑州:《金融理论与实践》编辑部，1979 －

月刊　　　　大 16 开

ISSN 1003－4625　　CN 41－1078　　36－160
河南省郑州市丰产路55号（450002）
编辑部电话：0371－65799777
E-mail:JRLS@chinajournal.net.cn

金融研究类专业学术期刊。原名为《河南金融研究》，1985年更改为现名。办刊宗旨：探索发展金融理论，服务金融改革实践，拓展金融业务领域，反映金融运行信息，展示金融科研成果，培养金融科研人才；立足金融，面向社会，融各类金融理论与实务为一体。栏目设置有：理论探索，金融改革，金融观察，行长论坛，问题探索，证券市场，参考与借鉴，保险研究，工作论坛，区域金融，金融论坛等。读者对象为金融理论工作者，证券从业人员，经济院校师生等。

金融与经济 = Finance and Economy/江西省金融学会．－南昌：《金融与经济》编辑部，1980－

月刊　　大16开

ISSN 1006－169X　　CN 36－1005　　44－67
江西省南昌市铁街25号中国人民银行南昌中心之行（330008）
编辑部电话：0791－6613977
E-mail:jjyanjiu@sina.com

金融研究类专业学术期刊。探索金融经济理论，交流金融科研成果，报道国际金融动态。设有经济研究、理论探讨、银行与企业、农村金融、调查与思考、保险之窗、精神文明建设、工作研究、金融体制改革、金融市场、信贷管理、金融监管、经营管理、国际金融、外汇管理等栏目。读者对象为金融系统工作者及高等院校相关专业师生。

晋图学刊 = Shanxi Library Journal/山西省高等学校图书情报工作委员会，山西省图书馆．－太原：《晋图学刊》编辑部，1985－

双月刊　　大16开

ISSN 1004－1680　　CN 14－1022
山西省太原市坞城路92号山西大学图书馆（030006）
编辑部电话：0351－7010655
E-mail:jtxk@sxu.edu.cn

图书馆学研究专业期刊。旨在传达贯彻党和国家有关图书馆的指示精神，重点指导省内高校图书馆事业的不断发展，并就图书馆学、目录学、情报学、图书馆现代化建设等方面进行研究。着重探讨图书、资料、情报工作中提出的各种理论、方法、技术等问题。主要栏目：文献信息数字化、理论研究、实践研究和综述·评介等。

晋阳学刊 = Academic Journal of Jinyang/山西省社会科学院. －太原：《晋阳学刊》编辑部，1980－

双月刊　　大16开

ISSN 1000－2987　　CN 14－1057　　22－48

山西省太原市并州南路116号（030006）

编辑部电话：0351－5691856

E-mail:jyxk369@ sina. com

人文社会科学综合性学术刊物。以发表人文学科研究成果为主，尤以文史哲为主，兼及社会科学其他学科。办刊宗旨：坚持四项基本原则，提倡理论联系实际，注重新兴学科和新的研究成果，包括现代外国学术成就；坚持"双百"方针，提倡严谨的学风和朴实的文风，所发文章力求真知灼见。主要栏目有：当代学术问题与学者访谈、政治理论研究、晋文化研讨、经济学研究、人学研究、社会调查与研究、哲学研究、历史学研究、文学研究、法学研究等。读者对象为国内外人文社会科学研究机构，高校社会科学体系，图书馆等有关科研人员及社会科学专业业余工作者、爱好者。

经济导刊 = Economic Herald/中信出版社. －北京：经济导刊杂志社，1992－

月刊　　大16开

ISSN 1004－8669　　CN 11－3053　　82－609

北京市朝阳区和平里13区35号楼（煤炭大厦）12层（100013）

编辑部电话：

E-mail:daokan@ 126. com

经济类综合性刊物。以宣传社会主义市场经济、宣传改革开放为主旨，深入探讨我国经济发展与经济改革中的热点和难点问题；介绍发展市场经济的国际经验和新知识；重点探索适合中国国情的制度创新，尤其是金融体制和金融工具的创新、现有投资体制与投资方式的创新、企业制度的改革与创新；着重探讨证券市场中的实际操作业务和实务理论。栏目设置有：政策透析、国情观察、专家访谈、案例研究、金融世界、企业论坛、证券交易、国际经济、经济与法、环球扫描、商业文化、商业经济评论、资讯等。读者对象为各级政府经济管理部门、金融界、企业界、理论界的有识之士和高等院校师生及经济研究部门的学者。

经济经纬（河南财经学院学报） = Economic Survey/河南财经学院. －郑州：《经济经纬》编辑部，1984 －

双月刊　　　大 16 开

ISSN 1006 －1096　　CN 41 －1223　　36 －90

河南省郑州市文化路 80 号（450011）

编辑部电话：0371 －63519038

E-mail:jjjw@ hnufe. edu. cn

财经类学术理论刊物。原名为《河南财经学院学报》，1994 年改为现刊名。办刊宗旨：服务经济建设，繁荣学术文化，精编细审，求是创新，及时反映我国经济建设和经济改革的实践经验和理论研究成果，努力探索社会主义市场经济中的热点和难点问题，深入探讨经济发展的内在规律。栏目设置有：理论经济学、宏观经济学、产业经济学、国际经济学、区域经济学、数量经济学、劳动经济·社会保障、企业管理、商业经济、财政金融、经济法、书评等。读者对象为经济理论研究者、政府经济部门工作人员、高等院校经济学专业师生等。

经济问题 = On of Economic Research/山西省社会科学院. －太原：经济问题杂志社，1979 －

月刊　　　大 16 开

ISSN 1004 －972X　　CN 14 －1058　　22 －60

山西省太原市并州南路 116 号（030006）

编辑部电话：0351 －5691859

E-mail:jjwts@ 163. com

经济问题理论刊物。办刊宗旨：坚持理论联系实际，理论为现实服务的方针；以立足山西，面向全国，为全国四化建设服务为目的，反映我国经济改革和经济建设中的热点问题，并从理论和实践中探索解决问题的方法。栏目设置有：理论探索、改革与发展、企业经济、农业经济、国民经济管理与计划、世界经济、山西经济、财政与税务等。读者对象为经济理论研究者、实际经济部门工作者、大专院校经济系师生、企业领导、各级党政领导及爱好经济理论研究的各界人士。

经济问题探索 = Inquiry into Economic Issues/云南省发展和改革委员会．－昆明：经济问题探索杂志社，1980－

月刊　　大 16 开

ISSN 1006－2912　　CN 53－1006　　64－18

云南省昆明市东风东路 106 号（650041）

编辑部电话：0871－3113304

E-mail：daixie688@126.com

经济问题理论刊物。探讨经济管理理论，注重当前经济热点和宏观经济问题的研究，努力为经济建设服务。辟有综合论坛、城市经济、区域经济、焦点研究、热门话题、对外开放和贸易、管理与企业论坛、产业研究、旅游经济、金融论坛、“三农”问题、云南经济、他山之石等多个栏目。读者对象为经济工作者和经济理论研究人员、各级经济管理人员及大专院校经济专业师生。

经济研究参考 = Review of Economic Research/经济科学出版社．－北京：经济研究参考杂志社，1979－

半周刊　　大 16 开

ISSN　　CN 11－3007　　82－994

北京市海淀区阜成路甲 28 号新知大厦 16 层（100036）

编辑部电话：010－88191607

E-mail：erre@esp.com.cn

经济类学术刊物。以坚持站在经济发展、体制改革和对外开放的最前沿为办刊宗旨，密切跟踪经济热点问题和焦点问题，及时反映经济社会的发展状况和深层次问题；努力联系权威部门的专家学者及官员，及时报道各经济领域的主流观点和前沿理论；以专辑形式全面、深入地反映国家高层决策部门关心的重大经济问题；适时刊登反映国民经济和社会发展未来趋势的预测性文章。设有二十几个主要栏目，涵盖经济领域的各个方面，每期一个栏目，集中反映某专题内容。读者对象为各级政府经济管理部门、经济理论研究单位、大中专院校、大中型企业、各类公司和财会金融机构、关心经济动态的各界人士。

军队政工理论研究 = Theoritical Studies on PLA Political Work/中国人民解放军南京政治学院上海分院. -上海:《军队政工理论研究》编辑部, 2000 -
双月刊　　大16开
ISSN 1009 - 346X　　CN 31 - 1720
上海市四平路2575号 (200433)
编辑部电话: 021 - 51256146; 0531 - 56146
E-mail:jdzgllyj@163.com

军队思想政治理论与工作研究刊物。融思想性、政治性、理论性与针对性、导向性、学术性于一体,从理论与实践的结合上回答和解决部队官兵普遍关注的实际问题和思想认识问题,为新时期加强军队思想政治建设服务。主要栏目有:军队党的建设、军队思想政治建设、军队人才队伍建设、作战训练政治工作、师旅团政治工作、机关政治工作、基层政治工作、外军政治工作研究、论点集萃等。读者对象为军内外的政治工作者、各级领导干部和院校政治理论教学人员、研究人员。

军事历史研究 = Military Historical Research/南京政治学院上海分院. -上海:《军事历史研究》编辑部, 1986 -
季刊　　大16开
ISSN 1009 - 3451　　CN 81 - 1064
上海市四平路2575号 (200433)
编辑部电话: 021 - 51256143
E-mail:zh1302@163.com

军事史学术研究刊物。主要发表军事研究成果,报道军史研究的动态与信息,了解军事历史研究的热点问题,文章内容涉及广泛,从古代到现代、从中国到外国、从理论到实践、从战略到战术、从军事文化到军事人物。主要栏目:新时期军史思想研究、毛泽东军史思想研究、人民军队史近代军事史、古代军事史、外军史研究、军史人物、军事文化与军事思想研究、军事研究学术动态、军事著作评论等。读者对象为军史研究人员、军队指战员和军事院校师生。

科学·经济·社会 = Science Economy Society/兰州大学,甘肃省科学技术协会. -兰州:《科学·经济·社会》编辑部, 1983 -
季刊　　大16开
ISSN 1006 - 2815　　CN 62 - 1020　　54 - 59

甘肃省兰州大学一分部 0031 信箱（730000）
编辑部电话：0931－8913749
E-mail：ses@lzu.edu.cn

人文社会科学综合性学术刊物。以研究和探索科学、经济与社会的协调发展为宗旨，以社会主义现代化建设中重大的理论问题和现实问题为中心，不断提高刊物的学术水平，力求在内容和形式上积极创新，为西部乃至其他边远落后地区的开发和现代化建设作贡献。辟有欠发达地区开发研究、传统文化与现代化、经济论坛、社会纵横、科学与哲学、经济与法、新闻与传播等栏目。读者对象为广大社会科学工作者和社会科学爱好者。

科学社会主义 = Scientific Socialism/中国科学社会主义学会．－北京：《科学社会主义》编辑部，1984－
双月刊　　大 16 开
ISSN 1000－1493　　CN 11－2797　　82－841
北京市海淀区大有庄 100 号（100091）
编辑部电话：010－62899964
E-mail：sszydx@sina.com

政治类学术刊物。原名《科学社会主义通讯》，曾先后由中国工运学院、中共中央党校马克思主义研究所等单位承办。其宗旨是以马克思列宁主义为指导，贯彻理论联系实际的方针，宣传、研究科学社会主义理论和实践，探讨建设有中国特色的社会主义理论和实际问题，总结国际共产主义运动正反两方面的历史经验，评介当代中国和世界的各种思潮，为坚持和贯彻党在社会主义初级阶段的基本路线，巩固和加强社会主义思想阵地服务。栏目有：专家访谈、社会热点、理论探讨、社会主义政治文明与民主政治建设、精神文明与思想文化建设、社会发展理论与社会建设、社会发展史与国外社会主义、当代资本主义、社会调查报告、学术动态、新书评介等。

兰州商学院学报 = Journal of Lanzhou Commercial College/兰州商学院．－兰州：《兰州商学院学报》编辑部，1985－
双月刊　　大 16 开
ISSN 1004－5465　　CN 62－1101
甘肃省兰州市毅家滩 418 号（730020）

编辑部电话：0931 －4677016
E-mail：Lsxb2008@126.com，Xuebao@lzcc.edu.cn

经济类学术期刊。办刊宗旨：坚持理论联系实际，理论为现实服务的方针；密切跟踪并探索经济科学的前沿理论及热点问题。注重理论性、学术性、政策性、资料性于一体的办刊风格。辟有西部大开发、博士论坛、经济理论与实践、财政与金融、统计与会计、法律经济等栏目。读者对象为经济理论研究人员和实践工作者、经济院校师生等。

乐府新声（沈阳音乐学院学报） ＝The Academic Periodical of Shenyang Conservatory of Music/沈阳音乐学院．－沈阳：《乐府新声》编辑部，1983－
季刊　　大16开
ISSN 1001 －5736　　CN 21 －1080　　8 －153
辽宁省沈阳市和平区三好街61号（110004）
编辑部电话：
E-mail：sywxz93@hotmail.com

声乐教育研究的专业性刊物。遵循“百花齐放，百家争鸣”、“洋为中用，古为今用”、“推陈出新”的方针，以提高为主，兼顾普及，反映音乐教育的现状、问题和成果，努力为教学、科研服务。主要栏目有：音乐史学、作曲技术理论、外国音乐、争鸣园地、民族音乐、表演艺术、音乐教育、名人传记。读者对象为声乐专业研究人员、文艺理论工作者、声乐专业工作人员、声乐院校师生。

理论导刊 ＝Journal of Socialist Theory Guide/中共陕西省委党校．－西安：《理论导刊》编辑部，1979－
月刊　　大16开
ISSN 1002 －7408　　CN 61 －1002　　52 －179
陕西省西安市小寨西路119号（710061）
编辑部电话：029 －85378161
E-mail：lldk@sohu.com

政治类学术刊物。办刊宗旨是关注改革实践，透视时代热点，立足学术前沿，反映最新成果。常设栏目有：马克思主义中国化的理论与实践、执政党建设、改革研究、农业·农村·农民、探讨与争鸣、西部大开发论坛、延安精神研究、陕西经济社会发展研究、世界经济与政治、科技与教育、民主与法制、热点透视、文史纵横等。读者对象主要是：社科理论工作者、各级党政机关、企事业单位领导干部、高校师生及广大思想政治工作者。

理论探讨 = Theoretical Investigation/中共黑龙江省委党校．－哈尔滨：《理论探讨》编辑部，1984－

双月刊　　　　大 16 开

ISSN 1000－8594　　CN 23－1013　　14－156

黑龙江省哈尔滨市清滨路 74 号省委党校（150080）

编辑部电话：0451－86358606

E-mail:lltt1984@163.com；llttks@163.com

政治类学术刊物。黑龙江省一级刊物。坚持社会主义初级阶段党的基本路线，贯彻理论联系实际，研究和探讨在建设有中国特色社会主义实践中提出的各种理论问题和实际问题，为改革开放和社会主义现代化建设服务。主要栏目有：政治学研究、社会主义理论与实践、外国哲学研究、经济纵横、党建研究、公共管理研究、领导科学研究等。读者对象为各级领导干部、理论研究和宣传工作者、各级党校和高等院校师生。

理论学刊 = Theory Journal/中共山东省委党校．－济南：《理论学刊》编辑部，1984－

月刊　　　　大 16 开

ISSN 1002－3909　　CN 37－1059　　24－122

山东省济南市经七路 588 号（250021）

编辑部电话：0531－87088383

E-mail:zhanyuan@sddx.gov.cn

政治类学术刊物。办刊宗旨：坚持党的基本路线，坚持“百花齐放、百家争鸣”的办刊方针，倡导严谨、扎实、求实、求真、创新的学风，以促进社会科学研究事业的繁荣发展为己任，积极为建设有中国特色的社会主义服务。辟有：马克思主义研究、党史·党建、经济学、哲学·社会、政治·法律、历史·文化、文学等栏目。读者对象：各级党政机关和企事业单位、党校的党政干部，大专院校师生、广大理论工作者。

理论与改革 = Theory and Reform/中共四川省委党校. －成都：理论与改革杂志社，1988－

双月刊　　大 16 开

ISSN 1006－7426　　CN 51－1036　　62－84

四川省成都市光华村街 43 号（610072）
编辑部电话：028－87351101
E-mail:tarchina163@163.com

政治类学术刊物。侧重研究和宣传马克思主义理论，反映和探讨改革开放中的新情况、新问题、新经验，力求运用马克思列宁主义、毛泽东思想的立场、观点、方法研究和回答建设有中国特色的社会主义实践中的现实问题。载文学术性与现实性并重。主要栏目有：专访、理论探讨、党的建设、改革与发展、经济论坛、文化与精神文明建设、思想政治工作、民主与法制、区域经济研究、调查与思考、学术综述与动态等。

理论与现代化 = Theory and Modernization/天津市社会科学界联合会. －天津：《理论与现代化》编辑部，1989－

双月刊　　大 16 开

ISSN 1003－1502　　CN 12－1166

天津市和平区成都道 52 号（300051）
编辑部电话：022－23398649
E-mail:TJSKL66@sina.com

政治类学术刊物。天津市一级期刊。关注我国现代化进程中的重大理论与现实问题的研究，并关注执政党建设、思想道德建设、文化产业发展、政治文明建设、社会发展问题、经济转轨中的机遇与挑战等一系列具有战略性问题的研究。主要栏目有：现代化研究、经济学研究、哲学研究、伦理学研究、历史学研究、社会学研究、法学研究、政治学研究、教育学研究、天津发展研究、天津历史文化研究、综述、书评等。

理论月刊 = Theory Monthly/湖北省社会科学界联合会. －武汉：《理论月刊》编辑部，1983－

月刊　　大 16 开

ISSN 1004－0544　　CN 42－1286　　38－176

湖北省武汉市武昌紫阳东路45 号（430070）
编辑部电话：027 －87813665
E-mail：LLYK1@ sina. com

人文社会科学综合性学术刊物。坚持马克思主义同中国社会主义现代化建设相结合，坚持理论与实际、工作指导与理论研究相结合，立足湖北，面向全国，放眼世界，积极研究和宣传邓小平理论，大胆探索改革开放和社会主义现代化建设中出现的新情况、新问题，求真务实，融现实性与理论性于一体。主要栏目有：马克思主义研究、理论与实践、探索与争鸣、热点分析、全球视野、企业改革与发展、社会主义新农村建设、思想政治工作研究等。读者对象为广大社会科学工作者和社会科学爱好者。

历史教学 = History Teaching/天津古籍出版社，历史教学社. －天津：《历史教学》编辑部，1951 －

月刊　　大 16 开
ISSN 0457 －6241　　CN 12 －1010　　6 －4
天津市和平区西康路35 号（300051）
编辑部电话：022 －2759563

历史教育专业刊物。宣传、贯彻国家有关教学改革的方针、政策，结合当前历史教学研究中的重点、热点问题，开展教材研究、教法研究、考试研究的同时注意对教学内容改革和教师素质问题的研究。设有史学专题、教学理论与实践、考试研究、教材研究、教案·教材分析、史事纵横·事件始末、人物·资料等栏目。读者对象为广大史学工作者、中学历史教师、学生、高等院校历史专业学生。

历史教学问题 = History Teaching and Research/华东师范大学. －上海：历史教学问题杂志社，1957 －

双月刊　　大 16 开
ISSN 1006 －5636　　CN 31 －1016　　4 －326
上海市中山北路3663 号（200062）
编辑部电话：021 －62232334
E-mail：LSJX@ chinajournal. net. cn，LSJX@ history. ecnu. edu. cn

历史教育教学类专业刊物。关注广大中小学历史教师的进修深造，特别是为已具有大学本科学历的中学历史教师在学术上提升到硕士研究生水平服务。结合当前基础教育新课程改革的理论和实践，努力促进中小学历史教学改革的深入发展。栏目设置有史学论坛，史家丰碑、史家访谈、史学专题讲座、名著与经典解读、研究生课程讲坛、研究生教学论坛、治史论语、学者箴言。主要面向广大历史教学和历史研究工作者、广大历史学爱好者。

辽宁大学学报. 哲学社会科学版 = Journal of Liaoning University. Philosophy and Social Sciences Edition/辽宁大学. －沈阳：《辽宁大学学报》编辑部，1959－

双月刊　大16开

ISSN 1002－3291　CN 21－1076　8－74

辽宁省沈阳市皇姑区崇山路66号（110036）

编辑部电话：024－86864173

E-mail:lnu. _xb@ sina. com

人文社会科学综合性学术刊物。办刊宗旨：坚持四项基本原则，坚持三个面向；贯彻双百方针，促进学术繁荣；交流社科信息，服务教学科研；尊重专家学者，扶植新生力量，为社会科学事业发展服务。主要刊载学术观点明确、论据充分并具有创新性、探索性的人文社会科学类学术理论文章。辟有发展观论坛、美学研究、文化与传媒、文学研究、走向整体的世界、明清历史文化、历史研究、经济研究、法律研究等。读者对象为高校师生、中等学校教师、教育管理人员以及广大社会科学工作者和社会科学爱好者。

辽宁师范大学学报. 社会科学版 = Journal of Liaoning Normal University. Social Sciences Edition/辽宁师范大学. －大连：《辽宁师范大学学报》编辑部，1978－

双月刊　大16开

ISSN 1000－1751　CN 21－1077　8－118

辽宁省大连市黄河路850号（116029）

编辑部电话：0411－82158277

E-mail:lsxbwk@ innu. edu. cn

人文社会科学综合性学术刊物。原名《辽宁师院学报》，1983年随着学校更名而改为现名。立足国内，面向世界，注重师范学科的理论与教育研究。主要栏目有：马克思主义研究、哲学理论与社会学研究、法学理论研究、社会主义经济理论与实践研究、辽宁经济发展战略研究、心理发展与心理健康教育研究、教育基础理论研究、文学与艺术研究、东北历史文化研究、编辑学研究等。读者对象主要是社会科学研究人员、高校师生、中等学校教师和教育管理人员。

林业经济问题 = Issues of Forestry Economics/中国林业经济学会，福建农林大学. - 福州：《林业经济问题》编辑部，1981 -
双月刊　　大 16 开
ISSN 1005 - 9709　　CN 35 - 1060
福建省福州市金山福建农林大学 7060 信箱（350002）
编辑部电话：0591 - 83789446
E-mail:lyjjwt@ 163. com

经济类学术刊物。办刊宗旨：坚持理论与实践相结合的方针，积极投身林业经济改革；促进林业经济学发展，提高林业经济理论研究水平与实践问题和热点问题的最新研究成果；紧扣林业经济改革步伐，为林业经济建设、林业体制改革提供理论依据。主要板块栏目侧重报道国内外林业经济学领域重大的理论问题、实践问题和热点问题，特别是林业经济改革过程中遇到的理论问题、实践工作中提出的新问题、南方集体林区林业经济发展过程中存在的经济问题的最新研究成果。读者对象为各级政府、部门、企事业单位的行政领导和行政管理工作者，农林大中专院校广大师生等。

岭南学刊 = Lingnan Journal/中共广东省委党校. - 广州：岭南学刊杂志社，1978 -
双月刊　　大 16 开
ISSN 1003 - 7462　　CN 44 - 1005
广东省广州市建设大马路 3 号（510050）
编辑部电话：020 - 83122361
E-mail:LLXB@ chinajournal. net. cn

政治类学术刊物。办刊宗旨：贯彻理论与实际相结合和百家争鸣的方针，着力反映探索建设中国特色社会主义过程中提出的重大理论问题和实际问题，反映广东改革开放实践的经验和学术成果，并发表哲学社会科学各学科理论的最新研究成果。主要栏目有：学习、研究中国特色社会主义理论的专题论文，科学发展观研究，农业·农村·农民问题，政治文明建设，法治研究，精神文明建设研究，和谐社会建设，党的建设，哲学与现代性问题研究，人学研究，经济与经济管理，港澳台研究、他山石等。

满族研究 = Manchu Minority Research/辽宁省民族研究所. －沈阳：《满族研究》编辑部，1985－

季刊　　16 开

ISSN 1006－365X　　CN 21－1028

辽宁省沈阳市于洪区崇山东路 6 号（110033）

编辑部电话：024－86613882

E-mail：Lnmz1985@sina. com

民族研究类综合性学术刊物。办刊宗旨为弘扬满族文化，挖掘满族历史，宣传党的民族政策，突出地区性和民族性。论文以研究满族文化为主，包括政治、经济、科技、教育、历史、语言、文学、艺术、风俗、宗教等方面，同时也对民族理论、民族政策、民族工作进行研究。主要栏目有：马列民族理论、地区文化、地区经济、地区旅游、历史、地理、文学、民俗等。读者对象为从事民族研究和民族工作以及对民族问题有兴趣的人士、民族高等院校师生。

毛泽东邓小平理论研究 = Studies on Mao Zedong and Deng Xiaoping Theories/上海市社会科学院哲学研究所. －上海：《毛泽东邓小平理论研究》编辑部，1980－

月刊　　大 16 开

ISSN 1005－8273　　CN 31－1672　　4－522

上海市中山西路 1608 号（200235）

编辑部电话：021－64274736

E-mail：mdllyj@sina. com

毛泽东邓小平理论研究理论刊物。致力于探索中国改革开放和现代化建设所取得的成就和经验、中国特色社会主义理论和实践问题，反映社会主义新旧阶段政治、经济、思想、文化等领域中的新情况、新问题及国外有关研究动态。主要辟有："三个代表"思想研究、全面建设小康社会研究、政治文明与中国共产党研究、马克思主义在中国研究、市场经济与社会主义研究、和平发展与中国对外战略研究等栏目。

民俗研究 = Folklore Studies/山东大学. －济南：《民俗研究》编辑部，1985－

季刊　　16 开

ISSN 1002－4360　　CN 37－1178　　24－095
山东省济南市山东大学东校区新校（250100）
E-mail：msyjbjb@126. com

民俗研究类学术期刊。旨在开展民俗学学术理论研究，重视民俗资料的搜集整理，继承和发扬优秀的民族传统文化。主要栏目：论坛、民俗史、他山石、随想漫记、书林一枝。《民俗研究》刊发的各类文章，注重学术质量，提倡学术创新。设有学术论坛、田野调查报告、民俗史、民俗学史、民俗书林、学术信息等栏目。读者对象主要是民俗学的专业研究人员和民俗学爱好者。

民族教育研究 = Journal of Research on Education for Ethic Minorities/中央民族大学．－北京：中央民族大学期刊社，1974－

双月刊　　大 16 开
ISSN 1001－7178　　CN 11－2688　　82－895
北京市海淀区中关村南大街 27 号（100081）
编辑部电话：010－68932754
E-mail：mzjyyjqk@163. com

民族教育研究学术刊物。坚持双百方针，旨在宣传党的民族教育政策，探索民族教育的规律和特点，发展民族教育事业。栏目设置有：民族教育理论与政策研究、各级各类民族教育管理、民族教育史、教育人类学、双语教育、国外民族教育、民族教育与民族经济、民族教育与民族文化、教育局长论坛。读者对象为民族教育工作者和民族地区各级各类学校师生。

内蒙古财经学院学报 = Journal of Inner Mongolia Finance and Economics College/内蒙古财经学院．－呼和浩特：《内蒙古财经学院学报》编辑部，1980－

双月刊　　16 开
ISSN 1004－5295　　CN 15－1056
内蒙古呼和浩特市海拉尔大街 47 号（010051）
编辑部电话：0471－3677446
E-mail：NCXB@chinajournal. net. cn，xbbjb@126. com

以经济和管理学科研究为主的学术期刊。办刊宗旨：紧密结合内蒙古的地区特点、经济特点和民族特点，探索内蒙古经济建设和民族地区经济发展的特殊规律，为内蒙古地区的经济建设提供智力支持，通过反映院内外在经济和管理学科领域内的科学研究成果，促进其在实践领域的推介、实验和推广应用。主要栏目有：内蒙古经济探讨、西部经济论坛、宏观经济、生态经济论坛、财税、税收与金融、企业管理、会计、经济法等。读者对象为财经理论工作者、经济部门的实际工作者、企业管理人员、大专院校相关专业师生。

内蒙古大学学报. 哲学社会科学版 = Journal of Inner Mongolia University. Philosophy and Social Sciences/内蒙古大学. －呼和浩特：《内蒙古大学学报》编辑部，1959－
双月刊　　大 16 开
ISSN 1000－5218　　CN 15－1051　　16－66
内蒙古呼和浩特市赛罕区大学西路 235 号（010021）
编辑部电话：0471－4992252
E-mail：ndxbrwsk@ imu. edu. cn

人文社会科学综合性学术刊物。以立足内蒙古，面向全国，交流研究成果，服务教学科研为办刊方针，及时反映哲学、语言、文学、史学、经济、政治、法律、社会学、文化艺术等学科的研究成果，注重发表蒙古史、地方史、蒙古语言文学方面的论文。主要读者对象为大专院校文科专业师生、民族工作者和社会科学工作者。

内蒙古民族大学学报. 社会科学版 = Journal of Inner Mongolia University for Nationalities. Social Sciences/内蒙古民族大学. －通辽：《内蒙古民族大学学报》编辑部，1975－
双月刊　　大 16 开
ISSN 1671－0215　　CN 15－1217　　16－122
内蒙古通辽市霍林河大街 22 号（028043）
编辑部电话：0475－8314149
E-mail：nmsx@ chinajournal. net. cn

民族学类综合性学术期刊。以繁荣人文社会科学，促进学术交流，发现和培养人才，为两个文明建设服务为办刊宗旨。登载哲学、语言、文学、历史、教育、政治、经济、民族文化等方面的研究成果。主要栏目有：世界史研究、民族文化研究、文学研究、语言学研究、社会学研究、教育研究、艺术研究等。读者对象为民族工作者、社会科学工作者、大专院校文科专业师生。

内蒙古社会科学 = Inner Mongolia Social Science/内蒙古社会科学院. －呼和浩特：《内蒙古社会科学》编辑部，1980 －

双月刊 大 16 开
ISSN 1003 －5281 CN 15 －1011 16 －1
内蒙古呼和浩特市大学东街 129 号（010010）
编辑部电话：0471 －4912276
E-mail：nmgshhkx@ 163. com

人文社会科学综合性学术刊物。坚持学术期刊为社会科学事业和两个文明建设服务的办刊宗旨，关注社会科学研究的新学科、新视角，以民族学，尤其以蒙古学为重心，以北方少数民族文化研究为中心，坚持实事求是、开拓创新的优良学风，坚持突出民族特色和地方特色。立足本区，面向全国，发表哲学、社会科学领域，特别是蒙古学领域及社会主义现代化建设方面的学术理论研究成果。主要栏目有：专论、民族・历史、政治学・法学、哲学・科学、文学・语言、经济・管理、西部论坛、编辑出版学等。读者对象为社会科学研究人员和大专院校师生等。

内蒙古师范大学学报. 哲学社会科学（汉文）版 = Journal of Inner Mongolia Normal University. Philosophy and Social Sciences Edition/内蒙古师范大学. －呼和浩特：《内蒙古师范大学学报》编辑部，1958 －

双月刊 大 16 开
ISSN 1001 －7623 CN 15 －1047 19 －53
内蒙古呼和浩特市赛罕区昭乌达路 295 号（010022）
编辑部电话：0471 －4393035
E-mail：nmgs@ chinajournal. net. cn

人文社会科学综合性学术刊物。刊登蒙古学、哲学、政治学、经济学、法学、心理学、语言文学、历史学、文化艺术以及地理、体育交叉科学等方面的学术论文，重点刊发中国北部边疆史地研究、蒙古学、民族与区域经济研究、心理学的科研成果。主要读者对象为大专院校文科专业师生、民族工作者和社会科学工作者。

南昌大学学报. 人文社会科学版 = Journal of Nanchang University. Humanities and Social Sciences/南昌大学. －南昌：《南昌大学学报. 人文社会科学版》编辑部，

1963 -
双月刊　　大 16 开
ISSN 1006 - 0448　　CN 36 - 1195　　44 - 18
江西省南昌市南京东路 235 号（330047）
编辑部电话：0791 - 8305914
E-mail:NCDS@ Chinajournal. net. cn

人文社会科学综合性学术刊物。主要刊载哲学、法学、经济学、文学、史学等社会科学科研成果。注重刊发具有新颖性、探索性、争鸣性的学术论文，优先发表观点有见地、选题填补空白或进行观点商榷的学术论文。辟有政治与社会、哲学与时代、经济理论与实践、法学与法治、诗学纵横、文艺思潮与创作评论、外语与翻译、教育与科学等栏目。读者对象为国内外大中专院校文科专业师生、图书馆工作人员、科研院所的专家学者等。

南都学坛 = Academic Forum Nandu/南阳师范学院． - 南阳：《南都学坛》编辑部，1981 -
双月刊　　大 16 开
ISSN 1002 - 6320　　CN 41 - 1157
河南省南阳市卧龙路 1683 号（473061）
编辑部电话：0377 - 63513756
E-mail:nysyndxt@ 163. com

人文社会科学综合性学术刊物。坚持以刊发文史哲学科最新研究成果、发现和培养人才为办刊宗旨，以立足南阳、面向全国、突出地方特色为办刊方针，取得了较好社会效果。主要刊载哲学、政治学、文学、历史学方面的学术论文。主要栏目有：汉代文化研究、历史学研究、文学研究、法学研究、政治学研究、经济学研究。读者对象为高校师生以及广大社会科学工作者和社会科学爱好者。

南方人口 = South China Population/中山大学人口研究所． - 广州：《南方人口》编辑部，1986 -
季刊　　大 16 开
ISSN 1004 - 1613　　CN 44 - 1114　　46 - 323
广东省广州市新港西路 135 号中山大学校内（510275）
编辑部电话：020 - 84036605

E-mail：southpopulation@ 163. com

综合性人口学刊物。办刊宗旨：立足广东，面向全国，走向世界，坚定不移地宣传党的人口政策，推动人口科学的发展，为探索具有中国特色的计划生育道路服务。注重理论与实践结合，兼有学术性、知识性、实用性和可读性。栏目设有：人口与计划生育、老年人口、人口与社会、人口流动等。

南方文物 = Relics from South/江西省文物局考古研究所，江西省博物馆. －南昌：《南方文物》编辑部，1962 －

季刊　　16 开

ISSN 1004 －6275　　CN 36 －1170

江西省南昌市新洲路 99 号（330008）

编辑部电话：0791 －6594676

E-mail：nanfangww@ 126. com

考古类学术研究期刊。旨在开展民俗学学术理论研究，重视民俗资料的搜集整理，继承和发扬优秀的民族传统文化。立足南方，面向东南亚，主要刊登中国南方地区考古调查、发掘报告及文物博物事业研究论文，交流南方及东南亚地区文博工作信息。主要栏目：调查与发掘、百越民族研究、考古新发现、研究与探讨、文物与历史、碑志考释、文物鉴赏、文物科技、考古纪实、译文、书评、书讯。适合于广大专业工作者及文物考古收藏爱好者阅读。

南京财经大学学报 = Journal of Nanjing University of Finance and Economics/南京财经大学. －南京：《南京财经大学学报》编辑部，1983 －

双月刊　　大 16 开

ISSN 1672 －6049　　CN 32 －1719

江苏省南京市铁路北街 128 号（210003）

编辑部电话：025 －83495963

E-mail：xuebao@ njue. edu. cn

经济研究类综合性学术刊物。办刊宗旨：坚持党的基本路线和四项基本原则，坚持突出学科优势，展示学院科研成果的同时，及时捕捉经济热点，组织专家笔谈，强化为区域经济建设和社会发展服务；促进科研成果转化，传承知识文明，繁荣学术文化。主要栏目设置：流通与贸易、经济改革与发展、金融·财税·保险、财务与会计、经营与管理、社会·政治·法律、文史哲、高等教育研究等。读者对象为社会科学理论和实践工作者、经贸部门从业人员和大专院校师生等。

南京政治学院学报 = Journal of PLA Nanjing Institute of Politics/中国人民解放军南京政治学院. -南京:《南京政治学院学报》编辑部, 1979 -

双月刊　　大 16 开

ISSN 1001 -9774　　CN 32 -1002

江苏省南京市中山北路 305 号 (210003)

编辑部电话: 0501 -815466; 025 -80815466

E-mail:njzyxb@ 163. com

政治类学术刊物。办刊宗旨是为军事院校的教学、科研服务,为军队的建设服务。着重研究建设有中国特色社会主义理论和部队革命化、现代化、正规化建设中的重大问题。主要栏目:马克思主义与当代、哲学研究、经济学研究、政治学研究、史学研究、政治工作研究、军事理论研究、新闻与传播。读者对象为军事院校、大专院校政治理论课教师及军内外政治理论工作者。

南通大学学报. 社会科学版 = Journal of Nantong University. Social Sciences Edition/南通大学. -南通:《南通大学学报. 社会科学版》编辑部, 1985 -

双月刊　　大 16 开

ISSN 1673 -2359　　CN 32 -1754

江苏省南通市青年东路 99 号 (226007)

编辑部电话: 0513 -85015554

E-mail:xbzsb@ ntu. edu. cn

人文社会科学综合性学术刊物。原名《南通师范学院学报(哲学社会科学版)》, 2005 年改为现刊名。辟有哲学研究、长三角发展论坛、政治学研究、社会学研究、法学研究、历史研究、文学研究、语言学研究、文化研究、艺术研究、江海人物专论、经济与管理、新闻与传播等栏目,其中"长三角发展论坛"、"江海人物专论"为特色栏目,其余为常设栏目。读者对象为高校师生以及广大社会科学工作者和社会科学爱好者。

南亚研究 = South Asian Studies/中国社会科学院亚洲太平洋研究所,北京大学南亚文化研究所,中国南亚学会. -北京:《南亚研究》编辑部,当代亚太杂志社,

1978 -
半年刊　　大16开
ISSN 1002 - 8404　　CN 11 - 1306　　82 - 980
北京市东城区张自忠路3号东院（100007）
编辑部电话：010 - 6463921
E-mail：nyyj@263.net

南亚问题研究学术刊物。以发表科研成果、促进学术交流、普及南亚知识为己任，以推进我国与南亚文化交流为宗旨。主要刊登南亚地区政治、经济、宗教、哲学、历史、文化、社会等学科的研究性论文、书评和学术信息等，报道和分析南亚地区重大问题和热点问题。1995年停刊一年。读者对象为南亚问题的研究者、外事工作者、大专院校师生、宗教界人士以及各单位图书馆和资料室工作人员。

南亚研究季刊 = South Asian Studies Quarterly/四川大学南亚研究所． - 成都：《南亚研究季刊》编辑部，1985 -
季刊　　16开
ISSN 1004 - 1508　　CN 51 - 1032
四川省成都市望江路29号四川大学南亚研究所（610064）
编辑部电话：028 - 85417102
E-mail：nystougao@163.com

南亚问题研究学术刊物。办刊宗旨：加强南亚学术研究，为我国四个现代化建设服务。主要刊载印度、巴基斯坦、孟加拉国、斯里兰卡、尼泊尔、不丹、马尔代夫等南亚地区国家政治、经济、对外关系、科技教育和社会文化方面的学术论文，也适当刊载有关世界经济、国际政治、国际关系等方面重大问题和热点问题的学术论文。主要栏目：南亚经济、南亚社会、南亚政治、南亚对外关系、南亚科技、南亚教育、南亚历史文化、南亚与世界。读者对象为从事世界经济、国际政治、国际关系、世界历史、世界人口和外国教育等国际问题研究的理论工作者，从事经济管理、行政管理、国家安全、对外关系等实际工作的政府工作人员和大专院校涉外专业的师生。

南阳师范学院学报 = Journal of Nanyang Teachers College/南阳师范学院． - 南阳：《南阳师范学院学报》编辑部，2002 -

月刊　　大 16 开
ISSN 1671 - 6132　　CN 41 - 1327　　36 - 265
河南省南阳市卧龙路 134 号（473061）
编辑部电话：0377 - 63523103
E-mail：nysyxb@263. net

文理合一的学术期刊。第 1、2、4、5、7、8、10、11 期为人文社会科学版，第 3、6、9、12 期为自然科学版。人文社会科学版主要刊发最新学术成果，突出师范性、学术性、特色性，为教学科研服务。辟有马克思主义研究、经济研究、法学研究、思想文化研究、历史研究、汉语言文字研究、民俗学研究、艺术学研究、教育科学研究等栏目，并开设“冯学研究”、“词学研究”、“文论互喻”、“诗学前沿”、“简帛研究”、“学术史研究”等专栏。读者对象为高校文科专业师生和社会科学工作者及社会科学爱好者。

宁波大学学报. 人文科学版 = Journal of Ningbo University. Liberal Arts Edition/宁波大学. －宁波：《宁波大学学报》编辑部，1988 -
双月刊　　大 16 开
ISSN 1001 - 5124　　CN 33 - 1133　　51 - 24
浙江省宁波市宁波大学（315211）
编辑部电话：0574 - 87600225
E-mail：xbrwb@nbu. edu. cn

人文社会科学综合性学术刊物。立足浙东、面向海内外办刊，努力把学报办成具有鲜明的地方特色和独特的学术氛围的刊物。以刊登文、史、哲、经、法等学科的研究论文为主，并适当刊登学术综述文章及书评。主要栏目有：哲学研究、文学研究、语言学研究、历史学研究、经济学研究、法学研究、心理学研究、政治学研究。并开辟“浙东文化”、“经济文化一体化”、“争鸣”、“宁波改革开放”等专栏。读者对象为社会科学研究人员、高校师生、中等学校教师和教育管理人员。

宁夏大学学报. 人文社会科学版 = Journal of Ningxia University. Humanities and Social Sciences/宁夏大学. －银川：宁夏大学学术期刊中心，1979 -
双月刊　　大 16 开
ISSN 1001 - 5744　　CN 64 - 1005　　74 - 6

宁夏银川市西夏区文萃北街 217 号（750021）
编辑部电话：0951－2061793
E-mail：machb@ nxu. edu. cn

人文社会科学综合性学术刊物。坚持立足本地，瞻顾全国，注重学术性、先锋性、开放性的办刊方向，努力反映中国当前人文社会科学研究的前沿水准与最新成果，体现时代特点、民族特色与地方特色。辟有“哲学研究”、“民族研究”、“语言文字研究”、“西夏研究”和“青年学者论坛”等特色栏目，并注重及时刊载法律、经济、历史、文学等各学科中的具有创造性的研究成果。读者对象为社会科学工作者和高校文科专业师生。

农业技术经济 = Journal of Agrotechnical Economics/中国农科院农业经济与发展研究所，中国农业技术经济研究会．－北京：《农业技术经济》编辑部，农业经济问题杂志社，1982－

双月刊　　16 开
ISSN 1000－6370　　CN 11－1883　　82－257

北京市海淀区中关村南大街 12 号（100081）
编辑部电话：010－68918705
E-mail：nyjjwt@ mail. caas. net. cn

大型经济类学术刊物。办刊宗旨：突出农业技术研究推广与经济效益评价相结合的特点，为广大读者提供了解中国农业技术发展、推广、科技政策及科技进步等领域最新发展动态的最佳窗口。设有“产业政策技术政策”、“高产优质高效”、“理论方法及其应用”、“农业推广技术进步”、“增长分析效益评价”、“资源利用区域发展”、“其他农村经济问题”等专栏，适合农村政策研究、农村经济管理、农业技术推广、农业资源区划、经济理论研究部门的领导干部和专家学者及高等院校经贸专业、农业经济系、农业推广专业的师生阅读。

农业考古 = Agricultural Archaeology/江西省社会科学院．－南昌：江西省中国农业考古研究中心，1981－

双月刊　　16 开
ISSN 1006－2335　　CN 36－1069

江西省南昌市洪都北大道 649 号（330039）
编辑部电话：0791－8592077

以学术性为主，兼顾资料性、知识性的考古类期刊。办刊宗旨：着重从考古学、民族学和文化的角度研究中国古代农业历史，总结历史经验教训，探索发展规律，为实现农业现代化服务。每年 1、4 期为综合性（农、林、牧、副、渔），2、5 期为“中国茶文化专号”，3、6 期为“三农研究专号”。主要栏目：农史研究与农业现代化、农业起源研究、稻作起源研究、农业历史研究、农业文化研究、农业工具、农田水利、粮食作物、粮食与储藏、渔业、林业等。

农业现代化研究 = Research of Agricultural Modernization/中国科学院农业研究委员会，中国科学院长沙农业现代化研究所. －长沙：《农业现代化研究》编辑部，科学出版社，1980 －

双月刊　　16 开

ISSN 1000 －0275　　CN 43 －1132　　42 －46

湖南省长沙市马坡岭中国科学院长沙农业现代化所（410125）

编辑部电话：0731 －4615231

E-mail：nyxdhyj@ ms. csiam. ac. cn

综合性农业科技期刊。办刊宗旨是探索和研究具有中国特色的农业现代化理论、战略、方针、道路以及中国农业现代化进程中的有关科学技术、经济、生态、社会各方面及其协调发展的问题，促进国内外学术交流与合作，促进我国农业持续发展，为农业现代化建设服务。主要刊登农业发展战略和农业基础科学及其交叉学科的理论研究、基础研究和应用研究方面的学术论文、科研报告、研究简报和文献综述等。内容包括农业发展战略、农业可持续发展、生态农业、农村生态环境保护、区域开发、农业经济、农业产业化、农业系统工程、农业机械化、农业工程、高新技术应用、资源利用与保护、国外农业等。

攀登 = Ascent/中共青海省委党校，青海行政学院，青海社会主义学院. －西宁：《攀登》（汉文版）编辑部，1982 －

双月刊　　大 16 开

ISSN 1001 －5647　　CN 63 －1015

青海省西宁市黄河路 2 号（810001）

编辑部电话：0971 －4396460

E-mail：pandeng234@ sina. com，pandeng@ qhswdx. com

政治类学术刊物。立足青海，面向全国，从理论与实践的结合上努力探讨我国改革开放和社会主义现代化建设事业中的各种现实问题，为建设有中国特色的社会主义服务。主要栏目有：学习中央大政方针和中国特色社会主义理论的专题文章、理论视野、经济纵横、调研报告、青海经济与社会发展、公共管理、哲学·社会学、法学经纬、文学·教育学、社会广角、新闻学·图书馆学等。

蒲松龄研究 = Study on Pu Songling Quarterly/蒲松龄纪念馆. －淄博：《蒲松龄研究》编辑部，1986－
季刊　　大 32 开
ISSN 1002－3712　　CN 37－1080　　24－159
山东省淄博市淄川区蒲松龄纪念馆（255120）
编辑部电话：0533－5821643
E-mail:abey@ chinajournal. net. cn

蒲学学术理论期刊。旨在推动蒲松龄研究的开展，反映国内外蒲学研究动态及其研究成果，沟通国内外蒲学研究的信息，以及团结国内外蒲学研究者、爱好者，积极开展学术活动，促进蒲学研究事业的发展，为“三个文明”建设作出贡献。主要栏目有：蒲松龄生平思想研究、《聊斋志异》研究、聊斋诗词研究、聊斋戏曲影视评论、《醒世姻缘传》研究、国外聊斋遗韵、中国文言小说研究和书评等。

企业管理 = Enterprise Management/中国企业联合会. －北京：企业管理杂志社，1980－
月刊　　大 16 开
ISSN 1003－2320　　CN 11－1099　　2－650
北京市海淀区紫竹院南路 17 号（100044）
编辑部电话：010－68414646
E-mail:qyglzz@ 263. net. cn

经济类学术刊物。办刊宗旨：面向企业，贴近企业的实际需要，为企业和企业家服务。注重实用性、前瞻性和权威性，坚持传播企业管理新理论、新知识、新方法，总结成功经验、剖析失败教训的办刊理念。栏目设有：特别关注、管理批判、案例中心、实务·方法、管理者、新思维、理论·前沿、企业信息化等。读者对象为企业中高层管理人员、经济管理部门的官员、管理学者、管理专业师生、其他管理工作者等。

企业经济 = Enterprise Economy/江西省社会科学院. －南昌:《企业经济》杂志社，1980－
月刊　　大16开
ISSN 1006－5024　　CN 36－1004　　44－7
江西省南昌市洪都北大道255号（330077）
编辑部电话：0791－8596331
E-mail:qyjj@ qyjj. cn

经济类学术期刊。立足于经济基础理论和应用研究两大平台，重点传递热点经济新闻，揭示热点新闻背景，反映国内外经济最新动态，点评未来经济走势，揭示财富奥秘，抒发行家高见，书写企业家风采，研判企业经营得失，钩沉商海史实，引领时尚潮流。强调时事性、理论性、应用性、信息性和可读性。主要栏目：观察思考、经营谋略、管理纵横、财会信息、三农对策、WTO论坛、资本运作、大家风采、公司报道、财富奥秘、区域经济、崛起鸿猷、环球频道、商务在线、环保视野、商界警示、商海钩沉、金融论苑、证券经纬等。读者对象为经济管理及经济理论工作者。

青海民族学院学报. 社会科学版 = Journal of Qinghai Nationalities Institute. Social Sciences/青海民族学院. －西宁:《青海民族学院学报》编辑部，1975－
季刊　　大16开
ISSN 1000－5447　　CN 63－1002
青海省西宁市八一中路3号（810007）
编辑部电话：0971－8804652

民族学类综合性学术期刊。贯彻“百花齐放，百家争鸣”的方针，突出文化人类学与民族学特色，注重对青藏高原民族研究，反映青海民族学院师生的最新研究成果。主要栏目有：青海民族研究、藏传佛教、历史研究、民族融合、地区经济、民俗、民间工艺、法律、旅游、民族教育、民族语言研究、民族体育等。读者对象为社会科学工作者、民族工作者、研究人员、民族院校师生。

青海民族研究 = Nationalities Research in Qinghai/青海民族学院民族研究所. －西宁:《青海民族研究》编辑部，1989－
季刊　　大16开
ISSN 1005－5681　　CN 63－1016

青海省西宁市八一中路3号（810007）
编辑部电话：0971－8804399
E-mail:qhmzyjbjb@163.com

民族研究类综合性学术期刊。刊登有关民族学、人类学、宗教学、历史学、藏学方面的研究论文和调查报告。特别注重对青藏高原诸世居民族历史和现状的研究。主要栏目有：人类学研究、民族学研究、民族历史研究、宗教学研究、民族文化研究、民族艺术研究、经济学研究、教育学研究。读者对象为从事民族研究和民族工作以及对民族问题有兴趣的人士、民族院校师生。

青海社会科学＝Qinghai Social Sciences/青海省社会科学院．－西宁：《青海社会科学》编辑部，1980－

双月刊　　大16开

ISSN 1001－2338　　CN 63－1001　　56－18

青海省西宁市上滨河路1号（810000）
编辑部电话：0971－8455791
http://qhsh.chinajournal.net.cn/

人文社会科学综合性学术刊物。办刊宗旨：遵循解放思想、实事求是、与时俱进的思想路线，坚持理论联系实际的原则，既重视基础理论、历史问题、全国性问题，更重视应用问题、现实问题、青海问题的研究，突出区域特色和民族特色。刊发论文涉及经济、政治·社会、文学·语言、历史、哲学、民族·宗教、法律、新闻、教育等学科。读者对象为社会科学工作者及社会科学爱好者。

青海师范大学学报．哲学社会科学版＝Journal of Qinghai Normal University. Philosophy and Social Sciences Edition/青海师范大学．－西宁：《青海师范大学学报》编辑部，1960－

双月刊　　大16开

ISSN 1000－5102　　CN 63－1005　　56－17

青海省西宁市五四西路38号（810008）
编辑部电话：0971－6307647
E-mail:xuebao@qhnu.cn

人文社会科学综合性学术刊物。主要反映青海师范大学和全国各地的专家、学者的科研和教学成果，刊登哲学、政治、经济、历史、文学、艺术、教育和心理等学科的学术论文，尤为注重选载反映民族地区特色的研究成果，为教学科研和西部地区经济开发提供最新学术信息。主要栏目：经济研究、哲学研究、法学研究、文学艺术、语言学研究、教育·心理等，并辟有反映青海地域文化特色和地方经济发展等方面研究成果的栏目。读者对象为社会科学工作者和高校文科专业师生。

青年探索 = Youth Studies/广州市穗港澳青少年研究所. -广州：广州市青年探索杂志社，1983 -
双月刊　　　　　　大 16 开
ISSN 1004 - 3780　　CN 44 - 1022　　46 - 162
广东省广州市天河区五山路 33 号青年探索杂志社（510635）
编辑部电话：020 - 87568276
E-mail:qntansuo@ 126. com

以青年现状及问题研究为主的学术刊物。坚持学术理论研究和探索青年社会实际问题的办刊宗旨和风格，成为观察青年、研究青年、反映青年的平台。设有调查与研究、探索与争鸣、青年教育、青春期教育、青年与社会、青年与网络、青年婚恋、青年与时尚、青年群体、青年工作、择业与就业、创新与发展、热点透视、当代大学生、当代研究生、校园文化等栏目。读者对象主要是企事业单位、各级团组织、大中专院校的青年人及青年问题研究者。

青少年犯罪问题 = Issues on Juvenile Crimes and Delinquency/华东政法大学. -上海：华东政法大学《青少年犯罪问题》编辑部，1982 -
双月刊　　　　　　大 16 开
ISSN 1006 - 1509　　CN 31 - 1193　　46 - 678
上海市万航渡路 1575 号（200042）
编辑部电话：021 - 62071931
E-mail:fzwt@ chinajournal. net. cn

以青少年犯罪、少年司法、青少年权益保护以及犯罪学研究为核心内容的学术性期刊。致力于及时反映国内外有关青少年犯罪、少年司法、青少年权益保护方面出现的新理论、新动向、新观点、新经验和新问题，致力于深化和繁荣青少年犯罪学和青少年法学理论研究，从宽视野、多学科角度研究青少年犯罪问题，推动我国青少年法制建设。主要栏目有：犯罪动向、原因研究、预测、预防、犯罪人研究、罪犯矫治、少年司法、社会治安综合治理、青少年保护、校园内外、心理诊治、案例分析、禁毒专题、域外借鉴、家庭审视等。读者对象为从事青少年犯罪学研究的专家学者、各级政法机关和各事业单位工作人员、大专院校师生，以及关心青少年犯罪和青少年保护问题的社会各界人士。

情报杂志 = Journal of Information/陕西省科技情报学会，陕西省科技信息研究所. -西安：《情报杂志》编辑部，1982 -

月刊　　大 16 开

ISSN 1002 - 1965　　CN 61 - 1167　　52 - 117

陕西省西安市雁塔路南段 99 号（710054）

编辑部电话：029 - 85529749

E-mail:qbzz@263. net

集情报科学理论研究和情报实践于一体的学术刊物。办刊宗旨：坚持情报实践与情报理论并重，以独到、新颖和别具个性为特色，以培养新作者和服务于读者为其天然职责，以内容丰富和形式多样为办刊风格，以服务于高校、科研院所等从事图书情报工作的科研工作者和信息爱好者为最终目的。辟有信息资源、信息服务、知识管理、信息技术、科技管理、评价研究和情报研究等栏目。读者对象为图书、情报、资料工作者。

求实 = Truth Seeking/中共江西省委党校，江西行政学院. -南昌：《求实》编辑部，1959 -

月刊　　大 16 开

ISSN 1007 - 8487　　CN 36 - 1003　　44 - 69

江西省南昌市八一大道 212 号（330003）

编辑部电话：0791 - 6303124

E-mail:qiushizazhi@163. com

政治类学术刊物。办刊宗旨：坚持实事求是、理论联系实际的学风，力求在探索和研究建设中国特色社会主义理论和实践以及党建问题上有创新思想和独到见解，为改革开放服务，为社会主义“三个文明”建设服务。主要栏目有：马克思主义及其中国化、党的建设与政党理论研究、哲学当代视野、经济理论与实践、改革与发展、民主与法治、社会主义与当代世界、思想政治工作论坛、精神文明建设、“三农”问题研究等。读者对象为各级领导干部、理论研究和宣传工作者、各级党校和高等院校师生。

人类学学报 = Editoral Board of Acta Anthropologica Sinica/中国科学院古脊椎动物与古人类研究所．－北京：《人类学学报》编辑委员会，1982－
季刊　　16 开
ISSN 1000－3193　　CN 11－1963　　2－384
北京市西直门外大街 142 号 643 信箱（100044）
编辑部电话：010－88369241
E-mail:acta@ ivpp. ac. cn

人类学、旧石器考古及有关问题研究的学术期刊。主要发表人类学、旧石器考古学和其他相关学科的原始研究报告及综合性学术论文，侧重研究人类起源和现代人起源理论，以及中国旧石器文化方面问题。主要报道范围：人类和灵长类的形态、生理、生态以及起源和进化的研究，有关古人类和旧石器考古遗址的发掘报告，古人类的生活环境和病理学的研究，旧石器时代人类文化、技术与行为的研究，生物人类学研究，应用人类学研究，与人类学研究有关的新技术和新方法的应用及其成果。读者对象为国内外研究机构、高等院校和博物馆等部门的专业人员。

日本问题研究 = Japanese Study/河北大学．－保定：日本问题研究杂志社，1964－
季刊　　16 开
ISSN 1004－2458　　CN 13－1025
河北省保定市五四东路 180 号（071002）
编辑部电话：0312－5073186
E-mail:rbwtyj@ yahoo. com. cn

日本问题研究刊物。本着“百花齐放、百家争鸣”的方针，注重“洋为中用”，尽量结合中国的实际需要研究日本，为改革开放作贡献。以报道国内研究日本问题的论文为主，主要刊载中国学者关于日本政治、经济、外交、社会、文化、历史等领域的研究成果。除报道中国学者的研究成果外，也少量刊登国外研究日本问题的重要论文和译文。

日本学论坛 = Japanese Studies Forum/东北师范大学．－长春：《日本学论坛》编辑部，1964－

季刊　　大 16 开
ISSN 1008－1593　　CN 22－1092　　12－398
吉林省长春市人民大街 5268 号（130024）
编辑部电话：0431－85099741
E-mail:rbxlt@ nenu. edu. cn

日本问题研究刊物。原名《外国问题研究》，1999 年改为现刊名。办刊宗旨：进一步适应形势发展的需要，加强对日本问题的研究，为我国的日本学研究与交流提供园地，以便更好地研究日本、认识日本、借鉴日本，为中国的改革开放事业和中日友好事业服务。主要介绍日本的政治、经济、军事、历史、社会、文化、科技等信息。栏目设置有：日本经济、日本政治、日本军事、日本历史、日本文化、日本文学、日本哲学、日本社会、日本教育、日本外交以及思想评论、考察报告、科研信息等。读者对象为教学人员、研究人员、决策机关、对外经贸人员、外事工作人员等。

日本研究 = Japan Studies/辽宁大学日本研究所． －沈阳：日本研究杂志社，1972－
季刊　　大 16 开
ISSN 1003－4048　　CN 21－1027
辽宁省沈阳市皇姑区崇山中路 66 号（110036）
编辑部电话：024－62202254
E-mail:japanstudies1972@ 126. com

日本问题研究学术期刊。办刊宗旨：始终坚持为人民服务和为社会主义建设服务的办刊方向，紧紧围绕我国社会主义现代化建设的主题，突出学术性和现实性并举的办刊特点；同时借鉴日本成功的经验，总结日本挫败的教训，为中国现代化建设服务。主要栏目有：名家专论、日本学者论坛、经济研究、历史研究、中日关系研究、文学研究、法律研究等。主要读者对象：学术界和科研界的科研人员、大专院校的学生。

山东大学学报. 哲学社会科学版 = Journal of Shandong University. Philosophy and Social Sciences/山东大学． －济南：《山东大学学报．哲社版》编辑部，1951－
双月刊　　大 16 开
ISSN 1001－9839　　CN 37－1100　　24－220
山东省济南市山大南路 27 号（250100）

编辑部电话：0531－88364645
E-mail：sdxbzsb@ sdu. edu. cn

人文社会科学综合性学术刊物。立足哲学社会科学学术前沿，关注学术与应用、理论与实践热点难点问题研究，倡导学术原创和出新，推出学术新人与力作，为繁荣哲学社会科学学术研究，促进物质文明、精神文明、政治文明建设服务。主要栏目有：东方文化与现代化、民间法研究、文史研究、经济学研究、管理学研究、政治学研究、法学研究、美学研究等。读者对象主要是社会科学工作者，文科大学教师和研究生、大学生以及广大社会科学的爱好者。

山东社会科学 = Shandong Social Sciences/山东省社会科学界联合会．－济南：《山东社会科学》编辑部，1987－
月刊　　大 16 开
ISSN 1003－4145　　CN 37－1053　　24－135
山东省济南市舜耕路 46 号（250002）
编辑部电话：0531－82981706
E-mail：sdshkxzzs@ vip. sina. com

人文社会科学综合性学术刊物。坚持理论联系实际，立足全国，面向世界，为社会主义物质文明、政治文明、精神文明建设服务，为广大哲学社会科学工作者服务，为广大读者服务的办刊方针，不断提升刊物的学术水平，重视基础理论研究、应用对策研究和具有前瞻性的预测研究，尤其注重对哲学社会科学各学科的前沿性综合性课题的研究和国外新思维新观念的跟踪性研究。辟有马克思主义研究、哲学研究、史学理论研究、散文家与散文创作研究、对外经济贸易研究、经济学研究、管理学研究、法学研究、美学研究、文学研究、政治学研究等栏目。

山东师范大学学报. 人文社会科学版 = Journal of Shandong Teachers' University. Humanities and Social Sciences/山东师范大学．－济南：《山东师范大学学报》编辑部，1956－
双月刊　　大 16 开
ISSN 1001－5973　　CN 37－1066
山东省济南市历下区文化东路 88 号（250014）
编辑部电话：0531－86180064

人文社会科学综合性学术刊物。办刊宗旨是坚持正确的舆论导向，注重学术质量，刊发能代表学科水平、反映学科研究前沿和研究热点、在学科研究中起到促进作用的文章。主要刊登文学、语言学、史学、教育及心理学、哲学、政治学等方面的论文，开展校内外学术交流。辟有文学研究、历史学研究、政治学研究、文化研究、哲学研究、法学研究、教育学·心理学研究、行政学研究、文艺学研究等栏目。读者对象为社会科学研究工作者和高等学校师生。

山东体育学院学报 = Journal of Shandong Institute of Physical Education and Sports/山东体育学院. －济南：《山东体育学院学报》编辑部，1985－

双月刊　　大 16 开

ISSN 1006－2076　　CN 37－1013　　44－991

山东省济南市经十经路 112 号（250002）

编辑部电话：0531－2072211

E-mail：sdtyxbbjb@126.com

综合性体育科学学术期刊。以反映体育教学、训练与科研成果为主，刊发包括基础理论、运动技术及其相关学科、学校体育、教学研究与改革等方面的学术论文、研究成果。设有体育社会科学、运动生物科学、竞技前哨、运动技术、训练与竞赛、学校体育等栏目。主要面向体育院系师生、体育科研人员、教练员及各级体育教师、体育管理人员等。

山东图书馆季刊 = Shandong Library Quarterly/山东省图书馆学会，山东省图书馆. －济南：《山东图书馆季刊》编辑部，1981－

季刊　　大 16 开

ISSN 1002－5197　　CN 37－1024　　24－156

山东省济南市历城区二环东路 2912 号山东省图书馆 1058 室（250100）

编辑部电话：0531－85590726

E-mail：sdlibjk@vip.163.com

图书馆学专业期刊。立足山东，面向全国，始终坚持刊物的学术性，反映教学科研成果，开展图书馆学理论研究，开展学术交流，交流工作经验，普及业务知识。刊登的论文内容涉及图书馆学各个领域。辟有学术论坛、工作方法研究、国外采风、读者服务、期刊管理与利用、特种文献工作、继续教育、图书馆现代技术等栏目。

山西财经大学学报 = Journal of Shanxi Finance and Economics University/山西财经大学. －太原:《山西财经大学学报》编辑部, 1979－

月刊　　大16开

ISSN 1007－9556　　CN 14－1221　　22－9

山西省太原市坞城路696号 (030006)

编辑部电话: 0351－7666806

E-mail: sxcdxb@263.net

经济类综合性学术期刊。坚持“百家争鸣，百花齐放”的办刊方针，立足山西，面向全国，及时反映经济理论研究的最新成果，捕捉经济理论研究的最新动态。主要栏目：理论经济、西部开发论坛、宏观管理、工商贸易、财政·金融、会计·审计·统计、法律、短篇文苑等。读者对象为财经院校师生、经济理论研究人员及商业、财政、银行、工商管理部门的干部职工。

山西大学学报.哲学社会科学版 = Journal of Shanxi University. Philosophy and Social Sciences Edition/山西大学. －太原:《山西大学学报》编辑部, 1947－

双月刊　　大16开

ISSN 1000－5935　　CN 14－1071　　22－41

山西省太原市坞城路92号 (030006)

编辑部电话: 0351－7018311

E-mail: wxh@sxu.edu.cn

人文社会科学综合性学术刊物。坚持以邓小平理论为指导，坚持“学术创新，质量第一”的原则，紧密追踪学术前沿，高度关注学术热点，高度重视对最新研究成果，特别是具有全局性、战略性、前瞻性的重大成果的报道。辟有哲学与科技史研究、马克思主义研究、历史学研究、文学研究、经济学研究、语言学研究、艺术学研究、管理学研究、教育学研究、传播学研究、晋文化研究等栏目。读者对象为哲学社会科学工作者和爱好者及高校文科专业师生。

山西师大学报.社会科学版 = Journal of Shanxi Normal University. Social Science Edition/山西师范大学. －临汾:《山西师大学报》编辑部, 1973－

双月刊　　大16开

ISSN 1001－5957　　CN 14－1072　　22－5

山西省临汾市贡院街1号 (041004)

编辑部电话：0357 - 2051149
E-mail:skxb1973@126.com

人文社会科学综合性学术刊物。办刊宗旨：坚持理论联系实际，促进学术交流和学术繁荣，为教育教学改革和科研工作服务，并坚持学术第一的用稿原则，主要刊登哲、经、文、史及其他学科的学术论文。主要栏目有：马克思主义研究、哲学研究、文学研究、历史学研究、法律研究、管理学研究、文艺理论研究、历史研究、教育研究、语言学研究、心理学研究、社会学研究等。读者对象为高校师生和社会科学工作者。

汕头大学学报. 人文社会科学版 = Journal of Shantou University. Humanities & Social Sciences/汕头大学. - 汕头：《汕头大学学报》编辑部，1985 -

双月刊　　大 16 开
ISSN 1001 - 4225　　CN 44 - 1085　　46 - 16

广东省汕头市汕头大学（515063）
E-mail:ybweng@stu.edu.cn

人文社会科学综合性学术刊物。办刊宗旨：反映汕头大学人文社会科学方面研究和教学成果，也适量发表校外较高质量稿件，开展校内外乃至国内外的人文社会科学学术交流，推动科研和教学的发展，为本校教学和科研的发展服务，为中国的社会主义精神文明服务。除主要辟有哲学·文化学、经济学、管理学、法学·行政学、高等教育研究等栏目外，还设置了"学术批评与争鸣"、"学术热点与前沿"、"海外华人研究"、"泛韩江文化研究"等特色栏目。读者对象为大专院校师生和社会科学工作者以及爱好社会科学研究的读者。

商丘师范学院学报 = Journal of Shangqiu Teachers College/商丘师范学院. - 商丘：《商丘师范学院学报》编辑部，1985 -

月刊　　大 16 开
ISSN 1672 - 3600　　CN 41 - 1303

河南省商丘市平原路 55 号（476000）
编辑部电话：0370 - 2596864
E-mail:sqsyxbbjb@vip.sina.com

文理合一的学术刊物。办刊宗旨：宣传科学的世界观和方法论，坚持求真、求新，以质取文，鼓励不同学术观点的论争，理论联系实际，为“四化”建设服务。社会科学方面主要发表哲学、文学、历史、经济、政治、法学等方面的理论研究文章。主要栏目有：哲学研究、商宋文化研究、文学研究、历史学研究、国际问题研究、政治学研究、经济学研究、法学研究、教育学研究、语言与艺术研究等。读者对象为师范大专院校师生、教育工作者、社会科学工作者。

上海大学学报. 社会科学版 = Journal of Shanghai University. Social Sciences Edition/上海大学. －上海：上海大学出版社，1994－

双月刊　　　　　　大16开

ISSN 1007－6522　　CN 31－1223　　4－536

上海市上大路99号（200444）

编辑部电话：021－66135506

E-mail：su66135506@sina.com

人文社会科学综合性学术刊物。办刊宗旨：立足上海大学，放眼全国高校和科研单位，关注国内外哲学社会科学最新动态，展示科研成果，推动学术争鸣，不断创新思想，改善研究方法；鼓励作者提出新问题、新理论、新思路、新方法；既重视应用研究，也重视基本理论和学术热点；注重探讨学术前沿问题，扶植交叉学科、边缘学科、新兴学科。设有哲学、美学、法学、文学、语言学、历史学、社会学、经济学、管理学、影视学、传播学、教育学等栏目。读者对象为大专院校文科专业师生、社会科学工作者。

上海翻译 = Shanghai Journal of Translations/上海市科技翻译学会. －上海：《上海翻译》编辑部，1986－

季刊　　　　　　　大16开

ISSN 1672－9358　　CN 31－1937　　4－580

上海市延长路149号上海大学33号信箱（200072）

编辑部电话：021－28316080

E-mail：SHKF@chinajournal.net.cn

翻译研究专业刊物。办刊宗旨：探讨翻译理论，传播译事知识；总结翻译经验，切磋方法技巧；侧重应用翻译；把握学术方向，推动翻译事业。主要刊登有关翻译学理论研究论文，翻译经验介绍方面的学术文章。主要栏目有：翻译理论、应用翻译、研究方法、口译、文化与翻译、翻译教学、术语研究、词语译述、翻译史、翻译技术等。读者对象为翻译工作者，语言、外语研究人员，高校外语专业师生。

上海师范大学学报. 哲学社会科学版 = Journal of Shanghai Normal University. Philosophy & Social Sciences Edition/上海师范大学. －上海：《上海师范大学学报》编辑部，1958－

双月刊　　　　　　大 16 开

ISSN 1004－8634　　CN 31－1120　　4－281

上海市桂林路 100 号（200234）

编辑部电话：021－64322304

E-mail：xuebao@ shnu. edu. cn

人文社会科学综合性学术刊物。办刊宗旨：执行党的宣传方针，为学校的教学、科研成果提供发表阵地；鼓励学术研究，强调学术平等，坚持学术自由，倡导学术争鸣，不遗余力地发表优质文稿，为繁荣中国的学术研究贡献应有的力量。主要栏目：中国美学研究、经济学研究、法律研究、中国古典文学研究、文化学研究、世界文学和比较文学研究、历史研究、跨学科研究等。读者对象为高校文科专业师生、社会科学工作者及文科院校师生。

上海行政学院学报 = The Journal of Shanghai Administration Institute/上海行政学院. －上海：《上海行政学院学报》编辑部，2000－

双月刊　　　　　　大 16 开

ISSN 1009－3176　　CN 31－1815　　4－666

上海市虹漕南路 200 号（200233）

编辑部电话：021－22880432

E-mail：dzlt@ mail. sdx. sh. cn

政治类学术刊物。坚持党的基本路线、方针、政策，为培养高素质的中高级国家公务员服务，为包括中国特色社会主义公共行政学理论在内的哲学社会科学的繁荣与发展服务。主要栏目：马克思主义、哲学人文、政治行政、经济管理、政府公共管理、国际问题研究、历史人物、法律伦理。主要读者对象为国家各级公务员、政策研究人员，党校和行政院校教研人员，高等院校、社会科学研究机构的教研人员，各界理论爱好者。

社会科学管理与评论 = Management and Review of Social Sciences/中国社会科学院科研局. –北京:《社会科学管理与评论》编辑部, 1999 –

季刊　　16 开

ISSN 1674 – 0718　　CN 11 – 3968　　80 – 180

北京市建国门内大街 5 号 (100732)
编辑部电话: 010 – 85195079
E-mail:bjb-kyj@ cass. org. cn

社会科学管理理论刊物。以探索社会科学发展规律与开展学术评论为宗旨，主要刊登探索社会科学发展规律的论述，对科研管理实践经验的总结，对学术发展状况、学术著作以及已发表文章的评论，对国外社会科学前沿问题与管理经验的介绍等方面的文章。主要栏目：本刊特稿、管理论坛、学术论坛、学术述评、读书品书、学科建设、院所建设、海外社科等。主要面向地方社科院、各大高校等科研院所的广大科研人员及科研管理人员。

社会科学家 = Social Scientist/桂林市社会科学界联合会. –桂林：社会科学家杂志社，1986 –

月刊　　大 16 开

ISSN 1002 – 3240　　CN 45 – 1008　　48 – 48

广西桂林市西山路 6 号 (541001)
编辑部电话: 0773 – 2898540
E-mail:glkxj@ 163. com, glkxj@ sina. com

人文社会科学综合性学术刊物。办刊方针：坚持弘扬人文理性，提倡学术创新，打破时空地域，扶植新人新作。主要发表人文社会科学领域及新兴学科的重要研究成果；同时，为适应 21 世纪的新要求，刊物还突出报道旅游、经济、管理、政法方面的研究成果及对有一定成就的专家学者、商界赢家、政界要员进行的访谈录，以增强可读性和实用性。主要栏目：社科名家系列、新新社会科学家、博士论坛、新青年网站、旅游时空、经济新视野、哲学与当今世界、文艺论丛、历史纵横、教育新探索等。读者对象是旅游界、商界人士，社会科学界、高等院校的中青年学人，社科联及其学术团体、各级党校、党政机关的管理者、理论研究者和其他社会科学爱好者。

社会科学论坛 = Tribune of Social Sciences/河北省社会科学界联合会．－石家庄：社会科学论坛杂志社，1999－

半月刊　　　　　大32开

ISSN 1008－2026　　CN 13－1063　　18－80

河北省石家庄市裕华西路408号（050051）

编辑部电话：0311－83035752

E-mail:shkxlt@heinfo.net

人文社会科学综合性半月刊。上半月刊为学术评论卷，以学术评论为重点，以关注学术界重大问题、参与推进学术建设为目标，主要栏目：学术论衡、学术评论、学术对话、学术随笔、学术名家、学术资讯；下半月刊为学术研究卷，以学术研究为重点，更加突出学术性、专业性、应用性的特点，发表学术、思想和文化评论之文章，学术研究卷刊登学术性、专业性和应用性研究的论文，主要栏目：哲学·人文、政法·社会、经济·管理、文化·教育、文学·历史、读书·随笔。读者对象为大专院校师生和硕士以上的文科学生。

社科纵横 = Social Sciences Review/甘肃省社会科学界联合会．－兰州：《社科纵横》编辑部，1989－

月刊　　　　　　大16开

ISSN 1007－9106　　CN 62－1110

甘肃省兰州市皋兰路20号兴中大厦1501室（730000）

编辑部电话：0779－8726025

E-mail:skzh2008@126.com

人文社会科学综合性学术刊物。办刊宗旨：坚持追踪时代大潮，面向社会实践，坚持理论联系实际，深入开展有中国特色社会主义理论和“三个代表”重要思想研究，为改革开放和四化建设服务。主要刊载政治经济学、管理学、法学、文学艺术、哲学史学、文化传媒、语言学、教育学等学术文章，优先采用论点明确，文字精练，数据可靠，具有创新性、学术性、科学性的稿件。主要栏目有：理论探索与创新、西部大开发与甘肃经济发展、社会主义新农村建设、经济·管理·发展、哲学与史学、法学探讨、文学与艺术、社会学研究、教育与教学改革、图书馆学研究等。读者对象主要为社会科学工作者、大专院校师生。

沈阳师范大学学报. 社会科学版 = Journal of Shenyang Normal University. Social Science Edition/沈阳师范大学. －沈阳:《沈阳师范大学学报》编辑部, 1977－
双月刊　　大16开
ISSN 1000－5226　　CN 21－1072　　8－151
辽宁省沈阳市皇姑区黄河北大街253号（110034）
编辑部电话: 024－86592564
E-mail: ssxb206@tom.com

人文社会科学综合性学术刊物。办刊宗旨是积极反映该校文科各学院、所的教学和科研成果，注重对社会主义现代化建设中重大理论问题的研究和讨论，刊登文、史、哲、经、法、教等学科的学术论文。栏目辟有：哲学研究、历史学研究、管理学研究、经济学研究、社会学研究、法学研究、文学研究、语言学研究、教育学研究、心理学研究、图书馆学研究等。读者对象是大中专院校文科教师和研究生及有关理论工作者。

审计研究 = Auditing Research/中国审计学会. －北京:《审计研究》编辑部, 1984－
双月刊　　大16开
ISSN 1002－4239　　CN 11－1024　　80－269
北京市海淀区中关村南大街4号（100086）
编辑部电话: 010－82199832
E-mail: sjyz@chinajournal.net.cn

审计研究学术刊物。以推动中国的审计理论与实务研究为己任，坚持理论联系实际的办刊方针和为审计事业发展服务的办刊宗旨，在积极探索审计理论的同时，大力倡导审计应用理论研究，密切关注审计实践中的重点、难点、热点问题，系统反映、介绍国内外审计理论与实务及相关学科研究的最新成果及发展趋势。该刊既是审计理论研究人员探讨审计理论、进行学术交流的平台，也是广大审计工作者提高审计理论素养、开拓实务工作和进行理论研究的参考读物。

生产力研究 = Productivity Research/中国生产力学会，山西省生产力学会. －太原:《生产力研究》编辑部, 1986－
半月刊　　16开
ISSN 1004－2768　　CN 14－1145　　22－102
山西省太原市文源巷18号（030001）

编辑部电话：0351－4070573
E-mail：kingmakerrr@yahoo.com.cn

经济学学术刊物。中国生产力学会会刊。推崇严谨的学术风格和规范的学术期刊办刊模式。主要刊登研究经济理论、经济改革、发展等方面的论文、综述性文章和学术动态。及时、权威地反映中国生产力经济理论与实践研究的最新动态和最新成果。主要栏目有：特稿、经济论坛、三农问题、产业论坛、企业管理、决策者、经济与教育、法制与经济、金融问题、会计与审计、咨询机构、学术动态综述等。读者对象为经济理论研究人员、经济管理人员及经济管理院校师生等。

生态经济 = Ecological Economy/云南教育出版社．－昆明：生态经济杂志社，1985－
月刊　　大 16 开
ISSN 1671－4407　　CN 53－1174　　64－54
云南省昆明市环城西路 609 号云南新闻出版大楼（650034）
编辑部电话：0871－4138386
E-mail：econtp@163.net

生态经济专业学术刊物。重点报道全球生态领域的热点事件和有关人类生存、生态环境、绿色经济等热点问题，为读者提供国内外生态经济研究的最新动态和科研成果，为企业特别是能源企业的可持续发展建言献策。主要栏目有：环球视点、生态警示录、特别关注、前沿论坛、绿色经济、产业观察、生态环境、天地人文、家园故事、绿色设计、生态万象。读者对象为关注生态经济走势的各级领导和专家，开发生态资源、创造生态财富的企业家，关心生态环境、营造生态家园的广大群众。

石家庄经济学院学报 = Journal of Shijiazhuang University of Economics/石家庄经济学院．－石家庄：《石家庄经济学院学报》编辑部，1978－
双月刊　　大 16 开
ISSN 1007－6875　　CN 13－1217
河北省石家庄市槐南路 302 号（050031）
编辑部电话：0311－87208093
E-mail：xbbjb@sjzue.edu.cn

经济科学、管理科学的综合性学术刊物。以马克思列宁主义、毛泽东思想和邓小平理论为指导，贯彻为人民服务、为社会主义服务和“百花齐放，百家争鸣”的方针，侧重反映经济学科、管理学科等的教学科研成果，积极开展国内外学术交流，鼓励创新、开拓精神，从而促进教学科研不断发展，更好地为提高民族素质，促进经济发展和社会进步服务。主要刊登反映经济学、管理学等学科的科研成果及论文。主要栏目有：经济理论、环渤海经济、资源经济与环境经济、区域经济与城市经济；公共管理、企业管理；法学前沿、文史哲、高等教育。主要读者对象：全国经济、财政、金融和企事业单位的领导干部、管理人员，专业科研人员以及大专院校师生。

史学集刊 = Collected Paper of History Studies/吉林大学．－长春：《史学集刊》编辑部，1956－

双月刊　　16 开

ISSN 0599－8095　　CN 22－1064　　12－103

吉林省长春市前进大街 2699 号（130012）

编辑部电话：0431－85166107

E-mail：sxjk@jlu.edu.cn

文史类专业学术期刊。办刊宗旨为传播学术薪火，弘扬历史文化；办刊理念为实事求是，探索创新；办刊方向为中国史与世界史并重，古代史与近现代史并重，基础理论研究与热点问题研究并重，突出跨学科研究，突出新思想探索。主要刊载历史科学类的学术论文。现主要设有中国史研究、世界史研究、长篇专论、史学理论与史学史、外稿特译、跨学科研究、区域史研究、国际关系研究、博士论坛、学术争鸣、国内外著作评介等栏目。读者对象为国内外专业史学工作者、业余史学爱好者。

世界华文文学论坛 = Forum for Chinese Literature of the World/江苏省社会科学院，江苏省台港与海外华文文学研究中心，江苏省台港暨海外华文文学研究会．－南京：《世界华文文学论坛》编辑部，1982－

季刊　　16 开

ISSN 1008－0163　　CN 32－1005　　28－261

江苏省南京市虎踞北路 12 号（210013）

编辑部电话：025－83391043

E-mail：sjhwwxlt@periodicals.net.cn

世界华人文学研究专业刊物。办刊宗旨：起到促进海内外文化学术交流的纽带的作用，成为展示世界华文文学最新研究成果的重要园地。主要刊载对世界范围内华人文学的评论和研究文章。主要栏目有：文学台独批判、台湾文学探讨、美华文学新论、白先勇研究、严歌苓品评、钟山夜谭、名作解读、网络文学管窥、灯下品书。读者对象为文学专业研究人员、文艺理论工作者、文学爱好者、高等院校中文专业师生。

首都师范大学学报. 社会科学版 = Journal of Capital Normal University. Social Sciences Edition/首都师范大学． －北京：《首都师范大学学报．社会科学版》编辑部，1973 －

双月刊　　　　　大 16 开

ISSN 1004 －9142　　CN 11 －3188　　2 －309

北京市海淀区西三环北路 105 号（100037）

编辑部电话：010 －68902451

E-mail：jcnu@263. net

人文社会科学综合性学术刊物。办刊宗旨是坚持四项基本原则，坚持理论联系实际，开展学术讨论，推动本校社会科学的教学和研究工作，促进学术交流，发现和培养人才，促进中青年学术骨干的成长。主要栏目有：中国近现代思想文化史研究、古史考辨、世界历史研究、公民伦理研究、法学研究、学术争鸣、博士论坛、中国诗学研究、女性文学研究、编辑学研究等。读者对象为社会科学工作者、社会科学研究爱好者以及文科院校师生。

税务与经济 = Taxation and Economy/长春税务学院． －长春：《税务与经济》编辑部，1979 －

双月刊　　　　　大 16 开

ISSN 1004 －9339　　CN 22 －1210　　12 －58

吉林省长春市净月大街 3699 号（130117）

编辑部电话：0431 －84539187

E-mail：swyjjzz@ctu. cc. jl. cn，swyjjdz@ctu. cc. jl. cn

财经类学术理论刊物。其前身为《吉林财贸学院学报》，1992 年随学院更名而改为现名。办刊宗旨：促进学术发展，为社会主义经济建设服务。始终站在学术理论发展的最前沿，注重理论与实际相结合；坚持广阔的研究视角，深邃的学术内涵，丰富的理论成果，独特的办刊风格，以及鲜明的栏目特色；为我国税收与经济理论研究和了解税收与经济学术动态提供重要窗口。主要发表财税类学术论文，重点探讨社会主义经济建设中的税收及经济理论问题。栏目设置有：经济纵横、税务研究、振兴东北、学科建设、书评等。读者对象为经济理论工作者和实际工作者、财经院校师生、经济部门管理人员和政府经济部门官员。

四川师范大学学报. 社会科学版 = Journal of Sichuan Normal University. Social Sciences Edition/四川师范大学. －成都：《四川师范大学学报. 社会科学版》编辑部，1974－

双月刊　　大16开

ISSN 1000－5315　　CN 51－1063　　62－83

四川省成都市锦江区静安路5号（610068）

E-mail：scsf@ chinajournal. net. cn

人文社会科学综合性学术刊物。办刊宗旨：坚持人文社会科学研究的正确方向和严谨求实的优良学风，努力繁荣社会主义科学与文化。以发表高校教学科研人员学术成果为主，兼顾巴蜀历史及中学文科教学的研究。主要刊载哲学、政治学、法学、经济学、文学、语言学、历史学、教育学等学科的学术理论论文，力求有创见、有新意、有深度。主要栏目有：当代中国研究、教育学、文化学、中国古代文学、外国文学、汉语新词新语研究、历史学研究、经济与管理、教育学、法学等。读者对象为大专院校及师范院校师生、中学教师。

四川图书馆学报 = Journal of the Library Science Society of Sichuan/四川省图书馆学会. －成都：《四川图书馆学报》编辑部，1979－

双月刊　　大16开

ISSN 1003－7136　　CN 51－1073　　62－244

四川省成都市总府路6号四川省图书馆内（610016）

编辑部电话：028－86659544

E-mail：sclibxb@ sohu. com

图书馆学专业期刊。办刊宗旨：坚持四项基本原则，贯彻“双百”方针，发展社会主义图书情报事业，推动图书情报学、目录学、版本学、文献学等方面的学术研究以及应用现代信息技术提高图书馆服务档次，促进图书馆工作在三个文明建设中发挥积极作用。主要栏目有：理论与事业研究、现代技术、资源建设、读者工作、参考咨询、院校图书馆、文献研究和图情史苑等。读者对象为各类型图书馆、有关信息机构、广大图书馆学研究者及图书馆工作者。

四川外语学院学报 = Journal of Sichuan International Studies University/四川外语学院. - 重庆：《四川外语学院学报》编辑部，1984 -

双月刊　　大 16 开
ISSN 1003 - 3831　　CN 50 - 1026　　78 - 95
重庆市沙坪坝区四川外语学院（400031）
编辑部电话：023 - 65385313
E-mail：sisujournal@ 126. com

外国语言文化和翻译研究的综合性学术刊物。办刊宗旨：主要反映学院内外学者在外国语言、外国文学、翻译等研究领域的热点，促进学术交流，推动外语教学、科研工作的发展。主要刊载多种外国语言、文学、文化和中外对比研究文章，翻译理论、外语教育教学等方面的学术论文。主要栏目有：外国文学与文本研究、外国语言研究、翻译研究、外语教育与教学论坛。读者对象为外语研究人员、语言学习与应用语言学的研究人员、外语教学人员、学生等。

四川文物 = Sichuan Cultural Relics/四川省文物局. - 成都：《四川文物》编辑部，1984 -

双月刊　　大 16 开
ISSN 1003 - 6962　　CN 51 - 1040　　62 - 143
四川省成都市人民南路 4 段 5 号（610041）
编辑部电话：028 - 85231150
E-mail：scwenwu@ yahoo. com. cn

文物考古专业期刊。坚持学术性、知识性、资料性兼顾的办刊宗旨，积极宣传党的文物法和文物相关政策，交流信息和研究成果，传播文物知识，提高读者对文物的鉴赏水平，热忱为广大读者服务。主要栏目有：调查与发掘、探索与研究和文博译林等。适合于广大专业工作者及文物考古收藏爱好者读阅。

苏州大学学报. 哲学社会科学版 = Journal of Suzhou University. Philosophy & Social Sciences Edition/苏州大学. - 南京：《苏州大学学报》编辑部，1906 -

双月刊　　大 16 开

ISSN 1001－4403　　CN 32－1033　　28－50
江苏省苏州市干将东路200号（215021）
编辑部电话：0512－67258839
E-mail:rwsk@ suda. edu. cn

人文社会科学综合性学术刊物。以为教学科研服务，为四化建设服务，为社会主义精神文明服务，繁荣我国的科学文化为宗旨。主要刊登哲学、政治学、文学、史学、语言学、法学、社会学、心理学、经济学、管理学、高等教育学等人文社会科学方面的学术论文、研究成果、综述等学术性文章。辟有邓小平理论研究、哲学问题研究、法学问题研究、中国发展现实问题研究、明清近代诗文研究、吴文化研究等主要栏目。读者对象为高等院校文科师生和广大哲学社会科学研究工作者。

台湾研究集刊＝Taiwan Research Quarterly/厦门大学台湾研究院．－厦门：《台湾研究集刊》编辑部，1983－
季刊　　大16开
ISSN 1002－1590　　CN 35－1022
福建省厦门市厦门大学（361005）
编辑部电话：0592－2184721
E-mail:twrq@ xmu. edu. cn

台湾问题研究学术刊物。全国最早创办的专门研究台湾问题的期刊，在台湾研究领域有重要影响。办刊宗旨是贯彻党的对台方针和政策，发表研究台湾问题的学术成果，加强海内外学术交流，促进海峡两岸相互了解，为祖国统一事业服务。集中刊载有关台湾政治、经济、法律、历史、文学、宗教、社会、教育以及两岸关系等方面的研究论文。

探索＝Probe/中共重庆市委党校．－重庆：探索杂志社，1985－
双月刊　　大16开
ISSN 1007－5194　　CN 50－1019　　78－84
重庆市渝州路160号（400041）
编辑部电话：023－68593010
E-mail:tsuo@ cqdx. gov. cn

政治类学术刊物。办刊宗旨：侧重研究马克思主义中国化问题、党建问题和中国改革开放和社会主义现代化建设中的新情况、新问题，为党委和政府的决策服务，为教学科研服务，为繁荣社会科学服务。同时注重反映与探索重庆建设、改革开放理论与实践的重大问题，具有地方特色。常设栏目有：中国化马克思主义研究、党的建设、政治建设、经济建设、文化建设、社会建设、理论探讨、重庆发展与西部大开发、学术争鸣、哲学研究等。

唐都学刊 = Tang Du Journal/西安文理学院．－西安：《唐都学刊》编辑部，1985－
季刊　　大 16 开
ISSN 1001－0300　　CN 61－1056
陕西省西安市太白南路 168 号（710065）
编辑部电话：029－88258532
E-mail：tdxk@163. con

人文社会科学综合性学术刊物。以促进学术交流，发现人才，为两个文明建设服务为办刊宗旨，主要刊载哲学、政治学、文学、历史学方面的学术论文，尤以周秦汉唐古都文化研究和陕西作家作品研究为特色，常设“汉唐研究”专栏，并以古都西安为纵横研究的基准与核心点，尽量突出西安自古迄今的人文特色，辐射整个学术领域中各相关学科。全国文科学报“百强”期刊，曾连续被评为“陕西省高等学校优秀学报”。读者对象为高等院校文科师生及海内外人文社会科学工作者。

体育文化导刊 = Sports Culture Guide/国家体育总局体育文化发展中心．－北京：《体育文化导刊》编辑部，1983－
月刊　　大 16 开
ISSN 1671－1572　　CN 11－4612　　82－465
北京市崇文区天坛东里中区甲 14 号（100061）
编辑部电话：010－67051003
E-mail：tywhdk@163. com

体育科学学术期刊。主要刊登体育社会科学研究成果。载文理论联系实际，着重研究我国体育发展中的重点、难点、热点问题。研究内容广泛涉及体育管理学、群众体育学、竞技体育学、体育经济学、体育文化学、体育史学、体育教育学、奥林匹克研究、体育信息学、体育新闻学、体育哲学、体育原理、体育伦理学、体育社会学、体育法学、体育发展战略研究、民族传统体育研究、体育美学、体育社会心理学、体育社会科学研究方法等。栏目主要有：改革与发展论坛、文化观察、五环视野、学术百家、体育教育、异域放眼、时空隧道、人物聚焦。

天府新论 = Journal of Tianfu/四川省社会科学界联合会．－成都：《天府新论》编辑部，1985 -

双月刊　　16 开

ISSN 1004 - 0633　　CN 51 - 1035　　62 - 248

四川省成都市大石西路科联街 19 号（610071）

编辑部电话：028 - 82973512

E-mail：tianfuxinlun@163. com

人文社会科学综合性学术刊物。刊文内容形式多样，以学术性、创新性、探索性、综合性为其特色。既有涉及国内外经济、政治、法律、社会学、哲学、文化、文学、历史、科教等社会科学研究的论文，也有书刊评论、观点综述等文章。主要辟有经济理论研究、经济体制改革探索、中外经济史、农业经济研究、四川经济研究、哲学研究、中国哲学史、科学社会主义、中国古代文学研究、现当代文学研究、历史研究等栏目。

天津大学学报. 社会科学版 = Journal of Tianjin University. Social Sciences/天津大学．－天津：《天津大学学报》编辑部，1999 -

双月刊　　大 16 开

ISSN 1008 - 4339　　CN 12 - 1290　　6 - 127

天津市南开区天津大学（300072）

编辑部电话：022 - 27403448

E-mail：tdsk@tju. edu. cn

人文社会科学综合性学术刊物。全国社科百强学报。坚持以马克思主义、毛泽东思想、邓小平理论和“三个代表”重要思想为指导，为社会科学事业发展服务的办刊宗旨。主要栏目有：现代企业管理、应用经济与金融研究、科技与哲学、政治与历史、建筑与文化、中国民俗文化研究、社会学、政治与历史和语言与文学等。读者对象为人文社会科学研究人员、高等院校文科师生。

天津商业大学学报 = Journal of Tianjin Univesity of Commerce/天津商业大学． －天津：《天津商业大学学报》编辑部，1981 －

双月刊　　　　　大 16 开

ISSN 1674 －2362　　CN 12 －1401　　6 －26

天津市津霸公路东口天津商业大学学报编辑部（法政楼 114 房间）（300134）
编辑部电话：022 －26667507
E-mail:xb@ tjcu. edu. cn

文理合一的财经类（含文、理、工）综合性学术理论刊物。以关注学术性、前瞻性、实用性、创新性、权威性，注重理论探索，发现学术新人为办刊宗旨。人文社会科学方面主要发表有关商学与商业、产业政策与规则、产业发展、第三产业、区域经济、国际贸易、经济理论研究、财经论坛、流通论坛、企业经营与管理、商业 IT、电子商务、财政金融评论、品牌与市场策略、资本运营企业论坛、成本管理、财务管理、成本核算、税收改革、投资项目管理、商业视角、投资分析、人力资源、物流平台、经济与法等方面的研究成果。读者对象为各大专院校、科研单位、企事业单位科研人员等。

天津行政学院学报 = Journal of Tianjin Administration Institute/天津行政学院． －天津：《天津行政学院学报》编辑部，1999 －

双月刊　　　　　大 16 开

ISSN 1008 －7168　　CN 12 －1284　　6 －131

天津市南开区育梁道 4 号（300191）
编辑部电话：022 －23679005
E-mail:xb238@ yahoo. cm. cn

政治类学术刊物。以服务于政府行为的咨询与决策，服务于教学与科研为宗旨，重点研讨公共管理、国家公务员制度的理论与实践，改革开放中的重点、难点、热点问题。主要栏目设置：中国特色社会主义理论、党的建设、哲学、政治学、公共行政、环渤海区域发展、经济学、法学。主要读者对象为国家各级公务员、政策研究人员，党校和行政院校教研人员，高等院校、社会科学研究机构的教研人员，各界理论爱好者。

同济大学学报．社会科学版 = Journal of Tongji University. Social Science Section/同济大学． －上海：《同济大学学报．社会科学版》编辑部，1990 －

双月刊　　大 16 开
ISSN 1009 - 3060　　CN 31 - 1777　　4 - 637
上海市四平路 1239 号（200092）
编辑部电话：021 - 65983944
E-mail:wkxuebao@ mail. tongji. edu. cn

人文社会科学综合性学术刊物。坚持四项基本原则，提倡理论联系实际，贯彻“双百”方针，在改革开放的形势下，力求办出体现本校学科建设特色的文科学报，促进文、理、工的相互渗透与结合，发展新兴学科、交叉边缘学科，进一步促进本校教学、科研的提高。辟有德语诗学与文化研究、城市研究、比较思想与比较文化、语言学与语言教育、文化产业研究、管理科学研究等栏目。主要读者对象为全国各高教系统的教师、研究生以及社会上的社科学术界的广大读者。

图书馆界 = Library World/广西图书馆学会，广西图书馆. - 南宁：《图书馆界》编辑部，1980 -
季刊　　大 16 开
ISSN 1005 - 6041　　CN 45 - 1042
广西南宁市民族大道 61 号（530022）
编辑部电话：0771 - 5868138
E-mail:tsgjbjb@ 163. com

图书馆学情报学业务刊物。办刊宗旨：遵循“百花齐放”“百家争鸣”的方针政策，反映图书馆界的理论和工作研究成果，活跃图书馆界的理论和工作研究、经验交流，为图书情报事业培养人才，促进图书馆事业的发展。载文侧重探讨图书馆理论、图书馆实际工作研究以及业界动态等。读者对象为图书馆理论研究者及图书馆工作人员。

图书馆理论与实践 = Library Theory and Practice/宁夏回族自治区图书馆学会，宁夏回族自治区图书馆. - 银川：《图书馆理论与实践》编辑部，1986 -
双月刊　　大 16 开
ISSN 1005 - 8214　　CN 64 - 1004　　74 - 17
宁夏银川宁新市区同心北路宁夏图书馆（750021）
编辑部电话：0951 - 2021540
E-mail:LSGL@ chinajournal. net. cn

图书馆学专业期刊。坚持理论与实践并重的原则，以繁荣图书馆学研究，开发图书情报资源，培养新型图书馆为己任。主要板块栏目：当代图书馆人、综合评述、学术探讨·工作研究、西部大开发与图书馆、信息学·文献学、地方文献研究、编译文献、基层图书馆、经验交流和博览等。以广大图书情报工作者和图书馆学情报学专业师生为主要读者对象

图书馆学刊 = Journal of Library Science/辽宁省图书馆学会，辽宁省图书馆. －沈阳：《图书馆学刊》编辑部，1979 －

双月刊　　　　　　大 16 开

ISSN 1002 －1884　　CN 21 －1033　　8 －250

辽宁省沈阳市东陵区万柳塘路 111 号（110015）

编辑部电话：024 －24220230

E-mail：tsgxk@ sohu. com

图书馆学专业刊物。注重图书馆学理论与实践的紧密结合，融学术性、知识性和实用性于一体，立足辽宁，面向基层，服务全国，很好地适应各级各类图书情报工作者实践、学习的需要。主要刊载图书馆学、目录学、情报学、文献学的学术论文和基础知识，交流各类型图书馆的工作经验。栏目设置有：学术论坛、业务研究、科学管理、现代化技术、基层图书馆、国外图书馆、图书馆史志等。主要读者对象是广大图书馆工作者和情报工作者。

图书馆学研究 = Researches in Library Science/吉林省图书馆. －长春：图书馆学研究杂志社，1980 －

月刊　　　　　　大 16 开

ISSN 1001 －0424　　CN 22 －1052　　12 －205

吉林省长春市新民大街 1162 号（130021）

编辑部电话：0431 －85642935

E-mail：tsgxyj@ yahoo. com. cn

图书馆学专业刊物。坚持理论联系实际的原则，致力图书馆学、科技情报学、目录学、史料学、版本学、图书馆科学管理、干部培养、图书馆建设与设备、图书馆改革的研究，提高图书馆工作者的理论和业务水平。主要栏目有：基础理论研究、数字化与网络、图书馆管理、信息资源建设、信息检索、信息服务等。读者对象为图书情报工作者、科研人员及高等院校师生。

图书与情报 = Library and Information/甘肃省图书馆，甘肃省科技情报研究所，甘肃省图书馆学会，甘肃省科技情报学会. -兰州:《图书与情报》编辑部，1980 -
双月刊　大16开
ISSN 1003 - 6938　CN 62 - 1026　54 - 76
甘肃省兰州市滨河东路250号（730000）
编辑部电话：0931 - 8270072
E-mail:tsyqb@126.com

图书馆学情报学专业刊物。甘肃省图书馆学会会刊。旨在研究和探讨图书情报工作理论，向国内外宣传甘肃图书情报事业，交流工作经验，普及专业知识；提升专业理论水平，提高从业人员素质。栏目设置：理论园地、建言献策、信息工作、文化沙龙、实践平台、信息法学、馆长的故事、珍藏撷英、文献学苑、图苑时空、旧学与新知等。读者对象为图书馆和情报机构工作人员及相关专业大专院校师生。

外交评论（外交学院学报） = Foreign Affairs Review/外交学院，中国国际关系学会. -北京:《外交评论（外交学院学报）》编辑部，1984 -
双月刊　大16开
ISSN 1003 - 3386　CN 11 - 5370　82 - 795
北京市西城区展览路24号（100037）
编辑部电话：010 - 68323972
E-mail:xuebao@cfau.edu.cn

外交与国际关系专业期刊。原名《外交学院学报》，2005年改为现名，兼具中国国际关系学会会刊的职能。以“中国外交和国际关系”为特色，以严肃认真的科学态度，遵循理论创新、学术争鸣的原则，聚焦国际、国内热点问题，努力为学术交流提供良好的平台。主要刊发有关外交和国际关系领域的时政评论和研究论文，并适时推出有关国际热点和理论前沿问题的专题讨论成果，以贴近现实，关注时代，为有关“外交与国际关系”的实务、教学和研究，为公众的国际问题阅读和讨论，提供及时、丰厚而深刻的思想内容和信息，为中国的改革和进步、外交和国际事务的发展贡献力量。主要栏目包括国际时论、中国外交、外交与国际关系、国际经济与国际法、国际漫笔、书评、学术动态等。

外语研究 = Foreign Languages Research/中国人民解放军国际关系学院. -南通:《外语研究》编辑部，1984 -

双月刊 大16开
ISSN 1005－7242 CN 32－1001 28－279
江苏省南京市解放军国际关系学院（210039）
编辑部电话：025－80838422
E-mail：waiyuyanjiu@163.com

外语研究专业刊物。办刊宗旨：开展外语理论研究，交流翻译和外语教学研究方面的成果，评介外国语言文学理论，报道国内外外语研究和教学的动态，介绍外语名家，繁荣外语教育事业。刊载语言学、翻译、外语教学等方面的学术文章。主要栏目有：多模态话语分析、现代语言学研究、外语教学研究、翻译学研究、外国文学研究、书评等。读者对象为外语研究、语言研究专业人员，外语教学人员，运用外语从业人员，高校外语专业师生。

未来与发展＝Future and Development/中国未来学研究会．－北京：《未来与发展》编辑部，1980－

月刊 大16开
ISSN 1003－0166 CN 11－1627 2－199
北京市海淀区学院南路86号（100081）
编辑部电话：010－62103296
E-mail：csfs3636@sina.com，future3296@sina.com

未来学研究刊物。探讨和研究未来学与未来研究的理论和方法；介绍国内外未来研究的成果，研究科技、经济、社会各领域的未来发展趋势；探讨我国四个现代化建设事业中的未来问题的科学预测研究和现实问题的对策研究；报道各行各业、各部门、各学科的新动向、新设想和未来发展趋势；反映最新的未来预测和发展战略研究成果及社会关注的热点问题，帮助人们及时了解国内外改革经验和新的管理方法及国内外技术、经济、贸易发展走势。主要栏目：专家论坛、知识中国、发展研究、西部开发、财经分析、热点透视、科学与技术、环球瞭望、未来预测。读者对象为人文社会科学研究人员、企事业单位的研究人员、大专院校相关专业师生等。

文史杂志＝Journal of Literature and History/四川省文史研究馆．－成都：《文史杂志》编辑部，1985－

双月刊 16开

ISSN 1003 – 6903　　CN 51 – 1050　　62 – 48
四川省成都市署袜中街 42 号（610016）
编辑部电话：028 – 86729462
E-mail：scwszz@ yahoo. com. cn

文史研究类综合性学术刊物。以弘扬中华民族优秀文化和传播世界文化精华为宗旨，面向具有中等文化程度以上的广大读者，以知识性为主，兼容学术性、思想性、趣味性。主要栏目有：巴蜀文化、文化透视、史坛纵论、文苑漫步、艺术长廊、人物春秋、文史杂谈、论语说文、抗战史研究等。

文物春秋 = Stories of Relics/河北省文物局. – 石家庄：《文物春秋》编辑部，1989 –
双月刊　　16 开
ISSN 1003 – 6555　　CN 13 – 1121
河北省石家庄市建华南大街 82 号（050031）
编辑部电话：0311 – 85367298
E-mail：wwcq@ chinajournal. net. cn

以文物、考古、博物馆学为主的专业性学术期刊。办刊宗旨：以辩证唯物主义和历史唯物主义为指导，及时反映河北省文物、考古、博物馆工作的新发现、新成果，推动和活跃全省文博科学研究工作，立足河北，面向全国，扩大与国内外文物考古界的学术交流，为促进河北省文物事业的发展和提高专业队伍的素质作出贡献。主要板块栏目：研究与探索、文博论坛、考古发现、文物介绍与研究等。以文物、考古、博物馆工作者及文物爱好者为读者对象。

文物世界 = World of Antiquity/山西省文物局. – 太原：文物世界杂志社，1987 –
双月刊　　大 16 开
ISSN 1009 – 1092　　CN 14 – 1255　　22 – 165
山西省太原市文庙巷 22 号（030001）
编辑部电话：0351 – 2021472
E-mail：wwsjzzs2008@ 163. com

文物考古类专业期刊。办刊宗旨：高扬传统文化旗帜，坚持大文物意识、全方位视觉，面向社会更多层次读者，开展学术研究，致力于学术性、知识性、可读性及艺术性的完美结合，兼顾学术性与通俗性，立足山西，面向全国，开展学术研究，发布文博信息，弘扬民族文化，传承人类文明，为繁荣和发展我国文物事业服务。主要板块栏目有：新发现、学术论坛、大视野、名人星座、精品赏析、文物笔会和博物馆长廊等。以文物、考古、博物馆工作者及文物爱好者为读者对象。

文献 = The Documentation/国家图书馆．－北京：《文献》编辑部，1979－
季刊　　大32开
ISSN 1000－0437　　CN 11－1588　　2－272
北京市海淀区中关村南大街33号（100081）
编辑部电话：010－88545591
E-mail：wenxian@ nlc. gov. cn

专业文献学期刊。内容以披露国家图书馆的丰富馆藏与其他公私家典藏的、国内新发现的、具有重要价值的各种古、近代文献资料及其研究成果为主。着重发表古典文学、史学、古文献学及训诂学、校勘学、目录学、版本学、辨伪学、辑佚学等研究论文，重视海外汉学研究进展。主要板块栏目：文史哲文献研究、文献之窗、中国古代科技史、文献书史、中国书史、地方史志、宗族谱要籍、著名学者传略、藏书家介绍、中外文化交流、读书札丛、专著评介、民族文献与研究、中国古代文化史知识、名人手札、二十世纪文献学。

文艺评论 = Literature and Art Criticism/黑龙江省文学艺术界联合会．－哈尔滨：《文艺评论》编辑部，1976－
双月刊　　16开
ISSN 1003－5672　　CN 23－1059　　14－117
黑龙江省哈尔滨市动力区文府街6－1号（150040）
编辑部电话：0451－86067010
E-mail：wypl@ vip. 163. com

文艺研究专业刊物。办刊宗旨是以马克思主义文艺观为指导，坚持文艺的“双百”方针，追踪和研究当前的文艺创作和文艺理论研究的态势，研究文艺创作和理论研究的成就和不足，推动文艺创作和理论建设的健康发展。主要栏目有：理论视野、焦点观察、文本阐述、挑灯夜话、艺苑揽胜、美术研究、美术家、艺术广角、美术作品等。读者对象为文艺理论研究人员、艺术工作者、艺术院校专业师生。

武汉大学学报. 人文科学版 = Wuhan University Journal. Humanity Sciences/武汉大学. －武汉:《武汉大学学报》编辑部, 1930 －

双月刊　　大 16 开

ISSN 1671 －881X　　CN 42 －1662　　38 －340

湖北省武汉市珞珈山武汉大学 (430072)

编辑部电话: 027 －87871367

E-mail:whds@ whu. edu. cn

人文社会科学综合性学术刊物。以马克思主义、毛泽东思想、邓小平理论为指导, 贯彻 "双百" 方针, 大力宣传党的 "四项基本原则" 和 "改革开放" 的方针政策, 繁荣学术事业, 开展学术争鸣, 促进国内外学术交流为办刊宗旨。主要刊登中外语言文学、历史学、哲学、新闻传播学、编辑学等学科的学术论文。辟有哲学、历史学、新闻传播学、教育学等栏目。读者对象为社会科学工作者及大专院校文科专业师生。

武汉理工大学学报. 社会科学版 = Journal of Wuhan University of Technology. Social Science Edition/武汉理工大学. －武汉:《武汉理工大学学报. 社会科学版》编辑部, 1988 －

双月刊　　大 16 开

ISSN 1009 －3699　　CN 42 －1596　　38 －74

湖北省武汉市武昌区和平大道 1040 号 (430063)

编辑部电话: 027 －86553823

E-mail:whxbsk@ 163. com

人文社会科学综合性学术刊物。办刊宗旨: 弘扬优良学风, 坚持学术至上, 理论创新, 展示人文社会科学最新成果, 提供人文社会科学理论研究的最新信息, 面向全国高等院校、科研院所及社会各界人文社会科学工作者办刊。刊登经济学、管理学、法学、党史党建、科技学、社会学、政治学、教育学、心理学、哲学、历史、文学、语言、文化、环境与工程艺术等人文与社会科学类的学科及其相关学科、边缘学科、交叉学科的新理论、新观点、新成果。特色栏目有安全文化研究、科技文化与社会现代化、政治心理与政治发展、一家之言。

西安财经学院学报 = Journal of Xi'an University of Finance and Economics/西安财经学院. －西安:《西安财经学院学报》编辑部, 1988 －

双月刊　　大 16 开
ISSN 1672－2817　　CN 61－1411　　52－155
陕西省西安市翠华南路 105 号 311 信箱（710061）
编辑部电话：029－82348771
E-mail:xcyxuebao2003@yahoo.com.cn，xuebao_xaufe@126.com

经济类综合性学术期刊。原刊名为《陕西经贸学院学报》。办刊宗旨：密切跟踪并探索经济科学和管理科学的前沿理论及热点问题，特别注重国内著名经济学家的最新研究成果，突出学术性、地方性等特点，注重理论与实践相结合，学术性与应用性相结合，注重发表中青年学者的真知灼见，力求以特色栏目推动“名栏”“名刊”的建设和发展。栏目设置有：秦文化与经济、西部特色经济、经济理论研究、金融研究、财税与会计、产业经济、区域经济、企业改革与管理、法学论坛、“三农”问题、国防经济、贸易经济、旅游经济等。读者对象为经济理论及实践工作者、企业家、相关院校师生等。

西安体育学院学报 = Journal of Xi'an Physical Education University/西安体育学院．－西安：《西安体育学院学报》编辑部，1984－

双月刊　　大 16 开
ISSN 1001－747X　　CN 61－1198　　52－270
陕西省西安市含光北路 65 号（710068）
编辑部电话：
E-mail:fengxian.999@163.com

综合性体育科学学术期刊。办刊方针：坚持为教学、科研、训练服务；坚持“百花齐放，百家争鸣”、“古为今用，洋为中用”的学术思想，广开言路，博采众长，使刊物成为学院教学、科研、训练的学术窗口。论文内容主要涉及体育教学与训练、技术研究、基础理论研究、体育软科学等方面。栏目设置有：西部体育论坛、民族传统体育、体育人文社会学、运动人体科学、体育测量与评价、运动技术与训练、体育教学、运动心理与心理健康等。读者对象主要为大中专体育教师、教练员、体育科研工作者以及大中专院校体育爱好者和社会体育工作者。

西安外国语大学学报 = Journal of XI'AN International Studies University/西安外国语大学．－西安：《西安外国语大学学报》编辑部，1993－

季刊　　大 16 开

ISSN 1673-9876　　CN 61-1457　　52-181
陕西省西安市长安南路437号（710061）
编辑部电话：029-85309400
E-mail：xuebao@xisu.edu.cn

语言学类综合性学术刊物。宗旨是坚持“二为”方向和“双百”方针，发文以外语研究为主，兼顾人文社会科学问题探讨，坚持学报的高品位和学术性。主要栏目有：语言哲学研究、汉外对比研究、语言学与语言研究、翻译理论与实践、外国文学评论、外语教学与研究。读者对象为外语研究人员、翻译人员、外语教学人员、大专院校师生。

西安文理学院学报.社会科学版 = Journal of Xi'an University of Art and Science. Social Sciences Edition/西安文理学院. -西安：《西安文理学院学报》编辑部，2005-
双月刊　　16开
ISSN 1008-777X　　CN 61-1440
陕西省西安市太白南路168号（710065）
编辑部电话：029-88258532，029-88241039
E-mail：wlxbsk@126.com

人文社会科学综合性学术刊物。坚持繁荣科学文化，促进学术交流，发现和培养人才，为两个文明建设服务；坚持以学术为先导，以基础教育、继续教育为主体，以新思维、新视角为突破口作为办刊宗旨，为高等院校教师、社会科学研究者提供发表学术论文的平台。主要特色栏目有：西部继续教育研究、教育学研究、政法理论研究、历史地理研究、文学研究等。读者对象主要为高等院校、科研院所的社会科学研究人员、教师和学生。

西北民族大学学报.哲学社会科学版 = Journal of Northwest for Nationalities. Philosophy and Social Science/西北民族大学. -兰州：《西北民族大学学报》编辑部，1986-
双月刊　　大16开
ISSN 1001-5140　　CN 62-1185
甘肃省兰州市西北新村1号（730030）
E-mail：zbmz 0931@sina.com；xbmz@chinajournal.net.cn

民族学类综合性学术期刊。办刊宗旨：以西北、民族为立足点，保持西北与西北少数民族的浓厚特色，开展民族学、宗教学以及西北各少数民族的经济、历史、语言、文学、艺术、教育为主要内容的学术讨论，为本校的教学与科研服务，为西北地区的两个文明建设服务。侧重刊载民族地区的历史、法律、经济、文化、文学、语言、宗教等领域的论文，特别关注少数民族地区的发展建设。主要栏目有：历史研究、民族宗教研究、法律与行政研究、经济研究、文学研究、传播学研究、综合研究等。读者对象为民族工作者、民族学研究人员、民族院校师生。

西北人口 = Northwest Population Journal/甘肃省人口和计划生育委员会，兰州大学，甘肃省统计局，甘肃省人口学会. -兰州：兰州大学西北人口研究所《西北人口》编辑部，1980 -

双月刊　　大 16 开

ISSN 1007 -0672　　CN 62 -1019　　54 -68

甘肃省兰州市天水南路 222 号（730000）
编辑部电话：0931 -8912629
E-mail：xbrk@ lzu. edu. cn

人口理论学术期刊。坚持解放思想、百家争鸣、理论联系实际的方针，发表新观点，发掘新课题，提供新知识，提倡有创见地探讨我国当前人口与社会经济可持续发展的热点问题，力求反映改革开放过程中出现的新情况、新问题，以期对我国的人口控制具有真正具体的指导作用。刊物在办好“人口理论”、“计划生育”、“西北人口”、“民族人口”等专栏的同时，还着重加强“人口与经济”、“人口与社会”、“人口与生态”等重点栏目。读者对象为各级党政领导、人口研究工作者和基层计划生育工作者。

西伯利亚研究 = Siberian Studies/黑龙江省社会科学院. -哈尔滨：《西伯利亚研究》编辑部，1974 -

双月刊　　大 16 开

ISSN 1008 -0961　　CN 23 -1051　　14 -274

黑龙江省哈尔滨市道里区友谊路 501 号（150018）
编辑部电话：0451 -86497732
E-mail：xblj@ chinajournal. net. cn

西伯利亚研究专门刊物。办刊宗旨：以准确的科研资料为基础，对俄罗斯西伯利亚与远东问题进行研究和探讨，开展学术交流，为我国现代化建设服务。载文以基础研究和应用研究并重为原则。常设栏目有：中俄经贸、对外经贸、中俄关系、历史与现实、政治、外交、社会、文化与教育、苏联研究、历史、学术报道等，每期有“俄罗斯与中俄关系大事辑录”。

西藏民族学院学报．哲学社会科学版 = Journal of Tibet Nationalities Institute. Philosophy and Social Sciences Edition/西藏民族学院民族研究所．－咸阳：《西藏民族学院学报》编辑部，1980－

双月刊　　大 16 开

ISSN 1003－8388　　CN 54－5008

陕西省咸阳市西藏民族学院（712082）

编辑部电话：029－33755470

E-mail:xzmz@ chinajournal. net. cn

民族学类综合性学术期刊。办刊宗旨是：积极宣传党的路线方针政策，传播文化知识和科学技术，弘扬民族优秀文化；依靠院内外专家学者的支持，促进本院科研工作与教学改革的发展。刊物主要为教学、科研服务，突出藏学研究特色。刊登有关西藏藏族历史、藏族文学、民族学、宗教学等方面的研究论文。栏目设置有：藏学研究、各种专题研究等。面向从事西藏研究的民族工作者、科研人员及民族院校师生。

西藏研究 = Tibetan Studies/西藏社会科学院．－拉萨：《西藏研究》编辑部，1981－

季刊　　16 开

ISSN 1000－0003　　CN 54－1006　　68－7

西藏拉萨市色拉路 22 号（850000）

编辑部电话：0891－6322638

藏学研究学术刊物。介绍西藏的社会文化，哲学理念，科学技术，以及西藏的政治时事等，研究西藏历史和现状，涉及经济、政治、宗教等诸多领域。主要栏目板块：政治、经济、文化、历史、宗教、考古、婚姻家庭、西部大开发、医药、历算、人物、教育、艺术、语言、民俗、建筑、人口、体育、社会学、社会调查、格萨尔、法律、国外藏学、灾异、争鸣、书评、文献、工艺、寺庙、民族学、哲学、地名。主要面向从事西藏研究的民族工作者、科研人员及民族院校师生。

西华师范大学学报. 哲学社会科学版 = Journal of China West Normal University. Philosophy & Social Sciences/西华师范大学. －南充：《西华师范大学学报》编辑部，1979－

双月刊　　大 16 开

ISSN 1672－9684　　CN 51－1674　　62－133

四川省南充市师大路 1 号（637009）

编辑部电话：0817－2568651

E-mail:xbwb@ cwnu. edu. cn

人文社会科学综合性学术刊物。注重反映社科学术研究的最新成果，积极追踪社科学术热点和理论前沿。主要刊载哲学、政治学、法学、经济学、文学、语言学、历史学、教育学等学科的学术论文。辟有文学、经济学、政治学、法学、语言研究、教育学、巴蜀文化研究、三国历史文化研究等栏目。读者对象是从事社会科学研究的工作人员、大专院校师生等。

西南民族大学学报. 人文社科版 = Journal of Southwest University for Nationalities. Humanities and Social Sciences/西南民族大学. －成都：《西南民族大学学报》编辑部，1979－

月刊　　大 16 开

ISSN 1004－3926　　CN 51－1671

四川省成都市一环路南四段 16 号（610041）

编辑部电话：028－85522071，028－85522577

E-mail:85522071@ 126. com；85522577@ 126. com

民族学类综合性学术期刊，原名《西南民族学院学报（哲学社会科学版）》。突出民族特色，反映有关我国西南地区各种民族问题的最新研究成果，注重研究民族理论和民族地区经济建设、社会发展实践方面的问题，密切关注学术界的各种热点、难点问题。各期常设民族、文学、历史、法学、经济、教育、管理、新闻与传播等栏目。读者对象为社会科学工作者、民族理论研究人员、大专院校文科师生。

西域研究 = The Western Regions Studies/新疆社会科学院. －乌鲁木齐：《西域研究》编辑部，1991－

季刊　　16 开

ISSN 1002 - 4743　　CN 65 - 1121　　58 - 80
新疆乌鲁木齐市北京南路 246 号（830011）
编辑部电话：0991 - 3837937
E-mail：xjskyzzs@ xj. chinfo. net

文史类专业学术期刊。办刊宗旨是刊载有关新疆民族史、经济发展史、文化史、宗教史、历史地理、文物考古、文学艺术、语言等人文学科的有较高水平的最新研究成果。主要栏目设置：文物考古、历史地理、经济开发、社会生活、历史人物、语言文字、文学艺术、宗教文化以及吐鲁番学研究、丝绸之路研究等。此外，还辟有地方史研究、民族史研究、宗教研究、文化研究、文物考古以及丝绸之路研究、吐鲁番学研究等特色栏目。读者对象是从事民族研究、社会科学研究的工作人员。

现代财经 = Modern Finance and Economics/天津财经大学． - 天津：《现代财经》编辑部，1981 -
月刊　　大 16 开
ISSN 1005 - 1007　　CN 12 - 1224　　6 - 143
天津市河西区珠江道 25 号（300222）
编辑部电话：022 - 28118414
E-mail：xdcj@ eyou. com

财经类综合性学术刊物，原《天津财经学院学报》。以登载介绍我国社会主义现代化建设中财经问题的理论探讨及应用研究方面的文章为主，同时也登载部分有关国外财经研究和经济史、经济思想史方面的文章，以反映财经专业的科研成果，促进学术交流，为财经教学和科研服务，为财经业务工作服务。主要栏目有：科学发展经济学理论研究、财政与税收、金融与保险、投资与证券、经营与管理、国际贸易、会计与审计等。读者对象为经济理论研究工作者、经济管理部门领导人、企业家、经济院校师生等。

现代城市研究 = Modern Urban Research/南京城市科学研究会． - 南京：《现代城市研究》编辑部，1986 -
月刊　　大 16 开
ISSN 1009 - 6000　　CN 32 - 1612　　28 - 275
江苏省南京市广州路 183 号（210024）

编辑部电话：025－83730794
E-mail：editor@ mur. cn，urbnrech@ 163. com

以城市为研究对象的综合性学术期刊。追求学术性、前沿性和前瞻性，注重理论联系实际，反映学术界和实际部门的新动态，刊载有创见的现代城市研究成果、述评、实例分析、文摘等。每期配有专题性彩页介绍，真实生动地展现各地的城市风采。并注重长期与境外研究机构进行交流。设有城市与区域规划、城市特色、建筑与景观设计、城市建设与管理、城市房地产、城市交通、城市生态等多个栏目。读者对象为城市建设和城市管理部门的研究人员、技术人员，政府部门的管理人员，大专院校相关专业的师生及对城市规划、建设感兴趣人员。

现代情报 = Modern Information/中国科技情报学会吉林省科技信息研究所．－长春：现代情报杂志社，1980－
月刊　　大 16 开
ISSN 1008－0821　　CN 22－1182　　12－124
吉林省长春市人民大街 4966 号（130021）
编辑部电话：0431－85647990
E-mail：xdqb257@ vip. 163. com

情报学理论刊物。办刊宗旨：广泛宣传普及情报学知识和情报工作在经济建设和科学技术发展中的作用、价值与意义，增强全民族情报意识、情报观念；以学术性、知识性、实践性为特色，报道国内外情报学、图书馆学理论和实践研究的成果，为推动情报学、图书馆学事业的发展，为我国的信息化战略服务。主要栏目有：理论探索、信息化与网络建设、数字图书馆技术论坛、图书馆管理与资源建设、工作研究、企业情报工作、情报教学和情报纵横等。

心理学探新 = Psychological Exploration/江西师范大学．－南昌：《心理学探新》编辑部，1980－
季刊　　大 16 开
ISSN 1003－5184　　CN 36－1228　　44－108
江西省南昌市北京西路 437 号（330027）
编辑部电话：0791－8120281
E-mail：tanxin@ nc. jx. cn

心理科学研究专业刊物。办刊宗旨为坚持理论和实践并重的原则，开展各应用领域的探索、创新和开发，推动我国心理学的繁荣和发展。刊登探讨心理科学各个方面研究成果的学术论文、调查报告。范围涉及儿童青少年心理学、教育心理学、心理学研究方法、文化取向心理学、应用研究等。主要栏目有：理论心理学、认知与学校心理学、心理统计与测量等。读者对象为心理学专业研究人员、教育学科研人员、相关专业教师、学生等。

新疆大学学报. 哲学人文社会科学版 = Journal of Xinjiang University. Philosophy, Humanities & Social Sciences/新疆大学. －乌鲁木齐：《新疆大学学报》编辑部，1973－

双月刊　　大 16 开

ISSN 1000－2820　　CN 65－1034　　58－12

新疆乌鲁木齐市胜利路 14 号（830046）

编辑部电话：0991－8585177

E-mail：xuebao@xju. edu. cn

人文社会科学综合性学术刊物。坚持为社会主义服务的政治方向，强调学术性、思想性和创新性，特别注重立足新疆，面向全国，既充分体现本校和新疆的区域特色，又致力于促进学术的交流和繁荣。辟有经济研究、公共管理研究、法学研究、西域史研究、民族学研究、中亚研究、文艺理论与美学研究、文学研究、语言学研究等栏目。读者对象主要是社会科学工作者，文科大学教师和研究生、大学生以及广大社会科学的爱好者。

新疆师范大学学报. 哲学社会科学版 = Journal of Xinjiang Normal University. Philosophy and Social Sciences Edition/新疆师范大学. －乌鲁木齐：《新疆师范大学学报. 哲学社会科学版》编辑部，1980－

季刊　　大 16 开

ISSN 1005－9245　　CN 65－1039　　58－84

新疆乌鲁木齐市新医路 102 号（830054）

编辑部电话：0991－4332658

E-mail：ljjj1357@sina. com

人文社会科学综合性学术刊物。以维、汉两种文字出版，办刊宗旨是努力为国家的改革开放和新疆的经济文化发展服务，注重反映本校教学和科研的最新成果和反映民族和地域特色的论文，同时也吸收校外高质量的学术论文，并且鼓励后学，扶植青年学者，努力体现出地方性、民族性和师范性特色。辟有新疆战略发展研究、西域文史、宗教学、中国民族伦理专题研究、政治学研究、经济学研究、教育学研究、文学研究、语言学研究、音乐研究、编辑与图书资料学等栏目。

新世纪图书馆 = New Century Library/江苏省图书馆学会，江苏省图书馆. －南京：《新世纪图书馆》编辑部，1980－

双月刊　　大 16 开

ISSN 1672－514x　　CN 32－1691　　28－214

江苏省南京市中山东路 189 号（210018）

编辑部电话：025－84356047

E-mail:jstsgxb@163. net

图书馆学专业期刊，原江苏图书馆学报。以立足江苏，面向全国，放眼世界，坚持弘扬学术，锐意改革、不断创新的方针，坚持繁荣学术研究，推进图书馆事业发展，发现培养专业人才为办刊宗旨。辟有学术论坛、业务研究、网络天地、图书馆事业、国外图书馆等栏目。读者对象为图书情报工作者、科研人员及高等院校师生。

信阳师范学院学报. 哲学社会科学版 = Journal of Xinyang Normal University. Philosophy and Social Sciences Edition/信阳师范学院. －信阳：《信阳师范学院学报》编辑部，1981－

双月刊　　16 开

ISSN 1003－0964　　CN 41－1030　　36－71

河南省信阳市谭山包（464000）

编辑部电话：0376－6393518

E-mail:xbwkl@mail. xytu. edu. cn

人文社会科学综合性学术刊物。办刊宗旨为促进文化交流，繁荣学术研究，提高刊物质量，服务教学科研。辟有专题论坛、社会主义理论与实践、心理学研究、思想政治教育、教育学研究、法学研究、经济学研究、三农问题研究、信息与文化研究、淮河文化研究、语言学研究、中国文学研究、世界史研究、中国史研究等栏目。读者对象为科学研究工作者和爱好者，以及大专院校师生。

行政论坛 = Administrative Tribune/黑龙江省行政学院. －哈尔滨：《行政论坛》编辑部，1994－
双月刊　　大16开
ISSN 1005－460X　　CN 23－1360　　14－258
黑龙江省哈尔滨市南岗区清滨路74号（150080）
编辑部电话：0451－85951705
E-mail:xzlt160@sina.com

政治类学术刊物，原名为《管理与教学》。办刊宗旨：探索行政管理理论，研究行政管理规律，反映最新学术信息，纵论科学管理话题，为国家公务员培训和政府工作实际服务。坚持理论性和实践性的统一，关注公共管理科学和政府工作实际中的热点和难点问题，精选有关方面的具有学术价值和创新之处的科研成果。辟有行政学、公共政策、人事管理、行政文化、领导科学、公务员研究、国外行政等栏目。

行政与法 = Public Administration & Law/吉林省行政学院. －长春：《行政与法》编辑部，1985－
月刊　　大16开
ISSN 1007－8207　　CN 22－1235　　12－154
吉林省长春市前进大街1299号（130012）
编辑部电话：0451－85885485
E-mail:xzyf－001@163.com

政治类学术刊物。曾用刊名：政法丛刊。探讨行政科学理论，关注法学研究，研究和探索行政管理与法律工作中的相关问题，讲究知识性、可读性，旨在提高政府工作人员依法行政的管理水平和技能，为党和政府的中心工作服务，为广大教师及科研人员提供展示科研成果的阵地。主要栏目：公共行政、行政与法治、公共经济、电子政务、公务员制度、探索与争鸣、法学前沿、宪法与行政法研究、法学论坛等。

修辞学习 = Rhetoric Learning/复旦大学. －上海：《修辞学习》编辑委员会，1982－
双月刊　　16开
ISSN 1000－3584　　CN 31－1234　　4－458
上海市复旦大学光华西主楼1116室（200433）

编辑部电话：021 - 65643814
E-mail：xiuci@ fudan. edu. cn

汉语修辞学专业刊物。探讨汉语语言的使用规律，研究使用语言的环境、语体、风格、文风、话语篇章、修辞方式、社会信息传递效果、使用语言的修养、语言美等课题，普及修辞知识。刊登有关修辞理论研究的论文及应用研究的学术文章。主要栏目有：专论、语体研究、话语分析、社会语言生活、广告语言研究、修辞现象研究、流行语观察、动态、书讯等。读者对象为语言学专业研究人员、语言文字工作者、语言文字教学人员。

徐州师范大学学报. 哲学社会科学版 = Journal of Xuzhou Normal University. Philosophy and Social Sciences Edition/徐州师范大学. －徐州：《徐州师范大学学报》编辑部，1975 -

双月刊　　　　　　大 16 开
ISSN 1007 - 6425　　CN 32 - 1467　　28 - 46

江苏省徐州市和平路 57 号（221009）
编辑部电话：0516 - 83867156
E-mail：xuebao@ xznu. edu. cn

人文社会科学综合性学术刊物。原名《徐州师范》，1997 年改为现刊名。辟有 20 世纪中国学术史研究、文学研究、语言文字学研究、马克思主义与当代中国研究、历史学研究、经济学研究、法学研究、教育学研究、心理学研究等栏目，并开设了邓小平理论研究、汉语研究、秦汉史研究、金瓶梅研究、留学生与近代中国研究等专栏。读者对象为高校教师及从事社会科学研究的科研工作者。

学术探索 = Academic Research/云南省社会科学界联合会. －昆明：学术探索杂志社，1961 -

双月刊　　　　　　大 16 开
ISSN 1006 - 723X　　CN 53 - 1148　　64 - 57

云南省昆明市二环东路 389 号高新科技广场大厦（650106）
编辑部电话：0871 - 8317526
E-mail：xstsyn@ 163. com

人文社会科学综合性学术刊物。办刊宗旨：立足于云南特色的社科研究，反映全国学术研究重要成果，探索国内外前瞻性学科领域，评价当代重要社会科学著作，融知识性与学术理论性于一体。主要栏目：邓小平理论研究、党建理论研究、科学社会主义研究、经济学研究、政治学研究、文化研究、教育学研究、省情研究、哲学研究、法律研究、民族学研究、图书评介等。

烟台大学学报. 哲学社会科学版 = Journal of Yantai University. Philosophy and Social Sciences Edition/烟台大学. －烟台：《烟台大学学报. 哲学社会科学版》编辑部，1988 －

季刊　　　　大16开

ISSN 1002 －3194　　CN 37 －1104

山东省烟台市烟台大学（264005）

编辑部电话：0535 －6902703

E-mail：WKXB@ ytu. edu. cn

人文社会科学综合性学术刊物。荣获两届“全国百强社科学报”称号。坚持“面向全国，面向世界”、“高水平，高质量”、“求新求实”的办刊原则，坚持人文社会科学的正确导向，注重涵纳对已有理论新见解、对科学方法新探索、对某一学科领域新开拓的有效信息，载文涉及哲学、政治、经济、法学、语言、文学、历史、文化、民族、社会学、心理学、逻辑学、管理学等社科学科及其他交叉学科。辟有栏目：哲学研究、侵权责任法研究、法学研究、文学研究、经济管理研究、民族关系研究、史学研究、语言学研究等。

延安大学学报. 社会科学版 = Journal of Yan’an University. Social Sciences Edition/延安大学. －延安：《延安大学学报》编辑部，1979 －

双月刊　　　　大16开

ISSN 1004 －9975　　CN 61 －1015　　52 －70

陕西省延安市杨家岭（716000）

编辑部电话：0911 －2332076

E-mail：YZXB@ chinajournal. net. cn

人文社会科学综合性学术刊物。全国优秀社科学报。以立足革命圣地延安为宗旨，以“红色延安”的独特历史文化和延安大学的学科优势为自己的办刊特色，主要刊登政、经、文、史、哲、教等方面的研究论文。常辟栏目有：延安学研究、哲学研究、政治学研究、经济学研究、文学艺术研究、历史学研究、语言文化研究、教育学研究、传播与情报研究等。读者对象为社会科学各学科理论研究工作者、各大专院校教师等。

延边大学学报.社会科学版 = Journal of Yanbian University. Social Sciences/延边大学. – 延吉:《延边大学学报》编辑部，1958 –
双月刊　　大 16 开
ISSN 1009 – 3311　　CN 22 – 1025　　12 – 12
吉林省延吉市公园路 977 号（133002）
编辑部电话：0433 – 2732197
E-mail:shekexb@ ybu. edu. cn

人文社会科学综合性学术刊物。办刊宗旨：坚持社会效益第一的原则，努力传播社会主义先进文化，努力形成自己的品牌与特色，连续、集中、全面地反映高校教学科研成果，开展国内外学术交流，促进学科建设和学术人才的成长。辟有东北亚研究、朝鲜学、韩国学、哲学、经济管理、法学、历史、学术争鸣等栏目。读者对象为社会科学工作者及大专院校文科专业师生。

扬州大学学报.人文社会科学版 = Journal of Yangzhou University. Humanities and Social Sciences Editions/扬州大学. – 扬州:《扬州大学学报》编辑部，1997 –
双月刊　　大 16 开
ISSN 1007 – 7030　　CN 32 – 1465　　28 – 47
江苏省扬州市大学南路 88 号（225009）
E-mail:kjtszzs@ 126. com

人文社会科学综合性学术刊物。坚持“高起点、高质量、高品位”的办刊理念，注重选题，努力反映人文社会科学最新研究成果；注重现实，积极为区域经济建设服务；体现特色，弘扬历史文化名城优势。坚持学术性，强化理论性；坚持时代性，强化功能性；坚持现实性，强化特色性，致力实现学报的精品化。主要栏目有：马克思主义哲学、经济学、法学、政治学、社会学、语言学、文学、艺术学、历史学等，以及“邓小平理论研究”、“苏中地区经济社会发展研究”和“扬州文化研究”等特色专栏。读者对象为社会科学研究人员和大专院校师生等。

艺术百家 = Hundred Schools in Arts/江苏省文化艺术研究所. – 南京:《艺术百家》编辑部，1985 –

双月刊　　　　　　大 16 开
ISSN 1003 – 9104　　CN 32 – 1092　　25 – 360
江苏省南京市白下区淮海路 2 号 9 楼（210005）
编辑部电话：025 – 86645690
E-mail:yishubaijia@ 126. com

艺术类综合性学术刊物。办刊宗旨为立足江苏本省，面向海内外，大力弘扬民族文化，提倡自由平等交流基础上的文化融合。期刊内容着眼于国家重大文化课题、关注当代性、审视学术热点，着重刊发有价值、对实践拥有实际指导意义和突出深厚的思想性的艺术学科综合性学术研究成果。栏目内容设置涵盖艺术学、美术学、设计艺术学、戏剧戏曲学、电影学、广播电视艺术学、舞蹈学，并兼顾哲学、美学、建筑、考古学、博物馆学、经济学、管理学等学术领域中与文化有关之部分。读者对象为从事各类艺术专业的研究人员、从业人员、社会科学工作者、艺术类大专院校师生。

殷都学刊 = Yindu Journal/安阳师范学院，中国殷商文化学会 . – 安阳：《殷都学刊》编辑部，1980 –
季刊　　　　　　大 16 开
ISSN 1001 – 0238　　CN 41 – 1032
河南省安阳市黄河大道（455002）
编辑部电话：0732 – 2900111
E-mail:ydxk@ aynu. edu. cn

人文社会科学综合性学术刊物。刊物紧紧抓住地处殷商故地、甲骨文发源地这一得天独厚的优势，开辟了“殷商文化研究”专栏，刊发了大量甲骨学、殷商史、商代考古等研究领域的学术文章，不少甲骨学、殷商文化名家也在该刊上发表论文。刊物已被我国香港、台湾地区以及韩国、日本、美国等大学图书馆、教授书房、书店所收藏。主要栏目有甲骨学研究、历史研究、殷商史研究、文学研究、夏商周考古、语言研究、元代文化研究等。

应用心理学 = Chinese Journal of Applied Psychology/浙江省心理学会，浙江大学 . – 杭州：《应用心理学》编辑部，1980 –
季刊　　　　　　大 16 开
ISSN 1006 – 6020　　CN 33 – 1012

浙江省杭州市天目山路 148 号浙江大学西溪校区（310028）
编辑部电话：0571 – 88273352
E-mail：appliedpsy@ css. zju. edu. cn

应用心理学研究专业刊物。原名《外国心理学》，1985 年开始改用现刊名。办刊宗旨：以一流的文章反映中国心理学的研究、应用水平，发表我国心理学最新最高水平的心理学科技论文。主要辟有研究报告与论文、研究方法、应用心理、问题讨论和学术动态等栏目。读者对象为从事心理学、工程、生物学、医学、教育学及哲学的科技工作者、大专院校师生及其他有关人员。

语文研究 = Linguistic Research/山西省社会科学院. –太原：《语文研究》编辑部，1980 –

季刊　　　　　　大 16 开

ISSN 1000 – 2979　　CN 14 – 1059

山西省太原市并州南路 116 号（030006）
编辑部电话：0351 – 5691862
E-mail：ywyjbjb@ 163. com

语言研究专业刊物。办刊宗旨是：贯彻执行国家语言文字工作的方针政策，为繁荣发展我国的语言科学、为“四化”建设作出贡献。主要刊登语言学、语义学、音韵学等语言学理论及汉语语音、词汇、语法研究、词汇、文字、语文教学、修辞等方面的研究成果，兼及对山西方言、晋语区方言的研究。读者对象为语言研究专业人员、高等院校有关专业师生、语文教学人员。

语言与翻译 = Language and Translation/新疆民族语言文字工作委员会. –乌鲁木齐：《语言与翻译. 汉文版》编辑部，1985 –

季刊　　　　　　大 16 开

ISSN 1001 – 0823　　CN 65 – 1015　　58 – 23

新疆乌鲁木齐市新华南路 41 号（830001）
编辑部电话：0991 – 8559426
E-mail：yyfy1985@ sohu. com

少数民族语言研究专业刊物。办刊宗旨：宣传党的民族政策和语言文字政策，开展语言和翻译理论研究。刊登有关西北地区少数民族语言研究的论文、翻译研究、双语教学研究的学术文章。主要栏目有：语言研究、翻译理论与实践、双语教学园地、学术动态、简讯等。读者对象为少数民族语言研究人员、翻译工作者、双语教学人员、大专院校师生。

预测 = Forecasting/合肥工业大学预测与发展研究所. －合肥：预测杂志社，1982－

双月刊　　大16开

ISSN 1003－5192　　CN 34－1013　　26－46

安徽省合肥工业大学290信箱（230009）

编辑部电话：0551－2901500

E-mail:forecast@mail.hf.ah.cn

管理学学术刊物。以预测经济、社会、科技发展，报道最新预测技术，交流预测方法及研究成果的应用为宗旨。注重研究中国经济和社会发展中提出的实际管理课题，以及以实际课题为背景的有关管理学基础理论、方法和模型。读者对象为管理学和经济学研究人员、高等院校相关专业师生、企事业单位和政府部门的管理人员。

云梦学刊 = Journal of Yunmeng/湖南理工学院. －岳阳：《云梦学刊》编辑部，1980－

双月刊　　大16开

ISSN 1006－6365　　CN 43－1240　　42－136

湖南省岳阳市学院路湖南理工学院（414006）

编辑部电话：0730－8640910

E-mail:ymxk0730@163.com

人文社会科学综合性学术刊物。办刊宗旨：始终把握正确的政治方向，注重刊物的学术水平和社会影响，发文强调时代性、学术性和探索性。主要刊载人文社会科学学术论文，面向大中专院校、学术研究机构、图书馆、文化部门等的读者。主要板块栏目有：屈原研究、哲学政治经济研究、历史文化研究、美学文学艺术研究、教育学研究、英语教学与研究、新闻出版研究、书评。特色栏目是当代学术史研究和屈原研究。

云南财经大学学报 = Journal of Yunnan University of Finance and Economics/云南财经大学. －昆明:《云南财经大学学报》编辑部，1985－
双月刊　　大 16 开
ISSN 1007－5585　　CN 53－1073　　64－78
云南省昆明市龙泉路南段（650221）
编辑部电话：0871－5192375
E-mail:yncdxb@126.com

财经类学术理论期刊。旨在促进该校教学与科研的发展，为振兴云南经济服务。内容以经济学科为主，重点刊载具有较高理论水平和学术价值的财经类学术论文、述评。栏目设置有：本刊特稿、专家论坛、理论与实践、金融视野、财务与会计、国际贸易、区域经济、农村经济等。读者对象为经济理论研究人员与实践工作者、财经部门的领导者与管理人员、高校相关专业师生。

云南大学学报. 社会科学版 = Journal of Yunnan University. Social Science Edition/云南大学. －昆明:《云南大学学报》编辑部，2002－
双月刊　　大 16 开
ISSN 1671－7511　　CN 53－1176　　64－85
云南省昆明市翠湖北路 2 号云南大学文津楼（650091）
编辑部电话：0871－5031238；0871－5032099
E-mail:yndxxb2222@163.com

人文社会科学综合性学术刊物。办刊宗旨是坚持正确的舆论导向，开拓学术视野，弘扬人文和科学精神，为培养优秀学术人才、促进高校学术研究的繁荣、推动云南民族文化大省建设和西部大开发战略的实施作贡献。辟有外国哲学研究、中国哲学研究、政治学研究、伦理学研究、文学研究、社会学研究等栏目。读者对象为哲学社会科学研究人员及大专院校师生。

云南民族大学学报. 哲学社会科学版 = Journal of Yunnan Nationalities University. Social Sciences/云南民族大学. －昆明：《云南民族大学学报. 哲社版》编辑部，1983－
双月刊　　大 16 开
ISSN 1672－867X　　CN 53－1191　　64－46
云南省昆明市莲花池（650031）

编辑部电话：0871－5137404
E-mail:ynmdxb@163.com

民族学类综合性学术期刊。以注重学术质量，坚持按质取文，提倡探索争鸣为办刊宗旨。主要刊载民族学、社会学、少数民族哲学、经济、历史、文化、宗教、语言、文学等方面的研究论文及调查报告。内容注重地方和民族特色，强调理论深度，关注学术前沿，面向全国社会科学界，为提高教学质量和培养少数民族的理论研究人才服务。栏目有人类学·民族学、政治学·法学·经济学、历史研究、文学·艺术·语言、教育研究等。读者对象为社会科学工作者、民族理论研究人员、大专院校文科师生。

云南师范大学学报.哲学社会科学版＝Journal of Yunnan Normal University. Philosophy and Social Science Edition/云南师范大学．－昆明：《云南师范大学学报》编辑部，1958－
双月刊　　大16开
ISSN 1000－5110　　CN 53－1003　　64－12
云南省昆明市一二一大街298号（650092）
编辑部电话：0871－5516038
E-mail:ynnups@sohu.com

人文社会科学综合性学术刊物。办刊宗旨：坚持正确的人文社会科学导向，坚持走理论与实际相结合的道路，勇于开拓和创新，努力追踪人文社会科学的新热点和理论前沿。主要刊载哲学、宗教学、美学、历史学、文学、语言文字学、教育学、旅游文化等学术论文及理论文章。常设栏目有：政治学研究、文学研究、历史学研究、科技研究、经济研究、社会发展研究、美学研究、教育学研究、编辑学研究等。读者对象为社会科学工作者和高校文科专业师生。

云南行政学院学报＝The Journal of Yunnan Administration College/云南行政学院．－昆明：《云南行政学院学报》编辑部，1999－
双月刊　　大16开
ISSN 1671－0681　　CN 53－1134　　64－73
云南省昆明市西山区杨家村（650111）
编辑部电话：0871－8426263

政治类学术刊物。国内较早兴办的行政学院学报。宗旨是关注和研究国内政治学、行政学前沿问题。其学术特色建构体现为：立足于中国西南多元少数民族政治和行政历史资源，注重民族政治与行政问题研究、面对南亚次大陆地区和东南亚地区进行地缘政治与经济的国际战略研究、侧重探寻中国西部地域性政治和行政问题。辟有民族政治与行政、政治学研究、公共行政、行政与法、国际战略研究、西部开发、社会·人文、经济问题等栏目。读者对象为行政管理研究人员、社会科学工作者、大专院校文科师生。

浙江师范大学学报. 社会科学版 = Journal of Zhejiang Normal University. Social Sciences Edition/浙江师范大学. －金华：浙江师范大学学报学术期刊社，1960－
双月刊　　　　大 16 开
ISSN 1001－5035　　CN 33－1011
浙江省金华市浙江师范大学（321004）
编辑部电话：0579－82283327
E-mail:xbskb@ zjnu. edu. cn

人文社会科学综合性学术刊物。全国百强社会科学学报。办刊宗旨：提倡人文精神，促进人文社会科学研究，为本校师生的人文社会科学研究成果提供发表园地，同时也适量采用外稿。主要栏目有：江南文化研究、儿童文学研究（后改为“儿童文学与儿童文化研究”）、传记文学研究、三农问题研究、经济学研究、外国小说研究、文学理论研究、教育论坛、高校管理与思想政治教育，特色栏目是“师大新书架”。

政法论丛 = Journal of Political Science and Law/山东省政法学院. －济南：《政法论丛》编辑部，1985－
双月刊　　　　大 16 开
ISSN 1002－6274　　CN 37－1016　　46－111
山东省济南市解放东路 63 号（250014）
编辑部电话：0531－88599868
E-mail:sdzflc@ 163. com

法学理论刊物。提倡学术民主，繁荣法学研究，为教学、科研和司法实践服务，为民主和法制建设服务是其办刊宗旨。刊文内容以法学基础理论为龙头，以理论联系实际、着重解决政法实践中的新矛盾、新问题的应用理论文章为主体，兼顾其他社会科学文章。主要辟有：法学理论、司法实践、新法评释、综合治理、庭辩艺术、案例分析、法律文书、教学研究、国外法学等栏目。服务对象为政法院校师生，政法界理论工作者、实际工作者和法律爱好者。

中共福建省委党校学报 = Journal of Fujian Provincial Committee Party School of CPC/中共福建省委党校. －福州：《中共福建省委党校学报》编辑部，1978 －
月刊　　　　　　大 16 开
ISSN 1008 －4088　　CN 35 －1198
福建省福州市柳河路 61 号（350001）
编辑部电话：0591 －83799092
E-mail:3799092@ fjdx. gov. cn

政治类学术刊物。曾用刊名《理论学习月刊》，1998 年变更为现名。注重发表哲学社会科学基础理论研究、应用理论研究以及新兴边缘交叉学科和跨学科综合研究的最新成果。开设的重点栏目有：马克思主义研究、政治与公共行政、经济与社会、当代世界、执政党建设研究、调查与研究等。读者对象是理论工作者和各级党政干部。

中共山西省委党校学报 = Academic Journal of Shanxi Provincial Committee Party School of C. P. C/中共山西省委党校，山西行政学院. －太原：《中共山西省委党校学报》编辑部，1978 －
双月刊　　　　　　大 16 开
ISSN 1009 －1203　　CN 14 －1237
山西省太原市坞城路师范街 152 号（030006）
编辑部电话：0351 －7985580
E-mail:SWDS@ chinajournal. net. cn

政治类学术刊物，曾用刊名《教学参考》。办刊宗旨：全面贯彻科学发展观，深层次地研究改革开放和社会主义现代化建设过程中的政治、经济、法律、社会、文化等理论问题和现实问题，刊载有关马克思主义基础理论、我国改革开放和社会主义现代化建设的重大理论问题和现实问题及其他学术问题的文章，突出学术性和创新思维，为各级领导决策服务，为党校教学、科研服务，促进党校教育事业的发展。主要栏目有：中国特色社会主义理论研究、党史党建研究、社会主义理论与实践、观察与思考、探索与争鸣、教学与研究等。

中共云南省委党校学报 = The Journal of CPC Yunnan Provincial Committee School/中共云南省委党校. －昆明：《中共云南省委党校学报》编辑部，2000－
双月刊　　　　　　　大 16 开
ISSN 1671－2994　　　CN 53－1159
云南省昆明市西山区杨家村 52 号（650111）
编辑部电话：0871－8426511
E-mail：yndxxb2002@ sina. com

政治类学术刊物。本着立足云南，面向全国和百花齐放、百家争鸣的方针，着重反映马列主义、毛泽东思想、邓小平理论研究和建设有中国特色社会主义基本理论与现实问题研究的新成果，同时，不断开展各种社会科学重要问题的学术探讨，力图把有较高学术价值的成果奉献给读者。辟有马克思主义研究、毛泽东思想研究、邓小平理论研究、党建研究、民主与法制研究、精神文明建设研究、西部大开发研究、云南民族问题研究、经济发展研究、文学与民族文化研究、科学社会主义研究等栏目。其中，“邓小平理论”、“科学社会主义”、“党建”、“西部大开发”和“经济发展研究”为重点栏目。

中共浙江省委党校学报 = Journal of Zhejiang Provincial Party School/中共浙江省委党校，浙江行政学院. －杭州：《中共浙江省委党校学报》编辑部，1985－
双月刊　　　　　　　大 16 开
ISSN 1007－9092　　　CN 33－1010　　32－90
浙江省杭州市文一路 80 号（310012）
编辑部电话：0571－88266060
E-mail：xuebao@ zjdx. gov. cn

政治类学术刊物。办刊宗旨：以马列主义、毛泽东思想、邓小平理论为指针，贯彻“双百”方针，坚持“二为”方向，刊登的文章强调学术性与现实性并重，注重当代重大社会实践和理论问题的探讨，突出理论研究的思想性、现实性、前瞻性和创新性。辟有哲学研究、政治学研究、公共行政研究、经济学研究等栏目。读者对象为党校系统科研人员、社会科学工作者以及大专院校文科师生。

中国版权 = China Copyright/中国版权协会. －北京：中国版权保护中心《中国版权》编辑部，1991－
双月刊　　　　　　　大 16 开

ISSN 1671 －4717　　　CN 11 －4780　　80 －309
北京市东城区安定门东大街 28 号雍和大厦西楼 3 层（100044）
编辑部电话：010 －68003904
E-mail：cncpr@ 126. com

版权研究学术刊物。原名《著作权》。办刊宗旨：从版权角度向社会公众和大众传媒传递版权信息，宣传版权法律知识，推动版权学术研究和理论探索，交流版权工作经验，服务和促进版权产业发展。主要栏目：理论探索、案例分析、人物访谈、版权管理、产业报告、各抒己见、自由谈、往事追忆、环球瞭望、信息广角等。读者对象为党政机关工作人员、法律工作者、研究人员、大专院校师生。

中国藏学 = China Tibetology/中国藏学研究中心．－北京：中国藏学杂志社，1988 －
季刊　　　　　　　　大 16 开
ISSN 1002 －557X　　　CN 11 －1725　　82 －486
北京市朝阳区北四环东路 131 号（100101）
编辑部电话：010 －64937904
E-mail：zgzx@ tibetology. ac. cn

藏学研究学术刊物。以发展和繁荣中国的藏学研究事业为宗旨，载文以藏族的社会历史文化和藏族地区的现实研究为主要内容，并适当刊登其他文章及反映藏族藏区历史文化民俗山川风貌的图片。论文范围包括政治学、经济学、人口学、宗教学、历史学、考古学、人类学、民族学、民俗学、教育学、语言学、文字学、藏药学、民间文学、环境科学、文学艺术等学科，涉及藏学研究的各个学科和众多领域。主要面向藏学研究人员、民族研究工作者、政府部门工作者及相关专业院校师生。

中国出版 = China Publishing Journal/新闻出版报社．－北京：中国出版杂志社，1978 －
月刊　　　　　　　　大 16 开
ISSN 1002 －4166　　　CN 11 －2807
北京市朝阳区东四环南路 55 号（100122）
编辑部电话：010 －87320413
E-mail：zgcb@ vip. sina. com

新闻出版专业的理论期刊。办刊宗旨：建构出版理论，活跃学术思想，积累出版文化，探索改革途径，在出版界充分发挥理论指导作用，提供业界视窗，架设信息桥梁。主要板块栏目：改革开放30年、中国出版论坛、出版要闻、本刊特稿、少儿出版、改革与探索、书业实务、市场与经营、数字时代、编与校等。其中“改革开放30年”是该刊2008年推出的重点栏目，目的在于从一个较高的视角全方位地回顾与重现出版行业30年之巨变。

中国党政干部论坛 = Chinese Cadres Tribune/中共中央党校. -北京：《中国党政干部论坛》编辑部，1988 -
月刊　　大16开
ISSN 1006 -0391　　CN 11 -3331　　2 -9
北京市海淀区大有庄100号（100091）
编辑部电话：010 -62805370
E-mail:luntan588@126.com

政治类学术刊物。原名《党校论坛》，1994年改为现刊名。以各级党政干部为主要读者对象，以“宣传引导，解疑释惑，切磋交流，探索创新”为主题，紧扣全党宣传思想工作的大事要事，回答党政干部思想理论上的疑点难点，反映党政干部在学习和实践中的体会经验，提供研究新情况解决新问题的方法对策。主要栏目有：权威访谈、省部领导论坛、市县领导论坛、研究报告、热点聚焦、从政之道、执政党观察、环球视野、改革纵横、杂文随笔、思考与交流等。

中国地质大学学报.社会科学版 = Journal of China University of Geosciences. Social Sciences Edition/中国地质大学. -武汉：《中国地质大学学报》编辑部，2000 -
双月刊　　大16开
ISSN 1671 -0169　　CN 42 -1627　　38 -172
湖北省武汉市鲁磨路388号（430074）
编辑部电话：027 -67885186
E-mail:xbsk@cug.edu.cn

人文社会科学综合性学术刊物。2005年、2007年被两次评为“湖北省优秀期刊”，2006年获“全国百强社科学报”称号。以求真、务实、创新、服务为办刊宗旨。辟有文史研究、资源环境研究、高等教育研究、经济与管理研究、文史哲（现更名为“文化与传播研究”）、文史研究等栏目。其中“资源环境研究”为全国社科学报优秀栏目，该栏目包含资源环境经济与管理、环境资源法等小栏目。

中国典籍与文化 = Chinese Classics & Culture/全国高等院校古籍整理研究工作委员会. –北京：中国典籍与文化杂志社，凤凰出版社，1992 –

季刊　　　　　大 16 开

ISSN 1004 –3241　　CN 11 –2992　　28 –210

北京市北京大学哲学楼 328 号（100871）

编辑部电话：010 –62751189

E-mail:ccc@ pku. edu. cn

专业性学术刊物。注重对重要研究课题的进展状况、学术前沿信息和国内研究成果的客观评述。以六个基本板块展示其学术成果：文化论坛板块，运用专论、散论、杂文等形式，在传统文化视角下，关注现实文化热点，进行理论阐述；文史新探板块，刊载有深度、有创见，且文笔流畅的考据性短文；文献天地板块，着眼珍稀文献的探幽析微，传统文献的新意发掘；文化广角板块，透过具体细微的古代文化事象，多角度审视传统文化；学界纪事板块，刊载相关学人的师友交往，学术活动，治学心得；域外汉学板块，借鉴海外汉学研究的经验和成果，开阔研究视阈。读者对象为社会科学工作者、中华传统文化研究人员、大专院校师生等。

中国发展 = China Development/中国致公党中央委员会. –北京：中国发展杂志社，2001 –

季刊　　　　　大 16 开

ISSN 1671 –2404　　CN 11 –4683

北京市西城区德胜门东滨河路 11 号（100011）

编辑部电话：010 –51550921

E-mail:zgfz@ 263. net. cn，zhongguofazhan@ yahoo. com. cn

研究中国经济发展问题的学术期刊。办刊宗旨：坚持科学发展观，始终以建言立论的要求和方式，将理论的前瞻性和政策的实效性结合起来，致力于报道以人为本，全面、协调、可持续发展的研究成果与实践；坚持抓好发展这个第一要务，关注中国经济与社科发展的热点问题；着力围绕调整经济结构和转变增长方式，重点刊发有关加强资源节约和环境保护、推动改革和自主创新、促进社会发展和解决民生问题等方面的文章。栏目设有：特稿、可持续发展、环境伦理、社会与法制、经济与金融、农业与乡村、区域与城市、公共危机管理等。读者对象为国家公务员、大专院校学者和科研单位专家及企业界人士。

中国高教研究 = China Higher Education Research/中国高等教育学会. －北京:《中国高教研究》编辑部，1985－
月刊　　大16开
ISSN 1004－3667　　CN 11－2962　　82－717
北京市海淀区文慧园北路10号中教仪楼（100082）
编辑部电话：010－59893297
E-mail:gaojiaobianjibu@163. com

教育学理论刊物。坚持科学发展观和理论联系实际的原则，研究高等教育改革与发展中的重大现实问题和理论问题，介绍高等教育研究领域的最新研究成果，发表具有一定学术水平的学术论文和调查报告。开辟栏目有：高等教育理论研究、高校领导论坛、学位与研究生教育研究、评估与学科建设研究、评论与争鸣、高等职业教育研究、德育与学生工作研究、教学与科研工作研究、高等教育管理研究、高等教育发展战略研究、高校师资队伍建设研究、比较教育研究、博士生论坛等。读者对象是各类高等学校的教师和管理人员，教育行政部门、科研机构、学会、研究会研究人员和管理人员，教育学、高等教育学及相关专业的硕士、博士研究生。

中国广播电视学刊 = China Radio & TV Academic Journal/中国广播电视学会. －北京:《中国广播电视学刊》编辑部，1987－
月刊　　大16开
ISSN 1002－8552　　CN 11－1746
北京市复兴门外大街2号（100866）
编辑部电话：010－86093458
E-mail:GDXK@ chinajournal. net. cn

新闻与传播类专业理论期刊。以反映我国广播电视领域的理论研究成果，开展业务研究，探讨广播电视业的改革和发展问题，介绍高新技术在广播电视领域中的运用情况为办刊宗旨。辟有专论、研究与实践、采编业务研讨、讨论与争鸣、播音与主持、交流之窗等栏目。面向广播电视工作者、研究人员和广播电视专业、新闻专业的师生。

中国监狱学刊 = China Prison Journal/中央司法警官学院. -保定:《中国监狱学刊》编辑部，1986 -

双月刊　　16 开

ISSN　　CN 13 - 1201

河北省保定市七一东路 103 号 (071000)

编辑部电话: 0312 - 5910081

E-mail:jianyuxuekan@ vip. sina. com

监狱学专业理论期刊。原名《劳改劳教理论研究》，1995 年更为现名。以监狱专业学术理论研究为主，以监狱学基础理论和监狱改革发展实践中的重大现实课题为重点，努力为监狱工作实践，为监狱学研究和监狱警官教育培训提供服务。主要栏目：新世纪中国监狱发展战略、监狱学理论的创新与拓展、基础理论、刑事法律研究、犯罪学理论研究、刑事执行改革与立法、监狱长论坛、管理改造、教育改造、心理矫治、罪犯劳动与监狱生产经营、警官队伍建设、监狱科研、中国监狱史、外国监狱制度与学说、社区矫正研究等。读者对象为公、检、法、司各级干部，社会学研究人员及政法院校师生。

中国科技翻译 = Chinese Science & Technology Translators Journal/中国科学院科技翻译工作者协会. -北京:《中国科技翻译》编辑部，1988 -

季刊　　16 开

ISSN 1002 - 0489　　CN 11 - 2771　　82 - 586

北京市西城区三里河路 52 号 (100864)

编辑部电话: 010 - 68597754

E-mail:jyzhang@ cashq. ac. cn

翻译研究专业刊物。办刊宗旨为探索科技翻译理论与技巧，注重和服务于科技翻译的学科建设，总结传播科技翻译经验，介绍国内外译事活动，提高我国科技翻译人员的业务水平。刊登有关翻译学理论研究论文、科技翻译经验介绍方面的交流文章。主要栏目有：科技翻译研究、口译、网络翻译、经贸翻译、译海论坛、翻译随笔、译事纵横、图书评介等。读者对象为翻译工作者、语言、外语研究人员、外语专业高校师生。

中国科技史杂志 = The Chinese Journal for the History of Science and Technology/中国科学技术史学会，中国科学院自然科学史研究所. -北京:《中国科技史杂志》编

辑部，1980 -
季刊　　16 开
ISSN 1673 - 1441　　CN 11 - 5254　　82 - 323
北京市东城区朝阳门内 137 号（100010）
E-mail:shiliao@263.net

科学史、技术史史料学术期刊。原名《中国科技史料》。主要刊载内容：中国各历史时期科技发展的第一手史料，特别是近代珍贵的科技文献的实录、科学家自传、回忆录和访谈录等；中国科技史综述：著名科学家、发明家、经验教训、创业史片断、主要著述、有意义的趣闻轶事等；某一学科或某一重要科技创立和发展过程；重要科技社团和科研机构的沿革；科技教育组织、科技人才的培养与科学技术交流，先进技术的引进、改进和创新，科学思想的传播和吸收等；科技书刊出版史；中国科技史资料的考证等。栏目设置有：自述与传记、研究·综述、史实图像、文献·资料、书评书介、学术信息。读者对象为从事中国科技研究的专业人员、史学工作者、大专院校的师生和广大科技爱好者。

中国劳动关系学院学报 = Journal of China Institute of Industrial Relations/中国劳动关系学院. -北京:《中国劳动关系学院学报》编辑部，1987 -
双月刊　　16 开
ISSN 1673 - 2375　　CN 11 - 5360
北京市海淀区增光路 45 号（100037）
编辑部电话：010 - 88561986
E-mail:xb@ciir.edu.cn

工会工作研究的专业刊物。旨在宣传马克思主义工会理论和历史，为社会主义初级阶段工会建设和改革事业服务。主要栏目有：劳动关系研究、工会工作、民主管理与民主参与、思想教育研究、劳动争议研究、劳动保持研究、调查与思考、港澳台工运研究、高校工作研究、学术动态。读者对象为全国工会院校师生、工会工作者以及工运理论和实践有关的党政干部、教学与科研人员。

中国历史文物 = Journal of National Museum of China/中国国家博物馆. -北京:《中国历史文物》编辑部，1979 -
双月刊　　16 开
ISSN 1002 - 9834　　CN 11 - 1713

北京市朝阳区静安里26号通成达大厦（100026）
编辑部电话：010－84689128
E-mail:zglsww@ sohu. com

考古学专业资料性、学术性期刊。办刊宗旨：坚持百家争鸣的科学精神，提倡严谨求实的治学风气；注重反映国内外中国古代史、考古、文物、博物馆研究的最新成果；促进国内外文博、考古、史学界的学术研究、学术交流及友好往来。刊登关于中国古代史、近代史、古代中外关系及我国民族学、考古学、博物馆学、文物等方面的研究论文和资料，介绍文物鉴定方法以及馆藏品等。主要栏目有：文物研究、陶瓷研究、考古研究和古文字研究等。读者对象为文博、考古单位的研究人员及高校相关专业师生。

中国流通经济 = China Business and Market/北京物资学院. －北京：中国流通经济杂志社，1987－

月刊　　大16开
ISSN 1007－8266　　CN 11－3664　　82－736
北京市通州区富河大街1号（北京240信箱）（101149）
编辑部电话：010－89534488
E-mail:cbam12345@ 126. com

财经类理论刊物。办刊宗旨是坚持以基础理论研究为主，同时注重实际问题和管理经验的研究，突出理论性、实践性、应用性等特点，满足不同层次读者的需求。主要发表流通领域的最新研究成果，关注国内外流通领域的理论动态和发展方向，传播市场信息，交流企业经营管理经验，借鉴国外先进的管理经验和物流科学技术，积极开展国内外流通领域的学术文化交流。主要栏目有：本刊特稿、流通现代化、现代物流、经贸论坛、企业管理、市场分析、营销管理、投资理财、现代物流、绿色流通、区域经济、人力资源管理、采购管理等。读者对象主要是经济理论研究人员，各级各类政府的决策管理者，工商企业的经营管理者以及大专院校经济管理学科的广大师生。

中国钱币 = China Numismatics/中国钱币学会，中国钱币博物馆. －北京：《中国钱币》编辑部，1983－

季刊　　16开
ISSN 1001－8638　　CN 11－1266　　82－31

北京市西城区西交民巷 22 号（100031）
编辑部电话：010－66053042
E-mail：ppy521@hotmail.com

钱币学、货币史专业学术刊物。坚持在刊物中反映中国钱币研究的新成果、新发现，在继承发扬钱币学传统的基础上，努力开拓新的领域，加强钱币研究的科学性，并在内容安排上考虑钱币知识的普及、宣传工作，提高一般读者的品味和水平，以推进我国钱币学、货币史的研究，为海内外钱币研究者、爱好者提供交流学术成果和信息、传播钱币知识的园地。载文内容注重学术性、资料性、知识性，以中国钱币为主，涉及古今中外钱币学货币史等方面。栏目设有：钱币学论坛、货币史研究、钱币精华、银行与纸币、出土与发现、钱币知识、钱界动态等。

中国青年政治学院学报 = Journal of China Youth University for Political Sciences/中国青年政治学院．－北京：《中国青年政治学院学报》编辑部，1982－

双月刊　　大 16 开
ISSN 1002－8919　　CN 11－2781　　82－663
北京市海淀区西三环北路 25 号（100089）
编辑部电话：010－88567282
E-mail：zqxb@vip.163.com

政治类学术刊物。办刊宗旨：坚持正确的政治导向，立足中国青年理论与实践，以青年问题、青年工作及青年最关心的国内外社会、政治、经济、哲学、法律、文化教育等为主题，荟萃国内外著名专家学者，服务于国内各级青年政策的制定与青年工作者、管理人员、科研人员以及大专院校师生员工。栏目设置有：青少年研究、政治思想理论、经济研究、法学研究、高等教育与管理、语言学研究、社会学研究等。

中国人民公安大学学报 = Journal of Chinese People's Public Security University/中国人民公安大学．－北京：《中国人民公安大学学报》编辑部，1985－

双月刊　　大 16 开
ISSN 1672－2140　　CN 11－4976　　82－399
北京市西城区木樨地南里（100038）
编辑部电话：010－83903269

E-mail:gadx@ chinajournal. net. cn

法学理论刊物。主要刊登公安学、法学、犯罪学、语言文学等方面的论文，也刊登政治经济学、民族学、宗教学、历史学、社会学、高教研究等方面的文章。主要栏目有：警察学研究、犯罪研究、治安管理研究、警察管理研究、法学研究、警务改革研究、警务指挥研究、警务保障研究、警察史研究、警务建设典型经验介绍、典型案例分析、讨论与争鸣等。读者对象为公安干警及公安、政法系统院校师生和政治理论工作者、研究人员，公安、政法系统工作人员。

中国史研究动态 = Trends of Recent Researches on the History of China/中国社会科学院历史研究所. －北京：《中国史研究动态》编辑部，1979－

月刊　　16 开

ISSN 1002－7971　　CN 11－1040　　2－533

北京市建国门内大街 5 号（100732）

编辑部电话：010－85195838

http://www. cass. net. cn/lishisuo

历史专业学术性刊物。以发表本学科专业研究的综述性文章为主，包括中国古代史研究各分支学科的年度综述、专题综述、海外汉学研究状况介绍、每年学术会议介绍、名家名作介绍、书评、书讯等，为国内从事中国古代史研究的学者提供了很好的信息交流平台，为大陆学人了解海外相关学科的研究情况起到了桥梁作用，同时也成为海外学者了解中国内地古史研究状况的重要渠道。主要栏目有：专论、海外汉学会议、书评与书讯等，其中“海外汉学”为特色栏目。

中国特色社会主义研究 = Studies on the Socialism with Chinese Characteristics/北京市社会科学界联合会，北京市邓小平理论和“三个代表”重要思想研究中心，北京市科学社会主义学会. －北京：中国特色社会主义研究杂志社，1995－

双月刊　　大 16 开

ISSN 1006－6470　　CN 11－3527　　82－819

北京市朝阳区北四环中路 33 号（100101）

编辑部电话：010－64874539

E-mail:tese816@ yahoo. com. cn，tese816@ vip. sina. com

以研究有中国特色社会主义理论与实践为主要内容的专业性理论刊物。曾用刊名：科学社会主义研究。办刊宗旨：关注社会现实，关注党和政府的重大决策，关注我国社会改革实践，及时作出权威解读和理论概括；关注当代国内外社会主义理论的研究发展现状，为理论创新、学术发展提供平台。主要栏目有：主题论坛、马克思主义中国化、专题研究、文化建设、科学发展观、理论研究、实证研究、理论资讯、论点摘编等。读者对象为党政领导干部、大专院校师生以及有志于社会科学理论学习与研究的有识之士。

中国统计 = China Statistics/国家统计出版社. －北京：中国统计杂志社，1953－
月刊　　大 16 开
ISSN 1002－4557　　CN 11－2448　　2－841
北京市西城区月坛南街 75 号（100826）
编辑部电话：010－63376858
E-mail：cbsqk2@ state. gov. cn

统计学专业刊物。办刊宗旨：宣传党和国家有关统计工作的重要方针、政策，探讨统计理论问题，反映改革开放进程中经济和社会生活中的重点和热点问题。注重追踪中国统计实践，宣传中国统计发展，反映统计人员心声，展示中国统计风貌，关注全球统计的时移事易，推动中国统计与时俱进。主要栏目：特稿、统计方略、统计人、热点坊、来自基层、统计工具、生活中的统计学、见解、海外掬粹、边走边看、回音壁和最新数据等。读者对象为从事统计工作的人员，统计教学和科研人员等。

中国卫生经济 = Chinese Health Economics/中国卫生经济学会，卫生部卫生经济研究所. －哈尔滨：中国医院管理杂志社，1982－
月刊　　大 16 开
ISSN 1003－0742　　CN 23－1042　　14－97
黑龙江省哈尔滨市香坊区香顺街 41 号（150036）
编辑部电话：0451－87253026
E-mail：zgwsjj1982@ 163. com

卫生经济研究领域专业学术期刊。办刊宗旨：研究社会主义卫生经济学理论，探索卫生经济客观规律，普及和提高卫生经济学知识，交流卫生经济管理和实践经验，理论联系实际，积极为卫生改革和发展服务，为各阶层卫生经济工作者提供业务指导和工作实践总结交流平台。栏目设置：理论研究、政策研究、卫生改革、卫生总费用、领导论坛、公共卫生、社区卫生、农村卫生、区域卫生规划、卫生资源、医疗保险、医疗救助、经济管理、医院经营、医疗价格、成本核算、财务管理、设备管理、会计与审计、医药经济等。读者对象为卫生行政部门及相关行政部门领导、卫生事业单位管理者、卫生经济学家、高校卫生经济专业师生以及基层卫生工作者。

中国文化研究 = Chinese Culture Research/北京语言大学. －北京：《中国文化研究》编辑部，1993－

季刊　　16 开

ISSN 1005－3247　　CN 11－3306　　82－639

北京市海淀区学院路 15 号（100083）

编辑部电话：010－82303701

E-mail:zgwhyj@163.com

学术性期刊。反映中国传统文化及文化史研究方面的学术成果，追求学术上的开拓与创新，重视传统文化的介绍与传播。辟有中国文化论坛、文化学家论文化、中国文化系列研究、诸子研究、唐宋文化研究、明清文化研究、哲学史学研究、文化名人研究、当代文化学家研究、中国文学研究、妇女文化与女性文学、学术史研究、美学研究、绘画研究、敦煌学研究、地域文化研究、中国民俗文化研究、中国特殊文化研究、中外文化比较研究、汉学研究、汉学家研究、汉学家论坛等 40 个栏目。读者对象为从事人文科学、文化教学与研究的专家、学者、教师、大学生及汉学家。

中国文学研究 = Research of Chinese Literature/湖南师范大学. －长沙：《中国文学研究》编辑部，1985－

季刊　　大 16 开

ISSN 1003－7535　　CN 43－1084　　42－154

湖南省长沙市湖南师范大学文学院（410081）

编辑部电话：0731－8872051

E-mail:zgwxyj@163.com

文学研究专业刊物。办刊宗旨：坚持四项基本原则，贯彻"双百"方针，提倡理论联系实际，服务两个文明建设，为一切勇于探索文学理论研究工作者创造一块学术自由争鸣的园地。刊载有关中国古代、近现代、当代文学研究的论文，中国文学研究的资料、考证等。主要栏目有：理论纵横、经典重读、文体与叙事、文学语言学、争鸣地带、文学体制与传播、古代文学、现代文学、当代文学、湖湘文学、人物访谈、书评序跋等。读者对象为文学研究人员、文学爱好者、高等院校文学专业师生。

中国韵文学刊 = Journal of China Verse Studies/中国韵文学会，湘潭大学. －湘潭：《中国韵文学刊》编辑部，1987－

季刊　大16开

ISSN 1006－2491　CN 43－1014　42－293

湖南省湘潭市湘潭大学（411105）

编辑部电话：0732－8292497

E-mail:yunwenxuekan@163.com

韵文研究专业刊物。办刊宗旨：以繁荣中华学术、弘扬中华文化为宗旨，探讨中国韵文的特点和发展演变的规律，研究诗赋词曲等中国韵文的作家与作品，并酌登少量现代和当代的韵文创作，促进时代学术繁荣，弘扬华夏精神。刊载有关诗、词研究，文学，艺术理论方面的学术文章。主要栏目有：问题讨论、文艺思想研究、诗学专题、词学专题、专题考辨、会议综述、书评等。读者对象为韵文研究工作者、诗词爱好者、文科院校师生。有英文目次。

中华文化论坛 = Chinese Culture Forum/四川省社会科学院. －成都：《中华文化论坛》编辑部，1994－

季刊　大16开

ISSN 1008－0139　CN 51－1504　62－52

四川省成都市一环路西一段155号（610071）

编辑部电话：028－87017447

E-mail:Fcc@sss.net.cn

文、史、哲类学术理论刊物。以弘扬中华优秀文化、光大民族传统美德、繁荣社会科学研究、促进社会文明进步为办刊宗旨。主要栏目有：学习与研究、传统文化与现代化、近现代文化研究、探索与争鸣、中华文化的源与流、中华儒道佛学研究、文化产业与经济发展、文学与文化等。读者对象为广大文、史、哲爱好者。

中南财经政法大学学报 = Journal of Zhongnan University of Economics and Law/中南财经政法大学．－武汉：《中南财经政法大学学报》编辑部，1958－
双月刊　　　　　　　大 16 开
ISSN 1003－5230　　　CN 42－1663　　38－25
湖北省武汉市洪山区南湖南路 1 号（430073）
编辑部电话：027－88386132
E-mail:cdxbbjb@126.com

经济类学术理论刊物。以积极研究改革开放的新情况，深入探索社会主义市场经济的新进展，真实反映现实经济生活中的重大理论和实践问题为办刊宗旨。着重发表经济理论、应用经济研究的新成果，反映财经科学、人文科学研究的新发展、新观点的学术论文。栏目设置有：理论广角、双月经济观察、税收研究、财务会计、企业管理、财政·金融等。读者对象为经济学科和相关的社会科学研究人员、经济工作者、财经院校师生等。

重庆工商大学学报.社会科学版 = Journal of Chongqing Technology and Business University. Social Sciences Edition/重庆工商大学．－重庆：《重庆工商大学学报.社会科学版》编辑部，1983－
双月刊　　　　　　　大 16 开
ISSN 1672－0598　　　CN 50－1154　　78－113
重庆市南岸区学府大道 58 号（400067）
编辑部电话：023－62769249
E-mail:xb@ctbu.edu.cn

人文社会科学综合性学术刊物。原名《渝州大学学报（社科版）》，2003 年改为现刊名。办刊宗旨：以“求实、求是、求新、新精”的精神，立足重庆，服务西部，面向全国，为全国广大学者、经济工作者提供学习、交流的阵地，弘扬马列主义、毛泽东思想和邓小平理论，发展社会主义经济理论。主要栏目：马克思主义与中国文化、和谐社会研究、经济改革与发展研究、中国经济史研究、法学、文学与艺术、语言研究、高等教育研究、财政金融、审计、图书馆学、（社科类）译文等。读者对象是从事社会科学研究的工作人员、大专院校师生等。

重庆工学院学报.社会科学版 = Journal of Chongqing Institute of Technology. Social Science Edition/重庆工学院．－重庆：《重庆工学院学报》编辑部，2007－

月刊　　　　　　　　大 16 开
ISSN 1671－0924　　　CN 50－1053
重庆市杨家坪重庆工学院（400050）
编辑部电话：023－68667299
E-mail:cqgxyxb@ sina. com

人文社会科学综合性学术刊物。2006 年获“全国优秀社科学报”称号，2007 年被评为“重庆市一级期刊”。载文以政治哲学、工商管理、法学、语言文学为主要内容，集学术性、知识性、实用性于一体，理论联系实际。辟有本刊专稿、逻辑学、知识产权与产业发展、经济·管理、政治·哲学·法律、语言·文学·艺术、历史·文化·传播、学术争鸣、教育·编辑·出版等固定栏目。其中“本刊专稿”、“逻辑学”、“知识产权与产业发展”为重点栏目。读者对象是从事社会科学研究的工作人员、大专院校师生等。

重庆师范大学学报. 哲学社会科学版 = Journal of Chongqing Normal University. Edition of Social Sciences/重庆师范大学．－重庆：《重庆师范大学学报》编辑部，1980－

双月刊　　　　　　　大 16 开
ISSN 1673－0429　　　CN 50－1164　　78－17
重庆市沙坪坝区重庆师范大学（400047）
编辑部电话：023－65362785
E-mail:csdzs@ cqnu. edu. cn

人文社会科学综合性学术刊物。原名《重庆师范学院学报》，2003 年改为现刊名。主要反映本校学术研究成果，以促进学校教育和学术研究水平的提高，同时择登外校稿件，选稿注重学术观点的创新、研究领域的拓展、研究方法的更新以及对重大政治经济问题的深入研究。主要栏目有：政治学、哲学、现当代文学、文艺学与美学、中国思想史、中国历史、外国文学、经济学、法学、教育学、语言文字学、文化学等。读者对象为从事社会科学研究的工作人员、大专院校师生等。

重庆邮电大学学报. 社会科学版 = Journal of Chongqing University of Posts and Telecommunications. Social Science Edition/重庆邮电大学．－重庆：《重庆邮电大学学报》编辑部，1986－

双月刊　　　　　　　大16开
ISSN 1673－8286　　CN 50－1180
重庆市南岸区黄桷垭市重庆邮电大学（400065）
编辑部电话：023－62461033
E-mail:wkxb@ cqupt. edu. cn

人文社会科学综合性学术刊物。原名《重庆邮电学院学报（社会科学版）》。办刊宗旨：传播马克思主义理论，繁荣社会主义文化，促进社会科学研究，提高学术研究水平，推动学校人文学科专业发展，培养高素质创新型人才。主要栏目有：马克思主义理论与当代社会研究、哲学、文学·艺术、社会学、管理学、教育·教学、网络经济、信息法学、邮电史研究等。其中"网络经济"、"信息法学"、"邮电史研究"为特色栏目。读者对象主要为高等院校、科研院所的社会科学研究人员、教师和学生。

自然科学史研究＝Studies in the History of Natural Sciences/中国科学院自然科学史研究所，中国科学技术史学会．－北京：《自然科学史》编辑委员会，1958－
季刊　　　　　　　　16开
ISSN 1000－0224　　CN 11－1810　　2－564
北京市朝阳门内大街137号（100010）
编辑部电话：010－64041249
E-mail:studyhns@ 263. net

科学史、技术史研究学术刊物。前身是《科学史集刊》。办刊宗旨：致力于学术创新，支持学术自由和平等的方向，重点反映海内外科技史的最新成果。发文内容主要涉及科学史、技术史和医学史领域，侧重发表科学技术史领域的综合性研究、科技史理论和各学科史的论文、研究讨论、评论、书评和学术信息等。主要栏目有：论文、学术信息。读者对象为从事自然科学史研究的专家学者、高等院校自然科学专业的师生和关注自然科学发展和进程的广大群众。

自然资源学报＝Journal of National Resources/中国自然资源学会．－北京：《自然资源学报》编辑委员会，1986－
双月刊　　　　　　　16开
ISSN 1000－3037　　CN 11－1912　　82－322
北京9717信箱（100101）

编辑部电话：010－64889711
E-mail:zrzyxb@ igsnrr. ac. cn

自然资源学科研究的学术类期刊。办刊宗旨：以国际经济贸易为主要内容，全面展示国内外学者在国际贸易、经济学、金融、法律等领域的科研成果，注重对国内外重大理论和现实问题的研究。主要栏目有：国际贸易、经济学研究、金融科学、法律、管理学、国际投资、学术动态等。读者对象为从事自然资源学科研究的科研人员、决策与管理人员、高等院校师生。

专家推荐期刊及简介

说明：以下列出的期刊是在核心期刊评选过程中由评审专家推荐出来的部分优秀期刊。这些期刊由于数据原因没有进入核心期刊范围，但其研究特色和独到的研究领域是使用者的关注点，有鉴于此，本书尝试性地推出以下期刊，目的在于从数据以外的角度为使用者提供用刊参考。以下31种期刊按汉语拼音排序，没有先后之分。

出版发行研究

主办单位：新闻出版总署，中国出版科学研究所

出版专业学术刊物。其前身为《出版与发行》，致力于我国出版体制改革、总结出版工作经验、开展出版学的理论研究、加强国内外学术交流、探索出版工作规律。刊物以探索出版热点、研究出版理论为主，力求全方位服务于图书、期刊、音像制品及电子出版物等出版发行的各个领域，内容涵盖出版生产、出版管理、出版研究、出版教育等多个层面。主要栏目有：理论探索、改革论坛、编辑工作研究、期刊研究和网络出版等。

辞书研究

主办单位：上海辞书出版社

辞书编纂与辞书理论研究的专业刊物。主要探讨辞书理论，总结字典词典、百科全书及其他工具书的编纂经验；介绍、评论中外工具书，开发辞书功能，指导辞书使用，讨论疑难字、词和新词语的确切释义，研究中外辞书编纂史及著名辞书编纂家的生平等。作为中国辞书学会会刊，它还及时报道中国辞书学会以及各省市辞书学会的活动。

当代文坛

主办单位：四川省作家协会

该刊是西南地区第一家文学评论期刊，以理论探索、创作研究、诗歌理论与批评为主要发文内容，常设栏目有：名家论坛、自由评论、重写当代诗歌史、文坛关注、理论探索、创作研究、海外文坛、文坛回眸、文化与传媒、批评与阐释、网络文学之窗、影视画外音等。

《第欧根尼》中文版

主办单位：中国社会科学院文献信息中心

目前国内人文社科领域仅有的全文译文刊物，译文精选自联合国教科文组织所属

国际哲学与人文科学理事会主办的《第欧根尼》法文版和英文版论文。这些论文是当前世界各国的最新人文研究成果，涉及的领域主要为哲学、宗教、历史、政治、文学、人类学及语言学等学科，尤以跨学科性为其特点，从不同的视角对某一课题展开多方位和多层次的探索。该刊译者多为具有深厚学术功底和语言功底的专家学者，译文准确流畅。

古籍整理研究学刊

主办单位：东北师范大学古籍整理研究所

该刊重点反映古籍整理研究的各种成果，交流工作经验，报道国内外古籍整理研究情况。发文范围包括出土文献、版本研究、古籍研究、古籍整理、训诂、注释、校勘、佛教等研究领域。

故宫博物院院刊

主办单位：故宫博物院

全国文物考古类专业期刊。故宫博物院是世界上现存规模最大、保存最完整的皇宫古建筑博物馆，也是中国古代艺术品收藏最为丰富的博物馆。该刊启行于 1958 年，以深入发掘故宫博物院丰富的文化内涵，努力推进中国宫廷学术研究、明清历史研究、中国古代建筑研究以及历代艺术品研究为发展方向。发文侧重于文物、历史等人文学科内容，也刊发少部分有关博物馆工作及自然科学的稿件，主要集中于文保科技。

海交史研究

主办单位：中国海外交通史研究会，福建省泉州海外交通史博物馆

该刊是目前国内唯一的海外交通史研究领域专业学术期刊，内容涵盖航海造船史、港口贸易史、中外关系史、科技文化交流史、外来宗教、海外移民、海交民俗和海交文献等领域。

湖南科技大学学报．社会科学版

主办单位：湖南科技大学

该刊是以“毛泽东研究”为特色栏目的综合性学术刊物，坚持“以特色求知名，以创新求发展”的办刊理念。它开设的“毛泽东研究”专栏，以其鲜明的地域特色和优秀的专论稿件，在毛泽东研究领域产生了重要影响，在第三届全国优秀学报评比中，荣获全国社科学报“优秀栏目”。

江汉大学学报．人文科学版

主办单位：江汉大学

综合性人文社会科学学术期刊。该刊的“现当代诗学研究”专栏在文学界较有影响，其发展定位在对20世纪以来汉语新诗理论、思潮、流派、现象和新诗文本进行诗学意义上的专题研究，追求多层、多维、多元的诗歌观念和艺术方法的学理演化，并以选题为单元，每一期集中研究一个诗学课题。此外，该刊还设有“环境哲学与生态美学”和“领域语言研究”特色栏目。

军事历史研究

主办单位：南京政治学院上海分院

全国唯一的军事史学术期刊。主要栏目有：新时期军事研究、毛泽东军史思想研究、人民军队史研究。研究军事伦理道德、军事哲学思想是该刊的专长。该刊力求从语言学、文学、历史学、哲学、法律、经济学、心理学等多学科角度反映和探讨军事历史问题。

满族研究

主办单位：辽宁省民族研究所

该刊是国际上唯一定期公开发行的满学专业期刊。发文以满族文化研究为主，内容涉及政治、经济、科技、教育等方面，同时也非常关注对民族理论、民族政策、民族工作的研究。该刊的主办单位辽宁省民族研究所，是以东北少数民族研究为主，以满族研究为重点的科研单位。

民俗研究

主办单位：山东大学

国内著名的民俗学研究专业期刊，致力于开展民俗学理论研究、重视民俗资料的搜集整理，继承和发扬优秀的民族传统文化。设有学术论坛、田野调查报告、民俗史、民俗学史、民俗书林、学术信息等栏目。

南阳师范学院学报

主办单位：南阳师范学院

该刊以中国冯友兰学术思想研究会为依托，重点打造“冯学研究”栏目，现已成为国内外研究冯学的著名基地。此外，其“词学论坛”也已成为国内独具特色的词学研究专栏。该刊还辟有“语言文字研究”等栏目。

山西师大学报．社会科学版

主办单位：山西师范大学

综合性人文社会科学学术期刊。以研究晋文化与黄河民俗文化等地域文化为特色、戏曲文物研究为龙头，设有马克思主义研究、哲学研究、文学研究、历史学研究、法律研究、管理学研究、文艺理论研究、历史研究、教育研究、语言学研究、心理学研究、社会学研究等栏目。

沈阳师范大学学报．社会科学版

主办单位：沈阳师范大学

综合性人文社会科学学术期刊。以“关东文化与北方民族”为其特色栏目，刊载关东地域文化和中国北方少数民族文化方面的学术论文和与之有关的影视、文化作品研究与评论。该栏目依托国家民族事务委员会设立在沈阳师范大学的民族文化工作基地“中国北方少数民族文化研究基地”和辽宁省民族事务委员会设立在沈阳师范大学的“辽宁省满族文化资源与发展研究基地”开展学术活动。

生态经济

主办单位：云南教育出版社

环境科学类专业学术期刊。该刊重点报道全球生态领域的热点事件，关注人类生存状况、生态环境、绿色经济等热点问题。联合国环境规划署将该刊作为唯一的发布全球生态问题的中文指定期刊，一些生态领域的重大课题研究成果也以该刊为理想的发布平台。该刊有英文版。

世界哲学

主办单位：中国社会科学院哲学研究所

该刊是翻译介绍西方哲学的学术刊物，重点放在前沿性的当代外国哲学领域，译文有较高的学术质量，编辑语种覆盖英、法、德、俄、日。该刊致力于打造国内外学者的交流平台，其组织的“世界哲学年度论坛”有较大影响。

唐都学刊

主办单位：西安文理学院

综合性人文社会科学学术期刊。开设“汉唐研究”专栏，以周秦汉唐古都文化研究和陕西作家作品研究为特色，以古都西安为纵横研究的基准点与核心点，尽量突出西安自古迄今的人文特色，同时辐射哲学、政治学、文学、历史学等相关学科。

外交评论（外交学院学报）

主办单位：外交学院，中国国际关系学会

外交与国际关系专业期刊。原名《外交学院学报》，2005 年改为现名，兼具中国国际关系学会会刊的职能。以“中国外交和国际关系”为特色，以严肃认真的科学态度，遵循理论创新、学术争鸣的原则，聚焦国际、国内热点问题，努力为学术交流提供良好的平台。主要刊发有关外交和国际关系领域的时政评论和研究论文，并适时推出有关国际热点和理论前沿问题的专题讨论成果，贴近现实，关注时代，为有关“外交与国际关系”的实务、教学和研究，为公众的国际问题阅读和讨论，提供及时、丰厚而深刻的思想内容和信息，为中国的改革和进步、外交和国际事务的发展贡献力量。主要栏目包括国际时论、中国外交、外交与国际关系、国际经济与国际法、国际漫笔、书评、学术动态等。

文献

主办单位：国家图书馆

该刊为文献学类专业期刊，重点发表体现国家图书馆馆藏、其他公私家典藏、国内新发现的具有重要考察价值的各种古、近代文献资料和研究成果。偏重发表古典文学、史学、古文献学及训诂学、校勘学、目录学、版本学、辨伪学、辑佚学的研究论文，重视海外汉学研究进展。

西安财经学院学报

主办单位：西安财经学院

以“国防经济”、“秦文化与经济”为主要栏目，以西部特色经济为主要特点的综合性学术期刊。该刊密切跟踪并探索经济科学和管理科学的前沿理论及热点问题，特别注重国内著名经济学家的最新研究成果，突出学术性、地方性等特点，注重理论与实践相结合。除特色栏目外，还辟有经济理论研究、金融研究、财税与会计、产业经济、区域经济、企业改革与管理、法学论坛、“三农”问题、国防经济、贸易经济、旅游经济等栏目。

西藏研究

主办单位：西藏社会科学院

藏学研究专业刊物。介绍西藏的社会文化、哲学理念、科学技术，以及西藏的政治时事等，研究西藏历史和现状，涉及经济、政治、宗教等诸多领域。主要栏目有：西部大开发、医药、历算、民俗、建筑、格萨尔、国外藏学、灾异、寺庙、民族学、地名等。

西域研究

主办单位：新疆社会科学院

以新疆地方史、民族史研究为特色的文史类专业学术期刊。设有“丝绸之路研究”、“吐鲁番学研究”等特色栏目。刊载有关新疆民族史、经济发展史、文化史、宗教史、历史地理、文物考古、文学艺术、语言等人文学科类具有较高水平的最新研究成果。

信阳师范学院学报.哲学社会科学版

主办单位：信阳师范学院

综合性人文社会科学学术刊物。以“淮河文化研究”为其特色栏目，突出地方性特点。常设栏目有专题论坛、社会主义理论与实践、心理学研究、思想政治教育、教育学研究、法学研究、经济学研究、三农问题研究、信息与文化研究、语言学研究、中国文学研究、世界史研究、中国史研究等。

艺术百家

主办单位：江苏省文化艺术研究所

以研究江苏文化艺术为特色的艺术类综合性学术刊物。该刊立足江苏本省，面向海内外弘扬民族文化，提倡自由平等交流基础上的文化融合。载文内容着眼于国家重大文化课题，关注当代性和学术热点，着重刊发对实践有实际指导意义的理论性、思想性俱佳的艺术研究成果，内容涵盖艺术学、美术学、设计艺术学、戏剧戏曲学、电影学、广播电视艺术学、舞蹈学，兼顾哲学、美学、建筑、考古学、博物馆学、经济学、管理学等学术领域中与文化有关的部分。

殷都学刊

主办单位：安阳师范学院，中国殷商文化学会

该刊凭借地处殷商故地和甲骨文发源地这一得天独厚的地理优势，开辟“殷商文化研究”特色专栏，其中不乏甲骨学和殷商文化的名家之作，在甲骨学、殷商史、商代考古等研究领域有较大的影响。主要栏目有甲骨学研究、历史研究、殷商史研究、文学研究、夏商周考古、语言研究、元代文化研究等。

云梦学刊

主办单位：湖南理工学院

综合性人文社会科学学术刊物。该刊以“当代学术史研究”为特色栏目，并经常以此栏目为主题举办学术研讨会，有一定的社会影响；“屈原研究”是其体现地方特色的栏目。该刊发文强调时代性、学术性和探索性。其他常设栏目有：哲学政治经济研究、历史文化研究、教育学研究、英语教学与研究、新闻出版研究、书评。

中国藏学

主办单位：中国藏学研究中心

藏学研究专业刊物。刊文以藏族的社会历史文化和藏族地区的现实研究为主要内容，并间或刊登其他类型的文章和反映藏族、藏区历史文化民俗和山川风貌的图片。发文范围覆盖藏学研究的各个学科和领域，包括政治学、经济学、人口学、宗教学、历史学、考古学、人类学、民族学、民俗学、教育学、语言学、文字学、藏药学、民间文学、环境科学、文学艺术等。

中国科技史杂志

主办单位：中国科学院自然科学史研究所

该刊是国内研究科技史的权威期刊，在世界科技史研究界占有重要地位。创刊20多年来，发表了大量有关中国古代特别是近现代科学技术的史料，以及与之相关的社会经济、文化、教育、军事等方面的史料，其中不少属于深度挖掘或带有抢救性质的内容，弥足珍贵。发文包括以下内容：中国各历史时期科技发展的第一手史料，特别是近代珍贵的科技文献的实录、科学家自传、回忆录和访谈录；中国科技史综述；中国科技史资料的考证。

中国青年政治学院学报

主办单位：中国青年政治学院

政治类学术刊物。“青少年研究”作为其特色栏目，已在社会上产生了一定影响。该刊立足于中国青年问题的理论与实践研究，探讨青年问题、青年工作及青年群体最关心的国内外社会、政治、经济、哲学、法律、文化教育等热点问题，设有政治思想理论、经济研究、法学研究、高等教育与管理、语言学研究、社会学研究等栏目。该刊荣获教育部首批名栏、全国社科学报名栏等称号。

重庆邮电大学学报. 社会科学版

主办单位：重庆邮电大学

综合性人文社会科学学术刊物。该刊的“邮电史研究”是国内独具特色的专题栏目。此外，该刊还辟有网络经济、信息法学、马克思主义理论与当代社会研究、哲学、文学·艺术、社会学、管理学、教育·教学等栏目。

自然科学史研究

主办单位：中国科学院自然科学史研究所，中国科学技术史学会

科学史、技术史研究学术刊物。前身是《科学史集刊》。发文内容主要涉及科学史、技术史和医学史领域，侧重发表科学技术史领域、科技史理论和各学科史的多学科研究论文、研讨报告、评论、书评和学术信息等。

附　　录

说明：（1）以下各“影响因子排序表”按“2005影响因子”数值大小降序排列，“转摘量排序表”按“1995～2006全部转摘量”数值大小降序排列；（2）刊名后的“★”号表示该刊已入选2008年版核心期刊。

附表1　综合性学报2005年影响因子排序表

序号	刊　名	2005影响因子	三年影响因子均值	2003～2005三大转摘量	2003～2005核心转摘量	2003～2005人大转摘量	1995～2006全部转摘量	主办单位
1	中国人民大学学报★	1.0879	0.8836	106	19	155	993	中国人民大学
2	上海交通大学学报．哲学社会科学版★	0.8333	0.1722	53	67	44	306	上海交通大学
3	北京大学学报．哲学社会科学版★	0.6278	0.4040	114	25	137	1003	北京大学
4	北京师范大学学报．社会科学版★	0.5680	0.4534	103	21	136	816	北京师范大学
5	西安交通大学学报．社会科学版★	0.4818	0.3082	34	9	22	145	西安交通大学
6	复旦学报．社会科学版★	0.4753	0.5310	80	16	130	786	复旦大学
7	吉林大学社会科学学报★	0.4698	0.3224	107	6	99	641	吉林大学
8	江苏大学学报．社会科学版★	0.4612	0.0515	15	3	38	87	江苏大学
9	南开学报．哲学社会科学版★	0.4541	0.2850	68	13	98	603	南开大学
10	厦门大学学报．哲学社会科学版★	0.4472	0.5110	83	12	83	605	厦门大学
11	浙江大学学报．人文社会科学版★	0.4215	0.2975	68	22	89	689	浙江大学
12	清华大学学报．哲学社会科学版★	0.4115	0.4420	27	15	84	432	清华大学
13	中山大学学报．社会科学版★	0.3931	0.2957	44	8	92	490	中山大学
14	南京大学学报．哲学·人文科学·社会科学★	0.3917	0.4170	76	14	128	746	南京大学
15	武汉大学学报．哲学社会科学版★	0.3772	0.4126	21	3	52	114	武汉大学
16	东北师大学报．哲学社会科学版★	0.3770	0.3305	35	1	76	475	东北师范大学
17	文史哲★	0.3560	0.2334	126	37	157	933	山东大学
18	求是学刊★	0.3436	0.2607	78	22	96	672	黑龙江大学
19	南京师大学报．社会科学版★	0.3394	0.2526	45	8	85	550	南京师范大学
20	华中师范大学学报．人文社会科学版★	0.3096	0.2075	48	20	96	700	华中师范大学
21	华东师范大学学报．哲学社会科学版★	0.3069	0.2685	51	5	71	527	华东师范大学
22	郑州大学学报．哲学社会科学版★	0.2691	0.2062	54	16	138	618	郑州大学
23	西南大学学报．社会科学版★	0.2667	0.1518	32	4	91	441	西南大学
24	四川大学学报．哲学社会科学版★	0.2620	0.3629	77	6	101	479	四川大学
25	西北师大学报．社会科学版★	0.2553	0.1629	22	15	87	400	西北师范大学
26	山西大学学报．哲学社会科学版	0.2548	0.1810	11	1	47	225	山西山西大学
27	天津大学学报．社会科学版	0.2436	0.0760	2	3	16	71	天津大学

（续附表 1）

序号	刊名	2005 影响因子	三年影响因子均值	2003～2005 三大转摘量	2003～2005 核心转摘量	2003～2005 人大转摘量	1995～2006 全部转摘量	主办单位
28	思想战线★	0. 2413	0. 2330	64	4	71	492	云南大学
29	河南师范大学学报. 哲学社会科学版★	0. 2393	0. 0939	19	13	107	438	河南师范大学
30	湖南大学学报. 社会科学版	0. 2353	0. 0825	15	6	37	157	湖南大学
31	西北大学学报. 哲学社会科学版★	0. 2321	0. 1929	17	5	59	302	西北大学
32	烟台大学学报. 哲学社会科学版	0. 2299	0. 0833	24	10	36	275	烟台大学
33	华中科技大学学报. 社会科学版★	0. 2190	0. 1579	8	24	63	179	华中科技大学
34	同济大学学报. 社会科学版	0. 2177	0. 1121	8	4	54	144	同济大学
35	重庆大学学报. 社会科学版★	0. 2147	0. 1131	3	3	32	104	重庆大学
36	兰州大学学报. 社会科学版★	0. 2126	0. 1295	11	1	52	299	兰州大学
37	新疆师范大学学报. 哲学社会科学版	0. 2033	0. 0149	14	13	25	151	新疆师范大学
38	深圳大学学报. 人文社会科学版★	0. 1966	0. 1362	34	6	71	350	深圳大学
39	中国社会科学院研究生院学报★	0. 1962	0. 2673	25	9	71	448	中国社会科学院研究生院
40	暨南学报. 哲学社会科学版★	0. 1947	0. 1733	7	1	58	317	暨南大学
41	武汉理工大学学报. 社会科学版	0. 1940	0. 1538	3	12	40	100	武汉理工大学
42	安徽大学学报. 哲学社会科学版★	0. 1917	0. 1266	13	4	70	332	安徽大学
43	福建师范大学学报. 哲学社会科学版	0. 1869	0. 1829	20	2	39	296	福建师范大学
44	河北师范大学学报. 哲学社会科学版★	0. 1797	0. 1992	21	2	49	377	河北师范大学
45	山东大学学报. 哲学社会科学版	0. 1791	0. 0992	23	9	82	345	山东大学
46	北京交通大学学报. 社会科学版	0. 1783	0. 1161			15	28	北京交通大学
47	杭州师范大学学报. 社会科学版	0. 1767	0. 0989	13	1	56	204	杭州师范大学
48	中国地质大学学报. 社会科学版	0. 1755	0. 0877	4	1	30	66	中国地质大学
49	广西师范大学学报. 哲学社会科学版	0. 1753	0. 1037	2	1	67	309	广西师范大学
50	天津师范大学学报. 社会科学版★	0. 1744	0. 1897	31	4	56	355	天津师范大学
51	武汉大学学报. 人文科学版	0. 1722	0. 0978	39	10	95	283	武汉大学
52	扬州大学学报. 人文社会科学版	0. 1714	0. 1393	7	5	33	202	扬州大学
53	内蒙古大学学报. 哲学社会科学版	0. 1699	0. 0766	14		38	272	内蒙古大学
54	山西师大学报. 社会科学版	0. 1667	0. 0783	27	5	38	293	山西师范大学
55	湖南师范大学社会科学学报★	0. 1556	0. 0667	83	10	104	705	湖南师范大学
56	江西师范大学学报. 哲学社会科学版	0. 1520	0. 0821	9		50	225	江西师范大学
57	安徽师范大学学报. 人文社会科学版	0. 1502	0. 1066	15	1	52	223	安徽师范大学
58	东南大学学报. 哲学社会科学版	0. 1486	0. 1630	9		59	177	东南大学
59	湖北大学学报. 哲学社会科学版★	0. 1447	0. 0990	12	5	50	383	湖北大学
60	苏州大学学报. 哲学社会科学版	0. 1438	0. 0886	22	4	48	287	苏州大学

（续附表 1）

序号	刊　　名	2005 影响因子	三年影响因子均值	2003~2005 三大转摘量	2003~2005 核心转摘量	2003~2005 人大转摘量	1995~2006 全部转摘量	主办单位
61	湘潭大学学报．哲学社会科学版★	0.1426	0.1004	13	3	63	435	湘潭大学
62	河北大学学报．哲学社会科学版	0.1420	0.1683	3	2	37	238	河北大学
63	辽宁大学学报．哲学社会科学版	0.1416	0.0890	12	1	48	339	辽宁大学
64	华南师范大学学报．社会科学版	0.1395	0.1125	12		77	367	华南师范大学
65	山东师范大学学报．人文社会科学版	0.1371	0.0773	9	1	55	387	山东师范大学
66	陕西师范大学学报．哲学社会科学版★	0.1366	0.0731	94	11	58	572	陕西师范大学
67	河南大学学报．社会科学版★	0.1348	0.1092	61	24	115	606	河南大学
68	四川师范大学学报．社会科学版	0.1343	0.1555	13		43	403	四川师范大学
69	汕头大学学报．人文社会科学版	0.1320	0.0903	14	1	29	185	汕头大学
70	上海师范大学学报．哲学社会科学版	0.1316	0.1471	78	14	61	499	上海师范大学
71	科学·经济·社会	0.1304	0.0805		1	21	101	兰州大学，甘肃省科学技术协会
72	东方论坛	0.1295	0.0489	9		48	212	青岛大学
73	华南理工大学学报．社会科学版	0.1230	0.1667		3	18	59	华南理工大学
74	首都师范大学学报．社会科学版	0.1224	0.1066	16	8	85	458	首都师范大学
75	辽宁师范大学学报．社会科学版	0.1181	0.0558	6	2	22	190	辽宁师范大学
76	新疆大学学报．哲学人文社会科学版	0.1155	0.0638	4		23	118	新疆大学
77	上海大学学报．社会科学版	0.1148	0.0891	25	6	35	302	上海大学
78	贵州师范大学学报．社会科学版	0.1101	0.0523	7	1	40	162	贵州师范大学
79	内蒙古师范大学学报．哲学社会科学（汉文）版	0.1092	0.0352	2		30	223	内蒙古师范大学
80	云南师范大学学报．哲学社会科学版	0.1089	0.1770	12	1	26	238	云南师范大学
81	吉首大学学报．社会科学版	0.1058	0.1067	24	5	50	268	吉首大学
82	福州大学学报．哲学社会科学版	0.1053	0.1045	1		17	104	福州大学
83	宁夏大学学报．人文社会科学版	0.1036	0.0952	5	2	16	143	宁夏大学
84	广西大学学报．哲学社会科学版	0.1026	0.0844	1	1	35	240	广西大学
85	北京工业大学学报．社会科学版	0.1024	0.0875	1	4	19	37	北京工业大学
86	海南大学学报．人文社会科学版	0.1024	0.1358	2		13	137	海南大学
87	沈阳师范大学学报．社会科学版	0.1020	0.0658	5	4	29	185	沈阳师范大学
88	南昌大学学报．人文社会科学版	0.1019	0.1269	18	1	59	293	南昌大学
89	武汉科技大学学报．社会科学版	0.0987	0.0849			2	20	武汉科技大学
90	集美大学学报	0.0944	0.1056	1		19	25	集美大学
91	齐鲁学刊★	0.0862	0.1538	34	8	78	511	曲阜师范大学
92	延安大学学报．社会科学版	0.0836	0.0633			15	103	延安大学
93	南通大学学报．社会科学版	0.0821	0.0674	30	9	29	172	南通大学

（续附表 1）

序号	刊　　名	2005 影响因子	三年影响因子均值	2003～2005 三大转摘量	2003～2005 核心转摘量	2003～2005 人大转摘量	1995～2006 全部转摘量	主办单位
94	唐都学刊	0. 0795	0. 0344	16	2	33	137	西安文理学院
95	宁波大学学报. 人文科学版	0. 0793	0. 0586	1		22	120	宁波大学
96	浙江师范大学学报. 社会科学版	0. 0781	0. 0565	2	2	20	188	浙江师范大学
97	云梦学刊	0. 0758	0. 0232	14	27	44	210	湖南理工学院
98	华侨大学学报. 哲学社会科学版	0. 0750	0. 1753	2		19	158	华侨大学
99	青海师范大学学报. 哲学社会科学版	0. 0749	0. 0692	1		13	131	青海师范大学
100	湖北师范学院学报. 哲学社会科学版	0. 0724	0. 0299	2	3	20	84	湖北师范学院
101	南都学坛	0. 0706	0. 0367	32	4	47	208	南阳师范学院
102	江汉大学学报. 社会科学版	0. 0696	0. 0304				2	江汉大学
103	徐州师范大学学报. 哲学社会科学版	0. 0685	0. 0382	27	5	52	317	徐州师范大学
104	吉林师范大学学报. 人文社会科学版	0. 0644	0. 0398	1	1	25	154	吉林师范大学
105	信阳师范学院学报. 哲学社会科学版	0. 0615	0. 0209	11		31	170	信阳师范学院
106	北方论丛	0. 0590	0. 0394	27	6	43	359	哈尔滨师范大学
107	佛山科学技术学院学报. 社会科学版	0. 0588	0. 1274	1	1	18	84	佛山科学技术学院
108	西华师范大学学报. 哲学社会科学版	0. 0588	0. 0447			8	9	西华师范大学
109	贵州大学学报. 社会科学版	0. 0578	0. 0695		1	30	160	贵州大学
110	汉中师范学院学报	0. 0563	0. 0442	1	2	3	72	陕西理工学院
111	哈尔滨工业大学学报. 社会科学版	0. 0528	0. 1075	4		13	53	哈尔滨工业大学
112	海南师范大学学报. 社会科学版	0. 0528	0. 0828	11		40	183	海南师范大学
113	江汉大学学报. 人文科学版	0. 0502	0. 0103	8	6	42	170	江汉大学
114	温州师范学院学报	0. 0500	0. 0044	3		13	35	温州师范学院
115	温州大学学报	0. 0479	0. 0213	2		15	26	温州大学
116	东疆学刊	0. 0449	0. 0415	27	3	22	124	延边大学
117	成都大学学报. 社会科学版	0. 0435	0. 0918	1		3	55	成都大学
118	南阳师范学院学报	0. 0414	0. 0313	14	4	40	95	南阳师范学院
119	江苏教育学院学报. 社会科学版	0. 0404	0. 0299	3		13	121	江苏教育学院
120	湖南科技大学学报. 社会科学版	0. 0310	0. 0169	6		26	206	湖南科技大学
121	洛阳大学学报	0. 0307	0. 0287			2	22	洛阳大学
122	延边大学学报. 社会科学版	0. 0303	0. 0478			20	149	延边大学
123	商丘师范学院学报	0. 0272	0. 0183	2	1	8	27	商丘师范学院
124	湛江师范学院学报. 哲学社会科学版	0. 0259	0. 0201	5	2	23	118	湛江师范学院
125	惠州学院学报	0. 0188	0. 0152			5	7	惠州学院
126	赣南师范学院学报	0. 0183	0. 0286	1		15	104	赣南师范学院
127	嘉应大学学报. 哲学社会科学版	0. 0071	0. 0567			5	136	嘉应大学

附表2 综合性学报1995～2006年全部转摘量排序表

序号	刊 名	1995～2006 全部转摘量	2003～2005 三大转摘量	2003～2005 核心转摘量	2003～2005 人大转摘量	2005 影响因子	三年影响因子均值	主办单位
1	北京大学学报．哲学社会科学版★	1003	114	25	137	0.6278	0.4040	北京大学
2	中国人民大学学报★	993	106	19	155	1.0879	0.8836	中国人民大学
3	文史哲★	933	126	37	157	0.3560	0.2334	山东大学
4	北京师范大学学报．社会科学版★	816	103	21	136	0.5680	0.4534	北京师范大学
5	复旦学报．社会科学版★	786	80	16	130	0.4753	0.5310	复旦大学
6	南京大学学报．哲学·人文科学·社会科学★	746	76	14	128	0.3917	0.4170	南京大学
7	湖南师范大学社会科学学报★	705	83	10	104	0.1556	0.0667	湖南师范大学
8	华中师范大学学报．人文社会科学版★	700	48	20	96	0.3096	0.2075	华中师范大学
9	浙江大学学报．人文社会科学版★	689	68	22	89	0.4215	0.2975	浙江大学
10	求是学刊★	672	78	22	96	0.3436	0.2607	黑龙江大学
11	吉林大学社会科学学报★	641	107	6	99	0.4698	0.3224	吉林大学
12	郑州大学学报．哲学社会科学版★	618	54	16	138	0.2691	0.2062	郑州大学
13	河南大学学报．社会科学版★	606	61	24	115	0.1348	0.1092	河南大学
14	厦门大学学报．哲学社会科学版★	605	83	12	83	0.4472	0.5110	厦门大学
15	南开学报．哲学社会科学版★	603	68	13	98	0.4541	0.2850	南开大学
16	陕西师范大学学报．哲学社会科学版★	572	94	11	58	0.1366	0.0731	陕西师范大学
17	南京师大学报．社会科学版★	550	45	8	85	0.3394	0.2526	南京师范大学
18	华东师范大学学报．哲学社会科学版★	527	51	5	71	0.3069	0.2685	华东师范大学
19	齐鲁学刊★	511	34	8	78	0.0862	0.1538	曲阜师范大学
20	上海师范大学学报．哲学社会科学版	499	78	14	61	0.1316	0.1471	上海师范大学
21	思想战线★	492	64	4	71	0.2413	0.2330	云南大学
22	中山大学学报．社会科学版★	490	44	8	92	0.3931	0.2957	中山大学
23	四川大学学报．哲学社会科学版★	479	77	6	101	0.2620	0.3629	四川大学
24	东北师大学报．哲学社会科学版★	475	35	1	76	0.3770	0.3305	东北师范大学
25	首都师范大学学报．社会科学版	458	16	8	85	0.1224	0.1066	首都师范大学
26	中国社会科学院研究生院学报★	448	25	9	71	0.1962	0.2673	中国社会科学院研究生院
27	西南大学学报．社会科学版★	441	32	4	91	0.2667	0.1518	西南大学
28	河南师范大学学报．哲学社会科学版★	438	19	13	107	0.2393	0.0939	河南师范大学
29	湘潭大学学报．哲学社会科学版★	435	13	3	63	0.1426	0.1004	湘潭大学
30	清华大学学报．哲学社会科学版★	432	27	15	84	0.4115	0.4420	清华大学

（续附表 2）

序号	刊　　名	1995～2006 全部转摘量	2003～2005 三大转摘量	2003～2005 核心转摘量	2003～2005 人大转摘量	2005 影响因子	三年影响因子均值	主办单位
31	四川师范大学学报．社会科学版	403	13		43	0.1343	0.1555	四川师范大学
32	西北师大学报．社会科学版★	400	22	15	87	0.2553	0.1629	西北师范大学
33	山东师范大学学报．人文社会科学版	387	9	1	55	0.1371	0.0773	山东师范大学
34	湖北大学学报．哲学社会科学版★	383	12	5	50	0.1447	0.0990	湖北大学
35	河北师范大学学报．哲学社会科学版★	377	21	2	49	0.1797	0.1992	河北师范大学
36	华南师范大学学报．社会科学版	367	12		77	0.1395	0.1125	华南师范大学
37	北方论丛	359	27	6	43	0.0590	0.0394	哈尔滨师范大学
38	天津师范大学学报．社会科学版★	355	31	4	56	0.1744	0.1897	天津师范大学
39	深圳大学学报．人文社会科学版★	350	34	6	71	0.1966	0.1362	深圳大学
40	山东大学学报．哲学社会科学版	345	23	9	82	0.1791	0.0992	山东大学
41	辽宁大学学报．哲学社会科学版	339	12	1	48	0.1416	0.0890	辽宁大学
42	安徽大学学报．哲学社会科学版★	332	13	4	70	0.1917	0.1266	安徽大学
43	暨南学报．哲学社会科学版★	317	7	1	58	0.1947	0.1733	暨南大学
44	徐州师范大学学报．哲学社会科学版	317	27	5	52	0.0685	0.0382	徐州师范大学
45	广西师范大学学报．哲学社会科学版	309	2	1	67	0.1753	0.1037	广西师范大学
46	上海交通大学学报．哲学社会科学版★	306	53	67	44	0.8333	0.1722	上海交通大学
47	西北大学学报．哲学社会科学版★	302	17	5	59	0.2321	0.1929	西北大学
48	上海大学学报．社会科学版	302	25	6	35	0.1148	0.0891	上海大学
49	兰州大学学报．社会科学版★	299	11	1	52	0.2126	0.1295	兰州大学
50	福建师范大学学报．哲学社会科学版	296	20	2	39	0.1869	0.1829	福建师范大学
51	山西师大学报．社会科学版	293	27	5	38	0.1667	0.0783	山西师范大学
52	南昌大学学报．人文社会科学版	293	18	1	59	0.1019	0.1269	南昌大学
53	苏州大学学报．哲学社会科学版	287	22	4	48	0.1438	0.0886	苏州大学
54	武汉大学学报．人文科学版	283	39	10	95	0.1722	0.0978	武汉大学
55	烟台大学学报．哲学社会科学版	275	24	10	36	0.2299	0.0833	烟台大学
56	内蒙古大学学报．哲学社会科学版	272	14		38	0.1699	0.0766	内蒙古大学
57	吉首大学学报．社会科学版	268	24	5	50	0.1058	0.1067	吉首大学
58	广西大学学报．哲学社会科学版	240	1	1	35	0.1026	0.0844	广西大学
59	河北大学学报．哲学社会科学版	238	3	2	37	0.1420	0.1683	河北大学
60	云南师范大学学报．哲学社会科学版	238	12	1	26	0.1089	0.1770	云南师范大学
61	山西大学学报．哲学社会科学版	225	11	1	47	0.2548	0.1810	山西山西大学
62	江西师范大学学报．哲学社会科学版	225	9		50	0.1520	0.0821	江西师范大学
63	安徽师范大学学报．人文社会科学版	223	15	1	52	0.1502	0.1066	安徽师范大学

（续附表 2）

序号	刊　　名	1995～2006 全部转摘量	2003～2005 三大转摘量	2003～2005 核心转摘量	2003～2005 人大转摘量	2005 影响因子	三年影响因子均值	主办单位
64	内蒙古师范大学学报．哲学社会科学（汉文）版	223	2		30	0.1092	0.0352	内蒙古师范大学
65	东方论坛	212	9		48	0.1295	0.0489	青岛大学
66	云梦学刊	210	14	27	44	0.0758	0.0232	湖南理工学院
67	南都学坛	208	32	4	47	0.0706	0.0367	南阳师范学院
68	湖南科技大学学报．社会科学版	206	6		26	0.0310	0.0169	湖南科技大学
69	杭州师范大学学报．社会科学版	204	13	1	56	0.1767	0.0989	杭州师范大学
70	扬州大学学报．人文社会科学版	202	7	5	33	0.1714	0.1393	扬州大学
71	辽宁师范大学学报．社会科学版	190	6	2	22	0.1181	0.0558	辽宁师范大学
72	浙江师范大学学报．社会科学版	188	2	2	20	0.0781	0.0565	浙江师范大学
73	汕头大学学报．人文社会科学版	185	14	1	29	0.1320	0.0903	汕头大学
74	沈阳师范大学学报．社会科学版	185	5	4	29	0.1020	0.0658	沈阳师范大学
75	海南师范大学学报．社会科学版	183	11		40	0.0528	0.0828	海南师范大学
76	华中科技大学学报．社会科学版★	179	8	24	63	0.2190	0.1579	华中科技大学
77	东南大学学报．哲学社会科学版	177	9		59	0.1486	0.1630	东南大学
78	南通大学学报．社会科学版	172	30	9	29	0.0821	0.0674	南通大学
79	信阳师范学院学报．哲学社会科学版	170	11		31	0.0615	0.0209	信阳师范学院
80	江汉大学学报．人文科学版	170	8	6	42	0.0502	0.0103	江汉大学
81	贵州师范大学学报．社会科学版	162	7	1	40	0.1101	0.0523	贵州师范大学
82	贵州大学学报．社会科学版	160		1	30	0.0578	0.0695	贵州大学
83	华侨大学学报．哲学社会科学版	158	2		19	0.0750	0.1753	华侨大学
84	湖南大学学报．社会科学版	157	15	6	37	0.2353	0.0825	湖南大学
85	吉林师范大学学报．人文社会科学版	154	1	1	25	0.0644	0.0398	吉林师范大学
86	新疆师范大学学报．哲学社会科学版	151	14	13	25	0.2033	0.0149	新疆师范大学
87	延边大学学报．社会科学版	149			20	0.0303	0.0478	延边大学
88	西安交通大学学报．社会科学版★	145	34	9	22	0.4818	0.3082	西安交通大学
89	同济大学学报．社会科学版	144	8	4	54	0.2177	0.1121	同济大学
90	宁夏大学学报．人文社会科学版	143	5	2	16	0.1036	0.0952	宁夏大学
91	海南大学学报．人文社会科学版	137	2		13	0.1024	0.1358	海南大学
92	唐都学刊	137	16	2	33	0.0795	0.0344	西安文理学院
93	嘉应大学学报．哲学社会科学版	136			5	0.0071	0.0567	嘉应大学
94	青海师范大学学报．哲学社会科学版	131	1		13	0.0749	0.0692	青海师范大学
95	东疆学刊	124	27	3	22	0.0449	0.0415	延边大学
96	江苏教育学院学报．社会科学版	121	3		13	0.0404	0.0299	江苏教育学院

（续附表 2）

序号	刊　　名	1995～2006 全部转摘量	2003～2005 三大转摘量	2003～2005 核心转摘量	2003～2005 人大转摘量	2005 影响因子	三年影响因子均值	主办单位
97	宁波大学学报．人文科学版	120	1		22	0.0793	0.0586	宁波大学
98	新疆大学学报．哲学人文社会科学版	118	4		23	0.1155	0.0638	新疆大学
99	湛江师范学院学报．哲学社会科学版	118	5	2	23	0.0259	0.0201	湛江师范学院
100	武汉大学学报．哲学社会科学版★	114	21	3	52	0.3772	0.4126	武汉大学
101	重庆大学学报．社会科学版★	104	3	3	32	0.2147	0.1131	重庆大学
102	福州大学学报．哲学社会科学版	104	1		17	0.1053	0.1045	福州大学
103	赣南师范学院学报	104	1		15	0.0183	0.0286	赣南师范学院
104	延安大学学报．社会科学版	103			15	0.0836	0.0633	延安大学
105	科学·经济·社会	101		1	21	0.1304	0.0805	兰州大学、甘肃省科学技术协会
106	武汉理工大学学报．社会科学版	100	3	12	40	0.1940	0.1538	武汉理工大学
107	南阳师范学院学报	95	14	4	40	0.0414	0.0313	南阳师范学院
108	江苏大学学报．社会科学版★	87	15	3	38	0.4612	0.0515	江苏大学
109	湖北师范学院学报．哲学社会科学版	84	2	3	20	0.0724	0.0299	湖北师范学院
110	佛山科学技术学院学报．社会科学版	84	1	1	18	0.0588	0.1274	佛山科学技术学院
111	汉中师范学院学报	72	1	2	3	0.0563	0.0442	陕西理工学院
112	天津大学学报．社会科学版	71	2	3	16	0.2436	0.0760	天津大学
113	中国地质大学学报．社会科学版	66	4	1	30	0.1755	0.0877	中国地质大学
114	华南理工大学学报．社会科学版	59		3	18	0.1230	0.1667	华南理工大学
115	成都大学学报．社会科学版	55	1		3	0.0435	0.0918	成都大学
116	哈尔滨工业大学学报．社会科学版	53	4		13	0.0528	0.1075	哈尔滨工业大学
117	北京工业大学学报．社会科学版	37	1	4	19	0.1024	0.0875	北京工业大学
118	温州师范学院学报	35	3		13	0.0500	0.0044	温州师范学院
119	北京交通大学学报．社会科学版	28			15	0.1783	0.1161	北京交通大学
120	商丘师范学院学报	27	2	1	8	0.0272	0.0183	商丘师范学院
121	温州大学学报	26	2		15	0.0479	0.0213	温州大学
122	集美大学学报	25	1		19	0.0944	0.1056	集美大学
123	洛阳大学学报	22			2	0.0307	0.0287	洛阳大学
124	武汉科技大学学报．社会科学版	20			2	0.0987	0.0849	武汉科技大学
125	西华师范大学学报．哲学社会科学版	9			8	0.0588	0.0447	西华师范大学
126	惠州学院学报	7			5	0.0188	0.0152	惠州学院
127	江汉大学学报．社会科学版	2				0.0696	0.0304	江汉大学

附表3　师范院校学报2005年影响因子排序表

序号	刊　　名	2005影响因子	三年影响因子均值	2003～2005三大转摘量	2003～2005核心转摘量	2003～2005人大转摘量	1995～2006全部转摘量	主办单位
1	北京师范大学学报. 社会科学版★	0. 5680	0. 4534	103	21	136	816	北京师范大学
2	东北师大学报. 哲学社会科学版★	0. 3770	0. 3305	35	1	76	475	东北师范大学
3	南京师大学报. 社会科学版★	0. 3394	0. 2526	45	8	85	550	南京师范大学
4	华中师范大学学报. 人文社会科学版★	0. 3096	0. 2075	48	20	96	700	华中师范大学
5	华东师范大学学报. 哲学社会科学版★	0. 3069	0. 2685	51	5	71	527	华东师范大学
6	西北师大学报. 社会科学版★	0. 2553	0. 1629	22	15	87	400	西北师范大学
7	河南师范大学学报. 哲学社会科学版★	0. 2393	0. 0939	19	13	107	438	河南师范大学
8	新疆师范大学学报. 哲学社会科学版	0. 2033	0. 0149	14	13	25	151	新疆师范大学
9	福建师范大学学报. 哲学社会科学版	0. 1869	0. 1829	20	2	39	296	福建师范大学
10	河北师范大学学报. 哲学社会科学版★	0. 1797	0. 1992	21	2	49	377	河北师范大学
11	杭州师范大学学报. 社会科学版	0. 1767	0. 0989	13	1	56	204	杭州师范大学
12	广西师范大学学报. 哲学社会科学版	0. 1753	0. 1037	2	1	67	309	广西师范大学
13	天津师范大学学报. 社会科学版★	0. 1744	0. 1897	31	4	56	355	天津师范大学
14	山西师大学报. 社会科学版	0. 1667	0. 0783	27	5	38	293	山西师范大学
15	湖南师范大学社会科学学报★	0. 1556	0. 0667	83	10	104	705	湖南师范大学
16	江西师范大学学报. 哲学社会科学版	0. 1520	0. 0821	9		50	225	江西师范大学
17	安徽师范大学学报. 人文社会科学版	0. 1502	0. 1066	15	1	52	223	安徽师范大学
18	华南师范大学学报. 社会科学版	0. 1395	0. 1125	12		77	367	华南师范大学
19	山东师范大学学报. 人文社会科学版	0. 1371	0. 0773	9	1	55	387	山东师范大学
20	陕西师范大学学报. 哲学社会科学版★	0. 1366	0. 0731	94	11	58	572	陕西师范大学
21	四川师范大学学报. 社会科学版	0. 1343	0. 1555	13		43	403	四川师范大学
22	上海师范大学学报. 哲学社会科学版	0. 1316	0. 1471	78	14	61	499	上海师范大学
23	首都师范大学学报. 社会科学版	0. 1224	0. 1066	16	8	85	458	首都师范大学
24	辽宁师范大学学报. 社会科学版	0. 1181	0. 0558	6	2	22	190	辽宁师范大学
25	贵州师范大学学报. 社会科学版	0. 1101	0. 0523	7	1	40	162	贵州师范大学
26	内蒙古师范大学学报. 哲学社会科学(汉文)版	0. 1092	0. 0352	2		30	223	内蒙古师范大学
27	云南师范大学学报. 哲学社会科学版	0. 1089	0. 1770	12	1	26	238	云南师范大学
28	沈阳师范大学学报. 社会科学版	0. 1020	0. 0658	5	4	29	185	沈阳师范大学
29	齐鲁学刊★	0. 0862	0. 1538	34	8	78	511	曲阜师范大学
30	浙江师范大学学报. 社会科学版	0. 0781	0. 0565	2	2	20	188	浙江师范大学
31	青海师范大学学报. 哲学社会科学版	0. 0749	0. 0692	1		13	131	青海师范大学

（续附表3）

序号	刊　　名	2005影响因子	三年影响因子均值	2003～2005三大转摘量	2003～2005核心转摘量	2003～2005人大转摘量	1995～2006全部转摘量	主办单位
32	湖北师范学院学报. 哲学社会科学版	0.0724	0.0299	2	3	20	84	湖北师范学院
33	南都学坛	0.0706	0.0367	32	4	47	208	南阳师范学院
34	徐州师范大学学报. 哲学社会科学版	0.0685	0.0382	27	5	52	317	徐州师范大学
35	吉林师范大学学报. 人文社会科学版	0.0644	0.0398	1	1	25	154	吉林师范大学
36	信阳师范学院学报. 哲学社会科学版	0.0615	0.0209	11		31	170	信阳师范学院
37	北方论丛	0.0590	0.0394	27	6	43	359	哈尔滨师范大学
38	西华师范大学学报. 哲学社会科学版	0.0588	0.0447			8	9	西华师范大学
39	汉中师范学院学报	0.0563	0.0442	1	2	3	72	陕西理工学院
40	海南师范大学学报. 社会科学版	0.0528	0.0828	11		40	183	海南师范大学
41	温州师范学院学报	0.0500	0.0044	3		13	35	温州师范学院
42	南阳师范学院学报	0.0414	0.0313	14	4	40	95	南阳师范学院
43	商丘师范学院学报	0.0272	0.0183	2	1	8	27	商丘师范学院
44	湛江师范学院学报. 哲学社会科学版	0.0259	0.0201	5	2	23	118	湛江师范学院
45	赣南师范学院学报	0.0183	0.0286	1		15	104	赣南师范学院

附表4　师范院校学报1995～2006年全部转摘量排序表

序号	刊　　名	1995～2006全部转摘量	2003～2005三大转摘量	2003～2005核心转摘量	2003～2005人大转摘量	2005影响因子	三年影响因子均值	主办单位
1	北京师范大学学报. 社会科学版★	816	103	21	136	0.5680	0.4534	北京师范大学
2	湖南师范大学社会科学学报★	705	83	10	104	0.1556	0.0667	湖南师范大学
3	华中师范大学学报. 人文社会科学版★	700	48	20	96	0.3096	0.2075	华中师范大学
4	陕西师范大学学报. 哲学社会科学版★	572	94	11	58	0.1366	0.0731	陕西师范大学
5	南京师大学报. 社会科学版★	550	45	8	85	0.3394	0.2526	南京师范大学
6	华东师范大学学报. 哲学社会科学版★	527	51	5	71	0.3069	0.2685	华东师范大学
7	齐鲁学刊★	511	34	8	78	0.0862	0.1538	曲阜师范大学
8	上海师范大学学报. 哲学社会科学版	499	78	14	61	0.1316	0.1471	上海师范大学
9	东北师大学报. 哲学社会科学版★	475	35	1	76	0.3770	0.3305	东北师范大学
10	首都师范大学学报. 社会科学版	458	16	8	85	0.1224	0.1066	首都师范大学
11	河南师范大学学报. 哲学社会科学版★	438	19	13	107	0.2393	0.0939	河南师范大学
12	四川师范大学学报. 社会科学版	403	13		43	0.1343	0.1555	四川师范大学

（续附表 4）

序号	刊　　名	1995～2006 全部转摘量	2003～2005 三大转摘量	2003～2005 核心转摘量	2003～2005 人大转摘量	2005 影响因子	三年影响因子均值	主办单位
13	西北师大学报．社会科学版★	400	22	15	87	0.2553	0.1629	西北师范大学
14	山东师范大学学报．人文社会科学版	387	9	1	55	0.1371	0.0773	山东师范大学
15	河北师范大学学报．哲学社会科学版★	377	21	2	49	0.1797	0.1992	河北师范大学
16	华南师范大学学报．社会科学版	367	12		77	0.1395	0.1125	华南师范大学
17	北方论丛	359	27	6	43	0.0590	0.0394	哈尔滨师范大学
18	天津师范大学学报．社会科学版★	355	31	4	56	0.1744	0.1897	天津师范大学
19	徐州师范大学学报．哲学社会科学版	317	27	5	52	0.0685	0.0382	徐州师范大学
20	广西师范大学学报．哲学社会科学版	309	2	1	67	0.1753	0.1037	广西师范大学
21	福建师范大学学报．哲学社会科学版	296	20	2	39	0.1869	0.1829	福建师范大学
22	山西师大学报．社会科学版	293	27	5	38	0.1667	0.0783	山西师范大学
23	云南师范大学学报．哲学社会科学版	238	12	1	26	0.1089	0.1770	云南师范大学
24	江西师范大学学报．哲学社会科学版	225	9		50	0.1520	0.0821	江西师范大学
25	安徽师范大学学报．人文社会科学版	223	15	1	52	0.1502	0.1066	安徽师范大学
26	内蒙古师范大学学报．哲学社会科学（汉文）版	223	2		30	0.1092	0.0352	内蒙古师范大学
27	南都学坛	208	32	4	47	0.0706	0.0367	南阳师范学院
28	杭州师范大学学报．社会科学版	204	13	1	56	0.1767	0.0989	杭州师范大学
29	辽宁师范大学学报．社会科学版	190	6	2	22	0.1181	0.0558	辽宁师范大学
30	浙江师范大学学报．社会科学版	188	2	2	20	0.0781	0.0565	浙江师范大学
31	沈阳师范大学学报．社会科学版	185	5	4	29	0.1020	0.0658	沈阳师范大学
32	海南师范大学学报．社会科学版	183	11		40	0.0528	0.0828	海南师范大学
33	信阳师范学院学报．哲学社会科学版	170	11		31	0.0615	0.0209	信阳师范学院
34	贵州师范大学学报．社会科学版	162	7	1	40	0.1101	0.0523	贵州师范大学
35	吉林师范大学学报．人文社会科学版	154	1	1	25	0.0644	0.0398	吉林师范大学
36	新疆师范大学学报．哲学社会科学版	151	14	13	25	0.2033	0.0149	新疆师范大学
37	青海师范大学学报．哲学社会科学版	131	1		13	0.0749	0.0692	青海师范大学
38	湛江师范学院学报．哲学社会科学版	118	5	2	23	0.0259	0.0201	湛江师范学院
39	赣南师范学院学报	104	1		15	0.0183	0.0286	赣南师范学院
40	南阳师范学院学报	95	14	4	40	0.0414	0.0313	南阳师范学院
41	湖北师范学院学报．哲学社会科学版	84	2	3	20	0.0724	0.0299	湖北师范学院
42	汉中师范学院学报	72	1	2	3	0.0563	0.0442	陕西理工学院
43	温州师范学院学报	35	3		13	0.0500	0.0044	温州师范学院
44	商丘师范学院学报	27	2	1	8	0.0272	0.0183	商丘师范学院
45	西华师范大学学报．哲学社会科学版	9			8	0.0588	0.0447	西华师范大学

附表5　研究机构学刊2005年影响因子排序表

序号	刊　名	2005影响因子	三年影响因子均值	2003~2005三大转摘量	2003~2005核心转摘量	2003~2005人大转摘量	1995~2006全部转摘量	主办单位
1	经济研究★	6.9675	6.9127	69	29	127	868	中国社会科学院经济研究所
2	中国社会科学★	4.0147	3.6313	114	52	190	1161	中国社会科学院
3	中国工业经济★	2.8981	2.6835	37	8	173	759	中国社会科学院工业经济研究所
4	法学研究★	2.5817	3.1905	50	12	1	158	中国社会科学院法学研究所
5	社会学研究★	2.2893	2.1159	56	19	44	440	中国社会科学院社会学研究所
6	地理研究	1.9518	1.6103			19	91	中国科学院地理科学与资源研究所
7	管理世界★	1.9350	1.7380	23	15	215	1006	国务院发展研究中心
8	国际经济评论★	1.8544	0.8838	15	4	63	273	中国社会科学院世界经济与政治研究所
9	中国农村经济★	1.7407	1.3913	11	19	122	707	中国社会科学院农村发展研究所
10	中国农村观察★	1.6937	1.0800	12	5	17	195	中国社会科学院农村发展研究所
11	图书情报工作★	1.6489	2.8428		38	125	509	中国科学院文献情报中心
12	人类学学报	1.6000	0.2283	1			3	中国科学院古脊椎动物与古人类研究所
13	中国翻译★	1.4939	1.4918	2			7	中国翻译协会
14	教育研究★	1.3629	1.4205	88	21	198	868	中央教育科学研究所
15	中国人口科学★	1.3333	1.0866	33	12	42	280	中国社会科学院人口与劳动经济研究所
16	世界经济与政治★	1.3282	1.1614	51	23	152	858	中国社会科学院世界经济与政治研究所
17	情报理论与实践★	1.2722	1.3679		14	71	252	中国国防科学技术信息学会，中国兵器工业集团第210研究所
18	经济学动态★	1.2629	1.3524	30	17	185	961	中国社会科学院经济研究所
19	经济社会体制比较★	1.2350	1.5198	38	7	75	354	中共中央编译局当代马克思主义研究所
20	国际金融研究★	1.1938	1.0932	3	3	57	189	中国国际金融学会
21	现代图书情报技术★	1.1913	1.8780		28	75	175	中国科学院文献情报中心
22	财贸经济★	1.1402	0.9881	32	27	123	777	中国社会科学院财贸经济研究所
23	心理学报★	1.0645	0.9005	2	40	51	277	中国心理学会，中国科学院心理研究所
24	改革★	1.0562	1.1296	22	16	128	589	重庆市社会科学院
25	体育与科学★	1.0475	0.9541			29	122	江苏省体育科学研究所

（续附表 5）

序号	刊　名	2005 影响因子	三年影响因子均值	2003～2005 三大转摘量	2003～2005 核心转摘量	2003～2005 人大转摘量	1995～2006 全部转摘量	主办单位
26	历史研究★	1. 0000	0. 8670	26	28	122	697	中国社会科学院
27	中国语文★	0. 9735	0. 7134			54	226	中国社会科学院语言研究所
28	科研管理★	0. 9549	0. 7719	1	181	33	513	中国科学院科技政策与管理科学研究所，中国科学学与科技政策研究会，清华大学技术创新研究中心
29	中国管理科学★	0. 9382	0. 4819	1	237	13	334	中国优选法统筹法与经济数学研究会，中国科学院科技政策与管理科学研究所
30	新闻与传播研究★	0. 8559	0. 5385	3		13	40	中国社会科学院新闻研究所
31	中国体育科技★	0. 7877	0. 6128			22	46	国家体育总局体育科学研究所
32	世界经济研究★	0. 7839	0. 5852	7	2	119	342	上海市社会科学院世界经济研究所
33	马克思主义与现实★	0. 7826	0. 5417	29	6	102	402	中共中央编译局当代马克思主义研究所
34	当代语言学★	0. 7763	0. 7647			31	82	中国社会科学院语言研究所
35	环球法律评论★	0. 7426	0. 9084	14	2	51	125	中国社会科学院法学研究所
36	哲学研究★	0. 7415	0. 6678	63	17	269	1143	中国社会科学院哲学研究所
37	近代史研究★	0. 7281	0. 6126	31	10	81	320	中国社会科学院近代史研究所
38	考古学报★	0. 7222	0. 8421	1		5	10	中国社会科学院考古研究所
39	欧洲研究★	0. 7203	0. 4636	13	3	54	293	中国社会科学院欧洲研究所
40	心理科学进展★	0. 7188	0. 5116	1		80	112	中国科学院心理研究所
41	城市问题★	0. 7143	0. 5092	1		17	94	北京市社会科学院
42	国际问题研究★	0. 7134	0. 7167	9	2	83	278	中国国际问题研究所
43	政治学研究★	0. 6966	1. 1327	14	2	45	212	中国社会科学院政治学研究所
44	地理与地理信息科学	0. 6948	0. 3770			26	131	河北省地理科学研究所
45	国外社会科学★	0. 6878	0. 5579	8	6	74	448	中国社会科学院文献信息中心
46	中国特殊教育★	0. 6866	0. 3629			3	4	中央教育科学研究所
47	民族研究★	0. 6829	0. 6556	21	5	53	308	中国社会科学院民族学与人类学研究所
48	方言★	0. 6812	0. 6250		1	12	57	中国社会科学院语言研究所
49	宏观经济研究★	0. 6630	0. 8047	7	6	86	298	国家发展和改革委员会宏观经济研究院
50	国际贸易	0. 6433	1. 1044	11		65	329	国际贸易经济合作研究院
51	现代国际关系★	0. 6399	0. 5904	6	6	116	586	中国现代国际关系研究院

（续附表 5）

序号	刊　　名	2005 影响因子	三年影响因子均值	2003～2005 三大转摘量	2003～2005 核心转摘量	2003～2005 人大转摘量	1995～2006 全部转摘量	主办单位
52	统计研究★	0.6303	0.5615			76	263	中国统计学会，国家统计局统计科学研究所
53	考古★	0.6244	0.4136			12	33	中国社会科学院考古研究所
54	文学评论★	0.6211	0.6533	63	31	143	828	中国社会科学院文学研究所
55	美国研究★	0.6196	0.6395	8	2	27	97	中国社会科学院美国研究所，中华美国学会
56	上海经济研究★	0.6079	0.7037	5	1	78	401	上海市社会科学院经济研究所
57	中国经济史研究★	0.5918	0.3419	16	8	50	235	中国社会科学院经济研究所
58	哲学动态★	0.5263	0.3566	27	4	141	770	中国社会科学院哲学研究所
59	中国科技论坛★	0.5156	0.4951	14	1	57	299	中国科学技术发展战略研究院
60	当代亚太★	0.5101	0.4855		2	93	273	中国亚洲太平洋学会，中国社会科学院亚洲太平洋研究所
61	拉丁美洲研究★	0.5093	0.1481	4	1	41	170	中国社会科学院拉丁美洲研究所
62	农业现代化研究	0.5083	0.3563	1		3	112	中国科学院农业研究委员会，中国科学院长沙农业现代化研究所
63	语言文字应用★	0.5000	0.7372	2		19	118	教育部语言文字应用研究所
64	地域研究与开发★	0.4981	0.2139		1	31	156	河南省科学院地理所，河南省发展计划委员会地理所
65	资源科学★	0.4911	0.5394			20	64	中国科学院自然资源综合考察委员会
66	长江流域资源与环境	0.4894	0.6378			21	67	中国科学院资源环境科学技术局，中国科学院武汉文献情报中心
67	数量经济技术经济研究★	0.4738	0.4083			19	182	中国社会科学院数量经济与技术经济研究所
68	日本学刊★	0.4485	0.3972	2	1	27	98	中国社会科学院日本研究所，中华日本学会
69	俄罗斯中亚东欧研究★	0.4463	0.4833	2		78	266	中国社会科学院俄罗斯东欧中亚研究所
70	外国文学评论★	0.4412	0.4228	5	1	55	271	中国社会科学院外国文学研究所
71	中国信息导报	0.4395	0.5763			3	21	中国科技信息研究所
72	农业技术经济	0.4278	0.2584		2	30	120	中国农科院农业经济与发展研究所，中国农业技术经济研究会
73	青年研究★	0.4270	0.4199	3	7	21	233	中国社会科学院社会学研究所
74	国外理论动态	0.4250	0.4064	3	5	84	235	中共中央编译局
75	经济体制改革★	0.4239	0.3420	1	3	51	286	四川省社会科学院

（续附表 5）

序号	刊　名	2005影响因子	三年影响因子均值	2003～2005三大转摘量	2003～2005核心转摘量	2003～2005人大转摘量	1995～2006全部转摘量	主办单位
76	中国史研究★	0.4174	0.2331	10	2	52	323	中国社会科学院历史研究所
77	教育发展研究★	0.4161	0.6056	9	11	163	444	上海市教育科学研究院，上海市高等教育学会
78	开放时代★	0.4148	0.3523	28	7	63	373	广州市社会科学院
79	江海学刊★	0.4104	0.3457	82	35	216	1077	江苏省社会科学院
80	经济管理★	0.4066	0.7170	10		85	448	中国社会科学院工业经济研究所
81	自然科学史研究	0.4000	0.2059	1	1	8	49	中国科学院自然科学史研究所，中国科学技术史学会
82	社会科学研究★	0.3981	0.2517	54	29	125	723	四川省社会科学院
83	社会科学★	0.3953	0.2990	48	51	160	788	上海市社会科学院
84	国际技术经济研究	0.3898	0.0968				3	国务院发展研究中心国际技术经济研究所
85	河北学刊★	0.3883	0.1466	116	60	205	818	河北省社会科学院
86	经济问题	0.3852	0.3135		1	53	361	山西省社会科学院
87	现代情报	0.3849	0.3911		6	17	65	中国科技情报学会吉林省科技信息研究所
88	政治与法律★	0.3790	0.4414	7		66	260	上海市社会科学院法学研究所
89	台湾研究★	0.3362	0.3448		4	30	139	中国社会科学院台湾研究所
90	当代世界与社会主义★	0.3304	0.3177	11	2	117	422	中共中央编译局世界社会主义研究所，中国国际共运史学会
91	马克思主义研究★	0.3256	0.2866	18	3	84	441	中国社会科学院马克思列宁主义毛泽东思想研究所
92	文艺研究★	0.3229	0.2988	46	6	144	658	中国艺术研究院
93	浙江学刊★	0.3226	0.2403	87	20	172	730	浙江省社会科学院
94	中国刑事法杂志★	0.3175	0.5098			34	121	最高人民检察院检察理论研究所
95	世界经济与政治论坛★	0.3168	0.2222	11	1	75	190	江苏省社会科学院世界经济研究所
96	考古与文物★	0.3103	0.2988			9	34	陕西省考古研究院
97	教育理论与实践★	0.3094	0.3248	3	7	108	329	山西省教育科学研究院，山西省教育学会
98	社会科学战线★	0.3070	0.1983	84	26	143	1097	吉林省社会科学院
99	亚太经济★	0.3050	0.2281		1	42	201	福建省社会科学院亚太经济研究所
100	文学遗产★	0.2958	0.1832	18	2	88	427	中国社会科学院文学研究所
101	广西民族研究★	0.2953	0.1243	2		31	94	广西壮族自治区民族研究所
102	民族语文★	0.2899	0.4576			21	114	中国社会科学院民族学与人类学研究所

（续附表5）

序号	刊　名	2005影响因子	三年影响因子均值	2003～2005三大转摘量	2003～2005核心转摘量	2003～2005人大转摘量	1995～2006全部转摘量	主办单位
103	天津社会科学★	0.2888	0.3355	60	20	110	792	天津市社会科学院
104	当代青年研究★	0.2846	0.3147	1	4	22	145	上海市社会科学院青少年研究所
105	人文杂志★	0.2784	0.1782	61	18	131	658	陕西省社会科学院
106	妇女研究论丛★	0.2754	0.3986	9	4	43	149	全国妇联妇女研究所、中国妇女研究会
107	史林★	0.2751	0.1085	9	1	77	212	上海市社会科学院历史研究所
108	华侨华人历史研究	0.2727	0.2805			3	23	中国华侨华人历史研究所
109	科学对社会的影响★	0.2653	0.1456	3		15	84	中国科学院科技政策与管理科学研究所
110	北京社会科学	0.2606	0.1127	3	15	36	281	北京市社会科学院
111	福建论坛．人文社会科学版★	0.2413	0.3941	11	1	86	204	福建省社会科学院
112	广东社会科学★	0.2410	0.1384	36	11	104	495	广东省社会科学院
113	世界宗教研究★	0.2375	0.1128	2	14	34	163	中国社会科学院世界宗教研究所
114	学习与探索★	0.2315	0.2330	58	11	96	641	黑龙江省社会科学院
115	语文研究	0.2231	0.1282		2	21	72	山西省社会科学院
116	中共党史研究★	0.2212	0.1495	23	4	71	371	中共中央党史研究室
117	学术论坛★	0.2206	0.1218	11	8	96	399	广西社会科学院
118	云南社会科学★	0.2172	0.1108	10	4	43	246	云南省社会科学院
119	史学理论研究★	0.2171	0.2370	19	6	62	320	中国社会科学院世界历史研究所、近代史研究所、历史研究所
120	当代中国史研究	0.2133	0.1679	29	5	54	336	中国社会科学院当代中国研究所
121	社会科学辑刊★	0.2128	0.1288	32	28	70	595	辽宁省社会科学院
122	毛泽东邓小平理论研究	0.2124	0.1614	2		105	371	上海市社会科学院哲学研究所
123	开发研究★	0.2117	0.0906	1	269	22	495	甘肃省社会科学院
124	西亚非洲★	0.2115	0.1563	4		46	219	中国社会科学院西亚非洲研究所
125	民族艺术★	0.2115	0.0927	2		22	78	广西民族文化艺术研究院
126	甘肃社会科学★	0.2095	0.1499	27	11	105	373	甘肃省社会科学院
127	民族文学研究★	0.2079	0.0741		2	27	76	中国社会科学院民族文学研究所
128	世界历史★	0.2010	0.2083	16	1	78	414	中国社会科学院世界历史研究所
129	红楼梦学刊★	0.1988	0.1307	1	3	8	61	中国艺术研究院
130	世界民族★	0.1984	0.3621	5	1	31	118	中国社会科学院民族学与人类学研究所
131	回族研究★	0.1937	0.1163	1	3	21	91	宁夏社会科学院
132	东南亚纵横	0.1936	0.0512			39	112	广西社会科学院东南亚研究所

（续附表5）

序号	刊 名	2005影响因子	三年影响因子均值	2003～2005三大转摘量	2003～2005核心转摘量	2003～2005人大转摘量	1995～2006全部转摘量	主办单位
133	文艺理论与批评★	0.1929	0.0798	16	1	42	224	中国艺术研究院
134	江汉论坛★	0.1910	0.1649	41	10	160	819	湖北省社会科学院
135	现代经济探讨	0.1876	0.1306	2	1	47	120	江苏省社会科学院经济研究所
136	东岳论丛★	0.1851	0.0954	44	14	88	488	山东省社会科学院
137	中州学刊★	0.1805	0.0962	54	32	120	622	河南省社会科学院
138	敦煌研究★	0.1733	0.1845			21	83	敦煌研究院
139	中国青年研究★	0.1703	0.2749	9	2	39	207	中国青少年研究中心
140	西域研究	0.1667	0.0853			20	87	新疆社会科学院
141	中国藏学	0.1600	0.2258		15	26	80	中国藏学研究中心
142	西藏研究	0.1571	0.1220	1	10	17	78	西藏社会科学院
143	学海★	0.1463	0.1209	23	13	94	483	江苏省社会科学院
144	华夏考古★	0.1416	0.2021			7	17	河南省文物考古研究所，河南省文物考古学会
145	内蒙古社会科学	0.1412	0.0884	3	2	42	257	内蒙古社会科学院
146	中国音乐学★	0.1351	0.2959			12	53	中国艺术研究院音乐研究所
147	安徽史学★	0.1333	0.0897	2	1	77	209	安徽省社会科学院
148	党的文献★	0.1333	0.2101	7	1	43	204	中共中央文献研究室、中央档案馆
149	中华文化论坛	0.1278	0.1145	4	3	25	97	四川省社会科学院
150	俄罗斯中亚东欧市场★	0.1262	0.1309				40	中国社会科学院俄罗斯东欧中亚研究所
151	青年探索	0.1256	0.0909		2	10	113	广州市穗港澳青少年研究所
152	宁夏社会科学★	0.1250	0.1272	5		39	212	宁夏社会科学院
153	贵州民族研究★	0.1221	0.1602	1		21	136	贵州省民族研究所
154	教育评论	0.1211	0.0588	2		40	185	福建省教育科学研究所，福建省教育学会
155	江西社会科学★	0.1196	0.0683	24	8	163	663	江西省社会科学院
156	求索★	0.1125	0.1315	35	17	128	624	湖南省社会科学院
157	福建论坛. 社会科学教育版	0.1113	0.1423	2		22	227	福建省社会科学院
158	和平与发展	0.1100	0.1287			26	129	和平与发展研究中心
159	青海社会科学	0.1085	0.0426	4	1	24	158	青海省社会科学院
160	江淮论坛	0.1071	0.0961	6	2	54	285	安徽省社会科学院
161	企业经济	0.1050	0.0459			53	182	江西省社会科学院
162	中国边疆史地研究★	0.1048	0.0348	4	2	29	95	中国社会科学院中国边疆史地研究中心
163	技术经济与管理研究	0.1001	0.0941		1	20	65	山西省人民政府发展研究中心

（续附表 5）

序号	刊　　名	2005 影响因子	三年影响因子均值	2003～2005 三　大转摘量	2003～2005 核　心转摘量	2003～2005 人　大转摘量	1995～2006 全　部转摘量	主办单位
164	江汉考古	0.0957	0.1237			2	5	湖北省文物考古研究所
165	晋阳学刊	0.0943	0.1108	4		27	220	山西省社会科学院
166	明清小说研究★	0.0933	0.0769	1		9	75	江苏省社会科学院文学研究所明清小说研究中心
167	毛泽东思想研究★	0.0904	0.0665	1	3	58	240	四川省社会科学院
168	当代电影★	0.0861	0.2125	4		46	146	中国电影艺术研究中心，中国传媒大学
169	新疆社会科学★	0.0848	0.0766	1	1	23	55	新疆社会科学院
170	黑龙江民族丛刊	0.0823	0.1099			47	164	黑龙江民族研究所
171	西伯利亚研究	0.0818	0.1389			5	40	黑龙江省社会科学院
172	经济师	0.0797	0.0496		36	23	203	山西省社会科学院
173	湖北社会科学★	0.0749	0.0307	6	3	81	236	湖北省社会科学界联合会，湖北省社会科学院
174	教育探索	0.0719	0.0413	2	1	47	132	黑龙江省教育科学院，黑龙江省教育学会
175	林业经济	0.0693	0.2029				50	国家林业局经济发展研究中心
176	农业考古	0.0645	0.0258					江西省社会科学院
177	兰州学刊	0.0608	0.0144		2	43	153	兰州市社会科学院
178	江西教育科研	0.0600	0.0375			48	183	江西省教育科学研究所，江西省教育学会
179	黑龙江社会科学	0.0564	0.0355	6		35	130	黑龙江省社会科学院
180	企业活力	0.0557	0.0410			15	127	河南省社会科学院
181	辽宁教育研究	0.0541	0.0174		1	15	37	辽宁教育研究院
182	经济论坛	0.0519	0.0193	2	3	44	159	河北省社会科学院
183	贵州社会科学	0.0467	0.0567	3	2	29	228	贵州省社会科学院
184	中国史研究动态	0.0438	0.0483	3		24	117	中国社会科学院历史研究所
185	世界华文文学论坛	0.0422	0.0190			1	21	江苏省社会科学院，江苏台港与海外华文文学研究中心，江苏省台港暨海外华文文学研究会
186	满族研究	0.0325	0.0561			5	51	辽宁省民族研究所
187	蒲松龄研究	0.0203	0.0614				4	蒲松龄纪念馆
188	世界宗教文化	0.0152	0.0101		6	2	37	中国社会科学院世界宗教研究所
189	佛教文化	0.0068	0.0205		3		11	中国佛教文化研究所
190	艺术百家	0.0058	0.0102			2	73	江苏省文化艺术研究所
191	国际社会科学杂志	0.0000	0.2821	8		8	59	中国社会科学院，联合国教科文组织

附表6　研究机构学刊1995～2006年全部转摘量排序表

序号	刊　名	1995～2006全部转摘量	2003～2005三大转摘量	2003～2005核心转摘量	2003～2005人大转摘量	2005影响因子	三年影响因子均值	主办单位
1	中国社会科学★	1161	114	52	190	4. 0147	3. 6313	中国社会科学院
2	哲学研究★	1143	63	17	269	0. 7415	0. 6678	中国社会科学院哲学研究所
3	社会科学战线★	1097	84	26	143	0. 3070	0. 1983	吉林省社会科学院
4	江海学刊★	1077	82	35	216	0. 4104	0. 3457	江苏省社会科学院
5	管理世界★	1006	23	15	215	1. 9350	1. 7380	国务院发展研究中心
6	经济学动态★	961	30	17	185	1. 2629	1. 3524	中国社会科学院经济研究所
7	经济研究★	868	69	29	127	6. 9675	6. 9127	中国社会科学院经济研究所
8	教育研究★	868	88	21	198	1. 3629	1. 4205	中央教育科学研究所
9	世界经济与政治★	858	51	23	152	1. 3282	1. 1614	中国社会科学院世界经济与政治研究所
10	文学评论★	828	63	31	143	0. 6211	0. 6533	中国社会科学院文学研究所
11	江汉论坛★	819	41	10	160	0. 1910	0. 1649	湖北省社会科学院
12	河北学刊★	818	116	60	205	0. 3883	0. 1466	河北省社会科学院
13	天津社会科学★	792	60	20	110	0. 2888	0. 3355	天津市社会科学院
14	社会科学★	788	48	51	160	0. 3953	0. 2990	上海市社会科学院
15	财贸经济★	777	32	27	123	1. 1402	0. 9881	中国社会科学院财贸经济研究所
16	哲学动态★	770	27	4	141	0. 5263	0. 3566	中国社会科学院哲学研究所
17	中国工业经济★	759	37	8	173	2. 8981	2. 6835	中国社会科学院工业经济研究所
18	浙江学刊★	730	87	20	172	0. 3226	0. 2403	浙江省社会科学院
19	社会科学研究★	723	54	29	125	0. 3981	0. 2517	四川省社会科学院
20	中国农村经济★	707	11	19	122	1. 7407	1. 3913	中国社会科学院农村发展研究所
21	历史研究★	697	26	28	122	1. 0000	0. 8670	中国社会科学院
22	江西社会科学★	663	24	8	163	0. 1196	0. 0683	江西省社会科学院
23	文艺研究★	658	46	6	144	0. 3229	0. 2988	中国艺术研究院
24	人文杂志★	658	61	18	131	0. 2784	0. 1782	陕西省社会科学院
25	学习与探索★	641	58	11	96	0. 2315	0. 2330	黑龙江省社会科学院
26	求索★	624	35	17	128	0. 1125	0. 1315	湖南省社会科学院
27	中州学刊★	622	54	32	120	0. 1805	0. 0962	河南省社会科学院

（续附表 6）

序号	刊　名	1995～2006 全部转摘量	2003～2005 三大转摘量	2003～2005 核心转摘量	2003～2005 人大转摘量	2005 影响因子	三年影响因子均值	主办单位
28	社会科学辑刊★	595	32	28	70	0.2128	0.1288	辽宁省社会科学院
29	改革★	589	22	16	128	1.0562	1.1296	重庆市社会科学院
30	现代国际关系★	586	6	6	116	0.6399	0.5904	中国现代国际关系研究院
31	科研管理★	513	1	181	33	0.9549	0.7719	中国科学院科技政策与管理科学研究所，中国科学学与科技政策研究会，清华大学技术创新研究中心
32	图书情报工作★	509		38	125	1.6489	2.8428	中国科学院文献情报中心
33	广东社会科学★	495	36	11	104	0.2410	0.1384	广东省社会科学院
34	开发研究★	495	1	269	22	0.2117	0.0906	甘肃省社会科学院
35	东岳论丛★	488	44	14	88	0.1851	0.0954	山东省社会科学院
36	学海★	483	23	13	94	0.1463	0.1209	江苏省社会科学院
37	国外社会科学★	448	8	6	74	0.6878	0.5579	中国社会科学院文献信息中心
38	经济管理★	448	10		85	0.4066	0.7170	中国社会科学院工业经济研究所
39	教育发展研究★	444	9	11	163	0.4161	0.6056	上海市教育科学研究院，上海市高等教育学会
40	马克思主义研究★	441	18	3	84	0.3256	0.2866	中国社会科学院马克思列宁主义毛泽东思想研究所
41	社会学研究★	440	56	19	44	2.2893	2.1159	中国社会科学院社会学研究所
42	文学遗产★	427	18	2	88	0.2958	0.1832	中国社会科学院文学研究所
43	当代世界与社会主义★	422	11	2	117	0.3304	0.3177	中共中央编译局世界社会主义研究所，中国国际共运史学会
44	世界历史★	414	16	1	78	0.2010	0.2083	中国社会科学院世界历史研究所
45	马克思主义与现实★	402	29	6	102	0.7826	0.5417	中共中央编译局当代马克思主义研究所
46	上海经济研究★	401	5	1	78	0.6079	0.7037	上海市社会科学院经济研究所
47	学术论坛★	399	11	8	96	0.2206	0.1218	广西社会科学院
48	开放时代★	373	28	7	63	0.4148	0.3523	广州市社会科学院
49	甘肃社会科学★	373	27	11	105	0.2095	0.1499	甘肃省社会科学院
50	中共党史研究★	371	23	4	71	0.2212	0.1495	中共中央党史研究室
51	毛泽东邓小平理论研究	371	2		105	0.2124	0.1614	上海市社会科学院哲学研究所

（续附表6）

序号	刊　名	1995～2006 全部转摘量	2003～2005 三大转摘量	2003～2005 核心转摘量	2003～2005 人大转摘量	2005 影响因子	三年影响因子均值	主办单位
52	经济问题	361		1	53	0. 3852	0. 3135	山西省社会科学院
53	经济社会体制比较★	354	38	7	75	1. 2350	1. 5198	中共中央编译局当代马克思主义研究所
54	世界经济研究★	342	7	2	119	0. 7839	0. 5852	上海市社会科学院世界经济研究所
55	当代中国史研究	336	29	5	54	0. 2133	0. 1679	中国社会科学院当代中国研究所
56	中国管理科学★	334	1	237	13	0. 9382	0. 4819	中国优选法统筹法与经济数学研究会，中国科学院科技政策与管理科学研究所
57	国际贸易	329	11		65	0. 6433	1. 1044	国际贸易经济合作研究院
58	教育理论与实践★	329	3	7	108	0. 3094	0. 3248	山西省教育科学研究院，山西省教育学会
59	中国史研究★	323	10	2	52	0. 4174	0. 2331	中国社会科学院历史研究所
60	近代史研究★	320	31	10	81	0. 7281	0. 6126	中国社会科学院近代史研究所
61	史学理论研究★	320	19	6	62	0. 2171	0. 2370	中国社会科学院世界历史研究所、近代史研究所、历史研究所
62	民族研究★	308	21	5	53	0. 6829	0. 6556	中国社会科学院民族学与人类学研究所
63	中国科技论坛★	299	14	1	57	0. 5156	0. 4951	中国科学技术发展战略研究院
64	宏观经济研究★	298	7	6	86	0. 6630	0. 8047	国家发展和改革委员会宏观经济研究院
65	欧洲研究★	293	13	3	54	0. 7203	0. 4636	中国社会科学院欧洲研究所
66	经济体制改革★	286	1	3	51	0. 4239	0. 3420	四川省社会科学院
67	江淮论坛	285	6	2	54	0. 1071	0. 0961	安徽省社会科学院
68	北京社会科学	281	3	15	36	0. 2606	0. 1127	北京市社会科学院
69	中国人口科学★	280	33	12	42	1. 3333	1. 0866	中国社会科学院人口与劳动经济研究所
70	国际问题研究★	278	9	2	83	0. 7134	0. 7167	中国国际问题研究所
71	心理学报★	277	2	40	51	1. 0645	0. 9005	中国心理学会，中国科学院心理研究所

（续附表 6）

序号	刊　　名	1995～2006 全部转摘量	2003～2005 三大转摘量	2003～2005 核心转摘量	2003～2005 人大转摘量	2005 影响因子	三年影响因子均值	主办单位
72	国际经济评论★	273	15	4	63	1.8544	0.8838	中国社会科学院世界经济与政治研究所
73	当代亚太★	273		2	93	0.5101	0.4855	中国亚洲太平洋学会，中国社会科学院亚洲太平洋研究所
74	外国文学评论★	271	5	1	55	0.4412	0.4228	中国社会科学院外国文学研究所
75	俄罗斯中亚东欧研究★	266	2		78	0.4463	0.4833	中国社会科学院俄罗斯东欧中亚研究所
76	统计研究★	263			76	0.6303	0.5615	中国统计学会、国家统计局统计科学研究所
77	政治与法律★	260	7		66	0.3790	0.4414	上海市社会科学院法学研究所
78	内蒙古社会科学	257	3	2	42	0.1412	0.0884	内蒙古社会科学院
79	情报理论与实践★	252		14	71	1.2722	1.3679	中国国防科学技术信息学会，中国兵器工业集团第 210 研究所
80	云南社会科学★	246	10	4	43	0.2172	0.1108	云南省社会科学院
81	毛泽东思想研究★	240	1	3	58	0.0904	0.0665	四川省社会科学院
82	湖北社会科学★	236	6	3	81	0.0749	0.0307	湖北省社会科学界联合会，湖北省社会科学院
83	中国经济史研究★	235	16	8	50	0.5918	0.3419	中国社会科学院经济研究所
84	国外理论动态	235	3	5	84	0.4250	0.4064	中共中央编译局
85	青年研究★	233	3	7	21	0.4270	0.4199	中国社会科学院社会学研究所
86	贵州社会科学	228	3	2	29	0.0467	0.0567	贵州省社会科学院
87	福建论坛. 社会科学教育版	227	2		22	0.1113	0.1423	福建省社会科学院
88	中国语文★	226			54	0.9735	0.7134	中国社会科学院语言研究所
89	文艺理论与批评★	224	16	1	42	0.1929	0.0798	中国艺术研究院
90	晋阳学刊	220	4		27	0.0943	0.1108	山西省社会科学院
91	西亚非洲★	219	4		46	0.2115	0.1563	中国社会科学院西亚非洲研究所
92	政治学研究★	212	14	2	45	0.6966	1.1327	中国社会科学院政治学研究所
93	史林★	212	9	1	77	0.2751	0.1085	上海市社会科学院历史研究所
94	宁夏社会科学★	212	5		39	0.1250	0.1272	宁夏社会科学院
95	安徽史学★	209	2	1	77	0.1333	0.0897	安徽省社会科学院
96	中国青年研究★	207	9	2	39	0.1703	0.2749	中国青少年研究中心

（续附表 6）

序号	刊　名	1995～2006 全部转摘量	2003～2005 三大转摘量	2003～2005 核心转摘量	2003～2005 人大转摘量	2005 影响因子	三年影响因子均值	主办单位
97	福建论坛. 人文社会科学版★	204	11	1	86	0.2413	0.3941	福建省社会科学院
98	党的文献★	204	7	1	43	0.1333	0.2101	中共中央文献研究室，中央档案馆
99	经济师	203		36	23	0.0797	0.0496	山西省社会科学院
100	亚太经济★	201		1	42	0.3050	0.2281	福建省社会科学院亚太经济研究所
101	中国农村观察★	195	12	5	17	1.6937	1.0800	中国社会科学院农村发展研究所
102	世界经济与政治论坛★	190	11	1	75	0.3168	0.2222	江苏省社会科学院世界经济研究所
103	国际金融研究★	189	3	3	57	1.1938	1.0932	中国国际金融学会
104	教育评论	185	2		40	0.1211	0.0588	福建省教育科学研究所，福建省教育学会
105	江西教育科研	183			48	0.0600	0.0375	江西省教育科学研究所，江西省教育学会
106	数量经济技术经济研究★	182			19	0.4738	0.4083	中国社会科学院数量经济与技术经济研究所
107	企业经济	182			53	0.1050	0.0459	江西省社会科学院
108	现代图书情报技术★	175		28	75	1.1913	1.8780	中国科学院文献情报中心
109	拉丁美洲研究★	170	4	1	41	0.5093	0.1481	中国社会科学院拉丁美洲研究所
110	黑龙江民族丛刊	164			47	0.0823	0.1099	黑龙江民族研究所
111	世界宗教研究★	163	2	14	34	0.2375	0.1128	中国社会科学院世界宗教研究所
112	经济论坛	159	2	3	44	0.0519	0.0193	河北省社会科学院
113	法学研究★	158	50	12	1	2.5817	3.1905	中国社会科学院法学研究所
114	青海社会科学	158	4	1	24	0.1085	0.0426	青海省社会科学院
115	地域研究与开发★	156		1	31	0.4981	0.2139	河南省科学院地理所，河南省发展计划委员会地理所
116	兰州学刊	153		2	43	0.0608	0.0144	兰州市社会科学院
117	妇女研究论丛★	149	9	4	43	0.2754	0.3986	全国妇联妇女研究所，中国妇女研究会
118	当代电影★	146	4		46	0.0861	0.2125	中国电影艺术研究中心，中国传媒大学

（续附表 6）

序号	刊　名	1995～2006 全部转摘量	2003～2005 三大转摘量	2003～2005 核心转摘量	2003～2005 人大转摘量	2005 影响因子	三年影响因子均值	主办单位
119	当代青年研究★	145	1	4	22	0.2846	0.3147	上海市社会科学院青少年研究所
120	台湾研究★	139		4	30	0.3362	0.3448	中国社会科学院台湾研究所
121	贵州民族研究★	136	1		21	0.1221	0.1602	贵州省民族研究所
122	教育探索	132	2	1	47	0.0719	0.0413	黑龙江省教育科学院，黑龙江省教育学会
123	地理与地理信息科学	131			26	0.6948	0.3770	河北省地理科学研究所
124	黑龙江社会科学	130	6		35	0.0564	0.0355	黑龙江省社会科学院
125	和平与发展	129			26	0.1100	0.1287	和平与发展研究中心
126	企业活力	127			15	0.0557	0.0410	河南省社会科学院
127	环球法律评论★	125	14	2	51	0.7426	0.9084	中国社会科学院法学研究所
128	体育与科学★	122			29	1.0475	0.9541	江苏省体育科学研究所
129	中国刑事法杂志★	121			34	0.3175	0.5098	最高人民检察院检察理论研究所
130	农业技术经济	120		2	30	0.4278	0.2584	中国农科院农业经济与发展研究所，中国农业技术经济研究会
131	现代经济探讨	120	2	1	47	0.1876	0.1306	江苏省社会科学院经济研究所
132	语言文字应用★	118	2		19	0.5000	0.7372	教育部语言文字应用研究所
133	世界民族★	118	5	1	31	0.1984	0.3621	中国社会科学院民族学与人类学研究所
134	中国史研究动态	117	3		24	0.0438	0.0483	中国社会科学院历史研究所
135	民族语文★	114			21	0.2899	0.4576	中国社会科学院民族学与人类学研究所
136	青年探索	113		2	10	0.1256	0.0909	广州市穗港澳青少年研究所
137	心理科学进展★	112	1		80	0.7188	0.5116	中国科学院心理研究所
138	农业现代化研究	112	1		3	0.5083	0.3563	中国科学院农业研究委员会，中国科学院长沙农业现代化研究所
139	东南亚纵横	112			39	0.1936	0.0512	广西社会科学院东南亚研究所
140	日本学刊★	98	2	1	27	0.4485	0.3972	中国社会科学院日本研究所，中华日本学会
141	美国研究★	97	8	2	27	0.6196	0.6395	中国社会科学院美国研究所，中华美国学会
142	中华文化论坛	97	4	3	25	0.1278	0.1145	四川省社会科学院

（续附表 6）

序号	刊　名	1995～2006 全部转摘量	2003～2005 三大转摘量	2003～2005 核心转摘量	2003～2005 人大转摘量	2005 影响因子	三年影响因子均值	主办单位
143	中国边疆史地研究★	95	4	2	29	0.1048	0.0348	中国社会科学院中国边疆史地研究中心
144	城市问题★	94	1		17	0.7143	0.5092	北京市社会科学院
145	广西民族研究★	94	2		31	0.2953	0.1243	广西壮族自治区民族研究所
146	地理研究	91			19	1.9518	1.6103	中国科学院地理科学与资源研究所
147	回族研究★	91	1	3	21	0.1937	0.1163	宁夏社会科学院
148	西域研究	87			20	0.1667	0.0853	新疆社会科学院
149	科学对社会的影响★	84	3		15	0.2653	0.1456	中国科学院科技政策与管理科学研究所
150	敦煌研究★	83			21	0.1733	0.1845	敦煌研究院
151	当代语言学★	82			31	0.7763	0.7647	中国社会科学院语言研究所
152	中国藏学	80		15	26	0.1600	0.2258	中国藏学研究中心
153	民族艺术★	78	2		22	0.2115	0.0927	广西民族文化艺术研究院
154	西藏研究	78	1	10	17	0.1571	0.1220	西藏社会科学院
155	民族文学研究★	76		2	27	0.2079	0.0741	中国社会科学院民族文学研究所
156	明清小说研究★	75	1		9	0.0933	0.0769	江苏省社会科学院文学研究所明清小说研究中心
157	艺术百家	73			2	0.0058	0.0102	江苏省文化艺术研究所
158	语文研究	72		2	21	0.2231	0.1282	山西省社会科学院
159	长江流域资源与环境	67			21	0.4894	0.6378	中国科学院资源环境科学技术局，中国科学院武汉文献情报中心
160	现代情报	65		6	17	0.3849	0.3911	中国科技情报学会吉林省科技信息研究所
161	技术经济与管理研究	65		1	20	0.1001	0.0941	山西省人民政府发展研究中心
162	资源科学★	64			20	0.4911	0.5394	中国科学院自然资源综合考察委员会
163	红楼梦学刊★	61	1	3	8	0.1988	0.1307	中国艺术研究院
164	国际社会科学杂志	59	8		8	0.0000	0.2821	中国社会科学院，联合国教科文组织
165	方言★	57		1	12	0.6812	0.6250	中国社会科学院语言研究所
166	新疆社会科学★	55	1	1	23	0.0848	0.0766	新疆社会科学院

（续附表 6）

序号	刊　名	1995～2006 全部转摘量	2003～2005 三大转摘量	2003～2005 核心转摘量	2003～2005 人大转摘量	2005 影响因子	三年影响因子均值	主办单位
167	中国音乐学★	53			12	0.1351	0.2959	中国艺术研究院音乐研究所
168	满族研究	51			5	0.0325	0.0561	辽宁省民族研究所
169	林业经济	50				0.0693	0.2029	国家林业局经济发展研究中心
170	自然科学史研究	49	1	1	8	0.4000	0.2059	中国科学院自然科学史研究所，中国科学技术史学会
171	中国体育科技★	46			22	0.7877	0.6128	国家体育总局体育科学研究所
172	新闻与传播研究★	40	3		13	0.8559	0.5385	中国社会科学院新闻研究所
173	俄罗斯中亚东欧市场★	40				0.1262	0.1309	中国社会科学院俄罗斯东欧中亚研究所
174	西伯利亚研究	40			5	0.0818	0.1389	黑龙江省社会科学院
175	辽宁教育研究	37		1	15	0.0541	0.0174	辽宁教育研究院
176	世界宗教文化	37		6	2	0.0152	0.0101	中国社会科学院世界宗教研究所
177	考古与文物★	34			9	0.3103	0.2988	陕西省考古研究院
178	考古★	33			12	0.6244	0.4136	中国社会科学院考古研究所
179	华侨华人历史研究	23			3	0.2727	0.2805	中国华侨华人历史研究所
180	中国信息导报	21			3	0.4395	0.5763	中国科技信息研究所
181	世界华文文学论坛	21			1	0.0422	0.0190	江苏省社会科学院，江苏台港与海外华文文学研究中心，江苏省台港暨海外华文文学研究会
182	华夏考古★	17			7	0.1416	0.2021	河南省文物考古研究所，河南省文物考古学会
183	佛教文化	11		3		0.0068	0.0205	中国佛教文化研究所
184	考古学报★	10	1		5	0.7222	0.8421	中国社会科学院考古研究所
185	中国翻译★	7	2			1.4939	1.4918	中国翻译协会
186	江汉考古	5			2	0.0957	0.1237	湖北省文物考古研究所
187	中国特殊教育★	4			3	0.6866	0.3629	中央教育科学研究所
188	蒲松龄研究	4				0.0203	0.0614	蒲松龄纪念馆
189	人类学学报	3	1			1.6000	0.2283	中国科学院古脊椎动物与古人类研究所
190	国际技术经济研究	3				0.3898	0.0968	国务院发展研究中心国际技术经济研究所
191	农业考古					0.0645	0.0258	江西省社会科学院

附表7　党校学报2005年影响因子排序表

序号	刊　名	2005影响因子	三年影响因子均值	2003~2005三大转摘量	2003~2005核心转摘量	2003~2005人大转摘量	1995~2006全部转摘量	主办单位
1	中共中央党校学报★	0.3892	0.2708	10	11	63	278	中共中央党校
2	新视野★	0.3851	0.1913	13	4	80	409	中共北京市委党校，北京行政学院
3	中国党政干部论坛	0.2193	0.1818	9	18	141	544	中共中央党校
4	理论与改革	0.2061	0.1261	2	1	77	339	中共四川省委党校
5	理论前沿★	0.1885	0.2095	21	21	79	612	中共中央党校邓小平理论和“三个代表”重要思想研究中心
6	探索	0.1772	0.1546	2	3	100	411	中共重庆市委党校
7	理论探讨	0.1663	0.1579	15	2	85	408	中共黑龙江省委党校
8	湖北行政学院学报	0.1609	0.1608	6		39	60	中共湖北省委党校，湖北省行政学院
9	长白学刊	0.1543	0.0979	10	1	47	287	中共吉林省委党校
10	岭南学刊	0.1336	0.1000	3		36	225	中共广东省委党校
11	中共浙江省委党校学报	0.1287	0.0492	8		51	222	中共浙江省委党校，浙江行政学院
12	理论学刊	0.1229	0.0667	13	2	112	420	中共山东省委党校
13	理论导刊	0.1154	0.0411	2		42	167	中共陕西省委党校
14	新东方	0.1048	0.0556			20	175	中共海南省委党校
15	中共福建省委党校学报	0.1006	0.0776	1	1	69	209	中共福建省委党校
16	甘肃理论学刊	0.0987	0.0664	2	1	35	161	中共甘肃省委党校
17	求实	0.0958	0.0701	7	1	99	327	中共江西省委党校，江西行政学院
18	理论探索	0.0940	0.0291		1	16	109	中共山西省委党校，山西行政学院
19	特区理论与实践	0.0926	0.0713	2		19	336	中共深圳市委党校
20	探求	0.0920	0.0360			21	168	中共广州市委党校，广州市行政学院
21	中共山西省委党校学报	0.0919	0.0106			18	39	中共山西省委党校，山西行政学院
22	攀登	0.0617	0.0351			34	136	中共青海省委党校，青海行政学院，青海社会主义学院
23	中共云南省委党校学报	0.0445	0.0387			49	94	中共云南省委党校
24	党政论坛	0.0192	0.0586	1	1	38	177	中共上海市委党校

附表 8 党校学报 1995～2006 年全部转摘量排序表

序号	刊 名	1995～2006 全部转摘量	2003～2005 三大转摘量	2003～2005 核心转摘量	2003～2005 人大转摘量	2005 影响因子	三年影响因子均值	主办单位
1	理论前沿★	612	21	21	79	0.1885	0.2095	中共中央党校邓小平理论和“三个代表”重要思想研究中心
2	中国党政干部论坛	544	9	18	141	0.2193	0.1818	中共中央党校
3	理论学刊	420	13	2	112	0.1229	0.0667	中共山东省委党校
4	探索	411	2	3	100	0.1772	0.1546	中共重庆市委党校
5	新视野★	409	13	4	80	0.3851	0.1913	中共北京市委党校，北京行政学院
6	理论探讨	408	15	2	85	0.1663	0.1579	中共黑龙江省委党校
7	理论与改革	339	2	1	77	0.2061	0.1261	中共四川省委党校
8	特区理论与实践	336	2		19	0.0926	0.0713	中共深圳市委党校
9	求实	327	7	1	99	0.0958	0.0701	中共江西省委党校，江西行政学院
10	长白学刊	287	10	1	47	0.1543	0.0979	中共吉林省委党校
11	中共中央党校学报★	278	10	11	63	0.3892	0.2708	中共中央党校
12	岭南学刊	225	3		36	0.1336	0.1000	中共广东省委党校
13	中共浙江省委党校学报	222	8		51	0.1287	0.0492	中共浙江省委党校，浙江行政学院
14	中共福建省委党校学报	209	1	1	69	0.1006	0.0776	中共福建省委党校
15	党政论坛	177	1	1	38	0.0192	0.0586	中共上海市委党校
16	新东方	175			20	0.1048	0.0556	中共海南省委党校
17	探求	168			21	0.0920	0.0360	中共广州市委党校，广州市行政学院
18	理论导刊	167	2		42	0.1154	0.0411	中共陕西省委党校
19	甘肃理论学刊	161	2	1	35	0.0987	0.0664	中共甘肃省委党校
20	攀登	136			34	0.0617	0.0351	中共青海省委党校，青海行政学院，青海社会主义学院
21	理论探索	109		1	16	0.0940	0.0291	中共山西省委党校，山西行政学院
22	中共云南省委党校学报	94			49	0.0445	0.0387	中共云南省委党校
23	湖北行政学院学报	60	6		39	0.1609	0.1608	中共湖北省委党校，湖北省行政学院
24	中共山西省委党校学报	39			18	0.0919	0.0106	中共山西省委党校，山西行政学院

附表9　各省（直辖市、自治区）学术期刊影响因子与转摘量排序表

说明：以下各省市名称按音序排列。

安　徽

1. 影响因子排序表：

序号	刊　名	2005影响因子	2003～2005三大转摘量	2003～2005核心转摘量	2003～2005人大转摘量	1995～2006全部转摘量	学科分类	主办单位
1	预测	0.4240			32	109	管理学	合肥工业大学预测与发展研究所
2	学术界★	0.3053	46	12	79	484	综合性人文社会科学	安徽省社会科学界联合会
3	安徽大学学报．哲学社会科学版★	0.1917	13	4	70	332	综合性人文社会科学	安徽大学
4	安徽师范大学学报．人文社会科学版	0.1502	15	1	52	223	综合性人文社会科学	安徽师范大学
5	安徽史学★	0.1333	2	1	77	209	历史	安徽省社会科学院
6	华东经济管理	0.1220			31	113	经济理论	华东地区十三所经济管理干部学院
7	江淮论坛	0.1071	6	2	54	285	综合性人文社会科学	安徽省社会科学院
8	安徽教育学院学报	0.0596	1		9	79	教育	安徽教育学院
9	财贸研究	0.0387	5	1	46	241	贸易经济	安徽财经大学

2. 转摘量排序表：

序号	刊　名	1995～2006全部转摘量	2003～2005三大转摘量	2003～2005核心转摘量	2003～2005人大转摘量	2005影响因子	学科分类	主办单位
1	学术界★	484	46	12	79	0.3053	综合性人文社会科学	安徽省社会科学界联合会
2	安徽大学学报．哲学社会科学版★	332	13	4	70	0.1917	综合性人文社会科学	安徽大学
3	江淮论坛	285	6	2	54	0.1071	综合性人文社会科学	安徽省社会科学院

（续表）

序号	刊　　名	1995～2006全部转摘量	2003～2005三大转摘量	2003～2005核心转摘量	2003～2005人大转摘量	2005影响因子	学科分类	主办单位
4	财贸研究	241	5	1	46	0.0387	贸易经济	安徽财经大学
5	安徽师范大学学报.人文社会科学版	223	15	1	52	0.1502	综合性人文社会科学	安徽师范大学
6	安徽史学★	209	2	1	77	0.1333	历史	安徽省社会科学院
7	华东经济管理	113			31	0.1220	经济理论	华东地区十三所经济管理干部学院
8	预测	109			32	0.4240	管理学	合肥工业大学预测与发展研究所
9	安徽教育学院学报	79	1		9	0.0596	教育	安徽教育学院

北　　京

1. 影响因子排序表：

序号	刊　　名	2005影响因子	2003～2005三大转摘量	2003～2005核心转摘量	2003～2005人大转摘量	1995～2006全部转摘量	学科分类	主办单位
1	经济研究★	6.9675	69	29	127	868	经济理论	中国社会科学院经济研究所
2	中国图书馆学报★	4.6318		46	115	429	图书馆、情报与文献学	中国图书馆学会，国家图书馆
3	中国社会科学★	4.0147	114	52	190	1161	综合性人文社会科学	中国社会科学院
4	中国工业经济★	2.8981	37	8	173	759	工业经济	中国社会科学院工业经济研究所
5	法学研究★	2.5817	50	12	1	158	法律	中国社会科学院法学研究所
6	世界经济★	2.5339	24	10	76	579	世界经济	中国世界经济学会、中国社会科学院世界经济与政治研究所
7	会计研究★	2.4134		1	34	241	会计	中国会计学会
8	情报学报★	2.2903		348	57	751	图书馆、情报与文献学	中国科学技术情报学会，中国科学技术信息研究所

（续表）

序号	刊　名	2005影响因子	2003～2005三大转摘量	2003～2005核心转摘量	2003～2005人大转摘量	1995～2006全部转摘量	学科分类	主办单位
9	社会学研究★	2.2893	56	19	44	440	社会学	中国社会科学院社会学研究所
10	地理研究	1.9518			19	91	地理（人文地理）	中国科学院地理科学与资源研究所
11	管理世界★	1.9350	23	15	215	1006	经济计划与管理	国务院发展研究中心
12	国际经济评论★	1.8544	15	4	63	273	世界经济	中国社会科学院世界经济与政治研究所
13	金融研究★	1.8356	3	9	19	307	财政、金融	中国人民银行，中国金融学会
14	中国农村经济★	1.7407	11	19	122	707	农业经济	中国社会科学院农村发展研究所
15	中国农村观察★	1.6937	12	5	17	195	农业经济	中国社会科学院农村发展研究所
16	人口研究★	1.6736	19	6	92	334	人口学	中国人民大学
17	图书情报工作★	1.6489		38	125	509	图书馆、情报与文献学	中国科学院文献情报中心
18	中外法学★	1.6452	24	3	43	406	法律	北京大学法学院
19	人类学学报	1.6000	1			3	民族学	中国科学院古脊椎动物与古人类研究所
20	外语教学与研究★	1.5988	5		17	70	语言学	北京外国语大学
21	情报资料工作★	1.5783	1	12	199	466	图书馆、情报与文献学	中国人民大学
22	旅游学刊★	1.5565	1	1	35	180	地理（人文地理）	北京联合大学旅游学院
23	中国法学★	1.5492	33	6	5	386	法律	中国法学会
24	编辑学报★	1.5405	4	23	17	69	文化、新闻与传播	中国科学技术期刊编辑学会
25	中国翻译★	1.4939	2			7	语言学	中国翻译协会
26	中国科技期刊研究★	1.4100				10	文化、新闻与传播	中国科学院自然科学期刊编辑研究会
27	教育研究★	1.3629	88	21	198	868	教育	中央教育科学研究所
28	中国人口科学★	1.3333	33	12	42	280	人口学	中国社会科学院人口与劳动经济研究所

（续表）

序号	刊　　名	2005影响因子	2003～2005三大转摘量	2003～2005核心转摘量	2003～2005人大转摘量	1995～2006全部转摘量	学科分类	主办单位
29	北京大学教育评论★	1.3289	41	2	93	184	教育	北京大学
30	世界经济与政治★	1.3282	51	23	152	858	国际政治	中国社会科学院世界经济与政治研究所
31	城市规划★	1.3272	1		24	75	城市经济	中国城市规划学会
32	大学图书馆学报★	1.3097				7	图书馆、情报与文献学	北京大学、教育部高等学校图书情报工作指导委员会
33	自然资源学报	1.2807		97	22	230	环境科学	中国自然资源学会
34	农业经济问题★	1.2758	5	26	111	541	农业经济	中国农业经济学会，中国农业科学院农业经济与发展研究所
35	情报理论与实践★	1.2722		14	71	252	图书馆、情报与文献学	中国国防科学技术信息学会，中国兵器工业集团第210研究所
36	经济学动态★	1.2629	30	17	185	961	经济理论	中国社会科学院经济研究所
37	经济社会体制比较★	1.2350	38	7	75	354	经济理论	中共中央编译局当代马克思主义研究所
38	国际金融研究★	1.1938	3	3	57	189	财政、金融	中国国际金融学会
39	现代图书情报技术★	1.1913		28	75	175	图书馆、情报与文献学	中国科学院文献情报中心
40	国家图书馆学刊	1.1879		3	19	75	图书馆、情报与文献学	国家图书馆
41	经济科学★	1.1608	9	1	33	273	经济理论	北京大学经济学院
42	财贸经济★	1.1402	32	27	123	777	贸易经济	中国社会科学院财贸经济研究所
43	中国人民大学学报★	1.0879	106	19	155	993	综合性人文社会科学	中国人民大学
44	心理学报★	1.0645	2	40	51	277	心理学	中国心理学会，中国科学院心理研究所
45	中国行政管理★	1.0485	19	3	80	341	管理学	中国行政管理学会
46	审计研究	1.0343		16	11	67	会计	中国审计学会
47	政法论坛★	1.0034	47	4	113	482	法律	中国政法大学

（续表）

序号	刊　名	2005 影响因子	2003～2005 三大转摘量	2003～2005 核心转摘量	2003～2005 人大转摘量	1995～2006 全部转摘量	学科分类	主办单位
48	历史研究★	1.0000	26	28	122	697	历史	中国社会科学院
49	中国语文★	0.9735			54	226	语言学	中国社会科学院语言研究所
50	体育科学★	0.9729	1		46	141	体育	中国体育科学学会
51	中国软科学★	0.9678	16	2	148	725	科学学（含未来学）	中国软科学研究会
52	科学学研究★	0.9675	1	241	51	532	科学学（含未来学）	中国科学学与科技政策研究会，中国科学院科技政策与管理科学研究所，清华大学科学技术与社会研究中心
53	科研管理★	0.9549	1	181	33	513	科学学（含未来学）	中国科学院科技政策与管理科学研究所，中国科学学与科技政策研究会，清华大学技术创新研究中心
54	中国管理科学★	0.9382	1	237	13	334	管理学	中国优选法统筹法与经济数学研究会，中国科学院科技政策与管理科学研究所
55	经济理论与经济管理★	0.9207	13	2	123	467	经济理论	中国人民大学
56	比较法研究★	0.8820	18		66	205	法律	中国政法大学比较法研究所
57	新闻与传播研究★	0.8559	3		13	40	文化、新闻与传播	中国社会科学院新闻研究所
58	金融论坛★	0.8502		2	40	149	财政、金融	城市金融研究所，中国城市金融学会
59	文物★	0.8182	1		12	78	文物、考古	文物出版社
60	知识产权★	0.8050	1		21	59	法律	中国知识产权研究会
61	中国体育科技★	0.7877			22	46	体育	国家体育总局体育科学研究所
62	马克思主义与现实★	0.7826	29	6	102	402	马克思主义	中共中央编译局当代马克思主义研究所

（续表）

序号	刊名	2005影响因子	2003～2005三大转摘量	2003～2005核心转摘量	2003～2005人大转摘量	1995～2006全部转摘量	学科分类	主办单位
63	当代语言学★	0.7763			31	82	语言学	中国社会科学院语言研究所
64	国际贸易问题★	0.7578	2		81	379	贸易经济	对外经济贸易大学
65	环球法律评论★	0.7426	14	2	51	125	法律	中国社会科学院法学研究所
66	哲学研究★	0.7415	63	17	269	1143	哲学	中国社会科学院哲学研究所
67	法学家★	0.7308	19	2	143	550	法律	中国人民大学
68	近代史研究★	0.7281	31	10	81	320	历史	中国社会科学院近代史研究所
69	考古学报★	0.7222	1		5	10	文物、考古	中国社会科学院考古研究所
70	欧洲研究★	0.7203	13	3	54	293	国际政治	中国社会科学院欧洲研究所
71	心理科学进展★	0.7188	1		80	112	心理学	中国科学院心理研究所
72	城市问题★	0.7143	1		17	94	城市经济	北京市社会科学院
73	国际问题研究★	0.7134	9	2	83	278	国际政治	中国国际问题研究所
74	政治学研究★	0.6966	14	2	45	212	政治理论	中国社会科学院政治学研究所
75	世界汉语教学★	0.6931			28	85	语言学	北京语言大学
76	国外社会科学★	0.6878	8	6	74	448	综合性人文社会科学	中国社会科学院文献信息中心
77	中国特殊教育★	0.6866			3	4	教育	中央教育科学研究所
78	民族研究★	0.6829	21	5	53	308	民族学	中国社会科学院民族学与人类学研究所
79	方言★	0.6812		1	12	57	语言学	中国社会科学院语言研究所
80	宏观经济研究★	0.6630	7	6	86	298	中国经济	国家发展和改革委员会宏观经济研究院
81	国际贸易	0.6433	11		65	329	贸易经济	国际贸易经济合作研究院
82	现代国际关系★	0.6399	6	6	116	586	国际政治	中国现代国际关系研究院

（续表）

序号	刊　名	2005影响因子	2003～2005三大转摘量	2003～2005核心转摘量	2003～2005人大转摘量	1995～2006全部转摘量	学科分类	主办单位
83	国际新闻界★	0.6333	5		28	110	文化、新闻与传播	中国人民大学新闻学院
84	统计研究★	0.6303			76	263	统计学	中国统计学会，国家统计局统计科学研究所
85	北京大学学报.哲学社会科学版★	0.6278	114	25	137	1003	综合性人文社会科学	北京大学
86	考古★	0.6244			12	33	文物、考古	中国社会科学院考古研究所
87	国家行政学院学报★	0.6236	18	2	71	248	中国政治	国家行政学院
88	学位与研究生教育★	0.6214	5	9	26	286	教育	国务院学位委员会
89	文学评论★	0.6211	63	31	143	828	文学	中国社会科学院文学研究所
90	美国研究★	0.6196	8	2	27	97	国际政治	中国社会科学院美国研究所，中华美国学会
91	中国经济史研究★	0.5918	16	8	50	235	中国经济	中国社会科学院经济研究所
92	行政法学研究★	0.5809	6		25	100	法律	中国政法大学
93	北京师范大学学报.社会科学版★	0.5680	103	21	136	816	综合性人文社会科学	北京师范大学
94	中国土地科学★	0.5591		114		195	农业经济	中国土地学会
95	人口与经济★	0.5586			41	186	人口学	首都经济贸易大学
96	税务研究★	0.5531	4	8	48	101	财政、金融	中国税务学会，中国税务杂志社
97	心理发展与教育★	0.5461			40	117	心理学	北京师范大学
98	语言教学与研究★	0.5424	1		26	72	语言学	北京语言大学
99	哲学动态★	0.5263	27	4	141	770	哲学	中国社会科学院哲学研究所
100	中国高等教育	0.5228	23	26	31	231	教育	教育部
101	自然辩证法研究★	0.5173	29	10	140	745	哲学	中国自然辩证法研究会
102	中国科技论坛★	0.5156	14	1	57	299	科学学（含未来学）	中国科学技术发展战略研究院

（续表）

序号	刊　名	2005 影响因子	2003～2005 三大转摘量	2003～2005 核心转摘量	2003～2005 人大转摘量	1995～2006 全部转摘量	学科分类	主办单位
103	读书	0.5113	36	22	28	267	综合性人文社会科学	三联书店
104	当代亚太★	0.5101		2	93	273	国际政治	中国亚洲太平洋学会，中国社会科学院亚洲太平洋研究所
105	拉丁美洲研究★	0.5093	4	1	41	170	国际政治	中国社会科学院拉丁美洲研究所
106	语言文字应用★	0.5000	2		19	118	语言学	教育部语言文字应用研究所
107	资源科学★	0.4911			20	64	环境科学	中国科学院自然资源综合考察委员会
108	数量经济技术经济研究★	0.4738			19	182	经济理论	中国社会科学院数量经济与技术经济研究所
109	求是★	0.4725	29	16	157	886	中国政治	中国共产党中央委员会
110	体育文化导刊	0.4689	7	1	57	154	体育	国家体育总局体育文化发展中心
111	中国哲学史★	0.4676	6	2	70	227	哲学	中国哲学史学会
112	中央财经大学学报★	0.4612	2	4	76	283	财政、金融	中央财经大学
113	北京体育大学学报★	0.4519	2	1	49	121	体育	北京体育大学
114	日本学刊★	0.4485	2	1	27	98	国际政治	中国社会科学院日本研究所，中华日本学会
115	财政研究★	0.4476	3	4	61	323	财政、金融	中国财政学会
116	俄罗斯中亚东欧研究★	0.4463	2		78	266	国际政治	中国社会科学院俄罗斯东欧中亚研究所
117	外国文学评论★	0.4412	5	1	55	271	文学	中国社会科学院外国文学研究所
118	中国信息导报	0.4395			3	21	图书馆、情报与文献学	中国科技信息研究所
119	中国劳动	0.4344	1		64	119	劳动经济	国家劳动和社会保障部，劳动科学研究所，中国劳动学会

（续表）

序号	刊　名	2005影响因子	2003～2005三大转摘量	2003～2005核心转摘量	2003～2005人大转摘量	1995～2006全部转摘量	学科分类	主办单位
120	比较教育研究★	0.4317	17	9	132	382	教育	北京师范大学
121	人口与发展★	0.4313	4	1	32	62	人口学	北京大学
122	农业技术经济	0.4278		2	30	120	农业经济	中国农科院农业经济与发展研究所，中国农业技术经济研究会
123	青年研究★	0.4270	3	7	21	233	社会学	中国社会科学院社会学研究所
124	国外理论动态	0.4250	3	5	84	235	政治理论	中共中央编译局
125	中国史研究★	0.4174	10	2	52	323	历史	中国社会科学院历史研究所
126	清华大学学报. 哲学社会科学版★	0.4115	27	15	84	432	综合性人文社会科学	清华大学
127	经济管理★	0.4066	10		85	448	中国经济	中国社会科学院工业经济研究所
128	法学杂志★	0.4038	5		41	151	法律	北京市法学会
129	经济与管理研究★	0.4017	4		30	189	中国经济	首都经济贸易大学，中国工业经济学会
130	自然科学史研究	0.4000	1	1	8	49	哲学	中国科学院自然科学史研究所，中国科学技术史学会
131	清华大学教育研究★	0.3927	7	8	74	185	教育	清华大学
132	课程·教材·教法★	0.3926	6	1	152	491	教育	人民教育出版社
133	国际技术经济研究	0.3898				3	世界经济	国务院发展研究中心国际技术经济研究所
134	中共中央党校学报★	0.3892	10	11	63	278	中国政治	中共中央党校
135	经济研究参考	0.3888	7	3	40	205	经济理论	经济科学出版社
136	城市发展研究	0.3855	2	1	8	46	城市经济	中国城市科学研究会
137	保险研究★	0.3854		8	46	103	财政、金融	中国保险学会，中国人民保险公司保险研究所

（续表）

序号	刊　　名	2005影响因子	2003～2005三大转摘量	2003～2005核心转摘量	2003～2005人大转摘量	1995～2006全部转摘量	学科分类	主办单位
138	新视野★	0.3851	13	4	80	409	中国政治	中共北京市委党校，北京行政学院
139	中国流通经济	0.3616	4	1	56	265	流通经济	北京物资学院
140	档案学通讯★	0.3613		12	54	227	图书馆、情报与文献学	中国人民大学
141	中国档案	0.3581		15	38	187	图书馆、情报与文献学	国家档案局
142	自然辩证法通讯★	0.3578	5	3	60	312	哲学	中国科学院研究生院
143	数理统计与管理★	0.3523			15	43	统计学	中国现场统计研究会
144	音乐研究★	0.3443	2		8	48	艺术	人民音乐出版社
145	抗日战争研究★	0.3426	7	1	25	144	历史	中国抗日战争史学会
146	台湾研究★	0.3362		4	30	139	中国政治	中国社会科学院台湾研究所
147	国际经济合作★	0.3362	1	1	33	182	世界经济	商务部国际贸易经济合作研究院
148	当代世界与社会主义★	0.3304	11	2	117	422	国际政治	中共中央编译局世界社会主义研究所，中国国际共运史学会
149	教学与研究★	0.3261	38	10	229	859	中国政治	中国人民大学
150	马克思主义研究★	0.3256	18	3	84	441	马克思主义	中国社会科学院马克思列宁主义毛泽东思想研究所
151	文艺研究★	0.3229	46	6	144	658	文学	中国艺术研究院
152	中国刑事法杂志★	0.3175			34	121	法律	最高人民检察院检察理论研究所
153	今日中国论坛	0.3143	3	2	15	148	政治理论	中华人民共和国国史学会
154	现代传播（中国传媒大学学报）★	0.3103	12		37	140	文化、新闻与传播	中国传媒大学
155	中国人力资源开发★	0.2975	2	2	109	246	人才学	中国人力资源开发研究会
156	文学遗产★	0.2958	18	2	88	427	文学	中国社会科学院文学研究所

（续表）

序号	刊　名	2005影响因子	2003～2005三大转摘量	2003～2005核心转摘量	2003～2005人大转摘量	1995～2006全部转摘量	学科分类	主办单位
157	环境保护★	0.2922			62	128	环境科学	国家环境保护总局
158	中国现代文学研究丛刊★	0.2901	9		47	135	文学	中国现代文学馆
159	民族语文★	0.2899			21	114	语言学	中国社会科学院民族学与人类学研究所
160	北京工商大学学报．社会科学版★	0.2881	10	5	42	113	贸易经济	北京工商大学
161	北京行政学院学报★	0.2857	15	3	81	249	中国政治	北京行政学院
162	管理现代化	0.2836	5		22	149	管理学	中国管理现代化研究会
163	中央音乐学院学报★	0.2807			6	51	艺术	中央音乐学院
164	妇女研究论丛★	0.2754	9	4	43	149	社会学	全国妇联妇女研究所、中国妇女研究会
165	法律适用	0.2732	8		85	149	法律	国家法官学院
166	华侨华人历史研究	0.2727			3	23	历史	中国华侨华人历史研究所
167	中国金融★	0.2692	8	4	57	170	财政、金融	中国金融出版社
168	科学社会主义	0.2656	3	3	72	205	政治理论	中国科学社会主义学会
169	科学对社会的影响★	0.2653	3		15	84	科学学（含未来学）	中国科学院科技政策与管理科学研究所
170	北京社会科学	0.2606	3	15	36	281	综合性人文社会科学	北京市社会科学院
171	国际论坛★	0.2545	5	3	60	158	国际政治	北京外国语大学
172	中国教育学刊★	0.2536	8	1	107	308	教育	中国教育学会
173	中国心理卫生杂志★	0.2511	1	24	19	107	心理学	中国心理卫生协会
174	教师教育研究	0.2439	1		9	92	教育	北京师范大学
175	企业管理	0.2438	11		94	300	企业经济	中国企业联合会
176	中国高教研究	0.2434	1	3	28	117	教育	中国高等教育学会
177	宏观经济管理	0.2375	5	21	22	233	经济理论	国家发展和改革委员会
178	世界宗教研究★	0.2375	2	14	34	163	宗教学	中国社会科学院世界宗教研究所

（续表）

序号	刊　名	2005影响因子	2003～2005三大转摘量	2003～2005核心转摘量	2003～2005人大转摘量	1995～2006全部转摘量	学科分类	主办单位
179	清史研究★	0.2364	5	4	39	204	历史	中国人民大学清史研究所
180	首都经济贸易大学学报★	0.2359	5	2	20	105	贸易经济	首都经济贸易大学
181	投资研究★	0.2318		3	24	145	财政、金融	中国建设银行股份有限公司，中国投资学会
182	国际政治研究★	0.2284	5	3	45	83	国际政治	北京大学
183	史学史研究★	0.2245	1	1	28	108	历史	北京师范大学史学研究所
184	中国发展	0.2212	1		15	19	中国经济	中国致公党中央委员会
185	中共党史研究★	0.2212	23	4	71	371	中国政治	中共中央党史研究室
186	中国党政干部论坛	0.2193	9	18	141	544	中国政治	中共中央党校
187	史学理论研究★	0.2171	19	6	62	320	历史	中国社会科学院世界历史研究所、近代史研究所、历史研究所
188	国家检察官学院学报	0.2170	5		30	96	法律	国家检察官学院
189	中国历史文物	0.2158				7	文物、考古	中国国家博物馆
190	当代中国史研究	0.2133	29	5	54	336	历史	中国社会科学院当代中国研究所
191	西亚非洲★	0.2115	4		46	219	国际政治	中国社会科学院西亚非洲研究所
192	电影艺术★	0.2100			45	172	艺术	中国电影家协会
193	科技与出版	0.2091	2		13	61	出版	中国出版工作者协会科技出版工作委员会
194	民族文学研究★	0.2079		2	27	76	文学	中国社会科学院民族文学研究所
195	中国科技翻译	0.2028					语言学	中国科学院科技翻译工作者协会
196	中央民族大学学报.哲学社会科学版★	0.2026	6	1	53	260	民族学	中央民族大学
197	外国文学★	0.2025			76	189	文学	北京外国语大学
198	中国出版	0.2020	12		78	372	文化、新闻与传播	新闻出版报社

（续表）

序号	刊　　名	2005影响因子	2003～2005三大转摘量	2003～2005核心转摘量	2003～2005人大转摘量	1995～2006全部转摘量	学科分类	主办单位
199	世界历史★	0.2010	16	1	78	414	历史	中国社会科学院世界历史研究所
200	红楼梦学刊★	0.1988	1	3	8	61	文学	中国艺术研究院
201	世界民族★	0.1984	5	1	31	118	民族学	中国社会科学院民族学与人类学研究所
202	南亚研究	0.1967			20	42	国际政治	中国社会科学院亚洲太平洋研究所，北京大学南亚文化研究所，中国南亚学会
203	中国社会科学院研究生院学报★	0.1962	25	9	71	448	综合性人文社会科学	中国社会科学院研究生院
204	中国特色社会主义研究	0.1931	3		65	244	中国政治	北京市社会科学界联合会、北京市邓小平理论和“三个代表”重要思想研究中心、北京市科学社会主义学会
205	文艺理论与批评★	0.1929	16	1	42	224	文学	中国艺术研究院
206	中国版权	0.1927	3		11	29	法律	中国版权协会
207	古今农业	0.1923	1		6	11	农业经济	中国农业博物馆
208	理论前沿★	0.1885	21	21	79	612	政治理论	中共中央党校邓小平理论和“三个代表”重要思想研究中心
209	太平洋学报★	0.1855			2	12	国际政治	中国太平洋学会，汕头大学法学院
210	高校理论战线	0.1846	3	5	82	336	中国政治	教育部
211	北京第二外国语学院学报	0.1839			30	48	语言学	北京第二外国语大学
212	中国俄语教学	0.1789					语言学	北京外国语大学
213	中国人民公安大学学报	0.1784	2	2	23	72	法律	中国人民公安大学
214	北京交通大学学报．社会科学版	0.1783			15	28	综合性人文社会科学	北京交通大学
215	外交评论（外交学院学报）	0.1757	10		49	176	国际政治	外交学院，中国国际关系学会

（续表）

序号	刊　名	2005影响因子	2003～2005三大转摘量	2003～2005核心转摘量	2003～2005人大转摘量	1995～2006全部转摘量	学科分类	主办单位
216	中国青年研究★	0.1703	9	2	39	207	社会学	中国青少年研究中心
217	出版发行研究	0.1687	7		82	336	文化、新闻与传播	新闻出版总署，中国出版科学研究所
218	国有资产管理	0.1662	4	36	14	272	国有资产管理	经济科学出版社
219	人民司法	0.1640	1		45	74	法律	最高人民法院
220	档案学研究★	0.1633		21	41	235	图书馆、情报与文献学	中国档案学会
221	经济界	0.1609	2		23	70	经济理论	中国民主建国会中央委员会
222	中国藏学	0.1600		15	26	80	民族学	中国藏学研究中心
223	中国音乐★	0.1596			13	48	艺术	中国音乐学院
224	思想理论教育导刊	0.1591	3	1	102	224	中国政治	高等教育出版社
225	人民检察	0.1552			18	61	法律	最高人民检察院
226	中国统计	0.1396			18	98	统计学	国家统计出版社
227	故宫博物院院刊	0.1364	2		16	51	文物、考古	故宫博物院
228	鲁迅研究月刊★	0.1355	4		43	199	文学	鲁迅博物馆
229	中国音乐学★	0.1351			12	53	艺术	中国艺术研究院音乐研究所
230	党的文献★	0.1333	7	1	43	204	中国政治	中共中央文献研究室，中央档案馆
231	国际关系学院学报	0.1296			27	115	国际政治	国际关系学院
232	中国青年政治学院学报	0.1273	23	2	41	318	中国政治	中国青年政治学院
233	俄罗斯中亚东欧市场★	0.1262				40	贸易经济	中国社会科学院俄罗斯东欧中亚研究所
234	民族教育研究	0.1261			11	50	教育	中央民族大学
235	首都师范大学学报. 社会科学版	0.1224	16	8	85	458	综合性人文社会科学	首都师范大学
236	中国文化研究	0.1198	9	1	28	247	文化、新闻与传播	北京语言大学
237	文献	0.1111		1	16	69	图书馆、情报与文献学	国家图书馆
238	和平与发展	0.1100			26	129	国际政治	和平与发展研究中心
239	环境科学动态	0.1087			14	31	环境科学	中日友好环境保护中心

（续表）

序号	刊　名	2005影响因子	2003～2005三大转摘量	2003～2005核心转摘量	2003～2005人大转摘量	1995～2006全部转摘量	学科分类	主办单位
240	中国经贸导刊	0.1082		1	32	62	贸易经济	中国经济导刊杂志社
241	中国边疆史地研究★	0.1048	4	2	29	95	历史	中国社会科学院中国边疆史地研究中心
242	北京工业大学学报．社会科学版	0.1024	1	4	19	37	综合性人文社会科学	北京工业大学
243	人民教育	0.1005	8	1	83	223	教育	教育部
244	中国宗教	0.0982	3	1	8	46	宗教学	国务院宗教事务局
245	国外文学★	0.0940			25	154	文学	北京大学
246	中国典籍与文化	0.0903	1		11	60	图书馆、情报与文献学	全国高院校古籍整理研究工作委员会
247	历史档案★	0.0902	1		17	66	历史	中国第一历史档案馆
248	当代电影★	0.0861	4		46	146	艺术	中国电影艺术研究中心，中国传媒大学
249	经济导刊	0.0849	5	3	37	157	经济理论	中信出版社
250	中国广播电视学刊	0.0847			9	51	文化、新闻与传播	中国广播电视学会
251	中国资产评估	0.0828			2	5	国有资产管理	中国资产评估协会
252	戏剧（中央戏剧学院学报）★	0.0824	5		11	84	艺术	中央戏剧学院
253	世界电影	0.0821	1		7	21	艺术	中国电影家协会
254	美术研究★	0.0795			13	47	艺术	中央美术学院
255	价格理论与实践	0.0786	1	2	23	117	经济理论	中国价格协会
256	教育学报	0.0784	2		60	171	教育	北京师范大学
257	未来与发展	0.0769	2	8	11	139	科学学（含未来学）	中国未来学研究会
258	金融会计	0.0704			7	9	会计	中国金融会计学会
259	林业经济	0.0693				50	农业经济	国家林业局经济发展研究中心
260	当代世界	0.0675	2	2	84	382	国际政治	中共中央对外联络部
261	汉字文化	0.0651	1	5		20	语言学	北京国际汉字研究会
262	建筑经济	0.0629				17	城市经济	亚太建设科技信息研究院，中国建筑设计研究院，中国建筑学会建筑经济分会

（续表）

序号	刊　　名	2005影响因子	2003～2005三大转摘量	2003～2005核心转摘量	2003～2005人大转摘量	1995～2006全部转摘量	学科分类	主办单位
263	商业时代	0.0616	1		76	405	贸易经济	中国商业经济学会
264	中国钱币	0.0615				8	财政、金融	中国钱币学会，中国钱币博物馆
265	人口与计划生育	0.0580			22	27	人口学	国家计划生育委员会
266	农村金融研究	0.0538			12	55	财政、金融	中国农业银行，中国农村金融学会
267	技术经济	0.0494			2	175	经济理论	中国技术经济研究会
268	俄罗斯文艺	0.0488	1		10	66	文学	
269	科学决策	0.0441	1			12	管理学	中国社会经济系统分析研究会
270	中国史研究动态	0.0438	3		24	117	历史	中国社会科学院历史研究所
271	语文建设	0.0435			43	136	语言学	语言文字报刊社
272	北京电影学院学报★	0.0375			14	32	艺术	北京电影学院
273	中国穆斯林	0.0342		11		23	宗教学	中国伊斯兰教协会
274	中国职业技术教育	0.0337		9	25	113	教育	教育部职教司，中国职业技术教育学会，职业技术教育中心研究所
275	人民音乐★	0.0325	2		9	73	艺术	中国音乐家协会
276	中国成人教育	0.0311	4	7	36	154	教育	中国成人教育协会，山东省教委
277	解放军艺术学院学报	0.0303	6	1	11	30	艺术	解放军艺术学院
278	新文学史料	0.0253	1		12	37	文学	人民文学出版社
279	教育与职业	0.0216	2	10	22	134	教育	中华职业教育社
280	世界宗教文化	0.0152		6	2	37	宗教学	中国社会科学院世界宗教研究所
281	中央政法管理干部学院学报	0.0120				83	法律	中央政法管理干部学院
282	佛教文化	0.0068		3		11	宗教学	中国佛教文化研究所

2. 转摘量排序表：

序号	刊　名	1995～2006全部转摘量	2003～2005三大转摘量	2003～2005核心转摘量	2003～2005人大转摘量	2005影响因子	学科分类	主办单位
1	中国社会科学★	1161	114	52	190	4.0147	综合性人文社会科学	中国社会科学院
2	哲学研究★	1143	63	17	269	0.7415	哲学	中国社会科学院哲学研究所
3	管理世界★	1006	23	15	215	1.9350	经济计划与管理	国务院发展研究中心
4	北京大学学报．哲学社会科学版★	1003	114	25	137	0.6278	综合性人文社会科学	北京大学
5	中国人民大学学报★	993	106	19	155	1.0879	综合性人文社会科学	中国人民大学
6	经济学动态★	961	30	17	185	1.2629	经济理论	中国社会科学院经济研究所
7	求是★	886	29	16	157	0.4725	中国政治	中国共产党中央委员会
8	经济研究★	868	69	29	127	6.9675	经济理论	中国社会科学院经济研究所
9	教育研究★	868	88	21	198	1.3629	教育	中央教育科学研究所
10	教学与研究★	859	38	10	229	0.3261	中国政治	中国人民大学
11	世界经济与政治★	858	51	23	152	1.3282	国际政治	中国社会科学院世界经济与政治研究所
12	文学评论★	828	63	31	143	0.6211	文学	中国社会科学院文学研究所
13	北京师范大学学报．社会科学版★	816	103	21	136	0.5680	综合性人文社会科学	北京师范大学
14	财贸经济★	777	32	27	123	1.1402	贸易经济	中国社会科学院财贸经济研究所
15	哲学动态★	770	27	4	141	0.5263	哲学	中国社会科学院哲学研究所
16	中国工业经济★	759	37	8	173	2.8981	工业经济	中国社会科学院工业经济研究所
17	情报学报★	751		348	57	2.2903	图书馆、情报与文献学	中国科学技术情报学会、中国科学技术信息研究所
18	自然辩证法研究★	745	29	10	140	0.5173	哲学	中国自然辩证法研究会

（续表）

序号	刊　名	1995～2006 全部转摘量	2003～2005 三大转摘量	2003～2005 核心转摘量	2003～2005 人大转摘量	2005 影响因子	学科分类	主办单位
19	中国软科学★	725	16	2	148	0.9678	科学学（含未来学）	中国软科学研究会
20	中国农村经济★	707	11	19	122	1.7407	农业经济	中国社会科学院农村发展研究所
21	历史研究★	697	26	28	122	1.0000	历史	中国社会科学院
22	文艺研究★	658	46	6	144	0.3229	文学	中国艺术研究院
23	理论前沿★	612	21	21	79	0.1885	政治理论	中共中央党校邓小平理论和“三个代表”重要思想研究中心
24	现代国际关系★	586	6	6	116	0.6399	国际政治	中国现代国际关系研究院
25	世界经济★	579	24	10	76	2.5339	世界经济	中国世界经济学会，中国社会科学院世界经济与政治研究所
26	法学家★	550	19	2	143	0.7308	法律	中国人民大学
27	中国党政干部论坛	544	9	18	141	0.2193	中国政治	中共中央党校
28	农业经济问题★	541	5	26	111	1.2758	农业经济	中国农业经济学会，中国农业科学院农业经济与发展研究所
29	科学学研究★	532	1	241	51	0.9675	科学学（含未来学）	中国科学学与科技政策研究会，中国科学院科技政策与管理科学研究所，清华大学科学技术与社会研究中心
30	科研管理★	513	1	181	33	0.9549	科学学（含未来学）	中国科学院科技政策与管理科学研究所，中国科学学与科技政策研究会，清华大学技术创新研究中心
31	图书情报工作★	509		38	125	1.6489	图书馆、情报与文献学	中国科学院文献情报中心
32	课程·教材·教法★	491	6	1	152	0.3926	教育	人民教育出版社
33	政法论坛★	482	47	4	113	1.0034	法律	中国政法大学

（续表）

序号	刊 名	1995～2006全部转摘量	2003～2005三大转摘量	2003～2005核心转摘量	2003～2005人大转摘量	2005影响因子	学科分类	主办单位
34	经济理论与经济管理★	467	13	2	123	0.9207	经济理论	中国人民大学
35	情报资料工作★	466	1	12	199	1.5783	图书馆、情报与文献学	中国人民大学
36	首都师范大学学报.社会科学版	458	16	8	85	0.1224	综合性人文社会科学	首都师范大学
37	国外社会科学★	448	8	6	74	0.6878	综合性人文社会科学	中国社会科学院文献信息中心
38	经济管理★	448	10		85	0.4066	中国经济	中国社会科学院工业经济研究所
39	中国社会科学院研究生院学报★	448	25	9	71	0.1962	综合性人文社会科学	中国社会科学院研究生院
40	马克思主义研究★	441	18	3	84	0.3256	马克思主义	中国社会科学院马克思列宁主义毛泽东思想研究所
41	社会学研究★	440	56	19	44	2.2893	社会学	中国社会科学院社会学研究所
42	清华大学学报.哲学社会科学版★	432	27	15	84	0.4115	综合性人文社会科学	清华大学
43	中国图书馆学报★	429		46	115	4.6318	图书馆、情报与文献学	中国图书馆学会，国家图书馆
44	文学遗产★	427	18	2	88	0.2958	文学	中国社会科学院文学研究所
45	当代世界与社会主义★	422	11	2	117	0.3304	国际政治	中共中央编译局世界社会主义研究所，中国国际共运史学会
46	世界历史★	414	16	1	78	0.2010	历史	中国社会科学院世界历史研究所
47	新视野★	409	13	4	80	0.3851	中国政治	中共北京市委党校，北京行政学院
48	中外法学★	406	24	3	43	1.6452	法律	北京大学法学院
49	商业时代	405	1		76	0.0616	贸易经济	中国商业经济学会
50	马克思主义与现实★	402	29	6	102	0.7826	马克思主义	中共中央编译局当代马克思主义研究所

（续表）

序号	刊　名	1995～2006全部转摘量	2003～2005三大转摘量	2003～2005核心转摘量	2003～2005人大转摘量	2005影响因子	学科分类	主办单位
51	中国法学★	386	33	6	5	1.5492	法律	中国法学会
52	比较教育研究★	382	17	9	132	0.4317	教育	北京师范大学
53	当代世界	382	2	2	84	0.0675	国际政治	中共中央对外联络部
54	国际贸易问题★	379	2		81	0.7578	贸易经济	对外经济贸易大学
55	中国出版	372	12		78	0.2020	文化、新闻与传播	新闻出版报社
56	中共党史研究★	371	23	4	71	0.2212	中国政治	中共中央党史研究室
57	经济社会体制比较★	354	38	7	75	1.2350	经济理论	中共中央编译局当代马克思主义研究所
58	中国行政管理★	341	19	3	80	1.0485	管理学	中国行政管理学会
59	当代中国史研究	336	29	5	54	0.2133	历史	中国社会科学院当代中国研究所
60	高校理论战线	336	3	5	82	0.1846	中国政治	教育部
61	出版发行研究	336	7		82	0.1687	文化、新闻与传播	新闻出版总署，中国出版科学研究所
62	人口研究★	334	19	6	92	1.6736	人口学	中国人民大学
63	中国管理科学★	334	1	237	13	0.9382	管理学	中国优选法统筹法与经济数学研究会，中国科学院科技政策与管理科学研究所
64	国际贸易	329	11		65	0.6433	贸易经济	国际贸易经济合作研究院
65	财政研究★	323	3	4	61	0.4476	财政、金融	中国财政学会
66	中国史研究★	323	10	2	52	0.4174	历史	中国社会科学院历史研究所
67	近代史研究★	320	31	10	81	0.7281	历史	中国社会科学院近代史研究所
68	史学理论研究★	320	19	6	62	0.2171	历史	中国社会科学院世界历史研究所、近代史研究所、历史研究所
69	中国青年政治学院学报	318	23	2	41	0.1273	中国政治	中国青年政治学院
70	自然辩证法通讯★	312	5	3	60	0.3578	哲学	中国科学院研究生院

（续表）

序号	刊　名	1995～2006全部转摘量	2003～2005三大转摘量	2003～2005核心转摘量	2003～2005人大转摘量	2005影响因子	学科分类	主办单位
71	民族研究★	308	21	5	53	0.6829	民族学	中国社会科学院民族学与人类学研究所
72	中国教育学刊★	308	8	1	107	0.2536	教育	中国教育学会
73	金融研究★	307	3	9	19	1.8356	财政、金融	中国人民银行，中国金融学会
74	企业管理	300	11		94	0.2438	企业经济	中国企业联合会
75	中国科技论坛★	299	14	1	57	0.5156	科学学（含未来学）	中国科学技术发展战略研究院
76	宏观经济研究★	298	7	6	86	0.6630	中国经济	国家发展和改革委员会宏观经济研究院
77	欧洲研究★	293	13	3	54	0.7203	国际政治	中国社会科学院欧洲研究所
78	学位与研究生教育★	286	5	9	26	0.6214	教育	国务院学位委员会
79	中央财经大学学报★	283	2	4	76	0.4612	财政、金融	中央财经大学
80	北京社会科学	281	3	15	36	0.2606	综合性人文社会科学	北京市社会科学院
81	中国人口科学★	280	33	12	42	1.3333	人口学	中国社会科学院人口与劳动经济研究所
82	国际问题研究★	278	9	2	83	0.7134	国际政治	中国国际问题研究所
83	中共中央党校学报★	278	10	11	63	0.3892	中国政治	中共中央党校
84	心理学报★	277	2	40	51	1.0645	心理学	中国心理学会，中国科学院心理研究所
85	国际经济评论★	273	15	4	63	1.8544	世界经济	中国社会科学院世界经济与政治研究所
86	经济科学★	273	9	1	33	1.1608	经济理论	北京大学经济学院
87	当代亚太★	273		2	93	0.5101	国际政治	中国亚洲太平洋学会，中国社会科学院亚洲太平洋研究所
88	国有资产管理	272	4	36	14	0.1662	国有资产管理	经济科学出版社
89	外国文学评论★	271	5	1	55	0.4412	文学	中国社会科学院外国文学研究所
90	读书	267	36	22	28	0.5113	综合性人文社会科学	三联书店

（续表）

序号	刊　　名	1995～2006 全部转摘量	2003～2005 三大转摘量	2003～2005 核心转摘量	2003～2005 人大转摘量	2005 影响因子	学科分类	主办单位
91	俄罗斯中亚东欧研究★	266	2		78	0.4463	国际政治	中国社会科学院俄罗斯东欧中亚研究所
92	中国流通经济	265	4	1	56	0.3616	流通经济	北京物资学院
93	统计研究★	263			76	0.6303	统计学	中国统计学会、国家统计局统计科学研究所
94	中央民族大学学报.哲学社会科学版★	260	6	1	53	0.2026	民族学	中央民族大学
95	情报理论与实践★	252		14	71	1.2722	图书馆、情报与文献学	中国国防科学技术信息学会，中国兵器工业集团第 210 研究所
96	北京行政学院学报★	249	15	3	81	0.2857	中国政治	北京行政学院
97	国家行政学院学报★	248	18	2	71	0.6236	中国政治	国家行政学院
98	中国文化研究	247	9	1	28	0.1198	文化、新闻与传播	北京语言大学
99	中国人力资源开发★	246	2	2	109	0.2975	人才学	中国人力资源开发研究会
100	中国特色社会主义研究	244	3		65	0.1931	中国政治	北京市社会科学界联合会，北京市邓小平理论和“三个代表”重要思想研究中心，北京市科学社会主义学会
101	会计研究★	241		1	34	2.4134	会计	中国会计学会
102	中国经济史研究★	235	16	8	50	0.5918	中国经济	中国社会科学院经济研究所
103	国外理论动态	235	3	5	84	0.4250	政治理论	中共中央编译局
104	档案学研究★	235		21	41	0.1633	图书馆、情报与文献学	中国档案学会
105	青年研究★	233	3	7	21	0.4270	社会学	中国社会科学院社会学研究所
106	宏观经济管理	233	5	21	22	0.2375	经济理论	国家发展和改革委员会
107	中国高等教育	231	23	26	31	0.5228	教育	教育部
108	自然资源学报	230		97	22	1.2807	环境科学	中国自然资源学会

（续表）

序号	刊　名	1995～2006 全部转摘量	2003～2005 三大转摘量	2003～2005 核心转摘量	2003～2005 人大转摘量	2005 影响因子	学科分类	主办单位
109	中国哲学史★	227	6	2	70	0.4676	哲学	中国哲学史学会
110	档案学通讯★	227		12	54	0.3613	图书馆、情报与文献学	中国人民大学
111	中国语文★	226			54	0.9735	语言学	中国社会科学院语言研究所
112	文艺理论与批评★	224	16	1	42	0.1929	文学	中国艺术研究院
113	思想理论教育导刊	224	3	1	102	0.1591	中国政治	高等教育出版社
114	人民教育	223	8	1	83	0.1005	教育	教育部
115	西亚非洲★	219	4		46	0.2115	国际政治	中国社会科学院西亚非洲研究所
116	政治学研究★	212	14	2	45	0.6966	政治理论	中国社会科学院政治学研究所
117	中国青年研究★	207	9	2	39	0.1703	社会学	中国青少年研究中心
118	比较法研究★	205	18		66	0.8820	法律	中国政法大学比较法研究所
119	经济研究参考	205	7	3	40	0.3888	经济理论	经济科学出版社
120	科学社会主义	205	3	3	72	0.2656	政治理论	中国科学社会主义学会
121	清史研究★	204	5	4	39	0.2364	历史	中国人民大学清史研究所
122	党的文献★	204	7	1	43	0.1333	中国政治	中共中央文献研究室、中央档案馆
123	鲁迅研究月刊★	199	4		43	0.1355	文学	鲁迅博物馆
124	中国农村观察★	195	12	5	17	1.6937	农业经济	中国社会科学院农村发展研究所
125	中国土地科学★	195		114		0.5591	农业经济	中国土地学会
126	国际金融研究★	189	3	3	57	1.1938	财政、金融	中国国际金融学会
127	经济与管理研究★	189	4		30	0.4017	中国经济	首都经济贸易大学，中国工业经济学会
128	外国文学★	189			76	0.2025	文学	北京外国语大学
129	中国档案	187		15	38	0.3581	图书馆、情报与文献学	国家档案局
130	人口与经济★	186			41	0.5586	人口学	首都经济贸易大学
131	清华大学教育研究★	185	7	8	74	0.3927	教育	清华大学

（续表）

序号	刊　名	1995～2006全部转摘量	2003～2005三大转摘量	2003～2005核心转摘量	2003～2005人大转摘量	2005影响因子	学科分类	主办单位
132	北京大学教育评论★	184	41	2	93	1.3289	教育	北京大学
133	数量经济技术经济研究★	182			19	0.4738	经济理论	中国社会科学院数量经济与技术经济研究所
134	国际经济合作★	182	1	1	33	0.3362	世界经济	商务部国际贸易经济合作研究院
135	旅游学刊★	180	1	1	35	1.5565	地理（人文地理）	北京联合大学旅游学院
136	外交评论（外交学院学报）	176	10		49	0.1757	国际政治	外交学院，中国国际关系学会
137	现代图书情报技术★	175		28	75	1.1913	图书馆、情报与文献学	中国科学院文献情报中心
138	技术经济	175			2	0.0494	经济理论	中国技术经济研究会
139	电影艺术★	172			45	0.2100	艺术	中国电影家协会
140	教育学报	171	2		60	0.0784	教育	北京师范大学
141	拉丁美洲研究★	170	4	1	41	0.5093	国际政治	中国社会科学院拉丁美洲研究所
142	中国金融★	170	8	4	57	0.2692	财政、金融	中国金融出版社
143	世界宗教研究★	163	2	14	34	0.2375	宗教学	中国社会科学院世界宗教研究所
144	法学研究★	158	50	12	1	2.5817	法律	中国社会科学院法学研究所
145	国际论坛★	158	5	3	60	0.2545	国际政治	北京外国语大学
146	经济导刊	157	5	3	37	0.0849	经济理论	中信出版社
147	体育文化导刊	154	7	1	57	0.4689	体育	国家体育总局体育文化发展中心
148	国外文学★	154			25	0.0940	文学	北京大学
149	中国成人教育	154	4	7	36	0.0311	教育	中国成人教育协会，山东省教委
150	法学杂志★	151	5		41	0.4038	法律	北京市法学会
151	金融论坛★	149		2	40	0.8502	财政、金融	城市金融研究所，中国城市金融学会
152	管理现代化	149	5		22	0.2836	管理学	中国管理现代化研究会
153	妇女研究论丛★	149	9	4	43	0.2754	社会学	全国妇联妇女研究所，中国妇女研究会
154	法律适用	149	8		85	0.2732	法律	国家法官学院

（续表）

序号	刊　　名	1995～2006全部转摘量	2003～2005三大转摘量	2003～2005核心转摘量	2003～2005人大转摘量	2005影响因子	学科分类	主办单位
155	今日中国论坛	148	3	2	15	0.3143	政治理论	中华人民共和国国史学会
156	当代电影★	146	4		46	0.0861	艺术	中国电影艺术研究中心，中国传媒大学
157	投资研究★	145		3	24	0.2318	财政、金融	中国建设银行股份有限公司，中国投资学会
158	抗日战争研究★	144	7	1	25	0.3426	历史	中国抗日战争史学会
159	体育科学★	141	1		46	0.9729	体育	中国体育科学学会
160	现代传播（中国传媒大学学报）★	140	12		37	0.3103	文化、新闻与传播	中国传媒大学
161	台湾研究★	139		4	30	0.3362	中国政治	中国社会科学院台湾研究所
162	未来与发展	139	2	8	11	0.0769	科学学（含未来学）	中国未来学研究会
163	语文建设	136			43	0.0435	语言学	语言文字报刊社
164	中国现代文学研究丛刊★	135	9		47	0.2901	文学	中国现代文学馆
165	教育与职业	134	2	10	22	0.0216	教育	中华职业教育社
166	和平与发展	129			26	0.1100	国际政治	和平与发展研究中心
167	环境保护★	128			62	0.2922	环境科学	国家环境保护总局
168	环球法律评论★	125	14	2	51	0.7426	法律	中国社会科学院法学研究所
169	北京体育大学学报★	121	2	1	49	0.4519	体育	北京体育大学
170	中国刑事法杂志★	121			34	0.3175	法律	最高人民检察院检察理论研究所
171	农业技术经济	120		2	30	0.4278	农业经济	中国农科院农业经济与发展研究所，中国农业技术经济研究会
172	中国劳动	119	1		64	0.4344	劳动经济	国家劳动和社会保障部，劳动科学研究所，中国劳动学会
173	语言文字应用★	118	2		19	0.5000	语言学	教育部语言文字应用研究所
174	世界民族★	118	5	1	31	0.1984	民族学	中国社会科学院民族学与人类学研究所

（续表）

序号	刊　名	1995～2006 全部转摘量	2003～2005 三大转摘量	2003～2005 核心转摘量	2003～2005 人大转摘量	2005 影响因子	学科分类	主办单位
175	心理发展与教育★	117			40	0.5461	心理学	北京师范大学
176	中国高教研究	117	1	3	28	0.2434	教育	中国高等教育学会
177	价格理论与实践	117	1	2	23	0.0786	经济理论	中国价格协会
178	中国史研究动态	117	3		24	0.0438	历史	中国社会科学院历史研究所
179	国际关系学院学报	115			27	0.1296	国际政治	国际关系学院
180	民族语文★	114			21	0.2899	语言学	中国社会科学院民族学与人类学研究所
181	北京工商大学学报.社会科学版★	113	10	5	42	0.2881	贸易经济	北京工商大学
182	中国职业技术教育	113		9	25	0.0337	教育	教育部职教司，中国职业技术教育学会，职业技术教育中心研究所
183	心理科学进展★	112	1		80	0.7188	心理学	中国科学院心理研究所
184	国际新闻界★	110	5		28	0.6333	文化、新闻与传播	中国人民大学新闻学院
185	史学史研究★	108	1	1	28	0.2245	历史	北京师范大学史学研究所
186	中国心理卫生杂志★	107	1	24	19	0.2511	心理学	中国心理卫生协会
187	首都经济贸易大学学报★	105	5	2	20	0.2359	贸易经济	首都经济贸易大学
188	保险研究★	103		8	46	0.3854	财政、金融	中国保险学会，中国人民保险公司保险研究所
189	税务研究★	101	4	8	48	0.5531	财政、金融	中国税务学会，中国税务杂志社
190	行政法学研究★	100	6		25	0.5809	法律	中国政法大学
191	日本学刊★	98	2	1	27	0.4485	国际政治	中国社会科学院日本研究所，中华日本学会
192	中国统计	98			18	0.1396	统计学	国家统计出版社
193	美国研究★	97	8	2	27	0.6196	国际政治	中国社会科学院美国研究所，中华美国学会
194	国家检察官学院学报	96	5		30	0.2170	法律	国家检察官学院
195	中国边疆史地研究★	95	4	2	29	0.1048	历史	中国社会科学院中国边疆史地研究中心

（续表）

序号	刊　名	1995～2006 全部转摘量	2003～2005 三大转摘量	2003～2005 核心转摘量	2003～2005 人大转摘量	2005 影响因子	学科分类	主办单位
196	城市问题★	94	1		17	0.7143	城市经济	北京市社会科学院
197	教师教育研究	92	1		9	0.2439	教育	北京师范大学
198	地理研究	91			19	1.9518	地理（人文地理）	中国科学院地理科学与资源研究所
199	世界汉语教学★	85			28	0.6931	语言学	北京语言大学
200	科学对社会的影响★	84	3		15	0.2653	科学学（含未来学）	中国科学院科技政策与管理科学研究所
201	戏剧（中央戏剧学院学报）★	84	5		11	0.0824	艺术	中央戏剧学院
202	国际政治研究★	83	5	3	45	0.2284	国际政治	北京大学
203	中央政法管理干部学院学报	83				0.0120	法律	中央政法管理干部学院
204	当代语言学★	82			31	0.7763	语言学	中国社会科学院语言研究所
205	中国藏学	80		15	26	0.1600	民族学	中国藏学研究中心
206	文物★	78	1		12	0.8182	文物、考古	文物出版社
207	民族文学研究★	76		2	27	0.2079	文学	中国社会科学院民族文学研究所
208	城市规划★	75	1		24	1.3272	城市经济	中国城市规划学会
209	国家图书馆学刊	75		3	19	1.1879	图书馆、情报与文献学	国家图书馆
210	人民司法	74	1		45	0.1640	法律	最高人民法院
211	人民音乐★	73	2		9	0.0325	艺术	中国音乐家协会
212	语言教学与研究★	72	1		26	0.5424	语言学	北京语言大学
213	中国人民公安大学学报	72	2	2	23	0.1784	法律	中国人民公安大学
214	外语教学与研究★	70	5		17	1.5988	语言学	北京外国语大学
215	经济界	70	2		23	0.1609	经济理论	中国民主建国会中央委员会
216	编辑学报★	69	4	23	17	1.5405	文化、新闻与传播	中国科学技术期刊编辑学会
217	文献	69		1	16	0.1111	图书馆、情报与文献学	国家图书馆
218	审计研究	67		16	11	1.0343	会计	中国审计学会
219	历史档案★	66	1		17	0.0902	历史	中国第一历史档案馆

（续表）

序号	刊　名	1995～2006 全部转摘量	2003～2005 三大转摘量	2003～2005 核心转摘量	2003～2005 人大转摘量	2005 影响因子	学科分类	主办单位
220	俄罗斯文艺	66	1		10	0.0488	文学	
221	资源科学★	64			20	0.4911	环境科学	中国科学院自然资源综合考察委员会
222	人口与发展★	62	4	1	32	0.4313	人口学	北京大学
223	中国经贸导刊	62		1	32	0.1082	贸易经济	中国经济导刊杂志社
224	科技与出版	61	2		13	0.2091	出版	中国出版工作者协会科技出版工作委员会
225	红楼梦学刊★	61	1	3	8	0.1988	文学	中国艺术研究院
226	人民检察	61			18	0.1552	法律	最高人民检察院
227	中国典籍与文化	60	1		11	0.0903	图书馆、情报与文献学	全国高院校古籍整理研究工作委员会
228	知识产权★	59	1		21	0.8050	法律	中国知识产权研究会
229	方言★	57		1	12	0.6812	语言学	中国社会科学院语言研究所
230	农村金融研究	55			12	0.0538	财政、金融	中国农业银行、中国农村金融学会
231	中国音乐学★	53			12	0.1351	艺术	中国艺术研究院音乐研究所
232	中央音乐学院学报★	51			6	0.2807	艺术	中央音乐学院
233	故宫博物院院刊	51	2		16	0.1364	文物、考古	故宫博物院
234	中国广播电视学刊	51			9	0.0847	文化、新闻与传播	中国广播电视学会
235	民族教育研究	50			11	0.1261	教育	中央民族大学
236	林业经济	50				0.0693	农业经济	国家林业局经济发展研究中心
237	自然科学史研究	49	1	1	8	0.4000	哲学	中国科学院自然科学史研究所，中国科学技术史学会
238	音乐研究★	48	2		8	0.3443	艺术	人民音乐出版社
239	北京第二外国语学院学报	48			30	0.1839	语言学	北京第二外国语大学
240	中国音乐★	48			13	0.1596	艺术	中国音乐学院
241	美术研究★	47			13	0.0795	艺术	中央美术学院
242	中国体育科技★	46			22	0.7877	体育	国家体育总局体育科学研究所

（续表）

序号	刊　　名	1995～2006 全部转摘量	2003～2005 三大转摘量	2003～2005 核心转摘量	2003～2005 人大转摘量	2005 影响因子	学科分类	主办单位
243	城市发展研究	46	2	1	8	0.3855	城市经济	中国城市科学研究会
244	中国宗教	46	3	1	8	0.0982	宗教学	国务院宗教事务局
245	数理统计与管理★	43			15	0.3523	统计学	中国现场统计研究会
246	南亚研究	42			20	0.1967	国际政治	中国社会科学院亚洲太平洋研究所，北京大学南亚文化研究所，中国南亚学会
247	新闻与传播研究★	40	3		13	0.8559	文化、新闻与传播	中国社会科学院新闻研究所
248	俄罗斯中亚东欧市场★	40				0.1262	贸易经济	中国社会科学院俄罗斯东欧中亚研究所
249	北京工业大学学报.社会科学版	37	1	4	19	0.1024	综合性人文社会科学	北京工业大学
250	新文学史料	37	1		12	0.0253	文学	人民文学出版社
251	世界宗教文化	37		6	2	0.0152	宗教学	中国社会科学院世界宗教研究所
252	考古★	33			12	0.6244	文物、考古	中国社会科学院考古研究所
253	北京电影学院学报★	32			14	0.0375	艺术	北京电影学院
254	环境科学动态	31			14	0.1087	环境科学	中日友好环境保护中心
255	解放军艺术学院学报	30	6	1	11	0.0303	艺术	解放军艺术学院
256	中国版权	29	3		11	0.1927	法律	中国版权协会
257	北京交通大学学报.社会科学版	28			15	0.1783	综合性人文社会科学	北京交通大学
258	人口与计划生育	27			22	0.0580	人口学	国家计划生育委员会
259	华侨华人历史研究	23			3	0.2727	历史	中国华侨华人历史研究所
260	中国穆斯林	23		11		0.0342	宗教学	中国伊斯兰教协会
261	中国信息导报	21			3	0.4395	图书馆、情报与文献学	中国科技信息研究所
262	世界电影	21	1		7	0.0821	艺术	中国电影家协会
263	汉字文化	20	1	5		0.0651	语言学	北京国际汉字研究会
264	中国发展	19	1		15	0.2212	中国经济	中国致公党中央委员会

（续表）

序号	刊　　名	1995～2006 全部转摘量	2003～2005 三大转摘量	2003～2005 核心转摘量	2003～2005 人大转摘量	2005 影响因子	学科分类	主办单位
265	建筑经济	17				0.0629	城市经济	亚太建设科技信息研究院，中国建筑设计研究院，中国建筑学会建筑经济分会
266	太平洋学报★	12			2	0.1855	国际政治	中国太平洋学会，汕头大学法学院
267	科学决策	12	1			0.0441	管理学	中国社会经济系统分析研究会
268	古今农业	11	1		6	0.1923	农业经济	中国农业博物馆
269	佛教文化	11		3		0.0068	宗教学	中国佛教文化研究所
270	中国科技期刊研究★	10				1.4100	文化、新闻与传播	中国科学院自然科学期刊编辑研究会
271	考古学报★	10	1		5	0.7222	文物、考古	中国社会科学院考古研究所
272	金融会计	9			7	0.0704	会计	中国金融会计学会
273	中国钱币	8				0.0615	财政、金融	中国钱币学会，中国钱币博物馆
274	中国翻译★	7	2			1.4939	语言学	中国翻译协会
275	大学图书馆学报★	7				1.3097	图书馆、情报与文献学	北京大学，教育部高等学校图书情报工作指导委员会
276	中国历史文物	7				0.2158	文物、考古	中国国家博物馆
277	中国资产评估	5			2	0.0828	国有资产管理	中国资产评估协会
278	中国特殊教育★	4			3	0.6866	教育	中央教育科学研究所
279	人类学学报	3	1			1.6000	民族学	中国科学院古脊椎动物与古人类研究所
280	国际技术经济研究	3				0.3898	世界经济	国务院发展研究中心国际技术经济研究所
281	中国科技翻译					0.2028	语言学	中国科学院科技翻译工作者协会
282	中国俄语教学					0.1789	语言学	北京外国语大学

重　　庆

1. 影响因子排序表：

序号	刊　名	2005影响因子	2003~2005三大转摘量	2003~2005核心转摘量	2003~2005人大转摘量	1995~2006全部转摘量	学科分类	主办单位
1	改革★	1.0562	22	16	128	589	中国经济	重庆市社会科学院
2	现代法学★	0.7308	27	2	133	521	法律	西南政法大学
3	西南大学学报．社会科学版★	0.2667	32	4	91	441	综合性人文社会科学	西南大学
4	重庆大学学报．社会科学版★	0.2147	3	3	32	104	综合性人文社会科学	重庆大学
5	四川外语学院学报	0.1827		1	29	98	语言学	四川外语学院
6	探索	0.1772	2	3	100	411	政治理论	中共重庆市委党校
7	重庆工商大学学报（西部论坛）★	0.1456			16	19	中国经济	重庆工商大学

2. 转摘量排序表：

序号	刊　名	1995~2006全部转摘量	2003~2005三大转摘量	2003~2005核心转摘量	2003~2005人大转摘量	2005影响因子	学科分类	主办单位
1	改革★	589	22	16	128	1.0562	中国经济	重庆市社会科学院
2	现代法学★	521	27	2	133	0.7308	法律	西南政法大学
3	西南大学学报．社会科学版★	441	32	4	91	0.2667	综合性人文社会科学	西南大学
4	探索	411	2	3	100	0.1772	政治理论	中共重庆市委党校
5	重庆大学学报．社会科学版★	104	3	3	32	0.2147	综合性人文社会科学	重庆大学
6	四川外语学院学报	98		1	29	0.1827	语言学	四川外语学院
7	重庆工商大学学报（西部论坛）★	19			16	0.1456	中国经济	重庆工商大学

福　　建

1. 影响因子排序表：

序号	刊　　名	2005影响因子	2003～2005三大转摘量	2003～2005核心转摘量	2003～2005人大转摘量	1995～2006全部转摘量	学科分类	主办单位
1	中国经济问题★	0.6815	11	3	39	262	中国经济	厦门大学经济研究所
2	厦门大学学报．哲学社会科学版★	0.4472	83	12	83	605	综合性人文社会科学	厦门大学
3	台湾研究集刊	0.3364	1		30	142	中国政治	厦门大学台湾研究院
4	亚太经济★	0.3050		1	42	201	世界经济	福建省社会科学院亚太经济研究所
5	中国社会经济史研究★	0.2946			40	124	中国经济	厦门大学历史研究所
6	东南学术★	0.2422	29	9	77	341	综合性人文社会科学	福建省社会科学界联合会
7	福建论坛．人文社会科学版★	0.2413	11	1	86	204	综合性人文社会科学	福建省社会科学院
8	福建师范大学学报．哲学社会科学版	0.1869	20	2	39	296	综合性人文社会科学	福建师范大学
9	林业经济问题	0.1579			2	2	农业经济	中国林业经济学会，福建农林大学
10	南洋问题研究	0.1383	3		15	52	国际政治	厦门大学南洋研究院
11	教育评论	0.1211	2		40	185	教育	福建省教育科学研究所，福建省教育学会
12	福建论坛．社会科学教育版	0.1113	2		22	227	教育	福建省社会科学院
13	福州大学学报．哲学社会科学版	0.1053	1		17	104	综合性人文社会科学	福州大学
14	中共福建省委党校学报	0.1006	1	1	69	209	中国政治	中共福建省委党校
15	集美大学学报	0.0944	1		19	25	综合性人文社会科学	集美大学
16	华侨大学学报．哲学社会科学版	0.0750	2		19	158	综合性人文社会科学	华侨大学

2. 转摘量排序表：

序号	刊 名	1995～2006全部转摘量	2003～2005三大转摘量	2003～2005核心转摘量	2003～2005人大转摘量	2005影响因子	学科分类	主办单位
1	厦门大学学报. 哲学社会科学版★	605	83	12	83	0.4472	综合性人文社会科学	厦门大学
2	东南学术★	341	29	9	77	0.2422	综合性人文社会科学	福建省社会科学界联合会
3	福建师范大学学报. 哲学社会科学版	296	20	2	39	0.1869	综合性人文社会科学	福建师范大学
4	中国经济问题★	262	11	3	39	0.6815	中国经济	厦门大学经济研究所
5	福建论坛. 社会科学教育版	227	2		22	0.1113	教育	福建省社会科学院
6	中共福建省委党校学报	209	1	1	69	0.1006	中国政治	中共福建省委党校
7	福建论坛. 人文社会科学版★	204	11	1	86	0.2413	综合性人文社会科学	福建省社会科学院
8	亚太经济★	201		1	42	0.3050	世界经济	福建省社会科学院亚太经济研究所
9	教育评论	185	2		40	0.1211	教育	福建省教育科学研究所，福建省教育学会
10	华侨大学学报. 哲学社会科学版	158	2		19	0.0750	综合性人文社会科学	华侨大学
11	台湾研究集刊	142	1		30	0.3364	中国政治	厦门大学台湾研究院
12	中国社会经济史研究★	124			40	0.2946	中国经济	厦门大学历史研究所
13	福州大学学报. 哲学社会科学版	104	1		17	0.1053	综合性人文社会科学	福州大学
14	南洋问题研究	52	3		15	0.1383	国际政治	厦门大学南洋研究院
15	集美大学学报	25	1		19	0.0944	综合性人文社会科学	集美大学
16	林业经济问题	2			2	0.1579	农业经济	中国林业经济学会，福建农林大学

甘　肃

1. 影响因子排序表：

序号	刊　名	2005 影响因子	2003～2005 三大转摘量	2003～2005 核心转摘量	2003～2005 人大转摘量	1995～2006 全部转摘量	学科分类	主办单位
1	图书与情报	0.9159		3	22	117	图书馆、情报与文献学	甘肃省图书馆，甘肃省科技情报研究所，甘肃省图书馆学会，甘肃省科技情报学会
2	西北师大学报.社会科学版★	0.2553	22	15	87	400	综合性人文社会科学	西北师范大学
3	西北民族研究★	0.2260	1		25	96	民族学	西北民族大学
4	兰州大学学报.社会科学版★	0.2126	11	1	52	299	综合性人文社会科学	兰州大学
5	开发研究★	0.2117	1	269	22	495	中国经济	甘肃省社会科学院
6	甘肃社会科学★	0.2095	27	11	105	373	综合性人文社会科学	甘肃省社会科学院
7	西北人口	0.1970			18	89	人口学	甘肃省人口和计划生育委员会，兰州大学，甘肃省统计局，甘肃省人口学会
8	敦煌研究★	0.1733			21	83	文物、考古	敦煌研究院
9	敦煌学辑刊	0.1644			12	28	文物、考古	兰州大学
10	科学·经济·社会	0.1304		1	21	101	综合性人文社会科学	兰州大学，甘肃省科学技术协会
11	兰州商学院学报	0.1205	1		32	139	贸易经济	兰州商学院
12	甘肃政法学院学报	0.1205	5		31	132	法律	甘肃政法学院
13	甘肃理论学刊	0.0987	2	1	35	161	中国政治	中共甘肃省委党校
14	财会研究	0.0778		1	22	81	会计	甘肃省财政厅，甘肃省财政学会，甘肃省会计学会
15	兰州学刊	0.0608		2	43	153	综合性人文社会科学	兰州市社会科学院
16	西北民族大学学报.哲学社会科学版	0.0550	1	1	27	138	民族学	西北民族大学
17	社科纵横	0.0285		1	12	72	综合性人文社会科学	甘肃省社会科学界联合会

2. 转摘量排序表：

序号	刊　名	1995～2006 全部转摘量	2003～2005 三大转摘量	2003～2005 核心转摘量	2003～2005 人大转摘量	2005 影响因子	学科分类	主办单位
1	开发研究★	495	1	269	22	0.2117	中国经济	甘肃省社会科学院
2	西北师大学报.社会科学版★	400	22	15	87	0.2553	综合性人文社会科学	西北师范大学
3	甘肃社会科学★	373	27	11	105	0.2095	综合性人文社会科学	甘肃省社会科学院
4	兰州大学学报.社会科学版★	299	11	1	52	0.2126	综合性人文社会科学	兰州大学
5	甘肃理论学刊	161	2	1	35	0.0987	中国政治	中共甘肃省委党校
6	兰州学刊	153		2	43	0.0608	综合性人文社会科学	兰州市社会科学院
7	兰州商学院学报	139	1		32	0.1205	贸易经济	兰州商学院
8	西北民族大学学报.哲学社会科学版	138	1	1	27	0.0550	民族学	西北民族大学
9	甘肃政法学院学报	132	5		31	0.1205	法律	甘肃政法学院
10	图书与情报	117		3	22	0.9159	图书馆、情报与文献学	甘肃省图书馆，甘肃省科技情报研究所，甘肃省图书馆学会，甘肃省科技情报学会
11	科学·经济·社会	101		1	21	0.1304	综合性人文社会科学	兰州大学、甘肃省科学技术协会
12	西北民族研究★	96	1		25	0.2260	民族学	西北民族大学
13	西北人口	89			18	0.1970	人口学	甘肃省人口和计划生育委员会，兰州大学，甘肃省统计局，甘肃省人口学会
14	敦煌研究★	83			21	0.1733	文物、考古	敦煌研究院
15	财会研究	81		1	22	0.0778	会计	甘肃省财政厅，甘肃省财政学会，甘肃省会计学会
16	社科纵横	72		1	12	0.0285	综合性人文社会科学	甘肃省社会科学界联合会
17	敦煌学辑刊	28			12	0.1644	文物、考古	兰州大学

广　东

1. 影响因子排序表：

序号	刊　名	2005 影响因子	2003～2005 三大转摘量	2003～2005 核心转摘量	2003～2005 人大转摘量	1995～2006 全部转摘量	学科分类	主办单位
1	图书馆论坛★	1.6588		12	30	123	图书馆、情报与文献学	广东省立中山图书馆
2	现代外语★	1.3529			7	8	语言学	广东外语外贸大学
3	体育学刊★	0.8266	1	1	32	84	体育	华南理工大学，华南师范大学
4	证券市场导报★	0.4234	1		40	238	财政、金融	深圳证券交易所
5	开放时代★	0.4148	28	7	63	373	综合性人文社会科学	广州市社会科学院
6	中山大学学报．社会科学版★	0.3931	44	8	92	490	综合性人文社会科学	中山大学
7	国际经贸探索★	0.3506	2	3	33	190	贸易经济	广东外语外贸大学
8	广州体育学院学报	0.3333	1		28	67	体育	广州体育学院
9	学术研究★	0.2928	78	33	243	1043	综合性人文社会科学	广东省社会科学界联合会
10	现代哲学★	0.2797	12		81	285	哲学	广东省哲学学会
11	东南亚研究★	0.2551				63	国际政治	暨南大学东南亚研究所
12	广东金融学院学报★	0.2500	8	1	39	66	财政、金融	广东金融学院
13	广东社会科学★	0.2410	36	11	104	495	综合性人文社会科学	广东省社会科学院
14	南方人口	0.2289				7	人口学	中山大学人口研究所
15	深圳大学学报．人文社会科学版★	0.1966	34	6	71	350	综合性人文社会科学	深圳大学
16	暨南学报．哲学社会科学版★	0.1947	7	1	58	317	综合性人文社会科学	暨南大学
17	华南师范大学学报．社会科学版	0.1395	12		77	367	综合性人文社会科学	华南师范大学
18	岭南学刊	0.1336	3		36	225	中国政治	中共广东省委党校
19	汕头大学学报．人文社会科学版	0.1320	14	1	29	185	综合性人文社会科学	汕头大学
20	青年探索	0.1256		2	10	113	社会学	广州市穗港澳青少年研究所

（续表）

序号	刊　名	2005影响因子	2003～2005三大转摘量	2003～2005核心转摘量	2003～2005人大转摘量	1995～2006全部转摘量	学科分类	主办单位
21	华南理工大学学报.社会科学版	0.1230		3	18	59	综合性人文社会科学	华南理工大学
22	广东行政学院学报	0.0964		1	30	97	中国政治	广东行政学院
23	广东商学院学报★	0.0935	21	2	50	190	中国经济	广东商学院
24	特区理论与实践	0.0926	2		19	336	中国经济	中共深圳市委党校
25	探求	0.0920			21	168	综合性人文社会科学	中共广州市委党校，广州市行政学院
26	佛山科学技术学院学报.社会科学版	0.0588	1	1	18	84	综合性人文社会科学	佛山科学技术学院
27	广东教育学院学报	0.0413	1		8	72	教育	广东教育学院
28	湛江师范学院学报.哲学社会科学版	0.0259	5	2	23	118	综合性人文社会科学	湛江师范学院
29	惠州学院学报	0.0188			5	7	综合性人文社会科学	惠州学院
30	嘉应大学学报.哲学社会科学版	0.0071			5	136	综合性人文社会科学	嘉应大学

2. 转摘量排序表：

序号	刊　名	1995～2006全部转摘量	2003～2005三大转摘量	2003～2005核心转摘量	2003～2005人大转摘量	2005影响因子	学科分类	主办单位
1	学术研究★	1043	78	33	243	0.2928	综合性人文社会科学	广东省社会科学界联合会
2	广东社会科学★	495	36	11	104	0.2410	综合性人文社会科学	广东省社会科学院
3	中山大学学报.社会科学版★	490	44	8	92	0.3931	综合性人文社会科学	中山大学
4	开放时代★	373	28	7	63	0.4148	综合性人文社会科学	广州市社会科学院
5	华南师范大学学报.社会科学版	367	12		77	0.1395	综合性人文社会科学	华南师范大学
6	深圳大学学报.人文社会科学版★	350	34	6	71	0.1966	综合性人文社会科学	深圳大学

（续表）

序号	刊　名	1995～2006 全部转摘量	2003～2005 三大转摘量	2003～2005 核心转摘量	2003～2005 人大转摘量	2005 影响因子	学科分类	主办单位
7	特区理论与实践	336	2		19	0.0926	中国经济	中共深圳市委党校
8	暨南学报．哲学社会科学版★	317	7	1	58	0.1947	综合性人文社会科学	暨南大学
9	现代哲学★	285	12		81	0.2797	哲学	广东省哲学学会
10	证券市场导报★	238	1		40	0.4234	财政、金融	深圳证券交易所
11	岭南学刊	225	3		36	0.1336	中国政治	中共广东省委党校
12	国际经贸探索★	190	2	3	33	0.3506	贸易经济	广东外语外贸大学
13	广东商学院学报★	190	21	2	50	0.0935	中国经济	广东商学院
14	汕头大学学报．人文社会科学版	185	14	1	29	0.1320	综合性人文社会科学	汕头大学
15	探求	168			21	0.0920	综合性人文社会科学	中共广州市委党校，广州市行政学院
16	嘉应大学学报．哲学社会科学版	136			5	0.0071	综合性人文社会科学	嘉应大学
17	图书馆论坛★	123		12	30	1.6588	图书馆、情报与文献学	广东省立中山图书馆
18	湛江师范学院学报．哲学社会科学版	118	5	2	23	0.0259	综合性人文社会科学	湛江师范学院
19	青年探索	113		2	10	0.1256	社会学	广州市穗港澳青少年研究所
20	广东行政学院学报	97		1	30	0.0964	中国政治	广东行政学院
21	体育学刊★	84	1	1	32	0.8266	体育	华南理工大学，华南师范大学
22	佛山科学技术学院学报．社会科学版	84	1	1	18	0.0588	综合性人文社会科学	佛山科学技术学院
23	广东教育学院学报	72	1		8	0.0413	教育	广东教育学院
24	广州体育学院学报	67	1		28	0.3333	体育	广州体育学院
25	广东金融学院学报★	66	8	1	39	0.2500	财政、金融	广东金融学院
26	东南亚研究★	63				0.2551	国际政治	暨南大学东南亚研究所
27	华南理工大学学报．社会科学版	59		3	18	0.1230	综合性人文社会科学	华南理工大学
28	现代外语★	8			7	1.3529	语言学	广东外语外贸大学
29	南方人口	7				0.2289	人口学	中山大学人口研究所
30	惠州学院学报	7			5	0.0188	综合性人文社会科学	惠州学院

广　西

1. 影响因子排序表：

序号	刊　名	2005影响因子	2003～2005三大转摘量	2003～2005核心转摘量	2003～2005人大转摘量	1995～2006全部转摘量	学科分类	主办单位
1	图书馆界	0.5170			1	12	图书馆、情报与文献学	广西图书馆学会，广西壮族自治区图书馆
2	广西民族研究★	0.2953	2		31	94	民族学	广西壮族自治区民族研究所
3	广西民族学院学报.哲学社会科学版★	0.2522	25	1	64	281	民族学	广西民族学院
4	学术论坛★	0.2206	11	8	96	399	综合性人文社会科学	广西社会科学院
5	民族艺术★	0.2115	2		22	78	艺术	广西民族文化艺术研究院
6	东南亚纵横	0.1936			39	112	国际政治	广西社会科学院东南亚研究所
7	广西师范大学学报.哲学社会科学版	0.1753	2	1	67	309	综合性人文社会科学	广西师范大学
8	社会科学家	0.1374	5	3	41	216	综合性人文社会科学	桂林市社会科学界联合会
9	广西大学学报.哲学社会科学版	0.1026	1	1	35	240	综合性人文社会科学	广西大学
10	广西社会科学	0.0916		1	53	248	综合性人文社会科学	广西社会科学界联合会
11	改革与战略	0.0596	1	1	29	125	中国经济	广西壮族自治区社会科学界联合会
12	当代经济	0.0244			7	29	经济理论	广西壮族自治区人民政府发展研究中心
13	广西教育学院学报	0.0168			6	38	教育	广西教育学院

2. 转摘量排序表：

序号	刊　　名	1995～2006 全部转摘量	2003～2005 三大转摘量	2003～2005 核心转摘量	2003～2005 人大转摘量	2005 影响因子	学科分类	主办单位
1	学术论坛★	399	11	8	96	0.2206	综合性人文社会科学	广西社会科学院
2	广西师范大学学报.哲学社会科学版	309	2	1	67	0.1753	综合性人文社会科学	广西师范大学
3	广西民族学院学报.哲学社会科学版★	281	25	1	64	0.2522	民族学	广西民族学院
4	广西社会科学	248		1	53	0.0916	综合性人文社会科学	广西社会科学界联合会
5	广西大学学报.哲学社会科学版	240	1	1	35	0.1026	综合性人文社会科学	广西大学
6	社会科学家	216	5	3	41	0.1374	综合性人文社会科学	桂林市社会科学界联合会
7	改革与战略	125	1	1	29	0.0596	中国经济	广西壮族自治区社会科学界联合会
8	东南亚纵横	112			39	0.1936	国际政治	广西社会科学院东南亚研究所
9	广西民族研究★	94	2		31	0.2953	民族学	广西壮族自治区民族研究所
10	民族艺术★	78	2		22	0.2115	艺术	广西民族文化艺术研究院
11	广西教育学院学报	38			6	0.0168	教育	广西教育学院
12	当代经济	29			7	0.0244	经济理论	广西壮族自治区人民政府发展研究中心
13	图书馆界	12			1	0.5170	图书馆、情报与文献学	广西图书馆学会，广西壮族自治区图书馆

贵 州

1. 影响因子排序表：

序号	刊 名	2005影响因子	2003～2005三大转摘量	2003～2005核心转摘量	2003～2005人大转摘量	1995～2006全部转摘量	学科分类	主办单位
1	贵州财经学院学报	0.3056	7	1	53	177	财政、金融	贵州财经学院
2	贵州民族研究★	0.1221	1		21	136	民族学	贵州省民族研究所
3	贵州师范大学学报.社会科学版	0.1101	7	1	40	162	综合性人文社会科学	贵州师范大学
4	贵州大学学报.社会科学版	0.0578		1	30	160	综合性人文社会科学	贵州大学
5	贵州社会科学	0.0467	3	2	29	228	综合性人文社会科学	贵州省社会科学院
6	贵州文史丛刊	0.0370			5	48	历史	贵州省文史研究馆
7	贵州民族学院学报.哲学社会科学版	0.0366	3		18	103	民族学	贵州民族学院
8	贵州教育学院学报.社会科学版	0.0317			8	60	教育	贵州教育学院

2. 转摘量排序表：

序号	刊 名	1995～2006全部转摘量	2003～2005三大转摘量	2003～2005核心转摘量	2003～2005人大转摘量	2005影响因子	学科分类	主办单位
1	贵州社会科学	228	3	2	29	0.0467	综合性人文社会科学	贵州省社会科学院
2	贵州财经学院学报	177	7	1	53	0.3056	财政、金融	贵州财经学院
3	贵州师范大学学报.社会科学版	162	7	1	40	0.1101	综合性人文社会科学	贵州师范大学
4	贵州大学学报.社会科学版	160		1	30	0.0578	综合性人文社会科学	贵州大学
5	贵州民族研究★	136	1		21	0.1221	民族学	贵州省民族研究所
6	贵州民族学院学报.哲学社会科学版	103	3		18	0.0366	民族学	贵州民族学院
7	贵州教育学院学报.社会科学版	60			8	0.0317	教育	贵州教育学院
8	贵州文史丛刊	48			5	0.0370	历史	贵州省文史研究馆

海　南

1. 影响因子排序表：

序号	刊　名	2005 影响因子	2003~2005 三大转摘量	2003~2005 核心转摘量	2003~2005 人大转摘量	1995~2006 全部转摘量	学科分类	主办单位
1	新东方	0.1048			20	175	中国政治	中共海南省委党校
2	海南大学学报. 人文社会科学版	0.1024	2		13	137	综合性人文社会科学	海南大学
3	海南师范大学学报. 社会科学版	0.0528	11		40	183	综合性人文社会科学	海南师范大学

2. 转摘量排序表：

序号	刊　名	1995~2006 全部转摘量	2003~2005 三大转摘量	2003~2005 核心转摘量	2003~2005 人大转摘量	2005 影响因子	学科分类	主办单位
1	海南师范大学学报. 社会科学版	183	11		40	0.0528	综合性人文社会科学	海南师范大学
2	新东方	175			20	0.1048	中国政治	中共海南省委党校
3	海南大学学报. 人文社会科学版	137	2		13	0.1024	综合性人文社会科学	海南大学

河　北

1. 影响因子排序表：

序号	刊　名	2005 影响因子	2003~2005 三大转摘量	2003~2005 核心转摘量	2003~2005 人大转摘量	1995~2006 全部转摘量	学科分类	主办单位
1	地理与地理信息科学	0.6948			26	131	地理（人文地理）	河北省地理科学研究所
2	河北学刊★	0.3883	116	60	205	818	综合性人文社会科学	河北省社会科学院
3	河北经贸大学学报	0.2176	1		34	173	贸易经济	河北经贸大学
4	中国监狱学刊	0.2031	1		22	49	法律	中央司法警官学院
5	河北师范大学学报. 哲学社会科学版★	0.1797	21	2	49	377	综合性人文社会科学	河北师范大学

（续表）

序号	刊　名	2005 影响因子	2003~2005 三大转摘量	2003~2005 核心转摘量	2003~2005 人大转摘量	1995~2006 全部转摘量	学科分类	主办单位
6	河北大学学报．哲学社会科学版	0.1420	3	2	37	238	综合性人文社会科学	河北大学
7	河北法学	0.1403	13		54	250	法律	河北政法职业学院，河北省法学会
8	社会科学论坛	0.1378	6	12	55	166	综合性人文社会科学	河北省社会科学界联合会
9	文物春秋	0.0732			1	10	文物、考古	河北省文物局
10	经济论坛	0.0519	2	3	44	159	经济理论	河北省社会科学院
11	日本问题研究	0.0492			3	42	国际政治	河北大学
12	石家庄经济学院学报	0.0470		1	15	23	综合性人文社会科学	石家庄经济学院

2. 转摘量排序表：

序号	刊　名	1995~2006 全部转摘量	2003~2005 三大转摘量	2003~2005 核心转摘量	2003~2005 人大转摘量	2005 影响因子	学科分类	主办单位
1	河北学刊★	818	116	60	205	0.3883	综合性人文社会科学	河北省社会科学院
2	河北师范大学学报．哲学社会科学版★	377	21	2	49	0.1797	综合性人文社会科学	河北师范大学
3	河北法学	250	13		54	0.1403	法律	河北政法职业学院，河北省法学会
4	河北大学学报．哲学社会科学版	238	3	2	37	0.1420	综合性人文社会科学	河北大学
5	河北经贸大学学报	173	1		34	0.2176	贸易经济	河北经贸大学
6	社会科学论坛	166	6	12	55	0.1378	综合性人文社会科学	河北省社会科学界联合会
7	经济论坛	159	2	3	44	0.0519	经济理论	河北省社会科学院
8	地理与地理信息科学	131			26	0.6948	地理（人文地理）	河北省地理科学研究所
9	中国监狱学刊	49	1		22	0.2031	法律	中央司法警官学院
10	日本问题研究	42			3	0.0492	国际政治	河北大学
11	石家庄经济学院学报	23		1	15	0.0470	综合性人文社会科学	石家庄经济学院
12	文物春秋	10			1	0.0732	文物、考古	河北省文物局

河　　南

1. 影响因子排序表：

序号	刊　　名	2005 影响因子	2003～2005 三大转摘量	2003～2005 核心转摘量	2003～2005 人大转摘量	1995～2006 全部转摘量	学科分类	主办单位
1	地域研究与开发★	0.4981		1	31	156	地理（人文地理）	河南省科学院地理所，河南省发展计划委员会地理所
2	河南图书馆学刊	0.4245		2	11	25	图书馆、情报与文献学	河南省图书馆学会，河南省图书馆
3	解放军外国语学院学报	0.2917	8		14	113	语言学	解放军外国语学院
4	郑州大学学报. 哲学社会科学版★	0.2691	54	16	138	618	综合性人文社会科学	郑州大学
5	金融理论与实践	0.2548	1		67	146	财政、金融	中国人民银行郑州中心支行，河南省金融学会
6	河南师范大学学报. 哲学社会科学版★	0.2393	19	13	107	438	综合性人文社会科学	河南师范大学
7	史学月刊★	0.2392	44	19	250	742	历史	河南大学，河南省历史学会
8	经济经纬（河南财经学院学报）	0.2229	7	1	69	289	经济理论	河南财经学院
9	中原文物★	0.2171			10	51	文物、考古	河南博物院
10	河南省政法管理干部学院学报	0.1814	10	1	80	192	法律	河南省政法管理干部学院
11	中州学刊★	0.1805	54	32	120	622	综合性人文社会科学	河南省社会科学院
12	河南社会科学★	0.1526	18	1	98	331	综合性人文社会科学	河南省社会科学界联合会
13	华夏考古★	0.1416			7	17	文物、考古	河南省文物考古研究所，河南省文物考古学会
14	河南大学学报. 社会科学版★	0.1348	61	24	115	606	综合性人文社会科学	河南大学

（续表）

序号	刊　名	2005影响因子	2003～2005三大转摘量	2003～2005核心转摘量	2003～2005人大转摘量	1995～2006全部转摘量	学科分类	主办单位
15	河南教育学院学报.哲学社会科学版	0.0756	3	1	11	82	教育	河南教育学院
16	南都学坛	0.0706	32	4	47	208	综合性人文社会科学	南阳师范学院
17	信阳师范学院学报.哲学社会科学版	0.0615	11		31	170	综合性人文社会科学	信阳师范学院
18	企业活力	0.0557			15	127	企业经济	河南省社会科学院
19	南阳师范学院学报	0.0414	14	4	40	95	综合性人文社会科学	南阳师范学院
20	洛阳大学学报	0.0307			2	22	综合性人文社会科学	洛阳大学
21	商丘师范学院学报	0.0272	2	1	8	27	综合性人文社会科学	商丘师范学院

2. 转摘量排序表：

序号	刊　名	1995～2006全部转摘量	2003～2005三大转摘量	2003～2005核心转摘量	2003～2005人大转摘量	2005影响因子	学科分类	主办单位
1	史学月刊★	742	44	19	250	0.2392	历史	河南大学，河南省历史学会
2	中州学刊★	622	54	32	120	0.1805	综合性人文社会科学	河南省社会科学院
3	郑州大学学报.哲学社会科学版★	618	54	16	138	0.2691	综合性人文社会科学	郑州大学
4	河南大学学报.社会科学版★	606	61	24	115	0.1348	综合性人文社会科学	河南大学
5	河南师范大学学报.哲学社会科学版★	438	19	13	107	0.2393	综合性人文社会科学	河南师范大学
6	河南社会科学★	331	18	1	98	0.1526	综合性人文社会科学	河南省社会科学界联合会

（续表）

序号	刊　名	1995～2006 全部转摘量	2003～2005 三大转摘量	2003～2005 核心转摘量	2003～2005 人大转摘量	2005 影响因子	学科分类	主办单位
7	经济经纬（河南财经学院学报）	289	7	1	69	0.2229	经济理论	河南财经学院
8	南都学坛	208	32	4	47	0.0706	综合性人文社会科学	南阳师范学院
9	河南省政法管理干部学院学报	192	10	1	80	0.1814	法律	河南省政法管理干部学院
10	信阳师范学院学报.哲学社会科学版	170	11		31	0.0615	综合性人文社会科学	信阳师范学院
11	地域研究与开发★	156		1	31	0.4981	地理（人文地理）	河南省科学院地理所，河南省发展计划委员会地理所
12	金融理论与实践	146	1		67	0.2548	财政、金融	中国人民银行郑州中心支行，河南省金融学会
13	企业活力	127			15	0.0557	企业经济	河南省社会科学院
14	解放军外国语学院学报	113	8		14	0.2917	语言学	解放军外国语学院
15	南阳师范学院学报	95	14	4	40	0.0414	综合性人文社会科学	南阳师范学院
16	河南教育学院学报.哲学社会科学版	82	3	1	11	0.0756	教育	河南教育学院
17	中原文物★	51			10	0.2171	文物、考古	河南博物院
18	商丘师范学院学报	27	2	1	8	0.0272	综合性人文社会科学	商丘师范学院
19	河南图书馆学刊	25		2	11	0.4245	图书馆、情报与文献学	河南省图书馆学会，河南省图书馆
20	洛阳大学学报	22			2	0.0307	综合性人文社会科学	洛阳大学
21	华夏考古★	17			7	0.1416	文物、考古	河南省文物考古研究所，河南省文物考古学会

黑龙江

1. 影响因子排序表：

序号	刊　名	2005 影响因子	2003～2005 三大转摘量	2003～2005 核心转摘量	2003～2005 人大转摘量	1995～2006 全部转摘量	学科分类	主办单位
1	图书馆建设★	1.4991		6	31	123	图书馆、情报与文献学	黑龙江省图书馆
2	外语学刊★	0.5567	5		16	38	语言学	黑龙江大学
3	求是学刊★	0.3436	78	22	96	672	综合性人文社会科学	黑龙江大学
4	中国卫生经济	0.2769			9	9	中国经济	中国卫生经济学会，卫生部卫生经济研究所
5	学习与探索★	0.2315	58	11	96	641	综合性人文社会科学	黑龙江省社会科学院
6	行政论坛	0.1794			22	90	中国政治	黑龙江省行政学院
7	理论探讨	0.1663	15	2	85	408	中国政治	中共黑龙江省委党校
8	学术交流★	0.1370	17	13	91	398	综合性人文社会科学	黑龙江省社会科学界联合会
9	商业研究★	0.1277	2	1	96	484	贸易经济	哈尔滨商业大学
10	黑龙江民族丛刊	0.0823			47	164	民族学	黑龙江民族研究所
11	西伯利亚研究	0.0818			5	40	国际政治	黑龙江省社会科学院
12	文艺评论	0.0816	5	2	27	154	文学	黑龙江省文学艺术界联合会
13	北方文物	0.0789			5	33	文物、考古	北方文物杂志社
14	黑龙江高教研究	0.0747	5	1	26	98	教育	哈尔滨师范大学，黑龙江省高教学会
15	教育探索	0.0719	2	1	47	132	教育	黑龙江省教育科学院、黑龙江省教育学会
16	北方论丛	0.0590	27	6	43	359	综合性人文社会科学	哈尔滨师范大学
17	黑龙江社会科学	0.0564	6		35	130	综合性人文社会科学	黑龙江省社会科学院
18	哈尔滨工业大学学报.社会科学版	0.0528	4		13	53	综合性人文社会科学	哈尔滨工业大学
19	继续教育研究	0.0310			34	60	教育	哈尔滨师范大学
20	理论观察	0.0300		1	9	44	综合性人文社会科学	黑龙江省齐齐哈尔市社会科学界联合会

2. 转摘量排序表：

序号	刊　　名	1995～2006全部转摘量	2003～2005三大转摘量	2003～2005核心转摘量	2003～2005人大转摘量	2005影响因子	学科分类	主办单位
1	求是学刊★	672	78	22	96	0.3436	综合性人文社会科学	黑龙江大学
2	学习与探索★	641	58	11	96	0.2315	综合性人文社会科学	黑龙江省社会科学院
3	商业研究★	484	2	1	96	0.1277	贸易经济	哈尔滨商业大学
4	理论探讨	408	15	2	85	0.1663	中国政治	中共黑龙江省委党校
5	学术交流★	398	17	13	91	0.1370	综合性人文社会科学	黑龙江省社会科学界联合会
6	北方论丛	359	27	6	43	0.0590	综合性人文社会科学	哈尔滨师范大学
7	黑龙江民族丛刊	164			47	0.0823	民族学	黑龙江民族研究所
8	文艺评论	154	5	2	27	0.0816	文学	黑龙江省文学艺术界联合会
9	教育探索	132	2	1	47	0.0719	教育	黑龙江省教育科学院，黑龙江省教育学会
10	黑龙江社会科学	130	6		35	0.0564	综合性人文社会科学	黑龙江省社会科学院
11	图书馆建设★	123		6	31	1.4991	图书馆、情报与文献学	黑龙江省图书馆
12	黑龙江高教研究	98	5	1	26	0.0747	教育	哈尔滨师范大学，黑龙江省高教学会
13	行政论坛	90			22	0.1794	中国政治	黑龙江省行政学院
14	继续教育研究	60			34	0.0310	教育	哈尔滨师范大学
15	哈尔滨工业大学学报.社会科学版	53	4		13	0.0528	综合性人文社会科学	哈尔滨工业大学
16	理论观察	44		1	9	0.0300	综合性人文社会科学	黑龙江省齐齐哈尔市社会科学界联合会
17	西伯利亚研究	40			5	0.0818	国际政治	黑龙江省社会科学院
18	外语学刊★	38	5		16	0.5567	语言学	黑龙江大学
19	北方文物	33			5	0.0789	文物、考古	北方文物杂志社
20	中国卫生经济	9			9	0.2769	中国经济	中国卫生经济学会，卫生部卫生经济研究所

湖　　北

1. 影响因子排序表：

序号	刊　　名	2005影响因子	2003～2005三大转摘量	2003～2005核心转摘量	2003～2005人大转摘量	1995～2006全部转摘量	学科分类	主办单位
1	图书情报知识★	1.5221		12	61	222	图书馆、情报与文献学	武汉大学
2	高等教育研究★	1.3591	26	5	93	384	教育	华中科技大学，中国高等教育学研究会
3	法商研究★	1.0482	49	4	147	608	法律	中南财经政法大学
4	经济评论★	0.8224	3	7	87	443	经济理论	武汉大学经济学院
5	法学评论★	0.7782	22	1	97	496	法律	武汉大学
6	教育与经济★	0.7049	4	3	42	139	教育	华中师范大学，中国教育经济学会研究会
7	长江流域资源与环境	0.4894			21	67	环境科学	中国科学院资源环境科学技术局，中国科学院武汉文献情报中心
8	武汉体育学院学报★	0.4274			33	107	体育	武汉体育学院
9	语言研究★	0.3929	2		36	104	语言学	华中科技大学中国语言研究所
10	教育研究与实验★	0.3889	5	8	52	217	教育	华中师范大学
11	武汉大学学报. 哲学社会科学版★	0.3772	21	3	52	114	综合性人文社会科学	武汉大学
12	高等工程教育研究	0.3209	7	11	16	91	教育	国家教委直属高等工业学校教育研究协作组
13	华中师范大学学报. 人文社会科学版★	0.3096	48	20	96	700	综合性人文社会科学	华中师范大学
14	外国文学研究★	0.3084	4		59	147	文学	华中师范大学
15	中南财经政法大学学报	0.2994	11	6	84	514	财政、金融	中南财经政法大学
16	华中科技大学学报. 社会科学版★	0.2190	8	24	63	179	综合性人文社会科学	华中科技大学
17	武汉理工大学学报. 社会科学版	0.1940	3	12	40	100	综合性人文社会科学	武汉理工大学
18	江汉论坛★	0.1910	41	10	160	819	综合性人文社会科学	湖北省社会科学院
19	中国地质大学学报. 社会科学版	0.1755	4	1	30	66	综合性人文社会科学	中国地质大学

（续表）

序号	刊　名	2005影响因子	2003～2005三大转摘量	2003～2005核心转摘量	2003～2005人大转摘量	1995～2006全部转摘量	学科分类	主办单位
20	武汉大学学报．人文科学版	0.1722	39	10	95	283	综合性人文社会科学	武汉大学
21	湖北行政学院学报	0.1609	6		39	60	中国政治	中共湖北省委党校，湖北省行政学院
22	科技进步与对策★	0.1594	7	1	59	279	科学学（含未来学）	中国管理科学学会，湖北省科技信息研究院
23	社会主义研究★	0.1469	3		71	333	政治理论	华中师范大学
24	湖北大学学报．哲学社会科学版★	0.1447	12	5	50	383	综合性人文社会科学	湖北大学
25	中南民族大学学报．人文社会科学版★	0.1387	16	22	62	331	民族学	中南民族大学
26	武汉科技大学学报．社会科学版	0.0987			2	20	综合性人文社会科学	武汉科技大学
27	江汉考古	0.0957			2	5	文物、考古	湖北省文物考古研究所
28	对外经贸实务	0.0946			10	17	贸易经济	武汉科技学院，全国对外经贸职业教育教学指导委员会
29	黄钟（武汉音乐学院学报）★	0.0839			6	30	艺术	武汉音乐学院
30	湖北社会科学★	0.0749	6	3	81	236	综合性人文社会科学	湖北省社会科学界联合会，湖北省社会科学院
31	湖北师范学院学报．哲学社会科学版	0.0724	2	3	20	84	综合性人文社会科学	湖北师范学院
32	江汉大学学报．社会科学版	0.0696				2	综合性人文社会科学	江汉大学
33	武汉金融	0.0649	2		83	154	财政、金融	武汉金融杂志社
34	湖北民族学院学报．哲学社会科学版	0.0564	3	7	22	101	民族学	湖北民族学院
35	财会月刊	0.0543		25	99	355	会计	武汉市财政局
36	理论月刊	0.0539	1	2	102	291	综合性人文社会科学	湖北省社会科学界联合会
37	江汉大学学报．人文科学版	0.0502	8	6	42	170	综合性人文社会科学	江汉大学

2. 转摘量排序表：

序号	刊　名	1995～2006全部转摘量	2003～2005三大转摘量	2003～2005核心转摘量	2003～2005人大转摘量	2005影响因子	学科分类	主办单位
1	江汉论坛★	819	41	10	160	0.1910	综合性人文社会科学	湖北省社会科学院
2	华中师范大学学报.人文社会科学版★	700	48	20	96	0.3096	综合性人文社会科学	华中师范大学
3	法商研究★	608	49	4	147	1.0482	法律	中南财经政法大学
4	中南财经政法大学学报	514	11	6	84	0.2994	财政、金融	中南财经政法大学
5	法学评论★	496	22	1	97	0.7782	法律	武汉大学
6	经济评论★	443	3	7	87	0.8224	经济理论	武汉大学经济学院
7	高等教育研究★	384	26	5	93	1.3591	教育	华中科技大学，中国高等教育学研究会
8	湖北大学学报.哲学社会科学版★	383	12	5	50	0.1447	综合性人文社会科学	湖北大学
9	财会月刊	355		25	99	0.0543	会计	武汉市财政局
10	社会主义研究★	333	3		71	0.1469	政治理论	华中师范大学
11	中南民族大学学报.人文社会科学版★	331	16	22	62	0.1387	民族学	中南民族大学
12	理论月刊	291	1	2	102	0.0539	综合性人文社会科学	湖北省社会科学界联合会
13	武汉大学学报.人文科学版	283	39	10	95	0.1722	综合性人文社会科学	武汉大学
14	科技进步与对策★	279	7	1	59	0.1594	科学学（含未来学）	中国管理科学学会，湖北省科技信息研究院
15	湖北社会科学★	236	6	3	81	0.0749	综合性人文社会科学	湖北省社会科学界联合会，湖北省社会科学院
16	图书情报知识★	222		12	61	1.5221	图书馆、情报与文献学	武汉大学
17	教育研究与实验★	217	5	8	52	0.3889	教育	华中师范大学
18	华中科技大学学报.社会科学版★	179	8	24	63	0.2190	综合性人文社会科学	华中科技大学
19	江汉大学学报.人文科学版	170	8	6	42	0.0502	综合性人文社会科学	江汉大学
20	武汉金融	154	2		83	0.0649	财政、金融	武汉金融杂志社

（续表）

序号	刊　名	1995～2006全部转摘量	2003～2005三大转摘量	2003～2005核心转摘量	2003～2005人大转摘量	2005影响因子	学科分类	主办单位
21	外国文学研究★	147	4		59	0.3084	文学	华中师范大学
22	教育与经济★	139	4	3	42	0.7049	教育	华中师范大学，中国教育经济学会研究会
23	武汉大学学报. 哲学社会科学版★	114	21	3	52	0.3772	综合性人文社会科学	武汉大学
24	武汉体育学院学报★	107			33	0.4274	体育	武汉体育学院
25	语言研究★	104	2		36	0.3929	语言学	华中科技大学中国语言研究所
26	湖北民族学院学报. 哲学社会科学版	101	3	7	22	0.0564	民族学	湖北民族学院
27	武汉理工大学学报. 社会科学版	100	3	12	40	0.1940	综合性人文社会科学	武汉理工大学
28	高等工程教育研究	91	7	11	16	0.3209	教育	国家教委直属高等工业学校教育研究协作组
29	湖北师范学院学报. 哲学社会科学版	84	2	3	20	0.0724	综合性人文社会科学	湖北师范学院
30	长江流域资源与环境	67			21	0.4894	环境科学	中国科学院资源环境科学技术局，中国科学院武汉文献情报中心
31	中国地质大学学报. 社会科学版	66	4	1	30	0.1755	综合性人文社会科学	中国地质大学
32	湖北行政学院学报	60	6		39	0.1609	中国政治	中共湖北省委党校，湖北省行政学院
33	黄钟（武汉音乐学院学报）★	30			6	0.0839	艺术	武汉音乐学院
34	武汉科技大学学报. 社会科学版	20			2	0.0987	综合性人文社会科学	武汉科技大学
35	对外经贸实务	17			10	0.0946	贸易经济	武汉科技学院，全国对外经贸职业教育教学指导委员会
36	江汉考古	5			2	0.0957	文物、考古	湖北省文物考古研究所
37	江汉大学学报. 社会科学版	2				0.0696	综合性人文社会科学	江汉大学

湖　南

1. 影响因子排序表：

序号	刊　名	2005 影响因子	2003~2005 三大转摘量	2003~2005 核心转摘量	2003~2005 人大转摘量	1995~2006 全部转摘量	学科分类	主办单位
1	图书馆★	2.0129		10	44	186	图书馆、情报与文献学	湖南图书馆
2	高校图书馆工作	0.7905		1	6	42	图书馆、情报与文献学	湖南省高等学校图书情报工作委员会
3	经济地理★	0.6423		337	57	760	地理（人文地理）	中国地理学会，湖南省经济地理研究所
4	财经理论与实践★	0.6265	8	1	69	266	财政、金融	湖南大学
5	农业现代化研究	0.5083	1		3	112	农业经济	中国科学院农业研究委员会，中国科学院长沙农业现代化研究所
6	消费经济★	0.2719			25	144	贸易经济	湘潭大学，湖南商学院，湖南师范大学
7	湖南大学学报. 社会科学版	0.2353	15	6	37	157	综合性人文社会科学	湖南大学
8	古汉语研究★	0.2216			29	89	语言学	湖南师范大学
9	伦理学研究★	0.1730	21	6	62	124	哲学	湖南师范大学
10	湖南师范大学社会科学学报★	0.1556	83	10	104	705	综合性人文社会科学	湖南师范大学
11	湘潭大学学报. 哲学社会科学版★	0.1426	13	3	63	435	综合性人文社会科学	湘潭大学
12	求索★	0.1125	35	17	128	624	综合性人文社会科学	湖南省社会科学院
13	湖南社会科学★	0.1067	16	13	82	285	综合性人文社会科学	湖南省社会科学界联合会
14	吉首大学学报. 社会科学版	0.1058	24	5	50	268	综合性人文社会科学	吉首大学
15	中国文学研究	0.0829	3		20	113	文学	湖南师范大学
16	云梦学刊	0.0758	14	27	44	210	综合性人文社会科学	湖南理工学院
17	理论与创作	0.0499	1		23	80	文学	湖南省文学联合会
18	船山学刊	0.0427	2		26	68	哲学	湖南省社会科学界联合会
19	中国韵文学刊	0.0377	1		11	53	语言学	中国韵文学会，湘潭大学
20	湖南科技大学学报. 社会科学版	0.0310	6		26	206	综合性人文社会科学	湖南科技大学

2. 转摘量排序表：

序号	刊　名	1995～2006 全部转摘量	2003～2005 三大转摘量	2003～2005 核心转摘量	2003～2005 人大转摘量	2005 影响因子	学科分类	主办单位
1	经济地理★	760		337	57	0.6423	地理（人文地理）	中国地理学会，湖南省经济地理研究所
2	湖南师范大学社会科学学报★	705	83	10	104	0.1556	综合性人文社会科学	湖南师范大学
3	求索★	624	35	17	128	0.1125	综合性人文社会科学	湖南省社会科学院
4	湘潭大学学报. 哲学社会科学版★	435	13	3	63	0.1426	综合性人文社会科学	湘潭大学
5	湖南社会科学★	285	16	13	82	0.1067	综合性人文社会科学	湖南省社会科学界联合会
6	吉首大学学报. 社会科学版	268	24	5	50	0.1058	综合性人文社会科学	吉首大学
7	财经理论与实践★	266	8	1	69	0.6265	财政、金融	湖南大学
8	云梦学刊	210	14	27	44	0.0758	综合性人文社会科学	湖南理工学院
9	湖南科技大学学报. 社会科学版	206	6		26	0.0310	综合性人文社会科学	湖南科技大学
10	图书馆★	186		10	44	2.0129	图书馆、情报与文献学	湖南图书馆
11	湖南大学学报. 社会科学版	157	15	6	37	0.2353	综合性人文社会科学	湖南大学
12	消费经济★	144			25	0.2719	贸易经济	湘潭大学，湖南商学院，湖南师范大学
13	伦理学研究★	124	21	6	62	0.1730	哲学	湖南师范大学
14	中国文学研究	113	3		20	0.0829	文学	湖南师范大学
15	农业现代化研究	112	1		3	0.5083	农业经济	中国科学院农业研究委员会，中国科学院长沙农业现代化研究所
16	古汉语研究★	89			29	0.2216	语言学	湖南师范大学
17	理论与创作	80	1		23	0.0499	文学	湖南省文学联合会
18	船山学刊	68	2		26	0.0427	哲学	湖南省社会科学界联合会
19	中国韵文学刊	53	1		11	0.0377	语言学	中国韵文学会，湘潭大学
20	高校图书馆工作	42		1	6	0.7905	图书馆、情报与文献学	湖南省高等学校图书情报工作委员会

吉 林

1. 影响因子排序表：

序号	刊 名	2005 影响因子	2003~2005 三大转摘量	2003~2005 核心转摘量	2003~2005 人大转摘量	1995~2006 全部转摘量	学科分类	主办单位
1	情报科学★	1.0634	1	26	67	238	图书馆、情报与文献学	吉林大学
2	图书馆学研究	0.9208		1	27	58	图书馆、情报与文献学	吉林省图书馆
3	法制与社会发展★	0.9100	27		73	359	法律	吉林大学
4	当代经济研究★	0.4780	8	7	94	439	经济理论	中国资本论研究会，长春税务学院
5	吉林大学社会科学学报★	0.4698	107	6	99	641	综合性人文社会科学	吉林大学
6	人口学刊★	0.4333	5	2	33	160	人口学	吉林大学
7	汉语学习★	0.3908			19	75	语言学	延边大学
8	现代情报	0.3849		6	17	65	图书馆、情报与文献学	中国科技情报学会吉林省科技信息研究所
9	东北师大学报．哲学社会科学版★	0.3770	35	1	76	475	综合性人文社会科学	东北师范大学
10	经济纵横★	0.3710	6	18	39	341	中国经济	吉林省社会科学院（社科联）
11	文艺争鸣★	0.3468	25	8	88	336	文学	吉林省文学艺术界联合会
12	现代日本经济★	0.3088			17	75	世界经济	吉林大学，全国日本经济学会
13	社会科学战线★	0.3070	84	26	143	1097	综合性人文社会科学	吉林省社会科学院
14	东北亚论坛	0.2651	26	3	49	250	国际政治	吉林大学
15	税务与经济	0.2618		8	41	233	财政、金融	长春税务学院
16	外国教育研究★	0.2458	13	9	101	270	教育	东北师范大学
17	当代法学	0.2003	12		57	157	法律	吉林大学
18	长白学刊	0.1543	10	1	47	287	中国政治	中共吉林省委党校
19	史学集刊	0.1189	16	1	71	224	历史	吉林大学
20	行政与法	0.1146			24	72	中国政治	吉林省行政学院
21	日本学论坛	0.0706	1		17	46	国际政治	东北师范大学
22	吉林师范大学学报．人文社会科学版	0.0644	1	1	25	154	综合性人文社会科学	吉林师范大学
23	东疆学刊	0.0449	27	3	22	124	综合性人文社会科学	延边大学
24	古籍整理研究学刊	0.0407			19	50	图书馆、情报与文献学	东北师范大学古籍整理研究所
25	延边大学学报．社会科学版	0.0303			20	149	综合性人文社会科学	延边大学

2. 转摘量排序表：

序号	刊　名	1995～2006 全部转摘量	2003～2005 三大转摘量	2003～2005 核心转摘量	2003～2005 人大转摘量	2005 影响因子	学科分类	主办单位
1	社会科学战线★	1097	84	26	143	0.3070	综合性人文社会科学	吉林省社会科学院
2	吉林大学社会科学学报★	641	107	6	99	0.4698	综合性人文社会科学	吉林大学
3	东北师大学报．哲学社会科学版★	475	35	1	76	0.3770	综合性人文社会科学	东北师范大学
4	当代经济研究★	439	8	7	94	0.4780	经济理论	中国资本论研究会，长春税务学院
5	法制与社会发展★	359	27		73	0.9100	法律	吉林大学
6	经济纵横★	341	6	18	39	0.3710	中国经济	吉林省社会科学院（社科联）
7	文艺争鸣★	336	25	8	88	0.3468	文学	吉林省文学艺术界联合会
8	长白学刊	287	10	1	47	0.1543	中国政治	中共吉林省委党校
9	外国教育研究★	270	13	9	101	0.2458	教育	东北师范大学
10	东北亚论坛	250	26	3	49	0.2651	国际政治	吉林大学
11	情报科学★	238	1	26	67	1.0634	图书馆、情报与文献学	吉林大学
12	税务与经济	233		8	41	0.2618	财政、金融	长春税务学院
13	史学集刊	224	16	1	71	0.1189	历史	吉林大学
14	人口学刊★	160	5	2	33	0.4333	人口学	吉林大学
15	当代法学	157	12		57	0.2003	法律	吉林大学
16	吉林师范大学学报．人文社会科学版	154	1	1	25	0.0644	综合性人文社会科学	吉林师范大学
17	延边大学学报．社会科学版	149			20	0.0303	综合性人文社会科学	延边大学
18	东疆学刊	124	27	3	22	0.0449	综合性人文社会科学	延边大学
19	汉语学习★	75			19	0.3908	语言学	延边大学
20	现代日本经济★	75			17	0.3088	世界经济	吉林大学，全国日本经济学会
21	行政与法	72			24	0.1146	中国政治	吉林省行政学院
22	现代情报	65		6	17	0.3849	图书馆、情报与文献学	中国科技情报学会吉林省科技信息研究所
23	图书馆学研究	58		1	27	0.9208	图书馆、情报与文献学	吉林省图书馆
24	古籍整理研究学刊	50			19	0.0407	图书馆、情报与文献学	东北师范大学古籍整理研究所
25	日本学论坛	46	1		17	0.0706	国际政治	东北师范大学

江　苏

1. 影响因子排序表：

序号	刊　名	2005影响因子	2003～2005三大转摘量	2003～2005核心转摘量	2003～2005人大转摘量	1995～2006全部转摘量	学科分类	主办单位
1	体育与科学★	1.0475			29	122	体育	江苏省体育科学研究所
2	新世纪图书馆	0.8630		2	21	71	图书馆、情报与文献学	江苏省图书馆学会，江苏省图书馆
3	中国农史★	0.6263	3	2	42	110	历史	中国农业历史学会，南京农业大学
4	江苏大学学报．社会科学版★	0.4612	15	3	38	87	综合性人文社会科学	江苏大学
5	现代城市研究	0.4463	2		16	28	城市经济	南京城市科学研究会
6	江海学刊★	0.4104	82	35	216	1077	综合性人文社会科学	江苏省社会科学院
7	南京大学学报．哲学·人文科学·社会科学★	0.3917	76	14	128	746	综合性人文社会科学	南京大学
8	江苏社会科学★	0.3423	65	33	172	909	综合性人文社会科学	江苏省哲学社会科学界联合会
9	语言科学★	0.3409	1		31	43	语言学	江苏徐州师范大学《语言科学》杂志社
10	南京师大学报．社会科学版★	0.3394	45	8	85	550	综合性人文社会科学	南京师范大学
11	外语研究	0.3366					语言学	中国人民解放军国际关系学院
12	世界经济与政治论坛★	0.3168	11	1	75	190	世界经济	江苏省社会科学院世界经济研究所
13	审计与经济研究	0.3058	2	21	44	183	审计	南京审计学院
14	江苏行政学院学报	0.2961	27	3	76	193	中国政治	江苏行政学院
15	江苏高教★	0.2848	6	26	53	239	教育	江苏省教育委员会
16	南京社会科学★	0.2170	10	6	133	607	综合性人文社会科学	南京市社会科学界联合会，南京市社会科学院，中共南京市委党校
17	民国档案★	0.2037			34	119	历史	中国第二历史档案馆

（续表）

序号	刊　名	2005影响因子	2003～2005三大转摘量	2003～2005核心转摘量	2003～2005人大转摘量	1995～2006全部转摘量	学科分类	主办单位
18	现代经济探讨	0.1876	2	1	47	120	经济理论	江苏省社会科学院经济研究所
19	扬州大学学报.人文社会科学版	0.1714	7	5	33	202	综合性人文社会科学	扬州大学
20	南京财经大学学报	0.1569		1	36	153	财政、金融	南京财经大学
21	东南大学学报.哲学社会科学版	0.1486	9		59	177	综合性人文社会科学	东南大学
22	学海★	0.1463	23	13	94	483	综合性人文社会科学	江苏省社会科学院
23	苏州大学学报.哲学社会科学版	0.1438	22	4	48	287	综合性人文社会科学	苏州大学
24	江苏警官学院学报	0.1032	6		16	23	法律	江苏警官学院
25	明清小说研究★	0.0933	1		9	75	文学	江苏省社会科学院文学研究所明清小说研究中心
26	东南文化	0.0857			7	64	文物、考古	南京博物院
27	南京政治学院学报	0.0837	24		62	300	中国政治	中国人民解放军南京政治学院
28	南通大学学报.社会科学版	0.0821	30	9	29	172	综合性人文社会科学	南通大学
29	徐州师范大学学报.哲学社会科学版	0.0685	27	5	52	317	综合性人文社会科学	徐州师范大学
30	世界华文文学论坛	0.0422			1	21	文学	江苏省社会科学院，江苏台港与海外华文文学研究中心，江苏省台港暨海外华文文学研究会
31	江苏教育学院学报.社会科学版	0.0404	3		13	121	综合性人文社会科学	江苏教育学院
32	艺术百家	0.0058			2	73	艺术	江苏省文化艺术研究所

2. 转摘量排序表：

序号	刊 名	1995～2006 全部转摘量	2003～2005 三大转摘量	2003～2005 核心转摘量	2003～2005 人大转摘量	2005 影响因子	学科分类	主办单位
1	江海学刊★	1077	82	35	216	0.4104	综合性人文社会科学	江苏省社会科学院
2	江苏社会科学★	909	65	33	172	0.3423	综合性人文社会科学	江苏省哲学社会科学界联合会
3	南京大学学报. 哲学·人文科学·社会科学★	746	76	14	128	0.3917	综合性人文社会科学	南京大学
4	南京社会科学★	607	10	6	133	0.2170	综合性人文社会科学	南京市社会科学界联合会，南京市社会科学院，中共南京市委党校
5	南京师大学报. 社会科学版★	550	45	8	85	0.3394	综合性人文社会科学	南京师范大学
6	学海★	483	23	13	94	0.1463	综合性人文社会科学	江苏省社会科学院
7	徐州师范大学学报. 哲学社会科学版	317	27	5	52	0.0685	综合性人文社会科学	徐州师范大学
8	南京政治学院学报	300	24		62	0.0837	中国政治	中国人民解放军南京政治学院
9	苏州大学学报. 哲学社会科学版	287	22	4	48	0.1438	综合性人文社会科学	苏州大学
10	江苏高教★	239	6	26	53	0.2848	教育	江苏省教育委员会
11	扬州大学学报. 人文社会科学版	202	7	5	33	0.1714	综合性人文社会科学	扬州大学
12	江苏行政学院学报	193	27	3	76	0.2961	中国政治	江苏行政学院
13	世界经济与政治论坛★	190	11	1	75	0.3168	世界经济	江苏省社会科学院世界经济研究所
14	审计与经济研究	183	2	21	44	0.3058	审计	南京审计学院
15	东南大学学报. 哲学社会科学版	177	9		59	0.1486	综合性人文社会科学	东南大学
16	南通大学学报. 社会科学版	172	30	9	29	0.0821	综合性人文社会科学	南通大学
17	南京财经大学学报	153		1	36	0.1569	财政、金融	南京财经大学

（续表）

序号	刊　　名	1995～2006全部转摘量	2003～2005三大转摘量	2003～2005核心转摘量	2003～2005人大转摘量	2005影响因子	学科分类	主办单位
18	体育与科学★	122			29	1.0475	体育	江苏省体育科学研究所
19	江苏教育学院学报.社会科学版	121	3		13	0.0404	综合性人文社会科学	江苏教育学院
20	现代经济探讨	120	2	1	47	0.1876	经济理论	江苏省社会科学院经济研究所
21	民国档案★	119			34	0.2037	历史	中国第二历史档案馆
22	中国农史★	110	3	2	42	0.6263	历史	中国农业历史学会，南京农业大学
23	江苏大学学报.社会科学版★	87	15	3	38	0.4612	综合性人文社会科学	江苏大学
24	明清小说研究★	75	1		9	0.0933	文学	江苏省社会科学院文学研究所明清小说研究中心
25	艺术百家	73			2	0.0058	艺术	江苏省文化艺术研究所
26	新世纪图书馆	71		2	21	0.8630	图书馆、情报与文献学	江苏省图书馆学会，江苏省图书馆
27	东南文化	64			7	0.0857	文物、考古	南京博物院
28	语言科学★	43	1		31	0.3409	语言学	江苏徐州师范大学《语言科学》杂志社
29	现代城市研究	28	2		16	0.4463	城市经济	南京城市科学研究会
30	江苏警官学院学报	23	6		16	0.1032	法律	江苏警官学院
31	世界华文文学论坛	21			1	0.0422	文学	江苏省社会科学院，江苏台港与海外华文文学研究中心，江苏省台港暨海外华文文学研究会
32	外语研究					0.3366	语言学	中国人民解放军国际关系学院

江　西

1. 影响因子排序表：

序号	刊　名	2005影响因子	2003~2005三大转摘量	2003~2005核心转摘量	2003~2005人大转摘量	1995~2006全部转摘量	学科分类	主办单位
1	当代财经★	0.4421	20	13	153	643	财政、金融	江西财经大学
2	江西图书馆学刊	0.3877		1	2	16	图书馆、情报与文献学	江西省图书馆学会，江西省图书馆
3	心理学探新	0.3095			29	79	心理学	江西师范大学
4	江西财经大学学报	0.2211	10	1	48	150	财政、金融	江西财经大学
5	江西师范大学学报.哲学社会科学版	0.1520	9		50	225	综合性人文社会科学	江西师范大学
6	江西社会科学★	0.1196	24	8	163	663	综合性人文社会科学	江西省社会科学院
7	企业经济	0.1050			53	182	企业经济	江西省社会科学院
8	南昌大学学报.人文社会科学版	0.1019	18	1	59	293	综合性人文社会科学	南昌大学
9	金融与经济	0.1017			68	207	财政、金融	江西省金融学会
10	求实	0.0958	7	1	99	327	中国政治	中共江西省委党校，江西行政学院
11	农业考古	0.0645					文物、考古	江西省社会科学院
12	江西教育科研	0.0600			48	183	教育	江西省教育科学研究所，江西省教育学会
13	江西教育学院学报	0.0411			8	68	教育	江西教育学院
14	南方文物	0.0402			3	6	文物、考古	江西省文物局考古研究所，江西省博物馆
15	赣南师范学院学报	0.0183	1		15	104	综合性人文社会科学	赣南师范学院

2. 转摘量排序表：

序号	刊　名	1995～2006 全部转摘量	2003～2005 三大转摘量	2003～2005 核心转摘量	2003～2005 人大转摘量	2005 影响因子	学科分类	主办单位
1	江西社会科学★	663	24	8	163	0.1196	综合性人文社会科学	江西省社会科学院
2	当代财经★	643	20	13	153	0.4421	财政、金融	江西财经大学
3	求实	327	7	1	99	0.0958	中国政治	中共江西省委党校，江西行政学院
4	南昌大学学报. 人文社会科学版	293	18	1	59	0.1019	综合性人文社会科学	南昌大学
5	江西师范大学学报. 哲学社会科学版	225	9		50	0.1520	综合性人文社会科学	江西师范大学
6	金融与经济	207			68	0.1017	财政、金融	江西省金融学会
7	江西教育科研	183			48	0.0600	教育	江西省教育科学研究所，江西省教育学会
8	企业经济	182			53	0.1050	企业经济	江西省社会科学院
9	江西财经大学学报	150	10	1	48	0.2211	财政、金融	江西财经大学
10	赣南师范学院学报	104	1		15	0.0183	综合性人文社会科学	赣南师范学院
11	心理学探新	79			29	0.3095	心理学	江西师范大学
12	江西教育学院学报	68			8	0.0411	教育	江西教育学院
13	江西图书馆学刊	16		1	2	0.3877	图书馆、情报与文献学	江西省图书馆学会，江西省图书馆
14	南方文物	6			3	0.0402	文物、考古	江西省文物局考古研究所，江西省博物馆
15	农业考古					0.0645	文物、考古	江西省社会科学院

辽 宁

1. 影响因子排序表：

序号	刊 名	2005 影响因子	2003～2005 三大转摘量	2003～2005 核心转摘量	2003～2005 人大转摘量	1995～2006 全部转摘量	学科分类	主办单位
1	图书馆学刊	0.7577			3	14	图书馆、情报与文献学	辽宁省图书馆学会，辽宁省图书馆
2	外语与外语教学★	0.5765			10	55	语言学	大连外国语学院
3	财经问题研究★	0.5681	23	6	90	595	财政、金融	东北财经大学
4	当代作家评论★	0.4881	8	1	47	247	文学	辽宁省作家协会
5	教育科学★	0.3091		5	54	162	教育	辽宁师范大学
6	社会科学辑刊★	0.2128	32	28	70	595	综合性人文社会科学	辽宁省社会科学院
7	沈阳体育学院学报★	0.2076			15	41	体育	沈阳体育学院
8	辽宁大学学报.哲学社会科学版	0.1416	12	1	48	339	综合性人文社会科学	辽宁大学
9	日本研究	0.1298	1		28	101	国际政治	辽宁大学日本研究所
10	辽宁师范大学学报.社会科学版	0.1181	6	2	22	190	综合性人文社会科学	辽宁师范大学
11	沈阳师范大学学报.社会科学版	0.1020	5	4	29	185	综合性人文社会科学	沈阳师范大学
12	辽宁教育研究	0.0541		1	15	37	教育	辽宁教育研究院
13	满族研究	0.0325			5	51	民族学	辽宁省民族研究所
14	理论界	0.0179			29	101	综合性人文社会科学	辽宁省社会科学界联合会
15	辽宁教育学院学报	0.0159			3	60	教育	辽宁教育学院
16	乐府新声（沈阳音乐学院学报）	0.0052			1	15	艺术	沈阳音乐学院

2. 转摘量排序表：

序号	刊　　名	1995～2006 全部转摘量	2003～2005 三大转摘量	2003～2005 核心转摘量	2003～2005 人大转摘量	2005 影响因子	学科分类	主办单位
1	财经问题研究★	595	23	6	90	0.5681	财政、金融	东北财经大学
2	社会科学辑刊★	595	32	28	70	0.2128	综合性人文社会科学	辽宁省社会科学院
3	辽宁大学学报.哲学社会科学版	339	12	1	48	0.1416	综合性人文社会科学	辽宁大学
4	当代作家评论★	247	8	1	47	0.4881	文学	辽宁省作家协会
5	辽宁师范大学学报.社会科学版	190	6	2	22	0.1181	综合性人文社会科学	辽宁师范大学
6	沈阳师范大学学报.社会科学版	185	5	4	29	0.1020	综合性人文社会科学	沈阳师范大学
7	教育科学★	162		5	54	0.3091	教育	辽宁师范大学
8	日本研究	101	1		28	0.1298	国际政治	辽宁大学日本研究所
9	理论界	101			29	0.0179	综合性人文社会科学	辽宁省社会科学界联合会
10	辽宁教育学院学报	60			3	0.0159	教育	辽宁教育学院
11	外语与外语教学★	55			10	0.5765	语言学	大连外国语学院
12	满族研究	51			5	0.0325	民族学	辽宁省民族研究所
13	沈阳体育学院学报★	41			15	0.2076	体育	沈阳体育学院
14	辽宁教育研究	37		1	15	0.0541	教育	辽宁教育研究院
15	乐府新声（沈阳音乐学院学报）	15			1	0.0052	艺术	沈阳音乐学院
16	图书馆学刊	14			3	0.7577	图书馆、情报与文献学	辽宁省图书馆学会，辽宁省图书馆

内蒙古

1. 影响因子排序表：

序号	刊　名	2005 影响因子	2003～2005 三大转摘量	2003～2005 核心转摘量	2003～2005 人大转摘量	1995～2006 全部转摘量	学科分类	主办单位
1	科学管理研究★	0.4184	1		29	176	科学学（含未来学）	内蒙古自治区软科学研究会
2	内蒙古大学学报. 哲学社会科学版	0.1699	14		38	272	综合性人文社会科学	内蒙古大学
3	内蒙古社会科学	0.1412	3	2	42	257	综合性人文社会科学	内蒙古社会科学院
4	内蒙古师范大学学报. 哲学社会科学（汉文）版	0.1092	2		30	223	综合性人文社会科学	内蒙古师范大学
5	内蒙古财经学院学报	0.1066		1	13	111	财政、金融	内蒙古财经学院
6	内蒙古民族大学学报. 社会科学版	0.0448	2		26	84	民族学	内蒙古民族大学

2. 转摘量排序表：

序号	刊　名	1995～2006 全部转摘量	2003～2005 三大转摘量	2003～2005 核心转摘量	2003～2005 人大转摘量	2005 影响因子	学科分类	主办单位
1	内蒙古大学学报. 哲学社会科学版	272	14		38	0.1699	综合性人文社会科学	内蒙古大学
2	内蒙古社会科学	257	3	2	42	0.1412	综合性人文社会科学	内蒙古社会科学院
3	内蒙古师范大学学报. 哲学社会科学（汉文）版	223	2		30	0.1092	综合性人文社会科学	内蒙古师范大学
4	科学管理研究★	176	1		29	0.4184	科学学（含未来学）	内蒙古自治区软科学研究会
5	内蒙古财经学院学报	111		1	13	0.1066	财政、金融	内蒙古财经学院
6	内蒙古民族大学学报. 社会科学版	84	2		26	0.0448	民族学	内蒙古民族大学

宁　　夏

1. 影响因子排序表：

序号	刊　　名	2005 影响因子	2003～2005 三大转摘量	2003～2005 核心转摘量	2003～2005 人大转摘量	1995～2006 全部转摘量	学科分类	主办单位
1	图书馆理论与实践	0.9088		18	15	132	图书馆、情报与文献学	宁夏回族自治区图书馆学会，宁夏回族自治区图书馆
2	回族研究★	0.1937	1	3	21	91	民族学	宁夏社会科学院
3	宁夏社会科学★	0.1250	5		39	212	综合性人文社会科学	宁夏社会科学院
4	宁夏大学学报．人文社会科学版	0.1036	5	2	16	143	综合性人文社会科学	宁夏大学

2. 转摘量排序表：

序号	刊　　名	1995～2006 全部转摘量	2003～2005 三大转摘量	2003～2005 核心转摘量	2003～2005 人大转摘量	2005 影响因子	学科分类	主办单位
1	宁夏社会科学★	212	5		39	0.1250	综合性人文社会科学	宁夏社会科学院
2	宁夏大学学报．人文社会科学版	143	5	2	16	0.1036	综合性人文社会科学	宁夏大学
3	图书馆理论与实践	132		18	15	0.9088	图书馆、情报与文献学	宁夏回族自治区图书馆学会，宁夏回族自治区图书馆
4	回族研究★	91	1	3	21	0.1937	民族学	宁夏社会科学院

青　海

1. 影响因子排序表：

序号	刊　名	2005影响因子	2003～2005三大转摘量	2003～2005核心转摘量	2003～2005人大转摘量	1995～2006全部转摘量	学科分类	主办单位
1	青海民族研究	0.1261			21	58	民族学	青海民族学院民族研究所
2	青海社会科学	0.1085	4	1	24	158	综合性人文社会科学	青海省社会科学院
3	青海民族学院学报.社会科学版	0.0857	3	3	16	82	民族学	青海民族学院
4	青海师范大学学报.哲学社会科学版	0.0749	1		13	131	综合性人文社会科学	青海师范大学
5	攀登	0.0617			34	136	中国政治	中共青海省委党校，青海行政学院，青海社会主义学院

2. 转摘量排序表：

序号	刊　名	1995～2006全部转摘量	2003～2005三大转摘量	2003～2005核心转摘量	2003～2005人大转摘量	2005影响因子	学科分类	主办单位
1	青海社会科学	158	4	1	24	0.1085	综合性人文社会科学	青海省社会科学院
2	攀登	136			34	0.0617	中国政治	中共青海省委党校，青海行政学院，青海社会主义学院
3	青海师范大学学报.哲学社会科学版	131	1		13	0.0749	综合性人文社会科学	青海师范大学
4	青海民族学院学报.社会科学版	82	3	3	16	0.0857	民族学	青海民族学院
5	青海民族研究	58			21	0.1261	民族学	青海民族学院民族研究所

山　东

1. 影响因子排序表：

序号	刊　名	2005 影响因子	2003～2005 三大转摘量	2003～2005 核心转摘量	2003～2005 人大转摘量	1995～2006 全部转摘量	学科分类	主办单位
1	中国人口·资源与环境★	0.8827			44	179	人口学	中国可持续发展研究会，山东省可持续发展研究中心，中国21世纪议程管理中心，山东师范大学
2	法学论坛★	0.4956	15		57	155	法律	山东省法学会
3	山东体育学院学报	0.3791	1		19	59	体育	山东体育学院
4	文史哲★	0.3560	126	37	157	933	综合性人文社会科学	山东大学
5	周易研究☆	0.3008	2	1	42	133	哲学	山东大学，中国周易学会
6	山东图书馆季刊	0.2414		1	5	24	图书馆、情报与文献学	山东省图书馆学会，山东省图书馆
7	烟台大学学报. 哲学社会科学版	0.2299	24	10	36	275	综合性人文社会科学	烟台大学
8	东岳论丛★	0.1851	44	14	88	488	综合性人文社会科学	山东省社会科学院
9	山东大学学报. 哲学社会科学版	0.1791	23	9	82	345	综合性人文社会科学	山东大学
10	政法论丛	0.1489			21	78	法律	山东省政法学院
11	孔子研究★	0.1436	7	2	40	217	哲学	中国孔子基金会
12	山东师范大学学报. 人文社会科学版	0.1371	9	1	55	387	综合性人文社会科学	山东师范大学
13	当代世界社会主义问题	0.1341	1		30	133	国际政治	山东大学当代社会主义研究所
14	山东社会科学	0.1337	63	17	107	463	综合性人文社会科学	山东省社会科学界联合会
15	民俗研究	0.1333	1	1	10	27	文物、考古	山东大学
16	东方论坛	0.1295	9		48	212	综合性人文社会科学	青岛大学
17	理论学刊	0.1229	13	2	112	420	中国政治	中共山东省委党校
18	齐鲁学刊★	0.0862	34	8	78	511	综合性人文社会科学	曲阜师范大学
19	管子学刊	0.0533	3		12	57	哲学	齐文化研究院
20	蒲松龄研究	0.0203				4	文学	蒲松龄纪念馆

2. 转摘量排序表：

序号	刊　名	1995～2006 全部转摘量	2003～2005 三大转摘量	2003～2005 核心转摘量	2003～2005 人大转摘量	2005 影响因子	学科分类	主办单位
1	文史哲★	933	126	37	157	0.3560	综合性人文社会科学	山东大学
2	齐鲁学刊★	511	34	8	78	0.0862	综合性人文社会科学	曲阜师范大学
3	东岳论丛★	488	44	14	88	0.1851	综合性人文社会科学	山东省社会科学院
4	山东社会科学	463	63	17	107	0.1337	综合性人文社会科学	山东省社会科学界联合会
5	理论学刊	420	13	2	112	0.1229	中国政治	中共山东省委党校
6	山东师范大学学报．人文社会科学版	387	9	1	55	0.1371	综合性人文社会科学	山东师范大学
7	山东大学学报．哲学社会科学版	345	23	9	82	0.1791	综合性人文社会科学	山东大学
8	烟台大学学报．哲学社会科学版	275	24	10	36	0.2299	综合性人文社会科学	烟台大学
9	孔子研究★	217	7	2	40	0.1436	哲学	中国孔子基金会
10	东方论坛	212	9		48	0.1295	综合性人文社会科学	青岛大学
11	中国人口·资源与环境★	179			44	0.8827	人口学	中国可持续发展研究会，山东省可持续发展研究中心，中国21世纪议程管理中心，山东师范大学
12	法学论坛★	155	15		57	0.4956	法律	山东省法学会
13	周易研究★	133	2	1	42	0.3008	哲学	山东大学，中国周易学会
14	当代世界社会主义问题	133	1		30	0.1341	国际政治	山东大学当代社会主义研究所
15	政法论丛	78			21	0.1489	法律	山东省政法学院
16	山东体育学院学报	59	1		19	0.3791	体育	山东体育学院
17	管子学刊	57	3		12	0.0533	哲学	齐文化研究院
18	民俗研究	27	1	1	10	0.1333	文物、考古	山东大学
19	山东图书馆季刊	24		1	5	0.2414	图书馆、情报与文献学	山东省图书馆学会，山东省图书馆
20	蒲松龄研究	4				0.0203	文学	蒲松龄纪念馆

山　西

1. 影响因子排序表：

序号	刊　名	2005 影响因子	2003～2005 三大转摘量	2003～2005 核心转摘量	2003～2005 人大转摘量	1995～2006 全部转摘量	学科分类	主办单位
1	山西财经大学学报	0.6161	2	1	62	239	财政、金融	山西财经大学
2	晋图学刊	0.4161		2	5	36	图书馆、情报与文献学	山西省高等学校图书情报工作委员会，山西省图书馆
3	经济问题	0.3852		1	53	361	中国经济	山西省社会科学院
4	编辑之友	0.3773	11		72	227	文化、新闻与传播	山西出版集团
5	教育理论与实践★	0.3094	3	7	108	329	教育	山西省教育科学研究院，山西省教育学会
6	科学技术与辩证法★	0.2951	3		82	314	科学学（含未来学）	山西省自然辩证法研究会
7	山西大学学报．哲学社会科学版	0.2548	11	1	47	225	综合性人文社会科学	山西山西大学
8	语文研究	0.2231		2	21	72	语言学	山西省社会科学院
9	山西师大学报．社会科学版	0.1667	27	5	38	293	综合性人文社会科学	山西师范大学
10	生产力研究	0.1174		2	26	153	经济理论	中国生产力学会，山西省生产力学会
11	技术经济与管理研究	0.1001		1	20	65	经济理论	山西省人民政府发展研究中心
12	晋阳学刊	0.0943	4		27	220	综合性人文社会科学	山西省社会科学院
13	理论探索	0.0940		1	16	109	中国政治	中共山西省委党校，山西行政学院
14	中共山西省委党校学报	0.0919			18	39	中国政治	中共山西省委党校，山西行政学院
15	经济师	0.0797		36	23	203	中国经济	山西省社会科学院
16	文物世界	0.0455			1	7	文物、考古	山西省文物局

2. 转摘量排序表：

序号	刊　名	1995～2006全部转摘量	2003～2005三大转摘量	2003～2005核心转摘量	2003～2005人大转摘量	2005影响因子	学科分类	主办单位
1	经济问题	361		1	53	0.3852	中国经济	山西省社会科学院
2	教育理论与实践★	329	3	7	108	0.3094	教育	山西省教育科学研究院，山西省教育学会
3	科学技术与辩证法★	314	3		82	0.2951	科学学（含未来学）	山西省自然辩证法研究会
4	山西师大学报．社会科学版	293	27	5	38	0.1667	综合性人文社会科学	山西师范大学
5	山西财经大学学报	239	2	1	62	0.6161	财政、金融	山西财经大学
6	编辑之友	227	11		72	0.3773	文化、新闻与传播	山西出版集团
7	山西大学学报．哲学社会科学版	225	11	1	47	0.2548	综合性人文社会科学	山西山西大学
8	晋阳学刊	220	4		27	0.0943	综合性人文社会科学	山西省社会科学院
9	经济师	203		36	23	0.0797	中国经济	山西省社会科学院
10	生产力研究	153		2	26	0.1174	经济理论	中国生产力学会，山西省生产力学会
11	理论探索	109		1	16	0.0940	中国政治	中共山西省委党校，山西行政学院
12	语文研究	72		2	21	0.2231	语言学	山西省社会科学院
13	技术经济与管理研究	65		1	20	0.1001	经济理论	山西省人民政府发展研究中心
14	中共山西省委党校学报	39			18	0.0919	中国政治	中共山西省委党校，山西行政学院
15	晋图学刊	36		2	5	0.4161	图书馆、情报与文献学	山西省高等学校图书情报工作委员会，山西省图书馆
16	文物世界	7			1	0.0455	文物、考古	山西省文物局

陕　西

1. 影响因子排序表：

序号	刊　名	2005 影响因子	2003～2005 三大转摘量	2003～2005 核心转摘量	2003～2005 人大转摘量	1995～2006 全部转摘量	学科分类	主办单位
1	法律科学（西北政法大学学报）★	0.9082	39	1	88	485	法律	西北政法大学
2	情报杂志	0.8957		6	15	162	图书馆、情报与文献学	陕西省科技情报学会，陕西省科技信息研究所
3	外语教学★	0.6702			4	12	语言学	西安外国语学院
4	当代经济科学★	0.5721	14	3	50	407	经济理论	西安交通大学
5	人文地理★	0.5489	2		46	175	地理（人文地理）	中国地理学会，西安外国语大学
6	西安交通大学学报．社会科学版★	0.4818	34	9	22	145	综合性人文社会科学	西安交通大学
7	考古与文物★	0.3103			9	34	文物、考古	陕西省考古研究院
8	西安体育学院学报	0.3096			25	74	体育	西安体育学院
9	人文杂志★	0.2784	61	18	131	658	综合性人文社会科学	陕西省社会科学院
10	中国历史地理论丛★	0.2600	3		22	58	地理（人文地理）	陕西师范大学
11	西北大学学报．哲学社会科学版★	0.2321	17	5	59	302	综合性人文社会科学	西北大学
12	西安外国语大学学报	0.2244				1	语言学	西安外国语大学
13	小说评论★	0.1767	1	1	12	104	文学	陕西省作家协会
14	陕西师范大学学报．哲学社会科学版★	0.1366	94	11	58	572	综合性人文社会科学	陕西师范大学
15	统计与信息论坛★	0.1258			30	78	统计学	西安财经学院，中国统计教育学会高教分会
16	理论导刊	0.1154	2		42	167	政治理论	中共陕西省委党校
17	西安财经学院学报	0.1123	1	2	16	114	财政、金融	西安财经学院
18	延安大学学报．社会科学版	0.0836			15	103	综合性人文社会科学	延安大学
19	唐都学刊	0.0795	16	2	33	137	综合性人文社会科学	西安文理学院
20	汉中师范学院学报	0.0563	1	2	3	72	综合性人文社会科学	陕西理工学院
21	西藏民族学院学报．哲学社会科学版	0.0419	5	3	14	85	民族学	西藏民族学院民族研究所

2. 转摘量排序表：

序号	刊　名	1995～2006全部转摘量	2003～2005三大转摘量	2003～2005核心转摘量	2003～2005人大转摘量	2005影响因子	学科分类	主办单位
1	人文杂志★	658	61	18	131	0.2784	综合性人文社会科学	陕西省社会科学院
2	陕西师范大学学报.哲学社会科学版★	572	94	11	58	0.1366	综合性人文社会科学	陕西师范大学
3	法律科学（西北政法大学学报）★	485	39	1	88	0.9082	法律	西北政法大学
4	当代经济科学★	407	14	3	50	0.5721	经济理论	西安交通大学
5	西北大学学报.哲学社会科学版★	302	17	5	59	0.2321	综合性人文社会科学	西北大学
6	人文地理★	175	2		46	0.5489	地理（人文地理）	中国地理学会，西安外国语大学
7	理论导刊	167	2		42	0.1154	政治理论	中共陕西省委党校
8	情报杂志	162		6	15	0.8957	图书馆、情报与文献学	陕西省科技情报学会，陕西省科技信息研究所
9	西安交通大学学报.社会科学版★	145	34	9	22	0.4818	综合性人文社会科学	西安交通大学
10	唐都学刊	137	16	2	33	0.0795	综合性人文社会科学	西安文理学院
11	西安财经学院学报	114	1	2	16	0.1123	财政、金融	西安财经学院
12	小说评论★	104	1	1	12	0.1767	文学	陕西省作家协会
13	延安大学学报.社会科学版	103			15	0.0836	综合性人文社会科学	延安大学
14	西藏民族学院学报.哲学社会科学版	85	5	3	14	0.0419	民族学	西藏民族学院民族研究所
15	统计与信息论坛★	78			30	0.1258	统计学	西安财经学院，中国统计教育学会高教分会
16	西安体育学院学报	74			25	0.3096	体育	西安体育学院
17	汉中师范学院学报	72	1	2	3	0.0563	综合性人文社会科学	陕西理工学院
18	中国历史地理论丛★	58	3		22	0.2600	地理（人文地理）	陕西师范大学
19	考古与文物★	34			9	0.3103	文物、考古	陕西省考古研究院
20	外语教学★	12			4	0.6702	语言学	西安外国语学院
21	西安外国语大学学报	1				0.2244	语言学	西安外国语大学

上　　海

1. 影响因子排序表：

序号	刊　名	2005 影响因子	2003～2005 三大转摘量	2003～2005 核心转摘量	2003～2005 人大转摘量	1995～2006 全部转摘量	学科分类	主办单位
1	外语界★	1.6905				3	语言学	上海外国语大学
2	图书馆杂志★	1.5037		17	95	310	图书馆、情报与文献学	上海市图书馆学会，上海图书馆
3	外国语（上海外国语大学学报）★	1.3566	9		15	89	语言学	上海外国语大学
4	城市规划学刊★	0.9459			9	56	城市经济	同济大学
5	财经研究★	0.9281	36	3	68	578	财政、金融	上海财经大学
6	法学★	0.8869	51	9	166	680	法律	华东政法大学
7	外国经济与管理★	0.8493	6		96	386	世界经济	上海财经大学
8	上海交通大学学报.哲学社会科学版★	0.8333	53	67	44	306	综合性人文社会科学	上海交通大学
9	世界经济研究★	0.7839	7	2	119	342	世界经济	上海市社会科学院世界经济研究所
10	上海经济研究★	0.6079	5	1	78	401	中国经济	上海市社会科学院经济研究所
11	学术月刊★	0.5691	78	36	233	1252	综合性人文社会科学	上海市社会科学界联合会
12	研究与发展管理★	0.5643		134	24	255	管理学	复旦大学
13	心理科学★	0.5228	3	22	90	365	心理学	中国心理学会
14	复旦学报.社会科学版★	0.4753	80	16	130	786	综合性人文社会科学	复旦大学
15	上海翻译	0.4533					语言学	上海市科技翻译学会
16	上海体育学院学报★	0.4318		1	35	85	体育	上海体育学院
17	教育发展研究★	0.4161	9	11	163	444	教育	上海市教育科学研究院，上海市高等教育学会
18	上海财经大学学报★	0.3967	36	1	20	146	财政、金融	上海财经大学
19	社会科学★	0.3953	48	51	160	788	综合性人文社会科学	上海市社会科学院
20	新闻大学★	0.3943	1		20	78	文化、新闻与传播	复旦大学

（续表）

序号	刊 名	2005 影响因子	2003～2005 三大转摘量	2003～2005 核心转摘量	2003～2005 人大转摘量	1995～2006 全部转摘量	学科分类	主办单位
21	政治与法律★	0.3790	7		66	260	法律	上海市社会科学院法学研究所
22	国际观察★	0.3706	4		56	214	国际政治	上海外国语大学
23	中国比较文学★	0.3662	1	2	15	75	文学	上海外国语大学，中国比较文学学会
24	全球教育展望★	0.3146	10	4	108	281	教育	华东师范大学
25	华东师范大学学报. 哲学社会科学版★	0.3069	51	5	71	527	综合性人文社会科学	华东师范大学
26	华东政法大学学报	0.2925	16	3	39	167	法律	华东政法大学
27	上海行政学院学报	0.2913	12	4	51	126	中国政治	上海行政学院
28	当代青年研究★	0.2846	1	4	22	145	社会学	上海市社会科学院青少年研究所
29	文艺理论研究★	0.2830	13	6	55	332	文学	中国文艺理论学会，华东师范大学中文系
30	史林★	0.2751	9	1	77	212	历史	上海市社会科学院历史研究所
31	上海金融	0.2675			37	113	财政、金融	上海市金融学会
32	修辞学习	0.2606	1	2	2	16	语言学	复旦大学
33	俄罗斯研究	0.2500			39	59	国际政治	华东师范大学
34	德国研究	0.2323			31	104	国际政治	同济大学
35	青少年犯罪问题	0.2304		1	6	40	社会学	华东政法大学
36	同济大学学报. 社会科学版	0.2177	8	4	54	144	综合性人文社会科学	同济大学
37	毛泽东邓小平理论研究	0.2124	2		105	371	马克思主义	上海市社会科学院哲学研究所
38	国际商务研究（上海对外贸易学院学报）★	0.2059			15	99	贸易经济	上海对外贸易大学
39	探索与争鸣★	0.2058	14	20	60	333	综合性人文社会科学	上海市社会科学界联合会
40	新金融★	0.1848		1	39	78	财政、金融	交通银行
41	编辑学刊	0.1389	7		35	156	文化、新闻与传播	上海市编辑学会

（续表）

序号	刊　名	2005影响因子	2003～2005三大转摘量	2003～2005核心转摘量	2003～2005人大转摘量	1995～2006全部转摘量	学科分类	主办单位
42	上海师范大学学报.哲学社会科学版	0.1316	78	14	61	499	综合性人文社会科学	上海师范大学
43	辞书研究	0.1315			2	21	语言学	上海辞书出版社
44	上海大学学报.社会科学版	0.1148	25	6	35	302	综合性人文社会科学	上海大学
45	音乐艺术（上海音乐学院学报）★	0.0893			4	28	艺术	上海音乐学院
46	历史教学问题	0.0833	3		49	178	教育	华东师范大学
47	军事历史研究	0.0372			1	30	军事	南京政治学院上海分院
48	党政论坛	0.0192	1	1	38	177	中国政治	中共上海市委党校
49	军队政工理论研究	0.0129			22	46	中国政治	中国人民解放军南京政治学院上海分院

2. 转摘量排序表：

序号	刊　名	1995～2006全部转摘量	2003～2005三大转摘量	2003～2005核心转摘量	2003～2005人大转摘量	2005影响因子	学科分类	主办单位
1	学术月刊★	1252	78	36	233	0.5691	综合性人文社会科学	上海市社会科学界联合会
2	社会科学★	788	48	51	160	0.3953	综合性人文社会科学	上海市社会科学院
3	复旦学报.社会科学版★	786	80	16	130	0.4753	综合性人文社会科学	复旦大学
4	法学★	680	51	9	166	0.8869	法律	华东政法大学
5	财经研究★	578	36	3	68	0.9281	财政、金融	上海财经大学
6	华东师范大学学报.哲学社会科学版★	527	51	5	71	0.3069	综合性人文社会科学	华东师范大学
7	上海师范大学学报.哲学社会科学版	499	78	14	61	0.1316	综合性人文社会科学	上海师范大学

（续表）

序号	刊名	1995～2006全部转摘量	2003～2005三大转摘量	2003～2005核心转摘量	2003～2005人大转摘量	2005影响因子	学科分类	主办单位
8	教育发展研究★	444	9	11	163	0.4161	教育	上海市教育科学研究院，上海市高等教育学会
9	上海经济研究★	401	5	1	78	0.6079	中国经济	上海市社会科学院经济研究所
10	外国经济与管理★	386	6		96	0.8493	世界经济	上海财经大学
11	毛泽东邓小平理论研究	371	2		105	0.2124	马克思主义	上海市社会科学院哲学研究所
12	心理科学★	365	3	22	90	0.5228	心理学	中国心理学会
13	世界经济研究★	342	7	2	119	0.7839	世界经济	上海市社会科学院世界经济研究所
14	探索与争鸣★	333	14	20	60	0.2058	综合性人文社会科学	上海市社会科学界联合会
15	文艺理论研究★	332	13	6	55	0.2830	文学	中国文艺理论学会，华东师范大学中文系
16	图书馆杂志★	310		17	95	1.5037	图书馆、情报与文献学	上海市图书馆学会，上海图书馆
17	上海交通大学学报.哲学社会科学版★	306	53	67	44	0.8333	综合性人文社会科学	上海交通大学
18	上海大学学报.社会科学版	302	25	6	35	0.1148	综合性人文社会科学	上海大学
19	全球教育展望★	281	10	4	108	0.3146	教育	华东师范大学
20	政治与法律★	260	7		66	0.3790	法律	上海市社会科学院法学研究所
21	研究与发展管理★	255		134	24	0.5643	管理学	复旦大学
22	国际观察★	214	4		56	0.3706	国际政治	上海外国语大学
23	史林★	212	9	1	77	0.2751	历史	上海市社会科学院历史研究所
24	历史教学问题	178	3		49	0.0833	教育	华东师范大学
25	党政论坛	177	1	1	38	0.0192	中国政治	中共上海市委党校
26	华东政法大学学报	167	16	3	39	0.2925	法律	华东政法大学
27	编辑学刊	156	7		35	0.1389	文化、新闻与传播	上海市编辑学会

（续表）

序号	刊　名	1995～2006 全部转摘量	2003～2005 三大转摘量	2003～2005 核心转摘量	2003～2005 人大转摘量	2005 影响因子	学科分类	主办单位
28	上海财经大学学报★	146	36	1	20	0.3967	财政、金融	上海财经大学
29	当代青年研究★	145	1	4	22	0.2846	社会学	上海市社会科学院青少年研究所
30	同济大学学报. 社会科学版	144	8	4	54	0.2177	综合性人文社会科学	同济大学
31	上海行政学院学报	126	12	4	51	0.2913	中国政治	上海行政学院
32	上海金融	113			37	0.2675	财政、金融	上海市金融学会
33	德国研究	104			31	0.2323	国际政治	同济大学
34	国际商务研究（上海对外贸易学院学报）★	99			15	0.2059	贸易经济	上海对外贸易大学
35	外国语（上海外国语大学学报）★	89	9		15	1.3566	语言学	上海外国语大学
36	上海体育学院学报★	85		1	35	0.4318	体育	上海体育学院
37	新闻大学★	78	1		20	0.3943	文化、新闻与传播	复旦大学
38	新金融★	78		1	39	0.1848	财政、金融	交通银行
39	中国比较文学★	75	1	2	15	0.3662	文学	上海外国语大学，中国比较文学学会
40	俄罗斯研究	59			39	0.2500	国际政治	华东师范大学
41	城市规划学刊★	56			9	0.9459	城市经济	同济大学
42	军队政工理论研究	46			22	0.0129	中国政治	中国人民解放军南京政治学院上海分院
43	青少年犯罪问题	40		1	6	0.2304	社会学	华东政法大学
44	军事历史研究	30			1	0.0372	军事	南京政治学院上海分院
45	音乐艺术（上海音乐学院学报）★	28			4	0.0893	艺术	上海音乐学院
46	辞书研究	21			2	0.1315	语言学	上海辞书出版社
47	修辞学习	16	1	2	2	0.2606	语言学	复旦大学
48	外语界★	3				1.6905	语言学	上海外国语大学
49	上海翻译					0.4533	语言学	上海市科技翻译学会

四 川

1. 影响因子排序表：

序号	刊 名	2005 影响因子	2003～2005 三大转摘量	2003～2005 核心转摘量	2003～2005 人大转摘量	1995～2006 全部转摘量	学科分类	主办单位
1	经济学家★	1.0518	22	18	107	566	经济理论	西南财经大学
2	四川图书馆学报	0.7703		2	2	28	图书馆、情报与文献学	四川省图书馆学会
3	成都体育学院学报★	0.6242			30	106	体育	成都体育学院
4	经济体制改革★	0.4239	1	3	51	286	中国经济	四川省社会科学院
5	社会科学研究★	0.3981	54	29	125	723	综合性人文社会科学	四川省社会科学院
6	软科学★	0.3601			34	101	科学学（含未来学）	四川省科学技术厅，四川省科技促进发展研究中心
7	南亚研究季刊	0.3429			22	62	国际政治	四川大学南亚研究所
8	财经科学★	0.2999	25	2	83	396	财政、金融	西南财经大学
9	四川大学学报．哲学社会科学版★	0.2620	77	6	101	479	综合性人文社会科学	四川大学
10	理论与改革	0.2061	2	1	77	339	中国政治	中共四川省委党校
11	农村经济	0.1557		1	26	56	农业经济	四川省农业经济学会
12	四川文物	0.1515			5	17	文物、考古	四川省文物局
13	四川师范大学学报．社会科学版	0.1343	13		43	403	综合性人文社会科学	四川师范大学
14	天府新论	0.1296	4	6	50	228	综合性人文社会科学	四川省社会科学界联合会
15	中华文化论坛	0.1278	4	3	25	97	文化、新闻与传播	四川省社会科学院
16	西南民族大学学报．人文社科版	0.1182	11	1	135	533	民族学	西南民族大学
17	宗教学研究★	0.1067		1	18	50	宗教学	四川大学道教与宗教文化研究所
18	国土资源科技管理	0.0991				4	农业经济	国土资源部国际合作与科技司，成都理工大学
19	毛泽东思想研究★	0.0904	1	3	58	240	马克思主义	四川省社会科学院
20	西华师范大学学报．哲学社会科学版	0.0588			8	9	综合性人文社会科学	西华师范大学
21	当代文坛	0.0584	2	3	10	96	文学	四川省作家协会
22	成都大学学报．社会科学版	0.0435	1		3	55	综合性人文社会科学	成都大学
23	杜甫研究学刊	0.0283			4	38	文学	成都市杜甫研究学会

2. 转摘量排序表：

序号	刊　　名	1995～2006 全部转摘量	2003～2005 三大转摘量	2003～2005 核心转摘量	2003～2005 人大转摘量	2005 影响因子	学科分类	主办单位
1	社会科学研究★	723	54	29	125	0.3981	综合性人文社会科学	四川省社会科学院
2	经济学家★	566	22	18	107	1.0518	经济理论	西南财经大学
3	西南民族大学学报．人文社科版	533	11	1	135	0.1182	民族学	西南民族大学
4	四川大学学报．哲学社会科学版★	479	77	6	101	0.2620	综合性人文社会科学	四川大学
5	四川师范大学学报．社会科学版	403	13		43	0.1343	综合性人文社会科学	四川师范大学
6	财经科学★	396	25	2	83	0.2999	财政、金融	西南财经大学
7	理论与改革	339	2	1	77	0.2061	中国政治	中共四川省委党校
8	经济体制改革★	286	1	3	51	0.4239	中国经济	四川省社会科学院
9	毛泽东思想研究★	240	1	3	58	0.0904	马克思主义	四川省社会科学院
10	天府新论	228	4	6	50	0.1296	综合性人文社会科学	四川省社会科学界联合会
11	成都体育学院学报★	106			30	0.6242	体育	成都体育学院
12	软科学★	101			34	0.3601	科学学（含未来学）	四川省科学技术厅，四川省科技促进发展研究中心
13	中华文化论坛	97	4	3	25	0.1278	文化、新闻与传播	四川省社会科学院
14	当代文坛	96	2	3	10	0.0584	文学	四川省作家协会
15	南亚研究季刊	62			22	0.3429	国际政治	四川大学南亚研究所
16	农村经济	56		1	26	0.1557	农业经济	四川省农业经济学会
17	成都大学学报．社会科学版	55	1		3	0.0435	综合性人文社会科学	成都大学
18	宗教学研究★	50		1	18	0.1067	宗教学	四川大学道教与宗教文化研究所
19	杜甫研究学刊	38			4	0.0283	文学	成都市杜甫研究学会
20	四川图书馆学报	28		2	2	0.7703	图书馆、情报与文献学	四川省图书馆学会
21	四川文物	17			5	0.1515	文物、考古	四川省文物局
22	西华师范大学学报．哲学社会科学版	9			8	0.0588	综合性人文社会科学	西华师范大学
23	国土资源科技管理	4				0.0991	农业经济	国土资源部国际合作与科技司，成都理工大学

天　津

1. 影响因子排序表：

序号	刊　名	2005影响因子	2003～2005三大转摘量	2003～2005核心转摘量	2003～2005人大转摘量	1995～2006全部转摘量	学科分类	主办单位
1	图书馆工作与研究★	1.5968		4	8	92	图书馆、情报与文献学	天津市图书馆学会，天津图书馆，天津市少年儿童图书馆
2	管理科学学报★	1.1146	2	124	12	204	管理学	国家自然科学基金委员会管理科学部
3	南开管理评论★	1.1077	7		50	130	中国经济	南开大学商学院
4	南开经济研究★	0.8018	6	1	58	268	经济理论	南开大学经济学院
5	津图学刊	0.5034					图书馆、情报与文献学	天津市高校图书情报工作委员会
6	南开学报．哲学社会科学版★	0.4541	68	13	98	603	综合性人文社会科学	南开大学
7	天津体育学院学报★	0.4527			17	63	体育	天津体育学院
8	科学学与科学技术管理★	0.4239	7	5	124	392	科学学（含未来学）	中国科学学与科技政策研究会，中国管理科学研究院，天津市科学学研究所
9	道德与文明★	0.3320	12	8	75	270	哲学	中国伦理学会，天津市社会科学院
10	天津社会科学★	0.2888	60	20	110	792	综合性人文社会科学	天津市社会科学院
11	历史教学	0.2640	4	1	101	288	教育	天津古籍出版社，历史教学社
12	天津大学学报．社会科学版	0.2436	2	3	16	71	综合性人文社会科学	天津大学
13	天津师范大学学报．社会科学版★	0.1744	31	4	56	355	综合性人文社会科学	天津师范大学
14	现代财经	0.1607	6	5	78	359	财政、金融	天津财经大学
15	理论与现代化	0.1449		2	43	253	政治理论	天津市社会科学界联合会
16	天津商业大学学报	0.1307	11		9	140	贸易经济	天津商业大学
17	天津行政学院学报	0.0692	2		34	62	中国政治	天津行政学院

2. 转摘量排序表：

序号	刊　　名	1995～2006 全部转摘量	2003～2005 三大转摘量	2003～2005 核心转摘量	2003～2005 人大转摘量	2005 影响因子	学科分类	主办单位
1	天津社会科学★	792	60	20	110	0. 2888	综合性人文社会科学	天津市社会科学院
2	南开学报. 哲学社会科学版★	603	68	13	98	0. 4541	综合性人文社会科学	南开大学
3	科学学与科学技术管理★	392	7	5	124	0. 4239	科学学（含未来学）	中国科学学与科技政策研究会，中国管理科学研究院，天津市科学学研究所
4	现代财经	359	6	5	78	0. 1607	财政、金融	天津财经大学
5	天津师范大学学报. 社会科学版★	355	31	4	56	0. 1744	综合性人文社会科学	天津师范大学
6	历史教学	288	4	1	101	0. 2640	教育	天津古籍出版社，历史教学社
7	道德与文明★	270	12	8	75	0. 3320	哲学	中国伦理学会，天津市社会科学院
8	南开经济研究★	268	6	1	58	0. 8018	经济理论	南开大学经济学院
9	理论与现代化	253		2	43	0. 1449	政治理论	天津市社会科学界联合会
10	管理科学学报★	204	2	124	12	1. 1146	管理学	国家自然科学基金委员会管理科学部
11	天津商业大学学报	140	11		9	0. 1307	贸易经济	天津商业大学
12	南开管理评论★	130	7		50	1. 1077	中国经济	南开大学商学院
13	图书馆工作与研究★	92		4	8	1. 5968	图书馆、情报与文献学	天津市图书馆学会，天津图书馆，天津市少年儿童图书馆
14	天津大学学报. 社会科学版	71	2	3	16	0. 2436	综合性人文社会科学	天津大学
15	天津体育学院学报★	63			17	0. 4527	体育	天津体育学院
16	天津行政学院学报	62	2		34	0. 0692	中国政治	天津行政学院
17	津图学刊					0. 5034	图书馆、情报与文献学	天津市高校图书情报工作委员会

西　藏

序号	刊　名	2005 影响因子	2003～2005 三大转摘量	2003～2005 核心转摘量	2003～2005 人大转摘量	1995～2006 全部转摘量	学科分类	主办单位
1	西藏研究	0.1571	1	10	17	78	民族学	西藏社会科学院

新　疆

1. 影响因子排序表：

序号	刊　名	2005 影响因子	2003～2005 三大转摘量	2003～2005 核心转摘量	2003～2005 人大转摘量	1995～2006 全部转摘量	学科分类	主办单位
1	新疆师范大学学报．哲学社会科学版	0.2033	14	13	25	151	综合性人文社会科学	新疆师范大学
2	西域研究	0.1667			20	87	历史	新疆社会科学院
3	新疆大学学报．哲学人文社会科学版	0.1155	4		23	118	综合性人文社会科学	新疆大学
4	语言与翻译	0.0994			1	4	语言学	新疆民族语言文字工作委员会
5	新疆社会科学★	0.0848	1	1	23	55	综合性人文社会科学	新疆社会科学院

2. 转摘量排序表：

序号	刊　名	1995～2006 全部转摘量	2003～2005 三大转摘量	2003～2005 核心转摘量	2003～2005 人大转摘量	2005 影响因子	学科分类	主办单位
1	新疆师范大学学报．哲学社会科学版	151	14	13	25	0.2033	综合性人文社会科学	新疆师范大学
2	新疆大学学报．哲学人文社会科学版	118	4		23	0.1155	综合性人文社会科学	新疆大学
3	西域研究	87			20	0.1667	历史	新疆社会科学院
4	新疆社会科学★	55	1	1	23	0.0848	综合性人文社会科学	新疆社会科学院
5	语言与翻译	4			1	0.0994	语言学	新疆民族语言文字工作委员会

云　南

1. 影响因子排序表：

序号	刊　名	2005 影响因子	2003～2005 三大转摘量	2003～2005 核心转摘量	2003～2005 人大转摘量	1995～2006 全部转摘量	学科分类	主办单位
1	经济问题探索	0.3441	2	9	57	253	中国经济	云南省发展和改革委员会
2	思想战线★	0.2413	64	4	71	492	综合性人文社会科学	云南大学
3	云南社会科学★	0.2172	10	4	43	246	综合性人文社会科学	云南省社会科学院
4	云南行政学院学报	0.1991	1		53	132	中国政治	云南行政学院
5	生态经济	0.1571			20	91	经济理论	云南教育出版社
6	云南财经大学学报	0.1566	1		61	272	财政、金融	云南财经大学
7	学术探索	0.1114	8	6	82	170	综合性人文社会科学	云南省社会科学界联合会
8	云南师范大学学报. 哲学社会科学版	0.1089	12	1	26	238	综合性人文社会科学	云南师范大学
9	云南民族大学学报. 哲学社会科学版	0.0827	19	7	39	210	民族学	云南民族大学
10	云南大学学报法学版	0.0766		1	40	81	法律	云南大学
11	中共云南省委党校学报	0.0445			49	94	中国政治	中共云南省委党校

2. 转摘量排序表：

序号	刊　名	1995～2006 全部转摘量	2003～2005 三大转摘量	2003～2005 核心转摘量	2003～2005 人大转摘量	2005 影响因子	学科分类	主办单位
1	思想战线★	492	64	4	71	0.2413	综合性人文社会科学	云南大学
2	云南财经大学学报	272	1		61	0.1566	财政、金融	云南财经大学
3	经济问题探索	253	2	9	57	0.3441	中国经济	云南省发展和改革委员会
4	云南社会科学★	246	10	4	43	0.2172	综合性人文社会科学	云南省社会科学院
5	云南师范大学学报. 哲学社会科学版	238	12	1	26	0.1089	综合性人文社会科学	云南师范大学

（续表）

序号	刊　名	1995～2006全部转摘量	2003～2005三大转摘量	2003～2005核心转摘量	2003～2005人大转摘量	2005影响因子	学科分类	主办单位
6	云南民族大学学报.哲学社会科学版	210	19	7	39	0.0827	民族学	云南民族大学
7	学术探索	170	8	6	82	0.1114	综合性人文社会科学	云南省社会科学界联合会
8	云南行政学院学报	132	1		53	0.1991	中国政治	云南行政学院
9	中共云南省委党校学报	94			49	0.0445	中国政治	中共云南省委党校
10	生态经济	91			20	0.1571	经济理论	云南教育出版社
11	云南大学学报法学版	81		1	40	0.0766	法律	云南大学

浙　江

1. 影响因子排序表：

序号	刊　名	2005影响因子	2003～2005三大转摘量	2003～2005核心转摘量	2003～2005人大转摘量	1995～2006全部转摘量	学科分类	主办单位
1	管理工程学报★	0.4439				1	管理学	浙江大学
2	应用心理学	0.4421			33	69	心理学	浙江省心理学会，浙江大学
3	浙江社会科学★	0.4328	46	15	142	690	综合性人文社会科学	浙江省社会科学界联合会
4	财经论丛	0.4298	26	1	88	304	财政、金融	浙江财经学院
5	浙江大学学报.人文社会科学版★	0.4215	68	22	89	689	综合性人文社会科学	浙江大学
6	商业经济与管理★	0.3473	5		75	394	贸易经济	浙江工商大学
7	浙江学刊★	0.3226	87	20	172	730	综合性人文社会科学	浙江省社会科学院
8	杭州师范大学学报.社会科学版	0.1767	13	1	56	204	综合性人文社会科学	杭州师范大学
9	中共浙江省委党校学报	0.1287	8		51	222	中国政治	中共浙江省委党校，浙江行政学院
10	宁波大学学报.人文科学版	0.0793	1		22	120	综合性人文社会科学	宁波大学

（续表）

序号	刊　　名	2005影响因子	2003～2005三　大转摘量	2003～2005核　心转摘量	2003～2005人　大转摘量	1995～2006全　部转摘量	学科分类	主办单位
11	浙江师范大学学报.社会科学版	0.0781	2	2	20	188	综合性人文社会科学	浙江师范大学
12	温州师范学院学报	0.0500	3		13	35	综合性人文社会科学	温州师范学院
13	温州大学学报	0.0479	2		15	26	综合性人文社会科学	温州大学

2. 转摘量排序表：

序号	刊　　名	1995～2006全　部转摘量	2003～2005三　大转摘量	2003～2005核　心转摘量	2003～2005人　大转摘量	2005影响因子	学科分类	主办单位
1	浙江学刊★	730	87	20	172	0.3226	综合性人文社会科学	浙江省社会科学院
2	浙江社会科学★	690	46	15	142	0.4328	综合性人文社会科学	浙江省社会科学界联合会
3	浙江大学学报.人文社会科学版★	689	68	22	89	0.4215	综合性人文社会科学	浙江大学
4	商业经济与管理★	394	5		75	0.3473	贸易经济	浙江工商大学
5	财经论丛	304	26	1	88	0.4298	财政、金融	浙江财经学院
6	中共浙江省委党校学报	222	8		51	0.1287	中国政治	中共浙江省委党校，浙江行政学院
7	杭州师范大学学报.社会科学版	204	13	1	56	0.1767	综合性人文社会科学	杭州师范大学
8	浙江师范大学学报.社会科学版	188	2	2	20	0.0781	综合性人文社会科学	浙江师范大学
9	宁波大学学报.人文科学版	120	1		22	0.0793	综合性人文社会科学	宁波大学
10	应用心理学	69			33	0.4421	心理学	浙江省心理学会，浙江大学
11	温州师范学院学报	35	3		13	0.0500	综合性人文社会科学	温州师范学院
12	温州大学学报	26	2		15	0.0479	综合性人文社会科学	温州大学
13	管理工程学报★	1				0.4439	管理学	浙江大学

附表10　中国人文社会科学核心期刊（2004年版）一览表

说明：2004年版核心期刊总数为344种。

一　马克思主义、哲学、心理学、宗教

马克思主义学科专业核心期刊

序号	刊　名	主　办　单　位
1	马克思主义研究	中国社会科学院马克思列宁主义毛泽东思想研究所
2	毛泽东思想研究	四川省社会科学院，四川省社会科学界联合会，中共四川省委党史研究室
3	马克思主义与现实	中共中央马列编译局当代马克思主义研究所

哲学专业核心期刊

序号	刊　名	主　办　单　位
1	哲学研究	中国社会科学院哲学研究所
2	哲学动态	中国社会科学院哲学研究所
3	自然辩证法研究	中国自然辩证法研究法研究会
4	孔子研究	中国孔子基金会
5	中国哲学史	中国哲学史学会，中国社会科学院哲学研究所
6	自然辩证法通讯	中国科学院研究生院
7	科学技术与辩证法	山西大学科学技术哲学研究中心，山西省自然辩证法研究会

心理学专业核心期刊

序号	刊　名	主　办　单　位
1	心理学报	中国心理学会，中国科学院心理研究所
2	心理科学	中国心理学会
3	心理科学进展	中国科学院心理研究所
4	心理发展与教育	北京师范大学儿童心理研究所
5	中国心理卫生杂志	中国心理卫生协会

宗教学专业核心期刊

序号	刊　名	主　办　单　位
1	世界宗教研究	中国社会科学院世界宗教研究所
2	宗教学研究	四川大学道教与宗教文化研究所

二　语言、文学、艺术

语言学专业核心期刊

序号	刊　　名	主　办　单　位
1	外语教学与研究	北京外国语大学
2	中国语文	中国社会科学院语言研究所
3	外国语（上海外国语大学学报）	上海外国语大学
4	中国翻译	中国外文局编译研究中心，中国翻译工作者协会
5	现代外语	广东外语外贸大学
6	外语界	上海外国语大学
7	当代语言学	中国社会科学院语言研究所
8	语言教学与研究	北京语言大学
9	方言	中国社会科学院语言研究所
10	民族语文	中国社会科学院民族学与人类学研究所
11	语言文字应用	语言文字应用研究所
12	外语与外语教学	大连外国语学院
13	语言研究	华中科技大学中国语言研究所
14	汉语学习	延边大学
15	世界汉语教学	北京语言大学
16	辞书研究	中国辞书学会，上海辞书出版社
17	古汉语研究	湖南师范大学

文学专业核心期刊

序号	刊　　名	主　办　单　位
1	文学评论	中国社会科学院文学研究所
2	中国现代文学研究丛刊	中国现代文学馆
3	文艺研究	中国艺术研究院
4	文学遗产	中国社会科学院文学研究所
5	中国比较文学	上海外国语大学，中国比较文学学会，深圳大学
6	文艺争鸣	吉林省文联
7	当代作家评论	辽宁省作家协会
8	鲁迅研究月刊	鲁迅博物馆
9	外国文学评论	中国社会科学院外国文学研究所
10	文艺理论研究	中国文艺理论学会，华东师范大学中文系
11	小说评论	陕西省作家协会
12	外国文学研究	华中师范大学
13	国外文学	北京大学
14	红楼梦学刊	中国艺术研究院
15	新文学史料	人民文学出版社
16	明清小说研究	江苏省社会科学院文学研究所，江苏省社会科学院明清小说研究中心

艺术学专业核心期刊

序号	刊　名	主　办　单　位
1	中国音乐学	中国艺术研究院音乐研究所
2	音乐研究	人民音乐出版社
3	中国音乐	中国音乐学院
4	中央音乐学院学报	中央音乐学院
5	电影艺术	大众电影杂志社
6	音乐艺术（上海音乐学院学报）	上海音乐学院
7	戏剧（中央戏剧学院学报）	中央戏剧学院
8	美术研究	中央美术学院

三　历史、考古、人文地理

历史学专业核心期刊

序号	刊　名	主　办　单　位
1	历史研究	中国社会科学院
2	近代史研究	中国社会科学院近代史研究所
3	抗日战争研究	中国抗日战争史学会
4	世界历史	中国社会科学院世界历史研究所
5	中国史研究	中国社会科学院历史研究所
6	史学史研究	北京师范大学史学研究所
7	史学月刊	河南省历史学会，河南大学
8	民国档案	中国第二历史档案馆
9	史学理论研究	中国社会科学院世界历史所、历史所、近代史所
10	清史研究	中国人民大学清史研究所
11	史林	上海社会科学院历史研究所
12	历史档案	中国第一历史档案馆
13	西域研究	新疆社会科学院
14	中国农史	中国农业历史学会，中国农业科学院，南京农业大学

考古学专业核心期刊

序号	刊　名	主　办　单　位
1	文物	北京市文物局
2	考古	中国社会科学院考古研究所
3	考古学报	中国社会科学院考古研究所
4	华夏考古	河南省文物考古研究所
5	考古与文物	陕西省考古研究所

人文地理学专业核心期刊

序号	刊　名	主 办 单 位
1	城市规划	中国城市规划学会
2	城市规划汇刊	同济大学建筑城市规划学院
3	中国历史地理论丛	陕西师范大学中国历史地理研究所
4	经济地理	中国地理学会，湖南省经济地理研究所
5	人文地理	中国地理学会人文地理专业委员会，西安外国语学院人文地理研究所，国际地理联合会文化地理研究组
6	地理与地理信息科学	河北省科学院地理研究所
7	城市问题	北京市社会科学院
8	旅游学刊	北京联合大学旅游学院

四　政治、法律

政治学专业核心期刊

序号	刊　名	主 办 单 位
1	政治学研究	中国社会科学院政治学研究所
2	现代国际关系	国现代国际关系研究所
3	求是	中共中央委员会
4	欧洲研究	中国社会科学院欧洲研究所
5	美国研究	中国社会科学院美国研究所，中华美国学会
6	中共党史研究	中共中央党史研究室
7	西亚非洲	中国社会科学院西亚非洲研究所
8	国际问题研究	中国国际问题研究所
9	俄罗斯中亚东欧研究	中国社会科学院俄罗斯东欧中亚研究所
10	当代世界与社会主义	中共中央编译局，中国国际共运史学会
11	当代亚太	中国太平洋学会，汕头大学法学院
12	太平洋学报	中国太平洋学会
13	拉丁美洲研究	中国社会科学院拉丁美洲研究所
14	党的文献	中共中央文献研究室，中央档案馆
15	社会主义研究	华中师范大学
16	理论前沿	中共中央党校邓小平理论和“三个代表”重要思想研究中心
17	新视野	中共北京市委党校，北京行政学院

法学专业核心期刊

序号	刊　名	主 办 单 位
1	法学研究	中国社会科学院法学研究所
2	中国法学	中国法学会
3	法学	华东政法大学
4	中外法学	北京大学法学院
5	法律科学（西北政法大学学报）	西北政法大学
6	法学评论	武汉大学
7	政法论坛	中国政法大学
8	法商研究	中南财经政法大学
9	现代法学	西南政法大学
10	环球法律评论	中国社会科学院法学研究所
11	比较法研究	中国政法大学比较法研究所
12	知识产权	中国知识产权研究会，国际保护知识产权协会中国分会，中国许可证贸易工作者协会
13	法学家	中国人民大学法学院
14	行政法学研究	中国政法大学
15	法制与社会发展	吉林大学
16	政治与法律	上海社会科学院法学研究所
17	法学论坛	山东省法学会
18	中国版权	中国版权协会
19	法学杂志	北京市法学会
20	河北法学	河北省法学会，河北政法管理干部学院

五　经济

经济学理论专业核心期刊

序号	刊　名	主 办 单 位
1	经济研究	中国社会科学院经济研究所
2	经济学动态	中国社会科学院经济研究所
3	经济学家	西南财经大学，四川社会科学学术基金会（新知研究院）
4	经济社会体制比较	中共中央编译局当代马克思主义研究所
5	经济科学	北京大学
6	经济研究参考	中华人民共和国财政部
7	南开经济研究	南开大学经济学院
8	经济评论	武汉大学
9	经济理论与经济管理	中国人民大学
10	当代经济研究	中国《资本论》研究会，长春税务学院
11	生态经济	云南教育出版社，中国生态经济学会，云南省生态经济学会
12	当代经济科学（陕西财经学院学报）	西安交通大学

世界各国经济（含各国经济史、经济地理）专业核心期刊

序号	刊　名	主　办　单　位
1	世界经济	中国世界经济学会，中国社会科学院世界经济与政治研究所
2	世界经济与政治	中国社会科学院世界经济与政治研究所
3	国际经济评论	中国社会科学院世界经济与政治研究所
4	世界经济研究	上海社会科学院世界经济研究所
5	国际经济合作	商务部国际贸易经济合作研究院
6	外国经济与管理	上海财经大学

中国经济专业核心期刊

序号	刊　名	主　办　单　位
1	改革	重庆社会科学院
2	中国工业经济	中国社会科学院工业经济研究所
3	中国经济史研究	中国社会科学院经济研究所
4	中国经济问题	厦门大学经济研究所
5	上海经济研究	上海社会科学院经济研究所，上海市经济学会
6	经济体制改革	四川省社会科学院
7	经济问题	山西省社会科学院
8	中国社会经济史研究	厦门大学

经济计划与管理专业核心期刊

序号	刊　名	主　办　单　位
1	经济管理	中国社会科学院工业经济研究所
2	数量经济技术经济研究	中国社会科学院数量经济与技术经济研究所
3	宏观经济研究	国家发展计划委员会宏观经济研究院
4	南开管理评论	南开大学国际商学院
5	经济与管理研究	首都经济贸易大学，中国工业经济学会
6	管理世界	国务院发展研究中心
7	企业管理	中国企业联合会，中国企业家协会

农业经济专业核心期刊

序号	刊　名	主　办　单　位
1	中国农村经济	中国社会科学院农村发展研究所
2	农业经济问题	中国农业经济学会，中国农业科学院农业经济研究所
3	农业现代化研究	中国科学院农业研究委员会，中国科学院亚热带区域农业研究所
4	中国农村观察	中国社会科学院农村发展研究所
5	林业经济	国家林业局经济发展研究中心，中国林业经济学会

贸易经济专业核心期刊

序号	刊 名	主 办 单 位
1	国际贸易问题	对外经济贸易大学
2	国际贸易	国际贸易经济合作研究院
3	商业经济与管理	杭州商学院
4	财贸经济	中国社会科学院财贸经济研究所
5	消费经济	湘潭大学，湖南商学院，湖南师范大学

财政金融专业核心期刊

序号	刊 名	主 办 单 位
1	金融研究	中国金融学会
2	国际金融研究	中国银行国际金融研究所，中国国际金融学会
3	证券市场导报	深圳证券交易所
4	税务研究	国家税务总局
5	财政研究	中国财经学会
6	财经研究	上海财经大学
7	金融论坛	中国工商银行城市金融研究所，中国城市金融学会
8	投资研究	中国投资学会，中国建设银行总行投资研究所
9	财经问题研究	东北财经大学
10	保险研究	中国保险学会
11	会计研究	中国会计学会
12	财经科学	西南财经大学
13	当代财经	江西财经大学

六 社会学、人口学、民族学

社会学专业核心期刊

序号	刊 名	主 办 单 位
1	社会学研究	中国社会科学院社会学研究所
2	青年研究	中国社会科学院社会学研究所
3	妇女研究论丛	全国妇联妇女研究所，中国妇女研究会
4	当代青年研究	上海市社会科学院青少年研究所

人口学专业核心期刊

序号	刊　名	主 办 单 位
1	人口研究	中国人民大学
2	中国人口科学	中国社会科学院人口与劳动经济研究所
3	人口与经济	首都经济贸易大学
4	市场与人口分析	北京大学经济学院人口研究所
5	人口学刊	吉林大学，吉林省计划生育委员会，吉林省人口学会
6	中国人口·资源与环境	中国可持续发展研究会，山东师范大学等

民族学专业核心期刊

序号	刊　名	主 办 单 位
1	民族研究	中国社会科学院民族学与人类学研究所
2	贵州民族研究	贵州省民族研究所
3	广西民族研究	广西壮族自治区民族研究所
4	世界民族	中国社会科学院民族学与人类学研究所
5	回族研究	宁夏社会科学院
6	中国藏学	中国藏学研究中心

七　管理学、统计学

管理学（含科学学、人才学）专业核心期刊

序号	刊　名	主 办 单 位
1	管理科学学报	国家自然科学基金委员会管理科学部
2	科学学研究	中国科学学与科技政策研究会，中国科学院科技政策与管理科学研究所，清华大学科学技术与社会研究中心
3	科研管理	中国科学院科技政策与管理科学研究所
4	科学学与科学技术管理	中国科学学与科技政策研究会，中国管理科学研究院，天津市科委
5	中国软科学	中国软科学研究会
6	研究与发展管理	高等学校科研管理研究会，复旦大学管理学院
7	科学管理研究	内蒙古自治区软科学研究会
8	中国科技论坛	中国科学技术促进发展研究中心
9	预测	合肥工业大学预测与发展研究所
10	中国行政管理	中国行政管理学会
11	中国人力资源开发	中国人力资源开发研究会
12	管理工程学报	浙江大学
13	科技进步与对策	湖北省科技信息研究院
14	中国管理科学	中国优选法统筹法与经济数学研究会，中国科学院科技政策与管理科学研究所
15	管理现代化	中国管理现代化研究会
16	未来与发展	中国未来研究会

统计学专业核心期刊

序号	刊 名	主 办 单 位
1	中国统计	中国统计出版社
2	统计研究	中国统计学会，国家统计局统计科学研究所
3	数理统计与管理	中国现场统计研究会

八 图书馆、情报与文献学

图书馆、情报与文献学专业核心期刊

序号	刊 名	主 办 单 位
1	中国图书馆学报	中国图书馆学会，国家图书馆
2	大学图书馆学报	北京大学，教育部高等学校图书情报工作指导委员会
3	图书情报工作	中国科学院文献情报中心
4	情报学报	中国科学技术情报学会，中国科学技术信息研究所
5	图书馆杂志	上海市图书馆学会，上海市图书馆
6	图书馆	湖南图书馆
7	图书情报知识	武汉大学
8	图书馆论坛	广东省中山图书馆，广东省图书馆学会等
9	情报资料工作	中国人民大学
10	现代图书情报技术	中国科学院文献情报中心
11	情报理论与实践	中国国防科学技术信息学会，中国兵器工业集团第二一0研究所
12	图书馆建设	黑龙江省图书馆，黑龙江省图书馆学会
13	图书馆工作与研究	天津市图书馆学会，天津图书馆，天津市少年儿童图书馆
14	情报科学	中国科学技术情报学会，吉林大学
15	档案学通讯	中国人民大学
16	档案学研究	中国档案学会

九 新闻与传播、教育、体育

新闻学与传播学专业核心期刊

序号	刊 名	主 办 单 位
1	中国科技期刊研究	中国科学院自然科学期刊编辑研究会
2	编辑学报	中国科学技术期刊编辑学会
3	编辑之友	山西人民出版社
4	编辑学刊	上海市编辑学会
5	国际新闻界	中国人民大学新闻学院
6	现代传播（北京广播学院学报）	北京广播学院
7	新闻与传播研究	中国社会科学院新闻与传播研究所
8	出版发行研究	中华人民共和国新闻出版总署，中国出版科学研究所

教育学专业核心期刊

序号	刊　　名	主　办　单　位
1	教育研究	中央教育科学研究所
2	高等教育研究	华中科技大学，全国高等教育学研究会
3	教育发展研究	上海市教育科学研究院，上海市高等教育学会
4	学位与研究生教育	国务院学位委员会
5	中国高等教育	教育部
6	课程·教材·教法	人民教育出版社，课程教材教法研究所
7	比较教育研究	北京师范大学
8	全球教育展望	华东师范大学
9	高等师范教育研究	北京师范大学，教育部高等学校师资培训交流北京中心
10	中国教育学刊	中国教育学会
11	教育理论与实践	山西省教育科学研究所
12	中国特殊教育	中央教育科学研究所
13	江苏高教	江苏省教育委员会，江苏省高等教育学会
14	外国教育研究	东北师范大学
15	教育与经济	中国教育经济学研究会，华中师范大学
16	清华大学教育研究	清华大学
17	教育评论	福建省教育科学研究所，福建省教育学会
18	教育科学	辽宁师范大学
19	历史教学	天津古籍出版社，历史教学社
20	教学与研究	中国人民大学

体育学专业核心期刊

序号	刊　　名	主　办　单　位
1	体育科学	中国体育科学学会
2	北京体育大学学报	北京体育大学
3	中国体育科技	国家体育总局体育信息研究所
4	体育与科学	江苏省体育科学研究所
5	上海体育学院学报	上海体育学院
6	武汉体育学院学报	武汉体育学院
7	成都体育学院学报	成都体育学院
8	西安体育学院学报	西安体育学院

十　环境科学

环境科学专业核心期刊

序号	刊　名	主 办 单 位
1	环境保护	国家环境保护总局
2	长江流域资源与环境	中国科学院武汉文献情报中心，中国科学院资源环境科学与技术局
3	自然资源学报	中国自然资源学会

十一　综合性人文社会科学

综合性人文社会科学核心期刊

序号	刊　名	主 办 单 位
1	中国社会科学	中国社会科学院
2	北京大学学报．哲学社会科学版	北京大学
3	战略与管理	中国战略与管理研究会
4	北京师范大学学报．人文社会科学版	北京师范大学
5	中国人民大学学报	中国人民大学
6	天津社会科学	天津市社会科学院
7	学术月刊	上海市社会科学界联合会
8	社会科学战线	吉林省社会科学院
9	复旦学报．社会科学版	复旦大学
10	华东师范大学学报．哲学社会科学版	华东师范大学
11	南京大学学报．哲学·人文科学·社会科学	南京大学
12	读书	三联书店
13	中山大学学报．社会科学版	中山大学
14	南开学报．哲学社会科学版	南开大学
15	武汉大学学报．社会科学版	武汉大学
16	厦门大学学报．哲学社会科学版	厦门大学
17	四川大学学报．哲学社会科学版	四川大学
18	华中师范大学学报．人文社会科学版	华中师范大学
19	文史哲	山东大学
20	江海学刊	江苏省社会科学院
21	吉林大学社会科学学报	吉林大学
22	学习与探索	黑龙江省社会科学院
23	国外社会科学	中国社会科学院文献信息中心
24	浙江大学学报．人文社会科学版	浙江大学
25	思想战线	云南大学

（续表）

序号	刊　名	主　办　单　位
26	清华大学学报. 哲学社会科学版	清华大学
27	南京师大学报. 社会科学版	南京师范大学
28	浙江学刊	浙江省社会科学院
29	西北大学学报. 哲学社会科学版	西北大学
30	求是学刊	黑龙江大学
31	学术研究	广东省社会科学界联合会
32	人文杂志	陕西省社会科学院
33	江汉论坛	湖北省社会科学院
34	中国社会科学院研究生院学报	中国社会科学院研究生院
35	北京社会科学	北京市社会科学院
36	社会科学辑刊	辽宁省社会科学院
37	学术界	安徽省社会科学界联合会
38	河南大学学报. 社会科学版	河南大学
39	陕西师范大学学报. 哲学社会科学版	陕西师范大学
40	江淮论坛	安徽省社会科学院
41	中州学刊	河南省社会科学院
42	东北师大学报. 哲学社会科学版	东北师范大学
43	郑州大学学报. 哲学社会科学版	郑州大学
44	浙江社会科学	浙江省社会科学界联合会
45	社会科学	上海社会科学院
46	社会科学研究	四川省社会科学院
47	天津师范大学学报. 社会科学版	天津师范大学
48	西南师范大学学报. 人文社会科学版	西南师范大学
49	齐鲁学刊	曲阜师范大学
50	湖南师范大学社会科学学报	湖南师范大学
51	江苏社会科学	江苏省哲学社会科学界联合会
52	河北学刊	河北省社会科学院
53	四川师范大学学报. 社会科学版	四川师范大学
54	安徽大学学报. 哲学社会科学版	安徽大学
55	上海师范大学学报. 哲学社会科学版	上海师范大学
56	广东社会科学	广东省社会科学院
57	东岳论丛	山东省社会科学院
58	云南社会科学	云南省社会科学院
59	湖北大学学报. 哲学社会科学版	湖北大学
60	西北师大学报. 社会科学版	西北师范大学

（续表）

序号	刊 名	主 办 单 位
61	学术论坛	广西社会科学院
62	江西社会科学	江西省社会科学院
63	兰州大学学报．社会科学版	兰州大学
64	暨南学报．哲学社会科学版	暨南大学
65	求索	湖南省社会科学院
66	南京社会科学	南京市社会科学界联合会，南京市社会科学院，中共南京市委党校
67	河北师范大学学报．哲学社会科学版	河北师范大学
68	新疆大学学报．社会科学版	新疆大学
69	西南民族大学学报．人文社会科学版	西南民族大学
70	内蒙古大学学报．人文社会科学版	内蒙古大学
71	华南师范大学学报．社会科学版	华南师范大学
72	广西民族学院学报．哲学社会科学版	广西民族学院
73	中央民族大学学报．哲学社会科学版	中央民族大学
74	内蒙古社会科学	内蒙古社会科学院
75	中南民族大学学报．人文社会科学版	中南民族大学
76	探索与争鸣	上海市社会科学界联合会

刊名索引

中国人文社会科学核心期刊要览（2008 年版）

主　　编／姜晓辉
副 主 编／尹国其　莫作钦

出 版 人／谢寿光
总 编 辑／邹东涛
出 版 者／社会科学文献出版社
地　　址／北京市东城区先晓胡同 10 号
邮政编码／100005
网　　址／http：//www. ssap. com. cn
网站支持／（010）65269967
责任部门／编译中心（010）85117871
电子信箱／bianyibu@ ssap. cn
项目负责／祝得彬
责任编辑／刘　娟
责任校对／周　宇
责任印制／岳　阳

总 经 销／社会科学文献出版社发行部
（010）65139961　65139963
经　　销／各地书店
读者服务／市场部（010）65285539
排　　版／北京步步赢图文制作中心
印　　刷／三河市世纪兴源印刷有限公司

开　　本／787 × 1092 毫米　1/16
印　　张／48
字　　数／898 千字
版　　次／2009 年 2 月第 1 版
印　　次／2009 年 2 月第 1 次印刷

书　　号／ISBN 978 - 7 - 5097 - 0650 - 3
定　　价／280. 00 元